全国司法职业教育"十二五"规划教材

刑事法律原理与实务 （第四版）

全国司法职业教育教学指导委员会　审定

主　编◎曲伶俐

副主编◎杨晓静　潘家永

撰稿人◎（以姓氏笔画为序）

　　　　曲伶俐　张小海　杨晓静　郑海珍

　　　　赵　敏　崔素琴　景年红　温丽珍

　　　　潘家永

中国政法大学出版社

2022·北京

图书在版编目（C I P）数据

刑事法律原理与实务/曲伶俐主编. —4版. —北京：中国政法大学出版社,2022.1
（2025.2重印）
ISBN 978-7-5764-0213-1

Ⅰ. ①刑… Ⅱ. ①曲… Ⅲ. ①刑法－中国②刑事诉讼法－中国 Ⅳ. ①D924②D925.2

中国版本图书馆CIP数据核字(2021)第277263号

出 版 者	中国政法大学出版社
地　　址	北京市海淀区西土城路 25 号
邮　　箱	fadapress@163.com
网　　址	http://www.cuplpress.com (网络实名：中国政法大学出版社)
电　　话	010-58908435(第一编辑部) 58908334(邮购部)
承　　印	北京鑫海金澳胶印有限公司
开　　本	720mm×960mm　1/16
印　　张	30.5
字　　数	580 千字
版　　次	2022 年 1 月第 4 版
印　　次	2025 年 2 月第 2 次印刷
印　　数	5001～7000 册
定　　价	69.00 元

作 者 简 介

曲伶俐　山东政法学院教授，硕士生导师，国务院政府特殊津贴专家，山东省高等学校重点学科（刑法学）首席专家。研究方向：刑法学。兼任中国刑法学研究会理事、中国金融法律行为研究会理事、中国法学会审判理论研究会刑事审判理论专业委员会委员、山东省法学会刑法学研究会常务副会长、山东省法学会学术委员会委员等职。主要代表作品为：《刑事政策视野下的金融犯罪研究》《现代监狱行刑研究》《弱势群体刑法保护研究》《刑罚学》《犯罪化基准论纲》等。

杨晓静　山东政法学院教授，诉讼法学博士，硕士生导师，省级教学名师。研究方向：刑事诉讼法学。兼任山东省诉讼法学会常务理事、山东省监察学会常务理事。主要代表作品为：《单位犯罪刑事诉讼程序研究》《我国确立刑事和解的现实困扰与进路分析》《"审判中心主义"下的审前程序控制》《刑事辩护律师调查取证的执业风险与防范》等。

潘家永　安徽警官职业学院教授，警察系主任。研究方向：刑法学。兼任安徽省法学会刑法学研究会副总干事、安徽省法学会监狱学研究会常务理事。主要代表作品为：《刑法新罪法律适用》《新刑法教程》《试论撤销缓刑条件的立法完善》《虚假破产罪探析——兼论破产犯罪的相关问题》等。

崔素琴　河北政法职业学院教授，刑法教研室主任。研究方向：刑法学。兼任河北省法学会刑法学研究会副会长。主要代表作品为：《新形势下污染环境犯罪的惩治与预防》《重大环境污染事故罪防控分析》《我国刑法中侵犯公民人身权利犯罪体系研究》《刑罚执行社区化的制约因素与对策分析》等。

温丽珍　宁夏司法警官职业学院副教授，法学硕士。研究方向：刑事诉讼法学。主要代表作品为：《证据法实用教程》《证据法学》等。

景年红　山东政法学院副教授，刑法学硕士。研究方向：刑法学。主要代表作品为：《卫生犯罪立法浅议》《诉讼欺诈罪立法构想》《辩护权——实现犯罪构成体系一体化谈》等。

赵　敏　河南司法警官职业学院副教授，刑法学硕士。研究方向：刑事诉讼法学。主要代表作品为：《证据犯罪研究》《论帮助刑事案件的当事人毁灭、伪造证据的行为认定》《刍议我国刑事被害人的救助》等。

张小海　北京政法职业学院副教授，法学博士。研究方向：刑事诉讼法学、证据法学。主要代表作品为：《对无罪推定的权利观认识》《论被害人在程序法上的地位与完善》《无罪推定是现代刑事司法程序的精神内核》等。

郑海珍　山东司法警官职业学院讲师，刑法学硕士。研究方向：刑法学。主要代表作品为：《边沁功利主义死刑思想研究》《论剥夺政治权利的执行》等。

出版说明

世纪之交，我国高等职业教育进入了一个以内涵发展为主要特征的新的发展时期。1999 年 1 月，随着教育部和国家发展计划委员会《试行按新的管理模式和运行机制举办高等职业技术教育的实施意见》的颁布，各地成人政法院校纷纷开展高等法律职业教育。随后，全国大部分司法警官学校，或单独升格，或与司法学校、政法管理干部学院等院校合并组建法律类高等职业院校举办高等法律职业教育，一些普通本科院校、非法律类高等职业院校也纷纷开设高职法律类专业，高等法律职业教育蓬勃兴起。2004 年 10 月，教育部颁布《普通高等学校高职高专教育指导性专业目录（试行）》，将法律类专业作为一大独立的专业门类，正式确立了高等法律职业教育在我国高等职业教育中的重要地位。2005 年 12 月，受教育部委托，司法部组建了全国高职高专教育法律类专业教学指导委员会，2012 年 12 月，全国高职高专教育法律类专业教学指导委员会经教育部调整为全国司法职业教育教学指导委员会，积极指导并大力推进高等法律职业教育的发展。

截至 2007 年 11 月，全国开设高职高专法律类专业的院校有 400 多所，2008 年全国各类高校共上报目录内法律类专业点数达到 700 多个。为了进一步推动和深化高等法律职业教育教学的改革，促进我国高等法律职业教育的质量提升和协调发展，原全国高职高专教育法律类专业教学指导委员会（全国司法职业教育教学指导委员会）于 2007 年 10 月，启动了高等法律职业教育规划教材编写工作。该批教材积极响应各专业人才培养模式改革要求，紧密联系课程教学模式改革需要，以工作过程为导向，对课程教学内容进行了整合，并重新设计相关学习情景、安排相应教学进程，突出培养学生一线职业岗位所必需的职业能力及相关职业技能，体现高职教育职业性特点。教材的编写力求吸收高职教育课程开发理论研究新成果和一线实务部门工作新经验，邀请相关行业专家和业务骨干参与编写，着力使本规划教材课程真正反映当前我国高职高专教育法律类专业人才培养模式及教学模式改革的新趋势，成为我国高等法律职业教育的精品、示范教材。

全国司法职业教育教学指导委员会
2013 年 6 月

第四版说明

　　作为全国司法职业教育教学指导委员会审定的"全国司法职业教育'十二五'规划教材"之一，本教材由开设高职法律类专业的院校以及专门的司法警官职业学院的骨干教师合作编写，由中国政法大学出版社于 2009 年 3 月出版第一版。本教材适应了高职高专教育的特点，教材内容的设计重视以工作岗位为中心，以案释理、以案释法，既有刑法与刑事诉讼法合二为一的综合性，又有体例的独特性，自出版发行以来，深受广大读者的欢迎。于是，于 2015 年 6 月出版了第三版。自本教材第三版出版以来，我国的刑事立法和司法实践又有了新发展，尤其是 2015 年 8 月 29 日第十二届全国人大常委会十六次会议表决通过《中华人民共和国刑法修正案（九）》，2017 年 11 月 4 日第十二届全国人民代表大会常务委员会第三十次会议通过《中华人民共和国刑法修正案（十）》，以及 2020 年 12 月 26 日第十三届全国人民代表大会常务委员会第二十四次会议通过《中华人民共和国刑法修正案（十一）》，对刑法典作出了很多重要的修改和完善。在刑事诉讼中，随着监察体制的改革，2018 年 10 月 26 日第十三届全国人民代表大会常务委员会第六次会议审议通过《关于修改〈中华人民共和国刑事诉讼法〉的决定》，修改了职务犯罪管辖、人民检察院直接立案侦查案件管辖、刑事审查起诉程序、审判程序与监察委调查案件的衔接等诉讼程序，并将认罪认罚从宽制度、速裁程序以及缺席审判程序纳入刑事诉讼法，从而使刑事诉讼法更加规范化、法治化、体系化。与此同时，关于刑法和刑事诉讼法的相关司法解释也相继出台。2022 年党的二十大顺利召开，二十大报告指出，坚持全面依法治国，推进法治中国建设，强调公正司法是维护社会公平正义的最后一道防线，努力让人民群众在每一个司法案件中感受到公平正义。为了更好地贯彻党的二十大报告精神，适应当前的法律修订和司法实际需要，在出版社的同意与支持下，我们对本教材进行了第四次修改并交付出版。

　　本次修订在保持原有体例不变的情况下，根据党的二十大报告报告精神，以及学生工作岗位的实际需要，对上编刑法部分的总则以及分则相关个罪作出了修订、删减，对下编刑事诉讼法部分的条文以及相关的内容作出了全面的修订，同时增加了认罪认罚从宽原则、值班律师制度、速裁程序、缺席审判程序等相关内容。本次教材修订力求准确反映近年来我国刑事立法、刑事立法解释与司法解释的发展变化，注重反映司法实践中的经验和情况，吸收新理论、新观点，从而提高教材的适时性和实用性。

基于便于统稿和定稿的目的，本版教材由山东政法学院的曲伶俐教授、杨晓静教授修订，最终由曲伶俐教授统稿、定稿，杨晓静教授予以协助。由于修订时间有限，教材中必有不当之处，敬请谅解和指正。

最后，对中国政法大学出版社对本教材修订出版的鼎力支持，表示衷心感谢！

编　者
2022 年 11 月

第三版说明

　　作为全国司法职业教育教学指导委员会审定的"全国司法职业教育'十二五'规划教材"之一，本教材由开设高职法律类专业的院校以及专门的司法警官职业学院的骨干教师合作编写，由中国政法大学出版社于 2009 年 3 月出版第一版。本教材适应了高职高专教育的特点，教材内容的设计重视以工作岗位为中心，以案释理、以案释法，既有刑法与刑事诉讼法合二为一的综合性，又有体例的独特性，自出版发行以来，深受广大读者的欢迎。于是，于 2011 年 8 月出版了第二版。自本教材第二版出版以来，我国的刑事立法和司法实践又有了新发展，尤其是 2012 年 3 月 14 日第十一届全国人民代表大会第五次会议《关于修改〈中华人民共和国刑事诉讼法〉的决定》对刑事诉讼法作出了逾百条的修改，涉及证据制度、辩护制度、强制措施、侦查措施、审判程序、执行程序等诸多方面。与此相适应，新的司法解释随即产生，即 2012 年 12 月 26 日《最高人民法院、最高人民检察院、公安部、国家安全部、司法部、全国人大常委会法制工作委员会关于实施刑事诉讼法若干问题的规定》、2012 年 12 月 20 日《最高人民法院关于适用〈中华人民共和国刑事诉讼法〉的解释》、2012 年 10 月 16 日最高人民检察院修订的《人民检察院刑事诉讼规则（试行)》、2012 年 12 月 13 日公安部发布的《公安机关办理刑事案件程序规定》，解释条文合计达 1673 条。同时，2014 年 4 月 24 日全国人大常委会根据司法实践中遇到的情况，又出台了三个立法解释，即《关于〈中华人民共和国刑事诉讼法〉第二百七十一条第二款的解释》《关于〈中华人民共和国刑事诉讼法〉第二百五十四条第五款、第二百五十七条第二款的解释》《关于〈中华人民共和国刑事诉讼法〉第七十九条第三款的解释》，对附条件不起诉、暂予监外执行、逮捕等问题作出了专门解释。在刑法上，最高人民法院、最高人民检察院又颁布了危害食品安全犯罪、拒不支付劳动报酬罪、盗窃罪、敲诈勒索罪、环境污染犯罪、渎职罪等司法解释。2014 年 4 月 24 日，全国人大常委会又出台了《关于〈中华人民共和国刑法〉第三十条的解释》《关于〈中华人民共和国刑法〉第一百五十八条、第一百五十九条的解释》

《关于〈中华人民共和国刑法〉第二百六十六条的解释》等三个立法解释。为了更好地适应当前的实际需要，在出版社的同意与支持下，我们对本教材进行了第三次修改并交付出版。

本次修订在保持原有体例不变的情况下，根据上述立法和立法解释、司法解释的变更情况，以及学生工作岗位的实际需要，在章节上，增加了第六章"罪数形态"，在第十四章"刑事诉讼证据"部分增加了一节"我国非法证据排除规则"，在第十七章"刑事诉讼程序"部分增加了一节"特别程序"。同时对下编刑事诉讼法部分的条文以及相关的内容作出了全面的修订，对刑法部分的相关个罪也作出了修订、补充。本次教材修订力求准确反映近年来我国刑事立法、刑事立法解释与司法解释的发展变化，注重反映司法实践中的经验和情况，吸收新理论、新观点，从而提高教材的适时性和实用性。

基于便于统稿和定稿的目的，本版教材主要由山东政法学院的曲伶俐教授、杨晓静教授修订，北京政法职业学院的张小海博士、山东司法警官职业学院的郑海珍老师承担了部分修订内容。最终由曲伶俐教授统稿、定稿，杨晓静教授予以协助。由于时间有限，教材中必有不当之处，敬请谅解和指正。

最后，对中国政法大学出版社对本教材修订出版的鼎力支持，表示衷心感谢！

编　者
2015 年 5 月

第二版说明

　　本教材为全国高职高专教育法律类专业教学指导委员会审定的"全国普通高等教育高职高专法律类规划教材"之一。本教材由开设高职法律类专业的院校以及专门的司法警官职业学院的骨干教师合作编写，由中国政法大学出版社于2009年3月出版第一版。本教材适应了高职高专教育的特点，教材内容的设计重视以工作岗位为中心，以案释理、以案释法，既有刑法与刑事诉讼法合二为一的综合性，又有体例的独特性，自出版发行以来，深受广大读者的欢迎。本教材出版两年多以来，我国的刑事立法和司法实践又有了新发展，尤其是2009年2月28日第十一届全国人民代表大会常务委员会第七次会议通过的《中华人民共和国刑法修正案（七）》，以及2011年2月25日第十一届全国人民代表大会常务委员会第十九次会议通过的《中华人民共和国刑法修正案（八）》，对刑法典作出了很多重要的修改和完善。在刑事诉讼中，随着司法改革的不断深化，最高人民法院、最高人民检察院、公安部、国家安全部和司法部于2010年5月30日联合发布了《关于办理死刑案件审查判断证据若干问题的规定》和《关于办理刑事案件排除非法证据若干问题的规定》，于2010年9月13日联合制定了《关于规范量刑程序若干问题的意见（试行）》，对死刑案件证据审查判断、非法证据排除以及量刑程序作出了诸多的规定。在刑事赔偿上，2010年4月29日第十一届全国人民代表大会常务委员会第十四次会议又颁行了《关于修改〈中华人民共和国国家赔偿法〉的决定》，对刑事赔偿也作出了较多的修改。与此同时，关于刑法的自首与立功问题、经济犯罪的追诉标准等司法解释也相继出台。为了更好地适应当前的实际需要，在出版社的同意与支持下，我们对本教材进行了修改并交付出版。

　　本教材第二版在保持原有体例和章节不变的情况下，根据上述立法和司法解释的变更情况，在相应的内容上予以增补或者删改。主要有：未成年人、老年人犯罪从宽处罚的新规定，管制、死缓的修改，死刑罪名的减少，累犯、数罪并罚的修订，自首、立功的新认定标准，坦白的法定化的增补，缓刑、减刑、假释的修改，个罪追诉标准的变更，非法集资、知识产权案件等司法解释的新规定，逃税罪、强迫劳动罪、盗窃罪的修改，拒不支付劳动报酬罪、污染环境罪、食品监管渎职罪、利用影响力受贿罪、对外国公职人员、国际公共组织官员行贿罪、危险驾驶罪、组织出卖人体器官罪等的增设，非法证据排除规定、量刑程序指导意见的颁行，刑事赔偿程序的修订，等等。本次教材修订力求准确反映两年来我国刑事立法、国家赔偿法和刑事司法解释的发展变化，注重反映司法实践中的经验和情况，吸收新理论、新观点，从而提高教材的适时性和实用性。

考虑到修订的时间有限，同时为了便于统稿和定稿，本次教材修订主要由山东政法学院的曲伶俐教授负责，杨晓静教授予以协助。由于时间短暂，教材中必有不当之处，敬请谅解和指正。

最后，对中国政法大学出版社对本教材修订出版的鼎力支持，表示衷心感谢！

编　者
2011 年 6 月

编 写 说 明

　　本教材是为满足全国高职高专法律文秘专业的教学需要以及法律事务等专业的学习需要而编写的专用教材。

　　在本教材的编写过程中，我们力图使其具有以下几个特点：其一，适应高职高专教育的特点。高职高专教育在理论教学上，以"必需""够用"为原则，在培养目标上是为社会培养应用型人才，因此，本教材在加强基本理论、基本概念、基本知识阐释的同时，注重学生实际应用能力的培养。其二，以工作岗位为中心设计教材内容。法律文秘专业的工作岗位，主要是从事司法机关的书记员工作，以及政府机关、法律服务机构及企事业单位的文秘工作。为此，本教材打破了以系统传授知识为主要特征的传统学科教育模式，转变为以工作岗位为中心组织教材内容、构建所需的理论知识体系的新型教育模式，即不求系统性，但求实用性。例如，对于传统的学科教育中的有关内容，本教材未必涉及；对于传统的学科教育中非重点的内容，本教材可能作为重点知识予以阐释。其三，突出以案释理、以案释法。本教材在每节的开头都设置了导入案例，在节中的相关理论部分或法律规定部分都简要分析了该案例；在每章的结尾又设置了示范案例和习作案例，目的是进一步传授给学生分析刑事案例的方法，并以此方法进行强化训练，从而提高学生的应用能力。其四，突出综合性。本教材上编为刑法，下编为刑事诉讼法，是唯一一部将刑法和刑事诉讼法结合在一起的教材，但它不是刑法和刑事诉讼法教材的简单压缩，而是根据法律文秘专业的岗位需要提炼出的内容的组合。其五，注重体例的独特性。为了方便学生学习，本教材在每章中设置了学习目标、本章小结、实务训练（示范案例和习作案例）、复习与思考，在每节中设置了导入案例，在教材的最后还附有主要的参考文献，便于学生查阅相关资料。

　　本教材由曲伶俐任主编，杨晓静、潘家永任副主编。杨晓静协助校稿，全书由曲伶俐统稿、修改和定稿。由于编者水平有限，教材中必有不当之处，敬请谅解和指正。

本教材的作者分工如下（以姓氏笔画为序）：

曲伶俐　第三、四、五、六章；

张小海　第十四章第三节；

杨晓静　第十七章；

郑海珍　第九章第一、二、五节；

赵　敏　第十三、十四、十五、十六章；

崔素琴　第七、八章，第九章第六、七节；

景年红　第一、二章；

温丽珍　第十、十一、十二章；

潘家永　第九章第一、二、三、四、五节。

编　者

2009 年 1 月

课程标准

课程名称：《刑事法律原理与实务》

适用专业：法律文秘专业

一、前言

1. 课程的性质。本课程是法律文秘专业的核心课程，目标是让学生掌握刑事法律的基本知识，具备刑事法律的认知能力和一定的诉讼参与能力。它的学习要以法学基础理论、宪法基本知识的学习为基础，并作为进一步学习法律文书课程的基础。

2. 设计思路。本课程是依据法律文秘专业培养方案中的专业知识必修课设置的。其总体设计思路是，打破以系统知识传授为主要特征的传统教育模式，转变为以工作岗位为中心组织课程内容、构建所需的理论知识体系的新型教育模式。教学过程中，采取工学结合的方式，通过到相关单位实习和校内实训，发展学生的职业能力。教学效果评价采取阶段性评价和终结性评价相结合的方式，重点评价学生对刑事法律的认知能力和诉讼参与能力。

本课程的总学时为 108 学时。

二、课程目标

本课程对学生在知识方面的基本要求是：掌握刑法和刑事诉讼法的基本理论，熟悉刑法和刑事诉讼法的基本法律制度。

本课程对学生在能力方面的基本要求是：具有一定的法律素养，具备刑事法律的认知能力、一定的案例分析能力和诉讼参与能力。

预期目标：能胜任司法机关的书记员工作、法律工作者工作和政府机关、法律服务机构及企事业单位的文秘工作。

三、课程内容和要求

本课程共分两编：

1. 上编：刑法。

知识要求：掌握刑法的基本理论，熟悉刑法的基本规定。

能力要求：能够具备识别是犯罪行为还是合法行为、是犯罪行为还是民事不法行为或者行政不法行为的能力；能够具备一定的案例分析能力。

2. 下编：刑事诉讼法。

知识要求：掌握刑事诉讼法的基本理论，熟悉刑事诉讼法的基本规定。

能力要求：根据刑法知识，确认犯罪发生的情况，具备一定的诉讼参与能力。

四、实施建议

1. 教材编写。本教材编写的总体要求是：必须依据课程的性质，充分体现课程的设计思路，科学合理地设计课程的内容，实现课程的目标。

具体要求有两个方面：一是教材编写技术要规范，二是编写要符合要求。

2. 教学建议。在教学模式上，实行以学生为主体、以工作岗位为中心组织课程内容的教学模式；在教学内容上，以党的二十大精神为统领，重点讲授依法治国、严格公正司法，以及法律文秘专业相关的基本刑事法律制度。重点讲授与法律文秘专业相关的基本刑事法律制度，培养学生具备一定的法律专业素养；在教学方法上，采用知识传授和必要的实训相结合的方法，发展学生的法律识别能力、一定的案例分析能力和诉讼参与能力；在教学手段上，充分利用多媒体教学和网络资源。

3. 教学评价。建立阶段性评价（每学期可分三阶段评价）和目标评价（知识评价和能力评价）相结合的评价机制。

目录CONTENTS

上编　刑　法

下编　刑事诉讼法

上编　刑　法

第一章 刑法概述

学习目标：

- 理解并应用我国刑法的空间效力、时间效力
- 掌握罪刑法定原则、适用刑法人人平等原则、罪责刑相适应原则的司法适用
- 了解刑法的体系与特征

第一节 刑法的体系与特征

导入案例

2006 年 4 月 21 日 22 时许，许某伙同郭某山（已判刑）到广州市天河区黄埔大道西平云路的广州市商业银行离行式单台柜员机提款，当许某用银行卡（该卡内余额 170 多元）提取工资时，发现银行系统出现错误，即利用银行系统升级出错之机，分 171 次从该柜员机恶意取款共 175 000 元，得手后携款潜逃，赃款被花光。

问：本案中许某的行为与银行的过错是否属于民事纠纷？

本案知识点：刑法的特征；刑法的调整范围

一、刑法的概念

刑法是规定犯罪、刑事责任和刑罚的法律。刑法有广义和狭义之分。广义的刑法是指一切规定犯罪、刑事责任和刑罚的法律规范的总和，它包括刑法典、单行刑法以及附属刑法。所谓单行刑法，是指针对某种或某几种犯罪和刑罚单独制定的刑事法律，是为补充、修改刑法典而由最高立法机关颁布的刑法规范。例如，1998 年 12 月 29 日《全国人大常委会关于惩治骗购外汇、逃汇和非法买卖外汇犯罪的决定》就是单行刑法。所谓附属刑法，是指非刑事法律中有关犯罪及其处罚的规定。这些法律中，刑法规范不是主体部分，具有附属性。狭义的刑法是指把规定犯罪与刑罚的一般原则和各种具体犯罪与刑罚的法律规范加以条理化和系统化的刑法典。这些从不同角度对刑法所作的划分，对于了解刑法本身的规范体系、正确适用法条竞合，具有一定的意义。

二、刑法的体系

刑法的体系，特指刑法典的体系，是指刑法的组成和结构。我国刑法分为总则、分则和附则三个部分。其中总则、分则各为一编，在编之下，再根据法律规范的性质和内容有次序地划分为章、节、条、款、项等层次。

编是刑法典的第一级单位。我国刑法将总则和分则列为两编，附则不另立一编，但性质上与总则、分则并列。刑法总则是关于刑法的基本原则和适用范围，以及关于犯罪和刑罚一般原理的规定，这些规定是定罪量刑所必须遵守的共同规则。刑法分则是关于具体犯罪及其法定刑的规定，规定的是定罪量刑的具体规则。附则部分仅一个条文，即《中华人民共和国刑法》（以下简称《刑法》）第452条。该条的内容包括两个方面：一是规定新刑法开始施行的日期；二是规定新刑法与以往单行刑法的关系，宣布在新刑法生效后某些单行刑法的废止以及某些单行刑法中有关刑事责任内容的失效。

编下设章，章是总则和分则两编之下的单位。刑法总则和分则各自独立设章。我国刑法总则分设五章，即刑法的任务、基本原则和适用范围；犯罪；刑罚；刑罚的具体运用；其他规定。刑法分则分设十章，即危害国家安全罪；危害公共安全罪；破坏社会主义市场经济秩序罪；侵犯公民人身权利、民主权利罪；侵犯财产罪；妨害社会管理秩序罪；危害国防利益罪；贪污贿赂罪；渎职罪；军人违反职责罪。

章下设节，节是根据需要而下设的单位。刑法总则除第一章和第五章外，其余章下均设若干节，如第二章"犯罪"下设"犯罪和刑事责任""犯罪的预备、未遂和中止""共同犯罪""单位犯罪"四节；第三章"刑罚"下设"刑罚的种类""管制""拘役""有期徒刑、无期徒刑""死刑""罚金""剥夺政治权利""没收财产"八节；第四章"刑罚的具体运用"下设"量刑""累犯""自首和立功""数罪并罚""缓刑""减刑""假释""时效"八节。刑法分则大多数章下不设节，但由于第三章和第六章涉及的具体罪名较多、内容庞杂，因而该两章下分设了八节和九节。

节下设条，条是刑法典最基本的构成单位。我国1997年刑法典共规定了452条。正因此，刑法典总则与分则中所有的规范都以条为单位统一安排，不受编、章、节划分的影响。

在内容较为复杂、层次较为丰富时，刑法典在条以下设款。我国刑法中的款采用另起一行的方法表示。在同一款中包含有两层以上的意思时，款还可以分为段。如《刑法》第12条第1款的规定就可以分为三段，即该款中关于"中华人民共和国成立以后本法施行以前的行为，如果当时的法律不认为是犯罪的，适用当时的法律"的规定为前段，关于"如果当时的法律认为是犯罪的，依照本法总则第四章第八节的规定应当追诉的，按照当时的法律追究刑事责任"的规定为中段，该款中关于"但是如果本法不认为是犯罪或者处刑较轻的，适用本法"的规定为后段。前款的第三段以"但是"来表示与其前面一段之间的联系，以这种形式连接同条款中前后文关系的段，在学理上称之为"但书"。刑法中的"但书"所表示的大致有以下几种情况：①"但书"是对前段的补充，如《刑法》第 13 条前段规定犯罪的概念，后段规定"但是情节显著轻微危害不大的，不认为是犯罪"。这是从反面来补充说明什么是犯罪，使犯罪的概念更为明确。②"但书"是前段的例外，如《刑法》第 65 条前段规定了累犯的概念和处罚原则，后段规定"但是过失犯罪和不满 18 周岁的人犯罪的除外"。从这个"但书"可以明显看出，过失犯罪和不满 18 周岁的人犯罪无所谓累犯问题，即过失犯罪和不满 18 周岁的人犯罪是累犯构成的排除性条件。③"但书"是对前段的限制，如《刑法》第 21 条第 2 款规定："紧急避险超过必要限度造成不应有的损害的，应当负刑事责任，但是应当减轻或者免除处罚。"此处，"但书"对避险过当人刑事责任的承担作了限制性规定。

条与款下设项，项是某些条或款之下设立的单位。一般来说，列为项的内容之间往往具有并列关系，共同从属于条或款。

三、刑法的特征

党的二十大报告中首次单独把法治建设作为专章论述、专门进行了部署，提出要完善以宪法为核心的中国特色社会主义法律体系。刑法作为中国特色社会主义法律体系的重要组成部分，其作为独立的部门法，具有区别于其他法律的特有属性：

（一）刑法调整对象的广泛性

刑法调整的范围几乎涉及社会生活的全部领域，无论是政治、经济、文化等领域，还是公民与公民之间、公民与政府之间的社会关系，都可能纳入刑法调整的范围。而其他部门法所调整的只能是某种特定的社会关系。比如，民法所调整的只能是一定范围内的财产关系和人身关系；经济法所调整的只能是一定的经济关系。当然，所有这些部门法所调整的社会关系，也都借助刑法的调整。比如，一般性的走私，假冒注册商标，逃税，盗伐、滥伐林木，分别属于违反《中华人民共和国海关法》《中华人民共和国商标法》《中华人民共和国税收征收管理法》《中华人民共和国森林法》的行为，由海关、工商行政管理部门、税务部门、林业部门来处理，但如果数量大、情节严重，则分别构成走私罪、假冒注册商标罪、逃税罪、盗伐林木罪和滥伐林木罪，应由司法机关依照《刑法》的有关规定论处。可见，从这个意义上讲，刑法是其他部门法的保护法。如果把其他部门法比作"第一道防线"，刑法则是"第二道防线"，没有刑法做后盾、做保证，其他部门法往往难以得到彻底的贯彻实施。

在本节导入案例中，许某第一次取款是由于银行的失误造成额外给付，该项给付属于不当得利，由民法进行调整。但在此后，其一而再、再而三地恶意取款多达170次，明显超出民法调整的范围。该行为与银行的过错已经不属于单纯民事纠纷的范畴，而是属于刑法调整的范畴。

（二）刑法调整方式的强制性

刑法调整方式的强制性表现为刑法规范产生的强制性。其他部门法中以权利和义务为基本内容的法律规范，往往包含有当事人双方或一方自行决定的内容（如民法中的契约或行政法中的行政法规、行政规章）。而刑法规范中任何具体的权利义务关系，都是由国家立法机关直接规定的，都不以任何一方当事人的意志为转移。即使是履行侦查、检察、审判等职能的国家机关，也没有制定任何刑法规范的权力。因此，刑法规范的产生具有其他法律无法比拟的强制性。

刑法调整方式的强制性，还表现为刑法规范实现方式的强制性。由于其他部门法中的权利义务包含有当事人双方或一方自行决定的内容，所以违反其他部门法规范的行为，是否追究责任，以何种方式追究责任，可能因当事人双方或一方的意志而转移。但是，在刑法中，除极少数的自诉案件以外，所有违反刑法规范的行为，原则上都必须按照法律的规定，通过代表国家的监察机关、侦查机关、检察机关、审判机关追究犯罪人的刑事责任，并交专门的国家机关执行。不论是追究还是实现刑事责任的方式，基本上都不受当事人意志的影响。为了保证刑法规范的实现，国家动用了所有和平时期最具强制性的力量。因此，刑法规范的实现，具有任何其他法律不可比拟的强制性。

（三）刑法调整手段的严厉性

刑法调整手段的严厉性，体现为制裁措施的严厉性。由于刑法所调整的社会关系涉及公民个人和国家最基本的价值和利益，所以刑法特有的制裁手段——刑罚不仅以剥夺公民的人身自由、财产、参与社会政治生活等基本权利为主要的内容，对于那些罪行极其严重的人，甚至还可能剥夺其最根本的权利——作为一切权利的基础和前提的生命权。因此，相对任何其他法律的调整手段而言，刑法具有最强的严厉性。

第二节 刑法的基本原则

◉ 导入案例

张某在公共汽车上扒窃一名乘客的钱包，内有人民币1000元，盗窃刚得手即被该乘客发现，后群众将张某扭送至公安机关。检察院对张某提起公诉后，法院最后定罪量刑时，以此时正处在"严打"时期、社会治安不好为由，以盗窃罪从重判处张某有期徒刑5年。

问：法院的判决是否符合刑法的基本原则？

本案知识点：刑法基本原则的内涵；刑法基本原则的司法适用

一、刑法基本原则的概念及特征

刑法的基本原则，是指贯穿全部刑法规范、对全部刑事立法和刑事司法具有指导和制约意义，并体现我国刑事法治基本精神的准则。刑法的基本原则有以下特征：

1. 刑法的基本原则必须贯穿全部刑法规范，对全部刑事立法和刑事司法具有指导和制约意义。刑法中存在许多原则，但并非其中的任一原则都是刑法的基本原则。既然是刑法的"基本原则"，就必须贯穿于全部刑法规范，并且具有全局性、根本性。刑法规定的对未成年人犯罪从宽处罚的原则、累犯从重处罚的原则、数罪并罚的原则等，只是刑法的局部原则，仅适用于某些问题或某些案件，而不是贯穿全部刑法规范的全局性、根本性准则，因而不是刑法的基本原则。

2. 刑法的基本原则必须能够体现刑事法治基本精神，即坚持法治，摒弃人治；坚持平等，反对特权；讲求公正，反对徇私。只有符合刑事法治基本精神的原则才能成为刑法的基本原则。

根据《刑法》，罪刑法定原则、适用刑法人人平等原则、罪责刑相适应原则为我国刑法明确规定的三大基本原则。

二、罪刑法定原则

（一）罪刑法定原则的含义

罪刑法定原则的基本含义是"法无明文规定不为罪，法无明文规定不处罚"。《刑法》第3条明文规定了罪刑法定原则："法律明文规定为犯罪行为的，依照法律定罪处刑；法律没有明文规定为犯罪行为的，不得定罪处刑。"

（二）罪刑法定原则的基本要求

罪刑法定原则的基本要求包括三个方面：一是法定化，即犯罪和刑罚必须事先由法律作出明文规定，不允许法官随意擅断；二是实定化，即对于什么行为是犯罪和犯罪所产生的法律后果，都必须作出实体性的规定；三是明确化，即刑法文字清晰，意思确切，不得含糊其辞或模棱两可。

（三）罪刑法定原则在我国刑法中的体现

我国《刑法》分为总则和分则两部分，罪刑法定原则作为刑法的基本原则应当贯穿其全过程。在我国1997年《刑法》和其后的刑法修正案以及单行刑法中，罪刑法定原则具体体现为两个方面，即罪之法定和刑之法定。

1. 罪之法定。罪之法定是刑之法定的基本前提，是罪刑法定原则的根本要求之一。我国刑法中的罪之法定，具体体现在以下三个方面：

（1）对犯罪概念的规定。《刑法》第13条规定："一切危害国家主权、领土完整和安全，分裂国家、颠覆人民民主专政的政权和推翻社会主义制度，破坏社会秩序和经济秩序，侵犯国有财产或者劳动群众集体所有的财产，侵犯公民私人所有的财产，侵犯公民的人身权利、民主权利和其他权利，以及其他危害社会的行为，依照法律应当受刑罚处罚的，都是犯罪……"这一规定从根本上回答了什么行为是犯罪，以及犯罪行为的本质与基本特征等问题，为划分罪与非罪的界限提供了原则性的标准。

（2）对犯罪构成要件的规定。犯罪概念是对犯罪特征的高度概括，也是区分罪与非罪的基本标准；而犯罪构成则是区分罪与非罪以及此罪与彼罪界限的具体标准。我国《刑法》对犯罪的构成要件作了明确规定：第14条规定了故意犯罪，第15条规定了过失犯罪，第16条是对无罪过的意外事件与不可抗力的出罪规定，第17条是对刑事责任年龄的规定，第18条是对刑事责任能力的规定。这些规定均是我国刑法中犯罪构成的一般要件，即成立犯罪必须具备的基本条件。它为认定犯罪提供了一般的标准，是刑事法理论中犯罪构成要件理论在刑事立法中的体现。

（3）对具体犯罪的规定。我国刑法分则条文对各种犯罪都予以明文规定，为司法实践的定罪活动提供了具体标准。例如，《刑法》第257条第1款规定："以暴力干涉他人婚姻自由的，处二年以下有期徒刑或者拘役。"根据这一规定，要构成暴力干涉婚姻自由罪，主观上必须具有犯罪故意，客观上必须有暴力干涉婚姻自由的行为。

2. 刑之法定。刑之法定是罪刑法定原则的重要内容之一，是罪之法定的自然延伸。我国刑法中的刑之法定，主要体现在以下三个方面：

（1）对刑罚种类的规定。根据《刑法》的规定，刑罚分为主刑和附加刑。主刑包括管制、拘役、有期徒刑、无期徒刑和死刑。附加刑包括罚金、剥夺政治权利、没收财产等。我国刑法对刑罚的种类及其具体适用条件都作了明文规定，要求司法工作人员依法适用刑罚，选择法定的刑罚种类。

（2）对量刑原则的规定。《刑法》第61条规定："对于犯罪分子决定刑罚的时候，应当根据犯罪的事实、犯罪的性质、情节和对于社会的危害程度，依照本法的有关规定判处。"即对犯罪分子决定刑罚，必须以犯罪事实为根据，以刑事法律为准绳，不允许在事实和法律之外滥用刑罚。这是关于量刑一般原则的规定。除对量刑的一般原则加以规定外，刑法还对量刑的一系列具体原则作了相应规定，例如，根据犯罪主体刑事责任能力的不同规定未成年人犯罪的量刑原则，根据犯罪行为实施的特别情形规定防卫过当、避险过当的量刑原则，根据犯罪行为的特殊形态规定犯罪预备、未遂与中止的量刑原则，根据共同犯罪中行为人的作用、分工的不同规定主犯、从犯、胁从犯与教唆犯的量刑原则，等等。

（3）刑法分则对具体个罪的法定刑的规定。刑法在个罪法定刑的设置上采用的是相对确定的法定刑，此为现代世界各国刑事立法的通行做法。它既可以使司法工作人员在法定刑幅度内根据案情适当地确定宣告刑，又避免了司法工作人员因无法可依而滥施刑罚，体现了相对罪刑法定的精神。1997年《刑法》吸收了以往一系列单行刑法的有益经验，对个罪的法定刑进行了科学合理的设置，在细密化、明确化程度上迈进了一步。例如，在盗窃罪的刑罚设置上，规定了3个量刑幅度。

（四）罪刑法定原则的司法适用

罪刑法定原则在刑法中的确立，只是罪刑法定原则的立法化。党的二十大报告中提出，要严格公正司法。公正司法是维护社会公平正义的最后一道防线。刑法基本原则罪刑法定的真正实现，还有赖于罪刑法定原则的司法化，也就是在司法活动中切实地贯彻罪刑法定原则。

1. 正确认定犯罪和判处刑罚。对于刑法明文规定的各种犯罪，司法机关必须以事实为根据，以法律为准绳，认真把握犯罪的本质特征和犯罪构成的具体要件，严格区分罪与非罪、此罪与彼罪，做到定性准确，不枉不纵，于法有据，名副其实。对各种犯罪的量刑，必须严格以法定刑及法定情节为依据。

2. 正确进行司法解释。刑法解释包括立法解释、司法解释和学理解释。对于司法实践来说，立法解释与司法解释更为关键，它们是指导司法人员正确定罪量刑的基本规则。这里最为重要的是最高司法机关对不太具体明确的刑法规定的解释，即司法解释。最高司法机关通过进行司法解释，指导具体的定罪量刑活动，这对于弥补立法的不足、统一规范和指导司法实务，具有重要的意义。但是，司法解释不能超越其应有的权限，无论是扩张解释还是限制解释，都不能违反法律规定的真实意图，更不能以司法解释代替刑事立法。否则，就会背离罪刑法定原则。

三、适用刑法人人平等原则

（一）适用刑法人人平等原则的含义

适用刑法人人平等原则，是指对任何公民，不论其民族、种族、性别、职业、家庭出身、宗教信仰、教育状况、社会地位、财产状况等有何不同，在认定犯罪和裁量刑罚方面，都应当一律平等地适用刑事法律的规定，不允许任何人有超越法律的特权。我国《刑法》第4条规定："对任何人犯罪，在适用法律上一律平等。不允许任何人有超越法律的特权。"

适用刑法人人平等原则是现代刑法的精神，同宪法规定的法律面前人人平等原则相比较，适用刑法人人平等原则有两方面的不同：①适用范围不同。宪法确立的法律面前人人平等原则适用于任何部门法，而刑法确立的适用刑法人人平等原则仅适用于刑事法律领域。②适用对象不同。法律面前人人平等原则适用的对象是中华人民共和国全体公民，而适用刑法人人平等原则是针对实施犯罪行为的人，也包括根据国际条约或刑法属于我国管辖的外国犯罪人。

（二）适用刑法人人平等原则的立法体现

适用刑法人人平等原则在刑法中体现在以下三个方面：

1. 定罪上一律平等。任何人犯罪，无论其身份、地位等如何，一律平等对待，适用相同的定罪标准。不能因为被告人地位高、功劳大而使其逍遥法外、不予定罪；也不能因为被告人是普通公民就妄加追究、任意定罪。刑法的具体规定体现了定罪上的平等原则，例如，《刑法》第6~8条明确规定了我国刑法适用的空间范围。这些规定表明，只要实施了我国刑法规定的犯罪行为，无论是在我国领域内还是在我国领域外，也不论是中国人还是外国人，除法律另有规定的以外，在适用我国刑法上一律平等，不存在任何超越法律的特权。此外，我国刑法分则关于具体犯罪的规定同样体现了适用刑法人人平等原则，尤其是为适应我国经济格局的变化，由过去仅重视对公有财产的法律保护，发展到对公私财产的同等保护。例如，1997年《刑法》将1979年《刑法》第125条规定的破坏集体生产罪修改为第276条规定的破坏生产经营罪，将保护的范围从集体生产扩大到了个体生产。

2. 量刑上一律平等。犯相同的罪且有相同犯罪情节的，应做到同罪同罚。虽然触犯相同的罪名，但犯罪情节不同，比如，有的具有法定从重处罚的情节，有的具有法定从轻、减轻或者免除处罚的情节，从而同罪不同罚，这是合理的、正常的，并不违背量刑平等的原则。因为对任何犯罪的人来说，都有一个具体情况具体分析、针对不同情况实行区别对待的问题。例如，《刑法》第61条规定："对于犯罪分子决定刑罚的时候，应当根据犯罪的事实、犯罪的性质、情节和对于社会的危害程度，依照本法的有关规定判处。"这一量刑原则体现了"以事实为根据，以法律为准绳"的精神，同时也包含着对一切犯罪的人都应当公正、平等地依法处刑的内容。

3. 行刑上一律平等。在执行刑罚时，对于所有的受刑人应平等对待，凡罪行相同、主观恶性相同的，刑罚处遇也应相同，不能考虑权势地位、富裕程度而使一部分人特殊化，对另一部分人则加以歧视。在现实生活中，行刑上的不平等现象是客观存在的，尤其是有些人通过各种手段获得非法减刑和假释，极大地损害了判决的严肃性。为此，刑法严格规定了减刑和假释的程序。《刑法》第79条规定:"对于犯罪分子的减刑,由执行机关向中级以上人民法院提出减刑建议书。人民法院应当组成合议庭进行审理,对确有悔改或者立功事实的,裁定予以减刑。非经法定程序不得减刑。"这一规定,体现了行刑上的平等。

(三)适用刑法人人平等原则的司法适用

司法实践中,贯彻适用刑法人人平等原则需要将正反两个方面相结合来理解:正确理解适用刑法人人平等与刑罚个别化的关系;坚决反对司法特权。

1. 适用刑法人人平等与刑罚个别化。适用刑法人人平等原则体现在司法适用上,是指依法裁量而使不同的人受到平等的对待,包括定罪阶段、量刑阶段和行刑阶段的平等。但这种平等并不意味着绝对的同罪同罚,司法活动中应当正确地协调平等与差别的关系。刑罚个别化是刑罚阶段的一项原则,要求根据行为人个人情况决定刑罚,包括量刑个别化与行刑个别化。应当注意到刑罚个别化同适用刑法人人平等原则之间是相互补充、互相联系的关系,必须在坚持适用刑法人人平等原则的前提下实行刑罚个别化。

2. 坚决反对司法特权。我国是一个历史悠久的国家,经历了近两千年的封建社会,各种封建传统根深蒂固。在刑法领域表现为因行为人的身份、地位不同而同罪异罚、重罪轻罚。适用刑法人人平等与司法特权截然对立,在司法活动中贯彻适用刑法人人平等原则,就要坚决反对司法特权。如果任由身份、地位的不同或者是权力介入司法领域,导致司法判决的不公,将是对适用刑法人人平等原则的亵渎,是对刑法规定的公然违反。

四、罪责刑相适应原则

(一)罪责刑相适应原则的含义

罪责刑相适应原则是指犯多大的罪,就应承担多大的刑事责任,法院也应判处其相应轻重的刑罚,做到重罪重罚、轻罪轻罚、罪刑相称、罚当其罪。在分析罪重罪轻和刑事责任大小时,不仅要看犯罪的客观社会危害性,还要结合考虑行为人的主观恶性和人身危险性,把握罪行和罪犯各方面因素综合体现的社会危害性程度,从而确定其刑事责任,适用相应轻重的刑罚。《刑法》第5条规定:"刑罚的轻重,应当与犯罪分子所犯罪行和承担的刑事责任相适应。"

(二)罪责刑相适应原则的立法体现

1. 确立了科学严密的刑罚体系。我国刑法总则确立了一个科学的刑罚体系,这一体系由不同的刑罚方法构成。从性质上区分,包括生命刑、自由刑、财产刑和资格刑;从程度上划分,有重刑和轻刑;从种类上分,有主刑和附加刑。各种刑罚方法相互区别又互相衔接,能够根据犯罪的各种情况灵活地运用,从而为刑事司法实现罪责刑相适应奠定了基础。

2. 确定了区别对待的处罚原则。我国刑法总则根据各种行为的社会危害性程度和人身危险性的大小，规定了轻重有别的处罚原则。例如，对于防卫过当、避险过当而构成犯罪者，应当减轻或者免除处罚；对于预备犯，可以比照既遂犯从轻、减轻处罚或者免除处罚；对于未遂犯，可以比照既遂犯从轻或者减轻处罚；对于中止犯，没有造成损害的，应当免除处罚；造成损害的，应当减轻处罚。在共同犯罪中，规定对组织、领导犯罪集团的首要分子，按照集团所犯的全部罪行处罚；对于其他主犯，应当按照其所参与的或者组织、指挥的全部犯罪处罚；对于从犯，应当从轻、减轻处罚或者免除处罚；对于胁从犯，应当按照他的犯罪情节减轻处罚或者免除处罚；对于教唆犯，应当按照他在共同犯罪中所起的作用处罚。还有很多其他规定，在此不一一列举，这些规定都体现了罪责刑相适应原则。此外，刑法总则还侧重于刑罚个别化的要求，规定了一系列刑罚裁量与执行制度，例如累犯制度、自首制度、立功制度、缓刑制度、减刑制度、假释制度等。在这些刑罚制度中，累犯因其人身危险性大而应从重处罚；自首、立功因其人身危险性小而可以从宽处罚；对短期自由刑适用缓刑的前提是同时符合犯罪情节较轻、有悔罪表现、没有再犯罪的危险、宣告缓刑对所居住社区没有重大不良影响这 4 个条件；适用减刑和假释是因为罪犯在刑罚执行期间确有悔改或立功表现。

3. 设立了轻重不同的法定刑幅度。我国刑法分则不仅根据犯罪的性质和危害程度，建立了一个犯罪体系，而且还为各种具体犯罪规定了可以分割、能够伸缩、幅度较大的法定刑。这就使得司法机关可以根据犯罪的性质、罪行的轻重、犯罪人主观恶性的大小，依法判处适当的刑罚。

（三）罪责刑相适应原则的司法适用

罪责刑相适应原则的具体要求，是以犯罪的社会危害程度以及犯罪主体再次犯罪的危险程度作为刑罚的尺度。也就是说，刑罚既要与犯罪性质相适应，又要与犯罪情节相适应，还要与犯罪人的人身危险性相适应。司法实践中罪责刑相适应原则的贯彻是刑事立法中罪责刑相适应原则的目的和归宿，应当着重解决以下三个问题：

1. 纠正实践中重定罪、轻量刑的倾向，实现罪刑均衡。长期以来，在司法实践中存在着重定罪、轻量刑的错误倾向，认为只要定性准确，在量刑幅度内多判几年或少判几年无关紧要。基于这种不正常认识，二审法院在处理上诉、申诉案件时，就形成了不成文规则，即只有定性错误或者量刑畸轻畸重才予以改判，对于量刑偏轻偏重的，一般不予改判。司法实践中，必须纠正这种错误倾向，把定罪准确和量刑适当置于同等重要的地位。定罪解决的是犯罪性质的问题，定罪准确无疑是贯彻罪责刑相适应原则的重要阶段和基本保证，但只有定罪准确而无量刑适当，则根本无法最终贯彻罪责刑相适应原则。量刑的适当应当作为贯彻罪责刑相适应原则的最终保证。罪责刑相适应的本来含义是在承认和确立犯罪的基础上，实现刑罚的合理化、适当化。也就是说，罪责刑相适应原则之所以作为一项重要原则出现，其侧重点和出发点在于"刑"，而非在于"罪"，解决的是"刑"，即刑罚同犯罪相适应的问题。因而要贯彻罪责刑相适应原则，首先要解决的是刑罚的适当性问题。

2. 纠正重刑主义思想，实现量刑公正。我国司法实践中存在着严重的重刑主义传统，不少法官崇尚重刑，认为只有重刑才能遏制犯罪，尤其是在治安形势不好的时期更是如此。

在本节导入案例中，张某盗窃数额较大，已构成盗窃罪，根据《刑法》第264条的规定，盗窃数额较大（1000~3000元）的，应在3年以下有期徒刑、拘役或者管制的法定刑幅度内量刑，不能因为案件处于"严打"时期而加重被告人的刑罚，否则就使得被告人承担的刑罚与其犯罪轻重不相适应，造成轻罪重判，违背罪责刑相适应原则。

对此应当指出，重刑主义是一种野蛮落后的刑罚思想，是与罪责刑相适应原则直接对立的刑罚观念。简而言之，重刑主义对遏制犯罪的无能为力和对罪责刑相适应原则的破坏集中表现在以下两个方面：①无论如何殚精竭虑地翻新刑罚的花样和加重刑罚的限度，刑罚始终超越不了人类感官的限度。一旦达到顶点，则对于更有害和更凶残的犯罪就找不出更重的刑罚作为相应的惩罚手段。②如果对于较轻的犯罪经常处以相对较重的刑罚，则行为人将会在同等量的刑罚下选择实施更为严重的、对社会侵害更大的犯罪，这无疑是对严重犯罪的刺激。因此，必须清醒地认识到重刑主义的危害，促使每一个法官都树立起量刑公正的思想，切实做到罪责刑相适应，既不轻纵犯罪分子，也不能无端地加重犯罪人的刑罚。

3. 纠正量刑中的地方差，实现执法中的平衡和协调统一。按照罪责刑相适应原则的要求，同类性质的犯罪在处理上应当轻重相同或相近。但是，从我国的现实情况来看，不同法院对于类似犯罪的处罚经常轻重悬殊。也就是说，同一性质、犯罪情节基本相同的案件，如果由不同的法院处理，甚至由同一法院的不同审判人员处理，最终判决的结果往往差别较大。这种现象的形成存在多方面的原因，既有立法过于粗糙和疏漏的因素，也有司法活动没有统一标准可循的因素，还可能有法官个人素质较差和业务水平较低等各种复杂的因素。为解决量刑不平衡的问题，应当进一步加强司法解释工作，为正确适用刑罚提供明确的标准；同时加强刑事判例的编纂工作，重视判例对刑事审判工作的指导作用；此外，还应当改进量刑方法，逐步实现量刑的规范化和科学化。

第三节　刑法的效力范围

导入案例

　　万某于 1996 年 12 月 2 日因投机倒把罪被判处有期徒刑 2 年，缓刑 3 年，万某未上诉。1997 年 10 月 1 日新刑法生效后，万某以新刑法中取消投机倒把罪为由，向人民法院提出申诉，要求依新刑法改判其无罪。

　　问：本案应如何处理？

　　本案知识点：刑法的时间效力；从旧兼从轻原则

一、刑法的效力范围概述

　　刑法的效力范围，也称刑法的适用范围，是指刑法在空间、时间上的羁束力。它解决的是刑法在什么空间、时间内具有适用效力的问题。其中，刑法的空间效力是指刑法在空间上对哪些人、哪些地域适用；刑法的时间效力是指刑法何时生效、何时失效，以及对其生效前的行为是否有溯及力。

　　党的二十大报告提出推进国家安全体系和能力现代化，坚决维护国家安全和社会稳定；指出国家安全是民族复兴的根基。刑法效力问题不仅是刑事法律和刑法理论中的一个重要问题，更是事关维护国家主权的问题。一个国家的刑法在什么领域内适用，对哪些人适用，与维护国家主权有密切关系。刑法的时间效力范围问题涉及刑法规定的犯罪和刑罚是否适用于此前的行为，某种行为是否构成犯罪及适用哪项法律规定的刑罚，这就涉及刑法的保障功能能否实现的问题。刑法效力问题涉及国家主权、国际关系、对国家和公民利益的保护以及新旧法律如何适用等重大问题，各国刑法典都对刑法的效力范围作出了明确规定。我国《刑法》第 6~12 条明文规定了刑法的效力范围，包括刑法在空间上的效力范围和在时间上的效力范围。

二、刑法的空间效力

（一）刑法空间效力的概念和原则

　　刑法的空间效力，是指刑法在空间上对哪些人、哪些地域适用，就是国家的刑事管辖权的问题。这里的刑事管辖权，是指一个国家根据主权原则所享有的、对在其主权范围内所发生的一切犯罪进行起诉、审判和处罚的权力。刑事管辖权的行使事关国家主权，各国刑法对此都有明文规定，我国刑法也不例外。由于各国社会政治情况和历史传统习惯的差异，在解决刑事管辖权范围的问题上所主张的原则也不尽相同。概括起来，有以下几种：

　　1. 属地原则。又称领土原则，即以地域为标准，凡在本国领域内犯罪的，不论犯罪人是本国人还是外国人，一律适用本国的刑法；反之，在本国领域外犯罪的，都不适用本国刑法。

2. 属人原则。又称国籍管辖原则，即以人的国籍为标准，凡是本国人犯罪的，不论其犯罪发生在国内还是国外，都适用本国的刑法。

3. 保护原则。又称自卫原则，即以保护本国利益为标准，对于侵犯本国国家和公民利益的犯罪，不论犯罪人是本国人还是外国人，也不论犯罪地是在本国领域内还是在本国领域外，都适用本国刑法。

4. 普遍原则。又称世界主义原则，即以保护各国共同利益为标准，凡发生国际条约所规定的侵害各国共同利益的犯罪，不论犯罪人是本国人还是外国人，也不论犯罪发生在本国领域内还是本国领域外，都适用本国的刑法。

上述原则都有其合理性，也有其局限性。因此，对于上述原则不能只取其一，而排斥其他。目前，世界大多数国家的刑法，都是以属地管辖原则为主，兼采其他管辖原则。我国刑法关于空间效力的规定，采取的也是这种以属地管辖原则为主、兼采其他管辖原则的刑事管辖体制。

（二）我国刑法的属地管辖权

《刑法》第6条第1款规定："凡在中华人民共和国领域内犯罪的，除法律有特别规定的以外，都适用本法。"这是我国关于刑法空间效力的基本原则。

1. 对"中华人民共和国领域内"的理解。领域是国家行使主权的空间，包括领陆、领水和领空。中华人民共和国领域内，是指我国国家主权所及的空间领域，亦即我国国境以内的空间区域。具体包括以下几个方面：

（1）领陆，即我国国境线以内的陆地领土及其地下层，它是领域的主要和基本部分。

（2）领水，是指在陆地疆界内或与陆地疆界相邻接的水域。领水又分为内水和领海。内水包括内湖、内河、内海以及临水的一部分。领海是指国家主权管辖下的沿海岸一定宽度的水域。对于领海的宽度，各国规定不一。根据1958年9月4日我国政府关于领海的声明，我国领海宽度为12海里。

（3）领空，是指领陆和领水的上部空间。实践中，人们通常将国家领土上空的范围分为空气空间和外层空间两部分，空气空间内受国家主权管辖，外层空间则不受国家主权管辖。

同时，根据国际条约和惯例，以下两部分属于我国领土的延伸，适用我国刑法：①我国的船舶或者航空器。《刑法》第6条第2款规定："凡在中华人民共和国船舶或者航空器内犯罪的，也适用本法。"这里的船舶或航空器，既可以是民用，也可以是军用；既可以是在航行途中，也可以是处于停泊状态；既可以是航行或停泊于我国领域内，也可以是航行或停泊于外国领域内或公海及公海上空。②我国驻外使领馆内。根据我国承认的1961年《维也纳外交关系公约》的规定，各国驻外大使馆、领事馆不受驻在国的司法管辖，而受本国的司法管辖。我国驻外使领馆亦视同为我国领域，在其内发生的任何犯罪都适用我国刑法。

除此之外，针对犯罪行为与犯罪结果在时间或地点方面存在跨越国界等情况，我国刑法又进一步明确了属地管辖的具体标准。《刑法》第6条第3款规定："犯罪的行为或者结果有一项发生在中华人民共和国领域内的，就认为是在中华人民共和国领域内犯罪。"该款针对隔离犯的特殊情况对属地管辖的具体标准作了明确的规定。这里涉及三种情况：①犯罪行为与犯罪结果均发生在我国境内，这是较为常见的情况；②犯罪行为在我国领域内实施，但犯罪结果发生在国外，比如在我国境内开枪，打死处于境外的人员；③犯罪行为实施于国外，但犯罪结果发生于我国境内，比如在国外邮寄炸药，在我国境内发生爆炸。上述三种情况均应适用我国刑法。

2. 对"法律有特别规定"的理解。《刑法》第6条在确立属地管辖原则的同时，还对例外情况作了特别规定。这些特别规定主要是指以下几个方面：

(1)《刑法》第11条关于"享有外交特权和豁免权的外国人的刑事责任，通过外交途径解决"的规定。所谓外交特权和豁免权，是指一个国家为保证驻在本国的外交代表机构及其工作人员正常执行职务而给予的一种特殊权利和待遇。外交特权与豁免权的具体内容涉及刑事、民事、行政等诸方面。与刑事有关的规定主要包括：使馆馆舍不受侵犯；外交代表、外交信使人身不受侵犯，不受逮捕或者拘留；外交代表享有刑事管辖豁免权；非中国公民的外交代表的配偶及未成年子女，来中国访问的外国国家元首、政府首脑、外交部部长及其他具有同等身份的官员等，也享有与外交代表相同的特权与豁免权，这些人都不受我国刑法管辖。但是，此处需要注意以下两点：①外交代表和非中国公民的与外交代表共同生活的配偶及未成年子女所享有的豁免权，可以由派遣国政府明确表示放弃。如果这样，就可以适用我国刑法。②享有外交特权和豁免权的有关人员承担着尊重我国法律、法规的义务，不得侵犯我国国家主权，违反我国法律。一旦发生违法犯罪，当然也不能听之任之，而应通过外交途径解决他们的刑事责任问题。例如，可以要求派遣国召回，或者建议派遣国依法处理；对于其中罪行严重的，可以由政府宣布为不受欢迎的人，限期出境。《刑法》第11条的规定，既维护了我国的主权和法律的尊严，又尊重了有关国家，有利于协调我国与他国之间的正常外交关系。

(2)《刑法》第90条关于"民族自治地方不能全部适用本法规定的，可以由自治区或者省的人民代表大会根据当地民族的政治、经济、文化的特点和本法规定的基本原则，制定变通或者补充的规定，报请全国人民代表大会常务委员会批准施行"的规定，是为了照顾少数民族的风俗习惯和文化传统，切实保证民族自治权的行使，巩固多民族的团结、稳定和发展。在理解这一例外规定时，应当注意以下几点：①少数民族地区对刑法效力的限制不同于外交特权和豁免权，它不是完全排斥刑法的适用，而仅仅是排斥其中的一部分，即与少数民族特殊的风俗习惯、宗教文化传统相关的部分，诸如情节不严重的重婚、械斗等。这种变通或补充规定相对于刑法全文而言，只是一小部分。因此，从总体上看，刑法还是适用于少数民族自治地方的。②免于适用刑法的部分必须有明确的法律依据，即由自治区或省的国家权力机关制定变通或者补充规定，并报请全国人大常委会批准。③少数民族地区制定的变通或补充规定不能与刑法的基本原则相冲突。

（3）现行刑法施行后由国家立法机关制定的特别刑法的规定。现行刑法施行后，国家立法机关仍有必要根据实际需要制定单行刑法、附属刑法规范。如果这些特别刑法的规定与刑法典的规定发生法条竞合或冲突，应按"特别法优于普通法"的原则处理。

（4）我国香港特别行政区和澳门特别行政区基本法作出的例外规定。由于政治、历史的原因，我国刑法的效力无法及于港澳地区，这属于对刑法属地管辖权的一种事实限制，如1997年7月1日实施的《中华人民共和国香港特别行政区基本法》第18条第2款规定："全国性法律除列于本法附件三者外，不在香港特别行政区实施……"而刑法不在附件三所列的法律中。《中华人民共和国澳门特别行政区基本法》也有类似的规定。不过，根据两个基本法的规定，全国人大常委会决定宣布战争状态或者因港、澳特别行政区内发生不能控制的危及国家统一或者安全的动乱而决定特别行政区进入紧急状态时，中央人民政府可以发布命令将有关全国性的法律在香港、澳门特别行政区实施。

（三）我国刑法的属人管辖权

《刑法》第7条规定："中华人民共和国公民在中华人民共和国领域外犯本法规定之罪的，适用本法，但是按本法规定的最高刑为三年以下有期徒刑的，可以不予追究。中华人民共和国国家工作人员和军人在中华人民共和国领域外犯本法规定之罪的，适用本法。"该条是对我国刑法属人管辖权的规定。根据上述规定，我国公民在我国领域外犯我国刑法规定之罪的，不论按照当地法律是否认为是犯罪，也不论其所犯罪行侵犯的是何国或者何国公民的利益，原则上都适用我国刑法。只是按照我国《刑法》的规定，该公民所犯之罪法定最高刑为3年以下有期徒刑的，可以不予追究。所谓可以不予追究，只是表明不予追究的一种倾向性，并非绝对不追究，而是保留追究的可能性，在认为必要时也可以追究。但如果是我国的国家工作人员和军人在域外犯罪，则不论其所犯之罪的法定最高刑是否为3年以下有期徒刑，一律适用我国刑法追究其刑事责任。这主要是考虑到这两类人员具有代表国家形象的特殊身份，肩负特殊的职责，其工作与国家的利益息息相关，故对国家工作人员和军人在域外实施的犯罪在管辖上应从严要求。

对于我国刑法在域外的属人管辖权，《刑法》第 10 条进一步规定："凡在中华人民共和国领域外犯罪，依照本法应当负刑事责任的，虽然经过外国审判，仍然可以依照本法追究……"这表明我国法律的独立性和国家主权的不受干预性，外国的审判对我国没有约束力。但从实际合理与国际合作角度出发，为使被告人免受过重的双重处罚，该条又规定在外国已经受过刑罚处罚的，可以免除或者减轻处罚。这样，既维护了国家主权，又从人道主义出发根据被告人的具体情况作了实事求是的考虑，体现了原则性与灵活性的统一。

（四）我国刑法的保护管辖权

《刑法》第 8 条规定："外国人在中华人民共和国领域外对中华人民共和国国家或者公民犯罪，而按本法规定的最低刑为三年以上有期徒刑的，可以适用本法，但是按照犯罪地的法律不受处罚的除外。"该条是对我国刑法保护管辖权的规定。根据该规定，外国人在我国领域外对我国国家或者公民犯罪，我国刑法有权管辖，以保护我国国家和公民的利益，但有下列限制：①外国人所犯之罪必须侵犯我国国家或公民利益；②外国人所犯之罪按照我国《刑法》规定最低刑须为 3 年以上有期徒刑；③外国人所犯之罪按照犯罪地法律也应受刑罚处罚。当然，要实际行使这方面的管辖权会有困难，因为犯罪人是外国人，犯罪地点在国外，我国要行使管辖权，就需要引渡罪犯，并涉及与犯罪地国家管辖权的冲突，存在诸多实际困难。但是，假如刑法对此不加以规定，就等于放弃自己的管辖权，那些犯罪的外国人就可以肆无忌惮地对我国国家或者公民的利益进行侵害。我国必须在法律上表明自己的立场，这对于维护国家利益，保护我驻外工作人员、出国考察访问人员、留学生、侨民的利益是完全必要的。

此外，对于外国人在我国领域外侵犯我国国家或者公民利益犯罪的审判与处罚，同样适用《刑法》第 10 条的规定。即虽然经过外国审判，仍然可以依照我国刑法追究；但是在外国已经受过刑罚处罚的，可以免除或者减轻处罚。

（五）我国刑法的普遍管辖权

《刑法》第 9 条规定："对于中华人民共和国缔结或者参加的国际条约所规定的罪行，中华人民共和国在所承担条约义务的范围内行使刑事管辖权的，适用本法。"这是我国刑法对普遍管辖原则的具体规定，也是对我国刑法空间效力问题所作的一个重要补充。

根据我国《刑法》的规定，按照普遍管辖原则适用我国刑法，必须具备如下条件：①追诉的犯罪是我国缔结或者参加的国际条约所规定的国际犯罪。②追诉的犯罪是在我国所承担条约义务的范围之内。③追诉的犯罪是发生在我国领域之外。如果是发生在我国领域之内，则应依据属地原则适用我国刑法，而不需要依据普遍管辖原则。④犯罪人必须是外国人（包括无国籍人）。如果犯罪人是我国公民，应当依照属人原则适用我国刑法，也不需要适用普遍管辖原则。⑤对追诉的犯罪，我国刑法有明文规定。⑥犯罪人在我国领域内居住或者进入我国领域。因为只有这样，我国才能对犯罪人行使刑事管辖权。否则，就没有行使普遍管辖权的义务，也没有依据普遍管辖原则适用我国刑法的可能。

三、刑法的时间效力

刑法的时间效力，是指刑法的生效时间、失效时间以及对刑法生效前所发生的行为是否具有溯及力的问题。

（一）刑法生效时间

对刑法生效时间的规定通常有两种方式：①从公布之日起即生效。如 1998 年 12 月 29 日由全国人大常委会颁行的《关于惩治骗购外汇、逃汇和非法买卖外汇犯罪的决定》第 9 条规定："本决定自公布之日起施行。"②公布之后经过一段时间再施行。这是世界上大多数国家关于刑法生效时间的通行做法。例如，我国《刑法》于 1979 年 7 月 1 日通过，自 1980 年 1 月 1 日起生效；1997 年 3 月 14 日修订通过后的《刑法》从 1997 年 10 月 1 日起施行。这样做是考虑到人们对新法比较生疏，通过一段时间的宣传、学习和研究，便于广大人民群众及司法工作人员做好实施新法的心理、组织及业务准备。

（二）刑法的失效时间

刑法的失效时间即终止效力的时间，它由国家立法机关规定。我国刑法的失效有两种方式：①由国家立法机关明确宣布某些法律失效，如《刑法》第 452 条第 2 款规定："列于本法附件一的全国人民代表大会常务委员会制定的条例、补充规定和决定，已纳入本法或者已不适用，自本法施行之日起，予以废止。"列入附件一的共有《中华人民共和国惩治军人违反职责罪暂行条例》等 15 部单行刑法，均自 1997 年 10 月 1 日起予以废止。②自然失效，即新法施行后代替了同类内容的旧法，或者由于原来特殊的立法条件已经消失，旧法自行废止。1997 年 3 月 14 日通过并公布的《刑法》修改了 1979 年《刑法》，修订后的《刑法》自 1997 年 10 月 1 日起生效，1979 年《刑法》自行失效。

（三）刑法的溯及力

刑法的溯及力，是指刑法生效后，对于其生效以前未经审判或者判决尚未确定的行为是否适用的问题。如果适用，则有溯及力；如果不适用，则没有溯及力。

1. 刑法溯及力的原则。对于刑法的溯及力，各国采取不同的原则，概括起来大致有以下四种：

（1）从旧原则，即刑法对其生效前的行为一律没有溯及力，完全适用旧法。这一原则充分考虑了犯罪当时的法律状况，反对适用事后法，对行为人比较公平。但如果某一行为按旧法构成犯罪而新法不认为是犯罪，再依旧法进行处罚就不能实现刑法目的，因而也有弊端。

（2）从新原则，即新法对于其生效前未经审判或判决尚未确定的行为一律适用，具有溯及力。这一原则强调新法，适应当前的社会情况，有利于预防犯罪。但是，对行为时刑法未规定为犯罪的行为，若依新法按照犯罪进行处罚，就违背了罪刑法定原则，因而有失妥当。

（3）从新兼从轻原则，即新法原则上具有溯及力，但旧法不认为是犯罪或者处刑较轻时，依照旧法处理。这一原则弥补了绝对从新原则的不足，既充分发挥了新法适应当前形势的优点，又认真考虑了旧法当时的具体规定。但为了避免事后刑法之嫌，采用的国家不多。

（4）从旧兼从轻原则，即新法原则上不具有溯及力，但新法不认为是犯罪或者处刑较轻的，则依新法处理。这一原则弥补了绝对从旧原则的缺陷，既符合罪刑法定原则，又适应当前需要，因而为绝大多数国家所采纳。

2. 我国刑法的从旧兼从轻原则。我国刑法规定了罪刑法定原则，从罪刑法定原则中必然引申出刑法不溯及既往的派生原则。因此，我国刑法原则上否认刑法具有溯及力。但从有利于被告人的原则出发，对于那些旧法认为是犯罪或者处刑较重，而新法不认为是犯罪或者处刑较轻的行为，例外地承认刑法的溯及力。申言之，我国刑法关于刑法的溯及力，采用的是从旧兼从轻原则。

《刑法》第 12 条第 1 款规定："中华人民共和国成立以后本法施行以前的行为，如果当时的法律不认为是犯罪的，适用当时的法律；如果当时的法律认为是犯罪的，依照本法总则第四章第八节的规定应当追诉的，按照当时的法律追究刑事责任，但是如果本法不认为是犯罪或者处刑较轻的，适用本法。"第 12 条第 2 款规定："本法施行以前，依照当时的法律已经作出的生效判决，继续有效。"根据这一规定，对于 1949 年 10 月 1 日中华人民共和国成立后，1997 年 10 月 1 日修订刑法生效前实施的行为，应按以下情况分别进行处理：

（1）当时的刑法不认为是犯罪，现行刑法认为是犯罪的，只能适用修订前的刑法，现行刑法不具有溯及力。对此，不能以新刑法规定为犯罪为由追究行为人的刑事责任。

（2）当时的刑法认为是犯罪，但现行刑法不认为是犯罪的，只要这种行为未经审判或者判决尚未确定，则应适用现行刑法，即现行刑法具有溯及力。

（3）当时的刑法和现行刑法都认为是犯罪，并且按照现行刑法第四章第八节的规定应当追诉的，原则上按当时的刑法追究刑事责任，此即从旧兼从轻原则中所指的从旧。但是，如果当时的刑法处刑比现行刑法要重，则适用现行刑法，此即从轻原则的体现。这里的"处刑较轻"，根据 1997 年 12 月 23 日《最高人民法院关于适用刑法第十二条几个问题的解释》第 1 条的规定，"处刑较轻"，是指刑法对某种犯罪规定的刑罚即法定刑比修订前刑法轻。法定刑较轻是指法定最高刑较轻；如果法定最高刑相同，则指法定最低刑较轻。该司法解释第 2 条还规定，如果刑法规定的某一犯罪只有一个法定刑幅度，法定最高刑或者最低刑是指该法定刑幅度的最高刑或者最低刑；如果刑法规定的某一犯罪有两个以上的法定刑幅度，法定最高刑或者最低刑是指具体犯罪行为应当适用的法定刑幅度的最高刑或者最低刑。

（4）如果根据当时的法律已经作出了生效判决，该判决继续有效。即使按现行刑法的规定，其行为不构成犯罪或者处刑较当时的刑法要轻，也不例外。按照审判监督程序重新审判的案件，适用当时的刑法。刑法是否溯及适用，只限于未经审理或者虽经审理但尚未作出生效判决的场合；已经生效的判决，不应根据刑法的规定加以改变，以维护人民法院生效判决的严肃性和稳定性。

在本节导入案例中，万某的行为根据行为当时的法律，即 1979 年《刑法》的规定构成投机倒把罪，万某并未上诉，判决已经生效，不能再根据 1997 年《刑法》的规定改判无罪。

本章小结

刑法是规定犯罪、刑事责任和刑罚的法律。刑法的体系是指刑法的组成和结构。刑法分为总则、分则和附则三个部分。其中总则、分则各为一编，在编之下，再根据法律规范的性质和内容有次序地划分为章、节、条、款、项等层次。刑法的特有属性表现在三个方面：一是刑法调整对象的广泛性；二是刑法调整方式的强制性；三是刑法调整手段的严厉性。刑法基本原则是指贯穿全部刑法规范、具有指导和制约全部刑事立法和刑事司法，并体现我国刑事法治的基本精神的准则，包括罪刑法定原则、适用刑法人人平等原则和罪责刑相适应原则。刑法的效力范围是指一个国家的刑法在什么地方、对什么人和在什么时间内具有效力，它分为刑法在空间上的效力和在时间上的效力。

实务训练

一、示范案例

〖**案情**〗纪某、李某均系中国公民，受雇于美国一轮船公司。2002 年 9 月，该轮船停泊于法国某港口时，二人因与船长（英国人）发生争吵，合谋将船长杀死，并抢劫了其他船员的财物后逃逸。3个月后，二人被法国警方捕获，引渡回中国归案。

问：对于纪某、李某的行为是否可以按照我国刑法进行处理？为什么？

〖分析〗《刑法》第7条第1款规定，中华人民共和国公民在中华人民共和国领域外犯本法规定之罪的，适用本法，但是按本法规定最高刑为3年以下有期徒刑的，可以不予追究。

本案被告人纪某、李某在法国犯了故意杀人罪、抢劫罪，按照我国《刑法》的规定，法定最高刑高于3年有期徒刑，而且这种犯罪按照犯罪地的法律也应予以刑罚处罚。所以，我国司法机关对此案件有刑事管辖权，应当适用我国刑法。

纪某、李某所犯之罪发生在法国，按照属地原则，法国有管辖权。在管辖权冲突的情况下，应通过引渡或两国协商解决。本案中，被告人纪某、李某被引渡回国，因此，此案应由我国司法机关依照我国刑法进行审理。

二、习作案例

被告人甲某，外籍人，系我国某医科大学留学生。2013年6月10日晚7时许，我国某医科大学留学生之间发生殴斗，甲某用刀刺中另一国家留学生乙某腹部，乙某因肝脏破裂抢救无效而死亡。

问：对于甲某的行为是否可以按照我国刑法进行处理？为什么？

复习与思考

1. 什么是刑法？我国刑法的特征是什么？

2. 什么是刑法的基本原则？我国刑法有哪些基本原则？

3. 什么是刑法的效力范围？我国刑法对哪些人、在什么地域范围内、在什么时间内有效？

第二章 犯罪概念与犯罪构成

学习目标：
- 理解并应用犯罪客观方面、犯罪主体、犯罪主观方面
- 掌握犯罪的概念、犯罪客体
- 了解犯罪构成的概念、犯罪构成的功能

第一节 我国刑法中的犯罪概念

导入案例

　　甲从乙处购得服装3包，约定3周后付款，并给乙写下一张欠款字据。后甲因不了解市场情况变化，所购服装一件也未能脱手。为躲避乙催款，甲躲往外地。3周后，乙不见甲还款，遂邀其弟共赴甲家催要。为防不测，二人各携大号水果刀一把。至甲家得知服装被锁于房内一储藏杂物的小木栅内。乙提出将服装拉走，遭甲妻阻拦。乙弟于是拔出刀来，甲妻见状后退。乙遂撬开门锁将3包服装拉走。

　　问：乙和乙弟的行为是否构成犯罪？为什么？

　　本案知识点：犯罪的概念；犯罪的基本特征

一、我国刑法中的犯罪概念

　　犯罪概念是对犯罪各种内在、外在特征的高度、准确的概括，是对犯罪的内涵和外延的确切、简要的说明。犯罪概念在刑法学中居于重要的地位。这是因为，犯罪、刑事责任与刑罚是刑法的三个最基本的范畴。犯罪是刑事责任的前提，而刑罚则是刑事责任最主要的承担方式。

　　我国《刑法》第13条规定："一切危害国家主权、领土完整和安全，分裂国家、颠覆人民民主专政的政权和推翻社会主义制度，破坏社会秩序和经济秩序，侵犯国有财产或者劳动群众集体所有的财产，侵犯公民私人所有的财产，侵犯公民的人身权利、民主权利和其他权利，以及其他危害社会的行为，依照法律应当受刑罚处罚的，都是犯罪，但是情节显著轻微危害不大的，不认为是犯罪。"这一定义不仅较为详细地揭示了我国现阶段犯罪的本质特征，而且揭示了犯罪的

法律特征，同时将犯罪行为与普通违法行为区别开来，是对我国社会上形形色色犯罪所作的科学概括，是认定犯罪、划分罪与非罪界限的基本依据。

二、犯罪的基本特征

(一) 严重的社会危害性

严重的社会危害性是犯罪最本质、最基本的特征。所谓社会危害性，是指行为对法律所保护的社会关系造成这样或那样损害的特性。社会危害性是一切违法行为（包括犯罪行为）共有的特征。社会危害性的有无是区分违法行为与合法行为的重要标准，但据此无法将犯罪行为与一般违法行为区分开来。犯罪行为是违法行为中最重要的部分，其社会危害性程度要重于一般违法行为，因而严重的社会危害性是犯罪的基本特征之一。从我国刑法的规定来看，将严重的社会危害性作为犯罪的本质特征也是有充足根据的。我国《刑法》第 13 条规定："……以及其他危害社会的行为，依照法律应当受刑罚处罚的，都是犯罪，但是情节显著轻微危害不大的，不认为是犯罪。"这里明确指出情节显著轻微危害不大的不是犯罪，意味着只有危害严重的行为才能认为是犯罪。从我国刑法分则条文的规定看，许多条文都明确规定要以"数额较大""造成严重后果""造成重大损失""情节严重"等作为犯罪构成的要件。这也表明，对于刑法分则规定的具体犯罪而言，只有行为具有严重的社会危害性，才可能构成犯罪。

犯罪的社会危害性，通常被认为是犯罪行为已经实际发生并对国家和人民利益形成了实际损害。但这种实际损害只是社会危害性的一种情形，在法律有明文规定的情况下，某种行为对社会可能造成的实际损害，也被看做是犯罪的社会危害性的表现。我国刑法中犯罪的社会危害性的基本内容，可以概括为以下几个方面：①对社会主义的国体、政体和国家安全的危害；②对社会公共安全的危害；③对社会主义市场经济秩序的危害；④对公民人身权利、民主权利的危害；⑤对社会主义制度下各种财产权利的危害；⑥对社会秩序的危害；⑦对国防利益、军事利益的危害；⑧对国家机关行政、司法秩序及公务活动的廉洁性的危害。危害上述中的任何一个方面，都是对我国社会主义社会关系的侵犯。

社会危害性的轻重、大小主要取决于以下几个方面：

1. 行为侵犯的客体，即行为侵犯了什么样的社会关系。刑法所保护的社会关系的重要程度有差异，便会导致侵犯社会关系的行为在社会危害程度上有所不同。侵犯的社会关系与国家和人民的利益之间的关系越重大，行为的社会危害性也就越严重。比如，危害国家安全罪侵犯的是以人民民主专政的政权和社会主义制度为核心的国家安全，因此危害国家安全的犯罪是社会危害性最大的一类犯罪。放火、投放危险物质、爆炸等危害公共安全的犯罪是以不特定的多数人的生命、健康和重大公私财产的安全为侵犯客体，其危害性比以特定对象为目标的侵犯人身权利、财产权利的犯罪更大。

2. 行为的手段、后果以及时间、地点。犯罪的手段是否残忍，使用还是不使用暴力，对行为的社会危害性程度也有很大影响。比如，杀人后碎尸就比一般的故意杀人行为更为恶劣。同样是干涉婚姻自由，是一般干涉还是暴力干涉，直接关系到行为是否构成犯罪。危害结果的大小也是决定社会危害性程度的重要因素，比如，贪污3万元与贪污30万元相比，在社会危害性程度上是有明显差异的。在战时犯罪还是平时犯罪，其社会危害性也不一样。节日期间或者社会治安形势严峻时期实施的危害行为，其社会危害性就重。在公共场所作案的，其社会危害性较在偏僻地方作案的要大。

3. 行为造成的危害结果，如行为是否造成了现实的危害结果、造成的危害结果的种类和程度等，这些因素与行为的社会危害性及其程度直接相关。

4. 行为人的情况及其主观因素，如是成年人还是未成年人，是出于故意还是出于过失，是偶犯还是累犯，有无预谋，动机、目的的卑劣程度，等等。这些情况对社会危害性程度的认定也有一定的作用。

考察社会危害性，还应当注意以下几个方面：①要用历史的观点看问题。社会危害性是一个历史范畴，现实社会条件的变化可能导致社会危害性的有无与大小随之变化。同一种行为，在某一时期符合社会发展的要求，就允许做，但如果在另一时期有害于社会发展，就不允许做。②要有全面的观点。社会危害性是由多种因素决定的，衡量社会危害性的大小不能只看一种因素，而应全面综合各种主客观情况。不仅要看到有形的、物质性的危害，还要看到对人们的社会心理所带来的危害。③要透过现象看本质。比如某人把另一人杀了，就要问是什么性质的杀人，有无社会危害性，危害性有多大，等等。人命案件中，有的是故意杀人，有的是过失致人死亡，还有的是正当防卫杀人，这都需要通过仔细调查才能判明。

在本节导入案例中，乙与其弟在客观上虽然实施了暴力威胁并撬锁取回服装的行为，具有一定的社会危害性，但主观上是因欠款无法追回，想取回所售服装抵债，并不具有非法占有的目的，故其情节显著轻微，危害不大，不应认为是犯罪。

（二）刑事违法性

犯罪是触犯刑事法律的行为，即具有刑事违法性。刑事违法性是指违反刑法条文中所包含的刑法规范。只有当危害社会的行为触犯刑法的时候才构成犯罪。刑事违法性这一特征是罪刑法定原则在犯罪概念上的体现。行为的严重社会危害性是刑事违法性的基础，立法者不可能以法律的形式把没有社会危害性的行为宣布为犯罪，也不可能将危害性并不严重的行为规定为犯罪，而刑事违法性则是严重的社会危害性在法律上的体现。只有当行为不仅具有社会危害性，而且违反了刑法时，才能被认定为犯罪。反之，某种行为虽然具有严重的社会危害性，但如果该行为没有触犯刑法，就不能把它作为犯罪处理。在罪刑法定原则支配下，刑事违法性是犯罪的基本法律特征。

在我国刑法中，刑事违法性不仅是指违反刑法的规定，也包括违反国家立法机关颁布的单行刑法和附属刑法的规定。同时，不仅是指违反刑法分则的规定，而且也包括违反刑法总则的规定。例如，违反刑法总则关于犯罪预备、共同犯罪等的规定。

刑事违法性既是犯罪的基本法律特征，也是划分犯罪行为与一般违法行为的基本界限。认定一个行为是否构成犯罪，如果只讲社会危害性而不看刑事违法性，就会导致罪刑擅断。不过，如果只讲刑事违法性而不讲社会危害性，也会掩盖犯罪的社会政治本质，陷入法律形式主义之中。只有当一个行为既具有严重的社会危害性，同时也违反刑法规范，符合刑法规定的犯罪构成要件，具有刑事违法性时，才能被认定为犯罪。

刑事违法性与违法之间既有联系，又有区别。违法有各种各样的情况，既包括刑事违法，也包括治安行政违法、民事违法、经济违法。违法并不都是犯罪，只有行为的社会危害性达到违反刑法规范的程度时，这种行为才被认为构成犯罪。刑事违法与一般违法的区别实际上是罪与非罪之间的区别。比如，盗窃、诈骗少量财物，属于违反《治安管理处罚法》的行为；只有盗窃、诈骗公私财物数额较大的，才构成《刑法》中的盗窃罪、诈骗罪。一般的干涉婚姻自由的行为，属于违反《民法典》的行为，而暴力干涉婚姻自由的行为则属于《刑法》所禁止的犯罪行为。当然，一般违法行为与犯罪行为之间并不存在一条不可逾越的鸿沟，许多刑事违法行为就是由一般违法行为恶性发展而来的。我国现行的许多行政、经济法规中关于法律责任的规定，除明确违法行为要承担经济、行政责任外，还规定情节严重，构成犯罪的，要承担刑事责任。可见，一般违法行为是可以转化为犯罪行为的。

（三）应受刑罚惩罚性

应受刑罚惩罚性以行为的严重社会危害性和刑事违法性为前提，行为如果没有严重的社会危害性和刑事违法性，自然不应受刑罚处罚。同时，应受刑罚处罚性是对具有严重的社会危害性和刑事违法性的评价。不需给予应受刑罚处罚评价的行为，不可能是犯罪，犯罪是应受刑罚惩罚的行为。犯罪是适用刑罚的前提，刑罚则是犯罪的法律后果，因此，应受刑罚惩罚性应是犯罪的一个基本特征。应受刑罚惩罚性这个特征将犯罪与刑罚这两个社会现象联系起来，也就是从一个现象与另一个现象的联系中来阐明这个现象的特性。应当注意的是，应受刑罚惩罚性并非是指一切犯罪都要受到实际的刑罚惩罚，这与刑法中有些情况下定罪免刑并不矛盾。应受刑罚惩罚性是指行为具有应当受到刑罚惩罚的性质，这是对行为的评价，属于应然的范畴；而定罪免刑是对行为人免予刑罚处罚，是客观事实，属于实然问题；只有某一行为应当受到刑罚处罚时，才可能基于某种从宽的情节免除其刑罚处罚，免除刑罚处罚是以具有应受刑罚惩罚性为前提的。行为不应受刑罚处罚即意味着行为根本不构成犯罪，当然也就谈不上"免除刑罚"的问题了。

犯罪的上述三个基本特征紧密结合，缺一不可。严重的社会危害性是犯罪的最基本的属性，反映了犯罪与社会的关系，说明了国家将一种行为规定为犯罪并以刑罚惩罚的理由，揭示了犯罪的社会政治内容。刑事违法性是犯罪的法律特征，揭示了犯罪与刑法的关系，反映了罪刑法定原则中罪刑法定的基本要求，表明了犯罪的法定性。应受刑罚惩罚性反映了犯罪与刑罚的关系，揭示了犯罪的法律后果。严重的社会危害性是刑事违法性与应受刑罚惩罚性的基础，缺乏此基础，行为不但不会在刑法上被规定为犯罪，而且也无需在刑法上作出评价，刑事违法性和应受刑罚惩罚性由此便不能存在。但如果没有刑事违法性的法定量化，严重的社会危害性就没有衡量的尺度。而如果没有应受刑罚惩罚性，严重的社会危害性和刑事违法性便失去最终的归宿，也难以显示犯罪行为与其他违法行为在法律后果方面的区别。

第二节 犯罪构成概述

导入案例

某日，甲开车正常行驶途中，乙突然从路右边的树林中疾步冲出抢过马路。甲见状向左猛打方向盘，并紧急制动，但仍躲避不及，车右前轮将乙左腿轧断。事故发生后，甲见天色已晚，该地荒僻，又没有人，便将昏迷不醒的乙拖至路旁树林，自己开车逃逸。第二天早晨，乙的尸体被人发现。经法医鉴定：乙左腿膝盖处粉碎性骨折，因抢救不及时，导致失血性休克死亡。

问：甲的行为应如何定性？

本案知识点：犯罪构成；犯罪构成的功能

一、犯罪构成的概念和特征

（一）犯罪构成的概念

犯罪构成，是指为我国刑法所规定的，决定某一具体行为的社会危害性及其程度而为该行为构成犯罪所必需的一切客观和主观要件的有机统一。简而言之，即刑法所规定的构成犯罪所必需的主客观要件的有机统一体。

犯罪构成与犯罪概念是两个既密切联系又相互区别的概念。犯罪概念是犯罪构成的基础，犯罪构成是犯罪概念的具体化。犯罪概念回答的是什么是犯罪、犯罪有哪些基本属性的问题，从总体上划清罪与非罪的界限，是确定犯罪的总标准，是对犯罪基本特征的高度概括。犯罪构成则进一步回答犯罪是怎样成立的、其成立需要具备哪些法定要件，其所要解决的是成立犯罪的具体标准、规格问题，是划清罪与非罪、此罪与彼罪的具体标准。犯罪概念作为对各种犯罪现象的本质特征和法律特征的科学抽象与概括，它本身并不能直接解决司法实践中所必需的认定犯罪的具体标准问题，它所具有的对罪与非罪的界定作用只有通过犯罪构成才能发挥。离开犯罪构成，犯罪概念就成了空洞和抽象的东西。而犯罪构成只有在犯罪概念的指导下才能成为区分罪与非罪、此罪与彼罪的标准，具备犯罪构成的行为，同时也就具备了严重的社会危害性、刑事违法性、应受刑罚惩罚性的特征。犯罪概念与犯罪构成相互联系而又相互区别，相辅相成，共同为正确认定犯罪服务。

（二）犯罪构成的特征

犯罪构成具有以下特征：

1. 犯罪构成的法定性。所谓犯罪构成的法定性，是指行为成立犯罪所必须具备的诸要件是由刑法加以规定的。犯罪构成的法定性直接体现了犯罪构成符合罪刑法定原则的要求这一事实。所谓罪刑法定中的"罪"的法定，主要是指对犯罪的构成要件的法定。应当指出，刑法对犯罪构成的规定，是刑法总则和刑法分则共同加以实现的。刑法总则规定一切犯罪必须具备的要件，刑法分则规定具体犯罪需要具备的特别要件。在根据刑法分则认定具体犯罪的时候，应当结合刑法总则的规定，对有关案件事实一一加以认定。只有把刑法总则规定的各种具体犯罪的共同要件与刑法分则规定的各种具体犯罪的具体构成要件密切结合起来，才能全面把握犯罪构成要件。例如，张某与李某共同实施了盗窃行为，那么张某和李某是否都构成犯罪呢？即使构成了犯罪，他们又是否构成共同犯罪呢？对此，首先必须弄清刑法分则关于盗窃罪的构成要件，然后在此基础上弄清刑法总则关于共同犯罪的法律规定，才能作出正确的判定，如果脱离了刑法所规定的一般要求与特殊要求，就无法得出正确的结论。因此，坚持犯罪构成的法定性，不仅是判断某种行为是否构成犯罪的刑事违法性的内在要求，同时也是正确地进行定罪与量刑的外在需要。

2. 犯罪构成的抽象性。所谓犯罪构成的抽象性，是指作为犯罪构成的诸共同要件是从决定某种行为构成犯罪所必需的众多事实中抽象出来的，而不是所有与该犯罪有关的事实的组合。任何一种犯罪都可以由许多事实特征来说明，但并非每一个事实特征都是犯罪构成的要件，只有对行为的社会危害性及其程度具有决定意义而为该行为成立犯罪所必需的事实特征，才是犯罪构成的要件。举例说明，被告人方某是一个瘦削脸庞、高挑鼻梁的男青年，22 周岁，精神正常。在一个细雨绵绵的夜晚，方某隐藏在一个行人稀少的小巷里，发现一个手提白色皮包的女青年王某在匆匆赶路，就悄悄迎上去，趁王某不备，一拳将其打翻在地，抢过皮包逃离现场。在本案中，能够表明犯罪的事实特征很多，如被告人是一位男青年，瘦削脸庞，高挑鼻梁，犯罪时间是一个雨夜，犯罪地点是在一个小巷里，被害人是一位女青年，被抢走的东西是一个皮包，皮包的颜色是白色的，等等。在上述事实特征中，对于成立抢劫罪而言，并非每一个事实特征都具有意义。就本案来讲，对于成立抢劫罪可以抽象出来的具有决定性意义的事实主要有以下几个方面：①被告人年龄 22 周岁，已达到法定刑事责任年龄；②被告人精神正常，说明他有认识与支配自己行为的能力；③被告人事先潜伏、早有预谋，说明他在主观上是故意的；④被告人当场使用暴力抢走了他人的财物，说明他在客观上实施了犯罪行为。以上事实特征的有机整合就形成了抢劫罪的全部法定要件。至于其他方面的事实特征，诸如犯罪分子的相貌、犯罪发生的时间与地点、被害人的性别特征、被抢走皮包的颜色等，虽然对于侦查和审理该案具有重要的诉讼意义，但却不是犯罪构成的决定性因素。

3. 犯罪构成的体系性。犯罪构成是一系列主客观要件的有机统一，这是主客观相统一原则在犯罪构成中的体现。任何一个犯罪构成都包括许多要件，这些要件有表明犯罪客体、犯罪客观方面的，也有表明犯罪主体、犯罪主观方面的，它们的有机统一形成了某种犯罪的犯罪构成。我国《刑法》规定了 400 多种具体犯罪，每一种具体犯罪都有自己的犯罪构成，而每一种犯罪构成，都是一系列要件的有机统一。所谓有机统一，是指犯罪构成并非成立犯罪所需的各个要件的简单相加，而是由各个要件按照犯罪构成的要求相互联系、相互作用，共同组成一个说明犯罪规格与标准的有机整体。例如，作为故意杀人罪的法定构成要件，必须是具备下列各主客观要素的有机整体：①行为人侵犯的是他人的生命权；②客观上实施了非法剥夺他人生命的行为；③行为主体必须是年满 14 周岁（特定情形下年满 12 周岁）且精神正常的人；④主观上必须出于故意。上述各个要件对于构成故意杀人罪来讲必须同时具备，缺少其中任何一个要素，都不可能成立故意杀人罪。由此可见，犯罪构成的体系性，就是将某种犯罪所需的各个主客观要件紧密地结合在一起，使之形成一个有机的整体，且这些主客观要件相互之间呈现出一种胶着状态，既不可随意对其进行组合，亦不可对其随便加以分割。

二、犯罪构成的要件

所谓犯罪构成的要件，是指犯罪构成中所包含的各种构成要素。作为犯罪构成的基本单元，它是犯罪构成整体的各个有机的组成部分。例如，《刑法》第

229 条第 1 款规定的提供虚假证明文件罪，条文规定的"承担资产评估、验资、验证、会计、审计、法律服务、保荐、安全评价、环境影响评价、环境监测等职责的中介组织的人员"是犯罪主体，"故意"是主观罪过形式，"提供虚假证明文件"是客观行为，"情节严重"是犯罪情节，这些构成要素的有机统一整体，就是提供虚假证明文件罪的犯罪构成，其中各个构成要素就是犯罪构成的要件。

　　根据我国刑法的规定，每一种犯罪都具备四个方面的要件，即犯罪客体、犯罪的客观方面、犯罪主体、犯罪的主观方面。

　　1. 犯罪客体，是指刑法所保护而被犯罪行为所侵害的社会关系。犯罪客体要件是用来说明某种犯罪危害了什么利益的要件，也是说明某种行为的社会危害性之有无的要件，它是犯罪的本质特征在犯罪构成要件体系中的最集中反映。

　　2. 犯罪的客观方面，是指犯罪行为的具体表现。犯罪客观方面要件反映的是犯罪的外在表现形式，它是说明我国刑法所保护的社会关系是通过行为人什么样的行为而受到侵犯，以及受到了何种程度的侵犯的要件。作为犯罪构成的基本要件之一，它是刑法规定的、决定某种犯罪行为客观方面的性质及其表现形式的事实特征的总和。一般来讲，犯罪的客观事实特征包括危害行为、危害结果、危害行为与危害结果之间的因果关系以及犯罪的时间、地点、方法等方面的内容。

　　3. 犯罪主体，是指实施犯罪行为的人。犯罪主体要件是用以说明某种对社会有严重社会危害性的犯罪行为是由何人实施的要件。作为犯罪行为的实施者和刑事责任的承担者，犯罪的主体也是犯罪构成的重要因素，离开了它，任何犯罪都会失去其存在的基础，刑事责任也就无从谈起。根据我国《刑法》的规定，犯罪的主体包括自然人犯罪主体和单位犯罪主体两种情况。

　　4. 犯罪的主观方面，是指犯罪主体对其实施的犯罪行为及其结果所具有的心理状态。犯罪主观方面要件反映的是行为人内在的心理活动，它是用以说明犯罪的行为人是在怎样的心理状态支配下实施某种犯罪行为的要件。其主要内容包括犯罪的故意、过失和特定的犯罪目的等方面的因素。

三、犯罪构成的功能

　　犯罪构成是行为人承担刑事责任的法律根据，是认定某种犯罪能否最终成立的规格和标准，因此它无论在刑事立法、刑事司法还是刑法理论中都具有非常重要的地位。概括来讲，犯罪构成具有以下几个方面的功能：

　　1. 有助于区分罪与非罪。关于罪与非罪的界限划分，既可以从犯罪概念上来把握，也可以从犯罪构成的角度来把握。但是，犯罪概念只是为罪与非罪的划分提供了一个总体标准，不能直接运用于明确而具体的法律标准。这些标准有的规定在刑法总则部分，更多的则规定在刑法分则具体犯罪的条文中，这就为追究犯罪人的刑事责任提供了合法的根据，也为无罪的人不受非法追究提供了法律保障。

在本节导入案例中，由于乙突然出现，致使甲刹车不及而撞人，甲主观上既无预见的义务也无预见的能力，不符合《刑法》分则关于交通肇事罪的主观方面的规定，故该行为不构成犯罪。而其后，甲将乙拖至小树林后逃逸的行为，主观上既有放任乙死亡的犯罪故意，客观上又有将乙置于危险的境地不顾而逃逸的行为，符合（不作为的间接）故意杀人罪。

2. 有助于区分此罪与彼罪。犯罪构成不仅为罪与非罪的区分提供了法律依据，也为此罪与彼罪的区分提供了法律标准。一切犯罪虽然都必须具有犯罪构成要件，但各种不同的犯罪又存在着各自不同的犯罪构成。因此，只要掌握了每个犯罪的犯罪构成要件，就可以正确区分此罪与彼罪的界限。

3. 有助于正确裁量刑罚。犯罪构成的主要作用是为正确定罪提供法律标准，但定罪是量刑的基础和前提，只有定性准确，才能量刑适当。因此，犯罪构成对正确量刑也有一定的意义。

第三节 犯罪客体

导入案例

甲用汽车非法倒卖香烟被工商行政管理机关连车带货扣押。第二天晚上，甲带上尖刀、钳子潜入工商所，实施盗窃，试图将自己的汽车盗回。当甲正在用犯罪工具撬车门时，被值班人员发现。当值班人员来抓他时，甲用刀刺伤了一名值班人员。

问：甲的盗车行为侵犯的客体是什么？

本案知识点：犯罪客体；犯罪对象

一、犯罪客体的概念及功能

（一）犯罪客体的概念

犯罪客体是指我国刑法所保护的，为犯罪行为所危害的社会关系。犯罪客体是行为构成犯罪的必备要件之一。如果某种行为没有或者不可能危害任何一种刑法所保护的社会关系，那就不可能构成犯罪。

社会关系是人们在生产和共同生活中所形成的人与人之间的相互关系。社会关系包括物质关系和思想关系。某一社会形态下的社会关系决定了该社会的政治、经济、思想、道德、文化的基本形态和人们之间的基本关系。犯罪行为由于危害某一社会形态下人们的生命安全、财产安全、社会秩序，动摇和危害社会的基本形态和人们之间的基本关系，从而使该社会的社会关系受到危害。刑法作为惩处犯罪的最有力武器，通过处罚犯罪体现了对社会关系的保护。

社会关系涉及社会生活的各个领域，包括不同的层次。而被犯罪所侵害的、受我国刑法所保护的只是其中最重要的一部分。概括来看，这部分社会关系包括国家主权、领土完整、人民民主专政制度，社会公共安全，社会主义经济基础，公民的人身权利、民主权利和其他权利，社会主义的社会秩序，公私财产的合法权利，国家国防利益等。而其他一些次要的社会关系，例如同志关系、上下级关系、干群关系以及一般的民事、经济、行政关系等，均由其他法律、道德和社会规范所调整。

（二）犯罪客体的功能

犯罪客体具有以下功能：

1. 有助于划分犯罪的类别，建立刑法分则的科学体系。作为犯罪客体的社会关系是复杂而具有不同层次的，往往在某一社会关系之下，还可以分出若干具体的社会关系。我国刑法分则正是根据某一类犯罪共同侵犯的社会关系，将全部犯罪划分为10类，将内容庞杂的经济犯罪与妨害社会管理秩序罪划分为若干节，并主要根据各类社会关系的重要程度进行排列，建立起了我国现在的刑法分则的科学体系。

2. 有助于准确定罪，分清此罪与彼罪的界限。各种犯罪，由于其所危害的社会关系的种类不同，其犯罪的性质也不相同，从而使此罪与彼罪得以区分。当然，区分此罪与彼罪的界限也可以从其他的方面进行，但首先是犯罪客体的区别。除相同的犯罪客体依据不同的行为方式区分为不同犯罪的情况外，一般情况下，此罪与彼罪之间的区分首先是因为犯罪客体的不同。司法实践中，在相近犯罪发生混淆的时候，也往往借助犯罪客体进行辨别。例如，行为人甲欲杀死其仇人乙，某日在乙经常饮用的公用水井中投入毒药，结果毒死乙，并致多人中毒或死亡。从表面上看，甲是以投毒的手段实施故意杀害乙的行为，但从客体上分析，甲的投毒行为已危害公共安全，对甲应以投放危险物质罪定罪量刑。

3. 有助于准确评估犯罪行为的社会危害程度，正确量刑。同种性质的犯罪，由于社会危害程度不同，对其裁量的刑罚轻重也不同。而分析和评估某一具体犯罪的社会危害性程度，其中的一个重要方面就是从了解、研究具体社会关系受侵害的情况入手。通过对犯罪的社会危害性程度的评估，为量刑提供科学的依据，使量刑的质量得到保证。另外，犯罪行为侵害的社会关系即使不属于犯罪客体的内容，也能说明行为的社会危害程度，从而影响到量刑。例如，根据《刑法》第240条的规定，妇女的性的自由权利并非拐卖妇女罪的犯罪客体内容，但如果行为人拐卖妇女并具有奸淫被拐卖的妇女的行为的，对拐卖妇女罪的处罚就更为严重一些。

二、犯罪客体的分类

按照犯罪行为所侵害的社会关系的范围，可以把犯罪客体划分为三类或者三个层次：犯罪的一般客体；犯罪的同类客体；犯罪的直接客体。三类客体是三个不同的层次，它们之间是一般与特殊、共性与个性、抽象与具体、整体与部分的关系。同类客体是在直接客体基础上的分类与概括，而一般客体又是对一切犯罪客体的抽象与概括。三者之间构成了两个层次的一般和个别的关系，它们虽然具有许多共性，但不能相互取代，在刑法理论与司法实践中都有重要的作用。

（一）犯罪的一般客体

犯罪一般客体，是指一切犯罪所共同侵犯的客体，即我国刑法所保护的社会主义社会关系的整体。我国《刑法》第 2 条、第 13 条中对于刑法所保护的各类社会关系的规定，是犯罪一般客体的主要内容。犯罪的一般客体，揭示了一切犯罪的共同属性，是刑法所保护客体的最高层次，反映了一切犯罪客体的共性。

（二）犯罪的同类客体

同类客体，是指某一类犯罪行为所共同侵犯的客体，即我国刑法所保护的社会主义社会关系的某一部分或某一方面。犯罪同类客体的划分，是根据犯罪行为所危害的刑法所保护的社会关系的不同方面进行的科学分类。作为同一类客体的社会关系，往往具有相同或相近的性质。例如，生命权、健康权、妇女的人身权利以及人格权、名誉权等，都与人身有不可分割的直接联系，属于人身权利的范畴，当这些权利受到杀人、伤害、强奸、侮辱、诽谤等犯罪危害时，人身权利就成为这些犯罪所危害的同类客体。我国《刑法》分则根据同类客体的原理，将犯罪分为 10 大类。只有依据同类客体，才能对犯罪作科学的分类，建立严格的、科学的刑法分则体系，把多种多样的犯罪从性质和危害程度上互相区别开来，以便于我们对犯罪进行了解、研究，掌握各类犯罪的基本特点。

值得注意的是，我国《刑法》分则第三章"破坏社会主义市场经济秩序罪"和第六章"妨害社会管理秩序罪"，其下面分别设有八节、九节犯罪。第三章各节犯罪的同类客体均是社会主义市场经济秩序；第六章各节犯罪的同类客体均是社会管理秩序。但是，这两章犯罪的每一节犯罪，在同类客体之外还有一个"次层次"的同类客体，如《刑法》分则第三章第四节"破坏金融秩序罪"，其"次层次"的同类客体即为金融秩序。

（三）犯罪的直接客体

直接客体，是指某一犯罪行为直接侵犯的具体的社会主义社会关系，即我国刑法所保护的某种具体的社会关系。例如，故意杀人罪直接危害的是他人的生命权利，故意伤害罪直接危害的是他人的健康权利，这些受到故意杀人罪、故意伤害罪直接危害的社会关系就是这两种犯罪所危害的直接客体。犯罪的直接客体揭示了具体犯罪所危害的社会关系的性质以及该犯罪的社会危害性的程度，在司法实践中也主要是凭借直接客体区分罪与非罪、此罪与彼罪的。

根据犯罪行为所直接侵犯的具体社会关系的复杂程度，直接客体还可以划分为简单客体和复杂客体。

1. 简单客体，又称单一客体，是指一种犯罪行为只直接侵犯一种具体的社会关系。例如，盗窃罪只危害公私财产所有权，故意伤害罪只侵犯他人健康权。

在本节导入案例中，甲的盗车行为侵犯的客体是公共财产的所有权。根据《刑法》第91条的规定，在国家机关管理中的私人财产，以公共财产论。本案所涉及的汽车虽然是甲所有的，但是其正处于国家机关的合法扣押中，属于国家机关管理中的私人财产，应以公共财产论。甲盗窃自己所有的、被国家机关依法扣押的汽车，实际上侵犯的是公共财产的所有权，已经构成了盗窃罪。

2. 复杂客体，是指犯罪行为直接侵犯两种以上的具体社会关系。例如，抢劫罪不仅直接侵犯公私财产权，也直接侵犯他人的人身权利；绑架罪也同时直接侵犯他人的人身权利和财产权利。根据行为所侵犯的两种以上社会关系的主次，复杂客体还可以分为主要客体和次要客体。

（1）主要客体，是指某一具体犯罪行为所侵害的复杂客体中程度较为严重、刑法予以重点保护的社会关系。主要客体决定该具体犯罪的性质，从而也决定该犯罪在刑法分则体系中的地位。例如，将抢劫罪列入侵犯财产罪中，将绑架罪列入侵犯公民人身权利、民主权利罪中，就体现了立法者对两类犯罪中所保护犯罪客体的侧重点的不同。

（2）次要客体，是指某一具体犯罪所侵害的复杂客体中程度较轻的，刑法予以保护的社会关系。亦即，立法者在制定某一具体犯罪构成时也要同时予以保护的另一种具体社会关系。对于侵犯复杂客体的犯罪来说，除主要客体外，次要客体也是犯罪构成的必要要件，对于定罪量刑也有决定作用。以抢劫罪为例，如果某种行为只侵犯财产关系，而不侵犯他人的人身权利，那就不是抢劫罪，当然也就不能依据《刑法》第263条的规定定罪量刑了。另外，次要客体虽然不决定犯罪的性质，但对某些犯罪的性质和主要特征也会产生重要影响。次要客体往往是确定此罪与彼罪的重要依据。因为有的主要客体与同类客体相同，要在同类犯罪中区别此罪与彼罪，次要客体往往起着决定作用。例如，抢劫罪与抢夺罪的区别，从犯罪客体方面来看，就在于抢劫罪既侵犯他人的财产所有权也侵犯他人的人身权；而抢夺罪不侵害他人的人身权，只侵犯他人的财产权。

在本节导入案例中，甲欲盗回被扣押的车辆却被值班人员发现，于是将值班人员刺伤，该行为侵犯的客体不仅仅是公共财产的所有权，还侵犯了他人的人身权，因此，该行为的性质发生转化，是准抢劫的行为，构成抢劫罪。

三、犯罪客体与犯罪对象

（一）犯罪对象的概念

犯罪对象，是指刑法分则规定的犯罪行为直接作用的具体人或者具体物。犯罪对象具有物质性的特征，即具有形态、空间、位置等物理特征，受犯罪行为作用的程度往往是可以度量和估价的。物质形态的犯罪对象包括人体和物体两个方面。物体是指货币、物品等一切具有价值、归属关系的东西，按其归属关系可以分为国家所有物、集体所有物、混合所有物、个人所有物；按其存在形态可以分为货币、实物、生产资料、生活资料、动产与不动产等。物体受犯罪行为的作用主要表现在其位置、归属关系的存在状态的改变，不一定表现出其本身所受到的损坏。例如，破坏通信设备、破坏交通工具等犯罪，其犯罪对象要受到不同程度的实际损坏，但像贪污、盗窃、诈骗等犯罪，其犯罪对象多数只是发生所有权的转移，并不一定受到毁损。人体是指人的身体，受犯罪行为的侵害主要表现在其生命、健康、名誉、安宁等受到损害或胁迫，如杀人、伤害、强奸、虐待、遗弃等。

（二）犯罪对象与犯罪客体的联系与区别

犯罪客体与犯罪对象的联系在于：作为犯罪对象的具体物是作为犯罪客体的具体社会关系的物质表现；作为犯罪对象的具体人是作为犯罪客体的具体社会关系的承担者。通常来说，犯罪客体总是通过一定的犯罪对象表现它的存在，也即犯罪分子的行为就是通过犯罪对象即具体物或者具体人来侵害一定的社会关系的。

犯罪客体与犯罪对象的区别则主要表现在以下几个方面：

1. 犯罪客体决定犯罪性质，犯罪对象则未必。分析某一案件，单从犯罪对象去看，是分不清犯罪性质的，只有通过犯罪对象所体现的社会关系即犯罪客体，才能确定某种行为构成什么罪。比如，同样是盗窃电线，某甲盗窃的是库房里备用的电线，某乙盗窃的是输电线路上正在使用的电线，那么前者构成盗窃罪，后者则构成破坏电力设备罪。两者的区别就在于犯罪对象所体现的社会关系不同：一个是侵犯公共财产所有权，一个是危害公共安全。

2. 犯罪客体是任何犯罪构成的必要要件，犯罪对象则不是任何犯罪都不可缺少的，它仅仅是某些犯罪的必要要件。比如，《刑法》第152条的走私淫秽物品罪，其犯罪对象只能是具体描绘性行为或者露骨宣扬色情的诲淫性的书刊、影片、录像带、录音带、图片及其他淫秽物品，否则就不可能构成此罪。而像偷越国（边）境罪，脱逃罪，妨害国境卫生检疫罪，非法集会、游行、示威罪等，就很难说有什么犯罪对象了。但这些犯罪无疑都侵害了一定的社会关系，具有犯罪客体。

3. 任何犯罪都会使犯罪客体受到危害，而犯罪对象则不一定受到损害。例如，盗窃犯将他人的电视机盗走，侵犯了主人的财产权利，但作为犯罪对象的电视机本身则未必受到损害。而一般情况下，盗窃犯总是把窃来的东西好好保护，以供自用或卖得高价。

4. 犯罪客体是犯罪分类的基础，犯罪对象则不是。由于犯罪客体是每一犯罪的必要要件，它的性质和范围是确定的，所以它可以成为犯罪分类的基础。我国《刑法》分则规定的十类犯罪，正是以犯罪同类客体为标准进行划分的。如果按犯罪对象则无法进行分类。犯罪对象不是每一犯罪的必要要件，它在不同的犯罪中可以是相同的，例如，走私淫秽物品罪和制作、贩卖、传播淫秽物品牟利罪，犯罪对象都是淫秽物品。在同一犯罪中它也可以是不同的，例如，盗窃罪的犯罪对象可以是各种各样的公私财物，如货币、衣物、珠宝等。正因为犯罪对象在某些犯罪中具有不确定性，加之少数犯罪甚至没有犯罪对象，所以它不能成为犯罪分类的基础。

5. 犯罪对象是具体的人或物，因此可以凭借人的感觉器官来感知；犯罪客体则是生命权、财产权、公共安全等凭借人的思维才能认识的观念上的东西，二者具有具体与抽象的差别。

第四节　犯罪客观方面

导入案例

被告人甲（幼儿教师）于某年6月18日上午9时，带领5名幼儿外出游玩，走在最后面的一个幼儿乙（4周岁）失足坠入路旁粪池。甲见状惊惶失措，但不肯跳入粪池中救人，只向行人大声呼救。此时，有一中学生丙（男，16周岁）路过此处，闻声后立刻跑到粪池边观看，并同甲在附近找一小竹竿，探测粪池深浅，测得粪池深约75厘米（半人深），但甲、丙二人均不肯跳入粪池抢救。当幼儿被其他人救上来时，已经停止了呼吸。

问： 对甲、丙的行为应如何定性？

本案知识点： 危害行为的认定

一、犯罪客观方面的概念及功能

（一）犯罪客观方面的概念

犯罪客观方面，是指刑法规定的构成犯罪在客观方面所必须具备的特征。犯罪客观方面的要件具体表现为危害行为、危害结果，以及行为的时间、地点、方法（手段）和对象。其中，危害行为是一切犯罪在客观方面都必须具备的要件，也是犯罪客观方面唯一的为一切犯罪所必须具备的要件；危害结果是大多数犯罪成立在客观方面必须具备的要件；特定的时间、地点、方法（手段）以及对象，则是某些犯罪成立而在客观方面必须具备的要件。传统的刑法理论通常将危害行为称为犯罪客观方面的必要要件，将危害结果、特定的时间、地点、方法（手段）以及对象则称为犯罪客观方面的选择要件。

（二）犯罪客观方面的功能

在犯罪构成的诸要件中，犯罪客观方面的要件处于中心地位。它既是连接犯罪主体与犯罪客体的纽带，又是认定犯罪客观方面的客观依据。因此，犯罪客观方面具有重要的功能，具体表现在以下四个方面：

1. 是区分罪与非罪的尺度。如果不具备犯罪客观方面的要件，就失去了构成犯罪和承担刑事责任的客观基础。对一切犯罪来说，危害行为的有无是决定犯罪成立与否的标志，无行为则无犯罪。因为仅有思想而没有将思想外化为行为，就不可能有社会危害性，自然不成立犯罪。对于某些犯罪来说，危害结果及特定的犯罪方法、时间、地点的有无也是区分罪与非罪的重要标准。比如，过失犯罪以具备特定危害结果为要件，如果没有发生法律所规定的危害结果，过失犯罪就不能认定。又如，捕捞水产品的行为若不是在禁渔区、禁渔期或使用禁用的工具、方法实施的，就不成立《刑法》第 340 条的非法捕捞水产品罪。

2. 是划分此罪与彼罪的界限。我国刑法中的许多犯罪在犯罪客体、犯罪主体和犯罪主观方面的要件上往往是相同的，法律之所以把它们规定为不同的犯罪，主要就是基于犯罪客观方面的要件不同。比如，抢劫罪、盗窃罪、诈骗罪、抢夺罪等以非法占有为目的而侵犯财产的各种犯罪之间的区别，就是如此。这也就是立法对犯罪客观要件往往要加以具体规定的原因所在。所以，明确不同犯罪构成所要求的不同的客观要件，常常是正确区分不同犯罪的重要方法。

3. 是正确分析和认定犯罪主观方面的客观基础。犯罪客观方面是犯罪主观方面的客观外化，主观上的犯罪意图只有通过客观上的危害行为才能实现。因此，要查清行为人的主观方面就必须认真分析其客观方面。只有通过考察行为人实施的行为、行为所造成的结果以及行为实施的各种客观条件，才能正确揭示出行为人的心理态度。

4. 是确定刑罚轻重的依据。就不同的犯罪来讲，刑法对不同的犯罪规定了轻重不同的刑罚，主要是依据其客观方面的要件不同从而影响到的社会危害性程度不同。就同一性质的犯罪来讲，犯罪客观方面对量刑的影响体现在以下两个方面：①从立法上看，刑法往往把是否具备某种危害结果作为某些犯罪是否加重处罚的根据；②从司法实践中看，同一种性质的不同犯罪案件，因为它们所实施的方式、手段以及时间、地点、条件、具体对象的不同而影响它们的社会危害性程度，从而导致刑罚的轻重不一。此外，故意犯罪的客观方面是否齐备是区分犯罪完成与未完成形态的标准，刑法对犯罪预备、未遂、中止和既遂分别规定了不同的量刑标准。

二、危害行为

（一）危害行为的含义

危害行为，是指在人的意志或意识支配下实施的危害社会的身体动静。根据上述定义，危害行为具有以下两个方面的含义：

1. 危害行为是在法律上对社会有害的行为。我国刑法理论认为，作为犯罪的行为，不仅具有社会危害性，而且具有刑事违法性。危害行为的社会危害性是危害行为的价值评价特征，也称为危害行为的社会性特征。犯罪的社会危害性通过人的行为表现出来，没有危害社会的行为，就不是犯罪。这种危害性在法律上表现为违反刑法规范性。因此，刑法中规定的正当防卫行为、紧急避险行为等都不是刑法意义上的危害行为。

2. 危害行为是在行为人的意识和意志支配下的行为。因为只有这样的危害行为，才可能由刑法来调整并达到刑法调整所预期的目的。由于危害行为是意识和意志的产物，因此人的无意识和无意志的身体动静，即使客观上造成了损害，也不是刑法意义上的危害行为，因而不能认定这样的行为构成犯罪。这类无意识和无意志的身体动静主要有以下几种：①人在睡梦中或处于精神错乱状态下的举动。这些情况下的举动，并不是人的意志或意识的表现，因而即使在客观上对社会有损害，也不能认为是刑法上的危害行为。②人在不可抗力作用下的举动。这种情况下的行动并不表现人的意志，甚至违背其意志，因而也不能认为是刑法上的行为。比如，铁路扳道工因突发疾病而不能履行扳道的职责，致使列车相撞。这里，扳道工未履行扳道的义务就是由于突发疾病这种不可抗力所导致的。③人在身体受到强制情况下的行为。这种情况下的行为是违背行为人主观意愿的，客观上他对身体强制也是无法排除的，因此，此等行为也非刑法上的危害行为。比如，盗窃犯甲潜入某研究所实验室盗窃时，被工作人员乙发觉而将之堵在屋内，二人展开搏斗，乙因身单力薄，被盗窃犯甲猛力推倒在仪器台上。乙的身体碰坏了十分贵重的仪器，这里就不能让乙对损坏贵重仪器负刑事责任，因为乙碰坏仪器的动作并不表现其意志和意识，是其身体受强制情况下的行动，不是刑法意义上的危害行为。需要指出的是，人在受到精神强制、威胁时所实施的损害社会的行为，除符合紧急避险条件而属于合法行为的以外，达到触犯刑法程度的，应当认定为犯罪，因为这时行为人是在其意志和意识的支配下实施了这一行为。

（二）危害行为的表现形式

刑法中的危害行为的表现形式多种多样，刑法理论将形形色色的危害行为概括为两种基本形式，即作为与不作为。

1. 作为。作为是指行为人以积极的行为实施刑法所禁止的危害社会的行为。作为违反的是禁止性规范，即刑法禁止做而去做，是"不当为而为"。比如，以枪杀人而构成的故意杀人罪，行为人的作为就直接违反了刑法中的"不得杀人"的禁止性规范。作为的外在表现是人的身体的积极动作，凡是只能由作为形式实施的犯罪，消极行为就不能构成。作为一般由人的一系列积极举动组成，而不是个别孤立的动作，因此不能机械地将一个犯意所支配的若干有机联系的动作和活动环节分解为多个作为。

作为的实施方式多种多样，就行为人自身的表现来看，主要有以下几种：

（1）利用自己身体实施的作为。无论是利用身体的哪个部位实施的动作，只要符合作为的特点，就是作为的具体实施方式。比如，行为人既可以利用四肢拳打脚踢地伤人、杀人，也可以通过口出秽言予以侮辱，或通过眼神示意进行教唆。

（2）利用身份条件实施的作为。即行为人利用自己所具有的特定身份而实施危害社会的行为。比如，国家工作人员除了利用职务的便利实施贪污贿赂犯罪之外，还可能利用职务的便利实施其他危害社会的行为。

（3）利用物质工具实施的作为。这种作为方式的特点是，行为人利用工具的某种属性作用于犯罪对象，使对象产生某种改变从而侵害或威胁犯罪客体。这是一种最常见的作为实施方式。物质工具的种类很多，除了刀枪棍棒、绳索、毒药等普通作案工具以外，各种现代化的高科技产品都可能成为实施危害行为的工具。

（4）利用自然力实施的作为。自然力是指水火雷电等自然现象。在现实世界里，行为人利用自然力进行犯罪的案件并不少见。

（5）利用动物实施的作为。只要行为人以身体活动驱使动物，就是利用动物实施的作为。比如，利用毒蛇、猛兽伤害、杀害他人。

（6）利用他人实施的作为。即行为人将他人作为工具加以利用而实施危害行为。比如，行为人利用精神病人杀人，利用未满14周岁的少年进行放火、决水的行为。

2. 不作为。不作为是指行为人负有实施某种行为的特定法律义务，能够履行而不履行的危害行为。不作为违反的是刑法的命令性规范，即"当为而不为"。比如，负有扶养义务的行为人对不具有独立生活能力的人拒绝扶养且情节恶劣的，就是一种典型的不作为。从犯罪构成的角度看，我国刑法中由不作为的行为形式实现的犯罪有以下两种类型：①刑法明文规定只能由不作为构成的犯罪，在刑法上被称为纯正（真正）不作为犯，如遗弃罪等；②既可以由作为实现，也可以由不作为实现的犯罪，在刑法上被称为不纯正（真正）不作为犯，如故意杀人罪、决水罪等。

此外，成立不作为犯罪，在客观方面应当具备如下三个条件：

（1）行为人负有实施某种作为的特定法律义务，这是构成不作为的前提条件。没有特定法律义务，也就没有不作为的行为形式。特定义务的来源包括以下几个方面：

第一，法律明文规定的义务。此处的法律不仅指刑法，还包括由国家制定或认可并由国家强制力保证实施的其他一切行为规范，如宪法、法律、行政法规、条例、规章等。比如，我国《民法典》规定，父母对子女有抚养教育的义务，子女对父母有赡养扶助的义务。因此，行为人拒绝抚养、赡养的行为，可能构成不作为犯罪。但是，非刑事法律明文规定的义务只有经刑法认可或要求的，才能被视为作为义务的根据。换言之，只有当其他法律、法规规定的义务成为刑法规范所要求履行的义务时，才是不作为法律义务的根据。需要指出的是，不能机械地根据法律条文上的直接规定来确定行为人是否有法律明文规定的义务，对于法律没有规定的，要根据案件的具体事实，运用法理，分析有关法律规范的内涵及行为人同所发生的法律事件的关系，加以确定。

第二，职务或业务上要求的义务。即具有一定职务或从事某种业务的人负有某种特定的义务。比如，值班医生负有抢救病人的职责，游泳场的救生员负有抢救落水人的义务，值勤消防队员负有灭火的义务。严格来讲，职务或业务上的义务亦属于法律明文规定的义务，因为这类义务一般都由各种法规、条例、规则所规定，其效力的根据仍在于法律的规定。但是，承担职务或业务上要求的义务的前提是担任相应的职务或从事相应的业务，因此，与一般法律明文规定的义务相比，又有显著的不同。

第三，法律行为引起的义务。法律行为是指在法律上能够产生一定权利义务的行为。如果一定的法律行为产生某种特定的积极义务，行为人不履行该义务，从而使刑法所保护的社会关系受到侵害或威胁的，就可能成立不作为犯罪。比如，约定抚养他人婴儿的人对该婴儿负有抚养义务，如果不尽此种义务致使婴儿死亡的，就应承担相应的刑事责任。此处的法律行为，在实践中主要表现为合同行为，广义的法律行为还包括自愿承担义务行为。

第四，先行行为引起的义务。这种义务是指由于行为人的某种行为使刑法所保护的某种社会关系处于危险状态时，行为人负有的排除危险或防止危险结果发生的特定义务。如果行为人不履行这种义务，就是以不作为的形式实施的危害行为。比如，行为人驾驶汽车将行人撞伤，就负有将行人送往医院抢救的义务；成年人带小孩去游泳，就负有保护小孩安全的义务等。

（2）行为人有能力履行特定法律义务，这是不作为成立的重要条件。如果行为人不具有履行特定法律义务的可能性，也不可能成立不作为。

（3）行为人没有履行作为的特定法律义务，这是不作为成立的关键条件。

在本节导入案例中，甲作为幼儿教师，负有保护儿童安全和抢救儿童生命的义务，在有能力履行该义务的情况下，甲没有履行，造成幼儿乙死亡的结果。甲的行为符合不作为犯罪成立的条件，所以应对其追究刑事责任。而闻声路过的丙由于缺乏不作为的义务来源，故对乙的死亡不承担不作为的法律后果。

三、危害结果

（一）危害结果的含义与分类

危害结果有广义与狭义之分。广义的危害结果，是指由行为人的危害行为所引起的一切对社会的侵害事实。广义的危害结果有以下两种分类：

1. 直接结果和间接结果。直接结果，是指由危害行为所直接造成的侵害事实，它与危害行为之间不存在独立的另一现象作为中介。比如，行为人向被害人开枪致其死亡，被害人的死亡就是行为人的枪击行为的直接结果。间接结果，是指并非由危害行为所直接造成的侵害事实，它与危害行为之间存在独立的另一现象作为联系中介。比如，行为人诈骗了被害人大量钱财以后，被害人因悔恨而自杀，被害人的死亡就是行为人诈骗行为的间接结果。直接结果有助于正确定罪量刑，间接结果对量刑有影响。

2. 犯罪构成要件的结果和非犯罪构成要件的结果。犯罪构成要件的结果，是指刑法分则条文规定的，成立某种具体犯罪既遂必须具备的危害结果。比如，故意杀人罪中被害人死亡的结果就是此罪的构成要件的结果。非犯罪构成要件的结果，是指危害行为引起的犯罪构成要件以外的，影响行为的社会危害性程度大小的危害结果。比如，故意杀人未遂而致被害人重伤，重伤就是非犯罪构成要件的结果，它影响故意杀人未遂量刑的轻重。

所谓狭义的危害结果，是指作为犯罪构成要件的结果，通常也就是对直接客体所造成的法定的实际损害或现实危险状态。狭义的危害结果是定罪的主要根据之一。比如，在上例中行为人诈骗了财物，造成了被害人自杀，认定其成立诈骗罪的既遂时只能以财物的损失为根据，而被害人的自杀只是作为量刑考虑的情节。我国刑法理论通常是从狭义上理解危害结果的。

从司法实践中定罪的实际需要出发，狭义的危害结果可以被进一步分为有形的、可以通过具体测量确定的物质性危害结果和无形的、不能通过具体测量确定的非物质性危害结果。

物质性危害结果，是指现象形态表现为物质性变化的危害结果。比如，伤害行为致使他人身体受伤，盗窃行为致使大量财物被窃等。物质性危害结果是可以直观地加以观察的，并且一般是可以用数字计量或用形象加以描述的。对于引起物质性危害结果的犯罪，要认定是犯罪既遂还是未遂，则要在查明行为人实施了某种危害行为的同时，另查明是否发生了作为构成要件的危害结果，且这种结果与行为人的行为是否有因果关系。如果结论是否定的，则一般应以犯罪未遂论处。

非物质性危害结果，是指现象形态表现为非物质变化的危害结果。比如，侮辱、诽谤行为致使他人的名誉、人格受到损害等。非物质性危害结果往往是犯罪行为一经实施，这种结果就同时发生了。它并不像物质性危害结果那样具有单纯性、直观性和可计量性，因此，人们不能凭直觉感知它，但它也并不是无迹可寻、不可估量的，只是与物质性的危害结果相比，其认定方式更为复杂、困难。对于引起非物质性危害结果的犯罪，一般只要查明行为人已经实施了危害行为，就可以认定为犯罪既遂，而不存在未遂问题，也无需查明行为与结果之间的因果关系。比如，侮辱罪、诽谤罪就是如此。

（二）危害结果在我国刑法中的规定

危害结果是我国刑法中的一个重要概念，其作用由刑法总则和分则根据不同的情况进行规定，概括起来，主要有以下几种情况：

1. 在故意犯罪和过失犯罪的概念中明确规定危害结果。《刑法》第 14 条第 1 款规定："明知自己的行为会发生危害社会的结果，并且希望或者放任这种结果发生，因而构成犯罪的，是故意犯罪。"第 15 条第 1 款规定："应当预见自己的行为可能发生危害社会的结果，因为疏忽大意而没有预见，或者已经预见而轻信能够避免，以致发生这种结果的，是过失犯罪。"上述规定表明，无论是故意犯罪还是过失犯罪，都存在危害结果，只不过后者要求以结果的实际发生作为犯罪的成立条件，而前者无这种必然的要求。是否以危害结果的实现作为犯罪成立的必要条件，最终以刑法分则对各罪的规定为准。

2. 将发生有形的、物质性的危害结果作为某些故意犯罪的既遂标准。犯罪的既遂，一般来说应该是指犯罪的完成，而犯罪的完成往往又是以危害结果的发生为标准的。我国刑法所规定之犯罪，多数是以物质性的危害结果的出现作为既遂标准的，如故意杀人罪、故意伤害罪，要求以被害人的死亡、伤害的结果作为既遂的标准，而诈骗罪，则要求以数额较大的公私财产的损失作为既遂的标准。

3. 将发生某种现实的危险结果作为构成某些故意犯罪的既遂标准。在一些公共危险性的犯罪中，刑法并不要求以对犯罪客体造成现实的侵害作为既遂的标准。为了使公共安全这样的重大利益得到周全的保护，刑法以造成某种危险状态作为犯罪的既遂标准。我国刑法分则第二章"危害公共安全罪"中的一些公共危险犯，如放火罪、爆炸罪、投放危险物质罪、破坏交通工具罪等就属于该种情况。

4. 将造成某种严重危害结果作为构成过失犯罪的标准。我国刑法对将过失行为作为犯罪处理的情况，持慎重态度。在我国刑法所规定的过失犯罪中，绝大多数均规定以某种严重危害结果的出现作为犯罪的成立条件，否则不成立犯罪，如我国刑法将过失致人重伤规定为犯罪，而过失造成轻伤结果的，则不构成犯罪。

5. 将发生某种特定的危害结果作为划分此罪与彼罪的标准。一般情况下，行为的性质是以结果的性质反映出来的，但也存在一种行为从不同的角度观察具有不同性质的情况。例如，以殴打的形式虐待他人时，其行为既有虐待的性质也有伤害的性质。在这种情况下，我国刑法往往采取以危害结果的性质来认定犯罪的方法。例如，《刑法》第248条第1款规定，监狱、拘留所、看守所等监管机构的监管人员对被监管人进行殴打或者体罚虐待，情节严重的，处3年以下有期徒刑或者拘役；情节特别严重的，处3年以上10年以下有期徒刑。致人伤残、死亡的，依照本法第234条、第232条的规定定罪从重处罚。该规定说明，如果行为人在殴打或者体罚虐待被监管人时，未造成伤残或死亡结果时，构成虐待被监管人罪，而同样的行为若造成伤残或死亡结果时，就构成故意杀人罪或故意伤害罪，即以法定的严重结果的发生作为区分此罪与彼罪的界限。

6. 将造成某种严重的危害结果作为提高法定刑或从重处罚的根据。我国刑法分则规定的各种犯罪中，多数犯罪规定了两个或者两个以上的法定刑幅度，在基本法定刑的基础上上升到加重法定刑的情况，有相当部分是以造成严重危害结果为依据的，如《刑法》第234条规定的故意伤害罪、第238条规定的非法拘禁罪，都属于故意犯罪的适例；而《刑法》第131条规定的重大飞行事故罪、第137条规定的工程重大安全事故罪，则属于过失犯罪的适例。

四、因果关系

因果关系是哲学上的一个重要范畴，它是指一种现象在一定的条件下引起另一种现象。引起其他现象的现象是原因，被引起的现象是结果。不过，因果关系本身并不包括原因和结果，而只包含二者之间的引起与被引起的关系。

刑法上研究的因果关系，是指人的危害行为同危害结果之间的因果关系。研究刑法上的因果关系具有重要意义，这是因为，罪责自负是我国刑法的基本原则，一个人对某种危害结果有无罪责，决定条件之一就是他的行为与该结果之间有无因果关系。因此，当危害结果发生时，要使某人对该结果负责任，就必须查明他所实施的行为与该结果之间具有因果关系。换言之，查明某人的行为同危害结果有无因果关系，是正确认定犯罪、解决刑事责任的必要条件。

在实践中，对于危害行为与危害结果之间的因果关系，通常并不难确定。但是，犯罪情况复杂多样，某种危害结果的发生既有其内部原因，也有外部原因；既有主要原因，也有次要原因；既有直接原因，也有间接原因；等等。比如，行为人意图杀害被害人，致其重伤，在送医院过程中遇交通堵塞而致无法及时救治身亡，或在抢救过程中遇医生玩忽职守而不治而亡，或在住院期间遇火灾被烧死。在这些情况下，行为人的行为与被害人死亡之间是否有刑法上的因果关系就不是那么一目了然，需要我们科学地分析和论证。研究刑法上的因果关系，应当注意以下基本观点和基本问题。

（一）因果关系的客观性

因果关系作为客观现象间引起与被引起的关系，是不以人的意志为转移而客观存在的。因果关系的有无只能根据现象之间的客观联系进行判断，不能以行为人没有认识到自己的行为会导致某种危害结果而否定它的存在，也不能因为其假设存在而存在。比如，行为人致被害人轻伤，但碰巧被害人为血友病患者，致使其流血不止死亡。在这种情况下，就不能以行为人不知被害人是血友病患者，认为其行为不会导致被害人死亡而否定轻伤行为与死亡结果之间因果关系的存在。因此，那种认为只有在罪过心理支配下的行为与危害结果之间的因果关系才是刑法上的因果关系的观点是不正确的。

（二）因果关系的相对性

辩证唯物主义科学说明，世界上的一切事物都是普遍联系和相互制约的"锁链"，一现象是某一现象的结果，其本身又可以是另一现象的原因，换言之，原因和结果的区别在现象普遍联系的整个链条中只是相对的，而不是绝对的。因此，要确定哪个是原因哪个是结果，必须把其中的一对现象从普遍联系中抽出来，孤立地考察它们，也就是说，只有抓住整个链条中的某一特定环节，才能具体地考察这一对现象之间的因果联系，即谁为原因，谁为结果。至于哪一对现象需要被抽出来研究，则要取决于研究的目的和对象。因为刑法中研究因果关系的目的，是要解决行为人对所发生的危害结果应否负刑事责任的问题，所以此处所研究的因果关系，只能是人的危害行为与危害结果之间的因果联系。因此，合法行为、自然力作用等与其所引起的某种结果之间的关系并不属于刑法中因果关系的范畴。

（三）因果关系的时间序列性

因果关系的时间序列性，是指从发生的时间上看，原因在前，结果在后，结果不可能在原因之前存在。因此，作为原因的危害行为的实施，必定先于作为结果的危害结果的出现。这告诉我们，只能在危害结果发生之前的危害行为中去找原因。如果某人的行为是在危害结果发生之后实施的，则该行为与危害结果之间显然没有因果关系。比如，甲在睡眠中突发心脏病死于床上，行为人意图杀甲，看到甲躺在床上，以为其在熟睡，开枪向其射击。在这种情况下，由于行为人的杀害行为是在甲的死亡结果发生之后实施的，因而二者之间不可能有因果关系。当然，这并不意味着凡是先于危害结果发生的行为，都是引起该结果的原因，在结果之前的行为只有引起和决定该结果的发生，才是该结果发生的原因。比如，行为人向被害人实施敲诈勒索行为，但行为人并不是出于畏惧心理，而是基于怜悯之心提供财物，则敲诈勒索行为与被害人提供财物之间不具有刑法上的因果关系。

（四）因果关系的条件性和具体性

人的行为不可能超时空而孤立存在和发展。人的行为引起某种危害结果，总是同当时的具体时间、地点以及其他各种条件相结合、相互作用的。一种行为在一般情况下可能不会造成某种危害结果，但在具体的环境中、特定条件下，就可能造成某种危害结果。因此，考察某人的行为同某种危害结果的因果关系，绝不可能脱离案件的各种具体条件孤立地看行为本身，而应全面考虑危害行为实施的时间、地点、条件等具体情况，否则，就难以正确判明因果关系。比如，行为人与被害人产生争执，向被害人胸部打了一拳，致使被害人的心脏病发作，在送往医院的途中遇交通堵塞而不治身亡。在这一案例中，一般情况下一拳是不会致人死亡的，但恰巧被害人有心脏病，而且又没能及时送往医院，否则被害人是可以得救的。但并不能因此就否定行为人的击拳行为与被害人死亡之间的因果关系。行为人的行为正是在被害人具有心脏病和交通堵塞等具体条件下，造成了被害人死亡的结果。在全面分析对于结果发生的诸因素时，要注意把原因与条件严格区分开来。原因是引起结果诸因素中的决定性因素，而条件虽然对结果的发生起着一定的作用，但它只是围绕原因对结果起加速或延缓的作用，而非决定性的作用。因此，不能把原因与条件等同看待，否则，将会扩大刑事责任的客观依据。

（五）因果关系的复杂性

刑法上的因果关系与哲学上的因果关系一样，都具有复杂性与多样性。这种复杂性和多样性主要表现为一因多果和多因一果。一因多果，指的是一个危害行为同时引起多种结果的情况。比如，行为人破坏公共汽车致其倾覆，并导致多人伤亡。又如，行为人抢劫被害人并致其死亡。在一行为引起多种结果的情况下，要分析主要结果与次要结果、直接结果与间接结果，以便正确定罪量刑。多因一果，指的是多个原因导致某一危害结果发生的情况。比如，在共同犯罪中，每个共同犯罪人的行为都是造成危害结果的原因。又如，在责任事故类的过失犯罪中，事故的发生通常涉及许多人的过失，而且还是主客观原因交织在一起。在多行为导致某一危害结果发生的情况下，应该区别原因的致害程度，分清什么是主要原因，什么是次要原因。这是因为这些原因在导致危害结果发生中所起的作用不同，相应地，危害程度也有差别。通过分清主次原因，使各行为人承担各自的刑事责任。

（六）因果关系的必然联系和偶然联系问题

在现实中，因果关系一般表现为一对现象之间存在着内在的、必然的、合乎规律的引起与被引起的关系。这种联系被称为必然因果关系，它是因果关系基本的和主要的表现形式。但是自然现象和社会现象十分复杂，因果关系的表现也不例外，从因果性和规律性的相互关系的观点来看，因果关系可能是一般的和必然的，也就是可能具有规律的意义。但也可能既不是一般的联系，也不是必然的联系，而只是单一的和偶然的联系。这种单一的和偶然的联系，又被称为偶然因果联系，指的是某种行为本身并不包含产生某种危害结果的必然性，但在其发展过程中，偶然又有其他原因加入其中，即偶然地同另一原因的展开过程相交错，由后来介入的这一原因合乎规律地引起了这种危害结果的发生。

偶然因果关系通常对量刑具有一定的意义。比如，行为人抢劫被害人，被害人逃跑。在横穿马路时，被害人由于慌乱被正常行驶的汽车轧死。在这个案例中，行为人的行为与被害人的死亡结果之间存在着偶然的因果关系，因此行为人不仅对抢劫行为承担刑事责任，而且对被害人的死亡也须负责任。当然，这种责任并不是杀人罪的刑事责任，而是在对抢劫罪进行量刑时体现出来。偶然因果关系有时对定罪也有一定的影响。比如，在监督关系中，监督者对被监督者有监督或者管理的义务。如果监督者不履行或者不正确履行自己的监督或者管理义务，导致被监督者产生的过失行为引起了危害结果，或者由于没有确立安全管理体制而导致危害结果发生，监督者主观上对危害结果就具有监督过失，就因果关系而言，监督者的监督过失行为与危害结果之间具有偶然的因果关系，但是，监督者的行为仍然构成犯罪。如2009年2月9日央视大火案第二批被追责的人员中，中山盛兴公司因销售以次充好的挤塑板而被判处犯销售伪劣产品罪，其公司人员唐珠创、谷显树、李书志也因犯销售伪劣产品罪而获刑，北京市建设工程安全质量监督总站监督三室原主任罗龙因未能及时阻止使用不合格保温板，被控涉嫌玩忽职守罪。其中罗龙就是因监督过失行为成立偶然因果关系而构成犯罪的适例。

（七）因果关系与刑事责任

研究和确定某人的行为与危害结果有无因果关系，对于解决这一行为人对于该危害结果应否负刑事责任问题，具有重要意义。因为，根据我国《刑法》的罪责自负原则，如果行为人的行为与危害结果之间不存在因果关系，那么其当然不对该结果负刑事责任。然而，这并不是说只要行为与危害结果之间存在因果关系，行为人就必须对此负刑事责任。我国刑法中的犯罪构成是主客观诸要件的统一，行为符合犯罪构成才能追究行为人的刑事责任。刑法上的因果关系是为了解决已经发生的危害结果是由谁的行为造成的这一问题，因此，它只是确立了行为人对特定危害结果负刑事责任的客观基础，并不等于解决了其刑事责任问题。要使行为人对危害结果负刑事责任，还必须具备主观上的故意或过失。否则，即使行为与危害结果之间具有因果关系，仍不能构成犯罪并使其负刑事责任。

第五节 犯罪主体

○ **导入案例**

被告人王某，男，1984年6月29日生，无业。1998年3月9日，拦路抢劫一下班女工，抢得现金200元；1999年8月25日盗电脑一台，价值6500元；1999年12月20日将放学的初二女学生丁某强奸；2000年7月12日，诈骗一外地农民工3600余元。

问：王某应对哪些行为承担刑事责任？

本案知识点：刑事责任年龄的认定

一、犯罪主体的概念及功能

（一）犯罪主体的概念

根据我国刑法和有关的理论，我国刑法中的犯罪主体，是指实施危害社会的行为并且依法应当承担刑事责任的自然人和单位。从主体的法律性质上分，犯罪主体包括自然人犯罪主体和单位犯罪主体。自然人犯罪主体是我国刑法中最基本的、具有普遍意义的犯罪主体。单位主体在我国刑法中不具有普遍意义。根据《刑法》第30条的规定，单位成为犯罪主体应以刑法分则有明文规定为限。自然人主体是指达到刑事责任年龄，具备刑事责任能力，实施危害社会的行为并且依法应当承担刑事责任的自然人。自然人主体可以再分为一般主体与特殊主体。对于具体的犯罪而言，只要求达到刑事责任年龄和具备刑事责任能力的自然人即可构成的犯罪主体是一般主体。除了具备上述两个条件外，还要求具有特定的身份才能构成的犯罪主体是特殊主体。

（二）犯罪主体的功能

犯罪主体对定罪和量刑均具有重要的功能。

就定罪而言，任何犯罪都有主体，即任何犯罪都有犯罪行为的实施者和刑事责任的承担者，离开了犯罪主体就不存在犯罪，也不会发生刑事责任问题。而且认定犯罪主体需要一定的条件，并非任何人实施了刑法禁止的危害社会的行为都构成犯罪并应承担刑事责任。只有具备了法律所要求的犯罪主体条件的人，才能构成犯罪并应承担刑事责任。不符合犯罪主体条件的人，即使实施了刑法所禁止的危害社会的行为，也不构成犯罪，不负刑事责任。不符合特殊主体条件的人，不能构成特殊主体的犯罪。犯罪主体条件的具备，是行为人具备犯罪主观要件的前提，也是对犯罪人适用刑罚能够达到刑罚目的的基础。因此，运用有关的刑法理论正确地阐明我国刑法中关于犯罪主体条件方面的规定，例如，关于刑事责任年龄的规定，关于无刑事责任能力的规定等，对于正确认定犯罪、划清罪与非罪以及应否追究刑事责任的界限，具有相当重要的作用。而研究刑法分则某些条文关于犯罪人应具备的特殊身份要件，则对正确区分罪与非罪以及此罪与彼罪的界限，也都具有重要意义。例如，国家工作人员利用职务上的便利将本单位财物非法占为己有的，构成贪污罪；不具有此等身份的人实施上述行为的，则构成职务侵占罪。

就量刑而言，在同样具备犯罪主体要件的情况下，犯罪主体的具体情况也可能不同，而不同的具体情况又影响到刑事责任程度的大小。例如，我国刑法对未成年人、老年人、尚未完全丧失辨认或者控制自己行为能力的精神病人、又聋又哑的人和盲人犯罪的处罚问题等，都有不同于其他犯罪人的处罚规定。这些都说明了犯罪主体的不同情况对量刑的重要影响。科学地研讨立法与司法中有关犯罪主体的问题，对于实践中正确地适用刑罚，无疑是十分重要的。

二、自然人犯罪主体

（一）刑事责任能力

刑事责任能力，是指行为人构成犯罪并承担刑事责任所必需的，行为人应当具备的刑法意义上辨认和控制自己行为的能力。简言之，刑事责任能力就是行为人辨认和控制自己行为的能力。

刑事责任能力的内容包括辨认行为能力和控制行为能力。其中，辨认能力是指行为人具备对自己的行为在刑法上的意义、性质、作用、后果的分辨认识能力。也就是行为人能不能认识到自己的行为为刑法所禁止、谴责和制裁。例如，一个人在实施杀人行为时，能不能认识到杀人为刑法所禁止，如果有肯定的认识，就具备了认识能力。控制能力是指行为人具备决定自己是否以行为触犯刑法的能力。例如，能否选择自己实施或不实施杀人行为，有这样的选择自由，就具备了控制能力。

刑事责任能力中的辨认能力和控制能力存在着有机的联系。一方面，辨认能力是刑事责任能力的前提和基础。只有对自己的行为在刑法上的意义有认识，才谈得上凭借这种认识能力而自觉有效地选择和决定自己是否实施触犯刑法的行为所需的控制能力。只要确认某人没有辨认能力，他便不具备控制能力，从而不存在刑事责任能力。控制能力的具备是以辨认能力的存在为前提条件的，不具备辨认能力的未达刑事责任年龄的幼年人和患严重精神病的人，自然也就没有刑法意义上的控制能力。另一方面，控制能力是刑事责任能力的关键。在具备辨认能力的基础上，还需要有控制能力才能具备刑事责任能力，只要确认了具备控制能力就一定具备辨认能力。虽然有辨认能力，但也可能因不具有控制能力而并无刑事责任能力。由此可见，仅有辨认能力而没有控制能力，就没有选择和决定自己行为的能力，就不具有刑事责任能力；控制能力的存在又须以具备辨认能力为前提，因而不可能存在仅有控制能力而没有辨认能力的情况。总之，刑事责任能力的存在，要求辨认能力与控制能力必须齐备，缺一不可。

（二）与刑事责任能力有关的因素

1. 刑事责任年龄。

（1）刑事责任年龄的概念。刑事责任年龄，是指刑法规定的主体对自己实施的刑法所禁止的危害社会的行为负刑事责任必须达到的年龄。达到刑法规定的刑事责任年龄，是刑法推定自然人具备刑事责任能力的基本要求，因此也是任何自然人犯罪主体都必须具备的条件。

犯罪是具备辨认和控制自己行为的能力者在其主观意志和意识支配下实施的危害社会的行为，而辨认和控制自己行为的能力取决于行为人智力和社会知识的发展程度，因而它必然受到行为人年龄的制约。年龄幼小的儿童还不能正确认识周围事物和自己行为的性质和意义，也不具有适应刑罚的能力，将他们实施的损害社会的行为作为犯罪追究，是不符合我国刑法的性质和刑罚目的的。只有达到一定年龄，能够辨认和控制自己的行为，并能够适应刑罚的惩罚和教育的人，才能够对自己的危害行为依法负刑事责任。刑事立法根据人的年龄因素与责任能力的这种关系，确立了刑事责任年龄制度。可以说，达到刑事责任年龄，是自然人具备责任能力而可以作为犯罪主体的前提条件。

（2）刑事责任年龄阶段的划分。《刑法》第17条对刑事责任年龄作了较为集中的规定，把刑事责任年龄划分为完全不负刑事责任年龄、相对负刑事责任年龄与完全负刑事责任年龄三个阶段。

第一，完全不负刑事责任年龄阶段。这是指行为人实施任何刑法所禁止的危害行为都不承担刑事责任的年龄阶段。我国刑法并没有明文规定处于什么年龄阶段的人实施刑法所禁止的危害行为不承担刑事责任。但是，根据《刑法》第17条第3款关于"已满十二周岁不满十四周岁的人，犯故意杀人、故意伤害罪，致人死亡或者以特别残忍手段致人重伤造成严重残疾，情节恶劣，经最高人民检察院核准追诉的，应当负刑事责任"的规定，完全可以得出未满12周岁的人实施刑法所禁止的任何危害行为都不应当承担刑事责任的结论。一般地说，不满12周岁的人尚处于幼年时期，还不具备辨认和控制自己行为的能力，即不具备责任能力。因此法律规定，对不满12周岁的人所实施的危害社会的行为，概不追究刑事责任。

第二，相对负刑事责任年龄阶段。按照我国《刑法》第17条第2款、第3款规定，我国关于相对刑事责任年龄的规定是，"已满十四周岁不满十六周岁的人，犯故意杀人、故意伤害致人重伤或者死亡、强奸、抢劫、贩卖毒品、放火、爆炸、投放危险物质罪的，应当负刑事责任""已满十二周岁不满十四周岁的人，犯故意杀人、故意伤害罪，致人死亡或者以特别残忍手段致人重伤造成严重残疾，情节恶劣，经最高人民检察院核准追诉的，应当负刑事责任"。亦即，已满12周岁不满16周岁是相对负刑事责任年龄阶段，也称相对无刑事责任阶段。达到这个年龄阶段的人，已经具备了一定的辨别大是大非和控制自己重大行为的能力，即对某些严重危害社会的行为具备一定的辨认和控制能力。因此，法律要求他们对自己实施的严重危害社会的行为负刑事责任。如果因不满16周岁不予刑事处罚的，根据《刑法》第17条第5款的规定，要责令其父母或者其他监护人加以管教；在必要的时候，依法进行专门矫治教育。

第三，完全负刑事责任年龄阶段。按照我国《刑法》第17条第1款的规定，"已满十六周岁的人犯罪，应当负刑事责任"。亦即，已满16周岁的人进入完全负刑事责任年龄阶段。由于已满16周岁的未成年人的体力和智力已有相当的发展，具有了一定的社会知识，是非观念和法制观念的增长已经达到一定的程度，一般已能够根据国家法律和社会道德规范的要求来约束自己，因而他们已经具备了基本的刑法意义上辨认和控制自己行为的能力。因此，我国《刑法》规定已满16周岁的人可以构成刑法中所有的犯罪，要求他们对自己实施的刑法所禁止的一切危害行为负担刑事责任。

（3）未成年人犯罪案件的处理。我国《刑法》对刑事责任年龄所作的上述规定，解决的是认定犯罪方面的问题。考虑到未成年人由其生理和心理特点所决定，既有容易被影响、被引诱走上犯罪道路的一面，又有可塑性大、容易接受教育和改造的一面，因此从我国适用刑罚的根本目的出发，并针对未成年违法犯罪人的特点，我国刑法在对未成年人犯罪案件的处理上，还有以下五条重要而特殊的处理原则：

第一，从宽处罚的原则。《刑法》第17条第4款规定，"对依照前三款规定追究刑事责任的不满十八周岁的人，应当从轻或者减轻处罚"。这是我国刑法对未成年人犯罪从宽处罚原则的规定。这一原则是基于未成年犯罪人责任能力不完备的特点而确立的，反映了罪责刑相适应的原则以及刑罚目的的要求。正确理解对未成年人犯罪应当从轻或者减轻处罚这一原则的含义，是正确执行该原则的前提和基础。这一原则中的"应当"，应理解为"必须""一律"，而不允许有例外，即凡是未成年人犯罪都必须予以从宽处罚。所谓从轻处罚，就是在法定刑幅度内比没有未成年这个情节的成年人犯罪所应判处的刑罚适当轻一些；从轻处罚，应当在具体犯罪内部相应罪刑单位的法定刑幅度内从轻。所谓减轻处罚，《刑法》第63条规定"在法定刑以下判处刑罚"，即低于相应法定刑的最低刑判处刑罚。至于是从轻还是减轻以及从轻减轻的幅度，则由司法机关根据具体案件确定。

第二，不适用死刑的原则。《刑法》第49条第1款规定："犯罪的时候不满十八周岁的人和审判的时候怀孕的妇女，不适用死刑。"这里所说的"不适用死刑"是指不允许判处死刑，不是说"不执行死刑"，也不是说等满十八周岁再判决、执行死刑，这是个原则要求，不允许有任何例外。

第三，不构成累犯。《刑法》第 65 条第 1 款规定："被判处有期徒刑以上刑罚的犯罪分子，刑罚执行完毕或者赦免以后，在五年以内再犯应当判处有期徒刑以上刑罚之罪的，是累犯，应当从重处罚，但是过失犯罪和不满十八周岁的人犯罪的除外。"进一步体现了对未成年人的从宽处理。

第四，缓刑的法定适用。《刑法》第 72 条规定："对于被判处拘役、三年以下有期徒刑的犯罪分子，同时符合下列条件的，可以宣告缓刑，对其中不满十八周岁的人、怀孕的妇女和已满七十五周岁的人，应当宣告缓刑：（一）犯罪情节较轻；（二）有悔罪表现；（三）没有再犯罪的危险；（四）宣告缓刑对所居住社区没有重大不良影响……"根据该规定，对不满十八周岁的人犯罪，只要符合缓刑条件的，应当予以缓刑，而不允许有例外。

第五，免除前科报告义务。《刑法》第 100 条第 1 款规定："依法受过刑事处罚的人，在入伍、就业的时候，应当如实向有关单位报告自己曾受过刑事处罚，不得隐瞒。"该规定使得犯罪人终生贴上了犯罪的标签，难以再社会化。尤其是未成年人，前科的存在必然导致其在复学、升学、入伍、就业的时候，受到社会歧视，不利于未成年人顺利复归社会。为此，《刑法》第 100 条第 2 款规定："犯罪的时候不满十八周岁被判处五年有期徒刑以下刑罚的人，免除前款规定的报告义务。"前科应指受到法院生效的有罪判决的事实，包括定罪免刑和定罪处刑两种情形，至于刑罚是暂缓执行、正在执行、还是执行完毕均没有影响。免除前科报告义务和前科消灭既有联系又有区别。其联系在于：二者都以前科的存在为前提；目的都是为了使犯罪人复归社会。其区别在于：免除前科报告义务并没有消除犯罪记录，只是可以不报告；前科消灭是消除犯罪记录。根据上述规定，免除前科报告义务必须同时符合以下条件：①犯罪的时候不满 18 周岁。既包括入伍、就业时未满 18 周岁的未成年人，也包括入伍、就业时已满 18 周岁的成年人，只要其犯罪时不满 18 周岁，就构成适用本条规定的条件之一。犯罪时已满 18 周岁的人，不能免除前科报告义务。②犯罪被判处的刑罚为 5 年有期徒刑以下的刑罚，包括被判处 5 年以下有期徒刑、拘役、管制、单处罚金刑以及适用缓刑的情形。如果被判处 5 年有期徒刑以上刑罚的，就不能免除前科报告义务。

（4）老年人犯罪案件的处理。《刑法》第 72 条规定：对已满 75 周岁的人犯罪，只要符合缓刑条件的，应当予以缓刑。《刑法》第 17 条之一规定：已满 75 周岁的人故意犯罪的，可以从轻或者减轻处罚；过失犯罪的，应当从轻或者减轻处罚。《刑法》第 49 条第 2 款规定：审判的时候已满 75 周岁的人，不适用死刑，但以特别残忍手段致人死亡的除外。体恤老年人一直是我国的法律传统，我国古代就有矜幼、恤老的规定。在国外，给予老年人犯罪从宽处罚也是普遍的做法。另外，老年人基于年龄、生理的原因，犯罪能力有所减弱，犯罪数量总体较小。因此，基于人道主义，刑法增设了老年人犯罪从宽处罚的规定。由于担心老年人犯罪一律免死会有负面作用，所以刑法特别规定"以特别残忍手段致人死亡的除外"。

（5）有关刑事责任年龄应注意的问题。

第一，刑事责任年龄的计算。根据《刑法》第 17 条的规定，我国刑法中的刑事责任年龄都是按周岁计算的。即法律规定的年龄，一律按公历的年、月、日计算，并且应自行为人出生的年、月、日起按日为单位计算实足年龄。例如，"不满 14 周岁"，包括周岁生日在内；"已满 14 周岁"则应从周岁生日之第 2 天起计算；其他不满 16 周岁、不满 18 周岁、已满 12 周岁、已满 16 周岁的均应依此计算。例如，一个 1981 年 12 月 1 日出生的人，只有从 1995 年 12 月 2 日起才能认定为"已满 14 周岁"，在 1995 年 12 月 2 日以前都只能算是"未满 14 周岁"。

第二，关于跨法定年龄阶段的犯罪问题。刑法对于不同责任年龄的犯罪，惩罚原则不一样，对于跨年龄犯罪的认定，不能按照前后一并认定的方法去处理，而应根据具体情况，区别不同的年龄时期，分别予以认定。具体来讲，如果未成年人在年满 12 周岁以前和已满 12 周岁不满 14 周岁期间都实施了《刑法》第 17 条第 3 款规定的犯罪行为，应当对其已满 12 周岁不满 14 周岁期间实施的行为追究刑事责任，而不应将年满 12 周岁以前实施的行为作为犯罪一并追究。未成年人在年满 16 周岁前后都实施了《刑法》第 17 条第 2 款规定以外的其他犯罪行为，应当对其年满 16 周岁以后的行为追究刑事责任，而不应把年满 16 周岁以前实施的行为作为犯罪一并追究。因此，凡属于该责任年龄时期不应负刑事责任的犯罪，一律不追究或不应当一并追究刑事责任。

在本节导入案例中，王某只对强奸和诈骗行为承担刑事责任。因强奸行为要求行为人年满 14 周岁才承担刑事责任；诈骗行为要求行为人年满 16 周岁才承担刑事责任。

2. 精神障碍。达到一定年龄且精神健全的自然人，由于其知识和智力得到一定程度的发展，因而其刑事责任能力即辨认和控制自己行为的能力就开始具备，并以达到成年年龄作为其责任能力完备的标志。但是，自然人即使达到负刑事责任的年龄，如果存在精神障碍尤其是存在精神病性精神障碍，就可能使其责任能力减弱甚至不具备，从而使其实施危害行为时的刑事责任也受到一定的影响。我国《刑法》第 18 条专门规定了精神病人的刑事责任问题，这是我国现阶段司法实践中解决实施危害行为的精神病人和其他精神障碍人刑事责任的基本依据。

（1）完全无刑事责任的精神障碍人。《刑法》第 18 条第 1 款规定："精神病人在不能辨认或者不能控制自己行为的时候造成危害结果，经法定程序鉴定确认的，不负刑事责任，但是应当责令他的家属或者监护人严加看管和医疗；在必要的时候，由政府强制医疗。"根据这一规定，认定精神障碍者为无责任能力人，应该同时符合以下三个条件：

第一，行为人在实施刑法所禁止的危害行为时，处于精神病发作状态中。这意味着必须确认行为人确实患有精神病，并且行为时确实处于精神病的发作期。非精神病引起的精神障碍，如神经官能症、性变态等变态人格等，一般不对行为人的刑事责任能力产生影响。此标准被称为医学标准，亦称生物学标准。简言之，即实施危害行为者是精神病人，确切地讲，是指从医学上看，行为人是基于精神病理的作用而实施特定危害社会行为的精神病人。

第二，行为人因精神病完全丧失辨认和控制自己行为的能力。由于精神病有轻重之分，其对行为人的刑事责任能力的影响也有程度上的区别，所以，要认定精神病人完全不具有刑事责任能力，必须以行为时完全丧失辨认能力或控制能力为标准，此标准被称为心理学标准，又称法学标准，是指从心理学、法学的角度看，患有精神病的行为人的危害行为，不但是由其精神病理机制直接引起的，而且由于精神病理的作用，使其行为时丧失了辨认或者控制自己实施触犯刑法之行为的能力。

第三，须经法定程序鉴定确认。由于精神病是一种功能性疾病，目前尚无客观的鉴定方法。为了防止精神病鉴定被滥用，甚至成为替精神病患者开脱罪责的"通行证"，刑法规定精神病的认定必须经法定程序鉴定确认。

（2）完全负刑事责任的精神障碍人。《刑法》第 18 条第 2 款规定："间歇性的精神病人在精神正常的时候犯罪，应当负刑事责任。"间歇性精神病人是指患有精神病，但是精神病症状时有时无的精神病人。在精神病发作期间，这种病人可能完全或者部分丧失辨认或者控制自己行为的能力，因而不可能承担或者不可能完全承担刑法所规定的刑事责任。但是，这种病人在精神病间歇期间，精神状态与常人无异，具有正常的辨认和控制自己行为的能力，因而不存在免除或者减轻行为人刑事责任的理由。

（3）限制刑事责任的精神障碍人。限制刑事责任的精神障碍人是介于无刑事责任的精神病人与完全负刑事责任的精神障碍人的中间状态的精神障碍人。《刑法》第 18 条第 3 款规定："尚未完全丧失辨认或控制自己行为能力的精神病人犯罪的，应当负刑事责任，但是可以从轻或者减轻处罚。"这里的"精神病人"，从立法意图来说，应作广义的理解，一般包括以下两类：①处于早期（发作前趋期）或部分缓解期的精神病（如精神分裂症等）患者，这种患者由于精神病理机制的作用使其辨认或控制行为的能力有所减弱；②某些非精神病性精神障碍人，包括轻度至中度的精神发育迟滞（不全）者，脑部器质性病变（如脑炎、脑外伤）或精神病（如精神分裂症、癫痫症）后遗症所引起的人格变态者，神经官能症中少数严重的强迫症和癔症患者等。根据《刑法》第18条第3款的规定，限制刑事责任的精神病人犯罪的，只是"可以"从轻或者减轻处罚，而不是"应当"从轻或者减轻处罚。在司法实践中，要根据具体情况进行掌握。

3. 生理功能丧失。一般说来，精神正常的人，其智力和知识随着年龄的增长而发展，达到一定的年龄即开始具有刑事责任能力，达到成年年龄即标志着刑事责任能力的完备。但是，人也可能由于重要的生理功能（如听能、语能、视能等）的丧失而影响其接受教育，影响其学习知识和开发智力，进而影响到其刑法意义上的辨认或控制行为能力的不完备。中外刑事立法和司法实践，都不同程度地注意到了人的生理功能丧失尤其是听能和语能的丧失（即聋哑）对其刑事责任能力的影响问题，并在刑事责任上有所体现。《刑法》第19条规定："又聋又哑的人或者盲人犯罪，可以从轻、减轻或者免除处罚。"这就是我国刑法中对生理功能缺陷者即聋哑人、盲人刑事责任的特殊规定。这一规定意味着，聋哑人、盲人实施刑法禁止的危害行为，构成犯罪的，应当负刑事责任，应受刑罚处罚，但又可以从轻、减轻或者免除处罚。

从理论与实践的结合上看，要正确适用我国《刑法》第19条关于聋哑人、盲人犯罪的刑事责任规定，应当注意以下几点：①该条的适用对象有两类：一是既聋又哑的人，即同时完全丧失听力和语言功能者；二是盲人，即双目均丧失视力者。②对聋哑人、盲人犯罪坚持应当负刑事责任与适当从宽处罚相结合的原则。③正确适用对聋哑人、盲人犯罪"可以从轻、减轻或者免除处罚"的原则。对于聋哑人、盲人犯罪，原则上即大多数情况下要予以从宽处罚；只是对于极少数知识和智力水平不低于正常人、犯罪时具备完全责任能力的犯罪聋哑人、盲人（多为成年后的聋哑人和盲人），才可以考虑不予从宽处罚；对于不但责任能力完备，而且犯罪性质恶劣、情节和后果非常严重的聋哑人、盲人犯罪分子，应坚决不从宽处罚。对应予从宽处罚的聋哑人、盲人犯罪案件，主要应当根据行为人犯罪时责任能力的减弱程度，并同时考察犯罪的性质和危害程度，来具体决定是从轻处罚还是减轻处罚，以及从轻、减轻处罚的幅度。

4. 生理醉酒。醉酒主要包括生理醉酒和病理性醉酒两类情况。病理性醉酒，即行为人在确实不知道自己酒量的情况下，因极少量饮酒而导致的突发性醉酒状态。这种醉酒状态不仅发生突然，而且精神障碍程度也特别严重，可导致行为人完全丧失辨认或者控制自己行为的能力。由于这种醉酒通常在行为人无法预见的情况下发生，我国刑法理论将其纳入精神病范畴，行为人在因病理性醉酒而丧失对犯罪行为的辨认和控制能力的情况下实施的危害社会的行为，不应当负刑事责任。

生理醉酒，又称普通醉酒、单纯性醉酒，简称醉酒，是通常最多见的一种急性酒精中毒，多发生于一次大量饮酒后，即因饮酒过量而致精神过度兴奋甚至神志不清的情况。生理醉酒的发生及其表现，与血液中酒精浓度及个体对酒精的耐受力关系密切。在生理醉酒状态下，人的生理、心理和精神变化大致可分为兴奋期、共济运动失调期和昏睡期三个时期。现代医学和司法精神病学认为，生理醉酒不是精神病。实践表明，生理醉酒的上述前两个时期，醉酒者对作为或不作为方式的危害行为均有能力实施，而且一般容易实施作为方式的危害行为，较为常见的如冲动性侵犯他人人身的杀伤行为和非法的性行为等。在第三个时期，作为方式与不作为方式的危害行为仍都可以实施，但因为醉酒者往往昏睡，因而较少有能力实施作为方式的危害行为。

我国刑法把生理醉酒人与精神病人明确加以区分，《刑法》第18条第4款规定："醉酒的人犯罪，应当负刑事责任。"由于一般人都能够认识到醉酒的后果并能够控制自己饮酒的酒量，因而也应有防止饮酒过量、避免在醉酒状态下实施犯罪行为的义务。如果行为人不履行相应义务而实施了危害社会的行为，就应当承担相应的法律后果。如果因醉酒而实施了刑法所禁止的犯罪行为，就应该承担相应的刑事责任。《刑法》的这一规定对于防止和减少酒后犯罪，维护社会秩序，具有重要的意义。

（三）犯罪主体的特殊身份

1. 犯罪主体特殊身份的概念。我国《刑法》分则某些条文规定的犯罪，除要求主体应该达到刑事责任年龄、具备刑事责任能力以外，还要求主体在犯罪时必须具备一定的身份，即人的出身、地位和资格等。这些特殊的人身方面的资格、地位或状态等被称为犯罪主体的特殊身份。犯罪主体的特殊身份，是指刑法规定的影响行为人刑事责任的行为人人身方面特定的资格、地位或状态，如国家工作人员、军人、司法工作人员、辩护人、诉讼代理人、证人、依法被关押的罪犯、男女、亲属等。这些特殊身份不是自然人犯罪主体的一般要件，而是某些犯罪的自然人主体所必须具备的条件。

在刑法理论上，通常依据是否以特定身份为要件，将自然人主体分为一般主体与特殊主体。刑法规定不要求以特殊身份作为要件的主体，称为一般主体；刑法规定以特殊身份作为主体构成要件的主体，称为特殊主体。在特殊主体犯罪中，无此特殊身份则该犯罪根本不能成立，如贪污罪的主体是国家工作人员或者受国家机关、国有公司、企业、事业单位、人民团体委托管理、经营国有财产的人员，若行为人不具备此种身份，其行为就不能成立贪污罪。

2. 犯罪主体特殊身份的分类。根据我国《刑法》分则的规定，可以分为以下几种情况：

（1）国家工作人员。我国《刑法》第93条规定，国家工作人员包括四种情况：国家机关中从事公务的人员；国有公司、企业、事业单位、人民团体中从事公务的人员；国家机关、国有公司、企业、事业单位委派到非国有公司、企业、事业单位、社会团体从事公务的人员和其他依照法律从事公务的人员。在这四种情况中，国家机关中从事公务的人员，又称为国家机关工作人员，而国有公司、企业、事业单位、人民团体中从事公务的人员，国家机关、国有公司、企业、事业单位委派到非国有公司、企业、事业单位、社会团体从事公务的人员和其他依照法律从事公务的人员，是"以国家工作人员论"的"准国家工作人员"。无论是国家机关工作人员，还是"以国家工作人员论"的"准国家工作人员"，都可以成为那些要求以国家工作人员为构成要件的犯罪的犯罪主体。

我国《刑法》分则规定的犯罪中，有许多都要求以国家工作人员为犯罪主体必须具备的条件。例如，《刑法》分则第八章规定的贪污、受贿、挪用公款等犯罪，都以犯罪主体必须具备国家工作人员的身份为犯罪成立的必备要件。而"国家机关工作人员"的身份则是刑法分则第九章规定的各种渎职罪的必备构成要件。例如，滥用职权罪、玩忽职守罪都是只有国家机关工作人员才能构成的犯罪。

（2）特定职业或行业的从业人员。医生、律师、交通运输、工程设计等特定职业或行业的从业人员，进入了刑法所保护社会关系的特定领域，因而也就具备了在这些领域内实施犯罪行为的可能。因此，特定职业或行业的从业人员，也必须承担不实施相应犯罪的义务。为了保障国家和社会的利益，国家对每一种特定的职业或行业都有特定的从业要求，每一种特定的职业或行业的内部也有自己特定的规章制度，遵守这些从业要求和规章制度，既是从事特定的职业或行业的人员必须遵守的义务，也是国家防止特定领域犯罪的必要措施。

（3）其他负有特定刑事法律义务的人员。由于义务的产生方式不同，可以分为以下几种情况：

第一，因自主活动产生特定义务的人员，如因营利性活动而产生的对国家负有纳税义务的纳税人；因从事生产、销售活动而产生的遵守相应行政法律法规义务的各种商品的生产者、销售者。

第二，因参与国家职能活动而产生特定义务的人员，如国家侦查、审判活动中的证人、鉴定人、记录人、翻译人、辩护人、诉讼代理人。

第三，因与其他社会成员有特定法律关系而产生特定义务的人员，如因婚姻或血缘关系而产生相互扶养义务的配偶、父母与子女等。

三、单位犯罪主体

（一）单位犯罪的概念及特征

《刑法》第 30 条规定："公司、企业、事业单位、机关、团体实施的危害社会的行为，法律规定为单位犯罪的，应当负刑事责任。"根据该规定，单位犯罪，是指由公司、企业、事业单位、机关、团体实施的依法应当承担刑事责任的危害社会的行为。对于单位犯罪，应当注意以下两个方面的基本特征：

1. 单位犯罪只能由有资格代表单位的人在履行职务的过程中以单位名义组织实施。单位犯罪是以单位为主体实施的犯罪。但是，现实中的单位，不论是公司、企业、事业单位，还是机关、团体都是由自然人组成的。所谓单位实施的行为，实际上也只能表现为能够代表单位的自然人组织实施的行为。由于无论是无权代表单位的人实施的行为，还是不以单位名义组织实施的行为，或者不是代表单位利益而实施的行为，都不可能是单位的行为。因此，"以单位为主体实施的犯罪"应该至少包含以下三方面的内容：①负责实施单位犯罪的自然人能够以单位的名义行为；②负责实施单位犯罪的行为必须是自然人履行代表单位利益的职务行为；③负责实施单位犯罪的自然人以单位的名义在组织实施犯罪。简言之，"以单位为主体实施的犯罪"，就是指有资格代表单位利益的自然人，在履行代表单位利益的职务行为中，以单位的名义组织实施的犯罪。

根据《最高人民法院关于审理单位犯罪案件具体应用法律有关问题的解释》，单位犯罪中的"公司、企业、事业单位"，既包括国有、集体所有的公司、企业、事业单位，也包括依法设立的合资经营、合作经营企业和具有法人资格的独资、私营等公司、企业、事业单位。个人为进行违法犯罪活动而设立的公司、企业、事业单位实施犯罪的，或者公司、企业、事业单位设立后，以实施犯罪为主要活动的，不以单位犯罪论处。盗用单位名义实施犯罪，违法所得由实施犯罪的个人私分的，依照《刑法》有关自然人犯罪的规定定罪处罚。

2. 单位犯罪只能限于法律明文规定为单位犯罪的犯罪。根据《刑法》第 30 条的规定，公司、企业、事业单位、机关、团体实施的危害社会的行为，只有法律规定为单位犯罪的，才应当负刑事责任。因此，并不是刑法规定的所有犯罪，都可以以单位为主体。对于我国《刑法》中那些没有明文规定可由单位实施的犯罪（如盗窃罪、诈骗罪、贷款诈骗罪），即使是由有资格代表单位的人在履行单位职务的过程中以单位的名义组织实施的，也只能按自然人犯罪追究直接责任人员的刑事责任，不属于《刑法》规定的单位犯罪的范畴。对此，2014 年 4 月 24 日全国人民代表大会常务委员会《关于〈中华人民共和国刑法〉第三十条的解释》作出规定：公司、企业、事业单位、机关、团体等单位实施刑法规定的危害社会的行为，刑法分则和其他法律未规定追究单位的刑事责任的，对组织、策划、实施该危害社会行为的人依法追究刑事责任。

从我国刑法分则的规定来看，单位犯罪广泛存在于危害公共安全罪，破坏社会主义市场经济秩序罪，侵犯公民人身权利、民主权利罪，妨害社会管理秩序罪，危害国防利益罪以及贪污贿赂罪等章中。这些单位犯罪多数是故意犯罪，仅有少数属于过失犯罪。

（二）单位犯罪的处罚原则

《刑法》第31条规定："单位犯罪的，对单位判处罚金，并对其直接负责的主管人员和其他直接责任人员判处刑罚。本法分则和其他法律另有规定的，依照规定。"该规定说明，对于单位犯罪的刑事责任问题，我国刑法一般以"双罚制"为原则，即"对单位判处罚金""对直接负责的主管人员和其他直接责任人员判处刑罚"。在双罚制内部，又可以区分为两种不同的情况：①对直接责任人员的刑罚与自然人犯该罪时的刑罚相同，如《刑法》第140条、第150条规定的生产、销售伪劣产品罪，第151条第1款规定的走私武器、弹药罪等。②对直接责任人员的刑罚轻于自然人犯该罪时的刑罚，如《刑法》第387条规定的单位受贿罪。

但是，"本法分则或者其他法律另有规定的，依照规定"。即若刑法分则和其他法律（特别刑法）规定不采取双罚制而采取单罚制的，则属例外情况。这是因为，单位犯罪的情况具有复杂性，其社会危害程度差别很大，一律采取双罚制的原则，并不能准确、全面地体现罪责刑相适应原则，对单位犯罪也无法起到警戒的作用。在我国刑法分则中，有少数几种单位犯罪采取的是单罚制，如《刑法》第162条规定的妨害清算罪不处罚作为犯罪主体的公司、企业，而只处罚其直接责任人员。

第六节　犯罪主观方面

▶ 导入案例

某日傍晚，农民甲某与乙某等在晒谷场上联合脱大麦粒，当为乙某家脱第二遍麦粒时，甲某拿起铁叉叉麦草，结果一铁叉戳在躲藏在麦堆里捉迷藏的10岁女孩丙某右太阳穴上，甲某发觉女孩在倒地以后血流满面、一声不响，立即放下手中铁叉躲到一边。为了逃避责任，甲某非但没有及时抢救小孩反而佯装不知。直到乙某去拿铁叉时才发现，遂将丙某送往乡卫生院抢救，但终因伤势过重，贻误了抢救时机，丙某于当晚10时许因失血过多死亡。

问：甲某对被害人死亡的结果承担什么责任？罪过形式是什么？

本案知识点：犯罪故意；意外事件

一、犯罪主观方面的概念和功能

（一）犯罪主观方面的概念

犯罪主观方面，是指犯罪主体对其行为及其危害社会的结果所持的心理态度。它包括犯罪的故意和犯罪的过失（合称为罪过），以及犯罪目的和犯罪动机。其中，罪过是犯罪主观方面最主要的内容，是构成任何犯罪不可缺少的主观要件；犯罪的目的只是某些犯罪构成所必备的主观要件，所以又被称为选择要件；犯罪动机不是犯罪构成必备的主观要件，一般不影响定罪，但可以影响量刑。罪过包括认识和意志两方面因素，认识因素和意志因素的不同组合构成了罪过的两种表现形式：犯罪故意和犯罪过失。

（二）犯罪主观方面的功能

犯罪主观方面的功能主要表现在以下两个方面：

1. 在定罪方面，犯罪主观方面是区分罪与非罪、此罪与彼罪的一个重要标准。具体表现在以下几个方面：①成立犯罪必须具备罪过。行为在客观上虽然造成了损害结果，但是行为人主观上没有罪过的，便不能认为是犯罪。《刑法》第14条和第15条规定，各种犯罪在主观方面都必须具备犯罪的故意或者犯罪的过失要件。同时，《刑法》又在第16条规定，行为虽然在客观上造成了损害结果，但不是出于故意或者过失心理态度的，就不构成犯罪。从而在法律上确认，罪过乃是认定行为人构成犯罪和应对犯罪负刑事责任的主观根据。②任何具体犯罪构成的罪过形式和罪过内容都是特定的：有的犯罪只能出于故意，有的犯罪只能出于过失；同是故意或过失犯罪，此罪与彼罪的故意内容或过失内容也有所不同。罪过不仅支配行为人实施危害社会的行为，而且支配行为人在特定的时间、地点，以特定的方法实施特定的危害社会的行为，如果行为人不具备具体犯罪构成所要求的特定罪过及罪过内容，自然不成立此种犯罪。③对于某些具体犯罪，法律还要求其主观方面具有特定的目的，如赌博罪要求以营利为目的。是否具备这些特定的目的，往往是区分罪与非罪、此罪与彼罪的重要标准。

2. 在量刑方面，犯罪主观方面也具有重要作用。具体表现在以下两个方面：①法律对故意犯罪和过失犯罪规定了轻重不同的刑罚，因此，通过查明主观方面来解决应定此罪还是彼罪就保证了正确适用轻重不同的法定刑。②属于犯罪主观方面的心理态度范畴的犯罪动机、犯罪故意的不同表现形式、犯罪过失的严重程度等因素，表现出了行为人的主观恶性和人身危险性大小的不同，而这些因素往往对量刑起着重要的作用。因此，查明这些主观因素并在决定怎样运用刑罚时予以适当考虑和体现，无疑会有助于正确量刑，体现罪责刑相适应的原则。

犯罪主观方面是客观存在并且要通过客观活动表现出来的，只要深入实际调查研究，全面地、历史地、辩证地分析案件的各种具体情况，就能够查明行为人是否具有主观罪过，行为到底是出于故意还是过失，是何种故意或过失，有无特定的犯罪目的，犯罪动机如何，从而对其主观心理态度作出符合客观真实的判定和结论，进而正确定罪量刑。

二、犯罪故意

(一) 犯罪故意的概念及要素

犯罪故意是罪过的形式之一，是故意犯罪的主观心理态度。《刑法》第14条第1款规定："明知自己的行为会发生危害社会的结果，并且希望或者放任这种结果发生，因而构成犯罪的，是故意犯罪。"根据这一规定，所谓犯罪故意，是指行为人明知自己的行为会发生危害社会的结果，并且希望或者放任这种结果发生的一种主观心理态度。

犯罪故意包括两个要素：①行为人明知自己的行为会发生危害社会的结果。这种"明知"属于心理学上所讲的认识方面的要素，也称意识方面的因素。②行为人希望或者放任这种危害结果的发生。这种"希望"或"放任"的心理属于心理学上意志方面的因素。实施危害行为的行为人在主观方面必须同时具备这两个方面的要素，才能认定其具有犯罪的故意。

1. 犯罪故意的认识因素。行为人明知自己的行为会发生危害社会的结果，是构成犯罪故意的认识因素，是一切故意犯罪在主观方面必须具备的特征。

正确理解犯罪故意的认识因素，需要对"明知"和"会发生"加以明确。根据犯罪主观要件和犯罪的客观、客体要件的联系，明知的内容包括法律所规定的构成某种故意犯罪所不可缺少的危害事实，也就是作为犯罪构成要件的客观事实。详言之，明知的内容应该包括以下三项：①对行为本身的认识，即行为人对刑法规定的危害社会行为的内容及其性质的认识。一个人只有认识到自己所要实施或正在实施的行为具有危害社会的性质和内容，认识到行为与结果的客观联系，才能谈得上进一步认识行为之结果的问题。因此，要"明知自己的行为会发生危害社会的结果"，必须首先对行为本身的性质、内容与作用有所认识。②对行为结果的认识，即行为人对行为产生或将要产生何种性质的危害结果的认识。比如，故意杀人时，行为人认识到自己的行为会发生致他人死亡的结果。③对与危害行为和危害结果相联系的其他犯罪构成要件事实的认识。首先，对法定的犯罪对象要有认识，比如，成立掩饰、隐瞒犯罪所得、犯罪所得收益罪要求行为人明知自己代为销售的是犯罪所得的赃物；成立伪造货币罪要求行为人明知自己伪造的是国内外流通的货币。其次，对法定的犯罪手段要有认识，比如，成立强奸罪要求行为人明知自己采取的是暴力、胁迫或其他使被害妇女不知抗拒或者不能抗拒的手段。最后，对法定的时间、地点要有认识，比如，成立非法捕捞水产品罪要求行为人明知自己是在禁渔期或在禁渔区实施捕捞的行为。

　　所谓会发生，包括两种情况：一是明知自己的行为必然发生某种特定的危害结果；二是明知自己的行为可能会发生某种危害结果。

　　2. 犯罪故意的意志因素。行为人对自己行为所要导致的危害结果的发生所持的希望或者放任的心理态度，是构成犯罪故意的意志因素，是犯罪故意在意志方面的特征。它表明行为人通过自己的行为来追求或者放任危害社会的结果的发生。犯罪故意的意志因素有希望和放任危害结果发生两种表现形式。所谓希望危害结果的发生，是指行为人对危害结果抱着积极追求的心理态度，该结果的发生是行为人实施危害行为直接追求的目的。比如，抢劫罪中的行为人希望积极追求非法占有他人财物这种危害结果的发生。"希望"存在着程度上的差异，但无论是强烈、迫切地希望还是不那么强烈、迫切地希望都是行为人积极追求危害结果的发生。所谓放任危害结果的发生，是指行为人虽然没有积极追求危害结果的发生，但并不反对也不设法阻止这种结果的发生，而是对结果的发生与否采取听任的心理态度。比如，故意杀人罪中的行为人为了击中野兽而对可能击中他人持放任的态度。

　　（二）犯罪故意的类型

　　根据行为人对危害社会结果的发生所持心理态度的不同，犯罪故意可以分为直接故意和间接故意两种类型。

　　1. 直接故意。直接故意，是指行为人明知自己的行为必然或者可能会发生危害社会的结果，并且希望这种结果发生的心理态度。由于直接故意的认识因素中包括必然与可能两种情况，因而直接故意又可以分为两种基本的类型：

　　（1）行为人明知自己的行为必然发生危害社会的结果，并且希望这种结果发生的心理态度，即"明知必然发生＋希望发生"。比如，行为人将被害人从几十层的高楼推下，他明知这种行为必然会导致被害人的死亡仍决意为之，以追求被害人死亡结果的发生。

　　（2）行为人明知自己的行为可能会发生危害社会的结果，并且希望这种结果发生的心理态度，即"明知可能发生＋希望发生"。比如，行为人从远处向被害人射击，由于距离远，对于能否射杀被害人并不确知，但仍决意为之。在直接故意犯罪中，行为人的行为目标是明确的，其一切活动的目的都是为了使危害结果成为现实。可见，直接故意的意志因素是以希望危害结果的发生为其必要特征的。

　　2. 间接故意。间接故意，是指行为人明知自己的行为可能会发生危害社会的结果，并且放任这种结果发生的心理态度，即"明知可能发生＋放任发生"。

　　在认识因素上，间接故意表现为行为人认识到自己的行为"可能"发生危害社会结果的心理态度。如果行为人明知行为必然发生危害结果仍决意为之，就超过了间接故意认识因素的范围，应属于直接故意。

在意志因素上，间接故意表现为行为人放任危害结果发生的心理态度。所谓放任，是指在当时的情况下，行为人对危害结果是否发生不能肯定，危害社会的结果不是行为人实施行为的目的所在。行为人既不是希望危害结果的发生，也不是希望危害结果不发生。因此，行为人对行为将会发生的危害社会的结果采取了听之任之的态度，即结果发生也可以，不发生也无所谓，两种结局都不违背行为人的意志。

在本节导入案例中，甲某对被害人死亡的结果承担故意杀人罪的刑事责任，罪过形式是间接故意。因为从犯罪主观方面来看，甲某明知是自己又中了女孩，而且被害人倒地后没有声响，势必伤势不轻，已经预见到如不及时采取抢救措施，可能造成被害人死亡的危害结果。可是，甲某由于怕承担伤害罪责，又见其行为尚未被周围的人发觉，便装作不知，对被害人是死是伤采取放任不管的态度，企图蒙混过去。甲某基于上述心理因素，不仅不采取积极的抢救措施，反而一声不吭一走了之，从而最终导致被害人因贻误抢救时机而死亡。因此，甲某必须承担间接故意杀人罪的刑事责任。

实践中，犯罪的间接故意主要有以下几种情况：

（1）行为人为追求某一犯罪目的而放任另一危害结果的发生。比如，张某欲毒杀妻子李某，就在妻子盛饭时往妻子碗内投入剧毒药。张某同时还预见到其妻有可能喂饭给孩子吃而祸及孩子，但他因为杀妻心切，就抱着听任孩子也被毒死的心理状态。事实上妻子李某在吃饭时确实喂了孩子几口，结果母子均中毒死亡。此案中，张某明知投毒后其妻必然吃饭中毒身亡并积极追求这种结果的发生，对其妻构成故意杀人罪的直接故意；但张某对其孩子死亡结果的发生并不是希望，只是为了达到杀妻的结果而予以有意识地放任，这完全符合间接故意的特征，应构成故意杀人罪的间接故意。由于张某触犯的罪名相同，最终只按一个故意杀人罪定罪即可。

（2）行为人为追求一个非犯罪目的而放任某种危害结果的发生。比如，赵某在林中打猎时，发现一个酣睡的猎物，同时又发现猎物附近有一个孩子在玩耍，根据自己的枪法和离猎物的距离，赵某明知若开枪不一定能打中猎物，而有可能打中小孩。但赵某打猎心切，不愿放过这一机会，又看到周围无其他人，遂放任可能打死小孩这种危害结果的发生，仍然向猎物开枪，结果子弹打偏，打死了附近的小孩。此案中，赵某明知自己的开枪打猎行为可能打中小孩使其毙命，但为了追求打到猎物的目的，仍然开枪打猎，放任打死小孩这种危害结果的发生，具备了间接故意的认识因素和特定的意志因素，因而构成犯罪的间接故意，应认定为（间接）故意杀人罪。

（3）在突发性犯罪中，行为人在瞬间情绪冲动下，不计后果地实施危害行为，放任危害结果的发生。比如，一些青少年临时起意，动辄行凶，不计后果，捅人一刀而去并致人死亡。在这些案件中，行为人对用刀扎人的举动显然是出于故意，但对于其行为最终可能造成的结果而言，行为人所持的不是希望其发生的态度，而是放任其发生的态度；被害人究竟是死是伤，对于行为人来说都是无所谓的，都在行为人放任的范围之内。这样，对于其造成他人伤害或死亡的结果而言，其认识特征是明知可能性，其意志因素是放任该结果的发生，这完全符合犯罪间接故意的构成。

3. 直接故意与间接故意的区别。犯罪的直接故意与间接故意同属犯罪故意的范畴。二者的相同之处在于：从认识因素上看，二者都明确认识到自己的行为会发生危害社会的结果；从意志因素上看，二者都不排斥危害结果的发生。二者不同之处表现在以下三个方面：

（1）从认识因素上看，直接故意的行为人是认识到危害结果的必然发生或可能发生；而间接故意的行为人是认识到危害结果的可能发生。

（2）从意志因素上看，直接故意是希望即积极追求危害结果的发生。在这种心理支配下，行为人就会想方设法，克服困难，创造条件，排除障碍，积极地甚至顽强地实现犯罪目的，造成犯罪结果。而在间接故意中，危害结果的发生并非行为人追求的直接目的，因而行为人对危害结果的心理态度是放任。"放任"即对结果的发生与否采取听之任之、满不在乎、无所谓的态度，不发生结果他不懊悔，发生结果也不违背他的本意。意志因素的不同，是区别两种故意的关键所在。

（3）特定危害结果的发生与否，对两种故意及其支配下的行为定罪的意义也不相同。对直接故意来说，其行为性质与结果性质是统一的，其结果也是特定的，根据主客观相统一的定罪原则，只要行为人主观上有犯罪的直接故意，客观上有相应的行为，即构成特定的故意犯罪，危害结果发生与否不影响定罪，而只是在那些以结果为既遂要件的犯罪里才是区分既遂与未遂形态的标志。对间接故意而言，特定的危害结果可能发生，也可能不发生，结果发生与否都不违背其意志，都包含在其本意中，因而要根据主客观相统一的原则，仅有行为而无危害结果时，尚不能认定行为人构成此种犯罪（包括其未遂形态），只有发生了特定结果才能认定构成特定的犯罪。即特定危害结果的发生与否，决定了间接故意犯罪的成立与否。例如，在开枪打猎而放任杀伤附近小孩的情况下，如果行为的结果是打伤小孩则构成间接故意的伤害罪，如果行为的结果是打死小孩则构成间接故意的杀人罪，如果小孩毫发未伤，行为人则不承担刑事责任。

三、犯罪过失

（一）犯罪过失的概念及特征

《刑法》第 15 条第 1 款规定："应当预见自己的行为可能发生危害社会的结

果，因为疏忽大意而没有预见，或者已经预见而轻信能够避免，以致发生这种结果的，是过失犯罪。"根据这一规定，所谓犯罪过失，是指行为人应当预见到自己的行为可能发生危害社会的结果，因为疏忽大意而没有预见，或者已经预见而轻信能够避免的一种心理态度。

犯罪的过失是过失犯罪的主观心理态度，是与犯罪的故意并列的犯罪主观罪过形式之一。由于过失的认识因素和意志因素的具体内容与故意不同，它所反映的主观恶性明显小于故意，因此，我国刑法认为故意犯罪的危害性显然大于过失犯罪，对故意犯罪的处罚要比对过失犯罪严厉。

犯罪过失与犯罪故意，是既有联系又有区别的两个概念。二者的联系表现为，过失与故意都统一于罪过的概念之下，即过失与故意都是认识因素与意志因素的统一，都说明行为人对合法权益的保护持反对态度。二者的区别表现为，过失与故意是两种不同的罪过形式，它们各自的认识因素与意志因素的具体内容不同：过失所反映的主观恶性明显小于故意，所以刑法对过失犯罪的规定不同于故意犯罪，具体表现在以下三个方面：①过失犯罪均以发生特定的危害结果为要件；而故意犯罪并非一概要求发生危害结果。②《刑法》规定，"过失犯罪，法律有规定的才负刑事责任""故意犯罪，应当负刑事责任"，这体现了刑法以处罚故意犯罪为原则、以处罚过失犯罪为例外的精神，说明刑法分则没有明文规定罪过形式的犯罪一般应当由故意构成。③刑法对过失犯罪规定了较故意犯罪轻的法定刑。

犯罪过失具有以下特征：

1. 在认识因素上，必须对危害社会的结果应当预见或者已经预见。构成过失犯罪的行为人，他们对自己的行为所具有的社会危害性都是有可能预见的，但行为人的实际认识与认识能力不一致，有的行为人已经预见到了这种危害结果发生的可能性，只不过对避免危害结果的可行性作出了错误的判断。如果事实证明，某种损害结果确实是由行为人造成的，但他却缺乏预见能力，不可能对此有所认识，则不成立过失犯罪。

2. 在意志因素上，行为人根本不希望自己的行为发生危害结果或者说希望自己的行为不发生危害结果。但这种愿望与客观效果发生了悖反，事与愿违。与这种愿望相联系的行为表现和心理态度是疏忽大意或者轻信。在犯罪过失的意志因素上，疏忽大意表现为缺乏认识状态下的决意行事，常常显示出无所顾虑、严重不负责任的行为倾向。而轻信则是一种有认识前提下的意志表现，虽然会在行为过程之中、在危害结果发生之前，往往反映出行为人焦虑不安、无可奈何等心理状态，甚至出现尽力避免危害结果发生的行为倾向，但行为人实施违反注意义务的举动所持的心态却是故意的。由于轻信的前提是行为人对可能发生的危害结果已经有所预见，因此，这种犯罪过失的主观恶性一般要大于缺乏预见的疏忽大意。

（二）犯罪过失的类型

根据犯罪过失心理态度的不同内容，可以将犯罪过失分为疏忽大意的过失和过于自信的过失两种类型。

1. 疏忽大意的过失。疏忽大意的过失，是指行为人应当预见到自己的行为可能发生危害社会的结果，因为疏忽大意而没有预见，以致发生这种结果的心理态度。比如，行为人是一名经验丰富的老驾驶员，在启动汽车时，没有注意汽车周围的状况，以致将一个在汽车后面玩耍的小孩轧死。此案例中，行为人身为一名驾驶员，应当在启动汽车时注意汽车周围的状况，否则极易造成危害结果，但因为他疏忽大意而没有预见，以致造成严重后果。此处行为人的心理态度就是一种典型的疏忽大意的过失。

在认识特征上，疏忽大意的过失表现为应当预见但由于疏忽大意而没有预见。所谓应当预见，是指行为人在行为时负有预见到行为可能发生危害结果的义务，并具有预见的可能性。应当预见是一种预见义务，不仅包括法律、法令和各种规章制度所确定的义务，也包括日常生活准则所提出的义务。但是，法律不强人所难，不会要求公民去做他实际上不可能做到的事情，而只是对有实际预见可能的人赋予其预见的义务。因此，预见义务是以预见可能为前提的。如果行为人不可能预见而造成危害结果的，即使结果再严重，也不应让其承担刑事责任。

如何判断行为人能否预见危害结果？通说认为，应当根据主客观相统一的原则来确定行为人能否预见危害结果，即应将行为时的具体情况和行为人本人的条件，如行为人的年龄、所从事的职业、技术熟练程度、社会阅历、智力发育情况等主观特征，结合起来进行判断。根据这一标准，一般人在通常条件下能够预见的，行为人可以因为本人的认知能力较低或者行为时的特殊情况而不能预见；一般人在通常条件下不能预见的，行为人也可以因为本人的认知能力较强或行为时的特殊情况而能够预见。可见，仅根据行为时的具体条件或行为人本人的条件来判断行为人能否预见危害结果是片面的，只有将这些主客观的事实结合起来进行判断，才能得出正确的结论。

在意志特征上，疏忽大意的过失表现为行为人反对危害结果的发生或希望危害结果不发生，即危害结果的发生是违背行为人的意志的。而行为人之所以实施行为，且未采取避免危害结果发生的必要措施，导致危害结果发生，是因为他根本没有预见到自己的行为会发生这种危害结果。

2. 过于自信的过失。过于自信的过失，是指行为人已经预见到自己的行为可能发生危害社会的结果，但轻信能够避免，以致发生这种结果的心理态度。比如，行为人驾车，虽明知强行超车可能会肇事，但认为路面较宽，而且自己驾驶技术高超，于是强行超车，导致车祸，造成人员伤亡。此案例中，行为人已经预见到自己的强行超车的行为可能导致车祸，但认为路面较宽、自己技术高超，超车行为不会发生车祸，结果却是事与愿违。此处行为人的心理态度就是一种典型的过于自信的过失。

在认识特征上，过于自信的过失表现为行为人已经预见到自己的行为可能发生危害社会的结果，同时又轻信能够避免危害结果。如果行为人在行为时，根本没有预见到自己的行为会导致危害结果的发生，则不是过于自信的过失，而可能成立疏忽大意的过失或意外事件；如果行为人预见到自己的行为必然发生而不是可能发生危害社会的结果，则属于直接故意，而不是过于自信的过失。所谓轻信能够避免，是指行为人在预见到结果发生的同时，又凭借一定的主客观条件，相信自己能够避免结果的发生，但所凭借的主客观条件并不可靠，且行为人对于这种不可靠性并不明知。轻信能够避免主要表现在以下两个方面：①行为人过高地估计了可以避免危害结果发生的其自身的和客观的有利因素；②行为人过低地估计了自己的行为导致危害结果发生的可能程度。轻信是过于自信的过失心理区别于其他罪过形式的重要特征，也是过于自信的过失犯罪得以成立的根本原因。

在意志特征上，过于自信的过失表现为行为人既不希望也不放任危害结果的发生，即危害结果的发生是违背行为人的意志的。行为人之所以实施行为，是因为他轻信能够避免这种危害结果的发生。因此，行为人虽然没能阻止危害结果的发生，但其往往会根据自己的认识，采取一定的阻止危害结果发生的措施。

3. 疏忽大意的过失与过于自信的过失的区别。二者的区别表现在以下两个方面：①在认识因素上，对危害结果的可能发生，过于自信的过失已经有所预见，而疏忽大意的过失根本没有预见。②在意志因素上，对危害结果的可能发生，二者虽然都持排斥态度，但过于自信的过失是轻信能够避免，而疏忽大意的过失是疏忽。从理论上区分二者，有助于全面、完整地把握犯罪过失的内涵与外延。

（三）过于自信的过失与间接故意的区别

过于自信的过失与间接故意比较容易混淆。两者均认识到行为可能发生危害社会的结果，并且都不希望危害结果发生。但二者的区别也是明显的，具体表现在以下两个方面：

1. 在认识因素方面，两者认识的程度不同。间接故意是明知危害结果发生的可能性，即行为人对其行为可能发生的危害结果有比较清楚、现实的认识；而过于自信的过失是预见危害结果发生的可能性，即行为人对其行为可能发生的危害结果虽然有一定的认识，但是这种认识一般比较模糊，特别是对这种危害结果的现实性，行为人往往认识不足。

2. 在意志因素方面，两者也有着重要区别。间接故意是放任危害结果的发生，行为人虽然不希望危害结果发生，但也并不反对危害结果发生，即危害结果的发生并不完全违背行为人的本意。因此，行为人对危害结果的发生，既没有采取任何防范措施，也不会依靠任何条件去防止该危害结果的发生，而是对此听之任之，采取无所谓的态度。过于自信的过失是不仅不希望危害结果发生，而且希望避免危害结果的发生，即结果的发生违背行为人的意志。在预见到自己的行为可能发生危害结果的情况下，行为人之所以实施其行为，是因为考虑到凭借一定的主客观条件可以避免危害结果的发生，比如，熟练的技术、丰富的经验、他人的行为以及自然力方面等有利的因素，并且行为人往往会基于自己的认识，采取一定的措施防止危害结果发生。

四、犯罪目的与犯罪动机

（一）犯罪目的与犯罪动机的概念

犯罪目的，是指犯罪人希望通过实施犯罪行为达到某种危害社会结果的心理态度，也就是危害结果在犯罪人主观上的表现。比如，行为人在实施抢劫行为时，就有非法占有公私财物的目的；实施故意杀人行为时，就有非法剥夺他人生命的目的。犯罪目的不仅反映出行为人主观恶性的程度，而且还支配行为人实施行为的方向，决定行为的性质。由于直接故意的犯罪主观方面都包含犯罪目的的内容，因而刑法对犯罪目的一般不作明文规定，在这种情况下，犯罪目的便不能作为犯罪构成的要件。但是，刑法条文又特别载明了某些犯罪应将犯罪目的作为犯罪构成的必备条件。比如，制作、复制、出版、贩卖、传播淫秽物品牟利罪要求行为人必须是出于牟利的目的才能成立；赌博罪要求行为人必须是出于营利的目的才能成立。

犯罪动机，是指刺激犯罪人实施犯罪行为以达到犯罪目的的内心冲动或内心起因。行为人确定某种犯罪目的，是以一定的犯罪动机为指引的。比如，在直接故意杀人罪中，非法剥夺他人生命是其犯罪目的，但行为人的犯罪动机可以是报复、贪财或者嫉妒等，甚至是两个或两个以上的动机。因此，要真正了解犯罪人为何去追求某种犯罪目的，就需要弄清犯罪的动机。

犯罪目的和犯罪动机只存在于直接故意犯罪中，间接故意犯罪和过失犯罪不可能存在犯罪目的和犯罪动机。因为犯罪目的是行为人希望通过实施危害行为达到某种危害结果的心理态度，具有明确的指向即确定的目标，必然要有为了实现这一既定目标的积极追求行为，而无论是间接故意地对可能发生的危害结果持放任的心理态度，还是过失地对可能发生的危害结果持疏忽大意或过于自信轻信能够避免的心理态度，都不具备犯罪目的所要求的行为的鲜明的目标性。另外，犯罪动机和犯罪目的是密切联系的，行为人因为某种需要而形成犯罪动机，并在犯罪动机的指引和推动下确定犯罪目的，如果说间接故意犯罪和过失犯罪具有动机却不存在犯罪目的，就违背了犯罪动机与犯罪目的的辩证关系。所以，只有直接故意犯罪才存在犯罪目的和犯罪动机。

（二）犯罪目的与犯罪动机的联系与区别

犯罪目的和犯罪动机之间有着密切联系：两者都是行为人的心理活动，通过犯罪活动表现出来，反映行为人的某种需要，有时二者甚至是一致的，它们的形成和作用都反映了行为人的主观恶性程度及行为的社会危害程度。犯罪目的源于犯罪动机；犯罪动机是犯罪目的的前提和基础，促使犯罪目的得到实现。

犯罪目的和犯罪动机的区别主要表现在以下四个方面：

1. 同种犯罪的犯罪目的相同，而且除复杂客体的犯罪以外，一般是一罪一个犯罪目的，而同种犯罪的动机则往往因人、因具体情况而异，一罪可以有不同的犯罪动机。比如，在盗窃罪中，行为人的目的都是以非法占有财物为目的，但从犯罪动机上看，有的行为人是出于不劳而获的动机，有的是出于虚荣的动机，有的是由于生计所迫等，不一而足。

2. 出于一种犯罪动机可以导致几个不同的犯罪目的。比如，出于报复的动机，可以导致行为人产生去毁坏他人的财物、伤害他人的身体健康甚至剥夺他人的生命等不同的犯罪目的。

3. 从犯罪目的和犯罪动机在犯罪构成中的地位来看，犯罪目的是某些犯罪的特定的主观构成要件内容，如果此类犯罪的行为人不存在刑法条文所明文规定的犯罪目的，则不成立此罪。高利转贷罪就是其适例。而犯罪动机的作用偏重于影响量刑。这是因为同一种犯罪出于不同的犯罪动机能够说明行为人主观恶性的不同，反映出行为的社会危害性和行为人的人身危险性的不同，而根据罪责刑相适应原则，这需要在刑罚中体现出来。因此，出于义愤的杀人和出于卑劣动机的杀人在量刑上往往不同。

4. 犯罪动机与犯罪目的在某些情况下所反映的需要并不一致。比如，煽动颠覆国家政权罪，行为人的动机可以出于物质、经济的需要，而犯罪目的则反映了行为人精神、政治的需要。

五、意外事件与不可抗力

（一）意外事件的概念与特征

《刑法》第 16 条规定："行为在客观上虽然造成了损害结果，但是不是出于故意或者过失，而是由于不能抗拒或者不能预见的原因所引起的，不是犯罪。"根据这一规定，所谓意外事件，是指行为在客观上虽然造成了损害结果，但不是出于故意或者过失，而是由于不能预见的原因引起的，不认为是犯罪。我国《刑法》规定的意外事件具有以下三个特征：①行为人的行为在客观上造成了损害结果；②行为人对自己行为所造成的损害结果既无故意也无过失；③损害结果是由不能预见的原因所引起的。所谓不能预见，是指行为人在其行为所引起损害结果发生的当时，根据当时的客观情况和行为人的主观认识能力，其根本没有也不可能预见这种损害结果。比如，行为人在高速公路行车，一个精神病人突然从路边冲入路中，被高速行驶的汽车当场撞死。在当时的情况下，行为人根本没有也不可能预见会有人冲入路中，因此属于意外事件。

意外事件与疏忽大意的过失既相似又有本质区别。两者相似之处在于，行为人都没有预见到自己行为的结果。它们的本质区别在于，意外事件是行为人对损害结果的发生不可能预见、不应当预见而没有预见，而疏忽大意的过失则是行为人对行为发生危害结果的可能性能够预见、应当预见，只是由于疏忽大意才没有预见。这一区别也正说明了为什么意外事件不负刑事责任，而疏忽大意的过失却是犯罪。疏忽大意的过失与意外事件的界限是罪与非罪的界限，因此，根据行为人的实际认识能力和当时的客观情况来判断行为人能否预见，对正确区分意外事件和疏忽大意的过失具有重要的意义。

（二）不可抗力的概念与特征

根据《刑法》第16条的规定，所谓不可抗力，是指行为在客观上虽然造成了损害结果，但不是出于故意或者过失，而是由于不能抗拒的原因引起的，不认为是犯罪。我国刑法中的不可抗力也具有三个特征：①行为人的行为在客观上造成了损害结果；②行为人对自己行为所造成的损害结果既无故意也无过失；③损害结果是由不能抗拒的原因所引起的。所谓不能抗拒，是指行为人虽然认识到自己的行为会发生损害后果，但由于当时主客观条件的限制，行为人不可能排除或阻止损害结果的发生。比如，火车站的扳道工被犯罪分子用绳索捆绑，不能移动，他明知火车到来时应该变换轨道，否则会导致事故，但他无论如何都不能履行职责，最终导致事故的发生。这种情况就是一种不可抗力，行为人主观上没有应受刑法谴责的罪过，客观上不可能实施排除危害结果发生的行为，所以不认为是犯罪。

（三）不可抗力与意外事件的异同

不可抗力与意外事件的共同之处在于，行为人都对危害结果的发生持反对态度，在主观上都没有罪过，即没有故意或者过失。二者的不同之处在于认识因素的不同，不可抗力事件中的行为人已经认识到自己的行为会发生危害社会的结果，而意外事件中的行为人没有认识到自己的行为会发生危害社会的结果。

六、认识错误

刑法上的认识错误，是指行为人对自己行为在法律上的意义有不正确的理解或者对有关的客观事实有不正确的认识。行为人的认识错误既可能影响罪过的有无与形式，也可能影响行为人实施犯罪的既遂与未遂，还可能影响共犯的成立，因而必须研究认识错误问题，以确定认识错误如何影响行为人的刑事责任。刑法上的认识错误包括法律认识错误和事实认识错误。

（一）法律认识错误

法律认识错误，是指行为人对自己的行为在法律上是否构成犯罪、构成何种犯罪以及应受怎样的处罚，有不正确的理解。这种不正确的理解或是因为不知法律规定，或是因为误解法律。法律认识错误通常包括以下几种情况：

1. 假想犯罪。所谓假想犯罪，是指行为人的行为依照法律并不构成犯罪，但行为人误认为构成犯罪，即刑法理论上通常所说的"幻觉犯"。这是一种法律上的积极错误。假想犯罪又可以分为以下三种情形：

（1）行为人实施了一般违法或违反道德的行为，而误认为是犯罪。比如，行为人与现役军人配偶通奸，误以为是犯罪而向司法机关投案，但实际上刑法并没有将这种行为规定为犯罪。

（2）行为人实施了某种正当行为而误认为是犯罪。比如，行为人把意外事件、正当防卫、紧急避险误认为是犯罪而向司法机关投案。

（3）某种行为过去是犯罪，但现行法律不再认为是犯罪。

以上这些情形理应不成立犯罪。因为判断和认定行为性质的依据是法律，而不是行为人对法律的认识错误，既然刑法对于某种行为并没有规定为犯罪，那么就不能因为行为人认为是犯罪而成立犯罪。

2. 假想不犯罪。所谓假想不犯罪，是指行为在法律上被规定为犯罪而行为人却误认为不是犯罪。这是一种法律上的消极错误。比如，行为人嫖宿未满14周岁的幼女，误认为自己只是嫖娼，不成立犯罪，却不知道法律规定嫖宿未满14周岁幼女的，成立强奸罪。假想不犯罪原则上不能因行为人对自己行为的法律性质存在误解而不负刑事责任，以防止犯罪人在实施犯罪后以不知法律为借口来逃避法律的制裁。

3. 行为人对自己的行为所触犯的罪名和罪刑轻重的误解。即行为人认识到自己的行为已构成犯罪，但对其行为触犯了刑法所规定的何种罪名，应当被处以怎样的刑罚，存在不正确的理解。比如，行为人盗窃正在使用中的交通工具的重要零件，足以使交通工具发生倾覆或毁坏危险，依照法律构成破坏交通工具罪，但行为人却误认为构成盗窃罪。行为人在公共交通工具上实施抢劫行为，依照法律应处以10年以上有期徒刑、无期徒刑或者死刑，并处罚金或者没收财产，但行为人却误以为应处3年以上10年以下有期徒刑。对于这种情况，我们认为，行为人对法律的这种认识错误并不影响其犯罪的性质和危害程度，司法机关应当按照其实际构成的犯罪及其危害程度定罪量刑。

（二）事实认识错误

事实认识错误，是指行为人对与自己行为有关的事实情况有不正确理解。这类错误是否影响行为人的刑事责任，要根据不同的情况作不同的处理：如果属于对犯罪构成要件的事实情况的认识错误，就要影响行为人的刑事责任；如果属于对犯罪构成要件以外的事实情况的认识错误，则不影响行为人的刑事责任。事实认识错误种类繁多，比较复杂，主要有以下几种：

1. 客体错误。客体错误，是指行为人意图侵犯一种客体，而实际上侵犯了另一种客体。比如，行为人误认为正在抓捕人犯的警察正与其朋友打架，于是上前将警察打伤。在此案中，行为人意图侵犯的是他人的健康权利，却由于其认识错误，而实际上侵犯了国家机关工作人员正常的公务活动。对于这种认识错误，应当按照行为人意图侵犯的客体定罪，认定为故意伤害罪。

2. 对象错误。对行为对象的认识错误，有以下几种情况：

（1）误把甲对象作为乙对象加以侵害，而二者体现相同的社会关系。如行为人在实施行为时，误把甲认为是乙而对其实施杀害行为。这种对体现相同社会关系的具体目标的认识错误，并没有使行为人罪过的内容发生改变，所以行为人仍应负故意杀人罪的刑事责任。

（2）误把甲对象作为乙对象加以侵害，而二者体现的社会关系不同。比如，行为人意图盗窃办公室的一般财物，却到值班室将枪支作为一般财物加以盗窃。对于这种错误，只能根据行为人的主观故意内容认定犯罪性质，即行为人以盗窃一般财物的故意实施盗窃行为，成立盗窃罪。

（3）误将犯罪对象作为非犯罪对象加以侵害。比如，行为人误以人为兽而实施杀伤行为。对于这种错误，由于行为人没有认识到自己的行为可能会发生危害社会的结果，因而不是故意犯罪，而应根据实际情况成立过失犯罪或认定为意外事件。

（4）误将非犯罪对象作为犯罪对象加以侵害。比如，行为人意图杀害甲，但在黑夜中将牲畜误认为是甲而杀害。对于此种错误，由于行为人主观上存在故意，客观上实施了犯罪行为，只是由于认识错误而未得逞，因而构成犯罪未遂。

3. 行为认识错误。行为认识错误包括以下两种情况：

（1）行为人对自己行为的实际性质发生了错误的理解。比如，行为人把不存在的侵害行为误认为是正在进行的不法侵害而实行防卫，致人死伤。这种情况下，由于行为人不存在犯罪的故意，因而不应以故意犯罪论处，而应根据实际情况成立过失犯罪或认定为意外事件。

（2）行为人对自己的行为手段存在错误认识。手段错误有以下三种形式：①行为人由于愚昧无知或者迷信使用了在任何情况下都不能导致危害结果发生的方法。比如，行为人企图用画符念咒的方法达到杀人的目的。这种情况下，由于这种手段本身缺乏危害社会的可能性，行为不具有社会危害性，因此，不能成立犯罪。②行为人意图采用的犯罪手段具有产生危害社会结果的可能性，但由于认识错误而使用了不能导致危害结果发生的手段。比如，行为人误以砂糖为砒霜，实行杀人。这种情况下，行为人主观上存在犯罪的故意，客观上实施了危害社会的行为，只是由于认识错误，采用了不能使犯罪得逞的手段，因此成立犯罪未遂。③行为人不具有危害社会的意图，但由于误解工具或拿错物品造成损害结果。例如，行为人误把砒霜当做砂糖给人服用，造成他人死亡。在这种情况下，行为人如果在主观上有过失，成立过失犯罪。

4. 因果关系错误。因果关系错误，是指行为人对自己所实施的行为和所造成的结果之间的因果关系的实际发展情况有错误认识。

因果关系错误主要包括以下三种情况：

（1）行为人误以为自己的行为已达到预期的犯罪结果，但实际上并没有发生这种结果。比如，行为人欲杀甲，将甲从悬崖上推下，以为甲已坠崖身亡而离去，但实际上甲被树枝挂住而未死。在这种情况下，行为人已着手实行犯罪，但由于意志以外的原因而未得逞，因此构成故意杀人罪未遂。

（2）行为人所追求的结果事实上是由于其他的原因造成的，但行为人误以为是自己的行为造成的。比如，上例中，甲坠崖未死，但在受伤回家的路上，被一酒后开车者撞死。在这种情况下，行为人虽然相信自己的行为已致甲死亡，事实上甲最终确实死亡，但我们却不能认定行为人构成故意杀人罪的既遂，因为甲的死亡并不是行为人的杀人行为直接造成的，而是由交通肇事导致的，因此甲负故意杀人未遂的刑事责任。

（3）行为人的行为没有按照其预想的方向发展或预想的目的停止，而是发生了行为人所预见、所追求的目标以外的结果。比如，行为人意图伤害甲，不料刺中甲腿上的动脉血管，致使甲流血过多死亡。在这种情况下，虽然行为人的行为导致了甲的死亡，但行为人并无杀害甲的故意，因此不能认定行为人构成故意杀人罪，而只能让其负故意伤害致人死亡的刑事责任。

本章小结

犯罪概念是对犯罪各种内在、外在特征的高度、准确的概括，是对犯罪的内涵和外延的确切、简要的说明，是认定罪与非罪的总标准。严重的社会危害性、刑事违法性、应受刑罚惩罚性是犯罪的基本特征。犯罪构成是我国刑法所规定的，决定某一具体行为的社会危害性及其程度而为该行为构成犯罪所必需的一切客观要件和主观要件的有机统一。它是认定具体犯罪的标准，包括犯罪客体、犯罪客观方面、犯罪主体、犯罪主观方面四个要件。

犯罪客体是我国刑法所保护的，为犯罪行为所危害的社会关系。按照犯罪行为所侵害的社会关系范围的不同，可以将犯罪客体划分为三个层次：犯罪的一般客体、犯罪的同类客体、犯罪的直接客体。其中犯罪的直接客体决定犯罪性质。犯罪对象，是指刑法分则规定的犯罪行为直接作用的具体人或者具体物。犯罪对象与犯罪客体既有联系又有区别。

犯罪客观方面是刑法规定的构成犯罪在客观方面所必须具备的特征。其具体表现为危害行为、危害结果，以及行为的时间、地点、方法（手段）和对象。其中，危害行为是一切犯罪在客观方面都必须具备的要件，也是犯罪客观方面唯一的为一切犯罪所必须具备的要件；危害结果是成立大多数犯罪在客观方面必须具备的要件；特定的时间、地点、方法（手段）以及对象，则是成立某些犯罪在客观方面必须具备的要件。

犯罪主体是实施危害社会的行为并且依法应当承担刑事责任的自然人和单位。刑事责任能力是行为人构成犯罪并承担刑事责任所必需的，行为人具备的刑法意义上辨认和控制自己行为的能力。影响刑事责任能力的因素包括人的年龄、精神状况、生理功能、醉酒等。单位犯罪是由公司、企业、事业单位、机关、团体实施的依法应当承担刑事责任的危害社会的行为。单位犯罪的处罚，以双罚制为原则，以单罚制为例外。

犯罪主观方面是犯罪主体对其行为及其危害社会的结果所持的心理态度。它包括犯罪的故意和犯罪的过失（合称为罪过），还包括犯罪目的和犯罪动机这两种要素。罪过是一切犯罪的必备要件。犯罪故意包括直接故意和间接故意，犯罪过失包括疏忽大意的过失和过于自信的过失。另外，不可抗力、意外事件、认识错误问题也是正确认识罪过不可缺少的因素。

实务训练

一、示范案例

〖案情〗被告人丁某，女，15 岁。一日，丁某骑自行车回家，行至一坡路时，因车速快，撞着同方向行走的李某的左脚左侧。丁某从自行车上摔下，将李某压倒在身下。丁某立即将李某送往医院。但李某因颅脑损伤，经抢救无效，于当天死亡。

问：丁某应否对其行为负刑事责任？

〖分析〗丁某的行为不构成犯罪。因为丁某未满16周岁。我国《刑法》规定，已满14周岁不满16周岁的人，犯故意杀人、故意伤害致人重伤或死亡、强奸、抢劫、贩卖毒品、放火、爆炸、投放危险物质8种罪的，才应负刑事责任，上述犯罪都是故意犯罪。而在本案中，丁某的行为不属于上列情况，丁某也不具有故意伤害他人的心态，不应负刑事责任。

二、习作案例

1. 林某和田某是某厂工人。一天晚上，二人在厂区一饭馆喝酒。其间，二人因一件小事争吵起来。田某打了林某几拳，林某也打了田某几拳，后被群众拉开。厂领导为防止他们再打架，将林、田二人分别叫到办公室谈话。田某在随厂领导去厂办公室途中昏倒，经医院抢救无效死亡。经法医鉴定查明：死者外表有三处表皮轻伤，心脏附近有大量脂肪，心脏功能减弱。根据医学理论，此种病症在特定情况下即可导致心脏功能紊乱，引起心力衰竭而死亡。

问：林某的行为是故意伤害致死还是意外事件？请说明理由。

2. 某日上午，甲某将所骑的摩托车停放在本市城区中山南路民用电器贸易中心门前的便道上。三轮车工人乙某（男，60周岁）为该贸易中心拉货，蹬车到该贸易中心门前时，认为被挡住了去路，于是欲将摩托车挪开，被告人甲某不让动，在争执中，摩托车被碰倒，甲某见状即用右手打乙某的左胸一拳，乙仰面摔倒在马路边，当即晕倒，不省人事。在群众的协助下，甲某将乙某送往医院。乙某经抢救无效死亡。尸体检验报告为：①死者乙某患有高度血管硬化，形成的夹层动脉瘤破裂，引起大脑出血，心血填塞死亡。②死者胸部左侧有皮内出血，符合被拳击伤的情况。该拳击可使夹层动脉瘤破裂。

问：甲某的行为与乙某的死亡之间有无因果关系？甲某是否应承担刑事责任？

复习与思考

1. 犯罪构成与犯罪概念的关系是什么？
2. 犯罪直接客体的种类有哪些？
3. 不作为犯罪的成立条件是什么？
4. 我国《刑法》对刑事责任年龄是如何规定的？
5. 间接故意与过于自信的过失的区别有哪些？

第三章 正 当 行 为

学习目标：

● 理解正当防卫与紧急避险的法条规定
● 掌握并应用正当防卫与紧急避险的成立条件
● 注意防卫过当与避险过当的认定及其刑事责任

第一节 正当防卫

导入案例

某日，张某在路边等人，被路过的李某故意撞了一下，张某看了他们一眼没有言语。李某寻衅问："看什么看？"说着便打了张某一拳，其他几个与李某同行的小青年也对张某打了几拳，张某双手护住头部直往后退。李某等人穷追不舍，张某被逼掏出随身携带的小匕首，在李某的拳头再次向他打来时朝李某刺去，不料正中其胸部动脉，李某因大出血休克死亡。

问：张某的行为是正当防卫还是防卫过当？

本案知识点：正当防卫的成立条件

一、正当防卫的概念及成立条件

（一）正当防卫的概念

根据我国《刑法》第 20 条第 1 款的规定，正当防卫[1]，是指为了使国家、公共利益、本人或者他人的人身、财产和其他权利免受正在进行的不法侵害，而对不法侵害者实施的没有明显超过必要限度造成重大损害的行为。

理解我国正当防卫概念时应把握以下几点：

1. 正当防卫是法律赋予公民的一项权利。不论是否为受害人，在面对不法侵害行为袭击时，均有权挺身而出，制止不法侵害。法律并不要求防卫人"处于不得已"的情况下才能实施防卫。

---

[1] 正当防卫有两种情况，即一般正当防卫和特殊正当防卫，为了行文方便和遵循习惯，本书将一般正当防卫简称为"正当防卫"，将特殊正当防卫简称为"特殊防卫"。

2. 正当防卫是针对不法侵害行为实施的正当、合法行为，它不仅不具有社会危害性，反而有益于社会，因而受到国家法律的保护、支持和鼓励。要切实防止"谁能闹谁有理""谁死伤谁有理"的错误做法，坚决捍卫"法不能向不法让步"的法治精神。

3. 正当防卫既然是公民的权利，在行使时就必须受到一定的限制，即除《刑法》第 20 条第 3 款规定外，防卫行为对不法侵害人造成的损害不应明显超过必要限度造成重大损害，不得滥用防卫权利。

（二）正当防卫的成立条件

根据《刑法》第 20 条第 1 款以及 2020 年 8 月 28 日《最高人民法院 最高人民检察院 公安部关于依法适用正当防卫制度的指导意见》的规定，正当防卫的成立必须同时符合以下条件：

1. 正当防卫的起因条件。存在现实的不法侵害是正当防卫的起因条件。认定正当防卫的起因条件应注意以下三个方面：

（1）必须有不法侵害存在。对合法行为不允许实行正当防卫，如对公民依法扭送犯罪嫌疑人的行为、公安机关人员依法拘捕犯罪嫌疑人的行为、正当防卫、紧急避险的行为，均不允许实行正当防卫。

（2）不法侵害必须是违法侵害。不法侵害既包括侵犯生命、健康权利的行为，也包括侵犯人身自由、公私财产等权利的行为；既包括犯罪行为，也包括违法行为。不应将不法侵害不当限缩为暴力侵害或者犯罪行为。对于非法限制他人人身自由、非法侵入他人住宅等不法侵害，可以实行防卫。不法侵害既包括针对本人的不法侵害，也包括危害国家、公共利益或者针对他人的不法侵害。对于正在进行的拉拽方向盘、殴打司机等妨害安全驾驶、危害公共安全的违法犯罪行为，可以实行防卫。成年人对于未成年人正在实施的针对其他未成年人的不法侵害，应当劝阻、制止；劝阻、制止无效的，可以实行防卫。

（3）不法侵害必须是现实存在的。如果并不存在不法侵害，但行为人误认为存在不法侵害，因而进行所谓防卫的，属于假想防卫。假想防卫不是正当防卫，如果行为人主观上有过失且刑法规定为过失犯罪的，就按过失犯罪处理；如果行为人主观上没有过失，则按意外事件处理。例如，被告人赖某在自家附近，见有两个男青年挑逗、侮辱他的女朋友，便上前指责，遭其中一男青年殴打而被迫还手。在对打时，穿着便衣的民警黄某路过，见状即抓住赖某的左肩，但并未表明身份。赖某误以为黄某是对方的同伙，便拔出牛角刀刺黄某一刀后逃跑，致黄某轻伤。赖某刺伤黄某的行为属于假想防卫，应认定为意外事件。

2. 正当防卫的时间条件。不法侵害正在进行是正当防卫的时间条件。所谓不法侵害正在进行，是指不法侵害已经开始并且尚未结束。

（1）不法侵害已经开始。对于不法侵害已经形成现实、紧迫危险的，应当认定为不法侵害已经开始。

（2）不法侵害尚未结束。尚未结束是与已经结束相对应的。对于不法侵害人确已失去侵害能力或者确已放弃侵害的，应当认定为不法侵害已经结束。对应而言，不法侵害尚未结束是指不法侵害人尚未失去侵害能力或者不法侵害人尚未放弃侵害。

应当注意的是，对于不法侵害虽然暂时中断或者被暂时制止，但不法侵害人仍有继续实施侵害的现实可能性的，应当认定为不法侵害仍在进行；在财产犯罪中，不法侵害人虽已取得财物，但通过追赶、阻击等措施能够追回财物的，可以视为不法侵害仍在进行。

（3）不法侵害是否正在进行的判断标准。对于不法侵害是否已经开始或者结束，应当立足防卫人在防卫时所处情境，按照社会公众的一般认知，依法作出合乎情理的判断，不能苛求防卫人。对于防卫人因为恐慌、紧张等心理，对不法侵害是否已经开始或者结束产生错误认识的，应当根据主客观相统一原则，依法作出妥当处理。

在不法侵害尚未开始或者已经结束时进行的所谓"防卫"，称为防卫不适时，不成立正当防卫。其有两种形式：①事先防卫。是指不法侵害尚处于预备阶段或犯意表示阶段，对合法权益尚未造成直接的威胁，而损害不法侵害人某种权益的行为。事先防卫是一种"先下手为强"的非法行为，构成犯罪的，应追究其刑事责任。②事后防卫。是指不法侵害行为已经结束，对不法侵害人的权益进行损害的行为。不法侵害已经结束，危害结果既成事实，依法追究不法侵害人的法律责任是司法机关的职责，受害人或其他防卫人不能对侵害人实施防卫，否则就是私力报复行为。例如，宋某持三角刮刀抢劫王某财物，王某夺下宋某的三角刮刀，并将宋某推倒在水泥地上，宋某头部着地，当即昏迷。王某随后持三角刮刀将宋某杀死。王某的行为就是事后防卫，构成故意杀人罪。

3. 正当防卫的对象条件。正当防卫只能针对不法侵害人本人进行。正当防卫是以给不法侵害人直接造成损害的方法阻止其继续实施不法侵害，这一本质决定了防卫的对象只能针对不法侵害人本人，不能伤及无辜的第三者。但是，在共同违法犯罪的情况下，参与共同违法犯罪的每一个人均是不法侵害者本人。因此，对于多人共同实施不法侵害的，既可以针对直接实施不法侵害的人进行防卫，也可以针对在现场共同实施不法侵害的人进行防卫。

一般来说，针对不法侵害人进行防卫包括两种情况：①针对不法侵害人的人身进行防卫，如束缚不法侵害人的身体，造成不法侵害人伤亡；②针对不法侵害人的财产进行防卫，即当不法侵害人使用自己的财产作为犯罪工具或者手段时，如果能够通过毁损其财产达到制止不法侵害、保护合法权益的目的，则可以通过毁损其财产进行正当防卫。

对于实施侵害行为的无刑事责任能力人，能否进行正当防卫？对此应具体情况具体分析。如果明知侵害人是无刑事责任能力人或者限制刑事责任能力人的，应当尽量使用其他方式避免或者制止侵害；没有其他方式可以避免、制止不法侵害，或者不法侵害严重危及人身安全的，可以进行反击。

对于针对第三者进行所谓防卫的，应视不同情况处理。如果故意针对第三者进行所谓防卫，就应作为故意犯罪处理；如果误认为第三者是不法侵害人而进行所谓防卫的，则以假想防卫来处理。

在他人豢养的或野生的动物侵害合法权益时，理当可以进行反击，不存在正当防卫的适用问题；在饲主唆使其饲养的动物侵害他人的情况下，动物是饲主进行不法侵害的工具，将该动物打死、打伤的，事实上属于使用给不法侵害人的财产造成损害的方法进行正当防卫。例如，一日，黄某牵狗在山坡闲逛，偶遇素来不和的李某，黄某即唆使其带的狗扑向李某，李某警告黄某，黄某继续唆使狗扑向李某，李某边抵挡边冲向黄某，拿石块将其头部砸伤，黄某头部流血，慌忙逃走，李某的行为属于正当防卫。

4. 正当防卫的意图条件。正当防卫的意图必须是使国家、公共利益、本人或者他人的人身、财产和其他权利免受不法侵害。

主观上不具备防卫意图的行为应排除在正当防卫之外。这些行为有以下几种：

（1）防卫挑拨。是指行为人出于侵害的目的，故意以语言、行为等挑动对方侵害自己，然后以正当防卫为借口加害对方的行为。在防卫挑拨中，挑拨者实施的行为，表面上看似乎符合正当防卫的客观条件，但由于对方的不法侵害是由挑拨者故意引起的，挑拨者不具备正当防卫的意图，客观上实施了不法侵害行为，因此，防卫挑拨具有社会危害性，如果构成犯罪，应按照故意犯罪追究其刑事责任。例如，甲想杀乙，就故意向乙挑衅，乙被激怒，上前殴打甲时，甲掏出准备好的匕首，将乙刺死，甲的行为就是防卫挑拨。

（2）为了保护非法利益而实施的防卫。这类行为明显缺乏防卫意图的正当性，因而也不是正当防卫。例如，走私犯为了保护走私的物品而将盗窃走私物品者打伤或打死；盗窃犯为了保护所窃得的物品而将抢劫其物品的人打伤或打死。因为他们所保护的不属于合法利益，不具备正当防卫的主观条件，不成立正当防卫。对这种侵害者和"防卫者"需要追究刑事责任的，应当分别定罪量刑。

（3）偶然防卫。这是指行为人出于一定的犯罪故意实施其行为，但该行为在客观上发生了防卫效果的情形。例如，甲在枪杀乙时，恰好丙出于杀害甲的意图向甲开枪将其杀死，从而在客观上使乙免遭甲的杀害。在这种偶然防卫的情况下，丙的行为客观上具有防卫效果，但由于主观上不存在防卫意图，因而不得认定为正当防卫。

应特别注意防卫行为与相互斗殴的准确界分。相互斗殴是指双方都有非法侵害对方的意图而发生的互相侵害行为。由于互相斗殴的双方主观上都有加害对方的故意，都是不法侵害，所以不存在侵害者与防卫者之分。同时，由于双方都不具有正当防卫的目的，因而无论谁先动手谁后动手，都不能认定为防卫行为。但防卫行为与相互斗殴具有外观上的相似性，准确区分两者要坚持主客观相统一原则，通过综合考量案发起因、对冲突升级是否有过错、是否使用或者准备使用凶器、是否采用明显不相当的暴力、是否纠集他人参与打斗等客观情节，准确判断行为人的主观意图和行为性质。因琐事发生争执，双方均不能保持克制而引发打斗，对于有过错的一方先动手且手段明显过激，或者一方先动手，在对方努力避免冲突的情况下仍继续侵害的，还击一方的行为一般应当认定为防卫行为。双方因琐事发生冲突，冲突结束后，一方又实施不法侵害，对方还击，包括使用工具还击的，一般应当认定为防卫行为。不能仅因行为人事先进行防卫准备，就影响对其防卫意图的认定。

5. 正当防卫的限度条件。正当防卫的限度，是指防卫行为不能明显超过必要限度且对不法侵害人没有造成重大损害。

二、特殊防卫的概念及成立条件

（一）特殊防卫的概念

《刑法》第20条第3款规定："对正在进行行凶、杀人、抢劫、强奸、绑架以及其他严重危及人身安全的暴力犯罪，采取防卫行为，造成不法侵害人伤亡的，不属于防卫过当，不负刑事责任。"据此，特殊防卫是指为了使国家、公共利益、本人或者他人的人身、财产和其他权利免受正在进行的不法侵害，而对正在进行行凶、杀人、抢劫、强奸、绑架以及其他严重危及人身安全的暴力犯罪者造成损害（包括伤亡后果）的行为。

（二）特殊防卫的成立条件

特殊防卫的条件，除了要求防卫人有防卫意图，不法侵害正在进行，针对不法侵害者本人进行防卫外，还要求：

1. 只有对于严重危及人身安全的暴力犯罪才可以实施特殊防卫，对于非暴力犯罪、轻微暴力犯罪，则只能实施一般防卫。

2. 只有当暴力犯罪严重危及人身安全时才可以实施特殊防卫，而非对于任何行凶、杀人、抢劫、强奸、绑架等暴力犯罪都可以实施特殊防卫。其中"行凶"包括下列行为：①使用致命性凶器，严重危及他人人身安全的；②未使用凶器或者未使用致命性凶器，但是根据不法侵害的人数、打击部位和力度等情况，确已严重危及他人人身安全的。虽然尚未造成实际损害，但已对人身安全造成严重、紧迫危险的，可以认定为"行凶"。"杀人、抢劫、强奸、绑架"是指具体犯罪行为而不是具体罪名。在实施不法侵害过程中存在杀人、抢劫、强奸、绑架等严重危及人身安全的暴力犯罪行为的，如以暴力手段抢劫枪支、弹药、爆炸物或者以绑架手段拐卖妇女、儿童的，可以实行特殊防卫。有关行为没有严重危及人身安全的，应当适用一般防卫的法律规定。

3. 严重危及人身安全的暴力犯罪，并不限于行凶、杀人、抢劫、强奸、绑架犯罪，还包括其他严重危及人身安全的暴力犯罪。所谓"其他严重危及人身安全的暴力犯罪"，应当是与杀人、抢劫、强奸、绑架行为相当，并具有致人重伤或者死亡的紧迫危险和现实可能的暴力犯罪。

（三）正当防卫与特殊防卫的异同

正当防卫与特殊防卫的相同点在于：在性质上都是正当防卫，在主观上都要求防卫人有防卫意图，在时间上都要求不法侵害正在进行，在对象上都只能针对不法侵害人本人进行防卫。

二者的不同点在于：①在防卫的起因上，特殊防卫只能针对行凶、杀人、抢劫、强奸、绑架等严重危及人身安全的暴力犯罪进行防卫；正当防卫是针对严重危及人身安全的暴力犯罪以外的不法侵害行为进行防卫。②在防卫的后果上，特殊防卫没有必要限度的要求，即使造成不法侵害人伤亡结果的，也属于正当防卫，换言之，特殊防卫中无防卫过当的存在；正当防卫则有必要限度的要求，只有防卫行为没有明显超过必要限度且对不法侵害人没有造成重大损害的，才是正当防卫，也就是说，一般防卫中有防卫过当存在的可能。

三、防卫过当及其刑事责任

（一）防卫过当的概念及成立条件

防卫过当，是指在一般防卫中，防卫行为明显超过必要限度造成重大损害的行为。

防卫过当的成立条件如下：

1. 防卫行为要明显超过必要限度。防卫是否"明显超过必要限度"，应当综合不法侵害的性质、手段、强度、危害程度和防卫的时机、手段、强度、损害后果等情节，考虑双方力量对比，立足防卫人防卫时所处情境，结合社会公众的一般认知作出判断。在判断不法侵害的危害程度时，不仅要考虑已经造成的损害，还要考虑造成进一步损害的紧迫危险性和现实可能性。不应当苛求防卫人必须采取与不法侵害基本相当的反击方式和强度。通过综合考量，对于防卫行为与不法侵害相差悬殊、明显过激的，应当认定防卫明显超过必要限度。

2. 造成重大损害。"造成重大损害"是指造成不法侵害人重伤、死亡。造成轻伤及以下损害的，不属于重大损害。防卫行为虽然明显超过必要限度但没有造成重大损害的，不应认定为防卫过当。

认定防卫过当应当同时具备"明显超过必要限度"（行为过当）和"造成重大损害"（结果过当）两个条件，缺一不可。

在本节导入案例中，张某是为了保护自己的人身免受李某等人正在进行的不法侵害而对李某进行的防卫，符合正当防卫的起因条件、时间条件、意图条件和对象条件，但是却超过了必要限度。因为，不法侵害人李某等人只是在耍威逞强、寻衅滋事，没有明显的伤害或杀人的故意。侵害的手段也只是打了几拳，从打击的力度和部位来看，一般不会造成张某重伤或者死亡的结果，而张某却用匕首直接向李某刺去，导致李某死亡，明显超过了必要限度且造成了重大损害，属于防卫过当。

（二）防卫过当的罪名认定

防卫过当不是独立罪名，对于防卫过当应根据其符合的犯罪构成确定罪名，而不能定为"防卫过当罪"。

1. 需要确定防卫人的主观罪过形式。关于这一问题，我国刑法理论中有争议。通说认为，防卫过当的罪过形式不可能是直接故意，但有可能是间接故意或者过失。因为防卫人在面对突然袭击的侵害行为时，来不及考虑防卫行为将要造成何种结果，并不希望某种结果的发生。但防卫人在防卫的过程中可以预见到可能发生某种结果，因出于义愤而放任结果的发生。更多的防卫过当则属于过失。

2. 需要结合防卫过当的客观方面，进一步确定触犯的具体罪名。不应在罪名之前冠以"防卫过当"，如防卫过当故意杀人罪、防卫过当过失致人重伤罪。

（三）防卫过当的刑事责任

《刑法》第20条第2款规定，防卫过当"应当减轻或者免除处罚"。在进行刑罚裁量时，要综合考虑案件情况，特别是不法侵害人的过错程度、不法侵害的严重程度以及防卫人面对不法侵害的恐慌、紧张等心理，确保刑罚裁量适当、公正。对于因侵害人实施严重贬损他人人格尊严、严重违反伦理道德的不法侵害，或者多次、长期实施不法侵害所引发的防卫过当行为，在量刑时应当充分考虑，以确保案件处理既经得起法律检验，又符合社会公平正义观念。

（四）防卫过当与正当防卫的异同

防卫过当与正当防卫相同之处在于行为人具有防卫意图、存在现实的不法侵害且不法侵害正在进行、针对不法侵害人进行防卫。换言之，二者都要具备正当防卫的前四个条件。二者的不同点是前者明显超过必要限度造成重大损害，才使防卫由正当变为过当、由合法变为犯罪，后者则在必要限度以内。可以说，防卫行为是否明显超过必要限度且造成重大损害是区分正当防卫与防卫过当、罪与非罪的标志。

第二节　紧急避险

导入案例

　　王某是某远洋货轮上的船长。某日，该货轮在太平洋海域航行时，突然狂风大作，王某以为是台风"麦沙"席卷而来，并意识到如果不及时将部分货物扔到海里，以减轻货轮的重量，货轮就会有船毁人亡的危险。于是王某下令将舱面上的货物扔到海里。不料，货物扔了没有多久，风过天晴。

　　问：王某的行为是否属于紧急避险？

　　本案知识点： 紧急避险的成立条件

一、紧急避险的概念及成立条件

（一）紧急避险的概念

　　我国《刑法》第21条规定，紧急避险，是指为了使国家、公共利益、本人或者他人的人身、财产和其他权利免受正在发生的危险，不得已而采取的损害另一较小合法利益的行为。

　　紧急避险与正当防卫一样，都是我国刑法规定的正当行为。紧急避险的本质是避免现实危险、保护较大合法权益。从其客观方面看，表现为在法律所保护的权益遇险而不可能采取其他措施予以避免的紧急时刻，不得已损害较小权益来保护较大权益。从其主观方面看，表现为认识到合法权益受到危险的威胁，在两种合法权益不能全部保全的情况下，出于保护较大权益的目的而牺牲较小的权益。表面上，避险行为造成了一定的损害，但从实质上分析，它保护了较大权益，不仅不具有社会危害性，反而有益于社会，当然应认为是正当行为。

　　（二）紧急避险的成立条件

　　紧急避险是通过损害合法权益的方法保护合法权益，这与正当防卫通过损害不法侵害人的利益来保护合法权益具有原则区别，因此，紧急避险的成立条件比正当防卫更为严格。

　　1. 紧急避险的起因条件。紧急避险的起因条件是合法权益发生了现实危险。危险的来源主要有四种：

　　（1）来自大自然的危险，如山体滑坡、海啸、地震、水灾、风暴等。

　　（2）来自动物侵袭的危险，如黄牛的抵撞、恶狗的扑咬、毒蛇的袭击等。

　　（3）来自人的危害行为的危险。有责任能力的人的违法犯罪行为和无责任能力的人的危害行为都会造成某种危险，在不得已的状态下，都可以实行紧急避险。

　　（4）来自人的生理、病理原因形成的危险，如严重饥饿的人偷拿别人的食物充饥，以免被饿死；拦截过往车辆抢救受伤者等均属紧急避险行为。

不论危险来自上述哪一种情形，危险必须是客观存在的，不是想象的、推测的。如果客观上根本不存在危险，行为人出于主观上判断的错误而实行的所谓紧急避险，属于"假想的避险"。对于假想的避险，根据行为人主观上有无过失，决定是否追究刑事责任。

2. 紧急避险的时间条件。紧急避险的时间条件是指危险正在发生。危险正在发生，是指危险已经发生或迫在眉睫并且尚未消除，其实质是合法权益正处在威胁之中。如果危险还处于潜在状态，是否出现的或然性很大，还可以采用其他方式避险的，就不能实行紧急避险，若此时实施避险就属于"事前避险"。如果危险已经结束，造成的损害已成事实，避险已错过时机，再实行紧急避险，不仅无益而且有害，这种避险称为"事后避险"。对"事前避险"与"事后避险"这两种不适时的避险，造成较大损失，构成犯罪的，应追究行为人的刑事责任。

3. 紧急避险的对象条件。紧急避险的对象是第三者的合法权益。紧急避险的本质特征，是为了保全一个较大的合法权益而将其面临的危险转嫁给另一个较小的合法权益。因此，紧急避险的对象只能是无辜第三者的合法权益，而不是危险的来源。如果行为人的行为是对危险的直接对抗，则该行为就不是紧急避险，而是正当防卫，如行为人面对不法侵害行为，用损害不法侵害人的人身、财产等手段制止险情，显然是正当防卫。

4. 紧急避险的意图条件。紧急避险必须具有正当的避险意图。正当的避险意图，是指行为人认识到危险正在发生，认识到没有其他方法能够避免，为了保护国家、公共利益、本人或者他人的人身、财产或其他权利免受较大损害而损失较小的权益。若为了保护某种非法利益而避险，则不是紧急避险。

5. 紧急避险的限制条件。紧急避险的限制条件，是指紧急避险只有在不得已的情况下才能实施。因为紧急避险是在两种合法权益不可能全部保护的情况下，牺牲较小权益，保护较大权益，即使牺牲较小权益，也会给无辜的第三者造成合法权益的损害，所以刑法限定必须在迫不得已的情况下实施。即是说，当行为人找不到任何其他办法避险，唯有采取紧急避险的方法才能避免更大的损害时，才属于"不得已"。如果行为人能采用其他方法避险，如有条件逃跑、报警、正当防卫等，就不能实行紧急避险。

6. 紧急避险的限度条件。紧急避险的限度条件，是指紧急避险不能超过必要限度，不得造成不必要的损害。至于必要限度的含义，刑法没有明确规定，但理论界和司法界一致公认，紧急避险所造成的损害一定要小于所避免的损害，或者说，避险行为所损害的权益不能等于或大于避险所保护的权益，否则就是避险过当。

如何衡量两个合法权益的大小？一般而言，人身权利大于财产权益；人的生命权大于人的健康权；财产权可以用其价值的大小去比较。这只是一个大体的衡量标准，并非绝对性的准则，应结合具体案件，分析两种合法权益孰大孰小，以便确定紧急避险是否过当。

7. 紧急避险的禁止条件。紧急避险中关于本人危险的规定不适用于职务上、业务上负有特定责任的人。所谓职务上、业务上负有特定的责任，是指某些人依法承担的职务或所从事的业务活动本身，就要求他们与一定的危险作斗争，以排除险情、避免危害或避免造成更大的危害，如防暴警察，在面对爆炸物即将爆炸之际，必须排除可爆物；民航客机遇上险情，机组人员必须与乘客一同排险，而不能跳伞躲难；消防队员面对火灾必须救火。法律之所以规定"关于避免本人危险的规定，不适用于职务上、业务上负有特定责任的人"，是因为一方面他们负有排除险情的法定义务，倘若允许其避险，则与排险责任背道而驰；另一方面他们经过专门的训练，有排险的知识和技能，一般可以在不损害自己的前提下排除危险。

只有以上七个条件同时具备时，紧急避险才能成立。

在本节导入案例中，船长王某的行为是在货轮上的人员的人身和财产安全面临着正在发生的狂风袭击，具有船毁人亡的现实的、紧迫的危险时，不得已下令丢弃部分货物以保全人身和船只的安全，符合紧急避险的全部条件，属于紧急避险。至于船长王某将狂风大作误认为是台风"麦沙"的行为，不属于假想避险和避险不适时，因为损害危险的紧迫性是现实存在和正在发生的。

二、避险过当及其刑事责任

1. 避险过当的概念。避险过当，是指避险行为超过必要限度造成不应有的损害的行为。

2. 避险过当的成立条件。避险过当行为符合紧急避险的其他六个条件，唯有超过紧急避险的限度条件，即所损害的权益大于或等于所保护的权益，这是避险过当与紧急避险的根本区别。

3. 避险过当的罪名认定。避险过当不是独立的罪名，刑法分则也没有规定独立的法定刑。因此，对避险过当定罪处罚时，首先应确定行为的罪过形式，再结合过当行为的特征，依照分则相关条文定罪量刑。关于避险过当的罪过形式，同防卫过当一样，根据通说观点，排除了直接故意，只能是间接故意或者过失。具体罪名则可以根据行为特征认定为过失致人死亡罪、过失致人重伤罪、故意毁坏财物罪等，不能在罪名之前冠以"避险过当"字样，但应引用总则中避险过当的条款。

4. 避险过当的刑事责任。《刑法》第 21 条第 2 款规定，对避险过当的，"应当减轻或者免除处罚"。在进行刑罚裁量时，是选择减轻处罚，还是选择免除处罚，要综合考虑避险目的、罪过形式、保护权益的性质及过当的程度等因素。

三、紧急避险与正当防卫的异同

紧急避险和正当防卫都是为了保护国家、公共利益、本人或者他人的人身、财产和其他权利免受正在发生的危害，而给他人的某种权利或者利益造成一定的损害，都有一定的限度条件[1]，都是正当行为。但二者的区别也较为明显：紧急避险行为是在两种合法权益发生冲突时，不可能全部保全的情况下，牺牲小利而保大利、是"正"对"正"的问题；而正当防卫是合法权益与不法侵害之间的矛盾，是"正"对"邪"的斗争。二者还有一些具体的区别：

1. 危险的来源不同。紧急避险的危险来自于自然的力量，动物的侵袭，人的生理、病理的原因和人的不法侵害等多方面；而正当防卫的危险只能来源于人的不法侵害。

2. 损害的对象不同。紧急避险是损害与危险来源无关的第三者的合法权益；而正当防卫损害的是不法侵害人的利益。

3. 行为实施的条件不同。紧急避险只能在没有其他方法排除险情的不得已的情况下实施；而正当防卫则无此限制，防卫人只要面对正在进行的不法侵害就可以实行防卫，而不论是否有条件采取躲避、报警、劝阻等方法制止不法侵害。

4. 限度条件不同。紧急避险的必要限度是避险行为所造成的损害必须小于所避免的损害，不能大于或等于所避免的损害；而（一般）正当防卫的必要限度是以制止不法侵害所必需，只要不是明显超过必要限度造成重大损害的，仍属正当防卫。

本章小结

正当防卫与紧急避险是我国刑法规定的两种正当行为。正当防卫是合法权益面临不法侵害，为保护合法权益而对不法侵害者造成一定的损害。正当防卫分为（一般）正当防卫和特殊防卫。无论是（一般）正当防卫还是特殊防卫均需具备特定的条件。防卫过当是在一般防卫中，防卫行为明显超过必要限度造成重大损害的行为。紧急避险是两种合法权益发生冲突而不能同时保全时，牺牲小利而保全大利的行为，紧急避险的成立也需要具备特定的条件。避险过当是避险行为超

[1] 特指一般正当防卫的限度条件。

过必要限度造成不应有的损害的行为。防卫过当与避险过当都是犯罪行为，应当负刑事责任，但是应当减轻或者免除处罚。

实务训练

一、示范案例

〖**案情**〗农民于某流氓成性，一天深夜越墙闯入家中仅有一人的女青年董某家，要求与董某发生关系遭到拒绝，于是持刀威胁若不从即用刀杀人。这时董某计上心头，边口头答应边往床上退，从床铺上摸起一把剪刀朝于某腹部猛捅数次，跳下床跑到院外邻居家，于某追赶数步摔倒在董家门槛上死亡。

问：董某的行为是正当防卫还是防卫过当？

〖**分析**〗于某威胁董某发生关系，在董某不从后进而威胁用刀杀人，属于严重危及人身安全的暴力犯罪，且于某的不法侵害行为已经形成现实的、紧迫危险，董某出于防卫的意识，杀死不法侵害者于某的行为，成立特殊防卫，不负刑事责任。

二、习作案例

被告人李某，女，30岁，某乡镇企业工人。某日，李某下班后天已傍晚，因家中有急事，便决定骑自行车回家（离家十多公里）。走出8里多路后，在一僻静处遇赵某拦路抢劫。李某环顾四周，旷无人烟，天又近黄昏，若反抗只会遭横祸。于是她急中生智，主动对抢劫犯赵某说：如果想要自行车及身上的贵重物品，尽管拿走，只要不伤害她。赵某当即答应，并准备推车。这时，李某又要求说："自行车上的打气筒是借别人的，把气筒留给我吧，我好还给人家。"赵某表示同意，并将打气筒给了李某。当赵某正转身推车欲走时，李某从背后用打气筒朝其后脑猛击一下，将赵某击倒在地，赶忙骑上自行车逃走。由于过度紧张，加之天已漆黑，李某不敢再走。经过一村庄时，叫开村头一户人家，请求投宿一晚。该户人家只有母女二人，母亲50多岁，女儿20岁，李某说明遭遇后，母女二人深表同情，女主人即安排李某与自己的女儿同住里屋。李某因受惊吓过度，久久不能入睡。半夜，李某听到一男人叫门，接着又听到男人向女主人讲述在半路上劫车不成被一妇女打昏的经过。原来，该男人是女主人的儿子，当天下午外出打工回家，路遇李某，遂萌歹念，抢车未遂反被击昏，深夜才苏醒过来，悻悻而归。当赵某听其母说那女人就在里屋时，遂与其母亲商议要杀死李某以免罪行暴露。李某听后极为恐慌，想逃走不可能，想反抗又无力，正在惶恐无奈之际，忽听赵某母亲说："你妹妹在里边睡，那女人在外边睡，你可别杀错了！"顿时，李某计上心来，悄悄地将熟睡的赵某妹妹与自己的位置进行了对调。由于劳累一天，赵某的妹妹在熟睡中对这一切均浑然不知。少顷，赵某持刀而入，在黑暗中将自己的妹妹一刀杀死，并同其母将尸体背出院外。李某则趁机逃走，并于次日向公安机关报案。

　　问：（1）运用正当防卫的基本原理分析李某行为的性质。（2）运用紧急避险的基本原理分析李某行为的性质。

复习与思考

1. 什么是正当防卫？正当防卫的成立条件是什么？
2. 什么是特殊防卫？特殊防卫的成立条件是什么？
3. 什么是防卫过当？防卫过当应如何承担刑事责任？
4. 什么是紧急避险？紧急避险的成立条件是什么？
5. 什么是避险过当？避险过当应如何承担刑事责任？
6. 分析正当防卫与紧急避险的异同点。

第四章　故意犯罪的停止形态

学习目标：

- 识记犯罪预备、未遂和中止的法条规定
- 理解犯罪既遂形态的类型
- 掌握并应用犯罪预备形态、未遂形态和中止形态的认定条件
- 注意各种犯罪停止形态的处罚原则

第一节　犯罪既遂形态

导入案例

陈某趁珠宝柜台的售货员接待其他顾客时，伸手从柜台内拿出一枚价值2300元的戒指握在手中。然后继续在柜台边假装观看。几分钟后售货员发现少了一枚戒指并怀疑陈某，便立即报告保安人员。陈某见状，速将戒指扔回柜台内后逃离。

问：陈某的行为是否属于犯罪既遂？

本案知识点：犯罪既遂形态的标准

一、犯罪既遂形态的概念

关于犯罪既遂的概念，由于大多数国家的刑法没有明文规定，所以对其如何表述，学界观点不一。通说认为，犯罪既遂形态，是指行为人故意实施的行为已经具备了某种犯罪构成的全部要件。确认犯罪是否既遂，应以行为人所实施的行为是否具备了刑法分则所规定的某一犯罪的全部要件为标准。它体现了区分犯罪既遂、未遂标准的统一性和科学性。

在本节导入案例中，盗窃罪的全部构成要件就是行为人的秘密窃取行为导致了非法占有公私财物的结果，非法占有财物的结果应以受害人失去了对财物的控制为标准。陈某趁售货员不注意时，伸手从柜台内拿出一枚价值2300元的戒指握在手中的行为，已经使珠宝店失去了对戒指的控制，构成了盗窃既遂。

二、犯罪既遂形态的类型

根据我国刑法分则对各种直接故意犯罪构成要件的不同规定，犯罪既遂主要

有四种类型：

（一）结果犯

结果犯是指不仅要实施具体犯罪构成中客观要件要求的行为，而且必须发生法定的犯罪结果，才能构成既遂的犯罪，即以法定的结果的发生与否作为犯罪既遂与未遂区分标准的犯罪。例如，故意杀人罪，发生被害人死亡结果的，就是既遂；没有发生被害人死亡结果的，就是未遂。法定的犯罪结果，是专指犯罪行为给犯罪客体造成的物质性的、可以具体测量的、有形的损害结果。这类犯罪在我国刑法中为数很多，而且是常见的多发罪。除故意杀人罪外，还有故意伤害罪、抢劫罪、抢夺罪、盗窃罪、诈骗罪等。

（二）行为犯

行为犯是指以法定的犯罪行为的完成作为既遂标志的犯罪。这类犯罪的既遂并不要求造成物质性的和有形的犯罪结果，而是以实行行为的完成为标志。但是这些行为不是一着手即告完成的，往往要经历一个过程，要达到一定程度，才能视为行为的完成。因此，在着手实行犯罪的情况下，如果达到一定的程度，就是完成了犯罪行为，就应成立犯罪既遂。而在犯罪过程中的不同阶段，因主客观原因不同，就可能出现犯罪预备、未遂、中止。如诬告陷害罪是行为犯，它由两个自然意义上的行为合成一个法律行为。行为人单纯捏造犯罪事实，尚未来得及告发时，被他人制止，就是未完成形态。只要当行为人既捏造又告发的行为都实施完毕，不论被害人是否受到错误的刑事追究，都构成本罪既遂。我国刑法规定的行为犯还有侮辱罪，诽谤罪，脱逃罪，传播性病罪，拐卖妇女、儿童罪等。

（三）危险犯

危险犯是指以行为人实施的危害行为造成法律规定的发生某种危害结果的危险状态作为既遂标志的犯罪。如我国《刑法》第114条、第116条、第117条、第118条分别规定的放火罪、爆炸罪、投放危险物质罪、破坏交通工具罪、破坏交通设施罪、破坏易燃易爆设备罪等，都是危险犯。

（四）举动犯

举动犯是指按照法律规定，行为人一经着手实施即告犯罪完成，从而构成既遂的犯罪。举动犯大致包括两种情况：①原本为预备性质的行为。如我国刑法规定的组织、领导、参加恐怖组织罪，组织、领导、参加黑社会性质组织罪等。这些罪的实行行为本是犯罪的预备行为，但由于这些行为涉及的犯罪性质严重，为了及早地打击这些犯罪，法律规定把本属于预备性质的行为上升为实行行为，行为人一经进行这些犯罪的组织活动，即构成既遂。若进一步实施恐怖活动或黑社会性质组织的杀、伤、抢等活动，则应实行数罪并罚。②教唆、煽动性质的举动犯。如我国刑法规定的传授犯罪方法罪，教唆他人吸毒罪，煽动民族仇恨、民族歧视罪等。这些犯罪的实行行为本来属于教唆行为或帮助行为，旨在使他人产生犯意或者坚定犯罪决意，但因特定的教唆行为、煽动行为具有较大的社会危害性，因此，刑法规定这些教唆行为、煽动行为为实行行为，并称之为举动犯，即只要行为人着手实行犯罪，就呈现犯罪既遂状态，因而，其不存在犯罪未遂问题。

三、既遂犯的处罚原则

因为既遂是故意犯罪的完成形态，它完全符合刑法分则具体条文规定的构成要件，换言之，分则具体条文的法定刑就是为犯罪既遂形态设置的。因此，对既遂犯，应根据其犯罪性质，在总则规定的一般量刑原则的指导和约束下，直接按照刑法分则具体条文的法定刑幅度处罚。

第二节　犯罪预备形态

导入案例

杨某与张某积怨较深，想伺机报复张某。一日，杨某得知张某一人在家，便身带匕首准备前往张家杀害张某。途中，杨某突然腹部疼痛难忍，遂返回自家。

问：请分析杨某行为的犯罪形态。

本案知识点：犯罪预备形态的认定

一、犯罪预备形态的概念和认定

（一）犯罪预备形态的概念

我国《刑法》第22条第1款规定："为了犯罪，准备工具、制造条件的，是犯罪预备。"根据刑法对犯罪预备的规定，犯罪预备形态，是指行为人为了实施犯罪而开始创造条件的行为，由于其意志以外的原因而未能着手犯罪实行行为的犯罪停止形态。

（二）犯罪预备形态的认定

犯罪预备形态的认定，必须同时具备下述客观和主观特征：

1. 犯罪预备形态的客观特征。犯罪预备形态在客观上表现为行为人已经实施犯罪的预备行为，但尚未着手实施实行行为就被迫地停止下来。

（1）行为人已经开始实施犯罪的预备行为。犯罪的预备行为，是指行为人为了顺利完成犯罪，而在着手实行犯罪之前所进行的一系列准备活动。按照我国刑法的规定，它包括两个方面的预备行为：

第一，为实施犯罪准备犯罪工具的行为。所谓犯罪工具，是指犯罪分子进行犯罪活动所用的一切器械、物品，其中包括：①供犯罪分子作案时所使用的器械、物品，如杀人用的刀、枪、棍棒、绳子；盗窃用的撬门破锁的改锥、螺丝刀、撬杠、梯子；作案所用的交通工具、通信工具等。②供犯罪分子用以掩盖犯罪事实或湮灭罪证的物品，即反侦查所用的物品，如作案时戴的手套、面罩，作案后用来灭迹的化学药品、香水等。犯罪工具本身能够反映出预备行为的不同危害程度，例如，准备枪支、手榴弹杀人比准备小刀杀人危害性大；准备酒精、煤油去放火比单纯准备火柴去放火危害性大。所谓准备犯罪工具，包括制造犯罪工具、加工犯罪工具、寻求犯罪工具（可能借用或盗窃或骗取他人的器械、物品等）等。准备犯罪工具也是为犯罪创造条件的预备行为，但立法者考虑到这种预备行为是常见的形式，所以把它独立出来。

第二，为实施犯罪创造便利条件的行为。这是指除准备犯罪工具以外的犯罪预备行为，常见的有以下几种创造条件的行为：①为实施犯罪，事先勘查犯罪场所、寻找时机、了解被害人的行踪；②搞模拟犯罪，练习作案技巧，如盗窃分子先试验盗窃技术等；③排除犯罪障碍，如事先掐断电源、毒死被害人豢养的狼狗，以便盗窃或杀人等；④尾随被害人、守候被害人，以寻求时机或等待被害人的出现；⑤物色共同犯罪人，进行分工、部署；⑥拟订犯罪计划和反侦查计划；⑦筹措犯罪经费；等等。

（2）行为人尚未着手犯罪的实行行为。即犯罪活动在具体犯罪的实行行为开始之前就停止下来，不再向前发展，如杀人者准备了枪支，并携带在身，但还没有向被害人开始举枪就停止了；盗窃者准备好了撬门破锁的工具，但尚未实施秘密取财的行为就停止了，都属于尚未着手实行犯罪。

上述犯罪预备形态的客观特征说明了它只能发生在犯罪的预备阶段，而不能发生在犯罪的实行阶段。

2. 犯罪预备形态的主观特征。犯罪预备形态在主观上表现为具有预备故意和因意志以外的原因导致犯罪未能着手实行。

（1）行为人必须具有犯罪预备的故意，即是说行为人的准备活动是为了犯罪而进行的。如果行为人准备菜刀是为了切菜用，准备磷化锌是为了灭鼠用，这就不能与犯罪预备联系起来。所以衡量某种准备活动是否为犯罪的预备行为，必须认定行为人有无犯罪的意图和目的，这是确立犯罪预备形态主观方面十分重要的特征。

（2）行为人尚未着手实行犯罪而停止，是基于行为人意志以外的原因。行为人在预备过程中或预备结束后，本打算实施犯罪的实行行为，但出现其意志以外的原因，迫使其在预备阶段停止下来。例如，行为人已持刀潜入被害人家中，因被害人未在家而返回，就是因意志以外的原因未能着手实行犯罪的犯罪预备形态。

在本节导入案例中，杨某携带匕首并前往张某家的途中，实施了准备犯罪工具和制造条件的行为，但由于腹痛难忍这一意志以外的原因，未能着手实施杀人行为，符合犯罪预备形态的构成条件，属于犯罪预备形态。

二、犯罪预备形态与犯意表示的区别

犯意表示一般是指以口头、书面或者其他方法，将真实犯罪意图表现于外部的行为。其特征是：主观上行为人具有真实的犯罪意图，而不是说气话吓唬他人或与他人开玩笑；客观上表现为用口头、书面、手势或其他方法将犯罪意图流露出来。犯意表示是犯意的单纯流露，不是为犯罪创造条件。

犯罪预备形态与犯意表示最本质的区别在于：犯罪预备形态表现为准备工具，创造条件，为进一步实行犯罪奠定基础的客观行为，它是整个犯罪行为的有机组成部分，对刑法所保护的合法权益构成了威胁，具有一定的社会危害性。而犯意表示并没有对实行犯罪起到促进作用，只是单纯的犯意流露，对合法权益没有构成威胁，不属于整个犯罪行为的组成部分。例如，只是告诉他人，说自己将杀害某某人，但并没有杀人的一系列准备活动，该行为只能是犯意表示。若告诉他人，自己将杀害某某人，并请求他人予以帮助，则是寻找共同犯罪人，属于犯罪的预备行为。

三、预备犯的处罚原则

预备犯是指已经实施犯罪的预备行为，因意志以外的原因而未能着手实行犯罪的人。我国《刑法》第 22 条第 2 款规定："对于预备犯，可以比照既遂犯从轻、减轻处罚或者免除处罚。"定罪时可表述为某某（预备）罪。

第三节　犯罪未遂形态

导入案例

彭某（男）和刘某（女）私通，为达到与刘某结婚的目的，欲杀害其妻蔡某。后来彭某弄来磷化锌一包，想用此药毒死蔡某。彭某遂将 1 克磷化锌放入蔡某水杯中，但蔡某因水太苦没喝并告发彭某。经鉴定，磷化锌的致死量为 2 克，1 克只能引起身体不适和呕吐。

问：请分析被告人彭某的犯罪形态及种类。

本案知识点：犯罪未遂形态的认定及其种类

一、犯罪未遂形态的概念和认定

（一）犯罪未遂形态的概念

《刑法》第 23 条第 1 款规定："已经着手实行犯罪，由于犯罪分子意志以外的原因而未得逞的，是犯罪未遂。"根据刑法规定，犯罪未遂形态，是指行为人已经着手实行具体犯罪构成的实行行为，由于其意志以外的原因而未能完成犯罪的一种犯罪停止形态。

（二）犯罪未遂形态的认定

根据我国《刑法》的规定，犯罪未遂形态的成立必须具备以下三个特征：

1. 行为人已经着手实行犯罪。所谓已经着手实行犯罪，是指行为人已经开始实施刑法所规定的具体犯罪构成要件中的实行行为。所谓实行行为，是指侵害法益的危险性达到紧迫程度的行为，如故意杀人罪中的杀害行为，抢劫罪中的侵犯人身的行为和劫取财物的行为。

已经着手实行犯罪，是犯罪未遂形态必备的特征，也是它与犯罪预备形态相区别的标志。把握这两者的界限，关键在于是否着手实行犯罪。如何正确认定犯罪的着手呢？由于犯罪复杂多样，各式各样的犯罪就有各式各样的犯罪着手，这就决定了在理论上很难找出一个较为公认的、统一的认定标准。一般来说，应从以下三个方面把握犯罪的着手：

（1）根据实行行为的特点区分不同的着手。我国刑法分则规定的实行行为大致可分为四类：单一实行行为、复合实行行为、择一实行行为和并列实行行为。对单一实行行为着手的认定，应以开始实施单一的实行行为为着手，如以刀为凶器的故意杀人罪，行为人面对被害人的拔刀、举刀行为应认为是杀人罪的着手。对于复合的实行行为（法律将两个自然意义上的行为合成为一个行为），应以行为人的方法行为的开始实施为着手，如抢劫罪是由强制方法行为和取走财物行为合成的，只要行为人开始使用暴力、胁迫或其他方法行为，就应认定行为人已经着手实行犯罪。对于择一的实行行为，行为人只要实施了法律所列举的某一种行为即可成立犯罪的着手，如盗窃、抢夺枪支罪，无论是实施了盗窃还是抢夺行为均认为是着手。对于并列的实行行为，只有当两个行为均已开始实施时，才能认定为犯罪的着手。例如，仅仅冒充国家机关工作人员的，就不能认为已着手实施了招摇撞骗罪，只有行为人同时开始进行诈骗活动的，才能认定该犯罪已着手实行。

（2）把握住犯罪预备行为的外延，认定犯罪的着手。对通常的预备行为容易认定，但对接近于实行行为的预备行为，学术界的认识往往不够统一。我们认为，"上路行为"（行为人前往犯罪地点的行为）、"尾随行为"（行为人紧跟被害人，寻找作案时机的行为）、"守候行为"（行为人埋伏或等候在某地点，等待被害人出现的行为）、"寻找行为"（行为人公开或秘密寻找被害人欲加侵害的行为）等，实际上都属于犯罪的预备行为。因为"上路""尾随""守候""寻找"等行为仍然是行为人寻找时机、地点、侵害对象的预备行为，而不是实行行为。

（3）以作案的时间、地点、手段作为判断某些犯罪着手的标准。对于同一种犯罪，由于作案的时间、地点不同，其犯罪着手的标准也不同。如同是盗窃商店的财物，在白天柜台营业期间，行为人把手开始伸向货柜即为盗窃罪的着手；在晚上商店停止营业后，行为人开始撬门破锁的行为即为盗窃罪的着手。持刀杀人的场合以面对被害人有举刀要砍的动作，才是着手；投毒杀人的场合即使没有面对被害人，只要把毒物投放到被害人的食物内即为着手。

2. 犯罪未得逞。我国刑法规定，行为人在着手实行犯罪以后，犯罪未得逞，即犯罪未达到既遂形态而停止下来，这是犯罪未遂形态与犯罪既遂形态相区别的主要标志。犯罪未得逞在三类直接故意犯罪中有着不同的含义和表现形式：①在结果犯中，犯罪的未得逞表现为法定的犯罪结果没有发生，如诈骗罪未发生骗得财物的犯罪结果。②在行为犯中，犯罪的未得逞表现为法定的行为没有完成，如实施脱逃罪的行为人在刚刚逃出监舍尚未逃出监狱警戒线被抓获的。③在危险犯中，犯罪的未得逞表现为法定的危险状态未具备，如放火的行为人在点可燃物时由于大雨淋湿可燃物未能点着。

3. 犯罪未得逞是犯罪分子意志以外的原因所致。犯罪活动在着手实行以后之所以尚未完成，乃是由犯罪分子意志以外的原因所致，可以概括为"欲达目的而不能"，这是犯罪未遂形态与实行阶段的中止形态相区别的重要特征。

根据我国刑法的基本原则和犯罪未遂的立法思想，"意志以外的原因"是足以左右、阻碍犯罪分子意志的原因，它应是质与量的统一。在质的方面，一定是来自于犯罪分子意志以外的、对犯罪分子顺利实施犯罪起阻碍作用的原因，概括起来有三种：一是行为人本人以外的原因，包括被害人、第三人、自然力、物质障碍、环境因素等，它们均起到阻碍、阻止犯罪顺利实施的作用；二是行为人自身方面形成的对犯罪完成的不利因素，如自身能力、体力、作案技巧等欠缺或不佳；三是行为人主观上的认识错误，如对象上的错误、手段上的错误、因果关系的错误等，导致犯罪未能完成。在量的方面，意志以外的原因要足以达到阻碍、阻止犯罪完成的程度。如果某种意志以外的原因起到较大原因力作用，足以制止或阻碍了犯罪实行行为的实施，导致犯罪未得逞的，则构成犯罪未遂。如果意志以外的原因对行为人作案不利，但不足以起到阻止、阻碍作用，如强奸犯罪中遇到被害妇女怀孕或月经期，抢劫犯罪中发现被害人是熟人，暴力犯罪中被害人有轻微的反抗等，尽管诸如此类的不利因素影响到犯罪人的意志，但不足以阻止、阻碍其犯罪的完成，在这种犯罪人有能力完成犯罪而停止犯罪的情况下，应当说，意志以外的原因起了一定的作用，但不是主要作用，对该行为应认定为犯罪中止，而不应认定为未遂。

二、犯罪未遂形态的类型

研究犯罪未遂形态的类型，有助于认识不同种犯罪未遂形态的社会危害性，便于正确适用未遂犯的处罚原则。我国刑法以两个标准将犯罪未遂形态区分为两对类型：实行终了的未遂和未实行终了的未遂；能犯未遂与不能犯未遂。

（一）实行终了的未遂与未实行终了的未遂

刑法理论上以犯罪的实行行为是否实行终了为标准，把犯罪未遂形态区分为实行终了的未遂和未实行终了的未遂。

实行终了的未遂，是指犯罪人已将其认为达到既遂所必需的实行行为实行终了，但由于犯罪人意志以外的原因而未得逞的未遂形态。

本节导入案例中，彭某已经将磷化锌放入其妻蔡某水杯中，着手实施了故意杀人行为，只是因为蔡某因水太苦没喝和磷化锌的致死量未达到标准等意志以外的原因而犯罪未能得逞，属于犯罪未遂。由于彭某已经将其认为杀害其妻的行为实行终了，只是由于意志以外的原因未能得逞，故而属于实行终了的未遂。

实行终了的未遂可表现为两种情形：①犯罪分子误认为其实现犯罪意图所必需的行为已实行终了，而停止了犯罪行为，但由于其意志以外的原因而未得逞。如故意杀人犯致人重伤，误认为被害人已经死亡或必然死亡而停止杀害，后被害人遇救幸存，就是由于犯罪分子认识错误而导致的实行终了的未遂。②犯罪分子将完成犯罪所必需的行为已经实行终了，未发生错误认识，但由于意志以外的原因而未得逞。如投毒行为人把毒药放在被害人将要服的中药汤里，由于被害人发现而未服用，也是实行终了的未遂。

未实行终了的未遂，是指由于意志以外的原因，使得犯罪人未能将他认为达到犯罪既遂所必需的实行行为实行终了而犯罪未得逞的未遂形态，如盗窃犯在室内盗窃时当场被抓获，就属未实行终了的未遂。

实行终了的未遂与未实行终了的未遂，反映出程度不同的社会危害性。前者离危害结果的发生较近、主观恶性的外化程度较高；后者离危害结果的发生较远，主观恶性的外化程度较低。因此，对前者量刑时应当重于后者。

（二）能犯未遂与不能犯未遂

以犯罪行为本身能否构成犯罪既遂为标准，可以把犯罪未遂区分为能犯未遂与不能犯未遂。

能犯未遂，是指犯罪行为有构成既遂的实际可能，但由于行为人意志以外的原因而未得逞。如抢劫犯正在对被害人使用暴力夺取其财物时，由于被害人的呼救和第三人的制止，抢劫犯未得逞，就属于能犯未遂。

不能犯未遂，是指因犯罪人对有关犯罪事实认识错误而使犯罪行为不可能达到既遂的情况。它可分为工具不能犯未遂与对象不能犯未遂。所谓工具不能犯未遂，是指犯罪人由于错误认识而选择使用了按其客观属性不能实现犯罪人意图，不能构成犯罪既遂的犯罪工具，以至于犯罪未遂。如犯罪人误把白糖当砒霜投毒杀人未遂的；误把空枪当实枪射击杀人未果的；误把失效的农药当做有效的农药投毒而未危害公共安全的。所谓对象不能犯未遂，是指犯罪人误认为犯罪行为指向的对象存在或在其行为效力所及的范围内，而实际上犯罪对象不存在或者不在犯罪行为效力所及范围内，而导致的未遂。如把兽当人而杀害未遂的；把男当女而强奸未遂的；误认为被害人在卧室而隔窗射击未遂的；误认为保险柜内有巨额现金，打开后发现空无分文而未遂的；等等。

通过上述分析，一般认为能犯未遂往往比不能犯未遂的社会危害性要大，对前者的处罚应当重于后者。

三、未遂犯的处罚原则

未遂犯是指已经着手实行犯罪，由于犯罪分子意志以外的原因而未得逞的人。我国《刑法》第23条第2款规定："对于未遂犯，可以比照既遂犯从轻或者减轻处罚。"定罪时可表述为某某（未遂）罪。

第四节　犯罪中止形态

导入案例

全某将张某推入水中，意图将其淹死，但听到张某可怜的呼喊声，又将张某从水中救起并将自己的毛衣和单裤给张某穿。

问：全某的行为是否属于犯罪中止？

本案知识点：犯罪中止形态的认定

一、犯罪中止形态的概念和认定

（一）犯罪中止形态的概念

我国《刑法》第24条第1款规定："在犯罪过程中，自动放弃犯罪或者自动有效地防止犯罪结果发生的，是犯罪中止。"根据该法条规定，犯罪中止形态，是指在犯罪过程中，行为人自动放弃犯罪或者自动有效地防止犯罪结果发生，而未完成犯罪的一种停止形态。据此，犯罪中止形态存在两种情况：①未实行终了的中止，即在实行行为还没有实行终了的犯罪过程中自动放弃犯罪而构成的中止；②实行终了的犯罪中止，即在实行行为实行终了的犯罪过程中，行为人自动有效地防止犯罪结果发生而构成的中止。

（二）犯罪中止形态的认定

我国刑法规定的犯罪中止形态有两种情况，所以其认定也略有不同。

1. 未实行终了的犯罪中止。未实行终了的犯罪中止，又称为自动停止犯罪的犯罪中止，其成立须同时具备三个条件：

（1）时空性。是指未实行终了的犯罪中止发生在故意犯罪的哪些阶段上。根据我国《刑法》的规定，该种犯罪中止只能发生在犯罪的预备阶段和着手实行但尚未实行完毕的实行阶段。如果犯罪已经既遂，行为人又自动恢复原状或主动赔偿损失，例如，盗窃犯把盗得的他人财物送回原处，受贿犯把受贿的财物退还给行贿人等，由于其犯罪已经完成，呈现了既遂状态，就不可能再出现犯罪中止。所以，未实行终了的犯罪中止只能发生在实行行为实施完毕前的时空中。

（2）自动性。即行为人必须是自动停止犯罪。这是犯罪中止形态的本质特征，是犯罪中止形态与犯罪未遂形态及犯罪预备形态的根本区别。犯罪中止的自动性，是指行为人出于自己的意志而放弃了自认为当时本可能继续实施和完成的犯罪，即"能达目的而不欲"。这种中止的自动性，具有两层含义：①行为人自认为当时可以继续实施与完成犯罪，这是成立自动性的前提条件。当然，这里的"自认为"应当有一定的主客观条件佐证，而不是没有任何根据的臆想。只要行为人当时认为能够把犯罪完成，即使在客观上或他人看来犯罪已不能完成，但行为人确实不了解这种客观情况，而误认为能够完成，仍应认定为行为人具有中止的自动性。反过来讲，虽然犯罪在客观上存在完成的可能性，一般人也认识到，但行为人却误认为犯罪已不可能继续和完成，基于认识上的错误，被迫停止犯罪，就不具有中止的自动性。例如，甲举枪杀乙，第一枪未打中，因惧怕刑罚处罚而停止继续射击，即使子弹是臭弹，甲也成立犯罪中止。反之，只要行为人认为不可能既遂而放弃的，即使客观上可能既遂，也是未遂，如甲在实施抢劫行为时听到警笛声便逃走的，成立抢劫未遂，即使事实上并非警车而是救护车，甲也不是犯罪中止。②行为人出于本人意志而停止犯罪。这是成立自动性的关键条件。即是说，行为人不管受到什么因素的干扰，基于什么考虑，最终都是在自认为可以继续实施和完成犯罪的情况下，在可以继续犯罪与放弃犯罪这两条道路之间，出于本人的主观意志，放弃了继续犯罪的意图，选择了停止与放弃犯罪的道路，进而在主观上停止犯罪、不再继续犯罪的心理作用下，在客观上中止了犯罪行为，即在预备阶段可表现为不再完成预备行为，或完成预备行为不去着手实行；在实行阶段可表现为主动地停止，不再继续完成实行行为。

中止的自动性，总是在一定的动机促使下形成意志因素，进而支配行为人的中止行为。犯罪中止的动机多种多样：有的是行为人真诚悔悟，不愿继续犯罪；有的是行为人受到他人的规劝、教育或斥责，思想发生变化；有的是对被害人产生怜悯、同情之心；有的是畏惧法律，怕承受刑罚痛苦；有的是受到外界轻微不利因素的影响（但没有达到阻碍犯罪继续实施的程度）等。上述这些动机或因素的影响，都使行为人主观恶性发生了质的变化，即由故意犯罪转化为放弃犯罪，这也表明行为人的人身危险性大为减弱。上述动机的不同，不影响自动性的成立。但在量刑时可根据动机的不同而有所区别。

（3）彻底性。是指行为人彻底放弃了原来的犯罪。这里的彻底性有两层含义：①要求行为人在主观上彻底打消犯罪意念，在客观上彻底停止自认为本可以完成的此项犯罪，而不是暂时中断犯罪。暂时中断犯罪是指行为人认为犯罪预备不充分或认为作案时机不成熟、环境条件不利等，而等到条件适宜时再伺机继续完成原来尚未完成的犯罪。由于该种行为不具备停止犯罪的彻底性，因而不成立犯罪中止，而可能构成预备形态或未遂形态。②彻底性具有相对的意义，只要求行为人不再继续实施已放弃的原先实施的某个犯罪，并不是要求行为人在其以后的人生中不再犯同种罪或其他种类的罪。

2. 实行终了的犯罪中止。实行终了的犯罪中止，又称为自动有效地防止犯罪结果发生的犯罪中止，是指行为人已经实施完了某种罪的实行行为，在其犯罪结果发生之前，行为人出于真诚悔悟，采取措施有效地避免犯罪结果发生的停止状态。

> 在本节导入案例中，全某已将张某推入水中，故意杀人行为已经实施完毕，但是在张某死亡之前，全某从水中将张某救起，有效地避免了危害结果的发生，属于实行终了的犯罪中止。

实行终了的犯罪中止的成立，除具备未实行终了的中止的自动性、彻底性外，还必须同时具备以下两个条件：

（1）时空性。实行终了的犯罪中止发生在实行行为实施终了、犯罪结果产生之前的时空范围内。如果某种犯罪行为已呈现既遂状态，行为人基于悔罪而采取了一些补救措施，如故意伤害的行为人致人受伤后将被害人送到医院给予治疗、赔偿损失等，不能成立犯罪中止。

（2）有效性。这种中止要求行为人自己采取积极作为的方式去预防和阻止犯罪结果的发生，而且事实上避免了犯罪结果的发生，才成立犯罪中止。如果行为人虽然采取了防止犯罪结果发生的积极措施，但实际上未能阻止犯罪结果的发生，对行为人的行为应认定为犯罪既遂。如果行为人采取了积极措施，但该犯罪结果未发生是由于其他原因（如他人的抢救行为、自然力的作用）所致，对该行为人的行为应认定为犯罪未遂。

二、中止犯的处罚原则

中止犯是指在犯罪过程中，自动放弃犯罪或者自动有效地防止犯罪结果发生的人。我国《刑法》第24条第2款规定："对于中止犯，没有造成损害的，应当免除处罚；造成损害的，应当减轻处罚。"定罪时可表述为某某（中止）罪。

本章小结

　　故意犯罪的停止形态只存在于直接故意犯罪中，并且一种犯罪只存在一种犯罪形态。犯罪既遂形态是行为人故意实施的行为已经具备了某种犯罪构成的全部要件。犯罪预备形态是行为人为了实施犯罪而开始创造条件的行为，由于其意志以外的原因而未能着手犯罪实行行为的犯罪停止形态。犯罪未遂形态是行为人已经着手实行具体犯罪构成的实行行为，由于其意志以外的原因而未能完成犯罪的一种犯罪停止形态。犯罪中止形态是在犯罪过程中，行为人自动放弃犯罪或者自动有效地防止犯罪结果发生，而未完成犯罪的一种停止形态。犯罪预备形态与犯罪未遂形态的主要区别在于是否着手实行犯罪；犯罪预备、未遂形态与犯罪中止形态的主要区别在于是否自动停止犯罪；犯罪未遂形态与犯罪既遂形态的主要区别在于犯罪是否得逞，即犯罪构成的全部要件是否齐备。

实务训练

一、示范案例

　　〖案情〗被告人张某某，男，20岁，农民。被告人赵某某，男，19岁，农民。被告人张某某想练武强身，其哥姐给他借钱500元，让他到少林寺去学武，但少林寺不收留他。在归家途中遇到老乡赵某某，两人同病相怜，身上所带的钱财已经所剩无几。时值1998年除夕之夜，两人流浪于车站门前。他们看到附近一杂货店，二人顿生邪念，商量着去抢劫杂货店，就用剩余的钱买了两把匕首。晚上10点多钟，二人手持匕首去敲杂货店的门，店主（40多岁中年人）问："谁呀？"张某某说："你开开门。"店主一边大声说"深更半夜的，你们干什么"，一边去开门。开开门后，二人见店主身材魁梧，难以对付，又听到脚步声响，扭头就跑，店主急忙追赶，将被告人张某某抓获。后赵某某也被逮捕归案。

　　问：二被告人的行为是犯罪预备、犯罪未遂还是犯罪中止？

　　〖分析〗（1）二被告人的行为不属于犯罪中止。本案二被告人的行为虽然发生在犯罪过程中，但是并非自动停止实施抢劫犯罪，而是由于被告人看到店主身材魁梧，难以对付，又听到有脚步声这个意志以外的原因，被迫放弃抢劫犯罪，因此，不属于抢劫犯罪的中止。

　　（2）二被告人的行为不属于犯罪未遂。本案二被告人并没有着手实施抢劫犯罪。抢劫罪的客观要件是暴力、胁迫或者其他手段与取得财物行为的复合，应以行为人开始实施暴力、胁迫或者其他手段时作为抢劫罪的着手，而本案二被告人并未实施持刀捅伤店主或者持刀威胁店主，让店主交出财物的行为，因此，不属于抢劫犯罪的未遂。

（3）二被告人的行为属于犯罪预备。本案二被告人为了实施抢劫犯罪，购买了匕首，并手持匕首去敲杂货店的门，属于抢劫犯罪的准备工具、制造条件的行为，只是由于前述的意志以外的原因而未能着手实行抢劫犯罪客观要件要求的行为，因此，属于抢劫犯罪的预备，罪名应认定为抢劫（预备）罪。

二、习作案例

被告人苏某某，男，47 岁，农民。被告人苏某某的长女苏某与刘某某于1994 年登记结婚，两年后离婚。后来苏某又萌复婚之心，但被告人苏某某坚决反对。其女苏某便趁被告人不在家之机，带着孩子与刘某某复了婚。被告人回来得知后，心中恼怒，认为女儿太不争气，给自己丢脸，并几次叫苏某回家未成。1997 年除夕夜，苏某某一人在家对灯独坐，追昔抚今，不胜凄楚，杀女之心陡生，便揣着一把菜刀愤然前往刘家，越墙进入刘某某、苏某夫妇室内，划着火柴照见了其女苏某睡觉的地方，即抽刀砍苏某，因天黑未砍中。苏某就势抱住被告的腰，苏某某又向刘某某砍去，将刘的右手指砍伤 3 根。这时苏某抱住被告人的腿，跪在地上喊"爹、爹"，叫得被告心软，未再砍苏某。苏某某这时又怕被人捉住，掰开苏某的手，持刀仓惶而去。案发后，在亲友的劝说下，苏某某于次日投案自首。

问：被告人苏某某的上述行为属于自动中止还是被动中断？属于犯罪中止还是犯罪未遂？

复习与思考

1. 什么是犯罪既遂？犯罪既遂的表现形式有哪些？

2. 什么是犯罪预备？犯罪预备形态的认定条件是什么？

3. 什么是犯罪未遂？犯罪未遂形态的认定条件是什么？

4. 什么是犯罪中止？犯罪中止形态的认定条件是什么？

5. 分析犯罪既遂、预备、未遂、中止形态之间的区别。

6. 犯罪预备、未遂、中止的处罚原则是什么？

第五章 共同犯罪

学习目标：
- 掌握共同犯罪的成立条件
- 理解并应用主犯、从犯、胁从犯和教唆犯的刑法规定

第一节 共同犯罪的认定

◎ 导入案例

甲、乙二人蓄谋盗窃某单位，并且约了甲15岁的弟弟丙。丙在外放哨，甲、乙二人入室窃得录像机2台、录像带20盘。乙由室内出来后，甲又在室内撬开办公桌抽屉，窃得照相机一架。甲为了破坏现场，将电炉子通电后放到办公桌的抽屉内，然后跳出窗子，并对乙说：我把炉子插上了。乙未吭声，返回宿舍后，甲提出再到现场看看着火没有。这时乙才明白甲插电炉子是为了放火，此时现场已经起火。

问：在此案中，甲、乙、丙是否构成共同犯罪？

本案知识点：共同犯罪的成立条件

一、共同犯罪的概念

《刑法》第25条规定："共同犯罪是指二人以上共同故意犯罪。二人以上共同过失犯罪，不以共同犯罪论处；应当负刑事责任的，按照他们所犯的罪分别处罚。"刑法的这一规定明确指出了共同犯罪的概念，即二人以上共同故意犯罪。

二、共同犯罪的成立条件

构成共同犯罪，必须同时具备以下条件：

（一）二人以上

共同犯罪的主体必须是"二人以上"，即二人共同故意犯罪时方可成立共同犯罪。"二人"是最低要求，至于"以上"是多少人，则并无限制。但这里的二人以上都是必须符合犯罪主体要件的人。

就自然人而言，必须是达到刑事责任年龄、具有刑事责任能力的人。一个达到刑事责任年龄的人和一个未达到刑事责任年龄的人，或者一个精神健全有刑事

责任能力的人和一个由于精神障碍无刑事责任能力的人共同实施危害行为，不构成共同犯罪。

本节导入案例中，丙虽然参与了盗窃，但因已满14周岁未满16周岁，根据《刑法》第17条第2款的规定，只对故意杀人、故意伤害致人重伤或死亡、强奸、抢劫、贩卖毒品、放火、爆炸、投放危险物质罪负刑事责任，因此本案中，丙属于未达到刑事责任年龄的人，不构成共同犯罪。

一个有刑事责任能力的人教唆或者帮助一个幼年人或者精神病人实施危害行为，不构成共同犯罪，教唆者或帮助者作为实行犯处理，被教唆者或被帮助者不构成犯罪，这种情况称为间接正犯，又称间接实行犯。例如，教唆未满14周岁的儿童盗窃，或者帮助患有严重精神病的青年强奸妇女，此处不满14周岁的儿童不构成盗窃罪，患有严重精神病的青年也不构成强奸罪，而对教唆者应以盗窃罪论处，对帮助者以强奸罪论处。

就单位而言，必须是法律规定单位可以成为某些犯罪主体的犯罪，才可能构成共同犯罪。具体表现为两个以上的单位共同故意犯罪，如甲公司与乙公司共同故意走私，即构成单位走私罪的共同犯罪。同时也可能出现单位和个人共同犯罪，如某甲教唆乙公司生产、销售伪劣产品，即构成单位与个人生产、销售伪劣产品罪的共同犯罪。

（二）共同的犯罪行为

从犯罪的客观方面来看，构成共同犯罪必须二人以上具有共同的犯罪行为。

所谓共同的犯罪行为，指各行为人的行为都指向同一犯罪，互相联系，互相配合，形成一个统一的犯罪活动整体。

1. 各行为人所实施的行为必须是犯罪行为，否则不可能构成共同犯罪。例如，共同在不可抗力下实施的造成危害的行为，或者共同在正当防卫或紧急避险条件下实施的造成损害的行为，或者共同实施的情节显著轻微危害不大的行为，等等，均不成立共同犯罪。

2. 共同犯罪行为的形式对共同犯罪的认定没有影响。可以是：①共同的作为，如甲、乙共同动手抢劫丙的财物，这是共同犯罪行为的主要形式；②共同的不作为，如甲、乙夫妻二人共同遗弃年老有病的父亲丙，致丙走投无路而自杀；③作为与不作为的结合，如仓库值班员甲与意图盗窃人乙按照事前约定，乙夜间去仓库盗窃时，甲假装睡觉，不加制止，助乙盗得大量财物。

3. 共同犯罪的分工对共同犯罪的认定也没有影响。可以是：①实行行为，即实施符合犯罪构成客观方面要件的行为；②组织行为，即组织、领导、策划、指挥共同犯罪的行为；③教唆行为，即故意劝说、收买、威胁或者采用其他方法唆使他人故意实施犯罪的行为；④帮助行为，即故意提供信息、工具或者排除障碍协助他人故意实施犯罪的行为。

共同犯罪的共同行为，可能是行为人共同实施实行行为，也可能是分别实施不同的行为，即有人实施实行行为，有人实施组织行为、教唆行为或帮助行为，这些都是共同犯罪。

对仅参与共谋而未参与犯罪的实行行为的，通说认为构成共同犯罪。所谓共谋，是指二人以上为了实施特定的犯罪而进行的谋议，可能是策划实施犯罪，也可能是商讨如何实施犯罪，或者二者兼而有之，可见共谋本身就是共同犯罪行为，所以对参与犯罪谋议而未参与犯罪实行的，应当认为构成共同犯罪。

4. 共同实施的犯罪是结果犯并发生危害结果时，每一共同犯罪人的行为与危害结果之间都存在因果关系。共同犯罪中的因果关系，是两个以上共同犯罪人的行为与危害结果之间的因果关系，与单独犯罪中一个人的行为与危害结果之间的因果关系相比有其特殊性。其特殊性在于：共同犯罪行为是围绕一个犯罪目标，互相配合、互为条件的犯罪活动整体，正是这个行为的整体导致了危害结果的发生。换言之，只要这个行为整体导致了危害结果的发生，不管某一共同犯罪人的行为是否直接地导致危害结果发生，都应当认定每一个共同犯罪人的行为与危害结果之间存在因果关系。例如，在共同实行犯罪的场合，即使共同犯罪人中只有一人的实行行为引起危害结果的发生，其他人的实行行为没有导致危害结果发生，也应认为他们的行为与危害结果之间存在因果关系，如甲、乙事前通谋开枪杀害丙，甲开枪未中，乙开枪击中丙头部，致丙死亡。甲、乙的行为与丙的死亡之间均有因果关系，均应负故意杀人（既遂）罪的刑事责任。同理，在共同犯罪人之间存在分工的情况下，即共同犯罪人之间有的组织犯罪，有的教唆犯罪，有的实行犯罪，有的帮助犯罪，组织犯、教唆犯与帮助犯（从犯）并未参与实行行为，但是，组织行为、教唆行为引起实行犯的犯罪决意和实行行为，帮助行为加强实行犯的犯罪决意和利于实行犯的实行行为，继而实行行为直接导致危害结果的发生。组织行为、教唆行为、帮助行为和实行行为，作为共同犯罪行为有机整体的组成部分，都与危害结果之间存在因果关系。

（三）共同的犯罪故意

从犯罪的主观方面来看，构成共同犯罪必须二人以上具有共同的犯罪故意。所谓共同的犯罪故意，指各共同犯罪人认识到他们的共同犯罪行为会发生危害结果，并希望或者放任这种结果发生的心理态度。共同犯罪故意虽然与个人的犯罪故意有所不同，但其内容同样可以从认识因素与意志因素两个方面来分析。

1. 共同犯罪故意的认识因素。它包括如下内容：①共同犯罪人认识到自己是在与他人一道共同实施犯罪，即共同犯罪人之间必须存在意思联络（或称意思疏通）。意思联络是共同犯罪人之间在犯罪意思上互相沟通，它可能存在于组织犯与实行犯之间、教唆犯与实行犯之间或者帮助犯与实行犯之间，而不要求所有共同犯罪人之间都必须存在意思联络，如组织犯、教唆犯、帮助犯相互间即使没有意思联络，也不影响共同犯罪的成立。②共同犯罪人认识到共同犯罪行为的性质。如果一人认识到在实施甲罪，一人认识到在实施乙罪，则不成立共同犯罪。③共同犯罪人概括地预见到共同犯罪行为会引起的危害结果。

2. 共同犯罪的意志因素，即共同犯罪人希望或者放任共同犯罪行为会发生危害社会的结果。例如，甲教唆乙伤害丙，甲希望自己的教唆行为引起乙产生伤害丙的意思，并且希望发生丙被伤害的结果。共同犯罪人一般是希望共同犯罪行为所引起的危害结果发生，但在个别情况下也可能是放任危害结果发生。

三、不成立共同犯罪的情形

1. 二人以上共同过失犯罪，不构成共同犯罪。因为共同犯罪的特点是二人以上通过共同的犯罪故意，使各人的行为形成一个共同的有机整体。而共同过失犯罪中，双方缺乏意思联络，不可能形成共同犯罪所要求的有机整体性。并且在共同过失犯罪中，不存在主犯、从犯、教唆犯的区分，只存在过失责任大小的差别，因而也不需要对他们以共同犯罪论处，而只能根据各人的过失犯罪情况分别负刑事责任。

2. 同时犯不是共同犯罪。所谓同时犯，是指二人以上没有共同的犯罪故意而同时在同一场所实行同一性质的犯罪。同时犯的特点是行为人各有故意，但缺乏共同的故意即缺乏意思联络，所以不是共同犯罪，而是同时实行的单独犯，各人只对自己的犯罪行为承担刑事责任。例如，甲、乙不约而同地意图杀害丙而向丙射击，甲没有命中，乙命中丙的头部致丙死亡。甲负故意杀人罪（未遂）的刑事责任，乙负故意杀人罪（既遂）的刑事责任。

3. 二人以上实施危害行为，罪过形式不同的，不构成共同犯罪。它表现为两个方面：①过失地引起或帮助他人实行故意犯罪，如看守所值班武警擅离职守，重大案犯趁机脱逃；②故意地教唆或帮助他人实施过失犯罪。这两种情况下，应当根据各人的罪过形式和行为形态，依照刑法规定分别处理。

4. 实施犯罪时故意内容不同的，不构成共同犯罪。例如，甲出于伤害的故意把乙砍倒在地后逃跑，路过此地的丙见甲昏迷，便偷走了乙的钱包。由于甲、丙二人事前没有意思联络，故不成立共同的抢劫罪，而分别构成故意伤害罪和盗窃罪。

5. 超出共同故意之外的犯罪，不是共同犯罪。共同犯罪人超出共同犯罪故意又犯其他罪的，对其他罪只能由实行该种犯罪行为的人负责，其余的人不能按共同犯罪论处，这种情况叫实行犯过限。例如，甲教唆乙盗窃丙女的财物，乙除实施盗窃行为之外，还强奸了丙女，甲对此毫不知情。甲、乙二人固然成立盗窃罪的共同犯罪，但不成立强奸罪的共同犯罪。

在本节导入案例中，甲实施的放火行为属于超出甲、乙共谋盗窃犯罪之外的行为，应由甲单独承担放火罪的刑事责任。甲、乙对于盗窃犯罪具有共同的犯罪故意和共同的犯罪行为，成立共同的盗窃犯罪。

6. 事后通谋的窝藏行为、包庇行为，不构成共同犯罪。因为这些行为与危害结果的发生没有因果关系。但事前通谋的窝藏行为或包庇行为，支持和鼓励了实行犯的实行行为，通过实行行为引起危害结果的发生，因而与危害结果的发生之间存在因果关系，并且具有共同的犯罪故意，应成立共同犯罪。所以我国《刑法》第 310 条第 2 款就窝藏、包庇罪规定："犯前款罪，事前通谋的，以共同犯罪论处。"

第二节 共同犯罪人的刑事责任

导入案例

甲、乙、丙、丁四个被告都是成年男子。一天，他们在一起喝酒，甲提出到江边的货船上盗窃财物，乙、丙、丁表示同意。甲遂分派乙去准备匕首和自行车，丁去窥视作案地形。入夜后，甲、丁聚集一起，由丁带领到一艘装有出口衣料的货船上，窃得价值 3000 余元的衣料。第二天，甲要乙去找丙想办法销赃，乙找到丙后，丙一再表示不干，乙说："上船容易下船难，不去小心你的狗命。"丙出于无奈，遂把赃物卖掉，所得赃款由四人平分。

问： 在本案中，甲、乙、丙、丁各自所处地位如何？

本案知识点： 共同犯罪人的分类

一、我国共同犯罪人的分类

由于各共同犯罪人在共同犯罪中的地位和作用不同，对各共同犯罪人处理时需要区别对待，因而有必要对共同犯罪人进行分类。因此，在世界各国关于共同犯罪的立法中，除少数国家外，绝大多数国家刑法均对共同犯罪人的种类加以划分。

我国刑法以共同犯罪人在共同犯罪活动中所起的作用为主，兼顾分工，将共同犯罪人分为四种：主犯、从犯、胁从犯和教唆犯。

二、主犯

（一）主犯的概念和种类

《刑法》第 26 条第 1 款规定："组织、领导犯罪集团进行犯罪活动的或者在共同犯罪中起主要作用的，是主犯。"根据上述的规定，主犯有两种：

1. 组织、领导犯罪集团进行犯罪活动的犯罪分子，也就是犯罪集团的首要分子。这种主犯只有在犯罪集团这种特殊的共同犯罪中才存在，没有犯罪集团，也就没有这种主犯。

何谓犯罪集团？我国《刑法》第 26 条第 2 款规定："三人以上为共同实施犯罪而组成的较为固定的犯罪组织，是犯罪集团。"构成犯罪集团必须具备如下条件：①由 3 人以上组成。此处的"三人以上"包括 3 人在内，这便在人数上将犯罪集团与一般的共同犯罪区别开来。这就是说 2 人共同进行犯罪活动的，是一般的共同犯罪；只有 3 人或超过 3 人共同进行犯罪活动的，才可能是犯罪集团。在社会现实生活中，犯罪集团远远不止 3 个人参加。根据有关材料，犯罪集团的成员多达十几人或者几十人甚至上百人，少者也有六七人左右。只有 3 人的，是个别的情况。②有明确的犯罪目的性，即为共同实施犯罪而组成。犯罪集团总是以实施某一种或者几种犯罪为目的而组成，否则便不称其为犯罪集团。例如，基于追求低级趣味或出于封建习俗而纠合在一起的，或者基于落后思想或共同对某一具体事项不满而纠合在一起的，则不能认为是犯罪集团。如果其中有个别人背着其他同伴进行犯罪活动，对进行犯罪活动的人应当依法处理，但不能据此将聚合在一起的人认定为犯罪集团。③有严密的组织性，即是一个犯罪组织。所谓犯罪组织，指以犯罪为目的而建立起来的较为固定的集体。组织总是意味着成员之间存在着领导与被领导的关系，亦即既有组织者、领导者、指挥者，又有普通成员，后者服从于前者的领导和指挥，前者领导、指挥后者进行犯罪活动。犯罪集团的性质不同，组织的严密程度也大不一样。按照组织严密的程度来划分，犯罪集团可分为普通犯罪集团、黑社会性质组织、恐怖组织、邪教组织等。当前，我国社会中的犯罪集团中，组织最为严密的当属黑社会性质组织。④较为固定。所谓较为固定，指以实施多次犯罪为目的而组织起来、准备长期存在的组织体，他们并非以实施一次具体犯罪为目的而纠集在一起，该具体犯罪实施完毕即行散伙。较为固定，是就准备长期存在而言的，并不以事实上长期存在为必要。所以，只要查明各共同犯罪人是以实施多次或不定次数犯罪为目的而组织起来，即使没有来得及实施犯罪，也不影响其成立犯罪集团。当然，如果共同实施多次或不定次数犯罪的目的不是经过通谋确定的，而是通过共同实施犯罪行为而形成的，那就要有两次以上的犯罪事实，才能认定该犯罪群体是犯罪集团。犯罪集团是最危险的共同犯罪形式，历来是我国刑法打击的重点。

对犯罪集团，刑法分则有规定的，应当依照刑法分则的有关规定处理；刑法分则没有规定的，应当依照刑法总则关于共同犯罪的规定，区别首要分子、首要分子以外的主犯、从犯、胁从犯，然后分别予以相应的处罚。

我国司法实践中经常使用犯罪团伙这一概念，犯罪团伙是指 3 人以上结成一定组织或纠合比较松散的共同犯罪形式。鉴于我国刑法只规定了犯罪集团和一般共同犯罪，而没有规定犯罪团伙，对犯罪团伙案件的处理，应当具体情况具体分析：按照条件能定为犯罪集团的，依犯罪集团处理；否则，依一般共同犯罪处理。

组织、领导犯罪集团进行犯罪活动，是第一种主犯的特征。组织，指纠集、串联他人建立犯罪集团。领导，指率领犯罪集团成员进行犯罪活动，为犯罪集团的犯罪活动出谋划策、作出决定，指使、安排、调配犯罪集团成员的分工和活动等。由于这种主犯建立、领导犯罪集团，指挥集团成员进行犯罪活动，因而是犯罪集团的核心，没有这种主犯，也就没有犯罪集团，所以这种主犯具有更大的社会危害性，是我国刑法打击的重点中的重点。犯罪集团的首要分子，可能只有一人，也可能不止一人，究竟哪些人是首要分子，关键在于其是否在犯罪集团中起组织、领导作用。

2. 在共同犯罪中起主要作用的犯罪分子，相对于犯罪集团的首要分子，又称为其他主犯或首要分子以外的主犯。这种主犯有以下几种：①在犯罪集团中起主要作用的犯罪分子。组织、领导犯罪集团进行犯罪活动，自然是在共同犯罪中起主要作用，所以这里所说的起主要作用，应理解为除上述活动之外在共同犯罪中起主要作用。这主要表现为：积极参加犯罪集团，在犯罪集团中特别卖力地进行犯罪活动，或者在犯罪集团中直接实行犯罪，罪行重大等。具有上述情况之一的，即构成犯罪集团的主犯。②在一般共同犯罪中起主要作用的犯罪分子。这主要是指在一般共同犯罪中起主要作用的实行犯。具体表现为：在共同犯罪中直接造成严重危害结果，积极献计献策，在完成共同犯罪中起着关键作用，在共同犯罪中罪行重大或情节特别严重等，具有上述情况之一的，即构成一般共同犯罪的主犯。③在聚众犯罪中起主要作用的犯罪分子。一般是指在聚众犯罪中起组织、策划、指挥作用的犯罪分子。

在本节导入案例中，甲谋划且具体组织实施了盗窃犯罪行为，起了主要作用，是主犯。

（二）主犯与首要分子的关系

《刑法》第 97 条规定："本法所称首要分子，是指在犯罪集团或者聚众犯罪中起组织、策划、指挥作用的犯罪分子。"从这一规定可以看出，首要分子分为两类：一是犯罪集团中的首要分子；二是聚众犯罪中的首要分子。犯罪集团中的首要分子一定是主犯，但主犯不一定是首要分子。因为在犯罪集团中，除了首要分子是主犯以外，其他起主要作用的犯罪分子也是主犯。聚众犯罪的首要分子在以下情况下是主犯：①在以首要分子为重罪构成要件的聚众犯罪中的首要分子，如《刑法》第 290 条第 2 款规定的聚众冲击国家机关罪中的首要分子；②在以首要分子为基本犯罪构成要件的聚众犯罪中，首要分子为 2 人以上时起主要作用的犯罪分子，如《刑法》第 291 条聚众扰乱公共场所秩序、交通秩序罪中的首要分子；③在以首要分子和其他积极参加者为基本犯罪构成要件的聚众犯罪中的首要分子，如《刑法》第 292 条聚众斗殴罪中的首要分子。但在聚众犯罪并不构成共同犯罪的情况下，如刑法规定只处罚首要分子，如《刑法》第 291 条聚众扰乱公共场所秩序、交通秩序罪，而首要分子只有一人时，不存在主犯、从犯之分，这种情况下当然无所谓主犯。

（三）主犯的刑事责任

1. 首要分子的刑事责任。《刑法》第 26 条第 3 款规定："对组织、领导犯罪集团的首要分子，按照集团所犯的全部罪行处罚。"即犯罪集团的首要分子除了对自己直接实施的具体犯罪及其结果承担刑事责任外，还要对集团成员按该集团计划所犯的全部罪行承担刑事责任。当然，刑法分则对犯罪集团的首要分子和聚众犯罪的首要分子规定有相应的法定刑的，应根据刑法分则的有关规定进行处罚。

2. 首要分子以外的主犯的刑事责任。《刑法》第 26 条第 4 款规定："对于第三款规定以外的主犯，应当按照其所参与的或者组织、指挥的全部犯罪处罚。"据此，对于犯罪集团的首要分子以外的主犯，应分为两种情况处罚：对于组织、指挥共同犯罪的人，如聚众共同犯罪中的首要分子，应当按照其组织、指挥的全部犯罪处罚；对于没有从事组织、指挥活动但在共同犯罪中起主要作用的人，应按其参与的全部犯罪处罚。

三、从犯

（一）从犯的概念和种类

《刑法》第 27 条第 1 款规定："在共同犯罪中起次要或者辅助作用的，是从犯。"根据上述的规定，从犯也分为两种：

1. 在共同犯罪中起次要作用的犯罪分子。所谓在共同犯罪中起次要作用，是指虽然参与实行了某一犯罪构成客观要件的行为，但在共同犯罪活动中所起的作用比主犯小，称为次要的实行犯。主要表现为：在犯罪集团的首要分子领导下从事犯罪活动，罪恶不够重大或情节不够严重；或者在一般共同犯罪中虽然直接参加实行犯罪，但是所起作用不大，行为没有造成严重危害后果等。

在本节导入案例中，丁听从主犯甲的安排，查看了地形，并将甲带到货船上实施了盗窃犯罪行为，起了次要作用，是从犯。

2. 在共同犯罪中起辅助作用的犯罪分子。所谓辅助作用，指为共同犯罪人实行犯罪创造便利条件，帮助实行犯罪，而不直接参加实行犯罪构成客观要件的行为，通常称为帮助犯。

本节导入案例中，乙听从甲的安排，准备了犯罪工具，事后胁迫丙销赃，也属于起辅助作用的从犯。

辅助作用可能表现为有形的帮助，如提供犯罪工具，排除实施犯罪的障碍以及事前答应事后窝藏赃物、隐匿罪犯等；也可能表现为无形的帮助，如指点实施犯罪的时机、对象，协助拟制犯罪计划等。帮助通常是在实施犯罪之前进行的，也可能在实行犯罪之际进行，甚至事前通谋于事后给予帮助。不论以什么形式或在什么时间内实施帮助，只要对实行犯罪起辅助作用，都可能构成从犯。但传授犯罪方法的，虽然也是为实行犯罪创造方便条件，但《刑法》第295条将它作为独立的犯罪即传授犯罪方法罪加以规定，所以对传授犯罪方法的，应依《刑法》第295条以传授犯罪方法罪论处，不能再作为某种犯罪的从犯处理。

（二）从犯与主犯的区别

在处理共同犯罪案件时，要注意将从犯与主犯区别开来。在共同犯罪中，只有主犯没有从犯的现象是存在的，而只有从犯没有主犯的现象则不可能存在。一般说来总是有主有从。共同犯罪人在共同犯罪中所起的作用是主要作用还是次要或辅助作用，应综合考虑其在共同犯罪中所处的地位、参与程度、犯罪情节以及对造成危害结果所起作用的大小等各方面的因素来确定。例如，王某（男）与陈某（女）通奸，某日陈某的丈夫外出打工，夜晚王某去到陈某家中，二人正欲上床睡觉之际，听到门外同村不轨青年李某喊叫陈某并传来推门声，王某即示意陈某找一木棍并让陈某开门，王某站在门内，及至陈某开门后李某走进门内，王某便用木棍猛击李某头部将李某打昏，李某当即倒地，随后王某又让陈某找来麻绳，自己将李某勒死。本案中，王某直接实行杀人行为，在共同犯罪中起主要作用，是主犯。陈某为王某提供犯罪工具，并受王某的指使开门让李某进入现场，为王某的杀人行为创造了方便条件，在共同犯罪中起辅助作用，是从犯。这是共同犯罪案件区分主犯与从犯的适例。

（三）从犯的刑事责任

《刑法》第27条第2款规定："对于从犯，应当从轻、减轻处罚或者免除处罚。"至于在什么情况下从轻、减轻或者免除处罚，需要考虑其所参加实施的犯罪性质、情节轻重，参与实施犯罪的程度以及他在犯罪中所起作用的主次程度等情况来确定。

四、胁从犯

（一）胁从犯的概念及特征

根据《刑法》第28条的规定，被胁迫参加犯罪的是胁从犯。所谓被胁迫参加犯罪活动，是指受到暴力威胁或精神威胁，被迫参加犯罪活动。详言之，行为人知道自己参加的是犯罪行为，虽然他主观上不愿参与犯罪，但为了避免遭受现实的危害或不利而不得不参加犯罪。

　　本节导入案例中，丙的销赃是在乙的胁迫下实施的，丙是胁从犯。

　　需要注意的是，被胁迫者还是有自由意志的，他参加犯罪仍然是他自行选择的结果，所以他对参加的犯罪活动应负刑事责任。如果他是在身体受到强制的情况下完全失去了自由意志，他的身体动静就不是自己的行为，也就谈不上参加犯罪，因而不构成胁从犯。

　　在司法实践中，有的共同犯罪人最初是被胁迫参加犯罪的，后来变为自愿或积极从事犯罪活动，甚至成为共同犯罪中的骨干分子。对这种人不能再以胁从犯论处，而应按照他在共同犯罪中所起的实际作用是主要还是次要或辅助作用，分别以主犯或者从犯论处。

　　（二）胁从犯与从犯的区别

　　从犯主观上是自觉自愿参加犯罪的，客观上在共同犯罪中所起的作用比主犯要小，但比胁从犯要大；胁从犯主观上不愿意或不大愿意参加犯罪活动，客观上在共同犯罪中所起的作用较小，罪行也轻，所以，刑法在从犯之外，单列胁从犯，并规定胁从犯的刑事责任轻于从犯。

　　（三）胁从犯的刑事责任

　　《刑法》第28条规定，对胁从犯，"应当按照他的犯罪情节减轻处罚或者免除处罚"。是减轻处罚还是免除处罚，应当综合考虑他参加犯罪的性质、犯罪行为危害的大小、被胁迫程度的轻重以及在共同犯罪中所起的作用等情况予以确定。

　　五、教唆犯

　　（一）教唆犯的概念和成立条件

　　《刑法》第29条规定，教唆他人犯罪的，是教唆犯。在刑法理论上，教唆犯是故意唆使他人实行犯罪的人。构成教唆犯，需要具备如下条件：

　　1. 从客观方面说，必须有教唆他人犯罪的行为。所谓教唆，就是唆使具有刑事责任能力但没有犯罪故意的他人产生犯罪故意。对此，可以从以下几个方面把握：

　　（1）教唆的对象必须是有刑事责任能力的人，如果教唆无刑事责任能力的人进行犯罪，那就不是教唆犯，而是利用无责任能力人犯罪的间接正犯。例如，乙已满14周岁不满16周岁且精神正常，如果甲教唆乙抢劫，甲便是教唆犯；如果甲教唆乙盗窃，甲则是间接正犯。如果行为人误认为无刑事责任能力的人为有刑事责任能力的人而教唆其犯罪，仍然构成教唆犯。

　　（2）教唆的内容必须是特定的犯罪行为，如果教唆他人实施一般违法行为或不道德行为，则不构成教唆犯。

（3）教唆行为的具体方式是多种多样的，可能是口头的，也可能是书面的，甚至是诸如使眼色、做手势等示意性动作。实施教唆的方法不一而足，如收买、嘱托、劝说、请求、利诱、命令、威胁、强迫等，都是教唆犯所使用的教唆方法。换言之，教唆犯无论采用何种具体形式或方法，都不影响教唆犯的成立。

（4）构成教唆犯，只要求实施唆使他人产生犯罪故意的教唆行为就够了，不要求传授犯罪的方法。如果不仅教唆他人犯罪，而且传授他人犯罪的方法，例如，不仅教唆他人诈骗，而且传授他人诈骗技术，应从一重罪论处。如果既教唆他人犯甲罪（如杀人），又传授他人犯乙罪的方法（如传授盗窃方法），就应当按照甲罪的教唆犯与传授犯罪方法罪数罪并罚。

另外，不管被教唆的人是否实施所教唆的犯罪，教唆的人均成立教唆犯。只不过被教唆人实施了所教唆的犯罪，教唆的人和被教唆的人之间构成共同犯罪；如果被教唆的人没有犯被教唆的罪，二者之间不成立共同犯罪。这也表明教唆犯的成立具有相对的独立性。

2. 从主观方面说，必须有教唆他人犯罪的故意。这种故意也包括认识因素与意志因素两方面。

教唆犯的认识因素是：①认识到被教唆的他人是达到刑事责任年龄、具有责任能力的人。明知他人不具有刑事责任能力而教唆其犯罪，不构成教唆犯，而构成间接正犯。但如果行为人误认为无刑事责任能力人为有刑事责任能力人而教唆其犯罪，仍然构成教唆犯，因为这种误认对教唆犯的故意不发生影响。②认识到他人还没有犯罪故意。如果认识到他人已有犯罪故意，而为之提供犯罪计划的，构成共同犯罪（从犯）；对其传授犯罪技术的，构成传授犯罪方法罪，不构成教唆犯。如果行为人不知他人已有犯罪故意仍然教唆其犯罪，不影响教唆犯的成立。③预见到自己的教唆行为将引起被教唆人产生实行某种犯罪的故意，并实施该种犯罪。详言之，这就是首先预见到自己的行为是教唆行为，即意图引起他人犯罪故意的行为。其次预见到引起他人产生实行某种犯罪的故意。所谓某种犯罪，指某种具体的犯罪（如盗窃、杀人等），至于犯罪的时间、场所等可不在预见之列。最后还预见到教唆行为与被教唆人产生犯罪故意之间存在因果关系，当然这种预见只能是概括的预见。④教唆人预见到被教唆人实行该种犯罪。在被教唆人实行某种犯罪时，被教唆人实行的犯罪应与教唆人教唆实行的犯罪相一致，才成立该种犯罪的教唆犯。否则，教唆人教唆他人犯甲罪，被教唆人实际犯了乙罪，两者故意的内容不一致，教唆者只能构成他所预见的犯罪的教唆犯，而不能是他未预见的犯罪的教唆犯。

教唆犯的意志因素是希望，但也不排除放任的心理态度，换言之，教唆犯通常是出于直接故意，但也可能出于间接故意，只是这种情况是个别的。

（二）教唆犯的认定

1. 对于教唆犯，应当按照他所教唆的犯罪定罪，而不能笼统地定教唆罪。如教唆他人犯盗窃罪的，定盗窃罪；教唆他人犯爆炸罪的，定爆炸罪。如果被教唆的人错误地理解被教唆的罪，实施了其他犯罪，或者在犯罪时超出了被教唆之罪的范围，对教唆犯只按自己所教唆的犯罪定罪。

2. 对于间接教唆的也应按教唆犯处罚。间接教唆是指教唆教唆者的情况。例如，甲教唆乙，让乙教唆丙实施抢劫罪，甲的行为便是间接教唆。对于间接教唆，也应按教唆犯处罚，即按照所教唆的罪定罪。

3. 当刑法分则条文将教唆他人实施特定犯罪的行为规定为独立犯罪时，对教唆者不能依所教唆的罪定罪，而应直接依照刑法分则的规定定罪，不再适用刑法总则关于教唆犯的规定，如《刑法》第353条规定的引诱、教唆、欺骗他人吸毒罪，强迫他人吸毒罪。

（三）教唆犯的刑事责任

关于教唆犯的刑事责任，《刑法》第29条分为如下三种情况加以规定：

1. "教唆他人犯罪的，应当按照他在共同犯罪中所起的作用处罚"（《刑法》第29条第1款）。该款特指被教唆人犯了被教唆的罪的情况。所谓被教唆人犯了被教唆的罪，指被教唆人已进行犯罪预备，或者已着手实行犯罪而未遂，或者已完成犯罪而既遂。所谓按照他在共同犯罪中所起的作用处罚，指对教唆犯的处罚不以实行犯为转移，而是依照教唆犯自身在共同犯罪中所起作用的主次为标准。教唆犯在共同犯罪中如果起主要作用，就作为主犯处罚；反之，如果起次要作用，就作为从犯处罚。实际上教唆犯是犯意的发起者，没有教唆犯的教唆，实行犯就没有犯罪故意，也就不会有该种犯罪发生。因而教唆犯在共同犯罪中通常起主要作用，特别是用命令、威胁、强迫等方法教唆的，教唆后又提供重要帮助的，更是如此。所以审判实践对教唆犯一般都作为主犯处罚。但在少数情况下，教唆犯在共同犯罪中起的作用也可能是次要的，如从犯的教唆，即教唆他人帮助别人犯罪，就应当作为从犯处罚。

2. "教唆不满十八周岁的人犯罪的，应当从重处罚"（《刑法》第29条第1款）。由于《刑法》第17条将不满18周岁的人的刑事责任年龄分为几个阶段，因此，本款规定应当根据不同情况分别处理：①教唆已满16周岁不满18周岁的人犯任何罪，都应当依照本款的规定从重处罚。②教唆已满14周岁不满16周岁的人犯故意杀人、故意伤害致人重伤或者死亡、强奸、抢劫、贩卖毒品、放火、爆炸、投放危险物质罪，或者教唆已满12周岁不满14周岁的人，犯故意杀人、故意伤害罪，致人死亡或者以特别残忍手段致人重伤造成严重残疾，情节恶劣，经最高人民检察院核准追诉的，应当对教唆犯从重处罚。③教唆已满 14 周岁不满 16 周岁的人犯《刑法》第 17 条第 2 款规定以外之罪，教唆已满 12 周岁不满 14 周岁的人犯《刑法》第 17 条第 3 款规定以外之罪，以及教唆不满 12 周岁的人犯任何罪，应当按照间接正犯处理。

3. "如果被教唆的人没有犯被教唆的罪，对于教唆犯，可以从轻或者减轻处罚"（《刑法》第 29 条第 2 款）。所谓被教唆人没有犯被教唆的罪，包括以下几种情况：①被教唆人拒绝了教唆犯的教唆，亦即根本没有接受教唆犯的教唆。②被教唆人当时接受了教唆，但随后又打消犯意，没有进行任何犯罪活动。③被教唆人当时接受了教唆犯关于犯某种罪的教唆，但实际上他所犯的不是教唆犯所教唆的罪。例如，教唆者教唆他人犯盗窃罪，被教唆人接受了这一教唆，但实际上犯的却是强奸罪。④教唆犯对被教唆人进行教唆时，被教唆人已有实施该种犯罪的故意，即被教唆人实施犯罪不是教唆犯的教唆所引起的。这些情况，或者根本没有引起被教唆者的犯意，或者实际上没有造成危害结果，或者虽然造成了危害结果，但与教唆犯的教唆行为不存在因果关系。所以《刑法》第 29 条第 2 款规定，被教唆的人没有犯被教唆的罪，对于教唆犯，可以从轻或者减轻处罚。

本章小结

共同犯罪是指二人以上共同故意犯罪，它的成立需要同时具备三个条件，即：在犯罪主体上需达二人以上，在客观上需具有共同的犯罪行为，在主观上需具有共同的犯罪故意。根据共同犯罪人在共同犯罪中所起的作用和分工不同，我国刑法把共同犯罪人分为主犯、从犯、胁从犯和教唆犯。主犯是组织、领导犯罪集团进行犯罪活动的或者在共同犯罪中起主要作用的犯罪分子；从犯是在共同犯罪中起次要或者辅助作用的犯罪分子；胁从犯是被胁迫参加犯罪的犯罪分子；教唆犯是教唆他人犯罪的犯罪分子。刑法对这四种共同犯罪人分别规定了不同的刑事责任。

实务训练

一、示范案例

〖案情〗李某意图强奸本车队女修理工刘某，向其表兄朱某寻求协助，朱某提醒"都是熟人，不太好办"。李某说："我带上你的匕首，吓一吓她就行了。"朱某表示同意，随后，朱某即从床下取出了匕首交给李某。当晚 10 时许，李某潜入刘某卧室，持匕首将刘某强奸。奸后怕罪行败露，又用匕首把刘某杀死。李某作案后逃往新疆躲避，在逃跑途中被逮捕归案。

问：根据刑法有关规定，李某、朱某是否构成共同犯罪？如何处罚？

〖分析〗李某具有强奸的犯罪故意并实施了强奸的犯罪行为，虽然朱某并没有实施强奸行为，但是朱某却在明知李某具有强奸的犯罪故意的情况下，为其提供了犯罪工具，二人构成共同犯罪。由于李某在共同的强奸犯罪故意之外又实施了故意杀人行为，李某还构成了故意杀人罪，应实行数罪并罚。

在共同的强奸犯罪中，李某是主犯，应按照其参与的全部犯罪处罚。朱某是从犯，应当从轻、减轻或者免除处罚。

二、习作案例

被告人杨某之妻龙某与彭某有通奸关系，杨某得知此事后，多次对龙某进行教育。龙某不仅没有收敛，而且提出与杨某离婚。杨某对彭某十分气愤，便寻找机会对他进行报复。1998 年 8 月 9 日，杨某的好友陶某、张某、薛某三人到杨某家做客玩耍，杨某将龙某与彭某的奸情告知他们三人。他们对杨某十分同情，并愿意帮杨某"教训"彭某，但提出要报酬。杨某表示同意。当陶某问杨某对彭某教训到什么程度时，杨某回答把彭某的脚打断，并介绍了彭某的长相特征。次日凌晨 2 时许，三人分别带菜刀翻墙去彭某的住处，其响声将房屋出租人李某某（本案被害人）惊醒，李某某以为是小偷而加以斥责。陶某误以为李某某就是杨某所要教训的彭某，就立即上前将其按倒在床上，用刀对其颈部、胸部猛刺。张某持菜刀朝其下肢连续猛砍，并将陶某的右脚也误砍了一刀。薛某也用菜刀朝李某某的头部连砍两刀。三人作案后迅速逃离现场。李某某因肝脏被刺破，头、下肢被刺伤，造成急性大出血，当即死亡。陶某等三人作案后，即送陶某去医院治疗。在治疗过程中，陶某叫张某去杨家要钱，说"我们已经帮你教训了彭某"，并谎称陶某的右脚是被对方所砍，需钱治疗。杨某信以为真，先后四次给张某现金共 9000 余元。

问：（1）杨某、陶某、张某、薛某的行为是否构成共同犯罪？（2）对各被告人应如何定罪和量刑？

实务训练

1. 什么是共同犯罪？共同犯罪的成立条件是什么？

2. 简述主犯的认定及其刑事责任。
3. 简述从犯的认定及其刑事责任。
4. 简述胁从犯的认定及其刑事责任。
5. 简述教唆犯的认定及其刑事责任。

第六章 罪数形态

学习目标：
- 掌握一罪与数罪的判断标准
- 理解各种罪数形态的构成条件
- 准确运用罪数形态认定犯罪

第一节 典型罪数

导入案例

被告人李某，男，20岁，无业。2019年12月28日，被告人李某酒后行至某人民医院附近时，看到女青年郭某单身一人在前行走，即想抢劫郭某的财物，遂尾随郭某至该市龙园宾馆附近，上前将郭某围住。李某持匕首抵住郭某进行威胁，并翻郭某随身所带挎包，但未搜到财物。随后，李某拦得一辆出租汽车，将郭某挟持上车，到某村下车。在该村一菜地旁，李某对郭某实施了强奸。

问：李某的行为构成一罪还是数罪？

本案知识点：一罪与数罪的认定标准

一、罪数与罪数形态的概念

罪数，是指一人所犯之罪的数量，在刑法理论上指一罪与数罪。

罪数形态，是指表现为一罪或数罪的各种类型化的犯罪形态。

一罪与数罪，看似简单，实则复杂，需要认真加以分析。分析罪数形态的任务在于：探讨确定罪数的科学标准，正确区分一罪与数罪，阐明各种罪数形态的构成要件，揭示有关罪数形态的本质属性即实际罪数，剖析不同罪数形态的相关界限，确定适用于不同罪数形态的处断原则。

二、罪数判断标准

罪数判断标准，是指判断罪数是一罪还是数罪的依据。依据什么来判断罪数，在刑法理论上存在不同的学说，如行为标准说、法益标准说、犯意标准说、犯罪构成标准说等，其中犯罪构成标准说为我国刑法学界的通说。通说认为，我国刑法中的犯罪构成是主客观要件的统一，是犯罪成立要件的整体，行为符合犯罪构成，犯罪即可成立，所以判断罪数是一罪还是数罪，应当以犯罪构成为标准，行为符合一个犯罪构成的，是一罪；行为符合数个犯罪构成的，是数罪。

本节导入案例中，李某出于抢劫的故意和强奸的故意，分别实施了抢劫行为和强奸行为，符合抢劫罪和强奸罪两个犯罪构成，属于典型的数罪。

一般来说，坚持犯罪构成标准说，就能够正确认定行为的罪数，但对一些复杂的现象，仅靠犯罪构成标准说这一标准，并不能很好地解决，因此，需要考虑刑法的特殊规定、刑法理论等因素来进一步认定，尤其要注意刑法的特殊规定。例如，《刑法》第 196 条第 3 款规定，盗窃信用卡并使用的，以盗窃罪论处。因此，不能将这种行为认定为盗窃罪与信用卡诈骗罪。再如，《刑法》第 198 条第 1 款第 4、5 项和第 2 款规定，行为人以故意造成财产损失的保险事故或者故意造成被保险人死亡、伤残、疾病，骗取保险金的，依照数罪并罚的规定处理，故不能将这种行为从一重罪处罚。又如，《刑法》第 399 条第 4 款规定，司法工作人员收受贿赂，有徇私枉法、民事、行政枉法裁判、执行判决、裁定失职和执行判决、裁定滥用职权行为的，同时构成受贿罪的，依照处罚较重的规定定罪处罚，而不能实行数罪并罚。总之，区分一罪与数罪，既要以犯罪构成为标准，也要考虑刑法有无特别规定，刑法如有特别规定，必须依照刑法的规定处理。

三、典型的罪数

典型的罪数包括典型的一罪和典型的数罪。

典型的一罪，是指行为人以一个罪过，实施一个行为，侵犯一种社会关系的犯罪。如行为人以一个杀人故意，开枪将一个人杀死，就是典型的一罪。

典型的数罪，是指行为人以数个罪过，实施数个行为，侵犯数种或数个同种社会关系，而且数个行为之间没有牵连、连续等关系的数个犯罪。它包括异种数罪和同种数罪。异种数罪是指行为人以数个不同的罪过，实施数个不具有牵连、吸收等关系的行为，侵犯数种社会关系，触犯数个不同罪名的犯罪。如行为人第一次实施了盗窃行为，第二次实施了杀人行为，就是典型的异种数罪。同种数罪，是指行为人以数个相同的罪过，实施数个不具有连续、惯行等关系的相同的行为，侵犯数个相同的社会关系，触犯数个同一罪名的犯罪。例如，某甲出于报复将与自己断绝恋爱关系的女朋友某乙杀死，后来为了宅基地纠纷杀死了邻居某丙，就是典型的同种数罪。

第二节 不典型罪数的类型

导入案例

丁某流窜到火车站候车室看到两位军人聊天兴趣正浓，不注意身边放的提包，便将其顺手牵走，到僻静处打开查看，包内有1000元现金和"五四"式手枪1支、子弹20发。丁某将枪支、子弹藏在家中，直至案发。

问： 丁某的行为是哪种罪数形态？

本案知识点： 牵连犯的认定

一、不典型罪数

不典型罪数，是指犯罪要件组合数为不标准形态。在内涵上，不典型罪数就是既非典型一罪也非典型数罪而被当做（立法规定为或司法认定为）一罪处罚的犯罪构成形态。在刑法理论上，典型的罪数是比较容易区分的，难以区分的是不典型的罪数。根据刑法规定和司法实践，本教材重点分析以下几种不典型罪数的犯罪形态：

1. 实质的一罪。是指形式上具有某些数罪特征的行为，但实质上是一罪，因此刑法规定为一罪或者处理时作为一罪的情况。包括继续犯、想象竞合犯和结果加重犯。

2. 处断的一罪。是指行为虽然符合数个犯罪的构成要件，或者几次符合同一犯罪的构成要件，但只认定为一罪的情况。包括连续犯、牵连犯和吸收犯。

二、实质的一罪

（一）继续犯

1. 继续犯的概念。继续犯，也称持续犯，是指一个犯罪行为从着手实行到行为终了以前，犯罪行为与不法状态在一定时间内同时处于继续状态的犯罪形态。非法拘禁罪通常被认为是典型的继续犯，此外，窝藏罪，非法持有、私藏枪支、弹药罪，遗弃罪等也都是典型的继续犯。

2. 继续犯的要件。

（1）必须是一个犯罪行为。所谓一个犯罪行为，是指主观上出于一个犯罪故意，并在该犯罪故意的支配下自始至终实施了一个犯罪行为。需要明确的是，在继续犯的犯罪行为处于不间断的过程之中，行为人为实现其犯罪意图所采用的具体作案手段的数量以及因具体作案地点的变更而选择的不同具体作案方式，只是其所实施的一个犯罪行为的组成部分或构成要素。也就是说，它们都属于一个犯罪行为的多种表现形式，不能因此而认定为数个犯罪行为。例如，行为人第一天使用捆绑的方法将被害人拘禁于甲地，第二天又将其转至乙地禁闭1个月。尽管作案方式不同，具体作案地点不同，但仍然是一个非法拘禁行为。继续犯只能是一个犯罪行为，如果不是一个犯罪行为，就不是继续犯。例如，在 1 个月之内连续在夜间盗窃 5 户人家的大量财物，是连续数个行为，应成立连续犯，而不是继续犯。此外，继续犯通常由作为构成，少数由不作为构成，如遗弃罪。在某些情况下，继续犯持续实施的一个犯罪行为可以始于作为并在行为继续过程中转为不作为，如私藏枪支、弹药罪。

（2）必须是一个犯罪行为侵犯了同一直接客体。即犯罪行为自始至终都针对同一对象、侵犯同一直接客体。如果数行为侵犯同一直接客体，或者一行为侵犯数种直接客体，则不是继续犯。

（3）必须是犯罪行为与不法状态同时继续。这是构成继续犯的重要条件，也是继续犯与状态犯犯罪形态的主要区别所在。这一要件包括以下含义：首先，犯罪行为必须具有继续性。即犯罪行为从着手实行到行为终了的过程中，一直处于正在实施、不断进行的状态。其次，犯罪行为所引起的不法状态必须具有继续性。所谓不法状态，是指由于犯罪的实行行为使客体遭受侵害的状态。这种不法状态不是很快即行消失，而是在时间上处于继续存在的状态中。最后，必须是犯罪行为与不法状态同时处于持续的过程中。这就是说，继续犯的犯罪行为与其所引起的不法状态的发生、延续和完结，必须是同步的或基本同步的。例如，非法拘禁罪的行为人从将被害人非法拘禁开始直到释放被害人，非法拘禁犯罪行为与非法拘禁不法状态同时开始、延续和完结，所以是典型的继续犯。如果只是犯罪行为所造成的不法状态处于持续之中，而犯罪行为一经实行即告完成，并不处于继续状态，就不是继续犯，而是状态犯。例如，行为人重伤他人，只是不法状态的继续，而伤害行为已经结束，这就不是继续犯。另外，犯罪行为与不法状态的同步持续过程必须在时间上没有间断性，否则，不属于继续犯。

（4）必须从着手实行到行为终了继续一定时间。具有一定时间的持续性是继续犯的又一成立条件。没有一定的时间过程，就没有犯罪行为与不法状态的持续性，也就不可能构成继续犯。例如，行为人将被害人非法拘禁数分钟或十几分钟，就构不成非法拘禁罪。至于构成继续犯的时间继续应以多长时间为准，法律并没有规定，应当根据犯罪的性质、特征、危害程度以及《刑法》第 13 条"但书"的规定，具体分析并加以认定。

3. 继续犯的处断原则。由于刑法分则对属于继续犯的犯罪设专条加以规定，并设置以相应的法定刑，所以，对继续犯应依刑法规定以一罪论处，不实行数罪并罚。继续时间的长短可以作为量刑的酌定情节加以考虑。

（二）想象竞合犯

1. 想象竞合犯的概念。想象竞合犯，也称想象的数罪、观念的竞合，通说认为，是指一个行为触犯数个异种罪名的犯罪形态。

2. 想象竞合犯的要件。

（1）行为人只实施了一个行为。这是构成想象竞合犯的前提条件。如果行为人实施了数个行为，则不可能构成想象竞合犯。这是想象竞合犯区别于牵连犯、连续犯、吸收犯的主要标志之一。所谓一个行为，不是从构成要件的评价上看是一个行为，而是基于自然的观察，在社会的一般观念上被认为是一个行为。例如，开一枪，打死一人，打伤一人，尽管造成了死、伤的结果，但只属于一个开枪射击行为。至于行为是否必须出于一个犯意或一个罪过，理论上存在争论。从实际情况看，想象竞合犯可能出于一个故意实施一个行为，例如，行为人故意向在电影院看电影的甲扔炸弹，炸死了甲，炸伤了乙、丙、丁；可能出于一个过失实施一个行为，例如，某甲玩枪走火，打死一人，打伤一人；也可能实施一个行为但主观上既出于故意同时又存在过失，例如，行为人意图杀害某甲，但不想伤害某甲旁边的某乙，遂选择不易伤害到某乙的角度向某甲射击，结果由于枪法不准，不仅打死了某甲，还重伤了某乙，这里行为人的行为对某甲是故意，对某乙是过失。

（2）一个行为触犯了数个异种罪名。所谓一个行为触犯数个异种罪名，是指一个行为在形式上或外观上同时符合刑法规定的数个不同种罪名的犯罪构成。

3. 想象竞合犯与法条竞合的区别。法条竞合，是指因刑事立法对法条的错综规定，一个犯罪行为同时触犯了两个分则性刑法条文，其中某一法条的全部内容（重合关系）或部分内容（交叉关系）包含于另一法条的内容之中，只适用其中一个刑法条文的情况。法条竞合虽然触犯了数个刑法条文，但由于行为人主观上出于一个罪过，客观上实施了一个危害社会的行为，并且一行为触犯的数个法条所规定的犯罪构成在法律上具有包容关系，即一个犯罪构成在法律上为另一个犯罪构成所包容，所以实质上只符合一个犯罪构成，因而只适用其中一个刑法条文定罪处罚。例如，《刑法》第141～148条所规定的生产、销售特定种类的伪劣产品的犯罪与第140条所规定的生产、销售伪劣产品罪，《刑法》第432条规定的故意泄露军事秘密罪与第398条规定的故意泄露国家秘密罪等，都属于法条竞合。法条竞合时适用法律的原则是：①特别法优于普通法；②重法优于轻法。例如《刑法》第432条与第398条之间的竞合适用特别法优于普通法的原则；《刑法》第141～148条与第140条之间的竞合适用重法优于轻法的原则。

想象竞合犯与法条竞合具有相同点，都是实施了一个行为，触犯了数个罪名，最终都是适用一个法条并且按照一罪予以处罚。但是两者存在着重大区别。概言之，当一个行为同时触犯的数个法条之间存在重合或交叉关系时，是法条竞合而非想象竞合；当一个行为同时触犯的数个法条之间不存在重合或交叉关系时，是想象竞合而非法条竞合。其具体区别在于：①形态不同。想象竞合犯是一行为所触犯的不同罪名的竞合，属于罪数形态；法条竞合是一行为所触犯的数个法律条文的竞合，属于法条形态。②是否具有包容关系不同。想象竞合犯所触犯的规定不同罪名的数个法条之间，不具有包容关系；法条竞合所涉及的规定不同罪名的数个法条之间，必然存在包容关系。③法条发生关联的原因不同。想象竞合犯中规定不同种罪名的数个法条发生关联，是以行为人实施特定的犯罪行为为前提或中介；法条竞合所涉及的规定不同种罪名的数个法条之间的重合或交叉关系，是基于刑事立法的错杂规定，并不以犯罪行为的实际发生为转移。④法律适用不同。想象竞合犯所触犯的规定不同罪名的数个法条均适用于其行为，其法律适用问题，依照"从一重处断"的原则来解决；法条竞合，在竞合的数个法条中，仅仅一个法条可以适用其行为，其法律适用问题依照特别法优于普通法、重法优于轻法的原则来解决。

4. 想象竞合犯的处断原则。对于想象竞合犯，我国刑法理论界通说认为其本质属性是实质的一罪，应采用"从一重处断原则"处理，即依照行为所触犯的数个罪名中法定刑较重的犯罪定罪处刑，而不实行数罪并罚。但是，刑法另有规定的，应当依照特别规定论处。例如，根据《刑法》第 204 条第 2 款的规定，纳税人缴纳税款后，采取骗税行为骗取的税款超过所缴纳的税款的，其骗取所纳税款构成逃税罪，超过所纳税款的部分构成骗取出口退税罪，这实际上是一个行为触犯了两个罪名的想象竞合犯，但刑法规定实行数罪并罚，而不是从一重罪处断。

（三）结果加重犯

1. 结果加重犯的概念。结果加重犯，是指实施基本犯罪构成要件的行为，发生基本犯罪构成以外的重结果，因而刑法规定加重刑罚的犯罪形态。故意伤害致死是其适例。

2. 结果加重犯的要件。

（1）实施了基本犯罪构成要件的行为。基本犯罪构成是结果加重犯存在的前提，没有基本犯罪构成就没有结果加重犯。至于基本犯罪是否必须是结果犯没有限制。例如，在非法拘禁致人重伤、死亡的场合，并不要求非法拘禁行为先成立结果犯。

（2）产生了基本犯罪构成以外的重结果。构成结果加重犯，必须发生重结果，并且重结果与基本犯罪行为之间必须具有因果关系。如果加重结果不是由基本犯罪行为所引起的，则不成立结果加重犯。例如，甲殴打乙致伤，乙在被送往医院的途中被肇事司机轧死，甲不构成故意伤害致死的结果加重犯。

（3）行为人对基本犯罪一般持故意，对加重结果至少有过失。首先，行为人对基本犯罪一般持故意。对基本犯罪持过失时，也可能是结果加重犯。如《刑法》第 132 条规定："铁路职工违反规章制度，致使发生铁路运营安全事故，造成严重后果的，处三年以下有期徒刑或者拘役；造成特别严重后果的，处三年以上七年以下有期徒刑。"其中"造成特别严重后果的，处 3 年以上 7 年以下有期徒刑"的规定，便是铁路运营安全事故罪的结果加重犯。其次，对加重结果至少是过失。如果对加重结果没有过失，则不成立结果加重犯。其中，有些结果加重犯对加重结果只能是过失，如故意伤害致死，行为人对死亡结果只能是过失，如果对死亡结果持故意，则成立故意杀人罪；而有些结果加重犯对加重结果既可以是过失，也可以是故意，如抢劫致人重伤、死亡的，属于结果加重犯，行为人对重伤、死亡结果既可能是过失，也可能是故意。

（4）刑法规定了比基本犯罪较重的刑罚。对结果加重犯，刑法必须规定重于基本犯的刑罚。如果刑法没有加重法定刑，结果再严重也不是结果加重犯。例如强奸妇女致其重伤的，由于刑法加重了法定刑，属于结果加重犯；而强制猥亵他人致其重伤的，因为刑法没有加重法定刑，故不是结果加重犯。另外，虽然实施了基本犯罪构成要件的行为，并由此产生了重结果，但刑法不是对其单独规定较重的刑罚，而是规定按照另一较重犯罪定罪处罚的，也不是结果加重犯。例如聚众斗殴致人重伤、死亡的，依照故意伤害罪、故意杀人罪定罪处罚，而不是聚众斗殴罪的结果加重犯。

3. 结果加重犯的处断原则。由于结果加重犯要以基本犯罪行为为前提，故结果加重犯的罪名与基本犯罪的罪名相一致，又由于刑法对结果加重犯规定了比基本犯罪较重的法定刑，所以对结果加重犯只能依照刑法的规定，在较重的法定刑幅度内量刑，而不实行数罪并罚。

三、处断的一罪

（一）连续犯

1. 连续犯的概念。连续犯，是指基于同一或者概括的犯罪故意，连续实施性质相同的独立成罪的数个行为，触犯同一罪名的犯罪形态。

2. 连续犯的要件。

（1）必须是实施性质相同的独立成罪的数个行为。这是连续犯成立的前提条件。首先，必须实施了数个行为，只实施一个行为的，不可能成立连续犯。其次，数个行为必须性质相同。如果实施的数个行为性质不同，例如一次实施诈骗行为，一次实施盗窃行为，则不发生连续犯的问题。最后，数个行为必须独立成罪，即各个行为都独立具备犯罪构成的要件。如果连续实施同一种行为，但每次都不能独立构成犯罪，只是这些行为的总和才构成犯罪的，是徐行犯（亦称接续犯），而非连续犯。例如行为人连续 5 次诈骗，每次诈骗 600 元，5 次行为总和起来才达到 3000 元以上，不是连续犯而是徐行犯。

（2）数个行为必须基于连续意图支配下的数个同一的或概括的犯罪故意。这是构成连续犯的主观要件。同一的犯罪故意，是指行为人预计实施数次同一种犯罪的故意，每次实施的具体犯罪都明确地包含在行为人的故意内容之中。例如，某甲一开始就计划分 3 次杀死某乙家中的 3 口人，并按照计划一一实施了杀人行为。概括的犯罪故意，是指行为人概括地具有实施数次同一种犯罪的故意，每次实施的具体犯罪并非都是明确地包含在行为人的故意内容之中。例如，王某决定多次盗窃，但具体盗窃多少次，多少数额，事先不确定，反正有机会就下手，后来，他连续实施了多次窃取大量财物的行为，这同样构成盗窃罪的连续犯。同时，行为人数个同一的或概括的犯罪故意必须源于其连续实施某种犯罪的主观意图（简称连续意图）。如果行为人并无连续意图，即使实施了数个性质相同的犯罪行为，也不是连续犯。例如，某甲为泄愤杀害单位领导某乙，数月后又因奸情暴露杀害情妇某丙，就不是连续犯，而构成同种数罪。

（3）数个行为之间必须具有连续性。这是连续犯构成的重要条件，也是连续犯与同种数罪的主要区别。如果数个行为之间不具有连续性，则只能构成独立的数罪，而不构成连续犯。连续性不等于持续性，必须有时间的间隔性，而时间的间隔性不宜太长，否则便失去了连续性。是否具有连续性，应当以行为人主客观条件的统一为判断标准，既要考察行为人有无连续实施某种犯罪行为的故意（即连续意图），又要分析客观行为的性质、方式、环境、结果、时间间隔性的长短以及时间上的连贯性等，综合判断是否具有连续性。

（4）数个行为必须触犯同一罪名。即以具体犯罪中基本犯的犯罪构成为标准，行为人的数行为符合同一基本犯罪构成的，是触犯同一罪名。若数行为有的符合基本构成，也有的符合修正的犯罪构成、加重或者减轻的犯罪构成、选择的犯罪构成，也视为符合同一基本构成，视为触犯同一罪名。例如数个行为中第一次暴力抢劫，第二次持枪抢劫（加重的犯罪构成），是触犯同一罪名；第一次故意杀人既遂，第二次故意杀人未遂（修正的犯罪构成），也是触犯同一罪名；第一次非法制造枪支，第二次非法买卖枪支（选择的犯罪构成），也是触犯同一罪名。值得注意的是，触犯同一条文不等于触犯同一罪名，因为有的条文规定了不同的具体犯罪。例如《刑法》第 114 条规定了放火、决水、爆炸、投放危险物质和以危险方法危害公共安全罪等 5 个罪名，行为人实施放火和投放危险物质行为的，成立两个独立的犯罪，而不是连续犯。

3. 连续犯与继续犯的区别。连续犯与继续犯都是犯罪行为在一定的时间内处于相当程度的进行状态，都是侵犯同一直接客体，都不实行数罪并罚，但是，二者也存在着一些区别，主要有：①行为个数不同。连续犯是连续实施数个性质相同的犯罪行为，其特点是数个行为；继续犯是以一个行为持续地侵犯同一的直接客体，其特点是一个行为。②有无时间间隔性不同。连续犯多次实施的数个犯罪行为之间具有时间的间隔性；继续犯所实施的一个犯罪行为在一定时间内处于不间断存在的状态，并无时间的间隔性。③不法状态的存在状况不同。连续犯的犯罪行为有的没有不法状态的存在，有的即使引起不法状态，其与连续犯的犯罪行为的产生、持续、终止也是非同步的；继续犯的犯罪行为与其必然引起的不法状态的产生、持续、终止是同步或基本同步的。

4. 连续犯的处断原则。连续犯按照一罪处断，不实行数罪并罚。对连续犯的处理，应当按照不同情况，依照刑法的有关规定分别从重处罚或者依照加重构成的量刑档次处罚。

（二）牵连犯

1. 牵连犯的概念。牵连犯是指行为人实施某种犯罪，其方法行为或结果行为又触犯其他罪名的犯罪形态。

2. 牵连犯的要件。

（1）必须以实施一个犯罪为目的。这是构成牵连犯的主观要件。这就是说，行为人为了达到某一犯罪目的而实施犯罪行为，在实施犯罪行为的过程中，其所采取的方法行为或结果行为又构成另一个独立的犯罪。其中，行为人基于这一犯罪目的而实施的具体犯罪，称为本罪；行为人的方法行为或结果行为构成的犯罪，称为他罪。本罪与他罪必须都是围绕这一犯罪目的而实施，因此，凡不是基于一个犯罪目的而实施的包含数个犯罪行为的犯罪，不是牵连犯。

（2）必须实施了两个以上独立的犯罪行为。这是构成牵连犯的客观特征。首先，必须是实施了两个以上的行为。如果只实施了一个行为，则因行为之间的牵连关系无从谈起而根本不可能构成牵连犯，这也是牵连犯与想象竞合犯的重要区别。其次，两个以上的行为必须是独立的犯罪行为，即两个以上的行为都各自具备犯罪构成的要件，独立成罪。如果行为人实施的数个行为中只有一个构成犯罪，则因不存在数个犯罪之间的牵连关系而不能构成牵连犯。最后，牵连犯的数个行为表现为两种情况：一是目的行为与方法行为（或称手段行为）；二是原因行为与结果行为。在刑法理论中，牵连犯的本罪行为通常称为目的行为或原因行为，他罪行为通常称为方法行为或结果行为。目的行为是与方法行为相对应的，原因行为是与结果行为相对应的。方法行为是为了便于本罪的实行而实施的行为，结果行为是本罪实行后为了保持本罪的犯罪结果或者彻底实现本罪的犯罪目的而实施的行为，目的行为或原因行为是实施本罪的行为。需要指出的是，牵连犯的数行为是方法行为，而不是犯罪方法，是结果行为而不是犯罪结果，是目的（原因）行为而不是犯罪目的（原因），否则就不是数行为，就不可能构成牵连犯。例如为了某一目的而实施方法行为，或者一个犯罪行为采取了数个方法，或者一个犯罪行为产生了数个结果，都不是牵连犯。

（3）必须是数个行为之间具有牵连关系。关于牵连关系，通说认为，应当从主客观两方面考察，即行为人在主观上具有牵连的意思，在客观上具有通常的方法或结果关系。我们认为，牵连关系是指行为人在主观上具有牵连意图，在客观上具有一个犯罪行为为另一个犯罪行为服务的关系。所谓牵连意图，是指行为人对实现一个犯罪目的的数个犯罪行为之间所具有的手段与目的或原因与结果的关系的认识。凡是认识到行为间的手段与目的或原因与结果的关系的，说明行为人主观上具有牵连意图，反之，便没有牵连意图。所谓在客观上具有一个犯罪行为为另一个犯罪行为服务的关系，在方法行为与结果行为的牵连中，是指方法行为是为结果行为服务的，方法行为的结果被结果行为所实际利用；在原因行为与结果行为的牵连中，结果行为或者是为保持原因行为的犯罪结果而实施的，如非法制造枪支又私藏的行为；或者是为了彻底实现原因行为的犯罪目的而实施的，如盗窃汽车后为了销赃又伪造企业印章的行为。只有坚持主客观相统一的原则，才有利于牵连关系的准确认定。

（4）牵连犯的数个行为必须触犯不同的罪名。这是牵连犯的法律特征。具体表现为两种情况：一是实施一种犯罪，其犯罪所采用的方法行为又触犯了其他罪名。例如，行为人以伪造国家机关公文的方法骗取了数额较大的公私财物的行为，目的行为构成的是诈骗罪，其方法行为则触犯了伪造国家机关公文罪。二是实施一种犯罪，其犯罪的结果行为又触犯了其他罪名。

3. 牵连犯的处断原则。根据我国目前的刑法规定，对于牵连犯的处断原则应当是：凡是刑法分则条款对特定犯罪的牵连犯明确规定了相应的处断原则的，应严格依照刑法分则条款的规定处理。对于刑法分则条款未明确规定处断原则的牵连犯，应当适用"从一重处罚"的处断原则定罪处罚，不实行数罪并罚。

本节导入案例中，丁某的目的行为是非法窃取他人财物，且数额达到1000元以上，构成盗窃罪。而其结果行为还窃取了枪支、子弹并藏匿起来，又构成了私藏枪支、弹药罪。属于目的（原因）行为与结果行为之间的牵连，应依照处理牵连犯的原则，在盗窃罪和私藏枪支、弹药罪中从一重处断。

（三）吸收犯

1. 吸收犯的概念。吸收犯，是指数个犯罪行为中，一个犯罪行为吸收其他犯罪行为，仅成立吸收的犯罪行为一个罪名的犯罪形态。

2. 吸收犯的要件。

（1）必须具有数个犯罪行为。即犯罪行为的复数性，这是吸收犯成立的前提条件。如果没有数个犯罪行为，就谈不上一个行为吸收另一个行为，也就不可能存在吸收犯。

（2）数个行为都必须符合犯罪构成要件，即行为的独立性，这是吸收犯成立的基本条件。吸收犯的特点是一个犯罪行为吸收其他的犯罪行为，如果数个行为中只有一个是犯罪行为，其余是违法行为或不法状态，不可能构成吸收犯。如盗窃犯盗窃财物后又自行销赃的行为，根据我国刑法的规定，自行销赃的行为不构成犯罪，只是一种违法行为或不法状态，因而不是吸收犯。如果数个行为同属一个犯罪构成客观方面的复合行为，也不可能构成吸收犯。例如，抢劫犯采用杀害被害人的方法劫夺财物的行为，由于杀人行为与劫夺财物的目的行为共同构成抢劫罪客观方面的犯罪行为，因此，也不构成吸收犯。

（3）必须是数个犯罪行为之间具有吸收关系。这是吸收犯成立的关键。所谓吸收，指一个犯罪行为包容其他犯罪行为，只成立一个犯罪行为构成的犯罪，其他犯罪行为构成的犯罪失去独立存在的意义，不再予以定罪。一个犯罪行为之所以能够吸收其他犯罪行为，是因为这些犯罪行为通常属于实施某种犯罪的同一过程，彼此之间存在着密切的联系，即前一犯罪行为可能是后一犯罪行为发展的所经阶段，后一犯罪行为可能是前一犯罪行为发展的自然结果。通说认为，吸收犯的数个犯罪行为之间的吸收关系，以高度行为吸收低度行为为总原则。从这一原则出发，吸收犯的吸收关系可以分为以下三种：①重行为吸收轻行为。行为轻重的标准不取决于行为的先后，而取决于行为的性质和法定刑。社会危害性大、罪质重、法定刑高的犯罪行为吸收社会危害性小、罪质轻、法定刑低的犯罪行为。例如，非法制造枪支、弹药，事后藏于家中。私藏是非法制造的自然结果，非法制造行为在性质上重于私藏行为，所以非法制造枪支、弹药行为吸收私藏枪支、弹药行为，只成立非法制造枪支、弹药罪，私藏枪支、弹药罪不另行成立。②实行行为吸收预备行为。预备行为是实行行为的先行阶段，尽管并非每种故意犯罪都有预备行为，但许多故意犯罪往往是先经预备阶段而后转入实行阶段的。在这种情况下，预备行为被实行行为所吸收，仅依实行行为所构成的犯罪定罪。例如入室杀人，非法侵入他人住宅的行为是预备行为，杀人行为是实行行为，杀人行为吸收预备行为，只成立故意杀人罪。③主行为吸收从行为。所谓主行为和从行为，是根据共同犯罪人在共同犯罪中的分工和作用区分的。在我国对共同犯罪人分类的情况下，主犯（主要的实行犯）的行为是主行为，教唆犯、从犯、胁从犯的行为是从行为。教唆犯与从犯相比，教唆犯的行为是主行为，从犯的行为是从行为。例如，甲教唆乙杀丙后，又为乙提供杀丙的凶器。甲教唆乙的行为是主行为，为乙提供凶器的行为是从行为。甲的从行为应当由主行为所吸收，应以教唆犯罪处断。

3. 吸收犯与牵连犯的区别。吸收犯与牵连犯有许多相同或相似之处，如都是实施了数个独立的犯罪行为，都是实质上的数罪，因为数个犯罪行为之间具有密切的联系，均作为处断上的一罪。尤其是吸收犯的前两种形式往往与牵连犯有一定的交叉，使得两者的界限更加难以区分。我们认为，吸收犯的第三种形式，即主行为吸收从行为只能是吸收犯，不可能是牵连犯。因为牵连犯的数个犯罪行为必须触犯不同种罪名，而主行为与从行为触犯的是同种罪名。吸收犯的前两种形式，即重行为吸收轻行为、实行行为吸收预备行为（在实行行为与预备行为触犯不同的罪名的情形下），应认定为吸收犯还是牵连犯，关键在于数个犯罪行为之间有无牵连关系，数个犯罪行为之间存在牵连关系的，则应认定为牵连犯；数个犯罪行为之间没有牵连关系的，则认定为吸收犯。

4. 吸收犯的处断原则。吸收犯，依照吸收行为所构成的犯罪处断，不实行数罪并罚。

本章小结

罪数，是指一人所犯之罪的数量，在刑法理论上指一罪与数罪。罪数形态，是指表现为一罪或数罪的各种类型化的犯罪形态。罪数形态可分为典型的罪数和不典型的罪数。典型的罪数包括典型的一罪和典型的数罪。不典型的罪数，根据刑法规定和司法实践，主要包括实质的一罪和处断的一罪。实质的一罪包括继续犯、想象竞合犯和结果加重犯。处断的一罪包括连续犯、牵连犯和吸收犯。尽管每种不典型的罪数形态的构成要件不同，但在处断原则上除刑法有特别规定以外均不实行数罪并罚。

实务训练

一、示范案例

〖案情〗被告人孟某某，男，43岁，汉族，农民。被告人孟某某与本村村民王某之妻吴某某通奸多年，村内很多人对此事都有议论，王某曾经捉奸并殴打过孟某某，被告人便怀恨在心，产生报复王某夫妇之恶念，并自制了炸药包和引爆装置。2000年5月2日上午，被告人将自制的炸药包放入一棕色手提袋内进行伪装，然后放置于村后场院王某家玉米秸垛中。5月3日早6时许，王某拉玉米秸时发现该提包并带回家中与吴某某查看，当王拽拉链时引爆炸药，王某当场被炸死，吴某某被炸成重伤，家中两间屋顶炸塌。

问：被告人孟某某的行为构成一罪还是数罪？对被告人孟某某应如何处断？

〖**分析**〗本案被告人孟某某为达到使用爆炸物报复他人的犯罪目的，首先实施了非法制造爆炸物的行为，其后又实施了放置爆炸物以引发爆炸的行为，并且其先后实施的两个犯罪行为，分别符合两个犯罪的构成要件，应成立数罪。

但孟某某出于对王某夫妇泄愤报复的动机，为达到爆炸杀人的犯罪目的而实施了非法制造爆炸装置并将装有爆炸装置的皮包放置于王某家的秸垛内以引发爆炸的行为，这个犯罪行为是紧紧围绕着爆炸杀人的犯罪目的实施的，且制造爆炸装置的行为属于手段行为，放置爆炸装置以引发爆炸的行为属于目的行为，它们之间前后衔接，具有牵连关系，同时刑法对上述两种犯罪行为分别规定了独立的犯罪构成，成立不同的罪名，因而，被告人孟某某实施的犯罪行为符合牵连犯的法律特征，应按牵连犯处断。

由于爆炸致人重伤、死亡或者使公私财产造成重大损失的法定刑应为"10年以上有期徒刑、无期徒刑或者死刑"，非法制造爆炸物罪在本案中应适用的法定刑为"3年以上10年以下有期徒刑"，可见，爆炸罪重于非法制造爆炸物罪，因此，对被告人孟某某应认定为爆炸罪，从重处罚。

二、习作案例

被告人方某，女，35岁，农民。2006年3月，被告人方某与其夫陈某共同经营一餐馆并雇林某为服务员。2006年5月11日晚陈某（已判刑）乘着酒意将林某强奸，林某向当地公安机关报案。案发后方某多次找林某做思想工作，要其将强奸说成通奸，遭林某拒绝。2006年5月15日方某与林某同车到公安机关接受调查，在返回途中方某强行将林某拉到家中拘禁起来。方某强迫林某按其事先写好的伪证材料重抄一遍并按上指印，内容为林某与陈某系通奸关系且属未遂。林某被拘禁期间曾多次要求回家，均遭方某拒绝。2006年5月16日，公安机关接到报案后派员前去解救，当天方某又将林某转移到其兄家中继续拘禁，直至2006年5月20日林某方被解救出来。

问：被告人方某的行为是典型的数罪，还是继续犯、牵连犯？

复习与思考

1. 一罪与数罪的判断标准是什么？
2. 试述连续犯与继续犯、徐行犯的界限认定。
3. 试述牵连犯与想象竞合犯的界限认定。
4. 如何认定吸收犯？
5. 如何认定结果加重犯？

第七章　刑罚的种类

学习目标:
- 掌握我国刑法关于刑罚种类的规定
- 熟练运用各种主刑和附加刑

第一节　主　刑

导入案例

女子张某，伙同李某等3人为劫取财物共杀害15人，造成了极其严重的危害后果。侦查人员将其逮捕并关押于看守所。张某听说怀孕的妇女不被判处死刑，就请求看守所的工作人员王某与其发生性关系，并许诺只要自己怀孕就会给王某丰厚的报酬。王某答应。至案件交付审判之时，张某向法院声称自己已经怀孕。经鉴定：张某确实已经怀孕1个月。

问： 对张某能否适用死刑？

本案知识点： 死刑的适用

一、主刑概述

刑罚是指刑法所规定的，由人民法院依法对犯罪的人或者单位所适用的限制或剥夺其一定权益的强制性法律制裁方法。根据刑法的规定，刑罚分为主刑与附加刑。主刑是指只能独立适用的主要刑罚方法。主刑只能独立适用，不能附加适用；一个罪只能适用一个主刑，不能同时适用两个以上的主刑。根据《刑法》第33条规定，主刑按照严厉程度由轻到重包括管制、拘役、有期徒刑、无期徒刑与死刑。

二、管制

管制，是对犯罪分子不予关押，但限制其一定人身自由，依法实行社区矫正的刑罚方法。管制是我国特有的一种轻刑。管制具有如下特征和内容：

（一）管制的对象

刑法对于管制的对象未作明确规定。依据罪刑法定原则，管制可以适用于刑法分则条文的法定刑中所有规定有管制的犯罪。人民法院根据案件具体情况，认为对属于罪行较轻（即犯罪性质、危害后果等不严重又不需要关押），犯罪后悔罪较好，人身危险性不大，不予关押也不致再危害社会的犯罪分子，都可以判处管制，限制其一定的人身自由。

（二）管制的内容

对管制的犯罪分子不予关押，只限制其一定的人身自由，这是管制区别于免予刑罚处罚的关键。管制对罪犯自由的限制表现在执行期间必须遵守《刑法》第39条第1款的规定。具体有：①遵守法律、行政法规，服从监督；②未经执行机关批准，不得行使言论、出版、集会、结社、游行、示威自由的权利；③按照执行机关规定报告自己的活动情况；④遵守执行机关关于会客的规定；⑤离开所居住的市、县或者迁居，应当报经执行机关批准。

另外，《刑法》第38条第2款规定："判处管制，可以根据犯罪情况，同时禁止犯罪分子在执行期间从事特定活动，进入特定区域、场所，接触特定的人。"根据2011年4月28日《最高人民法院、最高人民检察院、公安部、司法部关于对判处管制、宣告缓刑的犯罪分子适用禁止令有关问题的规定（试行）》，禁止令由法院根据犯罪分子所犯罪行的关联程度有针对性地决定禁止其在管制执行期间"从事特定活动，进入特定区域、场所，接触特定的人"的一项或者几项内容。其中，禁止从事特定活动具体包括：①个人为进行违法犯罪活动而设立公司、企业、事业单位或者在设立公司、企业、事业单位后以实施犯罪为主要活动的，禁止设立公司、企业、事业单位；②实施证券犯罪、贷款犯罪、票据犯罪、信用卡犯罪等金融犯罪的，禁止从事证券交易、申领贷款、使用票据或者申领、使用信用卡等金融活动；③利用从事特定生产经营活动实施犯罪的，禁止从事相关生产经营活动；④附带民事赔偿义务未履行完毕，违法所得未追缴、退赔不到位，或者罚金尚未足额缴纳的，禁止从事高消费活动；⑤其他确有必要禁止从事的活动。禁止进入的区域、场所有：①禁止进入夜总会、酒吧、迪厅、网吧等娱乐场所；②未经执行机关批准，禁止进入举办大型群众性活动的场所；③禁止进入中小学校区、幼儿园园区及周边地区，确因本人就学、居住等原因，经执行机关批准的除外；④其他确有必要禁止进入的区域、场所。禁止接触的人员有：①未经对方同意，禁止接触被害人及其法定代理人、近亲属；②未经对方同意，禁止接触证人及其法定代理人、近亲属；③未经对方同意，禁止接触控告人、批评人、举报人及其法定代理人、近亲属；④禁止接触同案犯；⑤禁止接触其他可能遭受其侵害、滋扰的人或者可能诱发其再次危害社会的人。

禁止令的期限，既可以与管制执行的期限相同，也可以短于管制执行的期限，但判处管制的，禁止令的期限不得少于3个月。判处管制的犯罪分子在判决执行以前先行羁押以致管制执行的期限少于3个月的，禁止令的期限不受上述最短期限的限制。禁止令的执行期限，从管制执行之日起计算。

禁止令由司法行政部门主管的社区矫正机构负责执行。如果被判处管制的犯罪分子违反上述禁止令的，根据《刑法》第 38 条第 4 款的规定，由公安机关依照《中华人民共和国治安管理处罚法》的规定处罚。

（三）管制的期限

根据《刑法》第 38 条、第 41 条、第 69 条的规定，管制的期限为 3 个月以上 2 年以下，数罪并罚时不得超过 3 年。管制的刑期从判决执行之日起计算。判决执行前先行羁押的，羁押 1 日折抵刑期 2 日。

（四）管制的执行

《刑法》第 38 条第 3 款规定："对判处管制的犯罪分子，依法实行社区矫正。"社区矫正是与监禁矫正相对的行刑方式，它不是刑种，是指将符合社区矫正条件的罪犯置于社区内，由社区矫正机构在相关社会团体和民间组织以及社会志愿者的协助下，在判决、裁定或决定确定的期限内，矫正罪犯的犯罪心理和行为恶习，并促进其顺利回归社会的非监禁刑罚执行活动。

对于被判处管制的犯罪分子参加劳动的，应当同工同酬。被判处管制的犯罪分子，管制期满后，执行机关应向本人和其所在单位或者居住地的群众宣布解除管制。

三、拘役

拘役，是短期剥夺犯罪分子人身自由，就近实行劳动改造的刑罚方法。作为一种仅次于管制的轻刑，拘役在我国刑法中适用相当广泛。拘役具有如下特征和内容：

（一）拘役的性质

拘役是对罪犯进行短期关押，剥夺其人身自由的刑罚方法，这是与管制区别的关键。

（二）拘役的适用对象

拘役主要适用于那些罪行较轻但又必须短期剥夺其人身自由进行劳动改造的犯罪分子。

（三）拘役的期限

对被判处拘役的犯罪分子，应予以短期关押，剥夺其人身自由。拘役具有刑期短、幅度窄的特点。根据《刑法》第 42 条、第 69 条的规定，拘役的刑期为 1 个月以上 6 个月以下，数罪并罚时不得超过 1 年。根据《刑法》第 44 条的规定，拘役的刑期，从判决执行之日起计算；判决执行前先行羁押的，羁押 1 日折抵刑期 1 日。这里的"判决执行之日"是指人民法院签发执行通知书之日，即将犯罪分子交付劳动改造场所执行之日。

（四）拘役的执行

根据《刑法》第 43 条第 1 款规定，被判处拘役的犯罪分子，由公安机关就近执行。根据《刑法》第 43 条第 2 款的规定，在执行期间，被判处拘役的犯罪分子每月可以回家 1~2 天；参加劳动的，可以酌量发给报酬。执行期满，应当由执行机关发给释放证明书。

四、有期徒刑

有期徒刑，是指在较长时间内剥夺犯罪分子人身自由，实行强制劳动改造的刑罚方法。有期徒刑在我国刑罚体系中占据中心地位。有期徒刑具有以下特征和内容：

（一）有期徒刑的适用对象

有期徒刑是我国适用最为广泛的刑罚方法，从较轻的犯罪到较重的犯罪都可以在有期徒刑的刑罚范围内给予适当的惩罚，其适用对象最为广泛。我国刑法分则凡规定法定刑的条文，都规定了有期徒刑。

（二）有期徒刑的刑期

有期徒刑的刑期具有起点低、跨度大、刑期较长的特点。根据《刑法》第 45 条、第 47 条、第 69 条的规定，有期徒刑的刑期是 6 个月以上 15 年以下。数罪并罚时，总和刑期不满 35 年的，最高不能超过 20 年；总和刑期在 35 年以上的，最高不能超过 25 年。有期徒刑的刑期，从判决执行之日起计算。判决前先行羁押的，羁押 1 日折抵刑期 1 日。

（三）有期徒刑的执行

被判处有期徒刑的犯罪分子，在监狱或其他执行场所执行。对于被判处有期徒刑的罪犯，在被交付刑罚执行前，剩余刑期在 3 个月以下的，由看守所根据人民法院的判决代为执行。凡有劳动能力的，都应当参加劳动，接受教育和改造。在执行期间，不能享受回家及获得劳动报酬的待遇。

五、无期徒刑

无期徒刑，是无限期剥夺犯罪分子人身自由，实行强制劳动改造的刑罚方法。无期徒刑具有以下特征和内容：

（一）无期徒刑的性质

无期徒刑是一种最为严厉的自由刑，具体表现为：

1. 无期徒刑没有刑期的限制，即在适用无期徒刑时，对于犯罪分子的量刑是剥夺其终身的人身自由。实践中，实际执行的刑罚也会因其在监管改造过程中的积极悔改或有立功表现等情势的变化，而出现刑罚执行的变更，进而导致其刑期的缩减。

2. 无期徒刑不单独适用。根据《刑法》第 57 条的规定，对于被判处死刑、无期徒刑的犯罪分子，应当剥夺政治权利终身。因此，凡是被判处无期徒刑的，都必须附加剥夺政治权利。

3. 判决前先行羁押的，不存在折抵刑期的问题。

（二）无期徒刑的适用对象

无期徒刑适用于罪行未达到需要判处死刑的严重程度，但主观恶性和人身危险性很大的犯罪分子。但是，对于未成年人犯罪，只有罪行极其严重时才可以判处无期徒刑。根据 2006 年 1 月 11 日《最高人民法院关于审理未成年人刑事案件具体应用法律若干问题的解释》，对于已满 14 周岁不满 16 周岁的人的犯罪，一般不判处无期徒刑。

（三）无期徒刑的刑期

无期徒刑没有刑期的限制，判决前先行羁押的，不存在折抵刑期的问题。但是，这并不意味着被判处无期徒刑的犯罪分子必然终身服刑。

（四）无期徒刑的执行

被判处无期徒刑的犯罪分子在监狱或者其他执行场所执行。在执行期间，凡有劳动能力的，都应当参加劳动，接受教育和改造。在执行期间，无离监探亲及获得劳动报酬的待遇。

六、死刑

死刑，是剥夺犯罪分子生命的刑罚方法，又称为极刑。死刑是一种古老的刑罚方法，是人类社会刑罚史上最重要的刑种。

对于死刑存废已经争议了二百多年，人们大多围绕着人的生命价值、死刑是否违宪、死刑是否符合刑罚目的等方面进行评价，形成了两种针锋相对的观点：一是死刑保留论；二是死刑废止论。我国坚持的是保留死刑，但严格控制的刑罚方法。我国对死刑的限制主要表现在以下方面：

（一）死刑罪名的减少

我国 1997 年《刑法》规定了 68 个死刑罪名，死刑罪名偏多，死刑罪名的分布亦偏宽，除刑法分则第九章渎职罪中没有规定死刑外，其他九章均有死刑罪名，而且死刑罪中非暴力性的经济犯罪所占比重偏大，但审判实践中实际判处死刑的罪名还不到死刑罪名总数的一半。为了与国际社会废除死刑和严格控制死刑的发展趋势相吻合，应对国际人权斗争的需要，同时适应我国经济、政治、社会的发展形势，我国开始了死刑制度的司法改革。《刑法修正案（八）》取消了 13 个非暴力犯罪的死刑，具体是：走私文物罪，走私贵重金属罪，走私珍贵动物、珍贵动物制品罪，走私普通货物、物品罪，票据诈骗罪，金融凭证诈骗罪，信用证诈骗罪，虚开增值税专用发票、用于骗取出口退税、抵扣税款发票罪，伪造、出售伪造的增值税专用发票罪，盗窃罪，传授犯罪方法罪，盗掘古文化遗址、古墓葬罪，盗掘古人类化石、古脊椎动物化石罪。《刑法修正案（九）》继续推进死刑改革，再减少9个适用死刑的罪名，包括走私武器、弹药罪，走私核材料罪，走私假币罪，伪造货币罪，集资诈骗罪，组织卖淫罪，强迫卖淫罪，阻碍执行军事职务罪，战时造谣惑众罪，从而使得我国刑法的死刑罪名由68个减为46个。

（二）死刑适用对象的限制

1. 根据《刑法》第48条规定，死刑只适用于罪行极其严重的犯罪分子。审判机关只有在认定行为人罪行极其严重时，才能适用死刑。"罪行极其严重"，一般认为是指罪行对国家和人民利益的危害特别严重，手段极其残忍，情节特别恶劣，同时行为人具有极其严重的人身危险性，主观恶性特别巨大。

2. 犯罪时不满18周岁的人和审判时怀孕的妇女不适用死刑。适用"犯罪时不满18周岁"时，应注意以下三个问题：①犯罪时不满18周岁的人，具体包括已满12周岁不满14周岁的人犯《刑法》第17条第3款所规定的犯罪、已满14周岁不满16周岁的人犯《刑法》第17条第2款所规定的8种犯罪和已满16周岁不满18周岁的人实施犯罪的情况；②犯罪时不满18周岁的人，是指实施犯罪行为时行为人未满18周岁，而不是指被侦查、起诉或者审判时未满18周岁；③被告人在满18周岁前后都实施犯罪行为的，能否适用死刑主要应当根据满18周岁以后所实施的犯罪确定。

对于"审判时怀孕的妇女"，根据有关司法解释，"审判时"应是从羁押之日起至判决确定之前整个期间。具体而言，具备以下情形之一，均可视为"审判时怀孕的妇女"：①案件起诉到法院前，被告人在羁押期间已怀孕或流产（包括自然流产与人工流产）的妇女；②法院审理期间怀孕或者流产（包括自然流产或人工流产）的妇女；③怀孕妇女因涉嫌犯罪在羁押期间自然流产后，又因同一事实被起诉、交付审判的。

"不适用死刑"，包括对犯罪时不满18周岁的人和审判时怀孕的妇女不判处死刑立即执行，也包括不判处死刑缓期2年执行。而且对于刑法分则在量刑档没有规定死刑的犯罪，一律不得适用死刑。

在本节导入案例中，虽然张某伙同李某等3人为劫取财物共杀害15人，造成了极其严重的危害后果。但是至案件交付审判之时，经鉴定张某确实已经怀孕1个月，则对张某不能适用死刑。

3. 审判的时候已满75周岁的人，除以特别残忍手段致人死亡的以外，不适用死刑。即已满75周岁的老年人犯罪，在不适用死刑的问题上，与犯罪时不满18周岁的人和审判时怀孕的妇女不同，不是一律不适用死刑，而是要受到是否"以特别残忍手段致人死亡的"条件限制。"以特别残忍手段致人死亡"是指犯罪手段令人发指，如以肢解、残酷折磨、毁人容貌等特别残忍的手段致使被害人死亡的。这里规定的不适用死刑，也包括不适用死刑缓期2年执行。

（三）死刑适用程序的限制

适用死刑须严格遵守法定程序。根据刑法、刑事诉讼法相关规定，死刑案件只能由中级人民法院进行一审，基层法院无权判处被告人死刑。判处死刑立即执行的案件，除依法由最高人民法院判决的以外，都应当报请最高人民法院核准。判处死刑缓期2年执行的，可以由高级人民法院判决或者核准。

（四）死刑执行的限制

关于死刑执行的限制，表现在以下两个方面：①我国保留了死缓制度。死缓制度不是独立的刑种，而是执行死刑的方式。适用于罪该处死但具有不需要立即执行情节的犯罪分子。即对于应当判处死刑的犯罪分子，如果不是必须立即执行的，可以判处死刑同时宣告缓期2年执行。"罪该处死"，即必须是罪行极其严重。对于"不是必须立即执行"，我国刑法没有作出明确规定，但是，根据司法实践，通常指：犯罪后有自首、立功等法定、酌定从轻情节的；在共同犯罪中罪行不是最严重的；因被害人的过错导致被告人激愤犯罪的；有令人怜悯情节等从宽量刑情节的。②执行死刑必须采取法定的执行方法。按照《刑事诉讼法》第263条第2款规定，死刑采取枪决或者注射等方法执行。

（五）死缓的法律后果

根据《刑法》第50条的规定，判处死刑缓期2年执行的，死刑缓期执行期间，有五种不同的法律后果：

1. 在死刑缓期执行期间，如果没有故意犯罪，2年期满以后，减为无期徒刑。

2. 如果确有重大立功表现，2年期满以后，减为25年有期徒刑。

3. 如果故意犯罪，情节恶劣的，报请最高人民法院核准后执行死刑。对于故意犯罪未执行死刑的，死刑缓期执行的期间重新计算，并报最高人民法院备案。

4. 对被判处死刑缓期执行的累犯以及因故意杀人、强奸、抢劫、绑架、放火、爆炸、投放危险物质或者有组织的暴力性犯罪被判处死刑缓期执行的犯罪分子，人民法院根据犯罪情节等情况可以同时决定对其限制减刑。需要指出的是，上述被判处死刑缓期执行的9类罪犯是否限制减刑，应当由人民法院根据其所实施犯罪的具体情况综合考虑决定。这里的"同时"，是指被判处死刑缓期执行的同时，而不是在死刑缓期执行2年期满以后减刑的"同时"。"限制减刑"是指对犯罪分子虽然可以适用减刑，但其实际执行刑期比其他死刑缓期执行罪犯减刑后的实际执行刑期更长。

5. 犯贪污罪、受贿罪，数额特别巨大，并使国家和人民利益遭受特别重大损失，被判处死刑缓期执行的，人民法院根据犯罪情节等情况可以同时决定在其死刑缓期执行 2 年期满依法减为无期徒刑后，终身监禁，不得减刑、假释。

（六）死刑缓刑执行期间的计算

死刑缓期执行的期间从判决确定之日起计算。死刑缓期执行减为有期徒刑的刑期，从死刑缓期执行期满之日起计算。

第二节　附　加　刑

导入案例

甲在一起刑事附带民事诉讼中，被法院依法判处罚金并赔偿被害人的损失，但甲的财产不足以支付罚金和承担民事赔偿。

问：本案判决如何执行？

本案知识点：罚金刑的适用

一、附加刑概述

附加刑，是指补充主刑适用的刑罚方法。附加刑既可以附加主刑适用，也可以独立适用。《刑法》第 34 条按照严厉程度由轻到重规定了罚金、剥夺政治权利与没收财产三种附加刑，第 35 条规定了适用于犯罪的外国人的驱逐出境附加刑。

二、罚金

罚金，是人民法院判处犯罪人向国家缴纳一定数额金钱的刑罚方法。罚金属于财产刑的一种。罚金在处罚性质、适用对象、适用机关、适用程序和适用法律等方面与行政罚款、赔偿损失等处罚措施不同。到目前为止，罚金是唯一可以对单位犯罪中的单位适用的刑种。

（一）罚金的适用对象

罚金的适用对象主要是贪利性犯罪或者是与财产有关的犯罪。现行刑法规定的罚金刑主要集中在破坏社会主义市场经济秩序罪、侵犯财产罪、妨害社会管理秩序罪和贪污贿赂罪几类犯罪中。罚金的价值在于对犯罪行为的否定评价和剥夺他们再犯罪的经济实力。

（二）罚金的适用方式

根据我国刑法分则的规定，罚金有以下四种方式：

1. 选处罚金。即将罚金规定为选择法定刑，只能单独适用，不能附加适用。如《刑法》第 275 条规定，故意毁坏公私财物，数额较大或者有其他严重情节的，处 3 年以下有期徒刑、拘役或者罚金。这种情况下，罚金和其他刑种属于并列关系，适用时只能选择其中之一。

2. 单处罚金。即只能判处罚金。按照《刑法》规定，对所有单位犯罪中单位的处罚都是如此。对于自然人犯罪，我国刑法目前还未规定单处罚金的情形。

3. 并处罚金。具体包括两种情形：①规定"并处罚金"，该种情况下，只要判处主刑，就必须附加罚金，且不能单独适用罚金；②规定"可以并处罚金"，此种情况下是否附加适用罚金，法院可根据案件的具体情况及犯罪人的财产状况决定。

4. 并处或单处罚金。这种情形既可以是在判处主刑的同时附加适用罚金，也可以单独适用罚金。

（三）罚金数额的确定

我国《刑法》第 52 条对如何确定罚金的数额作了原则性规定，即判处罚金，应当根据犯罪情节决定罚金数额。按照最高人民法院的有关司法解释，人民法院应当根据犯罪情节，如违法所得数额、造成损失的大小等，并综合考虑犯罪分子缴纳罚金的能力，依法判处罚金。

关于罚金的数额，刑法分则规定了三种情况：

1. 未规定具体罚金数额，如《刑法》第 270 条第 1 款规定，将代为保管的他人财物非法占为己有，数额较大，拒不退还的，处 2 年以下有期徒刑、拘役或者罚金；数额巨大或者有其他严重情节的，处 2 年以上 5 年以下有期徒刑，并处罚金。此种情况下，罚金的数额应当按照上述总的原则确定，但罚金的最低数额不能少于 1000 元。对未成年人应当从轻或者减轻判处罚金，但罚金的数额不能少于 500 元。

2. 规定了相对确定的罚金数额，如《刑法》第 173 条规定，变造货币，数额较大的，处 3 年以下有期徒刑或者拘役，并处或者单处 1 万元以上 10 万元以下罚金；数额巨大的，处 3 年以上 10 年以下有期徒刑，并处 2 万元以上 20 万元以下罚金。

3. 以违法所得或犯罪涉及的数额为基准，处以一定比例或者倍数的罚金，如《刑法》第 140 条规定，生产者、销售者在产品中掺杂、掺假，以假充真，以次充好或者以不合格产品冒充合格产品，销售金额 5 万元以上不满 20 万元的，处 2 年以下有期徒刑或者拘役，并处或者单处销售金额 50% 以上 2 倍以下罚金；销售金额 20 万元以上不满 50 万元的，处 2 年以上 7 年以下有期徒刑，并处销售金额 50% 以上 2 倍以下罚金；销售金额 50 万元以上不满 200 万元的，处 7 年以上有期徒刑，并处销售金额 50% 以上 2 倍以下罚金；销售金额 200 万元以上的，处 15 年有期徒刑或者无期徒刑，并处销售金额 50% 以上 2 倍以下罚金或者没收财产。

罚金的数额应当以人民币为计算单位。

（四）罚金的执行

罚金的执行机关是第一审人民法院，犯罪分子的财产在异地的，第一审人民法院可以委托财产所在地的同级人民法院代为执行。罚金的执行方式有五种：

1. 一次或分期缴纳。即在判决指定的期限内一次或者分期缴纳。根据2014年11月6日起施行的《最高人民法院关于刑事裁判涉财产部分执行的若干规定》第3条的规定，人民法院办理刑事裁判涉财产部分执行案件的期限为6个月。有特殊情况需要延长的，经本院院长批准，可以延长。

2. 强制缴纳。即自判决指定的期限届满第2日起，对没有法定减免缴纳事由的，人民法院可采取查封、拍卖财产、冻结账户等措施，强制其缴纳。

3. 随时缴纳。即对于不能全部缴纳罚金的，人民法院在任何时候发现被执行人有可供执行的财产的，应当随时追缴。

4. 延期、减少或者免除缴纳。即如果由于遭遇不能抗拒的灾祸等原因缴纳确实有困难的，经人民法院裁定，可以延期缴纳、酌情减少或者免除。其中，"不能抗拒的灾祸等"主要指火灾、水灾、地震等灾害而丧失财产；罪犯因重病、伤残等而丧失劳动能力；或者需要罪犯扶养的近亲属患有重病，需支付巨额医药费等，确实没有财产可供执行的情形。

5. 民事赔偿责任优先。根据《刑法》第36条第2款的规定，承担民事赔偿责任的犯罪分子，同时被判处罚金，其财产不足以全部支付的，或者被判处没收财产的，应当先承担对被害人的民事赔偿责任。可见，在刑事责任与民事赔偿责任竞合的情形下，出于私权保护优先的理念，应当按照"民事赔偿责任优先"原则，先承担对被害人的民事赔偿责任。

　　在本节导入案例中，甲被法院依法判处罚金并赔偿被害人的损失，但由于甲的财产不足以支付罚金和承担民事赔偿，故本案判决应按照"民事赔偿责任优先"原则，先承担对被害人的民事赔偿责任。

三、剥夺政治权利

剥夺政治权利，是指剥夺犯罪分子参加国家管理和政治活动权利的刑罚方法。

（一）剥夺政治权利的内容

依据我国《刑法》第54条的规定，剥夺政治权利是剥夺下列权利：①选举权和被选举权；②言论、出版、集会、结社、游行、示威自由的权利；③担任国家机关职务的权利；④担任国有公司、企业、事业单位和人民团体领导职务的权利。

（二）剥夺政治权利的适用对象

根据《刑法》第56条、第57条的规定，附加适用剥夺政治权利的对象主要是严重的犯罪，具体包括两种情形：

1. 对于危害国家安全的犯罪分子和被判处死刑、无期徒刑的犯罪分子，都必须附加剥夺政治权利。

2. 对于故意杀人、强奸、放火、爆炸、投放危险物质、抢劫等严重破坏社会秩序的犯罪分子，都可以附加剥夺政治权利。

同时，刑法分则还规定，对于涉及公民人身权利、民主权利但情节轻微的少数犯罪，也可以独立适用剥夺政治权利。

（三）剥夺政治权利的适用方式

1. 应当附加剥夺，主要适用于：一是危害国家安全的犯罪；二是被判处死刑、无期徒刑的犯罪。

2. 可以附加剥夺。对故意杀人、强奸、放火、爆炸、投放危险物质、抢劫、故意伤害等严重刑事犯罪分子可以附加剥夺。

3. 独立适用。当法律规定主刑与剥夺政治权利可以选择适用时，选择剥夺政治权利，就不能再适用主刑。

（四）剥夺政治权利的期限

1. 判处死刑、无期徒刑的，剥夺政治权利终身，不存在起算问题。

2. 对有期徒刑、拘役附加判处剥夺政治权利的，期限为 1 年以上 5 年以下，从主刑执行完毕或假释之日起计算。

3. 独立判处的，从判决执行之日起计算，期限为 1 年以上 5 年以下。

4. 判处管制附加剥夺政治权利的，期限同于管制，同时执行。

5. 原判处死刑缓期执行和原判处无期徒刑减为有期徒刑的，剥夺政治权利的期限要相应地减为 3 年以上 10 年以下，从有期徒刑执行完毕或假释之日起计算。

（五）剥夺政治权利的执行

剥夺政治权利由公安机关执行。在执行期间，被剥夺政治权利的罪犯，应当遵守法律、行政法规和国务院公安部门有关监督管理的规定，服从监督；不得行使上述被剥夺的各项权利。未被剥夺政治权利的罪犯，在服刑期间享有一定的政治权利。

四、没收财产

没收财产，是将犯罪分子所有财产的一部或全部强制无偿地收归国有的刑罚方法。没收财产与罚金都是财产刑，但二者有明显区别。没收财产与追缴犯罪所得物品、违禁品、犯罪使用的物品也不同。根据《刑法》第 59 条、第 60 条的规定，没收财产具有以下特征和内容：

（一）没收财产的适用对象

没收财产的适用对象主要是一些严重犯罪，具体包括所有危害国家安全罪、破坏社会主义市场经济秩序罪、侵犯财产罪和贪污贿赂罪中的贪利性犯罪。

（二）没收财产的范围

没收财产的范围确定，应体现罪责自负原则。依据我国刑法的规定，没收财产是没收犯罪分子个人所有财产的一部或者全部。没收全部财产的，应当对犯罪分子个人及其扶养的家属保留必需的生活费用。在判处没收财产的时候，不得没收属于犯罪分子家属所有或者应有的财产。没收财产以前犯罪分子所负的正当债务，需要以没收的财产偿还的，经债权人请求，应当偿还。

（三）没收财产的适用方式

1. 选择并处。即在判处主刑的同时，附加适用没收财产。

2. 并处。即在判处主刑的同时，应当并处没收财产。

3. 可以并处，由审判员选择适用。

（四）没收财产的执行

没收财产由第一审人民法院执行，犯罪分子的财产在异地的，可以委托财产所在地的同级人民法院代为执行。被判处没收财产的罪犯，同时要承担民事赔偿责任的，应当按照"民事赔偿责任优先"原则，先承担对被害人的民事赔偿责任。对于没收的财产，一是上缴财政；二是发现没收的财物中，有公民个人财产的，应当归还；三是偿还犯罪分子的正当债务。《刑法》第60条规定，没收财产以前犯罪分子所负的正当债务，需要以没收的财产偿还的，经债权人请求，应当偿还。根据上述规定，以没收的财产偿还犯罪分子所负债务，应当符合下列条件：①必须是犯罪分子在没收财产以前所负的债务。没收财产以前是指在判决生效以前。②必须是正当债务。正当债务是指犯罪分子在判决生效前所负的合法债务。③该债务需要以没收的财产偿还。这是指犯罪分子被执行没收财产后，没有其他财产来偿还债务，如果不以没收的财产来偿还，则该债务就不可能得到清偿。如果犯罪分子在财产被没收后还有其他财产可供偿还债务，就不能以没收的财产偿还。④必须经债权人请求。

五、驱逐出境

关于犯罪的外国人的刑事责任问题，可适用驱逐出境。

驱逐出境，是强迫犯罪的外国人离开中国国（边）境的刑罚方法。它可以独立适用，也可以附加适用。单独适用的，从判决确定之日起执行；附加适用的，从主刑执行完毕之日起执行。

外国人，是指没有中华人民共和国国籍的人，包括具有外国国籍的人和无国籍的人。刑法中的驱逐出境与《中华人民共和国外国人入境出境管理法》中的驱逐出境有着原则性的差别。后者的适用有两种情况：一是我国政府对在我国境内实施了危害我国国家和人民利益行为的享有外交特权与豁免权的外国人适用的。二是根据《中华人民共和国外国人入境出境管理法》的规定，对非法入境、出境，在中国境内非法居留或者停留，未持有效旅行证件前往不对外国人开放的地区旅行，伪造、涂改、冒用、转让入境、出境证件，情节严重的外国人适用的。二者的区别主要为：①处罚的性质不同。前者是一种刑事处罚，适用于在我国境内犯罪的外国人。后者是一种行政处罚，适用于违反外国人入境出境管理法的有关规定并且情节严重的外国人。②适用的机关和程序不同。作为刑罚方法的驱逐出境，由法院依照刑事诉讼法规定的程序进行判决。作为行政处罚的驱逐出境，由地方公安机关依照有关规定的程序报告公安部，由公安部作出决定。③执行的时间不同。法院判决的驱逐出境，独立适用时，从判决发生法律效力之日起执行，附加适用时，从主刑执行完毕之日起执行。公安机关处理的驱逐出境，在公安部作出决定后立即执行。

本章小结

刑罚是刑法所规定的，由人民法院依法对犯罪的人或者单位所适用的限制或剥夺其一定权益的强制性法律制裁方法。刑罚体系是刑法所规定的并按照一定次序排列的各种刑罚方法的有机统一体系。我国刑罚分为主刑和附加刑两大类。主刑是对犯罪分子适用的主要刑罚方法。主刑只能独立适用；同一种犯罪只能判处一个主刑。主刑的种类有管制、拘役、有期徒刑、无期徒刑、死刑。附加刑是补充主刑适用的刑罚方法，可以附加适用，也可以独立适用，又称为从刑。附加刑的种类有罚金、剥夺政治权利、没收财产。此外，对于犯罪的外国人，可以独立适用或者附加适用驱逐出境。

实务训练

一、示范案例

〖案情〗2001年3月4日，李某因强奸罪被一审人民法院判处死刑缓期2年执行。在上诉期内李某未上诉，检察机关也未抗诉。李某在监狱服刑期间负责搬运石块。2002年2月2日，李某不慎将石块滑落，结果将同监的犯人王某的脚趾砸断，王某并未声张。2003年3月5日，李某服刑的监狱向有关机关递交了李某的减刑申请。当日，李某与同监犯人胡某发生争执，李某用刀片将胡某的右手静脉割破，结果导致胡某失血过多死亡。在侦查该案件的过程中，侦查人员无意间了解到李某曾将王某脚趾砸断的事。

问：对李某能否执行死刑？为什么？

〖**分析**〗《刑法》第 50 条规定，判处死刑缓期执行的，在死刑缓期执行期间，如果没有故意犯罪，2 年期满以后，减为无期徒刑；如果确有重大立功表现，2 年期满以后，减为 25 年有期徒刑；如果故意犯罪，情节恶劣的，报请最高人民法院核准后执行死刑。对于故意犯罪未执行死刑的，死刑缓期执行的期间重新计算，并报最高人民法院备案。

本案件中，李某砸断王某脚趾的行为系出于过失，不能构成故意犯罪；李某故意伤害胡某致其死亡的行为发生在 2 年考验期满后的第二日，所以该行为并不影响对李某进行减刑，当然减刑后还要对李某实施的新罪追究刑事责任。若李某因故意伤害罪情节恶劣被判处死刑，则可以对其执行死刑；但除此之外不可能通过数罪并罚判处李某死刑，并予以执行。

二、习作案例

被告人王某（16 周岁）、林某（17 周岁）、刘某（16 周岁）于 2015 年 10 月 8 日晚互相纠合，乘借住在刘某家的郑某不在家之机，盗窃其价值 29 500 元的咸水墨鱼 634 公斤。案发后，刘某投案自首。破案后，赃物已全部追回并返还失主。某区法院判决结果是：以盗窃罪分别判处王某有期徒刑 3 年，宣告缓刑 3 年，并处罚金 1 万元；判处林某有期徒刑 3 年，宣告缓刑 3 年，并处罚金 1 万元；判处刘某有期徒刑 2 年，宣告缓刑 2 年，并处罚金 1 万元。

问：本案对未成年人适用罚金是否适当？

🔍 **复习与思考**

1. 什么是刑罚？刑罚的种类有哪些？
2. 管制的特点是什么？
3. 拘役和有期徒刑有何不同？
4. 死刑的适用条件有哪些？
5. 如何适用剥夺政治权利的刑罚？

第八章 刑罚的裁量与执行

学习目标：
- 理解并应用累犯、自首与立功、缓刑的适用条件
- 掌握数罪并罚的原则和我国关于数罪并罚的法律规定
- 理解并应用减刑、假释的适用条件和程序

第一节 刑罚裁量制度

导入案例

甲，14周岁，暑假期间，和同班同学乙发生冲突。在和乙争吵时，掏出随身携带的匕首将乙捅成重伤。事后，甲怕被抓，就逃到老家叔叔家。叔叔观其神色不对，就问他发生了什么事。经过教育，甲告诉了叔叔捅伤同学的事情，同时，答应第二天早上和叔叔一起去自首。晚上，其叔怕甲反悔，就主动通知了公安人员。公安人员到达时，甲正在床上睡觉。当拘捕甲时，甲惊醒，但没有反抗。

问：本案件中，甲的行为是否成立自首？

本案知识点：一般自首的条件

一、刑罚裁量概述

刑罚裁量，又称量刑，是指人民法院根据行为人所犯罪行及刑事责任的轻重，在定罪的基础上，依法决定对犯罪分子是否判处刑罚、判处何种刑罚、是否立即执行的审判活动。量刑的主体是人民法院，被量刑的对象是犯罪分子，定罪是量刑的前提，量刑的轻重取决于刑事责任的轻重。《刑法》第61条规定："对于犯罪分子决定刑罚的时候，应当根据犯罪的事实、犯罪的性质、情节和对于社会的危害程度，依照本法的有关规定判处。"根据此条规定，刑罚裁量的原则有二：一是以犯罪事实为根据的原则；二是以刑事法律为准绳的原则。具体刑罚裁量制度有累犯、自首、坦白、立功、数罪并罚和缓刑制度。

二、累犯

累犯，是指受过一定刑罚处罚，在刑罚执行完毕或者赦免以后，于法定期限

内又犯一定之罪的犯罪分子。累犯与再犯不同。再犯是指被法院认定有罪、判刑后再次犯罪的人。虽然都是判刑后再次犯罪，但两者在实施的时间、法律后果等方面有所区别。根据刑法的规定，刑法理论将累犯分为一般累犯和特殊累犯两种。

（一）一般累犯

根据《刑法》第 65 条的规定，一般累犯，又称"普通累犯"，是指因故意犯罪被判处有期徒刑以上刑罚，刑罚执行完毕或者赦免以后，在 5 年以内再犯应当判处有期徒刑以上刑罚的故意犯罪的犯罪分子。成立一般累犯，必须符合以下条件：

1. 主观条件，即前后两罪都是故意犯罪。如果两罪或者其中一罪为过失犯罪，均不能构成一般累犯。不把过失犯罪纳入累犯范围，体现了我国刑法的罪责刑相适应原则。

2. 刑度条件，即前罪被判处的刑罚和后罪应判处的刑罚都是有期徒刑以上刑罚。这里的"前罪被判处的刑罚"，是指人民法院最后确定的宣告刑为有期徒刑以上刑罚。"后罪应判处的刑罚"，是指根据事实和法律应当判处有期徒刑以上刑罚。如果前罪被判处的是拘役、管制或者单处附加刑，无论后罪多么严重，也不成立累犯。反之，如果前罪被判处有期徒刑以上刑罚，但后罪被判处拘役、管制或者单处附加刑，同样不构成一般累犯。另外，被判处有期徒刑宣告缓刑的犯罪分子，如果在缓刑考验期满后又犯罪，不构成累犯。

3. 时间条件，即后罪发生在前罪刑罚执行完毕或者赦免以后 5 年之内。这里的"刑罚执行完毕"，是指主刑执行完毕，若主刑执行完毕而附加刑尚在执行中，不影响一般累犯的构成。关于"5 年"期限的计算，已经执行刑罚或者被赦免的犯罪分子，从刑罚执行完毕之日或者赦免之日起算；对于被假释的犯罪分子，从假释期满之日起计算。因而，被假释的犯罪分子，在假释考验期满 5 年之内又犯新罪的，构成累犯。而在假释考验期又犯新罪，则不成立累犯。

4. 主体条件，即已满 18 周岁的人犯罪才构成累犯。具体来说，如果前、后罪都是在不满 18 周岁实施的，不构成累犯；如果前罪发生在不满 18 周岁时，后罪发生在已满 18 周岁的，也不构成累犯；只有前罪与后罪都必须是在已满 18 周岁以上实施的，才构成累犯。刑法将不满 18 周岁的人犯罪排除在累犯之外，体现了对未成年人的特殊保护。

（二）特殊累犯

根据《刑法》第 66 条规定，特殊累犯是指危害国家安全犯罪、恐怖活动犯罪、黑社会性质的组织犯罪的犯罪分子在刑罚执行完毕或者赦免以后，在任何时候再犯上述任一类罪的情形。成立特殊累犯，必须符合以下条件：

1. 前后两罪必须是危害国家安全犯罪、恐怖活动犯罪、黑社会性质的组织犯罪。可以是前后两罪都是性质相同的犯罪，也可以是前后两罪分属上述类别不同的犯罪，如前罪是危害国家安全的犯罪，后罪是黑社会性质的组织犯罪。如果前后两罪都不是上述三类犯罪或者其中只有一个是上述三类犯罪，都不构成特殊累犯。至于是否构成一般累犯，应根据一般累犯的构成条件去认定。

2. 前罪须判处刑罚。如果前罪被免刑，即使以后又犯危害国家安全犯罪、恐怖活动犯罪、黑社会性质的组织犯罪，也不成立特殊累犯。特殊累犯不同于一般累犯的是对前罪和后罪判处的刑罚没有限制。凡是以前犯过危害国家安全犯罪、恐怖活动犯罪、黑社会性质的组织犯罪三类犯罪之一，现在又犯危害国家安全犯罪、恐怖活动犯罪、黑社会性质的组织犯罪任一类的，即使前后两罪或者其中一罪被判处拘役、管制，甚至单处附加刑，也不影响特殊累犯的构成。

3. 后罪发生的时间须在前罪刑罚执行完毕或者赦免以后。与一般累犯不同的是，此处只有一个限制，即后罪可以发生在前罪刑罚执行完毕或者赦免以后的任何时候，对前后两罪相隔时间的长短没有限制。刑法之所以如此规定，主要是因为危害国家安全犯罪、恐怖活动犯罪、黑社会性质的组织犯罪是危害性最严重的三类犯罪。

（三）累犯的刑事责任

根据《刑法》第 65 条第 1 款的规定，对于累犯，应当从重处罚。此外，根据《刑法》第 74 条规定，对于累犯，不适用缓刑。

三、自首

根据《刑法》第 67 条规定，自首是指犯罪以后自动投案，如实供述自己的罪行；或被采取强制措施的犯罪嫌疑人、被告人和正在服刑的罪犯，如实供述司法机关还未掌握的本人其他罪行的行为。据此，自首分为一般自首和特别自首两种。

（一）一般自首

一般自首，是指犯罪分子犯罪以后自动投案，如实供述自己的罪。成立一般自首，必须具备以下两个条件：

1. 犯罪以后自动投案。这是成立一般自首的前提条件。根据 1998 年 5 月 9 日施行的《最高人民法院关于处理自首和立功具体应用法律若干问题的解释》（以下简称《自首立功解释》）的规定，自动投案是指犯罪事实或者犯罪嫌疑人未被司法机关发觉，或者虽被发觉，但犯罪嫌疑人尚未受到讯问、未被采取强制措施时，主动、直接向公安机关、人民检察院或者人民法院投案。结合 2010 年 12 月 22 日《最高人民法院关于处理自首和立功若干具体问题的意见》（以下简称《自首立功意见》），要准确理解以下要素：

（1）投案的时间。包括以下情况：①犯罪事实和犯罪嫌疑人没有被发觉以前，犯罪分子投案的。②犯罪事实已经被发觉，但犯罪嫌疑人尚未被发现的。③犯罪事实和犯罪嫌疑人都已经被发觉，但还没有对犯罪嫌疑人采取拘留、逮捕等强制措施的，或尚未被群众扭送的。④案发后，犯罪嫌疑人被通缉、追捕过程中自动投案的。其中，第四种情况一般应该是犯罪分子仍可继续潜逃的情况下自愿放弃潜逃，到案接受司法机关的追究。如果犯罪分子被群众、公安人员围追堵截，本身已经走投无路，被迫放弃逃跑，而当场投案的，不能视为自首。⑤行为人仅仅因为形迹可疑，被有关组织或者司法机关盘问、教育后，主动交代自己的罪行的，也应认为是自动投案。但有关部门、司法机关在其身上、随身携带的物品、驾乘的交通工具等处发现与犯罪有关的物品的，不能认定为自动投案。这里，要将"形迹可疑"与"犯罪嫌疑"区别开来。所谓形迹可疑，是指人的举动、神色不正常，使人产生疑问。这种疑问是臆测性的心理判断，它的产生没有也不需要凭借一定的事实依据，是一种仅凭常理、常情判断而产生的怀疑。"犯罪嫌疑"，是指侦查人员凭借一定的事实根据或者他人提供的线索，认为特定人有作案嫌疑。⑥经查实犯罪嫌疑人确已准备去投案而被公安机关抓获，也应视为自动投案。所谓准备投案，可从行为人的客观行为和主观心理联系起来分析：从客观行为看，行为人为自首作准备活动；从主观心态看，行为人有坚定的投案决心，如果行为人对是否投案尚在犹豫不决，则不能认定为自动投案。

另外，犯罪嫌疑人具有以下情形之一的，也应当视为自动投案：①犯罪后主动报案，虽未表明自己是作案人，但没有逃离现场，在司法机关询问时交代自己罪行的；②明知他人报案而在现场等待，抓捕时无拒捕行为，供认犯罪事实的；③在司法机关未确定犯罪嫌疑人，尚在一般性排查询问时主动交代自己罪行的；④因特定违法行为被采取行政拘留、司法拘留、强制隔离戒毒等行政、司法强制措施期间，主动向执行机关交代尚未被掌握的犯罪行为的；⑤其他符合立法本意，应当视为自动投案的情形。这里的立法本意，就是自动投案要体现出犯罪嫌疑人投案的主动性和自愿性。

（2）投案的机关。一般应是犯罪人向公安、司法机关投案；对于犯罪人向所在单位、城乡基层组织或者其他有关负责人投案的，也应视为投案。

（3）投案的方式。投案的方式可以是多种多样的，包括：犯罪分子自己到司法机关或有关机关投案；犯罪分子因病、受伤或者为了弥补损失、抢救伤员而让他人先代为投案；犯罪分子因在外地，以信、电（电话、电报、电子邮件）等方式投案。司法实践中，有的犯罪分子将犯罪所得的财产悄悄送到司法机关并附书信予以告知，而不亲自到案或者讲明自己的真实姓名的，显然不想接受审查和裁判，不能视为自动投案；亲友主动报案后，将犯罪嫌疑人送去投案的，也应视为自动投案。

在本节导入案例中，14 周岁的甲在其叔叔的教育下，告诉其叔叔将乙捅成重伤的事情，并答应次日早上和叔叔一起去自首。当公安人员前来拘捕甲时，他没有反抗，其行为是属于亲友主动报案后，犯罪嫌疑人服法投案的自首行为。

如果犯罪分子亲友是采取哄骗、扭送、捆绑等方法，将犯罪分子送往司法机关归案的，则不应视为自首。

对于交通肇事后保护现场、抢救伤者，并向公安机关报告的，应认定为自动投案，构成自首。该行为虽然系犯罪嫌疑人的法定义务，但是因其符合投案的主动性和自愿性，应该认定为自首，只是对其是否从宽及从宽的幅度要适当从严掌握。对于交通肇事逃逸后自动投案，如实供述自己罪行的，应认定为自首，但鉴于其是逃逸后才自首，量刑时应依法以较重法定刑为基准，视情况决定对其是否从宽处罚以及从宽处罚的幅度。

（4）投案的动机。从司法实践中看，自动投案的动机比较复杂，如出于真诚悔悟、惧怕法律威严、潜逃在外生活无着落、争取宽大处理或经亲友规劝教育而醒悟等。动机如何不影响自动投案的成立。

2. 如实供述自己的罪行。这是成立一般自首的关键。如实供述自己的罪行，是指犯罪嫌疑人自动投案后，如实供述自己的主要犯罪事实和姓名、年龄、职业、住址、前科等情况。犯罪嫌疑人供述的身份等情况与真实情况虽有差别，但不影响定罪量刑的，应认定为如实供述自己的罪行。犯罪嫌疑人自动投案后隐瞒自己的真实身份等情况，影响对其定罪量刑的，不能认定为如实供述自己的罪行。对于"如实供述自己的主要犯罪事实"的把握，应注意以下几种情形：①犯罪嫌疑人多次实施同种罪行的，应当综合考虑已交代的犯罪事实与未交代的犯罪事实的危害程度，决定是否认定为如实供述主要犯罪事实；②虽然投案后没有交代全部犯罪事实，但如实交代的犯罪情节重于未交代的犯罪情节，或者如实交代的犯罪数额多于未交代的犯罪数额，一般应认定为如实供述自己的主要犯罪事实；③无法区分已交代的与未交代的犯罪情节的严重程度，或者已交代的犯罪数额与未交代的犯罪数额相当，一般不认定为如实供述自己的主要犯罪事实。另外，犯罪嫌疑人自动投案时，虽然没有交代自己的主要犯罪事实，但在司法机关掌握其主要犯罪事实之前主动交代的，应认定为如实供述自己的罪行。

犯有数罪的犯罪嫌疑人仅如实供述所犯数罪中部分犯罪的，只对如实供述部分犯罪的行为，认定为自首。共同犯罪案件中的犯罪嫌疑人，除如实供述自己的罪行外，还应当供述所知的同案犯的罪行，主犯则应当供述所知道的其他同案犯的共同犯罪事实，必须揭发同案犯的罪行，才能认定为自首。司法实践中，对于行为人虽然有投案行为，但只供述自己的次要罪行，隐瞒自己的主要犯罪事实，以及犯罪嫌疑人自动投案并如实供述自己的罪行后一审判决以前又翻供的，不能认定为自首；但在一审判决前又能如实供述的，应当认定为自首。

（二）特别自首

特别自首，又称准自首，是指被采取强制措施的犯罪嫌疑人、被告人和正在服刑的罪犯，如实供述司法机关还未掌握的本人其他罪行的行为。成立特别自首，必须具备以下几个条件：

1. 特别自首的主体是已被采取强制措施的犯罪嫌疑人、被告人和正在服刑的罪犯。

2. 从时间上讲，特别自首只能发生在采取强制措施以后或者服刑期间。

3. 如实供述的必须是司法机关尚未掌握的本人其他罪行。司法机关尚未掌握的罪行，是指采取强制措施时或判决时，司法机关尚未发现的罪行。对于犯罪嫌疑人、被告人在被采取强制措施期间，向司法机关主动如实供述本人的其他罪行，该罪行能否认定为"司法机关已掌握"，应根据不同情形区别对待：如果该罪行已被通缉，一般应以该司法机关是否在通缉令发布范围内作出判断，不在通缉令发布范围内的，应认定为还未掌握，在通缉令发布范围内的，应视为已掌握；如果该罪行已录入全国公安信息网络在逃人员信息数据库，应视为已掌握；如果该罪行未被通缉，也未录入全国公安信息网络在逃人员信息数据库，应以该司法机关是否已实际掌握该罪行为标准。这里的"其他罪行"，是指与司法机关已掌握或者判决所确定的罪行属于不同种的罪行。如果供述的罪行与司法机关掌握的罪行属同种罪行，不能认定为特别自首，而只能认定为坦白。同种罪行还是不同种罪行，一般应以罪名区分，罪名相同的属于同种罪行。有时虽然如实供述的其他罪行的罪名与司法机关已掌握犯罪的罪名不同，但如实供述的其他犯罪与司法机关已掌握的犯罪属选择性罪名或者在法律、事实上密切关联，如因受贿被采取强制措施后，又交代因受贿为他人谋取利益的行为，构成滥用职权罪的，应认定为同种罪行。

（三）自首犯的刑事责任

根据《刑法》第67条的规定，自首犯的刑事责任分为两种情况：①对于自首的犯罪分子，可以从轻或者减轻处罚；②犯罪较轻的，可以免除处罚。另外，对自首犯进行处罚时，还应注意以下问题：

1. 犯数罪而仅对其中部分犯罪自首的，只对其中自首部分的犯罪适用上述从宽处罚的规定，对未自首部分的犯罪，则不能适用。

2. 共同犯罪只有部分共同犯罪人自首的，上述从宽处罚的规定，只能适用于自首的共同犯罪人，其余的则不能适用。

四、坦白

（一）坦白的概念

坦白，是指犯罪嫌疑人在被动归案之后，被依法提起公诉之前，如实供述自己罪行的行为。

坦白是我国刑法为进一步落实"坦白从宽"的刑事司法政策，在《刑法修正案（八）》中新设立的制度，从而使坦白从宽的刑事司法政策上升为立法规定。

（二）坦白与自首的关系

坦白与自首的相同之处是：都以实施了犯罪行为为前提，都如实供述自己的罪行，都有一定的悔罪表现。

二者不同之处在于：①归案形式不同。坦白是犯罪嫌疑人被动归案；而自首是犯罪嫌疑人自动投案。②所交代的罪行不同。坦白的犯罪嫌疑人所交代的罪行，是已被司法机关掌握的犯罪事实；而自首的犯罪嫌疑人所交代的罪行，有的是司法机关已经掌握的犯罪事实，但多数是司法机关尚未掌握的犯罪事实。③悔罪程度不同。坦白表现为消极的、被动的形式，虽有悔改也是被迫而为；而自首表现为积极的、主动的形式。

（三）坦白者的刑事责任

根据《刑法》第 67 条第 3 款规定，对于坦白的犯罪分子，可以从轻处罚；因其如实供述自己罪行，避免特别严重后果发生的，可以减轻处罚。

五、立功

（一）立功的概念与种类

根据《刑法》第 68 条和《自首立功解释》的规定，立功，是指犯罪分子有揭发他人犯罪行为经查证属实的，或者提供重要线索从而得以侦破其他案件等的行为。

立功分为一般立功和重大立功。一般立功，是指犯罪分子检举揭发其他犯罪分子的罪行经查证属实，或者提供重要线索从而得以侦破其他案件等立功行为。重大立功，是指揭发检举其他犯罪分子的重大罪行经查证属实，或者提供重要线索从而得以侦破其他重大案件的立功行为。其中，也包括协助司法机关缉捕其他重要罪犯，或者防止他人实施重大犯罪活动或者对社会有其他重大贡献的情形。这里的"重大罪行""重大案件""重大罪犯"等，一般是指犯罪嫌疑人、被告人可能被判处无期徒刑以上刑罚或者案件在本省、自治区、直辖市或者全国范围内有较大影响等情形。

（二）立功的成立条件

认定立功，应准确把握以下要素：

1. 立功的主体。立功的主体是指刑事诉讼中的犯罪嫌疑人和被告人。

2. 立功的时间。立功行为必须发生在刑事诉讼阶段。作为量刑情节的立功，必须发生在刑事侦查、起诉、审判（包括一审和二审）过程中。在这之前的立功，应按一般公民的立功对待，而在判决生效以后的立功，属于服刑过程中的立功，是减刑和假释的条件，而不是量刑情节。

3. 立功的内容。根据《刑法》第68条的规定，作为量刑情节的立功行为表现有两种：①犯罪分子揭发他人的罪行。这里的"他人的罪行"必须是司法机关尚未掌握的罪行。对于司法机关已掌握的"他人的罪行"，犯罪分子在不知晓的情况下，误以为司法机关未掌握而向司法机关检举、揭发的，不能认定为立功。因为立功是一种有实效的行为，尽管犯罪分子有立功的意思，但没有立功的实效，不能成立立功。共同犯罪案件中，犯罪分子揭发同案犯的其他犯罪，经查证属实的，是立功。②向司法机关提供重要线索。所谓重要线索，是指足以侦破其他案件的线索。除了上述两种基本的立功行为表现外，立功还包括阻止他人的犯罪活动从而使国家免受重大损害、协助司法机关抓捕其他罪犯（包括同案犯）、阻止其他犯罪人逃跑等立功行为。

关于"协助抓捕其他犯罪嫌疑人"的具体认定，根据《自首立功意见》，犯罪分子具有下列行为之一，使司法机关抓获其他犯罪嫌疑人的，属于"协助司法机关抓捕其他犯罪嫌疑人"：①按照司法机关的安排，以打电话、发信息等方式将其他犯罪嫌疑人（包括同案犯）约至指定地点的；②按照司法机关的安排，当场指认、辨认其他犯罪嫌疑人（包括同案犯）的；③带领侦查人员抓获其他犯罪嫌疑人（包括同案犯）的；④提供司法机关尚未掌握的其他案件犯罪嫌疑人的联络方式、藏匿地址的；等等。犯罪分子提供同案犯姓名、住址、体貌特征等基本情况，或者提供犯罪前、犯罪中掌握、使用的同案犯联络方式、藏匿地址，司法机关据此抓捕同案犯的，不能认定为协助司法机关抓捕同案犯。

4. 立功的效果。揭发他人的罪行，必须经查证属实。至于这一犯罪行为能不能受到刑事追究则不影响立功的成立，如犯罪分子揭发的他人的犯罪行为属实，但该行为已过追诉时效或情节轻微，不需要追究刑事责任的，仍应成立立功。提供的重要线索，必须是据此已经侦破了其他案件。如果犯罪分子虽然提供了重要线索，但没有侦破其他案件的，则不能成立立功。

（三）立功者的刑事责任

根据《刑法》第68条的规定，有一般立功表现的，可以从轻或者减轻处罚；有重大立功表现的，可以减轻或者免除处罚。

六、数罪并罚

数罪并罚，是指一人犯有数罪，人民法院对其所犯各罪分别定罪量刑之后，依照法定原则，决定应当执行的刑罚的一种量刑制度。概括地讲，数罪并罚就是一人犯数罪合并处罚的量刑制度。

（一）数罪并罚的适用条件

1. 一人犯有数罪。数罪并罚的前提是一人犯有数罪。这里的"一人"既可以是单独犯罪中的独立的一个人，也可以是共同犯罪中的数人组合而成的整体。这里的"数罪"，是指基于数个独立的犯意，实施数个独立的犯罪行为，具备数个独立的犯罪构成的情况。

2. 数罪必须发生在法定期限内。根据《刑法》第 69 条、第 70 条、第 71 条、第 77 条、第 86 条的规定，适用数罪并罚，主要有以下几种情况：①判决宣告以前一人犯数罪；②判决宣告以后刑罚执行完毕以前，发现被判刑的犯罪分子还有漏罪；③判决宣告以后刑罚执行完毕以前，被判刑的犯罪分子又犯新罪。

3. 依照法定的程序和原则并罚。并罚是在对犯罪分子所犯各罪分别定罪量刑的基础上，依照法定的并罚原则、方法，决定应当执行的刑罚。具体讲，分为两个步骤：首先，依法对所犯数罪分别确定罪名、裁量刑罚；其次，针对不同的数罪，按法定的并罚原则和方法，将各罪裁量之刑并合，决定执行的刑罚。

（二）我国刑法中的数罪并罚原则及其适用

1. 数罪并罚的原则。数罪并罚原则，是指对一人犯数罪实行合并处罚所依据的基本准则。从各国的立法例看，对数罪并罚所采取的原则不尽相同，主要有四种：

（1）并科原则。并科原则又称"相加原则"，它是指对数罪分别宣告刑罚，然后将数刑相加，相加所得的总和就是应执行的刑罚。这一原则的理论依据是有罪必罚、一罪一罚。这一原则的缺陷是过于严酷、实际难以执行。此外，如果数罪中有被判处死刑或者无期徒刑的，同其他刑罚也无法相加合并执行。

（2）吸收原则。这里的"吸收"，是指从数罪的刑罚中，选择其中最重的刑罚作为执行的刑罚，其余较轻的刑罚均为最重的刑罚所吸收而不予执行。这一原则的特点是适用方便，简单易行。这一原则对于死刑和无期徒刑来说是适宜的，但适用于其他刑种就可能会造成一人犯数罪与一人犯一罪刑罚处罚相同的现象，违背罪责刑相适应的原则。

（3）限制加重原则。是指对数罪分别量刑后，在数刑中最高刑期以上，数刑的总和刑期以下，决定执行的刑期，并规定刑期最高不得超过一定的限度。这里的"加重"，是指在数刑中最高刑基础上的加重。这里的"限制"，是指总和刑期的限制和决定执行的最高刑期的限制。这一原则克服了并科原则和吸收原则的缺陷和不足，使审判人员在一定范围内可以灵活运用刑罚，对犯有数罪的罪犯既不失之过严又不失之过宽，比较灵活、科学、合理，因而为多数国家作为主要原则所采用。但是，这一原则对于死刑、无期徒刑无法适用。

（4）折衷原则。又称"混合原则""综合原则"，是指对上述三种原则取长补短、综合采用，根据不同情况分别确定对一人犯数罪所应执行的刑罚。

2. 我国刑法中数罪并罚的原则。从我国刑法的规定来看，我国刑法对数罪并罚实行的是折衷原则，即以限制加重原则为主，吸收原则、并科原则为补充的原则。这些原则的具体适用规定在《刑法》第 69 条中。具体而言，我国刑法中数罪并罚原则适用如下：

（1）数罪中有判处数个死刑或者最高刑为死刑（含死缓）的，采用吸收原则；同样，数罪中有判处数个无期徒刑或者最高刑为无期徒刑的，亦采用吸收原则；数罪中有判处有期徒刑和拘役的，根据《刑法》第 69 条第 2 款的规定，执行有期徒刑，采取的也是吸收原则。另外，根据《刑法》第 69 条第 3 款规定，数罪中有判处附加刑的，其中附加刑种类相同的，合并执行。如果数罪中有判处数个驱逐出境，执行一个驱逐出境；数罪中判处数个没收财产刑中有没收全部财产的，执行没收全部财产；数罪中判处数个剥夺政治权利刑中有终身剥夺政治权利的，执行剥夺政治权利终身，采取的均是吸收原则。

（2）数罪中有判处有期徒刑、拘役、管制的，采取限制加重原则。根据《刑法》第 69 条第 1 款的规定，判处管制、拘役、有期徒刑的，应当在总和刑期以下、数刑中最高刑期以上，酌情决定执行的刑期，但是管制最高不超过 3 年，拘役最高不能超过 1 年，有期徒刑总和刑期不满 35 年的，最高不能超过 20 年，总和刑期在 35 年以上的，最高不能超过 25 年。上述规定是对同种有期自由刑的并合处罚原则。

（3）数罪中有判处有期徒刑和管制，或者拘役和管制的，根据《刑法》第 69 条第 2 款的规定，采用并科原则，有期徒刑、拘役执行完毕后，管制仍须执行；数罪中有判处附加刑的，根据《刑法》第 69 条第 3 款规定，采用并科原则，即在执行主刑的同时或者之后，附加刑仍须执行；数罪中有判处不同种类附加刑的，根据《刑法》第 69 条第 3 款规定，也采用并科原则，即数个不同种类的附加刑应分别执行。

3. 我国刑法中数罪并罚的适用。根据《刑法》第 69 ~ 71 条的规定，适用数罪并罚有以下三种情况：

（1）判决宣告以前一人犯数罪的并罚。一人所犯数罪在判决宣告以前被发现的，根据《刑法》第 69 条的规定处理。这里的数罪一般是指异种数罪，对于同种数罪，在按一罪处罚无法体现罪责刑相适应原则时也可并罚。

（2）判决宣告以后刑罚执行完毕以前发现漏罪的并罚。《刑法》第 70 条规定，判决宣告以后，刑罚执行完毕以前，发现被判刑的犯罪分子在判决宣告以前还有其他罪没有判决的，应当对新发现的罪作出判决，把前后两个判决所判处的刑罚，依照本法第 69 条的规定，决定执行的刑罚。已经执行的刑期，应当计算在新判决决定的刑期内。这种并罚具体分为三步进行：第一步，对新发现的罪作出判决；第二步，将前后两个判决所判处的刑罚，依照我国《刑法》第 69 条的规定决定执行的刑罚；第三步，已经执行的刑期，应当计算在新判决决定的刑期以内。这种计算刑期的方法称为"先并后减"。例如，某罪犯犯盗窃罪被判处有期徒刑 10 年，在刑罚执行了 6 年时，发现其在判决宣告前还犯有诈骗罪。应当先对后发现的诈骗罪进行判刑，假如对诈骗罪判处 8 年有期徒刑，那么，应将 8 年有期徒刑和前罪的全部刑期 10 年有期徒刑按照数罪并罚的原则并罚，在 10 年以上 18 年以下确定一个刑期，假如确定为 15 年有期徒刑，15 年有期徒刑再减去已执行的 6 年有期徒刑，这个罪犯还要再执行 9 年有期徒刑。

对原判决是经过数罪并罚的判决，也应当将漏罪所判之刑与原判决决定执行的刑罚进行并罚，以维护原判决的法律效力，而不是将漏判之罪所判之刑与原判决中所判各罪的刑罚进行并罚。

如果是在缓刑考验期内发现漏罪的，应当先撤销缓刑，然后对新发现的罪作出判决，把前罪和后罪所判处的刑罚，依照《刑法》第 69 条规定的原则和方法并罚，决定执行的刑罚。在假释考验期内，发现被假释的犯罪分子在判决宣告以前还有其他罪没有判决的，应当先撤销假释，依照《刑法》第 70 条的规定，即适用"先并后减"的方法实行并罚。

（3）判决宣告以后刑罚执行完毕以前又犯新罪的并罚。《刑法》第 71 条规定，判决宣告以后，刑罚执行完毕以前，被判刑的犯罪分子又犯罪的，应当对新犯的罪作出判决，把前罪没有执行的刑罚和后罪所判处的刑罚，依照本法第 69 条的规定，决定执行的刑罚。这种情形的并罚具体分为三步进行：第一步，把已经执行的刑期从前罪的刑期中减去，剩余刑期为没有执行的刑期；第二步，对新犯的罪作出判决；第三步，把前罪没有执行的刑罚和后罪所判处的刑罚，依照《刑法》第 69 条的规定决定执行的刑罚，如果分别判处管制、拘役、有期徒刑的，把前罪没有执行的刑期和后罪刑期采用限制加重原则处理，决定执行的刑期。这种计算刑期的方法称为"先减后并"。例如，某罪犯因抢劫罪被判有期徒刑 10 年，在刑罚执行了 6 年时，其又将同监室犯打成重伤，构成故意伤害罪。首先对新罪——故意伤害罪进行判刑，假如判处 8 年有期徒刑，那么将 8 年有期徒刑和前罪的余刑 4 年有期徒刑按照数罪并罚的原则进行并罚，在 8 年以上 12 年以下决定一个刑期，假如判决 10 年有期徒刑，那么该罪犯还要再执行 10 年有期徒刑。采用该种方法，犯罪分子被实际执行的刑期，可能超过法定数罪并罚的最高刑期。例如，某人犯故意杀人罪，被判处有期徒刑 15 年，已执行 12 年时，又犯放火罪。首先对放火罪进行判决，假如判处 11 年有期徒刑，原判决还剩 3

年有期徒刑没有执行，那就应把余刑 3 年有期徒刑与新罪所判处的 11 年有期徒刑，按限制加重的原则，在 11 年以上 14 年以下决定应执行的刑期，如果决定执行最低的 11 年有期徒刑，加上已经执行的 12 年有期徒刑，该罪犯实际执行的刑期就为 23 年，已超过 20 年，而按照"先并后减"的并罚方法，罪犯实际执行的刑罚永远也不可能超过 20 年。

判决宣告以后刑罚还没有执行完毕以前，被判刑的犯罪分子又犯数个新罪，应将新犯数罪的各个宣告刑与前罪未执行的刑罚进行并罚。

如果是在缓刑考验期内又犯新罪的，应当先撤销缓刑，然后对所犯新罪作出判决，把前罪和后罪所判处的刑罚，依照《刑法》第 69 条规定的原则和方法并罚，决定执行的刑罚。对于在假释考验期内又犯新罪的，应当先撤销假释，依照《刑法》第 71 条的规定，即适用"先减后并"的方法实行并罚。

七、缓刑

（一）缓刑的理解

我国刑法中的缓刑，是指对于被判处拘役、3 年以下有期徒刑的犯罪分子，符合一定的条件，在一定考验期限内，如果没有再犯新罪或者未被发现有漏罪或者没有违反法律、法规及有关规定或者没有违反人民法院判决中的禁止令的，缓刑考验期满，原判刑罚就不再执行的一种刑罚制度。缓刑不是独立的刑种，缓刑与免予刑事处罚、监外执行、死刑缓期执行在适用对象、执行方法、考验期限和法律后果等方面都不同。

1. 缓刑不同于免予刑事处罚。免予刑事处罚，是人民法院对已经构成犯罪的被告人作出有罪判决，但根据案件的具体情况，认为不需要判处刑罚，因而宣告免予刑事处罚。缓刑和免予刑事处罚的主要区别是：①适用的条件不同。免予刑事处罚，是基于犯罪分子具备法定的免除处罚的条件而适用的；缓刑则是犯罪分子被判处了一定的刑罚以后，基于缓刑的条件适用的。②法律后果不同。被宣告免予刑事处罚的犯罪分子，不存在曾经被判过刑罚和仍有执行刑罚的可能性的问题；而缓刑则是在人民法院对犯罪分子作出有罪判决并判处刑罚的基础上暂不执行刑罚，但同时保持执行刑罚的可能性。

2. 缓刑不同于暂予监外执行。暂予监外执行是被执行或者有期徒刑拘役、无期徒刑的罪犯，出现了法律规定的特殊情形，不适宜在监狱或拘役所关押执行，而暂时采取的一种变通执行方法。两者的主要区别是：①适用对象不同。缓刑只适用于被判处拘役、3 年以下有期徒刑的犯罪分子；暂予监外执行则可以适用于被判处拘役、有期徒刑、无期徒刑的犯罪分子，不受判处的刑期限制。②性质不同。缓刑是附条件暂缓执行原判刑罚的制度；而暂予监外执行是刑罚执行过程中的具体执行场所变更的问题，它并非不执行原判刑罚，只是对所判刑罚暂时予以监外执行。③适用条件不同。缓刑的适用，以犯罪分子的犯罪情节较轻，有悔罪表现，没有再犯罪的危险和宣告缓刑对所居住社区没有重大不良影响为基本条件；暂予监外执行的适用，必须以犯罪分子患有严重疾病需要保外就医，以及怀孕或者正在哺乳自己的婴儿等不宜收监执行的特殊情形为条件。④适用的方法不同。缓刑应在判处刑罚的同时予以宣告，并应依法确定缓刑的考验期；而暂予监外执行是在判决确定以后适用的一种变通执行方法。⑤法律后果不同。被判处缓刑的犯罪分子，在考验时，并不是执行刑罚，只有出现了刑法所规定的撤销缓刑的条件时，才有可能执行刑罚；暂予监外执行仍然是在执行刑罚，在监外执行的过程中，一旦影响在监内执行的法定条件不复存在时，如果刑期未满，仍应收监执行。

3. 缓刑与死缓不同。死缓是对应当判处死刑的犯罪分子，如果不是必须立即执行的，可以在判处死刑的同时宣告缓期 2 年执行，根据 2 年期内罪犯的表现，再决定是否执行死刑立即执行的死刑适用制度。两者的主要区别是：①适用前提不同。缓刑以判处拘役、3 年以下有期徒刑为前提；死缓以判处死刑为前提。②执行方法不同。缓刑对犯罪分子不予关押，实行社区矫正；死缓将犯罪分子监禁起来，并实行劳动改造。③期限不同。缓刑考验期限，受原判刑期限制而有不同的法定期限；死缓期限明确规定为 2 年。④法律后果不同。经过缓刑考验，对犯罪分子或者不执行原判刑罚，或者撤销缓刑；判处死缓，或者得到减刑，或者经过核准执行死刑。

（二）缓刑的类型

根据《刑法》第 72～77 条、第 449 条的规定，缓刑分为一般缓刑和战时缓刑两种。

1. 一般缓刑。一般缓刑是指人民法院对于判处拘役、3 年以下有期徒刑的犯罪分子，在其具备犯罪情节较轻，有悔罪表现，没有再犯罪的危险，宣告缓刑对所居住社区没有重大不良影响的条件时，规定一定的考验期，暂不执行原判刑罚的制度。一般缓刑的适用，应当具备以下条件：

（1）犯罪分子被判处的刑罚是拘役或 3 年以下有期徒刑。这是适用一般缓刑的前提条件。这里的刑罚，指的是宣告刑。

（2）犯罪分子同时符合犯罪情节较轻、有悔罪表现、没有再犯罪的危险、宣告缓刑对所居住社区没有重大不良影响四个条件，这是适用一般缓刑的实质条件。所谓"犯罪情节较轻"，是指犯罪人的行为性质不严重、犯罪情节不恶劣。所谓"有悔罪表现"，是指犯罪人对于其犯罪行为能够认识到错误，真诚悔悟并有悔改的意愿和行为，比如积极向被害人道歉、赔偿被害人的损失、获取被害人的谅解等。所谓"没有再犯罪的危险"，是指对犯罪人适用缓刑没有再犯罪的可能，这是对犯罪分子将来再犯的预测，可根据其罪前的一贯表现，罪中的犯罪情节，罪后的认罪、悔罪表现，综合判断其社会危险性。所谓"宣告缓刑对所居住社区没有重大不良影响"，是指对犯罪人适用缓刑不会对其所居住社区的安全、秩序和稳定带来重大的、现实的不良影响，具体情形由法官根据个案情况来判断。适用缓刑的上述四项条件必须同时具备，缺一不可。

（3）犯罪分子不是累犯和犯罪集团的首要分子。这是适用缓刑的排除条件。累犯屡教不改，主观恶性较深，有再犯之可能性，适用缓刑难以防止其再危害社会。犯罪集团的首要分子，是在犯罪集团中起组织、策划、指挥作用的犯罪分子，没有这种首要分子，也就没有犯罪集团，所以这种首要分子主观恶性极大，是我国刑法打击的重中之重，不具备适用缓刑的资格。

2. 战时缓刑。是指在战时，对于被判处3年以下有期徒刑没有现实危险宣告缓刑的犯罪军人，暂缓其刑罚执行，允许其戴罪立功，确有立功表现时，可以撤销原判刑罚，不以犯罪论处的制度。适用战时缓刑，须具备以下条件：

（1）时间条件。必须是在战时适用。所谓战时，是指国家宣布进入战争状态、部队受领作战任务或者遭敌突然袭击时，以及部队执行戒严任务或者处置突发性暴力事件时。

（2）对象条件。战时缓刑适用的对象，只能是被判处3年以下有期徒刑的犯罪军人。不是犯罪的军人，或者虽是犯罪的军人，但被判处的刑罚为3年以上有期徒刑的，不能适用此种缓刑。

（3）实质条件。必须是在战争条件下宣告缓刑没有现实危险。是否有现实危险，应根据犯罪军人所犯罪行的性质、情节、危害程度，犯罪军人的悔罪表现和一贯表现作出综合评判。

（三）缓刑的宣告

1. 对宣判时不满18周岁的人、怀孕的妇女和已满75周岁的人，只要符合缓刑条件的，应当宣告缓刑。这是硬性规定，只要上述三类人符合缓刑的条件，则必须宣告缓刑，不允许有例外。

2. 对决定缓刑的犯罪分子确定缓刑的考验期。根据《刑法》第73条规定，拘役的缓刑考验期限为原判刑期以上1年以下，但是不能少于2个月。有期徒刑的缓刑考验期限为原判刑期以上5年以下，但是不能少于1年。缓刑考验期限，从判决确定之日起计算。这里的"判决确定之日"就是指判决发生法律效力之日。判决确定之前先行羁押的日期不能折抵缓刑考验期限。对战时缓刑，刑法没有规定缓刑考验期限。

3. 可以根据情况对确定缓刑的犯罪分子发布禁止令。《刑法》第72条第2款规定，人民法院宣告缓刑，可以根据犯罪情况，同时禁止犯罪分子在缓刑考验期限内从事特定活动，进入特定区域、场所，接触特定的人。至于在何种情况下可以对宣告缓刑的犯罪分子宣告禁止令，具体宣告何种禁止令，禁止"从事特定活动""进入特定区域、场所""接触特定的人"的常见具体情形，以及禁止令的期限、裁量建议、裁判文书、执行机关、执行监督、违反禁止令的法律后果、变更程序等相关问题，可根据最高人民法院、最高人民检察院、公安部、司法部于2011年4月28日《关于对判处管制、宣告缓刑的犯罪分子适用禁止令有关问题的规定（试行）》执行。

（四）缓刑的执行

根据《刑法》第75条、第76条的规定，对宣告缓刑的犯罪分子，在缓刑考验期限内，依法实行社区矫正。在社区矫正期间，被宣告缓刑的犯罪分子，应当遵守下列规定：①遵守法律、行政法规，服从监督；②按照考察机关的规定报告自己的活动情况；③遵守考察机关关于会客的规定；④离开所居住的市、县或者迁居，应当报经考察机关批准。

（五）缓刑的法律后果

根据《刑法》第76条、第77条规定，缓刑的法律后果有以下三种：

1. 被宣告缓刑的犯罪分子，在缓刑考验期限内犯新罪或者发现判决宣告以前还有其他罪没有判决的，应当撤销缓刑，对新犯的罪或者新发现的罪作出判决，把前罪和后罪所判处的刑罚，依照《刑法》第69条的规定，决定执行的刑罚。

2. 被宣告缓刑的犯罪分子，在缓刑考验期限内，违反法律、行政法规或者国务院有关部门关于缓刑的监督管理规定，或者违反人民法院判决中的禁止令，情节严重的，应当撤销缓刑，执行原判刑罚。

3. 被宣告缓刑的犯罪分子，在缓刑考验期限内，没有上述情形，缓刑考验期满，原判的刑罚就不再执行，并公开予以宣告。而战时缓刑考验的内容就是犯罪军人戴罪立功，确有立功表现时，可以撤销原判刑罚，不以犯罪论处。

应当注意的是，缓刑的效力只及于主刑。《刑法》第72条第3款规定，被宣告缓刑的犯罪分子，如果被判处附加刑，附加刑仍须执行。

第二节 刑罚执行制度

导入案例

王某犯诈骗罪，被判处3年有期徒刑，缓刑4年。后王某协助公安机关最终抓获了某逃犯，该逃犯被确定为某重大犯罪案件的犯罪嫌疑人。人民法院认为王某构成重大立功，因而对其裁定减刑，减刑后的刑罚为 2 年有期徒刑，仍缓刑 4 年。

　　问：人民法院对于王某的处理是否合适？

　　本案知识点：减刑的条件；缓刑的适用

一、减刑

（一）减刑的理解

　　减刑，是指对被判处管制、拘役、有期徒刑、无期徒刑的犯罪分子，在刑罚执行期间有悔改或立功表现，而适当减轻其原判刑罚的行刑制度。减刑有两种情况：一是由较重的刑种减为较轻的刑种；二是由较长的刑期减为较短的刑期。

　　1. 减刑不同于改判。改判是对错判的纠正，即原判决在认定事实或者适用法律上确有错误，依照二审、复核或者审判监督程序将原判决撤销，经重新审理所作出的判决。其主要区别是：①前提不同。减刑是在肯定原判刑罚正确的基础上，对原判刑罚作适当变更，并不否定原来的判决，体现的是惩办与宽大相结合的刑事政策；改判是对有错误的原判刑罚依法予以纠正，是对原来判决的否定，体现的是有错必纠的精神。②性质不同。减刑在刑法中属于行刑制度，在刑事诉讼中属于执行程序中的问题；改判在刑法中属于量刑制度中的问题，在刑事诉讼中被归入审判程序。

　　2. 减刑不同于减轻处罚。减轻处罚是犯罪分子具有刑法规定的减轻处罚情节，或者犯罪分子虽然不具有刑法规定的减轻处罚情节，但是，根据案件的特殊情况，经最高人民法院核准，在法定刑以下判处刑罚。二者的主要区别是：①性质不同。减刑属于行刑制度；减轻处罚属于量刑情节。②适用对象不同。减刑的适用对象是判决确定后的已决犯；减轻处罚的适用对象是判决确定前的未决犯。③根据不同。减刑的根据是犯罪分子的悔改或者立功、重大立功表现；减轻处罚依据的是各种法定减轻处罚情节。

（二）减刑的条件

　　根据《刑法》第 78 条的规定，适用减刑必须符合以下条件：

　　1. 对象条件。减刑的适用对象只能是被判处管制、拘役、有期徒刑、无期徒刑的犯罪分子。对于减刑而言，只有刑种的限制，没有犯罪性质的限制。因此，凡是被判处自由刑的犯罪分子，不论是何种性质、何种形态的犯罪，只要具备法定减刑条件，都可得到减刑。但是，对判处拘役或者 3 年以下有期徒刑并宣告缓刑的犯罪分子，能否适用减刑呢？根据 2017 年 1 月 1 日《最高人民法院关于办理减刑、假释案件具体应用法律的规定》（以下简称《减刑假释规定》）第 18 条的规定，对上述情况一般不适用减刑。如果在缓刑考验期间有重大立功表现的，可以参照《刑法》第 78 条的规定予以减刑，同时应当依法缩减其缓刑考验期。缩减后，拘役的缓刑考验期限不得少于 2 个月，有期徒刑的缓刑考验期限不得少于 1 年。

在本节导入案例中，王某在缓刑期间，因有重大立功表现而获得减刑 1 年，根据《减刑假释规定》也应当相应地缩短其缓刑考验期。因此，法院对王某的处理是不合适的。

2. 实质条件。适用减刑的犯罪分子必须在刑罚执行期间有悔改、立功或重大立功表现，这是适用减刑的决定性条件。可以减刑和应当减刑的实质条件的内容不同：

可以减刑的实质条件，是被判处管制、拘役、有期徒刑、无期徒刑的犯罪分子，在刑罚执行期间，认真遵守监规，接受教育改造，确有悔改表现或者有立功表现。这里的"确有悔改表现"是指同时具备以下四个方面情形：①认罪悔罪；②认真遵守法律法规及监规，接受教育改造；③积极参加思想、文化、职业技术教育；④积极参加劳动，努力完成劳动任务。对职务犯罪、破坏金融管理秩序和金融诈骗犯罪、组织（领导、参加、包庇、纵容）黑社会性质组织犯罪等罪犯，不积极退赃、协助追缴赃款赃物、赔偿损失，或者服刑期间利用个人影响力和社会关系等不正当手段意图获得减刑、假释的，不认定其"确有悔改表现"。罪犯在刑罚执行期间提出申诉的，要依法保护其申诉权利，对其申诉不应不加分析地认为是不认罪悔罪。"立功表现"是指具有下列情形之一的行为：①阻止他人实施犯罪活动的；②检举、揭发监狱内外犯罪活动，或者提供重要的破案线索，经查证属实的；③协助司法机关抓捕其他犯罪嫌疑人的；④在生产、科研中进行技术革新，成绩突出的；⑤在抗御自然灾害或者排除重大事故中，表现积极的；⑥对国家和社会有其他较大贡献的。

应当减刑的实质条件是在刑罚执行期间有重大立功的表现。根据《刑法》第 78 条和《减刑假释规定》第 5 条规定，重大立功有 7 种情况，具备其中之一者，就应当减刑：①阻止他人实施重大犯罪活动的；②检举监狱内外重大犯罪活动，经查证属实的；③协助司法机关抓捕其他重大犯罪嫌疑人的；④有发明创造或者重大技术革新的；⑤在日常生产、生活中舍己救人的；⑥在抗御自然灾害或者排除重大事故中，有突出表现的；⑦对国家和社会有其他重大贡献的。

3. 限度条件。减刑是在原判刑罚基础上适用的，因此，减刑必须在对犯罪分子实际执行一定刑期后进行，且减刑幅度必须适当。不得对尚未开始服刑的犯罪分子实行减刑，也不得对相对服刑较短的犯罪分子减去相对较多的刑期。不当减而减或者减得过多，既违背了罪责刑相适应的基本原则，也不利于维护判决的严肃性和相对稳定性。当减而不减或者减得太少，既难以对犯罪分子的改造起到鼓励、促进作用，也难以发挥减刑制度的积极作用。关于减刑的次数，我国现行刑法未作任何限制。也就是说,既可减刑一次,也可以减刑多次。从司法实践来看,一次减刑多适用于被判处管制、拘役以及短期有期徒刑的犯罪分子;多次减刑多适用于被判处长期有期徒刑或者无期徒刑的犯罪分子。经过一次或者几次减刑以后,实际执行的刑期,判处管制、拘役、有期徒刑的,不能少于原判刑期的1/2;判处无期徒刑的,不能少于13年;对限制减刑的死刑缓期执行的犯罪分子,缓期执行期满后依法减为无期徒刑的,不能少于25年,缓期执行期满后依法减为25年有期徒刑的,不能少于20年;未被限制减刑的死刑缓期执行罪犯经过一次或几次减刑后,其实际执行的刑期不能少于15年,死刑缓期执行期间不包括在内。被判处有期徒刑的罪犯减刑时,对附加剥夺政治权利的期限可以酌减,酌减后剥夺政治权利的期限不得少于1年;被判处死刑缓期执行、无期徒刑的罪犯减为有期徒刑时,附加剥夺政治权利的期限应当减为7年以上10年以下,经过一次或者几次减刑后,最终剥夺政治权利的期限不得少于3年。

（三）减刑的时间与幅度

减刑的时间包括减刑的起始时间与减刑的间隔。减刑的起始时间,是指犯罪分子可以被初次适用减刑的最低服刑刑期。减刑的间隔,是指犯罪分子前后两次适用减刑之间的间隔时间。减刑的幅度,是指犯罪分子每一次被适用减刑可以减轻的刑期。关于减刑的起始时间、间隔和幅度依照《减刑假释规定》和2019年6月1日《最高人民法院关于办理减刑、假释案件具体应用法律的补充规定》（以下简称《减刑假释补充规定》）执行。

（四）减刑后刑期的计算

减刑后刑期的计算方法因原判刑罚的种类不同而有所区别。原判刑罚为管制、拘役、有期徒刑的,减刑后的刑期从原判决执行之日起计算,原判刑罚已执行的部分,应计算在减刑后的刑期之内。原判刑罚为无期徒刑的,减为有期徒刑的刑期从裁定减刑之日起计算,已执行的刑期,不计入减刑后的刑期之内。若其后再次减刑,减为有期徒刑后的服刑期,应当计算在再次减刑后的刑期内,从前次裁定减为有期徒刑之日算起。

（五）减刑的程序

减刑必须依照法定的程序进行,非经法定程序,不得减刑。《刑法》第79条规定,对于犯罪分子的减刑,由执行机关向中级以上人民法院提出减刑建议书。人民法院应当组成合议庭进行审理,对确有悔改或者立功事实的,裁定予以减刑。具体程序依照2021年3月1日施行的最高人民法院《关于适用〈中华人民共和国刑事诉讼法〉的解释》第二十一章第五节"减刑、假释案件的审理"规定执行。

二、假释

（一）假释的理解

假释,是指对被判处有期徒刑、无期徒刑的犯罪分子,在执行一定刑罚后,认真遵守监规，接受教育改造，确有悔改表现，没有再犯罪的危险的，附条件地将其提前释放的制度。

1. 假释与刑满释放不同。假释是有条件地提前释放，在一定期限内保留收监执行剩余刑期的可能性；而刑满释放，都是无条件地释放，不存在就同一判决收监执行的问题。

2. 假释与暂予监外执行不同。二者的主要区别是：①适用对象不同。假释的适用对象是已经执行了一定刑期并且确有悔改表现的被判处有期徒刑或者无期徒刑的罪犯；而暂予监外执行的适用对象是身体、生理或者生活上有特殊情形的被判处有期徒刑或者拘役、无期徒刑的罪犯。②适用目的不同。适用假释的目的是鼓励犯罪分子努力改造，悔过自新；而适用暂予监外执行的主要目的是解决某些在监狱内执行不方便的罪犯的特殊困难。③数罪并罚时的刑期计算不同。被假释的犯罪分子如果被撤销假释，其假释的期间不计入并罚所处刑期之内；而暂予监外执行的犯罪分子，其监外执行的期间，计入原判刑期之内。④收监的要求不同。被假释的犯罪分子，在假释考验期限内有违法违规行为，尚未构成新的犯罪的，应当依照法定程序撤销假释，收监执行未执行完毕的刑罚；而暂予监外执行的情形消失后，罪犯刑期未满的，应当及时收监。

3. 假释与减刑不同。二者的主要区别是：①适用对象不同。假释只适用于被判处有期徒刑或者无期徒刑的犯罪分子；减刑不仅适用于这两种犯罪分子，而且适用于被判处管制、拘役的犯罪分子。②适用次数不同。执行一个判决只能适用一次假释；减刑不受次数限制，可以减刑一次，也可以减刑多次。③适用方法不同。假释有一定的考验期限；减刑没有考验期限。④适用后果不同。犯罪分子被假释即解除监管，重返社会；被减刑的犯罪分子，刑期未满的，仍须留在执行场所继续服刑。

4. 假释与缓刑不同。二者的主要区别是：①适用对象不同。假释的适用对象是被判处有期徒刑、无期徒刑的犯罪分子；缓刑的适用对象是被判处拘役、3年以下有期徒刑的犯罪分子。②适用根据不同。适用假释的根据是犯罪分子在刑罚执行中确有悔改表现，没有再犯罪的危险；缓刑的适用根据是犯罪分子的犯罪情节较轻，有悔罪表现，没有再犯罪的危险，宣告缓刑对所居住社区没有重大不良影响。③适用时间不同。假释在犯罪分子执行刑罚过程中适用；缓刑在判处刑罚的同时宣告。④考验期限不同。假释的考验期限为法律所明确规定，即无期徒刑为 10 年，有期徒刑为尚未执行完毕的余刑；缓刑的考验期限在法定期限范围内视具体情况而定。⑤执行原判刑罚不同。假释必须执行原判刑期的一部分；缓刑是有条件地不执行原判刑罚的全部。

（二）假释的条件

根据《刑法》第 81 条的规定，适用假释必须具备以下条件：

1. 对象条件。假释的适用对象仅限于被判处有期徒刑或者无期徒刑的犯罪分子。但累犯以及因故意杀人、强奸、抢劫、绑架、放火、爆炸、投放危险物质或者有组织的暴力性犯罪被判处 10 年以上有期徒刑、无期徒刑的犯罪分子不得假释。因前述九种情形犯罪被判处死刑缓期执行的罪犯，被减为无期徒刑、有期徒刑后，也不得假释。因犯贪污罪、受贿罪被判处死缓，同时被决定在其死缓期满减为无期徒刑后终身监禁的罪犯，不得假释。根据《减刑假释规定》，对于生效裁判中有财产性判项，罪犯确有履行能力而不履行或者不全部履行的，不予假释。根据《减刑假释补充规定》，对于因犯贪污贿赂罪被判处刑罚的原具有国家工作人员身份的罪犯，拒不认罪悔罪的，或者确有履行能力而不履行或者不全部履行生效裁判中财产性判项的，不予假释，一般不予减刑。

2. 时间条件。假释只适用于已经执行一部分刑罚的犯罪分子。即被判处有期徒刑的犯罪分子，执行原判刑期 1/2 以上；被判处无期徒刑的犯罪分子，实际执行 13 年以上才可以假释；如果有特殊情况，经最高人民法院核准，可以不受上述执行刑期的限制。所谓原判刑期，是指原来判决所确定的刑期，而非减刑后的刑期。对判处有期徒刑的罪犯适用假释的，执行原判刑期 1/2 以上的起始时间，应当从判决生效之日起计算，判决执行以前先行羁押的，羁押 1 日折抵刑期 1 日。所谓实际执行 13 年以上，是指自无期徒刑判决生效之日起所执行的刑期，不包括判决确定以前先行羁押的时间。被判处死刑缓期执行的罪犯减为无期徒刑或者有期徒刑后，实际执行 15 年以上，方可假释，该实际执行时间应当从死刑缓期执行期满之日起计算。死刑缓期执行期间不包括在内，判决确定以前先行羁押的时间不予折抵。所谓特殊情况，是指有国家政治、国防、外交等方面特殊需要的情况。

3. 实质条件。假释只适用于认真遵守监规，接受教育改造，确有悔改表现，没有再犯罪的危险的犯罪分子。这是适用假释的关键性条件。所谓确有悔改表现，是指同时具备以下四个方面情形：①认罪悔罪；②认真遵守法律法规及监规，接受教育改造；③积极参加思想、文化、职业技术教育；④积极参加劳动，努力完成劳动任务。所谓"没有再犯罪的危险"，是指除符合《刑法》第 81 条规定的情形外，还应根据犯罪的具体情节、原判刑罚情况，在刑罚执行中的一贯表现罪犯的年龄、身体状况、性格特征，假释后的生活来源以及监管条件等因素综合考虑。

4. 限制条件。《刑法》第 81 条第 3 款规定，对犯罪分子决定假释时，应当考虑其假释后对所居住社区的影响。也就是说，如果犯罪分子假释后，会对所居住的社区带来重大不良影响的，可以决定不假释，这是假释适用的一个限制条件，实际上是严格了假释的适用。

（三）假释的考验

1. 假释考验期。根据《刑法》第 83 条规定，有期徒刑的假释考验期限，为没有执行完毕的刑期；无期徒刑的假释考验期限为 10 年。假释考验期限从假释之日起计算。

2. 假释考验的内容。根据《刑法》第 85 条的规定，被假释的犯罪分子，在假释考验期内，依法实行社区矫正。在社区矫正期间，被宣告假释的犯罪分子需要遵守《刑法》第 84 条的规定，具体要求为：①遵守法律、行政法规，服从监督；②按照监督机关的规定报告自己的活动情况；③遵守监督机关关于会客的规定；④离开所居住的市、县或者迁居，应当报经监督机关批准。

（四）假释的效果

对假释犯，应根据其在假释考验期限内的不同表现作出不同的处理：

1. 被假释的犯罪分子，在假释考验期限内犯新罪的，撤销假释，按照《刑法》第 71 条规定的"先减后并"的方法，实行数罪并罚。

2. 在假释考验期限内，发现被假释的犯罪分子在判决宣告以前还有其他罪没有判决的，撤销假释，依照《刑法》第 70 条规定的"先并后减"的方法，实行数罪并罚。

3. 被假释的犯罪分子，在假释考验期限内，有违反法律、行政法规或者国务院有关部门关于假释的监督管理规定的行为，尚未构成新的犯罪的，应当依照法定程序撤销假释，收监执行未执行完毕的刑罚。

4. 被假释的犯罪分子，在假释考验期限内，如果没有上述三种情况，假释考验期满，就认为原判刑罚已经执行完毕，并公开予以宣告。

（五）假释的程序

根据《刑法》第 82 条规定，对犯罪分子的假释，依照《刑法》第 79 条规定的程序进行。非经法定程序不得假释。具体程序依照 2021 年 3 月 1 日施行的最高人民法院《关于适用〈中华人民共和国刑事诉讼法〉的解释》第二十一章第五节"减刑、假释案件的审理"规定执行。

本章小结

刑罚裁量制度有累犯、自首、坦白、立功、数罪并罚和缓刑制度。累犯是受过一定刑罚处罚，在刑罚执行完毕或者赦免以后，于法定期限内又犯一定之罪的犯罪分子。累犯有一般累犯和特殊累犯两种，对于累犯应从重处罚。自首是犯罪以后自动投案，如实供述自己的罪行或被采取强制措施的犯罪嫌疑人、被告人和正在服刑的罪犯，如实供述司法机关尚未掌握的本人其他罪行的行为。自首分为一般自首和特别自首两种。坦白是指犯罪嫌疑人在被动归案之后，在被依法提起公诉之前，如实供述自己罪行的行为。立功是犯罪分子揭发他人犯罪行为经查证属实的，或者提供重要线索，从而得以侦破其他案件等行为。立功分为一般立功和重大立功。自首、坦白和立功是法定的从宽处罚情节。数罪并罚是一人犯数罪合并处罚的量刑制度，刑法规定了 3 种数罪并罚的情形。缓刑是对于被判处拘役、3 年以下有期徒刑的犯罪分子，在其犯罪情节较轻，有悔罪表现，没有再犯罪的危险，宣告缓刑对所居住社区没有重大不良影响时，在判处刑罚的同时宣告缓刑，但又保留着执行原判刑罚的可能性的一种刑罚裁量制度。缓刑不是独立刑种。

我国刑法规定的刑罚执行制度有减刑和假释制度。减刑是对被判处管制、拘役、有期徒刑、无期徒刑的犯罪分子，在刑罚执行期间有悔改或立功表现，而适当减轻其原判刑罚的行刑制度。假释是对被判处有期徒刑、无期徒刑的犯罪分子，在执行一定刑罚后，因其认真遵守监规，接受教育改造，确有悔改表现，没有再犯罪的危险，而附条件地将其提前释放的制度。减刑和假释都必须经过法定程序。

实务训练

一、示范案例

【案情】甲、乙两兄弟合谋，一同抢劫了行人丙价值约 5000 元的财物，丙随后报案，在公安机关尚未锁定犯罪嫌疑人的时候，甲到公安机关投案，并向公安机关交代了自己抢劫丙的具体行为，对乙的行为一字未提，后来案件侦破，乙被抓获。

问：甲的行为能否成立自首？为什么？

【分析】1998 年 5 月 9 日起施行的《最高人民法院关于处理自首和立功具体应用法律若干问题的解释》规定，共同犯罪案件中的犯罪嫌疑人，除如实供述自己的罪行外，还应当供述所知的同案犯，主犯则应当供述所知道的其他同案犯的共同犯罪事实，才能认定为自首。本案中被告人甲虽然供述了自己的犯罪行为，但由于他没有如实供出同案犯乙及其犯罪行为，所以，不能成立自首。

二、习作案例

1. 被告人杨某，于 2017 年 3 月 7 日因犯诈骗罪被判处有期徒刑 2 年，次年 7 月 6 日因病被暂予监外执行，2019 年 1 月 10 日刑罚执行完毕（含判决生效前先行羁押所折抵的刑期）。经查，2018 年 10 月 26 日，还处于暂予监外执行期间的杨某在某自由市场碰上彭某，以借其野狼 125 摩托车接人为名，将摩托车骗走卖掉，得赃款 4000 余元（该摩托车价值 8000 余元），但该犯罪事实直至杨某暂予监外执行期满且刑罚执行完毕才案发。

问：杨某的行为是否成立累犯？为什么？

2. 被告人李某因涉嫌合同诈骗罪被逮捕，在羁押期间，李某向侦查机关揭发了所在部门负责人张某收受其贿赂 3 万元的情形，张某因此案发，被以受贿罪、贪污罪判刑。其中，受贿数额中包括收受李某的 3 万元。

问：李某的行为能否成立立功？为什么？

复习与思考

1. 累犯的适用条件是什么？

2. 如何认定自首、坦白和立功？

3. 数罪并罚的原则有哪些？我国《刑法》是如何规定的？

4. 缓刑的适用条件是什么？

5. 适用减刑和假释的条件及程序如何？

第九章　重点罪名解析

学习目标:

- 掌握重点、常见、多发性罪名的概念和构成要件
- 理解有关重点罪名的认定
- 了解刑法对有关犯罪处罚的特别规定
- 运用所学知识分析案例,解决实际问题

第一节　危害公共安全罪重点罪名解析

导入案例

史某于 2017 年 4 月到长海县小长山乡杨某的个体养殖场做养殖工。同年 12 月 28 日,史某找到杨某,提出要结算工资回老家。杨某经核算称,扣除其日常开支、吃饭和违约罚款等费用,史某反欠杨某 200 多元。史某感觉自己给杨某白干了几个月活,非常生气。12 月 31 日晚,史某怀揣打火机来到了杨某养殖场院内,用打火机将堆放在工人宿舍外墙的养殖网吊、塑料浮力球等物资点燃后逃离现场,火灾给杨某造成 60 多万元损失。

问:对史某的行为应如何定罪?

本案知识点:放火罪的构成要件;放火罪的认定

一、放火罪

(一) 放火罪的概念和构成要件

放火罪,是指故意以放火焚烧公私财物的方法,危害公共安全的行为。本罪的构成要件是:

1. 本罪的客体是公共安全。公共安全是指不特定多数人的生命、健康、重大公私财产安全以及公共生活的安全。党的二十大报告提出推进国家安全体系和能力现代化,坚决维护国家安全与社会稳定;指出要提高公共安全治理水平。要坚持安全第一、预防为主,建立大安全大应急框架,完善公共安全体系,推动公共安全治理模式向事前预防转型。"不特定多数"是危害公共安全一类犯罪的根本特征,也是这类犯罪与侵犯公民人身权利罪、侵犯财产罪等其他类犯罪的主要

区别。所谓不特定，是指犯罪行为可能侵犯的对象和可能造成的结果事先无法确定，行为人对此既无法具体预料也难以实际控制，行为的危险性或行为造成的侵害结果可能随时扩大或增加。例如，在行驶的列车上实施爆炸行为，在生产加工的食品中投放危险物质等，这些危害行为就具有不特定性。应当指出，不论行为人在实施危害行为时主观上有无确定的侵害对象，只要其行为在客观上危害或足以危害公共安全，就可以构成危害公共安全一类犯罪中的某罪。

本罪的对象是公私财物，一般是指他人财物。但是，放火燃烧自己或家庭所有的房屋等财物，足以引起火灾、危害公共安全的，也构成本罪。

2. 本罪的客观方面表现为实施了放火焚烧公私财物、危害公共安全的行为。具体包括以下两个要素：

（1）必须实施了放火行为。放火，是指故意使用各种方法引起对象物燃烧，制造火灾的行为。放火行为的方式可以是作为，如行为人用各种引火物直接将对象物点燃，引起燃烧；也可以是不作为，如电气设备维修工人明知某个设备发生故障，存在着起火危险，却故意不予维修以致发生火灾。

（2）放火行为足以或者已经危害公共安全。放火罪是危险犯，只要行为人的放火行为足以危害公共安全，就成立犯罪既遂，而不论是否造成了实际危害结果。放火的行为是否足以危及公共安全，要根据对象物的性质、特点，作案的时间、地点、环境等情况进行综合分析认定。如果行为人选择特定的侵害对象和特定的环境，有意识地将危害控制在特定范围内，确实不足以危害公共安全的，就不构成本罪，情节严重的，可以构成故意毁坏财物罪。

3. 本罪的主体是已满 14 周岁并具有刑事责任能力的自然人。

4. 本罪的主观方面是故意，即明知自己的行为会引起对象物的燃烧，造成火灾，从而危害公共安全，仍希望或者放任这种结果发生。

（二）放火罪的认定

1. 本罪既遂与未遂的界限。刑法理论界关于放火罪的既遂与未遂有多种学说，我国多采用"独立燃烧说"，即只要行为人着手实施放火行为，将对象物点燃后，已经达到能够独立燃烧的程度，显示出造成严重后果的危险性，就成立本罪既遂。如果放火行为因行为人意志以外的原因而未实行完毕（如正要点火时被抓获），或者当时已经点燃，但随即熄灭，则应认定为本罪未遂。

2. 本罪与爆炸罪、投放危险物质罪的界限。爆炸罪，是指故意引起爆炸物或其他设备、装置爆炸，危害公共安全的行为。投放危险物质罪，是指故意投放毒害性、放射性、传染病病原体等物质，危害公共安全的行为。这三种犯罪都属于以危险方法危害公共安全的犯罪，均属于危险犯，其犯罪客体、犯罪主体、犯罪主观方面和法定刑完全相同。主要区别是实施犯罪的方法不同。实践中，如果爆炸行为仅起到引火作用，因爆炸方法引起了火灾而危害公共安全的，应认定为放火罪。

3. 本罪与故意杀人罪、故意伤害罪的界限。放火是一种危险方法，但并非一切以放火的方法实施的犯罪都是放火罪。对于司法实践中存在的一些行为人用放火的方法来实施杀人、伤害犯罪的情况，如为杀人而对他人住宅放火等，应当注意区分此罪与彼罪的界限。区分的关键是看放火行为是否足以危害公共安全。如果行为人使用放火的手段杀害或者伤害特定的人，不足以危害公共安全的，则应以故意杀人罪或故意伤害罪定罪；如果行为人虽以放火为手段杀伤特定的人，但同时危害公共安全的，则属于想象竞合犯，应以本罪论处。

4. 本罪与故意毁坏财物罪的界限。故意毁坏财物罪，是指故意毁坏公私财物，数额较大或者有其他严重情节的行为。该罪的客体是公私财物所有权，毁坏公私财物的方法是多种多样的，如烧毁、砸毁、拆卸等。行为人以放火的手段毁损公私财产，如果没有造成重大损失，也不可能危及公共安全的，则以故意毁坏财物罪论处；如果造成重大损失或者足以酿成火灾危害公共安全的，则应按本罪定罪处罚。总之，区分本罪与故意毁坏财物罪的关键仍然在于放火行为是否足以危及公共安全。

　　本节的导入案例中，史某基于泄愤报复的动机，明知放火焚烧堆放在工人宿舍外墙处的养殖渔具会危害到宿舍内工人的生命、健康和公私财产的安全，仍然实施放火行为，主观上具有放火的故意，客观上已经危害了公共安全，且造成了 60 多万元财产的损失，其行为已经构成放火罪。

（三）放火罪的刑事责任

根据《刑法》第 114 条和第 115 条第 1 款的规定，犯本罪，尚未造成严重后果的，处 3 年以上 10 年以下有期徒刑；致人重伤、死亡或者使公私财产遭受重大损失的，处 10 年以上有期徒刑、无期徒刑或者死刑。

二、破坏交通工具罪

（一）破坏交通工具罪的概念和构成要件

破坏交通工具罪，是指破坏火车、汽车、电车、船只、航空器，足以使火车、汽车、电车、船只、航空器发生倾覆、毁坏危险，尚未造成严重后果或者已经造成严重后果的行为。

本罪的构成要件是：

1. 本罪的客体是交通运输安全。本罪的对象只限于火车、汽车、电车、船只、航空器。破坏简单的交通工具，如马车、手推车、农用拖拉机等，一般不会造成危害公共安全的严重后果，所以这些交通工具不能成为本罪的犯罪对象。在一些地区（如边远农村），有把大型拖拉机作为交通工具使用的，破坏这种拖拉机足以危害公共安全的，能否构成本罪？对这一问题，实践和理论上都存在争议。通说认为，应以本罪论处。

2. 本罪的客观方面表现为破坏火车、汽车、电车、船只、航空器，足以使这些交通工具发生倾覆或者毁坏危险的行为。具体包括以下两个要素：

(1) 必须实施了破坏行为。通常是指对上述交通工具的整体或者重要部件的破坏。

(2) 破坏行为足以使火车、汽车、电车、船只、航空器发生倾覆、毁坏危险。所谓倾覆，是指车辆倾倒、颠覆，船只翻沉，航空器坠毁；所谓毁坏，是指烧毁、炸毁、坠毁等完全报废或受到严重破坏的情况。判断是否足以发生倾覆、毁坏的危险，主要从两个方面入手：一是被破坏的交通工具是否正在使用期间。只有破坏正在使用中的交通工具，才可能危害到公共安全。"正在使用"的交通工具，既包括正在行驶或航运中的交通工具，也包括停放在车库、码头、机场上的车辆、船只和飞机等已经交付使用，随时都可开动执行任务的交通运输工具。如果破坏的是尚未检验出厂或待修及保管之中的交通工具，则不构成本罪。二是破坏的方法和部位。破坏交通工具的方法多种多样，破坏的部位也可能各不相同，但一般来说，只有那些对交通工具的重要装置或部件进行破坏的，才能构成本罪。如果破坏的只是交通工具的一般辅助设施，不影响行驶安全，则不构成本罪。

3. 本罪的主体是一般主体。

4. 本罪的主观方面是故意。犯罪的动机各种各样，如嫁祸于人、贪财图利、泄愤报复等，但犯罪动机如何不影响本罪的成立。本罪的主观方面大多为直接故意，有时也表现为间接故意，即行为人明知自己的破坏行为可能造成危害公共安全的严重后果，却放任这种结果的发生。

(二) 破坏交通工具罪的认定

1. 本罪与破坏交通设施罪的界限。两罪的主要区别在于行为对象不同。破坏交通设施罪的对象是正在使用中的交通设施。交通设施是指供交通工具通行或者保障交通工具安全运行的专门设施，如轨道、桥梁、隧道、公路、机场、航道、灯塔、标志等。为了颠覆、毁坏交通工具而破坏交通设施的，应当以破坏交通设施罪定罪处罚；因此而造成交通工具倾覆、毁坏致人死伤的，应当以破坏交通工具罪定罪处罚。根据 2020 年 3 月 16 日《最高人民法院、最高人民检察院、公安部关于办理涉窨井盖相关刑事案件的指导意见》（以下简称《涉窨井盖意见》）的规定，盗窃、破坏正在使用中的社会机动车通行道路上的窨井盖，足以使汽车、电车发生倾覆、毁坏危险，尚未造成严重后果或者造成严重后果的，分别依照《刑法》第 117 条、第 119 条第 1 款的规定，以破坏交通设施罪定罪处罚。

2. 本罪与盗窃罪、故意毁坏财物罪的界限。当侵犯的对象都是交通工具时，应通过以下两个方面加以区别：①客体不同。本罪的客体是交通运输安全，后两罪的客体是公私财产的所有权。②犯罪对象不同。本罪破坏的对象必须是正在使用中的交通工具上的重要装置或部件，后两罪则无此限制。因此，若某人以非法占有为目的，将火车、汽车、电车、船只、航空器上的一般设备或附属设备拆下运走，不足以危害交通安全的，应以盗窃罪论处。如果是只对交通工具的门窗、座椅、卧具等辅助设施进行破坏，数额较大或者有其他严重情节的，应以故意毁坏财物罪论处。

3. 本罪与劫持船只、汽车罪，劫持航空器罪的界限。劫持船只、汽车罪，是指以暴力、胁迫或者其他方法劫持船只、汽车的行为。劫持航空器罪，是指以暴力、胁迫或者其他方法劫持航空器的行为。交通工具包括船只、汽车、航空器，当行为对象均为船只、汽车、航空器，并使船只、汽车、航空器遭到破坏时，关键看两个方面：①犯罪目的。本罪是要将船只、汽车、航空器本身加以破坏；后两罪是要强行控制船只、汽车、航空器。②行为的表现。本罪是用一定的方法将船只、汽车、航空器破坏；后两罪是使用暴力、胁迫或者其他方法劫持船只、汽车、航空器。因此在劫持船只、汽车、航空器的过程中，即使具有使船只、汽车、航空器发生倾覆、毁坏的危险，也只能以劫持船只、汽车罪，劫持航空器罪论处。但是，由于《刑法》没有单独规定劫持火车、电车罪，因此，如果劫持火车、电车的行为足以使火车、电车发生倾覆、毁坏危险的，可以破坏交通工具罪论处。

（三）破坏交通工具罪的刑事责任

根据《刑法》第116条和第119条的规定，犯本罪，尚未造成严重后果的，处3处以上10年以下有期徒刑；造成严重后果的，处10年以上有期徒刑、无期徒刑或者死刑。

三、交通肇事罪

（一）交通肇事罪的概念和构成要件

交通肇事罪，是指违反交通运输管理法规，因而发生重大事故，致人重伤、死亡或者使公私财产遭受重大损失的行为。

本罪的构成要件是：

1. 本罪的客体是公共交通运输安全，即在交通运输中不特定多数人的生命、健康和重大公私财产安全。由于《刑法》另行设置有重大飞行事故罪和铁路运营安全事故罪，因此，这里的交通运输安全是专指公路、水上和城市道路交通运输安全，不包括航空运输安全和铁路运营安全。

2. 本罪的客观方面表现为违反交通运输管理法规，因而发生重大事故，致人重伤、死亡或者使公私财产遭受重大损失的行为。具体包括以下要素：

（1）必须有违反交通运输管理法规的行为，即有违章行为。这是构成本罪的前提条件。这里的交通运输管理法规，主要是指国家制定的有关保证交通运输安全的各种法律法规中所规定的各项交通规则、操作规程、劳动纪律等。违章行为可以是作为，也可以是不作为。

（2）违章行为必须发生在交通运输过程中，即行为人正在从事交通运输活动或者与正在进行的交通运输有直接关系，这是构成本罪的时间条件。如果发生与交通运输工具有关的重大事故，但不是处在交通运输活动过程中的，则不构成本罪。例如，出于好奇或逞能而乱开停放在院中挂倒挡的汽车，不慎将车后之人挤死，应以过失致人死亡罪论处。

（3）必须有重大事故的发生，即必须造成他人重伤、死亡或者使公私财产遭受重大损失的严重后果。

（4）违章行为与重大事故之间必须有因果关系。虽然发生了重大事故，但并没有违章行为的，不构成本罪。同样，虽然有违章行为，但与重大事故之间不存在因果关系的，也不构成本罪。例如，酒后驾车虽然是违章行为，但酒后驾车并未导致驾驶能力减退或者丧失，而是由于车辆出现了驾驶员不能预见的刹车故障而造成重大事故的，对行为人就不能以交通肇事罪论处。

3. 本罪的主体是已满 16 周岁并具有刑事责任能力的自然人，包括从事交通运输的人员和非交通运输人员。交通运输人员包括交通运输工具的驾驶人员、交通设备的操纵人员、交通运输活动的直接领导和指挥人员、交通运输安全的管理人员。非交通运输人员除包括没有合法手续却从事交通运输的人员外，还包括行人、骑自行车者。也就是说，行人、骑自行车者的违章行为招致他人驾驶的交通工具发生重大事故的，也可以构成交通肇事罪。另外，根据 2000 年 11 月 21 日《最高人民法院关于审理交通肇事刑事案件具体应用法律若干问题的解释》（以下简称《交通肇事解释》）的规定，单位主管人员、机动车辆所有人、机动车辆承包人、乘车人也可成为本罪的主体。《交通肇事解释》第 5 条规定，交通肇事后，单位主管人员、机动车辆所有人、承包人或者乘车人指使肇事人逃逸，致使被害人因得不到救助而死亡的，以交通肇事罪的共犯论处。该解释第 7 条规定，单位主管人员、机动车辆所有人或者机动车辆承包人指使、强令他人违章驾驶造成重大交通事故，具有该解释第 2 条规定情形之一的，以交通肇事罪定罪处罚。

4. 本罪的主观方面是过失。这种过失是指行为人对自己违章行为所造成的严重后果的心理态度，至于对违章行为本身，行为人则往往是明知故犯。

（二）交通肇事罪的认定

1. 关于本罪发生的空间限制问题。《中华人民共和国道路交通安全法》第 119

条规定，"道路"，是指公路、城市道路和虽在单位管辖范围但允许社会机动车通行的地方，包括广场、公共停车场等用于公众通行的场所。根据《道路交通安全法》对"道路"的界定和《交通肇事解释》的规定，只有在实行公共交通管理的范围内发生重大交通事故的，才构成交通肇事罪。如果在公共交通管理的范围外，驾驶机动车辆或者使用其他交通工具致人重伤、死亡或者致使公共财产或者他人财产遭受重大损失，构成犯罪的，应分别依照《刑法》第 134 条（重大责任事故罪）、第 135 条（重大劳动安全事故罪）、第 233 条（过失致人死亡罪）等规定定罪处罚。

2. 本罪与非罪的界限。主要应注意事故责任大小对成立本罪的影响。并非违反交通运输管理法规发生重大事故都构成交通肇事罪，在认定本罪时一定要分清事故责任的大小。事故责任包括全部责任、主要责任、同等责任和次要责任。事故责任的有无和大小影响着交通肇事罪的构成。根据《交通肇事解释》第 2 条第 1 款规定，交通肇事具有下列情形之一的，构成交通肇事罪：①死亡 1 人或者重伤 3 人以上，负事故全部或者主要责任的；②死亡 3 人以上，负事故同等责任的；③造成公共财产或者他人财产直接损失，负事故全部或者主要责任，无能力赔偿数额在 30 万元以上的。第 2 条第 2 款规定，交通肇事致 1 人以上重伤，负事故全部或者主要责任，并具有下列情形之一的，以交通肇事罪定罪处罚：①酒后、吸食毒品后驾驶机动车辆的；②无驾驶资格驾驶机动车辆的；③明知是安全装置不全或者安全机件失灵的机动车辆而驾驶的；④明知是无牌证或者已报废的机动车辆而驾驶的；⑤严重超载驾驶的；⑥为逃避法律追究逃离事故现场的。

3. 本罪与故意杀人罪、故意伤害罪的界限。主要区别是犯罪客体和罪过形式不同。以下情形应以故意杀人罪或故意伤害罪定罪处罚：①行为人利用交通工具杀害或伤害特定的人，如开车撞仇人，不足以危害公共安全的；②行为人在交通肇事后为逃避法律追究，将被害人带离事故现场后隐藏或者遗弃，致使被害人无法得到救助而死亡或者严重残疾的。

4. 本罪与危险驾驶罪的界限。危险驾驶罪是指在道路上驾驶机动车，有追逐竞驶，情节恶劣的，在道路上醉酒驾驶机动车的，从事校车业务或者旅客运输，严重超过额定乘员载客，或者严重超过规定时速行驶的，违反危险化学品安全管理规定运输危险化学品，危及公共安全的四种情形之一的行为。两罪区分的关键在于本罪是结果犯，必须有重大事故的发生才成立犯罪，而危险驾驶罪是危险犯；本罪的主观方面是过失，而危险驾驶罪的主观方面是故意。但是，如果危险驾驶同时构成其他犯罪的，从一重罪论处。例如，如果行为人因醉驾造成人员伤亡或者公私财产重大损失的，符合交通肇事罪构成要件的，应当以交通肇事罪定罪处罚；醉驾中发生交通事故但尚未达到交通肇事罪定罪处罚标准的，以危险驾驶罪定罪处罚。对于醉驾致人伤亡危害公共安全，且对致人死亡结果达到故意程度的，可以成立以危险方法危害公共安全罪，但需要按照 2009 年《最高人民法院关于醉酒驾车犯罪适用法律问题的指导意见及相关典型案例》的精神，准确认定、处理。

（三）交通肇事罪的刑事责任

根据《刑法》第 133 条的规定，犯本罪的，处 3 年以下有期徒刑或者拘役；交通运输肇事后逃逸或者有其他特别恶劣情节的，处 3 年以上 7 年以下有期徒刑；因逃逸致人死亡的，处 7 年以上有期徒刑。交通运输肇事后逃逸，是指行为人具有《交通肇事解释》第 2 条第 1 款和第 2 条第 2 款第 1~5 项规定的情形之一，在发生交通事故后，为逃避法律追究而逃跑的行为。因逃逸致人死亡，是指行为人在交通肇事后为逃避法律追究而逃跑，致使被害人因得不到救助而死亡的情形。关于"其他特别恶劣情节"应包括的情形，《交通肇事解释》第 4 条作了列举。

四、重大责任事故罪

（一）重大责任事故罪的概念和构成要件

重大责任事故罪，是指在生产、作业中违反有关安全管理的规定，因而发生重大伤亡事故或者造成其他严重后果的行为。

本罪的构成要件是：

1. 本罪的客体是公共安全，即生产、作业安全。

2. 本罪的客观方面表现为在生产、作业中违反有关安全管理的规定，因而发生重大伤亡事故或者造成其他严重后果的行为。具体包括以下三个要素：

（1）必须实施了违反有关安全管理规定的行为。这里的有关安全管理规定，是指国家颁布的安全管理法律法规、部门行业制定的规章条例、本部门本单位制定的规章制度中的规定，同保证生产、作业安全有关的操作规程、劳动纪律等，以及虽无明文规定但反映了安全生产的规律并长期为该行业所遵守的正确的操作习惯。违反有关安全管理规定的行为，可以是作为，也可以是不作为。

（2）违反有关安全管理规定的行为必须发生在生产、作业活动过程中，与生产、作业活动有直接联系。如果严重后果的发生与行为人的生产、作业活动没有关系，则不构成本罪。

（3）违反有关安全管理规定的行为必须造成了重大伤亡事故或者其他严重后果。根据 2015 年 12 月 16 日《最高人民法院、最高人民检察院关于办理危害生产安全刑事案件适用法律若干问题的解释》（以下简称《生产安全解释》），具有下列情形之一的，应当认定为"发生重大伤亡事故或者造成其他严重后果"：①造成死亡 1 人以上，或者重伤 3 人以上的；②造成直接经济损失 100 万元以上的；③其他造成严重后果或者重大安全事故的情形。根据《涉窨井盖意见》，在生产、作业中违反有关安全管理的规定，擅自移动窨井盖或者未做好安全防护措施等，发生重大伤亡事故或者造成其他严重后果的，以重大责任事故罪定罪处罚。

3. 本罪的主体是从事生产、作业并具有刑事责任能力的自然人，包括对生产、作业负有组织、指挥或者管理职责的负责人、管理人员、实际控制人、投资人等人员，以及直接从事生产、作业的人员。

4. 本罪的主观方面是过失，即行为人对自己行为造成的严重后果具有过失，而不是对违反有关安全管理规定的认识有过失。

（二）重大责任事故罪的刑事责任

根据《刑法》第134条第1款的规定，犯本罪的，处3年以下有期徒刑或者拘役；情节特别恶劣的，处3年以上7年以下有期徒刑。

五、强令、组织他人违章冒险作业罪

（一）强令、组织他人违章冒险作业罪的概念和构成要件

强令、组织他人违章冒险作业罪，是指强令他人违章冒险作业，或者明知存在重大事故隐患而不排除，仍冒险组织作业，因而发生重大伤亡事故或者造成其他严重后果的行为。

本罪的构成要件是：

1. 本罪的客体是公共安全，即生产、作业安全。

2. 本罪的客观方面表现为强令他人违章冒险作业，或者明知存在重大事故隐患而不排除，仍冒险组织作业，因而发生重大伤亡事故或者造成其他严重后果的行为。具体包括以下要素：

（1）必须实施了强令他人违章冒险作业，或者明知存在重大事故隐患而不排除，仍冒险组织作业的行为。强令他人违章冒险作业，主要是指对生产、作业负有组织、指挥或者管理职责的人员，明知自己的决定违反有关安全管理的规定，可能会发生事故，却心怀侥幸，自认为不会发生事故，而利用组织、指挥、管理职权，强制他人违章作业；或者采取威逼、胁迫、恐吓等手段，强制他人违章作业。明知存在重大事故隐患而不排除，仍冒险组织作业，主要是指对生产、作业负有组织、指挥或者管理职责的人员，主观上明知存在重大事故隐患，继续作业存在危险而不排除，仍然违反有关安全管理的规定，故意掩盖事故隐患，组织他人违章作业。

（2）冒险作业必须造成了重大伤亡事故或者其他严重后果。这里的"重大伤亡事故或者其他严重后果"的认定标准与重大责任事故罪相同。

3. 本罪的主体包括对生产、作业负有组织、指挥或者管理职责的负责人、

管理人员、实际控制人、投资人等人员。如果是平级的工人之间或者师徒之间等不具有上下级隶属关系的人之间发生的强令行为，导致事故发生造成严重后果的，可按重大责任事故罪论处，而不能以本罪论处。

4. 本罪的主观方面是过失，即行为人对自己行为造成的严重后果具有过失，至于强令他人违章冒险作业，则可能是明知故犯；冒险组织作业，则是主观上明知存在重大事故隐患而不排除。

（二）强令、组织他人违章冒险作业罪的认定

1. 本罪与重大责任事故罪的界限。二者的关键区别在于客观行为不同。本罪实施了强令他人违章冒险作业，或者明知存在重大事故隐患而不排除，仍冒险组织作业的行为；后者则并未实施强令或者组织他人冒险作业的行为，而是在生产、作业过程中违反了有关安全管理的规定进而导致重大事故。

2. 本罪与危险作业罪的界限。《刑法》第134条之一规定了危险作业罪，即在生产、作业中违反有关安全管理的规定，有下列情形之一，具有发生重大伤亡事故或者其他严重后果的现实危险的行为，包括：①关闭、破坏直接关系生产安全的监控、报警、防护、救生设备、设施，或者篡改、隐瞒、销毁其相关数据、信息的；②因存在重大事故隐患被依法责令停产停业、停止施工、停止使用有关设备、设施、场所或者立即采取排除危险的整改措施，而拒不执行的；③涉及安全生产的事项未经依法批准或者许可，擅自从事矿山开采、金属冶炼、建筑施工，以及危险物品生产、经营、储存等高度危险的生产作业活动的。可见，本罪与危险作业罪的主要区别在于，本罪是结果犯；后罪是危险犯，即使未发生严重后果，但在生产作业中违反安全管理规定，实施了前述三类行为，使得生产作业存在发生事故的可能，对安全生产秩序有现实的法益侵害性，也构成犯罪。

（三）强令、组织他人违章冒险作业罪的刑事责任

根据《刑法》第134条第2款的规定，犯本罪的，处5年以下有期徒刑或者拘役；情节特别恶劣的，处5年以上有期徒刑。

六、不报、谎报安全事故罪

（一）不报、谎报安全事故罪的概念和构成要件

不报、谎报安全事故罪，是指在安全事故发生后，负有报告职责的人员不报或者谎报事故情况，贻误事故抢救，情节严重的行为。

本罪的构成要件是：

1. 本罪的客体是复杂客体，包括公共安全和国家对安全事故的监督管理活动。

2. 本罪的客观方面表现为在安全事故发生以后，负有报告职责的人员不报或者谎报事故情况，贻误事故抢救，情节严重的行为。其构成要素包括：

（1）时间要素是"在安全事故发生后"。这里的安全事故应限定于有关法

律、法规已经确立了安全事故报告、抢救制度领域内发生的安全事故。至于事故的性质则在所不问，既可以是达到犯罪构成标准的事故，也可以是未达到犯罪构成标准的事故；既可能是技术事故，也可能是自然事故。

（2）行为要素是不报、谎报事故情况，即在有条件报告的情况下，不按相关法律、法规的规定及时、准确地上报，故意隐瞒不报或者对事故有关情况作了不真实的报告。本罪要求行为人在主观上和客观上都存在着向主管人员或主管部门履行报告职责的可能性。至于报告的时间，应当是行为人知道安全事故已经发生之时，如《生产安全事故报告和调查处理条例》规定，事故发生后，事故现场有关人员应当立即向本单位负责人报告；单位负责人接到报告后，应当于1小时内向事故发生地县级以上人民政府安全生产监督管理部门和负有安全生产监督管理职责的有关部门报告。

（3）结果和情节要素是贻误事故抢救，情节严重，这是区分罪与非罪的重要界限。贻误事故抢救，主要是指安全事故发生后，由于不报或者谎报事故情况，耽误了抢救的最佳时机，使一些本来可以抢救出来的人员未能被救出，或者使本可以避免的损失未能够避免，造成财产损失进一步扩大等情形。本罪的构成，除了要求不报或者谎报事故情况与贻误事故抢救之间具有因果关系外，还要求情节严重。根据前述《生产安全解释》，具有下列情形之一的，属于"情节严重"：①导致事故后果扩大，增加死亡1人以上，或者增加重伤3人以上，或者增加直接经济损失100万元以上的。②实施下列行为之一，致使不能及时有效地开展事故抢救的：决定不报、迟报、谎报事故情况或者指使、串通有关人员不报、迟报、谎报事故情况的；在事故抢救期间擅离职守或者逃匿的；伪造、破坏事故现场，或者转移、藏匿、毁灭遇难人员尸体，或者转移、藏匿受伤人员的；毁灭、伪造、隐匿与事故有关的图纸、记录、计算机数据等资料以及其他证据的。③其他情节严重的情形。

3. 本罪的主体是特殊主体，即对安全事故负有报告职责的人员，"负有报告职责的人员"，是指负有组织、指挥或者管理职责的负责人、管理人员、实际控制人、投资人，以及其他负有报告职责的人员。在安全事故发生后，与负有报告职责的人员串通，不报或者谎报事故情况，贻误事故抢救，情节严重的，以本罪共犯论处。

4. 本罪的主观方面可以是过失，即行为人应当预见自己不报、谎报事故情况的行为可能造成贻误事故抢救的结果，因为疏忽大意而没有预见或者已经预见而轻信能够避免；也可以是间接故意，即行为人明知自己负有报告职责，明知自己的不报、谎报行为会导致贻误事故抢救的结果，但基于逃避由安全事故所带来的行政责任或刑事责任，而放任该结果的发生。

（二）不报、谎报安全事故罪的认定

1. 本罪与重大责任事故罪等安全事故类犯罪的界限。我国《刑法》分则第二章规定有 12 个安全事故类犯罪，这些犯罪都可以成为不报、谎报安全事故罪的"上游犯罪"，如果行为人的先行行为已经构成"上游犯罪"中的某罪，又有后续不报、谎报事故情况的行为，且构成不报、谎报安全事故罪的，则应当数罪并罚。

2. 本罪与滥用职权罪、玩忽职守罪的界限。本罪的主体——"负有报告职责的人员"包括对安全事故负有监管职责的各级政府及其相关职能部门的相关工作人员，这些国家机关工作人员在履行安全监督管理职责时滥用职权、玩忽职守，致使公共财产、国家和人民利益遭受重大损失的，应当以滥用职权罪、玩忽职守罪定罪处罚。

3. 本罪与为达到不报、谎报目的而实施的其他犯罪的界限。在安全事故发生后，直接负责的主管人员和其他直接责任人员故意阻挠开展抢救，导致人员死亡或者重伤，或者为了逃避法律追究，对被害人进行隐藏、遗弃，致使被害人因无法得到救助而死亡或者重度残疾的，分别以故意杀人罪或者故意伤害罪定罪处罚。

（三）不报、谎报安全事故罪的刑事责任

根据《刑法》第 139 条之一的规定，犯本罪的，处 3 年以下有期徒刑或者拘役；情节特别严重的，处 3 年以上 7 年以下有期徒刑。

第二节　破坏社会主义市场经济秩序罪重点罪名解析

导入案例

某矿泉水厂用自来水装入瓶中，并贴上"农夫山泉"的注册商标进行销售，销售假矿泉水 200 万瓶，销售金额达 70 万元。

问：对该矿泉水厂的行为应如何定罪？

本案知识点：生产、销售伪劣产品罪和假冒注册商标罪的构成要件；生产、销售伪劣产品罪和假冒注册商标罪的认定

一、生产、销售伪劣产品罪

（一）生产、销售伪劣产品罪的概念和构成要件

生产、销售伪劣产品罪，是指生产者、销售者在产品中掺杂、掺假，以假充真，以次充好或者以不合格产品冒充合格产品，销售金额在 5 万元以上的行为。

本罪的构成要件是：

1. 本罪的客体是复杂客体，即国家对产品质量的监督管理制度、市场管理制度和广大用户、消费者的合法权益。党的二十大报告提出加快构建新发展格局，着力推动高质量发展，构建高水平社会主义市场经济体制；指出要完善产权保护、市场准入、公平竞争、社会信用等市场经济基础制度。根据《中华人民共和国产品质量法》的规定，产品是指经过加工、制作，用于销售的产品（建设工程除外）。但是，建设工程使用的建筑材料、建筑构配件和设备，属于产品范围的，适用《产品质量法》规定。本罪的对象是伪劣产品，通常是《刑法》第141~148条规定的特定种类的伪劣产品，除药品、食品、医用器材、农药、化妆品等之外的普通伪劣产品，包括伪劣卷烟、雪茄烟等烟草专卖品[1]，伪劣的疫情防治、防护产品、物资等[2]。

2. 本罪的客观方面表现为生产、销售伪劣产品，销售金额在5万元以上的行为。具体包括以下要素：

（1）必须实施了生产、销售伪劣产品的行为，其具体表现为四种形式：①在产品中掺杂、掺假，即在产品中掺入杂质或者异物，致使产品质量不符合法律、法规或者产品明示质量标准规定的质量要求，降低、失去应有使用性能的行为，如在磷肥中掺入颜色相同的泥土等。②以假充真。即以不具有某种使用性能的产品冒充具有该种使用性能的产品的行为，如以自来水冒充矿泉水等。③以次充好。即以低等级、低档次产品冒充高等级、高档次产品，或者以残次、废旧零配件组合、拼装后冒充正品或者新产品的行为，如以人工种植的人参冒充天然人参等。④以不合格产品冒充合格产品。此处的不合格产品，是指不符合《产品质量法》第26条规定的质量要求的产品。

（2）销售金额在5万元以上的，才构成犯罪。"销售金额"是指出售伪劣产品后所得和应得的全部违法收入。全部违法收入不扣除成本和有关费用。多次实施生产、销售伪劣产品的行为，未经处理的，伪劣产品的销售金额累计计算。

3. 本罪的主体是生产者和销售者，属于一般主体，包括自然人和单位。行为人是否有生产许可证或营业执照，不影响本罪的成立。

4. 本罪的主观方面是故意，并且通常具有非法牟利的目的。如果生产者不知道其使用的原材料被掺杂、掺假或者不符合标准，销售者不知道其销售的产品是伪劣产品，则不构成本罪。

---

〔1〕 参见2010年3月2日《最高人民法院、最高人民检察院关于办理生产、销售烟草专卖品等刑事案件具体应用法律若干问题的解释》。

〔2〕 参见2020年2月6日最高人民法院、最高人民检察院、公安部、司法部印发的《关于依法惩治妨害新型冠状病毒感染肺炎疫情防控违法犯罪的意见》。

（二）生产、销售伪劣产品罪的认定

1. 既遂与未遂的认定。行为人生产、销售伪劣产品，实际销售金额达到 5 万元以上的，构成本罪，属于既遂。根据 2001 年 4 月 10 日《最高人民法院、最高人民检察院关于办理生产、销售伪劣商品刑事案件具体应用法律若干问题的解释》（以下简称《伪劣商品解释》）规定，伪劣产品尚未销售，货值金额达到《刑法》第 140 条规定的销售金额 3 倍以上即 15 万元以上的，以生产、销售伪劣产品罪（未遂）定罪处罚。

2. 罪数和共犯的认定。根据《伪劣商品解释》的规定，实施本罪，同时构成侵犯知识产权、非法经营等其他犯罪的，依照处罚较重的规定定罪处罚。犯本罪，又以暴力、威胁方法抗拒查处，构成其他犯罪的，依照数罪并罚的规定处罚。知道或者应当知道他人实施生产、销售伪劣产品罪，而为其提供贷款、资金、账号、发票、证明、许可证件，或者提供生产、经营场所或者运输、仓储、保管、邮寄等便利条件，或者提供制假生产技术的，以本罪的共犯论处。

3. 本罪与生产、销售特定种类伪劣产品犯罪的界限。《刑法》第 140 条是关于生产、销售伪劣产品犯罪的普通法条，《刑法》第 141～148 条规定了生产、销售、提供假药、劣药，妨害药品管理，生产、销售不符合安全标准的食品，有毒、有害食品，不符合标准的医用器材、不符合安全标准的产品，生产、销售伪劣农药、兽药、化肥、种子，生产、销售不符合卫生标准的化妆品等九种特定种类的伪劣产品犯罪，这 8 个法条属于特别法条。生产、销售特定种类的伪劣产品，在构成生产、销售特定种类伪劣产品犯罪或者妨害药品管理罪的同时，也可能会触犯生产、销售伪劣产品罪。这在刑法理论上属于普通法与特别法的法条竞合。对这种情形的处理，《刑法》第 149 条第 1 款规定，生产、销售本节第 141 条至 148 条所列产品，不构成各该条规定的犯罪，但是销售金额在 5 万元以上的，依照本节第 140 条的规定定罪处罚。第 2 款规定，生产、销售本节第 141 条至 148 条所列产品，构成各该条规定的犯罪，同时又构成本节第 140 条规定之罪的，依照处罚较重的规定定罪处罚。据此，生产、销售《刑法》第 141～148 条所列特定种类的伪劣产品，应分不同情况处理：

（1）符合《刑法》第 141～148 条规定的犯罪构成，又符合《刑法》第 140 条规定的犯罪构成的，按照特别法条优于普通法条的原则处理，即按照《刑法》第 141～148 条规定的犯罪定罪处罚。但是，如果普通法条所规定的法定刑重于特别法条的法定刑，则应当按照重法优于轻法的原则处理，即按照《刑法》第 140 条的生产、销售伪劣产品罪定罪处罚。例如，河北石家庄"三鹿"奶粉事件，一些奶站（场、厅）的经营者为了使鲜奶的蛋白质达标，购买含有三聚氰胺成分的非食品化学物质，[1]掺杂在所生产的牛奶中，销售给石家庄三鹿集团，致使三鹿集团生产的三鹿牌婴幼儿配方乳粉的三聚氰胺最高含量达2563mg/kg，一万多名婴幼儿因食用该奶粉而患病。本案应按特别法优于普通法的原则，认定为生产、销售有毒、有害食品罪。

（2）不构成《刑法》第141～148条所规定的犯罪，但是销售金额在5万元以上的，按照生产、销售伪劣产品罪定罪处罚。例如，史某生产或销售不符合卫生标准的化妆品，销售金额达8万元，未造成严重后果，按照规定，其行为不构成《刑法》第148条规定的生产、销售不符合卫生标准的化妆品罪，但是由于其销售金额达8万元，符合《刑法》第140条规定的犯罪构成，对史某应当以生产、销售伪劣产品罪定罪处罚。

（三）生产、销售伪劣产品罪的刑事责任

根据《刑法》第140条和第150条的规定，犯本罪，销售金额5万元以上不满20万元的，处2年以下有期徒刑或者拘役，并处或者单处销售金额50%以上2倍以下罚金；销售金额20万元以上不满50万元的，处2年以上7年以下有期徒刑，并处销售金额50%以上2倍以下罚金；销售金额50万元以上不满200万元的，处7年以上有期徒刑，并处销售金额50%以上2倍以下罚金；销售金额200万元以上的，处15年有期徒刑或者无期徒刑，并处销售金额50%以上2倍以下罚金或者没收财产。单位犯本罪的，对单位判处罚金，并对其直接负责的主管人员和其他直接责任人员，依照上述规定处罚。

二、生产、销售有毒、有害食品罪

（一）生产、销售有毒、有害食品罪的概念和构成要件

生产、销售有毒、有害食品罪，是指违反国家食品安全管理法规，在生产、销售的食品中掺入有毒、有害的非食品原料，或者明知是掺入有毒、有害的非食品原料而予以销售的行为。

本罪的构成要件是：

1. 本罪的客体是国家对食品安全的管理制度和不特定多数人的身体健康、生命安全。根据党的二十报告精神，对于公共安全治理水平的要求，强化食品安全的监管是其中重要的内容。

2. 本罪的客观方面表现为违反国家食品安全管理法规，在生产、销售的食品中掺入有毒、有害的非食品原料，或者明知是掺入有毒、有害的非食品原料的

---

〔1〕 三聚氰胺是一种用途广泛的基本有机化工原料，最主要的用途是作为生产三聚氰胺甲醛树脂的原料。实验表明，三聚氰胺的毒性较低，在动物体内代谢很快而且不会残留在体内，主要对膀胱和肾脏有影响，引发动物膀胱炎、膀胱结石、肾脏炎症等。经临床专家分析，婴幼儿在摄入含有高浓度三聚氰胺的奶粉后，可能引起泌尿系统疾患。

食品而予以销售的行为。具体包括以下要素：

（1）行为人违反了国家食品安全管理法规。

（2）实施了在生产、销售的食品中掺入有毒、有害的非食品原料，或者明知是掺入有毒、有害的非食品原料的食品而予以销售的行为。具体表现为三种行为：①在生产的食品中掺入有毒、有害的非食品原料；②在销售的食品中掺入有毒、有害的非食品原料；③销售明知掺有有毒、有害的非食品原料的食品。根据2013年5月4日施行的《最高人民法院、最高人民检察院关于办理危害食品安全刑事案件适用法律若干问题的解释》（以下简称《食品安全解释》）的规定，下列行为也属于生产、销售有毒、有害食品的行为：①在食品加工、销售、运输、贮存等过程中，掺入有毒、有害的非食品原料，或者使用有毒、有害的非食品原料加工食品的；②在食用农产品种植、养殖、销售、运输、贮存等过程中，使用禁用农药、兽药等禁用物质或者其他有毒、有害物质的；③在保健食品或者其他食品中非法添加国家禁用药物等有毒、有害物质的。食品，指各种供人食用或者饮用的成品以及按照传统既是食品又是药品的物品，但不含以治疗为目的的物品。根据该解释，有毒、有害的非食品原料包括：①法律、法规禁止在食品生产经营活动中添加、使用的物质；②国务院有关部门公布的《食品中可能违法添加的非食用物质名单》《保健食品中可能非法添加的物质名单》上的物质；③国务院有关部门公告禁止使用的农药、兽药以及其他有毒、有害物质；④其他危害人体健康的物质。

（3）本罪是抽象危险犯，只要实施了在生产、销售的食品中掺入有毒、有害的非食品原料，或者明知是掺入有毒、有害的非食品原料的食品而予以销售的行为，就构成本罪的既遂。一旦"对人体健康造成严重危害"或者具有"其他严重情节"，则加重处罚。

3. 本罪的主体是一般主体，个人和单位都可以构成。

4. 本罪的主观方面只能是故意，行为人明知是有毒、有害的非食品原料而故意掺入，或明知是掺有有毒、有害的非食品原料的食品而故意销售。

（二）生产、销售有毒、有害食品罪的认定

1. 注意共犯的认定。根据《食品安全解释》，明知他人生产、销售有毒、有害食品，具有下列情形之一的，以生产、销售有毒、有害食品罪的共犯论处：①提供资金、贷款、账号、发票、证明、许可证件的；②提供生产、经营场所或者运输、贮存、保管、邮寄、网络销售渠道等便利条件的；③提供生产技术或者食品原料、食品添加剂、食品相关产品的；④提供广告等宣传的。

2. 本罪与生产、销售不符合安全标准的食品罪的界限。二者在犯罪客体、犯罪主体方面存在相同之处，但有根本区别：①生产、销售的食品的性质不同。

本罪生产、销售的是掺有有毒、有害的非食品原料的食品；后罪生产、销售的是没有掺有有毒、有害的非食品原料但不符合食品安全标准的食品。②生产、销售的含义不完全相同。本罪表现为必须在生产的食品中掺入有毒、有害的非食品原料，或者销售明知掺有有毒、有害的非食品原料的食品的行为；后罪的生产是指制造、加工、采集的行为，销售是指一切有偿转让的行为。③对结果的要求不同。本罪不要求发生任何实害和具体危险，是抽象危险犯；后罪要求足以造成严重食物中毒事故或者其他严重食源性疾病，是具体危险犯。

3. 本罪与投放危险物质罪的界限。区别的关键在于犯罪目的不同。本罪的目的多为牟利，虽然行为人对在食品中掺入有毒、有害的非食品原料是明知的，但并不追求致人伤亡的危害结果发生，即行为人对引起危害公共安全的后果只能是间接故意。后罪的目的是使不特定多数人死亡或伤害，直接危害公共安全。因此，如果行为人生产、销售有毒、有害食品的目的就是追求致人伤亡的结果发生，应认定为投放危险物质罪。

（三）生产、销售有毒、有害食品罪的刑事责任

根据《刑法》第144条、第150条规定，犯本罪的，处5年以下有期徒刑，并处罚金；对人体健康造成严重危害或者有其他严重情节的，处5年以上10年以下有期徒刑，并处罚金；致人死亡或者有其他特别严重情节的，处10年以上有期徒刑、无期徒刑或者死刑，并处罚金或者没收财产。单位犯本罪的，对单位判处罚金，并对直接负责的主管人员和其他直接责任人员依照上述的规定处罚。

三、走私普通货物、物品罪

（一）走私普通货物、物品罪的概念和构成要件

走私普通货物、物品罪，是指违反海关管理法规，逃避海关监管，非法运输、携带、邮寄普通货物、物品进出国（边）境，偷逃应缴税额较大或者1年内曾因走私被给予2次行政处罚后又走私的行为。

本罪的构成要件是：

1. 本罪的客体是国家对外贸易管理制度，具体而言是对外贸易管制中关于普通货物、物品进出口的监管制度和征收关税制度。犯罪对象是普通货物、物品，即《刑法》第151条规定的武器、弹药、核材料、伪造的货币、禁止出口的文物、禁止出口的贵重金属、禁止进出口的珍贵动物及其制品、珍稀植物及其制品等国家禁止进出口的其他货物、物品，第152条规定的淫秽物品、境外废物，第347条规定的毒品，以及第350条规定的制毒物品以外的其他普通货物、物品。

2. 本罪的客观方面表现为违反海关管理法规，逃避海关监管，非法运输、携带、邮寄普通货物、物品进出国（边）境，偷逃应缴税额较大或者1年内曾因

走私被给予 2 次行政处罚后又走私的行为。违反海关管理法规，是指违反《中华人民共和国海关法》《中华人民共和国货物进出口管理条例》及其他有关的法律法规。逃避海关监管的具体方式有以下几种：

（1）直接走私。分为通关走私和绕关走私，即采用藏匿、伪装、瞒报等手段蒙混过关，或者从不设立海关的国（边）境线上运输、携带或者邮寄货物、物品进出国（边）境，躲避海关监督、管理和检查。

（2）后续走私。根据《刑法》第 154 条的规定，包括：①未经海关许可并且未补缴应缴税额，擅自将批准进口的来料加工、来件装配、补偿贸易的原材料、零件、制成品、设备等保税货物，在境内销售牟利的。"保税货物"是指经海关批准，未办理纳税手续进境，在境内储存、加工、装配后应予复运出境的货物，包括通过加工贸易、补偿贸易等方式进口的货物，以及在保税仓库、保税工厂、保税区或者免税商店内等储存、加工、寄售的货物。②未经海关许可并且未补缴应缴税额，擅自将特定减税、免税进口的货物、物品，在境内销售牟利的。

（3）间接走私，亦称准走私。《刑法》第 155 条规定，下列行为，以走私罪论处：①直接向走私人非法收购国家禁止进口物品的，或者直接向走私人非法收购走私进口的其他货物、物品，数额较大的。"直接向走私人非法收购走私进口的其他货物、物品"，是指明知是走私行为人而向其非法收购走私进口的其他货物、物品。②在内海、领海、界河、界湖运输、收购、贩卖国家禁止进出口的物品，或者运输、收购、贩卖国家限制进出口货物、物品，数额较大，没有合法证明的。这里的内海，包括内河的入海口水域。在内海、领海、界河、界湖运输、收购、贩卖国家限制进出口的货物、物品，构成犯罪的，应当按照走私货物、物品的种类，分别依照《刑法》第 151 条、第 152 条、第 153 条、第 347 条、第 350 条的规定定罪处罚。

　　成立本罪要求走私普通货物、物品偷逃应缴税额较大或者一年内曾因走私被给予 2 次行政处罚后又走私。"应缴税额"包括进出口货物、物品应当缴纳的进出口关税和进口环节海关代征税的税额。应缴税额以走私行为实施时的税则、税率、汇率和完税价格计算；多次走私的，以每次实施走私行为时的税则、税率、汇率和完税价格逐票计算；走私行为实施时间不能确定的，以案发时的税则、税率、汇率和完税价格计算。根据最高人民法院、最高人民检察院分别于 2014 年 2 月 24 日和 6 月 13 日通过的《最高人民法院、最高人民检察院关于办理走私刑事案件适用法律若干问题的解释》，"偷逃应缴税额较大"，是指偷逃应缴税额在 10 万元以上不满 50 万元。"一年内曾因走私被给予二次行政处罚后又走私"中的"一年内"，以因走私第一次受到行政处罚的生效之日与"又走私"行为实施之日的时间间隔计算确定；"被给予二次行政处罚"的走私行为，包括走私普通货物、物品以及其他货物、物品；"又走私"行为仅指走私普通货物、物品。

3. 本罪的主体是一般主体，包括自然人和单位。

4. 本罪的主观方面是故意，行为人一般具有牟利的目的。

（二）走私普通货物、物品罪的认定

1. 本罪与其他走私犯罪的界限。我国刑法对走私类犯罪是根据走私对象不同来分别设置罪状和法定刑的，共规定了 11 个罪名。本罪与其他走私犯罪的区别主要是走私的对象不同。本罪的行为对象是普通货物、物品，其他各种走私犯罪都有各自的行为对象。

2. 罪数和共犯的认定。根据《刑法》第 157 条第 2 款的规定，以暴力、威胁方法抗拒缉私的，以本罪和妨害公务罪实行并罚。对在走私的普通货物、物品中藏匿武器、弹药、核材料、假币、文物、贵重金属、珍贵动物及其制品、珍稀植物及其制品等国家禁止进出口的其他货物、物品、淫秽物品，毒品以及制毒物品，构成犯罪的，以实际走私的货物、物品定罪处罚；构成数罪的，实行数罪并罚。《刑法》第 156 条规定，与走私罪犯通谋，为其提供贷款、资金、账号、发票、证明，或者为其提供运输、保管、邮寄或者其他方便的，以走私罪的共犯论处。

（三）走私普通货物、物品罪的刑事责任

根据《刑法》第 153 条的规定，犯本罪的，根据情节轻重，分别依照下列规定处罚：①走私货物、物品偷逃应缴税额较大或者一年内曾因走私被给予 2 次行政处罚后又走私的，处 3 年以下有期徒刑或者拘役，并处偷逃应缴税额 1 倍以上 5 倍以下罚金。②走私货物、物品偷逃应缴税额巨大或者有其他严重情节的，处 3 年以上 10 年以下有期徒刑，并处偷逃应缴税额 1 倍以上 5 倍以下罚金。③走私货物、物品偷逃应缴税额特别巨大或者有其他特别严重情节的，处 10 年以上有期徒刑或者无期徒刑，并处偷逃应缴税额 1 倍以上 5 倍以下罚金或者没收财产。

单位犯本罪的（指偷逃应缴税额在 20 万以上不满 100 万元），对单位判处罚金，并对其直接负责的主管人员和其他直接责任人员，处 3 年以下有期徒刑或者拘役；情节严重的，处 3 年以上 10 年以下有期徒刑；情节特别严重的，处 10 年以上有期徒刑。

对多次走私未经处理的（包括未经行政处理和刑事处理），按照累计走私货物、物品的偷逃应缴税额处罚。

根据《刑法》第 157 条第 1 款的规定，武装掩护走私的，依照《刑法》第 151 条第 1 款的规定从重处罚。

四、虚假破产罪

（一）虚假破产罪的概念和构成要件

虚假破产罪，是指公司、企业通过隐匿财产、承担虚构的债务或者以其他方法转移、处分财产，实施虚假破产，严重损害债权人或者其他人利益的行为。

本罪的构成要件是：

1. 本罪的客体是复杂客体，包括破产管理秩序和债权人或者其他人的利益。

2. 本罪的客观方面表现为，行为人通过隐匿财产、承担虚构的债务或者以其他方法转移、处分财产，实施虚假破产，严重损害债权人或者其他人利益的行为。具体包括以下两个要素：

（1）行为要素。本罪属于复合行为的犯罪，其行为要素由隐匿财产等行为和破产申请行为构成，具体包括手段行为和目的行为两个方面。本罪的手段行为是破产申请之前行为人所实施的隐匿财产、承担虚假债务或者以其他方式转移财产、处分财产的行为。"隐匿财产"即转移财产和抽逃资金，具体是指将公司、企业的资金、设备、货物、知识产权等财产全部或部分予以转移、藏匿、隐瞒，包括对实际财物的藏匿、财务报告上的弄虚作假、毁弃账簿或其他会计文件等。"承担虚构的债务"是指本身没有债务而虚构债务，或者虽负有债务但夸大负债状况，或者承认不真实的债务。至于"以其他方式转移、处分财产"，这实际上是一个兜底条款，主要是指《中华人民共和国企业破产法》第31条规定的可撤销行为，即无偿转让财产的；以明显不合理的价格进行交易的；对没有财产担保的债务提供财产担保的；对未到期的债务提前清偿的；放弃债权的；以及其他情形，如董事、监事和高级管理人员私分企业财产、利用职权从企业获取非正常收入等。本罪的目的行为是实施虚假破产，即"实施虚假破产"是本罪的客观要素之一。实施虚假破产，是指公司、企业本不符合破产条件，而通过上述转移、处分财产的行为，人为地制造自己不能清偿债务或者资不抵债的假象，从而申请宣告破产或者被债权人申请宣告破产，致使公司、企业进入破产程序的行为。

（2）结果要素。本罪是结果犯，其结果要素是严重损害了债权人或者其他人的利益。根据最高人民检察院、公安部《关于公安机关管辖的刑事案件立案追诉标准的规定（二）》（以下简称《追诉标准（二）》），涉嫌下列情形之一的，应予立案追诉：①隐匿财产价值在50万元以上的；②承担虚构的债务涉及金额在50万元以上的；③以其他方法转移、处分财产价值在50万元以上的；④造成债权人或者其他人直接经济损失数额累计在10万元以上的；⑤虽未达到上述数额标准，但应清偿的职工的工资、社会保险费用和法定补偿金得不到及时清偿，造成恶劣社会影响的；⑥其他严重损害债权人或者其他人利益的情形。

3. 本罪的主体是公司、企业。本罪虽然属于单位犯罪，但只处罚单位直接负责的主管人员和其他直接责任人员。

4. 本罪的主观方面是直接故意。本罪是一种在特定环境、特定条件下，利用特定手段实施的欺诈行为，即行为人明知自己处于支付不能或者资不抵债的财务状况，实施虚假破产会严重损害债权人或者其他人的利益，但仍采取隐匿财产、承担虚构的债务等手段，积极转移和处分财产，造成资不抵债的假象，从而实施破产。在主观心理上，主体对危害结果是持积极追求的态度的，其目的是逃避债务，为自己谋取利益。

（二）虚假破产罪的认定

1. 本罪与非罪的界限。应当从以下几个方面把握：①是否进入了破产程序。虚假破产行为与破产程序密切相关，债务人隐匿、转移、处分财产并进入了破产程序，即实施了虚假破产行为。如果债务人虽然实施了手段行为，但最终没有进入破产程序，则不能认定实施了虚假破产。②虚假破产行为是否达到了严重损害债权人或者其他人利益的程度，是划清本罪与非罪界限的重要标准。

2. 本罪与妨害清算罪的界限。妨害清算罪和虚假破产罪是我国破产犯罪体系中的两种主要犯罪，都规定在《刑法》第162条中，二者相互补充，存在着密切联系。妨害清算罪是指公司、企业进行清算时，隐匿财产，对资产负债表或者财产清单作虚伪记载或者在未清偿债务前分配公司、企业财产，严重损害债权人或者其他人利益的行为。从法条的字面表述来看，两罪在犯罪主体、行为方式、行为后果方面基本相同，法定刑也完全相同，但行为发生的时空范围是不同的。妨害清算的犯罪行为发生于公司、企业进入清算程序以后，具体是发生于公司、企业因解散、分立、合并或者破产，依法清理公司、企业债权债务的活动期间；而虚假破产的行为发生于公司、企业进入破产程序之前。因此，是否进入清算程序，是区分二罪的关键。公司、企业在被宣告破产清算前采取隐匿、转移、处分其财产等欺骗手段实施虚假破产行为的，应认定为虚假破产罪；公司、企业在被宣告破产后进行清算期间实施隐匿、转移、处分其财产等行为的，应认定为妨害清算罪。此外，虚假破产罪只能存在于实施虚假破产的过程之中，而妨害清算罪既可以存在于虚假破产过程中，也可以存在于真实破产之中。

3. 罪数的认定。尽管虚假破产罪与妨害清算罪发生在不同的阶段，成罪的时间范围不同，但在实践中也会出现罪数的认定问题，即行为人实施了虚假破产犯罪行为，在法院宣告破产之后的清算期间，又实施隐匿财产，对资产负债表或者财产清单作虚伪记载等行为，而又构成妨害清算罪。此种情形下，由于破产清算之前的虚假破产行为与破产清算期间的妨害清算行为之间不存在牵连或竞合关系，因此，不能按一罪处理，而应当按虚假破产罪和妨害清算罪实行数罪并罚。另外，在司法实践中，虚假破产行为一般不是孤立存在的，行为人往往会实施多个行为将大量资金和其他财产隐匿、转移或处分，然后隐匿、伪造或者故意销毁商业账簿和有关会计文件，掩盖资金的真实流向，以此制造企业资不抵债的假象，使企业进入破产程序。因此，虚假破产行为常常会与隐匿、故意销毁会计凭证、会计账簿、财务会计报告罪等犯罪相互牵连在一起，即形成牵连关系。在这种情况下，应按照牵连犯的处理原则，从一重罪处断。

（三）虚假破产罪的刑事责任

根据《刑法》第 162 条之二的规定，犯本罪的，处 5 年以下有期徒刑或者拘役，并处或者单处 2 万元以上 20 万元以下罚金。

五、非国家工作人员受贿罪

（一）非国家工作人员受贿罪的概念和构成要件

非国家工作人员受贿罪，是指公司、企业或者其他单位的工作人员利用职务上的便利，索取他人财物或者非法收受他人财物，为他人谋取利益，数额较大的行为。

本罪的构成要件是：

1. 本罪的客体是复杂客体，包括公司、企业、其他单位的正常管理秩序和工作人员职务的廉洁性。

2. 本罪的客观方面表现为行为人利用职务上的便利，索取他人财物或者非法收受他人财物，为他人谋取利益，数额较大的行为。具体包括四个要素：

（1）必须利用本人职务上的便利。所谓利用职务上的便利，是指行为人利用本人在公司、企业、其他单位所任职务赋予的职权或者同职务有关的便利条件，如主管、经手某种业务的便利条件等。如果行为人没有利用职务上的便利而索取或者收受他人财物的，不构成本罪。

（2）必须实施了受贿的行为，包括索取他人财物和非法收受他人财物两种方式。索取他人财物，是指利用职务上的便利，乘为请托人办事之机，以公开或者暗示的方式，主动向请托人索要财物。非法收受他人财物，是指利用职务上的便利，乘为请托人办事之机，接受他人主动送予的财物。此外，根据《刑法》第 163 条第 2 款的规定，公司、企业或者其他单位的工作人员在经济往来中，利用职务上的便利，违反国家规定，收受各种名义的回扣、手续费，归个人所有的，也是受贿的一种形式，可以构成本罪。

（3）必须为他人谋取利益。这里的"利益"包括合法利益和非法利益。只要行为人承诺、着手或者完成了为他人谋取利益的行为，不论是否已经实际上为他人谋取了利益，均可构成本罪。

（4）索取或者非法收受他人财物，必须"数额较大"。根据 2016 年 4 月 18 日《最高人民法院、最高人民检察院关于办理贪污贿赂刑事案件适用法律若干问题的解释》的规定，数额较大，是指受贿数额达到 6 万元以上。

3. 本罪的主体是特殊主体，即公司、企业或者其他单位的工作人员。根据 2008 年 11 月 20 日《最高人民法院、最高人民检察院关于办理商业贿赂刑事案件适用法律若干问题的意见》（以下简称《商业贿赂意见》）的规定，"其他单位"，既包括事业单位、社会团体、村民委员会、居民委员会、村民小组等常设性的组织，也包括为组织体育赛事、文艺演出或者其他正当活动而成立的组委会、筹委会、工程承包队等非常设性的组织。另外，根据《刑法》第163条第3款的规定，国有公司、企业或者其他国有单位中从事公务的人员和国有公司、企业或者其他国有单位委派到非国有公司、企业以及其他单位从事公务的人员实施受贿行为的，应当依照《刑法》第385条、第386条（受贿罪）的规定定罪处罚。

4. 本罪的主观方面是故意。

（二）非国家工作人员受贿罪的认定

主要应划清本罪与非罪的界限。重点应从以下方面来把握：①行为人收受贿赂是否达到数额较大的标准，即6万元以上；②要注意把接受合理报酬、礼节性馈赠与本罪区别开来。根据《商业贿赂意见》第10条的规定，贿赂与馈赠的界限从以下因素分析：①发生财物往来的背景，如双方是否存在亲友关系及历史上交往的情形和程度；②往来财物的价值；③财物往来的缘由、时机和方式，提供财物方对于接受方有无职务上的请托；④接受方是否利用职务上的便利为提供方谋取利益。

（三）非国家工作人员受贿罪的刑事责任

根据《刑法》第163条的规定，犯本罪的，处3年以下有期徒刑或者拘役，并处罚金；数额巨大或者有其他严重情节的，处3年以上10年以下有期徒刑，并处罚金；数额特别巨大或者有其他特别严重情节的，处10年以上有期徒刑或者无期徒刑，并处罚金。

六、签订、履行合同失职被骗罪

（一）签订、履行合同失职被骗罪的概念和构成要件

签订、履行合同失职被骗罪，是指国有公司、企业、事业单位直接负责的主管人员，在签订、履行合同过程中，因严重不负责任被诈骗，致使国家利益遭受重大损失的行为。

本罪的构成要件是：

1. 本罪的客体是国有公司、企业、事业单位的管理制度和国家利益。

2. 本罪的客观方面表现为在签订、履行合同过程中，因严重不负责任被诈骗，致使国家利益遭受重大损失的行为。

（1）必须有在签订、履行合同过程中实施了违反工作纪律和规章制度，严重不负责任的行为。主要是指对他方的合同主体资格、资信情况，对方有无履约能力，对方提供的各种证件、材料的真实性等情况，不咨询、不调查，不认真审查，盲目轻信，马虎了事，以至于上当受骗；或者已经发现对方有不正常情况而

不积极采取防范措施来挽回损失等。

（2）因严重不负责任而被诈骗。这里的"被诈骗"，根据 2001 年 4 月最高人民法院刑事审判第二庭《关于签订、履行合同失职被骗犯罪是否以对方当事人的行为构成诈骗犯罪为要件的意见》，是指只要认定对方当事人的行为已经涉嫌构成诈骗犯罪，就可依法认定行为人构成本罪，而不是以对方当事人已经被人民法院判决构成诈骗犯罪作为认定本罪的前提。

（3）必须致使国家利益遭受重大损失。"重大损失"，根据《追诉标准（二）》，是指下列情形之一：造成国家直接经济损失数额在 50 万元以上；造成有关单位破产、停业、停产 6 个月以上，或者被吊销许可证和营业执照、责令关闭、撤销、解散的；其他致使国家利益遭受重大损失的情形。

3. 本罪的主体仅限于国有公司、企业、事业单位直接负责的主管人员。但根据《全国人民代表大会常务委员会关于惩治骗购外汇、逃汇和非法买卖外汇犯罪的决定》第 7 条的规定，金融机构、从事对外贸易经营活动的公司、企业的工作人员严重不负责任，造成大量外汇被骗购或者逃汇，致使国家利益遭受重大损失的，依照本罪定罪处罚。

4. 本罪的主观方面是过失，即行为人在应当并且能够识破对方骗局的情况下，因严重不负责任而未能识破，或者已经预见但采取措施不得力，盲目轻信能够避免，以致被骗结果发生。

（二）签订、履行合同失职被骗罪的认定

1. 本罪与非罪的界限。应当从以下几个方面来把握：首先，要查清行为人在签订、履行合同过程中是否严重不负责任。如果行为人遵章守纪，已经尽到了自己的注意义务，却因其他不可预见的原因而上当受骗的，不能令其负刑事责任。其次，要看是否致使国家利益遭受重大损失。没有致使国家利益遭受重大损失的，不构成犯罪。最后，行为人虽然主观上有过失，但在发现被诈骗后，采取积极措施，及时挽回了重大损失的，也不应以犯罪论处。

2. 共犯的认定。如果行为人在签订、履行合同过程中，与对方当事人恶意串通，合伙诈骗国有公司、企业、事业单位或者金融机构、从事对外贸易经营活动的公司、企业的财产的，是诈骗犯罪的共犯。

（三）签订、履行合同失职被骗罪的刑事责任

根据《刑法》第 167 条的规定，犯本罪的，处 3 年以下有期徒刑或者拘役；致使国家利益遭受特别重大损失的，处 3 年以上 7 年以下有期徒刑。

七、背信损害上市公司利益罪

（一）背信损害上市公司利益罪的概念和构成要件

背信损害上市公司利益罪，是指上市公司的董事、监事、高级管理人员违背对

公司的忠实义务，利用职务便利，操纵上市公司从事损害上市公司利益的活动，以及上市公司的控股股东或者实际控制人，指使上市公司董事、监事、高级管理人员实施损害上市公司利益的活动，致使上市公司利益遭受重大损失的行为。

本罪的构成要件是：

1. 本罪的客体是上市公司的利益，包括上市公司的声誉和财产利益。其行为的对象是资金、商品、服务或者其他资产，还包括债权、债务、担保等。

2. 本罪的客观方面包括以下要素：

（1）行为要素。本罪的行为分为两类：其一，上市公司的董事、监事、高级管理人员违背对公司的忠实义务，利用职务便利，操纵上市公司从事损害上市公司利益的行为。从事损害上市公司利益的行为是指从事下列行为之一：①无偿向其他单位或者个人提供资金、商品、服务或者其他资产的；②以明显不公平的条件，提供或者接受资金、商品、服务或者其他资产的；③向明显不具有清偿能力的单位或者个人提供资金、商品、服务或者其他资产的；④为明显不具有清偿能力的单位或者个人提供担保，或者无正当理由为其他单位或者个人提供担保的；⑤无正当理由放弃债权、承担债务的；⑥采用其他方式损害上市公司利益的。这里的"其他方式"，主要是指《中华人民共和国公司法》（以下简称《公司法》）第148条所禁止的8种行为。其二，上市公司的控股股东或者实际控制人指使上市公司董事、监事、高级管理人员实施上述损害上市公司利益的行为。

行为人违背对公司的忠实义务是构成本罪的本质特征。这里的"忠实义务"，是指上述人员在履行职责时，必须实现公司利益最大化，而不得使自己的利益与其承担的义务发生冲突。《公司法》明确规定，董事、监事、高级管理人员、公司的控股股东、实际控制人应当遵守法律、行政法规和公司章程，对公司负有忠实义务和勤勉义务，不得利用其关联关系损害公司利益，并以禁止性的规定列举了忠实义务的具体情形。

（2）结果要素。本罪是结果犯，必须由于背信行为"致使上市公司利益遭受重大损失"。根据《追诉标准（二）》，"重大损失"是指下列情形之一：①无偿向其他单位或者个人提供资金、商品、服务或者其他资产，致使上市公司直接经济损失数额在150万元以上的；②以明显不公平的条件，提供或者接受资金、商品、服务或者其他资产，致使上市公司直接经济损失数额在150万元以上的；③向明显不具有清偿能力的单位或者个人提供资金、商品、服务或者其他资产，致使上市公司直接经济损失数额在150万元以上的；④为明显不具有清偿能力的单位或者个人提供担保，或者无正当理由为其他单位或者个人提供担保，致使上市公司直接经济损失数额在150万元以上的；⑤无正当理由放弃债权、承担债务，致使上市公司直接经济损失数额在150万元以上的；⑥致使公司发行的股票、公司债券或者国务院依法认定的其他证券被终止上市交易或者多次被暂停上市交易的；⑦其他致使上市公司利益遭受重大损失的。

3. 本罪的主体是上市公司的董事、监事、高级管理人员，以及上市公司的控股股东或者实际控制人。其中，上市公司的控股股东、实际控制人包括自然人和单位。《公司法》对董事、监事、高级管理人员、控股股东、实际控制人的含义均有明确界定。

4. 本罪的主观方面是故意，即行为人明知自己实施的是背信行为，明知自己的行为会对上市公司造成危害的结果，并且希望或者放任这种结果发生。如果行为人由于对市场判断的失误、单纯决策上的错误等，给上市公司利益造成重大损失，不构成本罪。

（二）背信损害上市公司利益罪的认定

主要应划清本罪与徇私舞弊低价折股、出售国有资产罪的界限。徇私舞弊低价折股、出售国有资产罪，是指国有公司、企业或者其上级主管部门直接负责的主管人员，徇私舞弊，将国有资产低价折股或者低价出售，致使国家利益遭受重大损失的行为。二者虽然有诸多区别，但也有相同之处，如本罪的某些行为方式与徇私舞弊低价折股、出售国有资产罪相同。因此，应当注意以下行为性质的认定：国有性质的上市公司中直接负责的主管人员，利用职务便利，徇私舞弊，以明显不公平的条件，提供国有资产，造成国家直接经济损失数额在 30 万元以上不满 150 万元的，不构成本罪，但根据《追诉标准（二）》的规定，已经构成徇私舞弊低价折股、出售国有资产罪，应当以该罪论处。如果造成国家直接经济损失数额在 150 万元以上的，则同时符合本罪和徇私舞弊低价折股、出售国有资产罪，由于本罪的法定刑重于后罪，根据重法优于轻法的适用原则，对行为人应以本罪论处。

（三）背信损害上市公司利益罪的刑事责任

根据《刑法》第 169 条之一第 1 款、第 3 款的规定，犯本罪的，处 3 年以下有期徒刑或者拘役，并处或者单处罚金；致使上市公司利益遭受特别重大损失的，处 3 年以上 7 年以下有期徒刑，并处罚金。犯本罪的上市公司的控股股东或者实际控制人是单位的，对单位判处罚金，并对其直接负责的主管人员和其他直接责任人员，依照上述规定处罚。

八、伪造货币罪

（一）伪造货币罪的概念和构成要件

伪造货币罪，是指违反国家货币管理法规，仿照真货币的图案、形状、色彩等特征非法制造假币，冒充真币的行为。

本罪的构成要件是：

1. 本罪侵犯的客体是国家货币管理制度。犯罪对象是货币。根据 2000 年 9 月 8 日《最高人民法院关于审理伪造货币等案件具体应用法律若干问题的解释》的规定，这里的"货币"是指可在国内市场流通或者兑换的人民币和境外货币。根据《追诉标准（二）》的规定，对于伪造港元、澳门元、新台币的，应当以伪造货币罪定罪处罚。根据 2010 年 11 月 3 日《最高人民法院关于审理伪造货币等案件具体应用法律若干问题的解释（二）》（以下简称《伪造货币解释（二）》）的规定，犯罪对象还包括中国人民银行发行的普通纪念币和贵金属纪念币，也包括正在流通的境外货币（即国内不可流通或者兑换的境外货币）。

2. 本罪的客观方面表现为违反国家货币管理法规，伪造货币的行为。具体包括以下要素：

（1）必须违反了国家货币管理法规。

（2）必须实施了伪造货币的行为。所谓伪造货币，是指仿照真货币的图案、形状、色彩等特征非法制造假币，冒充真币的行为。对于伪造的货币，应当注意必须是仿照真人民币或外币制造的与真币相似的假币。伪造的货币的相似性则只要求足以蒙蔽、欺骗他人，达到以假币乱真、可使人信以为真即可。根据制造方法的不同，伪造货币具体可分为以下几种不同的类型：一是机制胶印、凹印假币；二是石板、蜡板、木板印假币；三是誊印假币；四是复印假币；五是照相假币；六是描绘假币；七是板印假币；八是复印、制板技术合成假币；九是仿照硬币铸造的假币等。行为人制造货币版样或者与他人事前通谋，为他人伪造货币提供版样的，成立本罪。如果没有实施上述伪造行为，只是采用欺骗手段，将具有货币样式或类似图案的物品或其他货币冒充真币使用，例如，用画册上剪下来的货币图案冒充真币，可以诈骗罪论处。以使用为目的，伪造停止流通的货币，或者使用伪造的停止流通的货币的，以诈骗罪定罪处罚。

3. 本罪的主体是一般主体，即任何达到法定刑事责任年龄、具有刑事责任能力的人都可以构成。

4. 本罪的主观方面是故意。实践中实施本罪的行为人多具有谋取非法利益的目的，但也有意图使用伪造的货币进入流通等目的。总之，出于何种目的，不影响本罪的构成。

（二）伪造货币罪的认定

1. 罪与非罪的界限。《刑法》第 170 条对伪造货币罪的数额未作限制，但这并不意味着不论行为人伪造货币的数量多少，都构成犯罪。根据《追诉标准（二）》的规定，伪造货币，有下列情形之一的，应予立案追诉：伪造货币，总面额在 2000 元以上或者币量在 200 张（枚）以上的；制造货币版样或者为他人伪造货币提供版样的；其他伪造货币应予追究刑事责任的情形。因此，该规定就成为伪造货币罪与非罪的分水岭。

2. 一罪与数罪的认定。行为人实施伪造货币犯罪行为后，通常还会继续实施其他相关行为，从而触犯其他罪名，如行为人持有、使用、出售、运输自己伪造的货币，这种情况属于吸收犯，只定伪造货币一罪从重处罚。对此，《刑法》第 171 条第 3 款已有明确规定，即伪造货币并出售或者运输伪造的货币的，以伪造货币罪定罪从重处罚。如果行为人既伪造了货币，又持有、使用、出售、运输他人伪造的货币，应按伪造货币罪与有关犯罪实行数罪并罚。根据《伪造货币解释（二）》的规定，同时采用伪造和变造手段，制造真伪拼凑货币的行为，以伪造货币罪定罪处罚。

（三）伪造货币罪的刑事责任

根据《刑法》第 170 条的规定，犯本罪的，处 3 年以上 10 年以下有期徒刑，并处罚金；有下列情形之一的，处 10 年以上有期徒刑、无期徒刑，并处罚金或者没收财产：①伪造货币集团的首要分子；②伪造货币数额特别巨大的；③有其他特别严重情节的。

九、集资诈骗罪

（一）集资诈骗罪的概念和构成要件

集资诈骗罪，是指以非法占有为目的，使用诈骗方法非法集资，数额较大的行为。

本罪的构成要件是：

1. 本罪的客体是复杂客体，即国家正常的金融管理秩序和公私财产所有权。

2. 本罪的客观方面表现为使用诈骗方法非法集资，数额较大的行为。使用诈骗方法，是指行为人采用隐瞒事实真相、虚构集资用途，以虚假的证明文件和高额回报率为诱饵，或者其他骗取集资款的方法。非法集资，是指个人或者单位未经有关部门批准，擅自向社会公众募集资金的行为。关于非法集资的"非法性"的认定，根据 2019 年 1 月 30 日《最高人民法院、最高人民检察院、公安部关于办理非法集资刑事案件若干问题的意见》（以下简称《2019 非法集资意见》），应当以国家金融管理法律法规作为依据。对于国家金融管理法律法规仅作原则性规定的，可以根据法律规定的精神并参考中国人民银行、中国银行保险监督管理委员会、中国证券监督管理委员会等行政主管部门依照国家金融管理法律法规制定的部门规章或者国家有关金融管理的规定、办法、实施细则等规范性文件的规定予以认定。关于"社会公众"的认定问题，根据 2014 年 3 月 25 日《最高人民法院、最高人民检察院、公安部关于办理非法集资刑事案件适用法律若干问题的意见》（以下简称《2014 非法集资意见》），下列情形不属于 2011 年 1 月 4 日《最高人民法院关于审理非法集资刑事案件具体应用法律若干问题的解释》（以下简称《非法集资解释》）第 1 条第 2 款规定的"针对特定对象吸收资金"的行为，应当认定为向社会公众吸收资金：①在向亲友或者单位内部人员吸收资金的过程中，明知亲友或者单位内部人员向不特定对象吸收资金而予以放任的；②以吸收资金为目的，将社会人员吸收为单位内部人员，并向其吸收资金的。同时，非法集资数额较大的，才成立本罪。根据《追诉标准（二）》，"数额较大"是指个人集资诈骗，数额在 10 万元以上；单位集资诈骗，数额在 50 万元以上。

3. 本罪的主体是一般主体，包括自然人和单位。根据《2019 非法集资意见》，单位实施非法集资犯罪活动，全部或者大部分违法所得归单位所有的，应当认定为单位犯罪。个人为进行非法集资犯罪活动而设立单位实施犯罪的，或者单位设立后，以实施非法集资犯罪活动为主要活动的，不以单位犯罪论处，对单位中组织、策划、实施非法集资犯罪活动的人员应当以自然人犯罪依法追究刑事责任。判断单位是否以实施非法集资犯罪活动为主要活动，应当根据单位实施非法集资的次数、频度、持续时间、资金规模、资金流向、投入人力物力情况，单位进行正当经营的状况以及犯罪活动的影响、后果等因素综合考虑认定。

4. 本罪的主观方面是故意，且行为人以非法占有集资款为目的。

（二）集资诈骗罪的认定

1. 本罪与非罪的界限。主要应划清本罪与集资借贷纠纷的界限。集资借贷纠纷，是指集资方夸大集资回报条件，后因客观原因，无力按照约定条件返还集资款及红利而引起的纠纷。区别两者的关键在于：行为人主观上是否具有非法占有他人财物的目的。集资诈骗等金融诈骗犯罪都是以非法占有为目的的犯罪。根据《非法集资解释》，使用诈骗方法非法集资，具有下列情形之一的，可以认定为"以非法占有为目的"：①集资后不用于生产经营活动或者用于生产经营活动与筹集资金规模明显不成比例，致使集资款不能返还的；②肆意挥霍集资款，致使集资款不能返还的；③携带集资款逃匿的；④将集资款用于违法犯罪活动的；⑤抽逃、转移资金、隐匿财产，逃避返还资金的；⑥隐匿、销毁账目，或者搞假破产、假倒闭，逃避返还资金的；⑦拒不交代资金去向，逃避返还资金的；⑧其他可以认定非法占有目的的情形。对于集资诈骗罪中的非法占有目的，应当区分情形进行具体认定。行为人部分非法集资行为具有非法占有目的的，对该部分非法集资行为所涉集资款以集资诈骗罪定罪处罚；非法集资共同犯罪中部分行为人具有非法占有目的，其他行为人没有非法占有集资款的共同故意和行为的，对具有非法占有目的的行为人以集资诈骗罪定罪处罚。

2. 本罪与非法吸收公众存款罪的界限。非法吸收公众存款罪，是指非法吸收公众存款或者变相吸收公众存款，扰乱金融秩序的行为。它在客观上也表现为向社会公众非法募集资金。根据《非法集资解释》，违反国家金融管理法律规定，向社会公众（包括单位和个人）吸收资金的行为，同时具备下列四个条件的，除刑法另有规定的以外，应当认定为"非法吸收公众存款或者变相吸收公众存款"：①未经有关部门依法批准或者借用合法经营的形式吸收资金。②通过媒体、推介会、传单、手机短信等途径向社会公开宣传；根据《2014 非法集资意见》，这里的"向社会公开宣传"，包括以各种途径向社会公众传播吸收资金的信息，以及明知吸收资金的信息向社会公众扩散而予以放任等情形。③承诺在一定期限内以货币、实物、股权等方式还本付息或者给付回报。④向社会公众即社会不特定对象吸收资金。另外，实施下列行为之一，符合上述规定的四个条件的，应当以非法吸收公众存款罪定罪处罚：①不具有房产销售的真实内容或者不以房产销售为主要目的，以返本销售、售后包租、约定回购、销售房产份额等方式非法吸收资金的；②以转让林权并代为管护等方式非法吸收资金的；③以代种植（养殖）、租种植（养殖）、联合种植（养殖）等方式非法吸收资金的；④不具有销售商品、提供服务的真实内容或者不以销售商品、提供服务为主要目的，以商品回购、寄存代售等方式非法吸收资金的；⑤不具有发行股票、债券的真实内容，以虚假转让股权、发售虚构债券等方式非法吸收资金的；⑥不具有募集基金的真实内容，以假借境外基金、发售虚构基金等方式非法吸收资金的；⑦不具有销售保险的真实内容，以假冒保险公司、伪造保险单据等方式非法吸收资金的；⑧以投资入股的方式非法吸收资金的；⑨以委托理财的方式非法吸收资金的；⑩利用民间"会""社"等组织非法吸收资金的；⑪其他非法吸收资金的行为。

区别二者的关键在于行为人是否具有非法占有的目的。以非法占有为目的而非法集资，或者在非法集资过程中产生了非法占有他人资金的故意，均构成集资诈骗罪。在处理具体案件时要注意以下两点：①不能仅凭较大数额的非法集资款不能返还的结果，就推定行为人具有非法占有的目的；②行为人将大部分资金用于投资或生产经营活动，而将少量资金用于个人消费或挥霍的，不应仅以此便认定行为人具有非法占有的目的。另外，二者对犯罪的手段要求也不同。本罪的行为人必须采取了虚构事实、隐瞒真相的方法；后罪在行为手段上则没有特殊要求。

（三）集资诈骗罪的刑事责任

根据《刑法》第 192 条的规定，犯本罪的，处 3 年以上 7 年以下有期徒刑，并处罚金；数额巨大或者有其他严重情节的，处 7 年以上有期徒刑或者无期徒刑，并处罚金或者没收财产。单位犯前款罪的，对单位判处罚金，并对其直接负责的主管人员和其他直接责任人员，依照前款的规定处罚。

十、逃税罪

（一）逃税罪的概念和构成要件

逃税罪，是指纳税人采取欺骗、隐瞒手段进行虚假纳税申报或者不申报，逃避缴纳税款数额较大并且占应纳税额 10% 以上，或者扣缴义务人采取欺骗、隐瞒手段不缴或者少缴已扣、已收税款，数额较大的行为。

本罪的构成要件是：

1. 本罪的客体是国家的税收征管制度。

2. 本罪的客观方面表现为采取欺骗、隐瞒手段进行虚假纳税申报或者不申报，不缴或者少缴已扣、已收税款，逃避缴纳税款数额达到法定标准的行为。具体包括以下要素：

（1）采取欺骗、隐瞒手段逃避缴纳税款。首先，欺骗、隐瞒是行为人逃避缴纳税款的手段。所谓欺骗、隐瞒，是指行为人通过虚构事实或者隐瞒事实真相等方法，欺骗税务机关，意图不缴或者少缴税款。欺骗、隐瞒手段可以表现为：伪造、变造、隐匿、擅自销毁账簿、记账凭证；在账簿上多列支出或者不列、少列收入，即通过虚列支出、隐瞒收入的方法，减少应纳税额，达到逃税目的。其次，逃避缴纳税款是本罪的目的行为，表现为虚假纳税申报或者不申报，或者不缴、少缴税款。进行虚假的纳税申报，是指纳税人或者扣缴义务人向税务机关报送虚假的纳税申报表、财务报表，代扣代缴、代收代缴税款报告表或者其他纳税申报资料，如提供虚假申请，编造减税、免税、抵税、先征收后退还税款等虚假资料等。不申报，是指行为人不按照规定向有管辖权的税务机关申报生产经营情况和计税金额、财务会计报表等资料的活动。

（2）逃避缴纳税款数额必须达到法定标准，才构成犯罪。本罪的定罪标准因犯罪主体的不同而有不同的要求：①对于纳税人而言，构成逃税罪必须达到的法定标准是逃避缴纳税款数额较大并且占应纳税额 10% 以上。②对于扣缴义务人而言，构成逃税罪必须达到的法定标准是不缴或者少缴已扣、已收税款数额较大，而不需要不缴、少缴已扣、已收税款占应纳税额 10% 以上的比例要求。对于多次实施逃税行为和不缴或者少缴已扣、已收税款行为未经处理的，按照累计数额计算。此外，根据《刑法》第 201 条第 4 款的规定，只要不属于在 5 年内因逃避缴纳税款受过刑事处罚或者被税务机关给予 2 次以上行政处罚的情况，纳税人和扣缴义务人逃避缴纳的税款数额即使达到法定的标准，但如果经税务机关依法下达追缴通知后，补缴应纳税款，缴纳滞纳金，且已受行政处罚的，不予追究刑事责任。根据《追诉标准（二）》的规定，逃避缴纳税款，涉嫌下列情形之一的，应予立案追诉：①纳税人采取欺骗、隐瞒手段进行虚假纳税申报或者不申报，逃避缴纳税款，数额在 5 万元以上并且占各税种应纳税总额 10% 以上，经税务机关依法下达追缴通知后，不补缴应纳税款、不缴纳滞纳金或者不接受行政处罚的；②纳税人 5 年内因逃避缴纳税款受过刑事处罚或者被税务机关给予 2 次以上行政处罚，又逃避缴纳税款，数额在 5 万元以上并且占各税种应纳税总额 10%

以上的；③扣缴义务人采取欺骗、隐瞒手段，不缴或者少缴已扣、已收税款，数额在 5 万元以上的。纳税人在公安机关立案后再补缴应纳税款、缴纳滞纳金或者接受行政处罚的，不影响刑事责任的追究。

3. 本罪的主体是特殊主体，即必须是纳税人和扣缴义务人，包括自然人和单位。

4. 本罪的主观方面是直接故意，且行为人具有逃避缴纳税款的目的。

（二）逃税罪的认定

1. 本罪与一般逃税行为的界限。区别的关键在于逃避缴纳税款数额是否达到法定标准。

2. 本罪与漏税的界限。漏税是指纳税单位或者个人由于工作疏忽或者业务不熟，导致管理混乱、账目不清，错记、漏记账目，计算失误、漏报税目等，以致未缴或者少缴应纳税款。二者在客观后果上都表现为没有缴纳或者少缴税款。区别在于：①主观故意不同。本罪是直接故意，行为人具有逃避缴纳税款的目的；漏税则不具有上述故意和目的，通常是疏忽大意的过失。②客观方面不同。本罪使用弄虚作假的手段，后者则没有，漏税行为不具有隐蔽性和欺骗性。对于漏税行为，由税务机关限期缴纳，逾期交纳的，加收滞纳金。

（三）逃税罪的刑事责任

根据《刑法》第 201 条、第 211 条和第 212 条的规定，犯本罪的，处 3 年以下有期徒刑或者拘役，并处罚金；数额巨大并且占应纳税额30%以上的，处 3 年以上 7 年以下有期徒刑，并处罚金。单位犯本罪的，对单位判处罚金，并对其直接负责的主管人员和其他直接责任人员，依照上述规定处罚。被判处罚金的，在执行前，应当先由税务机关追缴税款。

十一、假冒注册商标罪

（一）假冒注册商标罪的概念和构成要件

假冒注册商标罪，是指违反国家商标管理法律法规，未经注册商标所有人许可，在同一种商品、服务上使用与其注册商标相同的商标，情节严重的行为。

本罪的构成要件是：

1. 本罪的客体是复杂客体，包括国家商标管理制度和注册商标所有人的商标专用权。注册商标是指经商标局核准注册的商标，包括商品商标、服务商标和集体商标、证明商标。所谓服务商标是指提供服务的经营者为将自己提供的服务与他人提供的服务相区别而使用的标志。与商品商标一样，服务商标可以由文字、图形、字母、数字、三维标志、声音和颜色组合，以及上述要素的组合而构成。本罪的对象仅限于他人注册的商品商标、服务商标，且必须是在有效期内的注册商品商标、服务商标。

2. 本罪的客观方面表现为未经注册商标所有人许可，在同一种商品、服务上使用与其注册商标相同的商标，情节严重的行为。具体包括以下要素：

（1）未经注册商标所有人许可。注册商标所有人的权利包括注册商标的专有使用权、禁用权、续展权、许可使用权等。《中华人民共和国商标法》规定，商标注册人可以通过签订商标使用许可合同，许可他人使用其注册商标。因此，如果得到商标注册人同意后使用的，不能成立本罪。

（2）在同一种商品、服务上使用与他人注册商标相同的商标。根据 2011 年1 月 10 日《最高人民法院、最高人民检察院、公安部关于办理侵犯知识产权刑事案件适用法律若干问题的意见》，"同一种商品"是指名称相同的商品以及名称不同但指同一事物的商品。"名称"是指国家工商行政管理总局商标局在商标注册工作中对商品使用的名称，通常即《商标注册用商品和服务国际分类》中规定的商品名称。"名称不同但指同一事物的商品"是指在功能、用途、主要原料、消费对象、销售渠道等方面相同或者基本相同，相关公众一般认为是同一种事物的商品。认定"同一种商品"，应当在权利人注册商标核定使用的商品和行为人实际生产销售的商品之间进行比较。"同一种服务"参照"同一种商品"来认定。"与其注册商标相同的商标"是指下列情形之一：①改变注册商标的字体、字母大小写或者文字横竖排列，与注册商标之间仅有细微差别的；②改变注册商标的文字、字母、数字等之间的间距，不影响体现注册商标显著特征的；③改变注册商标颜色的；④其他与注册商标在视觉上基本无差别，足以对公众产生误导的商标。"使用"是指将注册商标或者假冒的注册商标用于商品、服务、商品包装或者容器以及产品说明书、商品交易文书，或者将注册商标或者假冒的注册商标用于广告宣传、展览、服务以及其他商业活动等行为。只有在同一种商品、服务上使用与他人注册商标相同的商标，才可能构成本罪。对于未经注册商标所有人许可，在同一种商品、服务上使用与其注册商标近似的商标，或者在类似商品、服务上使用与其注册商标相同的商标，以及在类似商品、服务上使用与其注册商标近似的商标的行为，均属于一般商标侵权行为，不能以本罪论处。

（3）假冒注册商标的行为必须情节严重，才构成本罪。这里的"情节严重"，根据《追诉标准（二）》，是指有下列情形之一：①非法经营数额在 5 万元以上或者违法所得数额在 3 万元以上的；②假冒两种以上注册商标，非法经营数额在 3 万元以上或者违法所得数额在 2 万元以上的；③其他情节严重的情形。

3. 本罪的主体是一般主体，包括自然人和单位。

4. 本罪的主观方面是故意，即行为人明知是他人已经注册的商标，在未征得注册商标所有人同意的情况下，故意在同一种商品、服务上使用。行为人通常具有营利或者谋取非法利益的目的。

（二）假冒注册商标罪的认定

1. 罪数和共犯的认定。实施假冒注册商标犯罪，又销售该假冒注册商标的商品，构成犯罪的，以本罪定罪处罚；实施假冒注册商标犯罪，又销售明知是他人的假冒注册商标的商品，构成犯罪的，应当以本罪和销售假冒注册商标的商品罪实行数罪并罚。明知他人实施假冒注册商标等侵犯知识产权犯罪，而为其提供贷款、资金、账号、发票、证明、许可证件，或者提供生产、经营场所或者运输、储存、代理进出口等便利条件、帮助的，以假冒注册商标等侵犯知识产权犯罪的共犯论处。

2. 本罪与生产、销售伪劣产品罪的界限。在司法实践中，经常会发生一些既生产、销售伪劣产品，又在伪劣产品上使用他人注册商标的案件，因此应当注意区分。本罪强调的是商标的形式，商品质量合格而商标形式是非法假冒的，构成本罪；生产、销售伪劣产品罪则强调商品的质量，商品是伪劣的，即使商标使用是合法的，依然构成生产、销售伪劣产品罪。根据 2001 年 4 月 10 日《最高人民法院、最高人民检察院关于办理生产、销售伪劣商品刑事案件具体应用法律若干问题的解释》第 10 条规定，实施生产、销售的伪劣商品犯罪，同时构成侵犯知识产权、非法经营等其他犯罪的，应当依照处罚较重的规定定罪处罚。

本节导入案例中，某矿泉水厂生产、销售伪劣的矿泉水，销售金额高达70 万元，已构成生产、销售伪劣产品罪。该矿泉水厂生产、销售伪劣产品的过程中，未经注册商标所有人许可，假冒"农夫山泉"注册商标，非法经营数额巨大，属于情节严重，其行为又构成假冒注册商标罪。本案属于牵连犯，生产、销售伪劣产品是目的行为，假冒他人的注册商标是手段行为，对于牵连犯，一般不实行数罪并罚，而应当依照处罚较重的规定定罪处罚。假冒注册商标罪的法定最高刑是 10 年有期徒刑，而生产、销售伪劣产品，销售金额 50 万元以上不满 200 万元的，其法定最高刑是 15 年有期徒刑。因此，对该矿泉水厂应当以生产、销售伪劣产品罪定罪处罚。

（三）假冒注册商标罪的刑事责任

根据《刑法》第 213 条和第 220 条的规定，犯本罪的，处 3 年以下有期徒刑，并处或者单处罚金；情节特别严重的，处 3 年以上 10 年以下有期徒刑，并处罚金。单位犯本罪的，对单位判处罚金，并对其直接负责的主管人员和其他直接责任人员，依照上述规定处罚。

十二、侵犯商业秘密罪

（一）侵犯商业秘密罪的概念和构成要件

侵犯商业秘密罪，是指行为人违反商业秘密保护法规，采取不正当手段，侵犯他人商业秘密，情节严重的行为。

本罪的构成要件是：

1. 本罪的客体是复杂客体，即他人的商业秘密专用权和市场经济秩序中的竞争秩序。本罪的对象是商业秘密。所谓商业秘密，根据 2018 年 1 月 1 日实施的《中华人民共和国反不正当竞争法》，是指不为公众所知悉，具有商业价值并经权利人采取相应保密措施的技术信息和经营信息。这里的"权利人"，是指商业秘密的所有人和经商业秘密所有人许可的商业秘密使用人。技术信息，主要是指生产某种产品所使用的、没有申请专利的专有技术或技术诀窍，如设计程序、产品配方、工艺流程、制作方法、技术潜力、新技术的前景预测等。经营信息，主要是指对生产经营活动有着重要作用的决策、计划、方案等信息，如管理诀窍、生产计划、开拓市场方案、客户名单、销售渠道、服务网络、产品的社会购买力情况分析数据、招标书内容等。

2. 本罪的客观方面表现为采取不正当手段，侵犯他人商业秘密，情节严重的行为。具体包括以下要素：

（1）实施了侵犯他人商业秘密的行为，即实施了下列行为之一：①以盗窃、贿赂、欺诈、胁迫、电子侵入或者其他不正当手段获取权利人的商业秘密的；②披露、使用或者允许他人使用以前项手段获取的权利人的商业秘密的；③违反保密义务或者违反权利人有关保守商业秘密的要求，披露、使用或者允许他人使用其所掌握的商业秘密的；④明知前款所列行为，获取、披露、使用或者允许他人使用该商业秘密的，以侵犯商业秘密论。为境外的机构、组织、人员窃取、刺探、收买、非法提供商业秘密的，根据《刑法》第 219 条之一的规定，成立为境外窃取、刺探、收买、非法提供商业秘密罪。

（2）本罪是情节犯，即情节严重的，才成立本罪。"情节严重"的标准可参照《追诉标准（二）》的规定，即侵犯商业秘密，涉嫌下列情形之一的，应予立案追诉：①给商业秘密权利人造成损失数额在 50 万元以上的；②因侵犯商业秘密违法所得数额在 50 万元以上的；③致使商业秘密权利人破产的；④其他给商业秘密权利人造成重大损失的情形。

3. 本罪的主体是一般主体，包括自然人和单位。

4. 本罪的主观方面是故意，即明知是他人的商业秘密仍故意实施侵犯商业秘密的行为。

（二）侵犯商业秘密罪的认定

1. 本罪与非罪的界限。主要从以下几个方面把握：①侵犯商业秘密的行为是否属于刑法明文规定的 4 种严重侵权行为；②是否情节严重；③主观方面是否出于故意。对于实施法定的 4 种严重侵权行为之外的其他行为，或者虽然实施的是 4 种严重侵权行为之一，但情节不严重的，以及过失实施了侵犯商业秘密行为的，均不能按本罪论处，而应认定为一般商业秘密侵权行为，行为人只应承担民事或行政责任。

2. 共犯的认定。明知他人实施侵犯商业秘密犯罪，而为其提供贷款、资金、账号、发票、证明、许可证件，或者提供生产、经营场所或者运输、储存、代理进出口等便利条件、帮助的，以侵犯商业秘密罪的共犯论处。

（三）侵犯商业秘密罪的刑事责任

根据《刑法》第 219 条和第 220 条的规定，犯本罪的，处 3 年以下有期徒刑，并处或者单处罚金；情节特别严重的，处 3 年以上 10 年以下有期徒刑，并处罚金。单位犯本罪的，对单位判处罚金，并对其直接负责的主管人员和其他直接责任人员，依照上述规定处罚。

十三、合同诈骗罪

（一）合同诈骗罪的概念和构成要件

合同诈骗罪，是指以非法占有为目的，在签订、履行合同的过程中，骗取对方当事人财物，数额较大的行为。

本罪的构成要件是：

1. 本罪的客体是复杂客体，即国家对合同活动的管理秩序和公私财产所有权。

2. 本罪的客观方面表现为在签订、履行合同的过程中，以虚构事实、隐瞒真相的欺诈手段，骗取对方当事人财物，数额较大的行为。欺诈手段是指以下情形：①以虚构的单位或冒用他人名义签订合同的。即以根本不存在的单位，或者假借他人姓名或真实存在的其他单位的名义，与他人签订合同的行为。②以伪造、变造、作废的票据或其他虚假的产权证明作担保的。这里所称的票据，是指能够作为担保凭证的汇票、支票和本票等。其他产权证明，是指能够作为担保作用的土地使用权证、房屋所有权证以及其他证明动产、不动产所有权的各种有效证明文件。③没有实际履行能力，以先履行小额合同或部分履行合同的方法，诱骗对方当事人签订合同或者继续履行合同的。这是一种设置陷阱的方式。④收受对方当事人给付的财物、货款、预付款或者担保财产后逃匿的。⑤以其他方法骗取对方当事人财物的。此处的"其他方法"，主要是指收取对方当事人给付的财物、货款、预付款或者担保财产后，无正当理由不履行合同又不退还，或者肆意挥霍致使无法返还的，或者用于抵偿债务以致无法履行合同的，等等。

此外，必须是骗取对方当事人数额较大的财物，才能构成本罪。根据《追诉标准（二）》，数额在 2 万元以上的，应予立案追诉。

3. 本罪的主体是一般主体，包括自然人和单位。

4. 本罪的主观方面是直接故意，且具有非法占有对方当事人财物的目的。

（二）合同诈骗罪的认定

1. 本罪与合同纠纷的界限。区分的关键在于是否具有非法占有他人财物的目的。在认定行为人是否具有非法占有他人财物的目的时，首先，应考察行为人是否采用了上述法定的欺骗手段以及欺骗的程度。一般来说，只要使用上述法定的欺骗手段，就可认定为具有非法占有的目的。当然，也不能绝对化。例如，以虚假的产权证明作担保，骗取对方与自己签订了合同，但行为人具有一定的履约能力，并且经过努力履行了合同，就不能认定其具有非法占有的目的。其次，要综合考察其他情节，如行为人签订合同的依据、有无实际履行合同的能力、有无履行合同的实际行动、没有履约的原因、违约后的态度、有无承担违约责任的表现等。合同诈骗的行为人在主观上根本没有履行合同的诚意，在客观上根本没有履行合同的任何准备，且对对方当事人的财物或者其他利益的损失根本不关心。而合同纠纷中，行为人都会积极进行履行合同的准备，当履行合同不能时，有关当事人常会采取积极措施避免对方当事人遭受更大的损失。

2. 本罪与合同欺诈的界限。合同欺诈是指行为人在所签订的合同中，故意隐瞒某些真实情况，如隐瞒部分行为能力的欠缺、产品质量的瑕疵等内容，但并不是不履行合同，客观上仍有交易、买卖和给付的行为。而且，行为人主观上只具有尽量多获得一些不义之财的意图，而不具有非法占有对方财物的目的。因此，对于合同欺诈行为，不能认定为合同诈骗罪。

（三）合同诈骗罪的刑事责任

根据《刑法》第 224 条和第 231 条的规定，犯本罪的，处 3 年以下有期徒刑或者拘役，并处或者单处罚金；数额巨大或者有其他严重情节的，处 3 年以上 10 年以下有期徒刑，并处罚金；数额特别巨大或者有其他特别严重情节的，处 10 年以上有期徒刑或者无期徒刑，并处罚金或者没收财产。单位犯本罪的，对单位判处罚金，并对其直接负责的主管人员和其他直接责任人员，依照上述规定处罚。

十四、非法经营罪

（一）非法经营罪的概念和构成要件

非法经营罪，是指违反国家规定，从事非法经营活动，扰乱市场秩序，情节严重的行为。

本罪的构成要件是：

1. 本罪的客体是国家对市场的管理秩序。

2. 本罪的客观方面表现为违反国家规定，从事非法经营活动，扰乱市场秩序，情节严重的行为。具体行为形式有：

（1）未经许可，经营法律、行政法规规定的专营、专卖物品或者其他限制买卖的物品的。"专营、专卖物品"是指法律法规规定的只允许特定部门或者专门机构经营的物品，如烟草、食盐、金银等。"其他限制买卖的物品"是指法律法规规定在某一特定时期或者特定地域内实行限制性经营的物品，如药品、农药、种子等。根据有关规定，非法经营烟草制品、非法经营盐酸克仑特罗等禁止在饲料和动物饮水中使用的药品的，可以构成本罪。[1]

（2）买卖进出口许可证、进出口原产地证明以及其他法律、行政法规规定的经营许可证或者批准文件的。"进出口许可证"是指国家主管机关审核签发的享有进出口配额的批件和允许进出口货物、物品的证明文件。"进出口原产地证明"是指用来证明进出口货物、技术原产地属于某国或某地区的有效凭证。"其他法律、行政法规规定的经营许可证或者批准文件"是指国家有关主管部门批准的从事上述专营、专卖物品或者其他限制买卖物品的证件和批文，如烟草专卖许可证、林木采伐许可证、药品生产批准文号等。[2]

（3）未经国家有关主管部门批准，非法经营证券、期货、保险业务或者非法从事资金支付结算业务的。根据 2019 年 1 月 31 日《最高人民法院、最高人民检察院关于办理非法从事资金支付结算业务、非法买卖外汇刑事案件适用法律若干问题的解释》（以下简称《资金支付结算、买卖外汇解释》）第 1 条规定，"非法从事资金支付结算业务"，是指下列情形之一：①使用受理终端或者网络支付接口等方法，以虚构交易、虚开价格、交易退款等非法方式向指定付款方支付货币资金的；②非法为他人提供单位银行结算账户套现或者单位银行结算账户转个人账户服务的；③非法为他人提供支票套现服务的；④其他非法从事资金支付结算业务的情形。

（4）在国家规定的交易场所以外非法买卖外汇，扰乱市场秩序的。[3]国家规定的交易场所，是指国家有关机关规定的进行外汇交易的指定银行和中国外汇交易中心及其分中心。非法买卖外汇，是指违反国家对外汇管理的法律法规，私自买卖外汇、倒买倒卖外汇，获取非法利益的行为。根据《资金支付结算、买卖外汇解释》第 2 条规定，违反国家规定，实施倒买倒卖外汇或者变相买卖外汇等非法买卖外汇行为，扰乱金融市场秩序，情节严重的，构成本罪。

（5）其他严重扰乱市场秩序的非法经营行为。这是一个兜底条款。在司法实务中，其适用范围应如何把握，最高人民法院于 2011 年 4 月 8 日发布的《关

---

〔1〕 分别参见：2010 年 3 月 2 日《最高人民法院、最高人民检察院关于办理非法生产、销售烟草专卖品等刑事案件具体应用法律若干问题的解释》第 1 条第 5 款；2002 年 8 月 16 日《最高人民法院、最高人民检察院关于办理非法生产、销售、使用禁止在饲料和动物饮水中使用的药品等刑事案件具体应用法律若干问题的解释》第 1 条；2013 年 5 月 2 日《最高人民法院、最高人民检察院关于办理危害食品安全刑事案件适用法律若干问题的解释》第 11 条；2015 年 5 月 18 日《最高人民法院全国法院毒品犯罪审判工作座谈会纪要》。

〔2〕 参见 2014 年 11 月 3 日《最高人民法院、最高人民检察院关于办理危害药品安全刑事案件适用法律若干问题的解释》第 7 条。

〔3〕 该种行为是 1998 年 12 月 29 日全国人大常委会《关于惩治骗购外汇、逃汇和非法买卖外汇的犯罪的决定》第 4 条规定的。

于准确理解和适用刑法中"国家规定"的有关问题通知》明确载明，对于《刑法》第225条第4项规定的"其他严重扰乱市场秩序的非法经营行为"，有关司法解释未作明确规定的，应当作为法律适用问题，逐级向最高人民法院请示。这一司法解释文件鲜明地表达了对《刑法》第225条第4项"其他严重扰乱市场秩序的非法经营行为"的认定采用了严格限制的司法立场。根据已有司法解释和批复等的规定，包括：①非法经营出版物的；②采取租用国际专线、私设转接设备或者其他方法，擅自经营国际电信业务或者涉港澳台电信业务进行营利活动的；③疫情防控期间哄抬物价、牟取暴利的；④擅自设立互联网上网服务营业场所，或者擅自从事互联网上网服务经营活动的；⑤未经依法核准擅自发行基金份额募集基金的；⑥未经国家批准擅自发行、销售彩票的；⑦使用销售点终端机具（POS机）等方法，以虚构交易、虚开价格、现金退货等方式向信用卡持有人直接支付现金的；⑧以营利为目的，通过信息网络有偿提供删除信息服务，或者明知是虚假信息，通过信息网络有偿提供发布信息等服务的；⑨非法生产、销售"伪基站"设备的；⑩非法高利放贷的；等等。[1]

上述非法经营的行为必须情节严重才构成本罪。关于"情节严重"的具体情形，《追诉标准（二）》第79条和相关司法解释分别作了规定。

3. 本罪的主体是一般主体，包括自然人和单位。

4. 本罪的主观方面是故意。

（二）非法经营罪的认定

主要应注意本罪与生产、销售伪劣商品犯罪的界限。二者所侵犯的直接客

---

〔1〕 分别参见：1998年12月17日《最高人民法院关于审理非法出版物刑事案件具体应用法律若干问题的解释》第11条；2000年5月12日《最高人民法院关于审理扰乱电信市场管理秩序案件具体应用法律若干问题的解释》第1条、2003年4月22日《最高人民法院、最高人民检察院、公安部办理非法经营国际电信业务犯罪案件联席会议纪要》以及2002年2月6日《最高人民检察院关于非法经营国际或港澳台地区电信业务行为适用法律问题的批复》；2003年5月14日《最高人民法院、最高人民检察院关于办理妨害预防、控制突发传染病疫情等灾害的刑事案件具体应用法律若干问题的解释》第6条以及2020年2月6日《最高人民法院、最高人民检察院、公安部、司法部关于依法惩治妨害新型冠状病毒感染肺炎疫情防控违法犯罪的意见》第2条第4项；2004年7月16日《最高人民法院、最高人民检察院、公安部关于依法开展打击淫秽色情网站专项行为有关工作的通知》；2005年5月11日《最高人民法院、最高人民检察院关于办理赌博刑事案件具体应用法律若干问题的解释》第6条；2018年11月28日《最高人民法院、最高人民检察院关于办理妨害信用卡管理刑事案件具体应用法律若干问题的解释》第12条；2011年5月6日《最高人民法院关于审理非法集资刑事案件具体应用法律若干问题的解释》第7条；2013年9月6日《最高人民法院、最高人民检察院关于办理利用信息网络实施诽谤等刑事案件适用法律若干问题的解释》第7条；2014年3月14日《最高人民法院、最高人民检察院、公安部、国家安全部关于依法办理非法生产销售使用"伪基站"设备案件的意见》；2017年6月27日《最高人民法院、最高人民检察院关于办理扰乱无线电通讯管理秩序等刑事案件适用法律若干问题的解释》；2019年7月23日《最高人民法院、最高人民检察院、公安部、司法部关于办理非法放贷刑事案件若干问题的意见》等。

体、客观方面的表现形式以及犯罪对象均不相同。本罪的行为手段更为多样化，犯罪对象范围更广泛。如果行为人实施生产、销售伪劣商品的犯罪同时构成非法经营罪的，应当按处罚较重的规定定罪处罚。

（三）非法经营罪的刑事责任

根据《刑法》第225条和第231条的规定，犯本罪的，处5年以下有期徒刑或者拘役，并处或者单处违法所得1倍以上5倍以下罚金；情节特别严重的，处5年以上有期徒刑，并处违法所得1倍以上5倍以下罚金或者没收财产。单位犯本罪的，对单位判处罚金，并对其直接负责的主管人员和其他直接责任人员，依照上述规定处罚。

第三节　侵犯公民人身权利罪重点罪名解析

导入案例

2013年5月29日晚8时许，郑某（20周岁）见其母亲与邻居朱某在院内对骂，即从屋内拿出菜刀（该菜刀重一斤半，比一般菜刀重半斤），趁朱某不备，照朱某的头部连砍两刀。经诊断，朱某头部外伤（头皮、颅骨砍伤），中度脑震荡。

问：郑某的行为是构成故意杀人罪还是故意伤害罪？

本案知识点：故意杀人罪和故意伤害罪的构成要件；故意杀人罪和故意伤害罪的认定

一、故意杀人罪

（一）故意杀人罪的概念和构成要件

故意杀人罪，是指故意非法剥夺他人生命的行为。

本罪的构成要件是：

1. 本罪的客体是他人的生命权利，行为对象是有生命的自然人。人的生命权利始于出生，终于死亡，只要是活着的人就有生命权。因此，杀害或溺弃已出生并能独立呼吸的婴儿，应构成故意杀人罪。在我国，一切公民的生命都受法律同等的保护，受害人的不同情况不影响对本罪的认定。

2. 本罪的客观方面表现为非法剥夺他人生命的行为。

（1）必须有剥夺他人生命的行为。剥夺他人生命的行为，表现为直接或间接作用于他人的身体，使其生命在自然死亡的时间之前终结。行为方式可以是作为，如刀砍、枪击、电击等，也可以是不作为，通常表现为有看护、救助义务的人未尽义务、见死不救，从而致人死亡。至于故意杀人的手段、方法则是多种多样的，但如果以放火、爆炸等危险方法杀人，并足以危害公共安全的，应当以相应的危害公共安全犯罪论处。

（2）剥夺他人生命的行为必须是非法的。合法剥夺他人生命的，不构成犯罪，如依法执行死刑命令、符合法定条件的正当防卫杀人等。另外，无论采取什么方式、何种手段，都必须具有导致他人死亡的现实可能性，才能称得上是杀人行为。

3. 本罪的主体是一般主体。对于故意杀人致人死亡或者以特别残忍手段致人重伤造成严重残疾，情节恶劣，经最高人民检察院核准追诉的，已满12周岁不满14周岁的人就应负刑事责任；对于其他的故意杀人，已满14周岁并具有刑事责任能力的自然人应负刑事责任。

4. 本罪的主观方面是故意，即明知自己的行为会产生导致他人死亡的结果，而希望或者放任这种结果发生。

（二）故意杀人罪的认定

1. 受嘱托杀人和"安乐死"案件的处理。受嘱托杀人，是指受有自杀意图的人的嘱托而直接将其杀死的行为。这种行为不仅造成他人不正常死亡，也给他人家庭、社会带来危害，同时也是没有法律依据的，因此，应以故意杀人罪定罪，但可以考虑从宽处罚。"安乐死"实际上也是一种受人嘱托杀人的行为。所谓安乐死，是指为消除患有不治之症、濒临死亡的病人的痛苦，受病人嘱托而实施促使其提前无痛苦死亡的行为。在我国目前立法尚未确定"安乐死"合法的情况下，对实施"安乐死"的行为，应以故意杀人罪论处，但一般应予以从宽处罚。

2. 正确处理与自杀有关的案件。自杀是指自愿结束自己生命的行为。在我国，对自杀者本人来说，这种行为不构成犯罪。但实践中引起、促成自杀的原因比较复杂。行为人的某种行为导致他人自杀，"逼死人命"，是否构成故意杀人罪，必须具体分析。

（1）行为人实施正当行为或轻微违法行为，且与死者自杀有某种联系，但自杀主要是由于其心胸狭窄或重大误解所致，行为人不负刑事责任。

（2）行为人实施了某种严重违法行为，如强奸、抢劫、非法拘禁、刑讯逼供、虐待、侮辱等行为，而引起被害人自杀的，不能认定为故意杀人罪，行为人只应承担其他罪行的刑事责任。因为行为人并未直接动手杀害被害人，其主观上也无剥夺他人生命的故意。这样的严重违法行为包括两种情况：①应当将"引起他人自杀身亡的后果"作为其先前的严重违法行为的定罪情节予以综合评价，如侮辱他人，行为本身的情节并不严重，但引起他人自杀身亡的，便可综合起来认定侮辱情节严重，成立侮辱罪；②行为本身已构成了犯罪，自杀的事实只应作为相关犯罪的量刑情节加以考虑，如强奸罪、抢劫罪等。

（3）行为人凭借某种权势或者利用某种特殊关系，以暴力、胁迫等方法逼迫被害人处于生路断绝的境地而自杀的，应按故意杀人罪论处。

（4）教唆、帮助他人自杀的，构成故意杀人罪。教唆他人自杀，是指故意用欺骗、引诱等手段使没有自杀意图的人产生自杀意图，并进行自杀的情况。帮助他人自杀，是指在他人有自杀意图的前提下，通过精神上、物质上的帮助，使其坚定或实现自杀的意图。在这两种情况下，由于行为人主观上有杀人的故意，客观上实施了与被害人死亡有一定因果关系的行为，因此应按故意杀人罪论处。对于组织、利用邪教组织，制造、散布迷信邪说，组织、策划、煽动、胁迫、教唆、帮助其成员或者他人实施自杀、自伤的，根据2017年1月25日《最高人民法院、最高人民检察院关于办理组织、利用邪教组织破坏法律实施等刑事案件适用法律若干问题的解释》，应当以故意杀人罪、故意伤害罪定罪处罚。

（5）相约自杀案件的处理。相约自杀，是指2人以上相互约定共同自杀，或者相互约定帮助，以达到双方自杀的目的。对于这类案件应分别情况处理：①2人以上出于自愿相约自杀，并且各自实施自杀行为，结果一方自杀身亡，另一方自杀未成，对自杀未成者不能追究刑事责任；②如果相约自杀，由其中一方杀死对方，继而自杀未成或者放弃自杀的，应以故意杀人罪论处，但量刑时可以从轻处罚；③如果以相约自杀为名，教唆、欺骗对方自杀的，这实际上是借被害人之手达到杀死被害人的目的，应当以故意杀人罪论处。

（三）故意杀人罪的刑事责任

根据《刑法》第232条的规定，犯本罪的，处死刑、无期徒刑或者10年以上有期徒刑；情节较轻的，处3年以上10年以下有期徒刑。根据司法实践，情节较轻的故意杀人主要有：防卫过当的杀人、基于义愤的杀人、因受被害人长期迫害的杀人、受嘱托杀人、帮助自杀、"大义灭亲"等。

二、故意伤害罪

（一）故意伤害罪的概念和构成要件

故意伤害罪，是指故意非法损害他人身体健康的行为。

本罪的构成要件是：

1. 本罪的客体是他人的身体健康权利。身体健康权利是指自然人对于保持其肢体、器官、组织的完整和正常机能的权利。伤害的对象只能是他人的身体，损害自己身体健康的，不构成本罪。但是，通过损害自己的身体健康来损害社会利益或者他人利益的，可以构成其他犯罪。

2. 本罪的客观方面表现为实施了非法损害他人身体健康的行为。

（1）必须有损害他人身体健康的行为。表现为破坏他人的肢体、组织的完整性，或者损坏他人肢体、组织、器官的正常机能。其行为方式通常是作为，也可以是不作为。

（2）伤害行为必须是非法的。因正当防卫、紧急避险、正当的医疗行为等造成他人身体伤害的，是合法行为，不构成犯罪。

（3）本罪是结果犯，即必须有伤害结果的发生才构成犯罪。这里的"伤害结果"包括轻伤、重伤、伤害致死三种情况，而且"轻伤"结果是成立本罪的必备要素。

3. 本罪的主体是一般主体。对于轻伤害，已满16周岁的具有刑事责任能力的人才负刑事责任；对于故意伤害致人重伤或者死亡的，已满14周岁的具有刑事责任能力的人应负刑事责任。对于故意伤害致人死亡或者以特别残忍手段致人重伤造成严重残疾，情节恶劣，经最高人民检察院核准追诉的，已满12周岁不满14周岁的人就应负刑事责任。

4. 本罪的主观方面是故意，即具有非法伤害他人身体健康的故意，包括直接故意和间接故意。至于行为人在主观上想要造成何种伤害结果，有时是明确肯定的，但在多数情况下，只是概括故意，即对伤害的部位和造成轻伤还是重伤，是不明确、不肯定的。因此，在司法实践中，一般应按实际造成的伤害结果处罚。

（二）故意伤害罪的认定

1. 轻微伤和轻伤的界限。这关系到罪与非罪的问题。根据2014年1月1日最高人民法院、最高人民检察院、公安部、国家安全部、司法部关于《人体损伤程度鉴定标准》的规定，轻伤，是指使人肢体或者容貌损害，听觉、视觉或者其他器官功能部分障碍或者其他对于人身健康有中度伤害的损伤，包括轻伤一级和轻伤二级。轻微伤，是指各种致伤因素所致的原发性损伤，造成组织器官结构轻微损害或者轻微功能障碍。故意伤害行为只有实际造成轻伤以上的结果，才构成犯罪。如果只是造成轻微伤，则只能按一般性殴打行为处理，而不构成本罪。

2. 重伤和轻伤的界限。这关系到罪重与罪轻的问题。根据《刑法》第95条的规定，重伤是指有下列情形之一的伤害：①使人肢体残废或者毁人容貌的；②使人丧失听觉、视觉或者其他器官机能的；③其他对于人身健康有重大伤害的。根据《人体损伤程度鉴定标准》，重伤，是指使人肢体残废、毁人容貌、丧失听觉、丧失视觉、丧失其他器官功能或者其他对于人身健康有重大伤害的损害，包括重伤一级和重伤二级。

3. 本罪与故意杀人罪的界限。区分的关键是主观方面的故意内容不同。凡是出于非法剥夺他人生命的故意，无论是否造成了死亡结果，均应认定为故意杀人罪（形态有所不同）；凡是出于非法损害他人身体健康的故意，无论是否造成死亡结果，均应认定为故意伤害罪（适用的法定刑幅度不同）。具体来说要划清以下界限：

（1）故意伤害罪与故意杀人未遂的界限。这里的故意杀人未遂，只能是直接故意杀人未遂。当故意杀人未遂且造成他人身体伤害时，它与故意伤害罪的相同点是，在客观形式上都有加害于被害人的行为，并且都未造成死亡结果。但二者的性质截然不同，也即故意的内容不同。故意伤害的故意内容，是非法损害他人身体健康，并无剥夺他人生命的故意；而故意杀人未遂的故意内容是非法剥夺他人的生命，虽然由于行为人意志以外的原因未能发生死亡结果，但也不能因此而改变行为的性质。

（2）故意伤害致死与故意杀人罪（既遂）的界限。相同点是，在客观形式上都有加害于被害人的行为，并且都造成了死亡结果。二者的根本区别也在于行为人主观上有无剥夺他人生命的故意内容。故意伤害致死，行为人的故意内容是损害他人身体健康，对死亡结果的发生主观上是过失，即由于伤势过重出乎意料地发生了被害人死亡的结果，这是违背行为人本意的；而故意杀人既遂在主观上具有非法剥夺他人生命的故意内容。

应当注意，在判定行为人的主观内容时，应综合考虑案件的各种情况，如发案原因，行为人与被害人的关系，作案的时间、地点与环境，犯罪工具，打击部位与强度，犯罪行为有无节制，犯罪有无预谋及如何预谋，对被害人是否进行了抢救等情况，进行全面分析，以查明其真实犯意，既不能单凭行为人的口供来认定，也不能只从行为和结果的某一方面来认定。对于有些案件，如果确实难以区分，分歧意见很大的，为了慎重起见，可以按较轻的犯罪处理。

本节的导入案例中，郑某作案时使用了能够致死人命的凶器（一斤半重的菜刀），打击被害人的要害部位。如果仅仅从这两点来分析，就很可能得出郑某具有杀人故意的结论。但从实际所造成的后果看，只造成杨某头部外伤。这说明，郑某使用暴力的强度不大，没有猛砍。如果使用的暴力强度大，用力过猛，颅骨将被劈开，很可能致人死亡。因此，不能认定其具有杀人的故意，而只能认定其具有伤害的故意。对郑某只能以故意伤害罪定罪处罚。

4. 本罪与包含伤害内容的其他犯罪的界限。《刑法》第234条第2款规定："……本法另有规定的，依照规定。"即行为人在实施其他犯罪的过程中伤害他人，刑法另有规定的，应按有关条文定罪量刑。例如，行为人在实施放火、爆炸、强奸、抢劫行为时致人伤害的，应按放火罪、爆炸罪、强奸罪、抢劫罪的有关条文定罪量刑，不再适用故意伤害罪的规定。

5. 本罪与组织出卖人体器官罪的界限。组织出卖人体器官罪是指组织他人出卖人体器官的行为，主要是指招募、供养器官提供者，撮合人体器官供需双方，并从出卖他人人体器官行为中获利的行为。二者的主要区别在于：非法摘取人的活体器官，是否违背受害人的意愿。如果是未经本人同意摘取其器官，或者摘取不满 18 周岁的人的器官，或者强迫、欺骗他人捐献器官的，必然会"使人丧失听觉、视觉或者其他器官机能"，直接构成了"重伤"的标准，应认定为故意伤害罪；如果非法摘取人体器官导致被害人死亡，或者摘取的是人的生命器官，则应认定为故意杀人罪。

（三）故意伤害罪的刑事责任

根据《刑法》第 234 条的规定，犯本罪的，处 3 年以下有期徒刑、拘役或者管制；致人重伤的，处 3 年以上 10 年以下有期徒刑；致人死亡或者以特别残忍手段致人重伤造成严重残疾的，处 10 年以上有期徒刑、无期徒刑或者死刑。

三、强奸罪

（一）强奸罪的概念和构成要件

强奸罪，是指违背妇女意志，以暴力、胁迫或者其他手段强行与妇女性交的行为，或者奸淫幼女的行为。包括强奸妇女的犯罪和奸淫幼女的犯罪。

本罪的构成要件是：

1. 本罪的客体是妇女的性的不可侵犯的权利或者幼女的身心健康权利。犯罪对象是妇女和幼女。至于妇女的生活作风好坏、精神是否正常等，均不影响本罪的构成。妇女，是指已满 14 周岁的女性。幼女，是指不满 14 周岁的女性。

2. 本罪的客观方面表现为违背妇女意志，以暴力、胁迫或者其他手段强行与妇女发生性交的行为，或者奸淫幼女的行为。

（1）强奸妇女的犯罪。强奸妇女的犯罪行为，首先表现为违背妇女意志而强行与之性交。违背妇女意志，即违背妇女不愿意与行为人发生性交的真实意思，这是强奸妇女犯罪的本质特征和内在属性。不违背妇女意志的男女性关系，不管是否合法，都不构成本罪。而且，违背妇女意志应是指违背正常妇女的意志。如果行为人明知妇女是无责任能力者，如精神病人或者痴呆者（程度严重的），而与其发生性行为的，不论使用什么手段，被害人是否"同意"，均应以强奸罪论处。如果行为人确实不知道该妇女是不能正确表达自己意志的精神病人或痴呆者，在征得其同意，甚至受到其挑逗后，与之发生性行为的，由于行为人主观上缺乏违背妇女意志强行与之性交的目的，不应认定为强奸罪。认定是否违背妇女意志，不能仅以被害妇女有无反抗表示作为必要条件，还应考虑妇女是否能够反抗、是否知道反抗、是否敢于反抗等情况。另外，违背妇女意志，是否包括丈夫违背妻子意志强行与妻子性交的情形？在司法实务中，在夫妻关系紧张时期，如提出离婚诉讼期间或分居期间，丈夫强行与妻子性交的，有认定强奸罪的判例；其他情况下强行与妻子性交的，一般不以强奸罪论处。

违背妇女意志往往表现为，行为人采取了一些使妇女不能反抗、不知反抗或者不敢反抗的手段，鉴于此，刑法规定了以下三种手段，而且这些手段与违背妇女意志共同组成强奸妇女犯罪的行为特征：

第一，暴力手段。是指行为人直接对被害妇女采取殴打、捆绑、按倒、卡脖子等危害人身安全或人身自由，使妇女不能反抗的手段。

第二，胁迫手段。是指行为人对被害妇女威胁、恫吓，从而达到精神上的强制，使被害妇女不敢反抗的手段。如以扬言行凶报复、揭发隐私、加害亲属等相威胁，利用迷信进行恐吓、欺骗，利用教养关系、从属关系、职权以及孤立无援的环境条件进行挟制、迫害等，迫使妇女忍辱屈从，不敢抗拒。

第三，其他手段。是指行为人使用暴力、胁迫手段以外的、使被害妇女不知抗拒或不能抗拒的手段。例如，利用妇女患重病、熟睡之机，进行奸淫；以灌醉酒、药物麻醉、催眠术，使其处于昏迷状态而奸淫；利用或者假冒治病等方法进行奸淫；深夜冒充丈夫或恋人使妇女受蒙蔽而奸淫；组织和利用邪教组织，以迷信邪说引诱、胁迫、欺骗或者其他手段，奸淫妇女等。如果是采用利诱、乞求、挑逗、腐蚀等手段，使妇女同意发生性行为的，不能视为强奸。

（2）奸淫幼女的犯罪。奸淫不满 14 周岁的幼女，在客观方面只需有奸淫幼女的行为即可，即不论幼女是否同意，也不论是否采用了暴力、胁迫或其他手段，只要与幼女发生性行为，均应认定为强奸罪，并从重处罚。这体现了法律对幼女的特殊保护。

3. 本罪的主体是已满 14 周岁并具有刑事责任能力的男子，但女子可以成为共犯，如教唆、帮助男子强奸。

4. 本罪的主观方面是直接故意，且行为人具有奸淫的目的。在强奸妇女时，表现为行为人明知自己的行为违背妇女的意志，而决意强行与之性交；在奸淫幼女时，表现为行为人明知被害人一定是幼女或者可能是幼女而予以奸淫。

（二）强奸罪的认定

1. 本罪与通奸的界限。通奸，是指双方或一方有配偶的男女之间自愿发生的不正当性交行为。通奸仅属于不道德的行为，不构成犯罪。强奸与通奸的本质区别在于是否违背妇女意志。但是，在实践中有些情况比较复杂，认定时比较困难。例如，有的妇女本来是与人通奸，一旦翻脸，关系恶化，或者事情暴露后，怕丢面子，怕导致夫妻关系破裂，或者为推卸责任、嫁祸于人等情况，把通奸说成强奸；也有的犯罪分子在案发后，为了逃脱罪责，把强奸说成是通奸。这虽然不能改变行为的性质，但给司法机关认定带来了困难。在认定这类疑难案件时，必须对双方平时的关系如何，性行为是在什么环境和情况下发生的，女方事后的态度怎样，是在什么情况下告发的、告发的原因是什么等事实和情节，进行综合分析，实事求是地予以认定。区分本罪与通奸应注意以下问题：

（1）利用职权与妇女发生性行为的性质的认定。行为人利用职权，对被害妇女进行要挟、刁难、迫害等，逼迫从奸的，或者乘人之危，奸淫妇女的，都构成强奸罪。行为人利用职权上的优越条件，以某种精神或物质利益引诱女方，女方为了牟取私利，不惜以身相许，与其发生性行为的，这实质是互相利用，各有所图，因此应属于通奸性质。即使男方在此欺骗了女方，也不能定强奸罪。

（2）"半推半就"案件的认定。"半推半就"是就妇女的意志而言，即妇女对男方要求性交的行为，既有不同意的表示——推，也有同意的表示——就，这是个犹豫不决的心理。"推"有时是妇女羞愧的表示，"就"也可能表现为违心地许诺、无奈地顺从、被迫地同意。对这种案件要根据有关事实和情节作全面地分析，不是确系违背妇女意志的，一般不宜按强奸罪论处。如果确系违背妇女意志的，应认定为强奸罪。

（3）强奸与通奸的转化问题。第一次性行为违背妇女的意志，但事后并未告发，后来女方又多次自愿与该男子发生性行为的，一般不宜以强奸罪论处。男女双方先是通奸，后来女方不愿继续通奸，而男方纠缠不休，并以暴力或以败坏名誉等进行胁迫，强行与女方发生性行为的，以强奸罪论处。

2. 利用教养关系、从属关系与妇女发生性行为的性质的认定。行为人利用其与被害妇女之间特定的关系，迫使被害妇女就范，如养（生）父以虐待、克扣生活费迫使养（生）女容忍其奸淫的，应认定为强奸罪。但是，根据《刑法》第 236 条之一的规定，对于已满 14 周岁不满 16 周岁的未成年女性，负有监护、收养、看护、教育、医疗等特殊职责的人员征得未成年女性同意，与其发生性关系的，成立负有照护职责人员性侵罪，不以强奸罪论处。如果该行为同时又构成强奸罪的，如利用其优势地位或者被害人孤立无援的境地，迫使未成年女性就范，而与其发生性关系的，依照处罚较重的规定即强奸罪定罪处罚。

3. 行为人与幼女发生性行为的性质的认定。根据 2003 年 1 月 24 日《最高人民法院关于行为人不明知是不满 14 周岁的幼女双方自愿发生性关系是否构成强奸罪问题的批复》，行为人明知是不满 14 周岁的幼女而与其发生性关系，不论幼女是否自愿，均应依照《刑法》第 236 条第 2 款的规定，以强奸罪定罪处罚；行为人确实不知对方是不满 14 周岁的幼女，双方自愿发生性关系，未造成严重后果，情节显著轻微的，不认为是犯罪。2013 年 10 月 23 日《最高人民法院、最高人民检察院、公安部、司法部关于依法惩治性侵害未成年人犯罪的意见》又指出，知道或者应当知道对方是不满 14 周岁的幼女，而实施奸淫等性侵害行为的，应当认定行为人"明知"对方是幼女。对于不满 12 周岁的被害人实施奸淫等性侵害行为的，应当认定行为人"明知"对方是幼女。对于已满 12 周岁不满 14 周岁的被害人，从其身体发育状况、言谈举止、衣着特征、生活作息规律等观察可能是幼女，而实施奸淫等性侵害行为的，应当认定行为人"明知"对方是幼女。以金钱、财物等方式引诱幼女与自己发生性关系的，以及知道或者应当知道幼女被他人强迫卖淫而仍与其发生性关系的，均以强奸罪论处。对幼女负有特殊职责的人员与幼女发生性关系的，以强奸罪论处。

4. 强奸未遂与强制猥亵、侮辱罪的界限。强制猥亵、侮辱罪是指以暴力、胁迫或者其他方法强制猥亵他人或者侮辱妇女的行为。二者的主要区别在于行为人主观上有无奸淫的目的。如果行为人具有奸淫的目的，已着手实行强奸行为，只是由于被害妇女的反抗或者其他行为人意志以外的原因而未得逞的，应认定为强奸未遂；如果行为人只是以暴力、胁迫或者其他方法强制猥亵他人、强制侮辱妇女，以满足其欲望，而并无强行奸淫的目的的，则对其应以强制猥亵、侮辱罪论处。

5. 轮奸与聚众淫乱罪的界限。轮奸，是指两男以上出于共同的故意，在同一段时间内，对同一妇女或幼女连续地轮流强奸（或奸淫）的行为。轮奸较之于一般强奸有更大的社会危害性，属于强奸罪的从重处罚情节，而不是独立的罪名。聚众淫乱罪，是指聚集多人乱搞两性关系的行为，其中的男女之间不存在强迫与被强迫的关系，对于发生性交的行为，每个人都是自愿的。

6. 罪数的认定。对于行为人既实施了强奸妇女行为又实施了奸淫幼女行为的，以强奸罪从重处罚。行为人在强奸过程中使用暴力压制排除被害人反抗，或者在实施强奸时的粗暴行为致使被害人重伤、死亡或造成其他严重后果的，属于结果加重犯，以强奸罪定罪处罚。如果在实施强奸后，出于灭口等动机杀害或者伤害被害妇女、幼女的，应当以本罪与故意杀人罪或故意伤害罪实行数罪并罚。

（三）强奸罪的刑事责任

根据《刑法》第236条的规定，犯本罪的，处3年以上10年以下有期徒刑。奸淫不满14周岁的幼女的，以强奸论，从重处罚。强奸妇女、奸淫幼女，有下列情形之一的，处10年以上有期徒刑、无期徒刑或者死刑：①强奸妇女、奸淫幼女情节恶劣的；②强奸妇女、奸淫幼女多人的；③在公共场所当众强奸妇女、奸淫幼女的；④2人以上轮奸的；⑤奸淫不满10周岁的幼女或者造成幼女伤害的；⑥致使被害人重伤、死亡或者造成其他严重后果的。

四、非法拘禁罪

（一）非法拘禁罪的概念和构成要件

非法拘禁罪，是指故意非法剥夺他人行动自由的行为。

本罪的构成要件是：

1. 本罪的客体是他人行动自由的权利。行动自由是指公民依法按照自己的意志，停留或离开一定空间的权利。这里的依法是指行使行动自由权利应当以法律规定允许为限，依法被剥夺行动自由的人如正在监狱服刑的人员，不享有这种权利。

2. 本罪的客观方面表现为实施了非法拘禁他人或者以其他方法剥夺他人行动自由的行为。

（1）行为人的行为必须是非法的。如果是司法工作人员依法将犯罪嫌疑人予以拘押，即使后来证明被羁押人为无辜者，属于羁押错误，也不能构成非法拘禁罪。但是司法工作人员在没有法律依据的情况下滥用职权擅自扣押他人的，则其扣押行为不具合法性，仍可构成本罪。

（2）行为人的行动自由只能在法律允许的范围内享有。因此，禁止公民进入的是其依法不得进入的场所，不属于剥夺他人行动自由的行为。

（3）行为人实施了将他人限制在一定的空间以内，使其不能自行离开该空间的行为。至于行为是否具有暴力性，是作为还是不作为，使用何种手段、方式，均在所不问。另外需要注意的是，非法剥夺他人行动自由的，需要有一定的时间长度。瞬间的不法拘禁行为的社会危害性尚达不到成立犯罪所要求的程度。

3. 本罪的主体是一般主体。即年满 16 周岁，具有刑事责任能力的自然人就可以构成非法拘禁罪。单位不能成为本罪的犯罪主体。

4. 本罪的主观方面是故意，包括直接故意和间接故意。至于行为人动机如何，并不影响本罪的成立。

（二）非法拘禁罪的认定

1. 本罪与非罪的界限。非法拘禁罪的成立需要判断行为人的行为是否达到了犯罪的程度，应综合考量行为的社会危害性。对于情节显著轻微危害不大的，不应认定为犯罪。根据有关司法解释[1]，非法拘禁他人具有下列情节之一的，应以犯罪论处：①非法拘禁持续时间超过 24 小时的；②3 次以上非法拘禁他人，或者一次非法拘禁 3 人以上的；③非法拘禁他人，并使用械具或者捆绑等恶劣手段，或者实施殴打、侮辱、虐待等行为的；④非法拘禁，造成被拘禁人轻伤、重伤、死亡的；⑤为索取债务非法扣押、拘禁他人，具有上述情形之一的；⑥司法工作人员对明知是没有违法犯罪事实的人而非法拘禁的；⑦其他非法拘禁应予追究刑事责任的情形。

2. 本罪向故意伤害罪、故意杀人罪的转化问题。根据《刑法》第 238 条第 2 款的规定，在非法拘禁过程中，使用暴力致人伤残、死亡的，行为转化成故意伤害罪和故意杀人罪而不再认定为本罪。

3. 为索取债务非法扣押、拘禁他人的认定。《刑法》第 238 条第 3 款规定，

---

〔1〕 参见最高人民检察院 2006 年 7 月 26 日《关于渎职侵权犯罪案件立案标准的规定》。

为索取债务非法扣押、拘禁他人的，以非法拘禁罪处罚。根据 2000 年 7 月 13 日《最高人民法院关于对为索取法律不予保护的债务非法拘禁他人行为如何定罪问题的解释》，行为人为索取高利贷、赌债等法律不予保护的债务，非法扣押、拘禁他人的，也以本罪定罪处罚。

（三）非法拘禁罪的刑事责任

根据《刑法》第 238 条的规定，犯本罪的，处 3 年以下有期徒刑、拘役、管制或者剥夺政治权利。具有殴打、侮辱情节的，从重处罚。犯本罪致人重伤的，处 3 年以上 10 年以下有期徒刑；致人死亡的，处 10 年以上有期徒刑。非法拘禁他人使用暴力致人伤残、死亡的，分别以故意伤害罪或故意杀人罪定罪处罚。为索取债务非法扣押、拘禁他人的，依照上述规定处罚。国家机关工作人员利用职权犯本罪的，从重处罚。

五、绑架罪

（一）绑架罪的概念和构成要件

绑架罪，是指以勒索财物或满足其他不法要求为目的，采用暴力、胁迫或者其他方法，绑架他人作为人质的行为。

本罪的构成要件是：

1. 本罪的客体。以勒索财物为目的的绑架行为，既侵犯了他人的人身权利，又侵犯了公私财产所有权；而绑架他人作人质的行为，只侵犯了他人的人身权利。

2. 本罪的客观方面表现为使用暴力、胁迫或者其他手段绑架他人的行为。绑架，就是违背被害人或其监护人的意志，使用暴力、胁迫或者其他手段，剥夺或限制被害人的人身自由，使被害人置于行为人的控制之下。暴力，是指对被害人实施殴打、捆绑等使被害人不能反抗、不敢反抗的人身强制手段。胁迫，是指对被害人以杀害、伤害相威胁，使其不敢反抗的精神强制手段。其他手段，是指除暴力、胁迫以外的，其他使被害人不知反抗、不能反抗的绑架手段，如灌醉酒、药物麻醉、欺骗、偷盗等。

根据《刑法》规定，绑架的行为包括以下三种：①以勒索财物为目的的绑架；②出于其他目的的绑架；③以勒索财物为目的偷盗婴幼儿，这是一种特殊形式的绑架行为。"偷盗婴幼儿"是指趁婴幼儿的监护人或者受委托监护婴幼儿的单位或个人不备，将婴幼儿秘密抱走、领走的行为。不满 1 周岁的为婴儿，已满 1 周岁不满 6 周岁的为幼儿。

3. 本罪的主体是已满 16 周岁并具有刑事责任能力的自然人。按照《刑法》第 17 条第 2 款的规定，已满 14 周岁未满 16 周岁的人在绑架过程中，使用暴力故意伤害他人致死或故意杀人的，不构成绑架罪，对其应以故意伤害罪或者故意杀人罪论处。

4. 本罪的主观方面是直接故意。本罪的故意内容分为两种情况：①以勒索财物为目的，即绑架他人之后，以一定的方式通知被害人的家属、亲友等人，勒令其在一定期限内交付一定数额的钱财，方可换回人质，否则将继续扣押人质或以杀害相要挟。如果是直接向被绑架者本人索取钱财，而非向第三者索取财物，则不构成绑架罪。②除勒索财物为目的以外的满足其他某种要求的目的，如政治目的、要挟司法机关释放罪犯的目的等。如果行为人不具有上述目的，而是为了直接实施某种犯罪而剥夺他人行动自由的，则不能以绑架罪论处。例如，为实施妨害公务、干涉婚姻自由等犯罪而将被害人绑架的，均不能以绑架罪论处。

（二）绑架罪的认定

1. 本罪的既遂与未遂的界限。通说认为本罪是行为犯，只要行为人主观上具有勒索财物的目的或者其他要挟目的，客观上实施了绑架他人的行为，并已经实际控制人质，就构成犯罪既遂，至于其目的是否实现，并不影响犯罪既遂的成立，只可作为量刑时考虑的情节。如果行为人已经着手实施绑架行为，由于其意志以外的原因未能将人质劫走或者未能够实际控制被害人的，则是犯罪未遂。概言之，应当以行为人是否已经实际控制人质为区分绑架罪既遂与未遂的标准。

2. 罪数的认定。绑架是一种暴力性犯罪，行为人在实施过程中往往会造成被害人伤亡的后果，从而与其他犯罪之间形成想象竞合或法定吸收关系，此时，应根据刑法理论及刑法规定，正确认定罪数。具体包括：

（1）行为人在实施绑架犯罪过程中故意或过失地致人重伤或死亡的，形成绑架罪与故意伤害或过失致人重伤罪，或者绑架罪与故意杀人罪或过失致人死亡罪的竞合，此种情况直接定绑架罪。

（2）行为人在绑架过程中故意杀害被绑架人，或者在犯罪目的达到后杀害被绑架人的（俗称"撕票"），这从理论上讲，虽然又独立地构成故意杀人罪，但由于刑法规定只以绑架罪论处，并规定了最重刑，因此不实行数罪并罚。此种情况的故意杀人应看做是绑架罪的一个处罚情节。

（3）除上述情形外，行为人在实施绑架过程中又实施其他危害行为构成犯罪的，如强奸女性人质的，应实行数罪并罚。

（三）绑架罪的刑事责任

根据《刑法》第239条第1款、第2款的规定，犯本罪的，处10年以上有期徒刑或者无期徒刑，并处罚金或者没收财产；情节较轻的，处5年以上10年以下有期徒刑，并处罚金。杀害被绑架人的，或者故意伤害被绑架人，致人重伤、死亡的，处无期徒刑或者死刑，并处没收财产。

六、强迫劳动罪

（一）强迫劳动罪的概念和构成要件

强迫劳动罪，是指以暴力、威胁或者限制人身自由的方法强迫他人劳动，或者明知他人实施强迫劳动，为其招募、运送人员或者有其他协助强迫他人劳动的行为。

本罪的构成要件是：

1. 本罪的客体是劳动者的休息权和人身自由权利。

2. 本罪的客观方面表现为以暴力、威胁或者限制人身自由的方法强迫他人劳动的行为，或者为强迫劳动者招募、运送人员或者有其他协助强迫他人劳动的行为。"暴力"，是指犯罪分子直接对被害人实施殴打、伤害等危及其人身安全的行为，使其不能反抗、逃跑。"威胁"，是指犯罪分子对被害人施以恫吓，进行精神强制，使其不敢反抗、逃跑。"限制人身自由的方法"，是指将被害人的人身自由控制在一定范围、一定时限内的方法，如晚上睡觉必须脱光衣服予以收缴集中存放，不准他人外出，不准参加社交活动，不准与劳动监察部门联系等。"强迫劳动"，是指违反被害人的意愿和有关法律法规，迫使其从事超体力、超时间的劳动。"协助强迫他人劳动"，包括为强迫劳动者招募、运送人员，或者其他协助强迫劳动的行为。所谓招募，是指通过"合法"或非法途径，面向特定或者不特定的群体募集人员的行为。"运送"，是指用各种交通工具运输人员。"其他协助强迫劳动行为"，是指除招募、运送人员外，为强迫劳动的人转移、窝藏或接收人员等行为。本罪的他人，不限于职工，既包括与用人单位订有劳动合同的职工，也包括犯罪分子非法招募的工人、智障人等。

另外，本罪为行为犯。根据2017年4月27日《最高人民检察院、公安部关于公安机关管辖的刑事案件立案追诉标准的规定（一）的补充规定》，以暴力、威胁或者限制人身自由的方法强迫他人劳动的，或者明知他人以暴力、威胁或者限制人身自由的方法强迫他人劳动，为其招募、运送人员或者有其他协助强迫他人劳动行为的，就构成犯罪。

3. 本罪的主体既可以是用人单位，也可以是自然人。

4. 本罪的主观方面是故意。即行为人明知非法强迫他人劳动的行为会发生侵犯他人休息权和人身自由权利的结果，并且希望或者放任这种结果发生；或者明知他人有实施强迫劳动的行为而协助实施。

（二）强迫劳动罪的认定

注意本罪与雇用童工从事危重劳动罪的界限。雇用童工从事危重劳动罪，是指违反劳动管理法规，雇用未满16周岁的未成年人从事超强体力劳动的，或者从事高空、井下作业的，或者在爆炸性、易燃性、放射性、毒害性等危险环境下从事劳动，情节严重的行为。二者的主要区别包括：①犯罪客体和对象不同。本罪的客体如前所述，犯罪对象是包括童工在内的所有劳动者；而后罪的客体则是童工的身体健康权利和劳动管理制度，犯罪对象只限于童工。②客观方面的行为表现不同。本罪表现为以暴力、威胁或者限制人身自由的方法强迫他人劳动，或者明知他人实施强迫劳动，仍为其招募、运送人员或者有其他协助强迫他人劳动的行为；而后罪则表现为雇用童工从事危重劳动，具体包括3种类型的行为。③主观方面不完全相同。本罪的主观方面是故意；而后罪的主观方面虽然也是故意，但要求行为人必须明知是未满16周岁的未成年人而雇用。在认定时还需注意：雇用童工从事危重劳动，在雇用期间，行为人又以暴力、威胁或者限制人身自由的方法强迫童工劳动的，或者明知他人实施强迫劳动，仍为其招募、运送童工或者有其他协助强迫童工劳动的行为的，应当数罪并罚；非法雇用童工从事危重劳动，造成事故，又构成其他犯罪的，应当数罪并罚。

（三）强迫劳动罪的刑事责任

根据《刑法》第244条的规定，犯本罪的，处3年以下有期徒刑或者拘役，并处罚金；情节严重的，处3年以上10年以下有期徒刑，并处罚金。单位犯本罪的，对单位判处罚金，并对其直接负责的主管人员和其他直接责任人员，依照上述规定处罚。

第四节　侵犯财产罪重点罪名解析

导入案例

A市唐某与B市姚某通过网上聊天相识。后唐某以邀请姚某到A市做客并陪同其游玩为名，将姚某骗入其租住的房屋内，与同居者杜某对姚某实施封嘴、捆绑，抢得现金3000元和手机一部。为防止姚某报案，两人又将姚某杀害。

问：对唐某和杜某的行为应如何定罪处罚？

本案知识点：抢劫罪的概念和构成要件；抢劫罪的认定

一、抢劫罪

（一）抢劫罪的概念和构成要件

抢劫罪，是以非法占有为目的，使用暴力、胁迫或其他方法，当场强行劫取公私财物的行为。

本罪的构成要件是：

1. 本罪的客体是复杂客体，既侵犯了财产权利，同时又侵犯了人身权利。本罪的对象是公私财产，包括公共财产和公民私人所有财产。根据《刑法》第

91 条的规定，公共财产是指下列财产：①国有财产；②劳动群众集体所有的财产；③用于扶贫和其他公益事业的社会捐助或者专项基金的财产；④在国家机关、国有公司、企业、集体企业和人民团体管理、使用或者运输中的私人财产，以公共财产论。根据《刑法》第 92 条的规定，公民私人所有的财产是指下列财产：①公民的合法收入、储蓄、房屋和其他生活资料；②依法归个人、家庭所有的生产资料；③个体户和私营企业的合法财产；④依法归个人所有的股份、股票、债券和其他财产。根据 2005 年 6 月 8 日《最高人民法院关于审理抢劫、抢夺刑事案件适用法律若干问题的意见》（以下简称《两抢意见》）的规定，本罪中的公私财物，包括毒品、假币、淫秽物品等违禁品，以及赌资、犯罪所得的赃款赃物。如果行为人仅以其所输赌资或所赢赌债为抢劫对象，一般不以抢劫罪定罪处罚。

2. 本罪的客观方面表现为行为人对公私财物的所有人、管理人当场使用暴力、胁迫或者其他方法，当场强行劫取公私财物的行为。具体包括以下要素：

（1）必须对被害人实施了强制性行为，即以暴力、胁迫或者其他方法来排除或者压制被害人的抗拒。这是抢劫罪的手段行为。

这里的"暴力"，是指对被害人的身体实行打击或强制，使其处于不能抗拒或者不敢反抗状态的方法，包括搂抱、捆绑、禁闭、殴打、伤害甚至杀害等。在理解时应注意：①暴力必须是现实存在的，必须在取得他人财物的当场实施。②暴力必须是行为人有意识采取的，且必须是针对被害人的人身。如果是针对被害人的财物施加暴力，而且无伤害他人身体的故意，即使给被害人造成了伤害，也不属于本罪中的暴力方法，只可能构成抢夺罪。值得注意的是，根据 2013 年 11 月 18 日《最高人民法院、最高人民检察院关于办理抢夺刑事案件适用法律若干问题的解释》，驾驶机动车、非机动车夺取他人财物，具有下列情形之一的，应当以抢劫罪定罪处罚：夺取他人财物时因被害人不放手而强行夺取的；驾驶车辆逼挤、撞击或者强行逼倒他人夺取财物的；明知会致人伤亡仍然强行夺取并放任造成财物持有人轻伤以上后果的。③关于暴力程度，只要能足以抑制对方的反抗即可，并不要求事实上抑制了对方的反抗，更不要求危害他人的身体健康甚至生命安全。

这里的"胁迫"，是指以当场立即实施暴力相威胁，对被害人进行精神强制，使其产生恐惧而不敢抗拒的方法。在理解时应注意：①胁迫的内容是当场对被害人施以暴力，而不包括非暴力内容。其特点是被害人如不交付财物或进行反抗，便立即实现胁迫的内容，转为暴力劫取财物。如果威胁与暴力在时空上存在明显间隔，如以将来实施暴力相威胁的，以及以当场立即实施揭发隐私、损害名誉等非暴力内容进行威胁，迫使被害人交出财物的，则不属于抢劫。②胁迫必须是向被害人当面发出。如果不是向被害人当面发出，而是通过书信或者他人转告的方式让被害人得知，则不是本罪的胁迫。③胁迫的方式是多种多样的，可以是语言文字，也可以是动作手势，等等。如果没有任何胁迫的表现，只是被害人自己感到恐惧，不能认定为抢劫。

这里的"其他方法"，是指使用暴力、胁迫以外的其他使被害人不知反抗或无法反抗的强制方法。如用酒灌醉、用药物麻醉、利用催眠术催眠、将清醒的被害人乘其不备锁在屋内致其与财产隔离等方法，劫取他人财物。

（2）必须是当场劫取公私财物，包括当场将他人的财物抢走和迫使他人当场交出财物，这是抢劫罪的目的行为。这一特征表明行为人的强制性行为与取得财物之间在时间上、场合上具有统一性。如果行为人虽然使用了暴力、胁迫或者其他方法，但并不是意图当场取财，则不构成本罪。

在理解本罪的客观方面时还应当注意：①被害人不能抗拒、不敢抗拒、无法抗拒的状态必须是由行为人的强制性行为造成的。如果行为人仅仅是借用被害人自己胆小、患病、醉酒、熟睡、昏迷等不敢抗拒、无法抗拒的状态取走其财物的，不以本罪论处。例如，被害人眼见蒙面人入室盗窃而不敢制止，被害人自己喝醉酒后钱包被他人取走等，这都不能认定为抢劫，而只能认定为盗窃罪。②暴力、胁迫或者其他方法，必须是在非法占有财物时的当场使用。如果行为人事先做了抢劫的准备，但当场并未使用暴力、胁迫或者其他方法，便顺利地获取了财物的，不以本罪论处。

3. 本罪的主体为一般主体。已满 14 周岁并具有刑事责任能力的自然人，均可构成本罪。

4. 本罪的主观方面是直接故意，且以非法占有公私财物为目的。如果不是以非法占有为目的，不可能成立本罪。例如，行为人为索取债务，使用暴力、暴力威胁等手段的，误以为他人财物为己物而使用暴力抢回的，都因主观上不具有非法占有他人财物的目的而不构成本罪，但可能构成故意伤害罪等。

（二）转化型抢劫罪

转化型抢劫罪，又称准抢劫罪，是指行为人的行为本不构成抢劫罪，但由于具备了法定的某种事实，而以抢劫罪论处的情形。《刑法》第 269 条规定，犯盗窃、诈骗、抢夺罪，为窝藏赃物、抗拒抓捕或者毁灭罪证而当场使用暴力或者以暴力相威胁的，依照本法第 263 条的规定定罪处罚。这一规定说明盗窃、诈骗、抢夺行为在一定条件下可以转化为抢劫罪。这种转化必须具备以下三个条件：

1. 必须实施了盗窃、诈骗或者抢夺行为，这是转化的前提条件。虽然根据上述条文规定，转化的前提是行为人犯盗窃、诈骗、抢夺罪，但理论界和司法实践一致认为，实施盗窃、诈骗、抢夺行为，也可以转化为抢劫罪，《两抢意见》

对此也持肯定态度。《两抢意见》第5条规定，行为人实施盗窃、诈骗、抢夺行为，未达到"数额较大"，为窝藏赃物、抗拒抓捕或者毁灭罪证当场使用暴力或者以暴力相威胁，情节较轻、危害不大的，一般不以犯罪论处；但具有下列情节之一的，可依照《刑法》第269条的规定，以抢劫罪定罪处罚：①盗窃、诈骗、抢夺接近"数额较大"标准的；②入户或在公共交通工具上盗窃、诈骗、抢夺后在户外或交通工具外实施上述行为的；③使用暴力致人轻微伤以上后果的；④使用凶器或以凶器相威胁的；⑤具有其他严重情节的。同时，根据最高人民法院2016年1月6日《关于审理抢劫刑事案件适用法律若干问题的指导意见》（以下简称《抢劫意见》）的规定，"犯盗窃、诈骗、抢夺罪"，主要是指行为人已经着手实施盗窃、诈骗、抢夺行为，一般不考察盗窃、诈骗、抢夺行为是否既遂。但是所涉财物数额明显低于"数额较大"的标准，又不具有《两抢意见》第5条所列5种情节之一的，不构成抢劫罪。

2. 必须是当场使用暴力或者以暴力相威胁。这是转化的手段和时间条件。根据《抢劫意见》，这里的"当场"，是指在盗窃、诈骗、抢夺的现场以及行为人刚离开现场即被他人发现并抓捕的情形。使用暴力或者以暴力相威胁，是指对被害人、抓捕者或阻止其窝藏赃物、毁灭罪证的人的身体实施打击或强制，或者以实施打击或身体强制相威胁，并应达到足以抑制他人抗拒的程度。对于以摆脱的方式逃脱抓捕，暴力强度较小，未造成轻伤以上后果的，可不认定为"使用暴力"，不以抢劫罪论处。

3. 行为人当场使用暴力或者以暴力相威胁，必须是为了窝藏赃物、抗拒抓捕或者毁灭罪证，这是转化的目的条件。如果行为人不是出于此种目的，则不能转化为抢劫罪。例如，行为人实施盗窃、诈骗、抢夺行为，在尚未取得财物时被他人发现，为了非法取得财物，而使用暴力或者以暴力相威胁的，应直接认定为抢劫罪，不适用《刑法》第269条。再如，行为人在实施完诈骗行为后杀人灭口的，应以诈骗罪和故意杀人罪并罚。

另外，《刑法》第267条第2款规定，携带凶器抢夺的，以抢劫罪定罪处罚。这也属于转化型抢劫罪。

（三）抢劫罪的认定

1. 本罪与非罪的界限。刑法对抢劫罪的构成没有数额和情节等方面的限制性规定，但这并不意味着认定抢劫罪就无须考虑抢劫数额大小和情节等因素。如果抢劫的数额很小，使用的暴力、胁迫等手段很轻微，就可以根据《刑法》第13条的但书规定，认定为情节显著轻微危害不大，不认为是犯罪。2006年1月11日《最高人民法院关于审理未成年人刑事案件具体应用法律若干问题的解释》（以下简称《未成年人解释》）第7条对此作出了相应的规定，即已满14周岁不满 16 周岁的人使用轻微暴力或者威胁，强行索要其他未成年人随身携带的生活、学习用品或者钱财数量不大，且未造成被害人轻微伤以上或者不敢正常到校学习、生活等危害后果的，不认为是犯罪。已满 16 周岁不满 18 周岁的人具有前述规定情形的，一般也不认为是犯罪。第 10 条第 2 款规定，已满 16 周岁不满 18 周岁的人犯盗窃、诈骗、抢夺罪，为窝藏赃物、抗拒抓捕或者毁灭罪证而当场使用暴力或者以暴力相威胁的，应当依照《刑法》第 269 条的规定定罪处罚；情节轻微的，可不以抢劫罪定罪处罚。另外，《两抢意见》第 7 条第 3 款规定，为个人使用，以暴力、胁迫等手段取得家庭成员或近亲属财产的，一般不以抢劫罪定罪处罚，构成其他犯罪的，依照刑法的相关规定处理；教唆或者伙同他人采取暴力、胁迫等手段劫取家庭成员或近亲属财产的，可以抢劫罪定罪处罚。

2. 本罪与故意伤害、故意杀人等犯罪的界限。这包括：①抢劫致人重伤、死亡案件的定性。抢劫致人重伤、死亡，是指在抢劫过程中，使用暴力或者其他方法所引起的加重结果。此种情况下，无论是否抢劫到财物，都应认定为抢劫罪。②采用杀人手段进行抢劫的定性。行为人为劫取财物而预谋故意杀人，或者在劫取财物过程中，为制服被害人反抗而故意杀人的，根据 2001 年 5 月 26 日《最高人民法院关于抢劫过程中故意杀人案件如何定罪问题的批复》，以抢劫罪定罪处罚。③已满 14 周岁不满 16 周岁的人盗窃、诈骗、抢夺他人财物，为窝藏赃物、抗拒抓捕或者毁灭罪证，当场使用暴力，故意伤害致人重伤或者死亡，或者故意杀人的，根据《未成年人解释》第 10 条第 1 款的规定，应当分别以故意伤害罪或者故意杀人罪定罪处罚。④行为人为索取债务，使用暴力、暴力威胁等手段的，一般不以抢劫罪定罪处罚。构成故意伤害等其他犯罪的，依照故意伤害罪等规定处罚。

3. 本罪与抢夺罪的界限。抢夺罪，是指以非法占有为目的，公然夺取数额较大（1000～3000 元以上）的公私财物，或者多次抢夺的行为。二者的区别主要在于：①犯罪客体不同。本罪的客体是复杂客体，包括财产所有权和人身权利；后罪的客体是简单客体，即公私财产所有权。②客观方面不同。本罪是以暴力、胁迫或其他方法强行劫取公私财物，其暴力、胁迫或其他方法行为所指向的对象是人；后罪是公然强夺公私财物，其暴力行为指向的对象是物，而不是对被害人的身体实行强烈的打击或强制。另外，根据《刑法》第 267 条第 2 款的规定，携带凶器抢夺的，应当依照《刑法》第 263 条的规定即抢劫罪定罪处罚。关于"携带凶器抢夺"的认定，根据 2000 年 11 月 28 日《最高人民法院关于审理抢劫案件具体应用法律若干问题的解释》（以下简称《抢劫解释》）和《两抢意见》的规定，"携带凶器抢夺"，是指行为人随身携带枪支、爆炸物、管制刀具等国家禁止个人携带的器械进行抢夺或者为了实施犯罪而携带其他器械进行抢夺的行为。行为人随身携带国家禁止个人携带的器械以外的其他器械抢夺，但有证据证明该器械确实不是为了实施犯罪准备的，不以抢劫罪定罪；行为人将随身携带凶器有意加以显示、能为被害人察觉到的，直接适用《刑法》第263条的规定定罪处罚；行为人携带凶器抢夺后，在逃跑过程中为窝藏赃物、抗拒抓捕或者毁灭罪证而当场使用暴力或者以暴力相威胁的，适用《刑法》第267条第2款的规定定罪处罚。

4. 本罪与绑架罪的界限。二者的关键区别在于，本罪是直接迫使被绑架人交付财物，而不是向第三者勒索财物；后罪只能是向被绑架人的近亲属或者其他相关人勒索财物。行为人使用暴力、胁迫手段非法扣押被害人或者迫使被害人离开日常生活处所后，仍然向该被害人本人勒索财物的，成立抢劫罪，而不是绑架罪。绑架过程中又当场劫取被害人随身携带财物的，同时触犯绑架罪和抢劫罪两罪名，应择一重罪定罪处罚。

5. 罪数的认定。

（1）行为人实施抢劫后，为灭口而故意杀人的，以抢劫罪和故意杀人罪实行数罪并罚。

本节的导入案例中，唐某和杜某出于非法占有他人财物的目的，共同对姚某实施封嘴、捆绑等暴力行为，当场将姚某的财物抢走，符合抢劫罪的犯罪构成，已经构成抢劫罪。两人在抢劫犯罪实施完毕后，又产生杀害姚某的故意，并实施了杀人的行为，构成了故意杀人罪。对唐某和杜某应当以抢劫罪和故意杀人罪实行数罪并罚。

（2）《两抢意见》第8条规定，行为人实施伤害、强奸等犯罪行为，在被害人未失去知觉时，利用被害人不能反抗、不敢反抗的处境，临时起意劫取他人财物的，应以此前所实施的具体犯罪与抢劫罪实行数罪并罚；在被害人失去知觉或者没有发觉的情形下，以及实施故意杀人犯罪行为之后，临时起意拿走他人财物的，应以此前所实施的具体犯罪与盗窃罪实行数罪并罚。

6. 本罪既遂与未遂的认定。根据《两抢意见》的规定，具备劫取财物或者造成他人轻伤以上后果两者之一的，均属抢劫既遂；既未劫取财物，又未造成他人人身伤害后果的，属抢劫未遂。

（四）抢劫罪的刑事责任

根据《刑法》第263条的规定，犯本罪的，处3年以上10年以下有期徒刑，并处罚金；有下列情形之一的，处10年以上有期徒刑、无期徒刑或者死刑，并处罚金或者没收财产：①入户抢劫的；②在公共交通工具上抢劫的；③抢劫银行或者其他金融机构的；④多次抢劫或者抢劫数额巨大的；⑤抢劫致人重伤、死亡的；⑥冒充军警人员抢劫的；⑦持枪抢劫的；⑧抢劫军用物资或者抢险、救灾、救济物资的。关于这八种情形的含义，参见最高人民法院《抢劫解释》、《两抢意见》和《抢劫意见》的规定。

二、盗窃罪

（一）盗窃罪的概念和构成要件

盗窃罪，是指以非法占有为目的，盗窃公私财物，数额较大的，或者多次盗窃、入户盗窃、携带凶器盗窃、扒窃的行为。

本罪的构成要件是：

1. 本罪的客体是公私财产所有权。犯罪对象是公私财产。这里的公私财产，从财产形态上看，包括有形物和无形物（如电力、煤气、天然气等）；从性质上看，既可以是流通物（包括合法财产和犯罪分子不法占有的财物）也可以是违禁品。《刑法》第265条规定，以牟利为目的，盗接他人通信线路、复制他人电信码号或者明知是盗接、复制的电信设备、设施而使用的，以盗窃罪定罪处罚。另外，将电信卡非法充值后使用，造成电信资费损失数额较大的，以及盗用他人公共信息网络上网账号、密码上网，造成他人电信资费损失数额较大的，根据2000年5月24日《最高人民法院关于审理扰乱电信市场管理秩序案件具体应用法律若干问题的解释》，以盗窃罪定罪。

2. 本罪的客观方面表现为盗窃公私财物，数额较大的，或者多次盗窃、入户盗窃、携带凶器盗窃、扒窃的行为。所谓盗窃，通常指秘密窃取，是指行为人采取自认为不会被他人发觉的方法窃取财物的行为。是否属于秘密窃取，应当从行为人主观方面来认定，即取决于行为人本人是否认为自己的行为不会被人发现，行为人自认为无人发现但在客观上已被人发现或者注视的，仍是秘密窃取。至于是否已被当场发觉、是否因在行窃时留下身份识别标志而事后被发觉，均不影响"秘密窃取"的成立。秘密窃取的方式是多种多样的，可以是撬窃、扒窃、顺手牵羊等，也可以是使用骗术转移被害人注意力，然后在其不知不觉的情况下取走财物。

构成盗窃罪，有五个基本的法定标准：

（1）盗窃公私财物数额较大。盗窃财物数额较大的，原则上构成本罪。根据2013年4月2日《最高人民法院、最高人民检察院关于办理盗窃刑事案件适用法律若干问题的解释》（以下简称《盗窃解释》）的规定，盗窃公私财物价值1000～3000元以上的，为"数额较大"。各省、自治区、直辖市高级人民法院、人民检察院可以根据本地区经济发展状况，并考虑社会治安状况，在上述数额幅度内，确定本地区执行的具体数额标准，报最高人民法院、最高人民检察院批准。该解释同时规定，盗窃公私财物，具有下列情形之一的，"数额较大"的标准可以按照上述规定标准的50%确定：①曾因盗窃受过刑事处罚的；②1年内曾因盗窃受过行政处罚的；③组织、控制未成年人盗窃的；④自然灾害、事故灾害、社会安全事件等突发事件期间，在事件发生地盗窃的；⑤盗窃残疾人、孤寡老人、丧失劳动能力人的财物的；⑥在医院盗窃病人或者其亲友财物的；⑦盗窃救灾、抢险、防汛、优抚、扶贫、移民、救济款物的；⑧因盗窃造成严重后果的。

（2）多次盗窃。按照《盗窃解释》，2 年内盗窃 3 次以上的，应当认定为"多次盗窃"。

（3）入户盗窃。根据《盗窃解释》，非法进入供他人家庭生活，与外界相对隔离的住所盗窃的，应当认定为"入户盗窃"。

（4）携带凶器盗窃。根据《盗窃解释》，携带枪支、爆炸物、管制刀具等国家禁止个人携带的器械盗窃，或者为了实施违法犯罪携带其他足以危害他人人身安全的器械盗窃的，应当认定为"携带凶器盗窃"。

（5）扒窃。根据《盗窃解释》，在公共场所或者公共交通工具上盗窃他人随身携带的财物的，应当认定为"扒窃"。

3. 本罪的主体是一般主体。单位不构成本罪，但根据《盗窃解释》，单位组织、指使盗窃，符合《刑法》第 264 条及《盗窃解释》有关规定的，以盗窃罪追究组织者、指使者、直接实施者的刑事责任。

4. 本罪的主观方面是直接故意，且以非法占有公私财物为目的。至于是非法据为己有还是为他人所有、为集体非法占有，不影响本罪的成立。

（二）盗窃罪的认定

1. 本罪与非罪的界限。盗窃"数额较大""多次盗窃""入户盗窃""携带凶器盗窃"和"扒窃"是成立盗窃罪的五个选择性标准，但不是唯一标准。在认定罪与非罪时，既要把握这五个标准，同时也要考虑其他情节，如作案的原因、目标、手段、后果、认罪态度、退赃情况等。对此，有关司法解释作出了具体规定，主要有以下几个方面：

（1）盗窃公私财物数额较大，行为人认罪、悔罪、退赃、退赔，且具有下列情形之一，情节轻微的，可以不起诉或者免予刑事处罚；必要时，由有关部门予以行政处罚：①具有法定从宽处罚情节的；②没有参与分赃或者获赃较少且不是主犯的；③被害人谅解的；④其他情节轻微、危害不大的。

（2）偷拿家庭成员或者近亲属的财物，获得谅解的，一般可不认为是犯罪；追究刑事责任的，应当酌情从宽。已满 16 周岁不满 18 周岁的人盗窃自己家庭或者近亲属财物，或者盗窃其他亲属财物但其他亲属要求不予追究的，可不按犯罪处理。

（3）盗窃未遂的，一般不按盗窃罪处理。但盗窃未遂，具有下列情形之一的，应当依法追究刑事责任：①以数额巨大的财物为盗窃目标的；②以珍贵文物为盗窃目标的；③其他情节严重的情形。

2. 本罪与侵占罪的界限。侵占罪，是指以非法占有为目的，将代为保管的他人财物、他人的遗忘物或者埋藏物非法占为己有，数额较大且拒不交还的行为。二者的区别在于：①犯罪对象的范围不同。对于本罪的犯罪对象，法律未作任何限制；后罪的对象限于代为保管的他人财物或者他人遗忘物、埋藏物。②犯罪客观方面的表现不同。本罪的行为人是以非法手段取得对他人财物的占有、控制权，此前其并没有合法持有他人财物；后罪的行为人在非法占有他人财物之前就已经合法持有该财物，并且还必须具有权利人要求退还时拒不退还的行为，否则就不构成犯罪。③非法占有目的形成的时间不同。本罪的非法占有意图产生于非法占有、控制他人财物之前；后罪非法占有他人财物的意图产生于合法持有他人财物之后。

3. 本罪既遂的认定。盗窃行为已经使被害人丧失了对财物的控制，就成立既遂。至于行为人是否已经控制了所盗财物，不影响本罪既遂的成立。例如，行为人以非法占有为目的，从火车上将他人财物扔到偏僻的轨道旁，打算下车后再捡回该财物。在这种情况下，即使行为人后来由于某种原因没有控制该财物，但因为被害人丧失了对财物的控制，也应认定为盗窃既遂。

4. 本罪与其他犯罪的界限。根据《刑法》和《盗窃解释》规定，盗窃信用卡并使用的，应以盗窃罪定罪处罚；盗窃技术成果等商业秘密的，以侵犯商业秘密罪定罪处罚；偷开机动车，导致车辆丢失的，以盗窃罪定罪处罚；为盗窃其他财物，偷开机动车作为犯罪工具使用后非法占有车辆，或者将车辆遗弃导致丢失的，以盗窃罪定罪处罚，被盗车辆的价值计入盗窃数额；为实施其他犯罪，偷开机动车作为犯罪工具使用后非法占有车辆，或者将车辆遗弃导致丢失的，以盗窃罪和其他犯罪数罪并罚，将车辆送回未造成丢失的，按照其所实施的其他犯罪从重处罚；采用破坏性手段盗窃公私财物，造成其他财物损毁的，以盗窃罪从重处罚，同时构成盗窃罪和其他犯罪的，择一重罪从重处罚；实施盗窃犯罪后，为掩盖罪行或者报复等，故意毁坏其他财物构成犯罪的，以盗窃罪和构成的其他犯罪数罪并罚，盗窃行为未构成犯罪，但损毁财物构成其他犯罪的，以其他犯罪定罪处罚等。

（三）盗窃罪的刑事责任

根据《刑法》第264条的规定，犯本罪的，处3年以下有期徒刑、拘役或者管制，并处或者单处罚金；数额巨大或者有其他严重情节的，处3年以上10年以下有期徒刑，并处罚金；数额特别巨大或者有其他特别严重情节的，处10年以上有期徒刑或者无期徒刑，并处罚金或者没收财产。

三、诈骗罪

（一）诈骗罪的概念和构成要件

诈骗罪，是指以非法占有为目的，用虚构事实或者隐瞒真相的方法，骗取数额较大的公私财物的行为。

本罪的构成要件是：

1. 本罪的客体是公私财产所有权。犯罪对象是公私财物，包括动产和不动产。如果用欺骗方法骗取刑法规定的特定财物的，则依刑法相关规定处罚。

2. 本罪的客观方面表现为使用欺骗方法骗取数额较大的公私财物的行为。具体包括两个要素：

（1）实施了诈骗公私财物的行为。首先，必须实施了欺骗行为，即行为人使用了虚构事实或者隐瞒真相的欺骗方法。虚构事实，即捏造客观上根本不存在的或者不可能发生，足以使被害人受蒙骗的所谓事实，以此骗取被害人的信任。隐瞒真相，即对被害人掩盖客观存在的某种事实，以此哄骗被害人。欺骗的方法多种多样，如伪造单据、证件等；冒领款物；假冒身份或以恋爱、结婚为诱饵，骗取钱财；伪造军警车辆号牌，骗免过路费；等等。其次，欺骗行为使对方陷入错误认识进而"自愿地"处分其财产，即行为人的欺骗行为使对方在认识上产生错觉，信以为真，从而似乎"自愿地"作出财产利益处分，包括交付财产、免除行为人交还财物的义务、承诺转移财产性利益等。最后，行为人因此获得了财产，被害人遭受了损失。如果行为人虽然实施了欺骗行为，但并未因此取得对方财产的，则属于诈骗未遂。

（2）诈骗公私财物必须数额较大。根据 2011 年 3 月 1 日《最高人民法院、最高人民检察院关于办理诈骗刑事案件具体应用法律若干问题的解释》，个人诈骗 3000～10000 元以上为"数额较大"。

诈骗罪并不限于骗取有体物，还可以是无体物与财产性利益。根据《刑法》第 210 条的规定，使用欺骗手段骗取增值税专用发票或者可以用于骗取出口退税、抵扣税款的其他发票的，构成诈骗罪。以虚假、冒用身份证件办理入网手续并使用移动电话，造成电信资费损失数额较大的，根据 2000 年 5 月 24 日《最高人民法院关于扰乱电信市场秩序案件具体应用法律若干问题的解释》，应以诈骗罪定罪处罚。根据 2014 年 4 月 24 日《全国人民代表大会常务委员会关于〈中华人民共和国刑法〉第二百六十六条的解释》，以欺诈、伪造证明材料或者其他手段骗取养老、医疗、工伤、失业、生育等社会保险金或者其他社会保障待遇的，属于《刑法》第 266 条规定的诈骗公私财物的行为。

3. 本罪的主体是一般主体。

4. 本罪的主观方面是直接故意，且以非法占有公私财物为目的。

（二）诈骗罪的认定

1. 本罪与非罪的界限。首先，要划清诈骗罪与一般诈骗行为的界限。诈骗财物没有达到"数额较大"的标准，且情节轻微的，不构成犯罪。诈骗未遂，但以数额巨大的财物为诈骗目标的，或者具有其他严重情节的，应当定罪处罚。利用发送短信、拨打电话、互联网等电信技术手段对不特定多数人实施诈骗，诈骗数额难以查证，但具有下列情形之一的，应当认定为《刑法》第 266 条规定的"其他严重情节"，以诈骗罪（未遂）定罪处罚：①发送诈骗信息 5000 条以上的；②拨打诈骗电话 500 人次以上的；③诈骗手段恶劣、危害严重的；④在互联网上发布诈骗信息，页面浏览量累计 5000 次以上的。具有上述情形，数量达到相应标准 10 倍以上的，或者诈骗手段特别恶劣、危害特别严重的，应当认定为《刑法》第 266 条规定的"其他特别严重情节"，以诈骗罪（未遂）定罪处罚。[1]其次，要把正常的借贷行为、代人购物拖欠货款的行为与以借贷或代购为名、行诈骗之实的犯罪区别开。对此主要是看行为人是否出于非法占有的目的。判断行为人是否具有非法占有他人财物的目的，应综合考虑双方的关系、事情的起因、行为人的具体行为、不能归还或拖欠的原因、所造成的后果以及行为人的态度等各方面的因素。如果行为人主观上没有非法占有的目的，只是由于经营不善或者其他原因导致经济发生困难，难以偿还债务的，不构成诈骗罪。如果行为人编造虚假的借款用途，拿到借款后逃之夭夭或大肆挥霍，毫无归还的意思表示，则可以认定为诈骗罪。

2. 普通诈骗罪与特殊诈骗罪的关系。《刑法》第 266 条规定："……本法另有规定的，依照规定。"该处是指刑法分则中其他条文对采用虚构事实、隐瞒真相方法骗取财物行为的特别规定，如集资诈骗罪、合同诈骗罪等。这些特殊诈骗罪均符合普通诈骗罪的构成特征，属于法条竞合关系，应当按特别法优于普通法的原则定罪处刑。

3. 本罪与敲诈勒索罪的界限。敲诈勒索罪，是指以非法占有为目的，对被害人实施威胁或者要挟的方法，强行索取数额较大（2000 ~ 5000 元以上）的公私财物或者多次敲诈勒索的行为。二者的区别在于：①犯罪客体不同。本罪的客体是单一客体，即公私财产所有权；后罪的客体是复杂客体，即公私财产所有权和公民人身权利或其他权益。②犯罪客观方面不同。本罪是行为人以虚构事实或隐瞒真相的方法，使被害人陷于认识错误，从而貌似"自愿"地交付财物；后罪是行为人以威胁或要挟的方法对被害人实施精神强制，使其陷入恐惧之中被迫

---

〔1〕　参见 2011 年 3 月 1 日《最高人民法院、最高人民检察院关于办理诈骗刑事案件具体应用法律若干问题的解释》和 2016 年 12 月 19 日《最高人民法院、最高人民检察院、公安部关于办理电信网络诈骗等刑事案件适用法律若干问题的意见》。

交付财物。两种犯罪中被害人交付财物时的主观感觉截然不同。

（三）诈骗罪的刑事责任

根据《刑法》第 266 条的规定，犯本罪的，处 3 年以下有期徒刑、拘役或者管制，并处或者单处罚金；数额巨大或者有其他严重情节的，处 3 年以上 10 年以下有期徒刑，并处罚金；数额特别巨大或者有其他特别严重情节的，处 10 年以上有期徒刑或者无期徒刑，并处罚金或者没收财产。

四、职务侵占罪

（一）职务侵占罪的概念和构成要件

职务侵占罪，是指公司、企业或者其他单位的工作人员，利用职务上的便利，将本单位财物非法占为己有，数额较大的行为。

本罪的构成要件是：

1. 本罪的客体是公司、企业或者其他单位的财产所有权。犯罪对象必须是行为人所在单位的各种财物，包括有形物和无形物。

2. 本罪的客观方面表现为利用职务上的便利，将本单位财物非法占为己有，数额较大的行为。具体包括以下要素：

（1）必须是利用职务上的便利。利用职务上的便利，是指利用本人在职权范围内所具有的主管、分管、管理、经营、经手本单位财物的便利条件，如企业的法人代表在一定范围内有调配本单位财物的权力，会计有管理财务的职责，出纳有经手、管理钱财的职责等。应当注意将"利用职务上的便利"与"利用工作条件便利"相区别。行为人不是利用职务上的便利，而仅是利用工作上的方便条件，如利用在本单位工作熟悉作案环境、容易混入现场、有机会接近目标等，而实施的侵占本单位财物的行为，不构成本罪；构成犯罪的，以其他犯罪论处。

（2）必须将本单位财物非法占为己有。非法占为己有，是指以侵吞、窃取、骗取等各种非法手段，将本单位的财物转变为自己或者第三人所有。

（3）必须数额较大。根据 2016 年 4 月 18 日《最高人民法院、最高人民检察院关于办理贪污贿赂刑事案件适用法律若干问题的解释》（以下简称《贪贿案件解释》）第 1 条、第 11 条第 1 款的规定，数额较大以 6 万元为起点。

3. 本罪的主体是特殊主体，必须是公司、企业或者其他单位的工作人员。根据《刑法》第 271 条第 2 款的规定，国有公司、企业或者其他国有单位中从事公务的人员和国有公司、企业或者其他国有单位委派到非国有公司、企业以及其他单位从事公务的人员，利用职务上的便利实施侵占行为的，应当以贪污罪定罪处罚。根据 1999 年 6 月 25 日《最高人民法院关于村民小组组长利用职务便利非法占有公共财物行为如何定性问题的批复》，村民小组组长利用职务上的便利，将村民小组集体财产非法占为己有，数额较大的，应当以本罪定罪处罚。另外，根据2001年5月23日《最高人民法院关于在国有资本控股、参股的股份有限公司中从事管理工作的人员利用职务便利非法占有本公司财物如何定罪问题的批复》，在国有资本控股、参股的股份有限公司中从事管理工作的人员，除受国家机关、国有公司、企业、事业单位委派从事公务的以外，不属于国家工作人员。对其利用职务上的便利，将本单位财物非法占为己有，数额较大的，应当以本罪定罪处罚。

4. 本罪的主观方面是直接故意，且具有非法占有本单位财物的目的。

（二）职务侵占罪的认定

1. 本罪与盗窃罪、诈骗罪的界限。它们主要区别在于：①本罪侵犯的对象只能是公司、企业或其他单位的财物，而后两罪侵犯的可以是任何公私财物。②本罪只能是利用职务上的便利实施，行为方式包括窃取、骗取、侵吞等多种；后两罪的实施与职务无关，行为方式分别只能是窃取或骗取。③本罪的主体是特殊主体，而后两罪的主体是一般主体。

2. 本罪与侵占罪的界限。二者主要区别包括：①犯罪对象不同。本罪的对象是行为人所在单位的财物；而后罪的对象是特定的代为保管的他人财物、他人的遗忘物或者埋藏物。②客观方面不同。本罪表现为利用职务上的便利将本单位财物非法占为己有；后罪则表现为将代为保管的他人财物、他人的遗忘物或者埋藏物非法占为己有，拒不交还的行为，与职务无关。③犯罪主体不同。本罪为特殊主体；后罪为一般主体。

3. 共犯的认定。行为人与公司、企业或者其他单位的人员勾结，利用公司、企业或者其他单位人员的职务便利，共同将该单位财物非法占为己有，数额较大的，以本罪共犯论处。公司、企业或者其他单位中，不具有国家工作人员身份的人与国家工作人员勾结，分别利用各自的职务便利，共同将本单位财物非法占为己有的，根据2000年7月8日《最高人民法院关于审理贪污、职务侵占案件如何认定共同犯罪几个问题的解释》，按照主犯的犯罪性质定罪。

（三）职务侵占罪的刑事责任

根据《刑法》第271条第1款的规定，犯本罪的，处3年以下有期徒刑或者拘役，并处罚金；数额巨大的，处3年以上10年以下有期徒刑，并处罚金；数额特别巨大的，处10年以上有期徒刑或者无期徒刑，并处罚金。

五、挪用资金罪

（一）挪用资金罪的概念和构成要件

挪用资金罪，是指公司、企业或者其他单位的工作人员，利用职务上的便利，挪用本单位资金归个人使用或者借贷给他人，数额较大，超过3个月未还

的，或者虽未超过 3 个月，但数额较大、进行营利活动的，或者进行非法活动的
行为。

本罪的构成要件是：

1. 本罪的客体是公司、企业或者其他单位资金的占有权、使用权和收益权，
而不是财产权利的全部权能。犯罪对象仅限于本单位的资金，包括货币、有价证
券和尚未成立公司的资金。[1]

2. 本罪的客观方面表现为利用职务上的便利，挪用本单位资金归个人使用
或者借贷给他人，数额较大、超过 3 个月未还的，或者虽未超过 3 个月，但数额
较大、进行营利活动的，或者进行非法活动的行为。具体包含以下要素：

（1）必须是利用职务上的便利，即利用本人在职权范围内所具有的主管、
管理、经手本单位资金的方便条件。例如，单位领导人利用主管财物的便利、出
纳员利用保管现金的便利，以及其他工作人员利用因执行职务而经手单位资金的
便利条件。

（2）必须实施了挪用本单位资金的行为。所谓挪用，是指未经合法批准，
擅自动用其主管、管理或经手的单位资金，准备日后退还的行为。实施挪用资金
的行为，具备下列三种情形之一的，即可构成本罪：

第一，挪用本单位资金归个人使用或者借贷给他人，数额较大，超过 3 个月
未还。这包括三点：①挪用本单位资金归个人使用或者借贷给他人。根据 2000
年 7 月 20 日《最高人民法院关于如何理解刑法第二百七十二条规定的"挪用本
单位资金归个人使用或者借贷给他人"问题的批复》，具体是指挪用本单位资金
归个人或者其他自然人使用，或者挪用人以个人名义将所挪用的资金借给其他自
然人和单位的行为。这里的"挪用"，是指将资金用于营利活动与非法活动以外
的其他活动，即用于生活开支等方面，如购买生活资料、治病、旅游、偿还私人
债务等。②挪用资金数额较大。根据《贪贿案件解释》第 6 条、第 11 条第 2 款
的规定，"数额较大"是指挪用 10 万元以上。③必须是超过 3 个月未还。"未
还"是指超过 3 个月，在被司法机关、主管部门或者有关单位发现前，尚未归
还。如果挪用期限未超过 3 个月，或者虽然超过 3 个月但在案发前已归还的，不
构成本罪。

第二，挪用资金虽未超过 3 个月，但数额较大、进行营利活动。此种情形构
成本罪，只以数额较大和进行营利活动为必备要素，而没有挪用时间长短的限制

---

[1]　根据 2000 年 10 月 9 日《最高人民检察院关于挪用尚未注册成立公司资金的行为适用法律问题
的批复》，筹建公司的工作人员在公司登记注册前，利用职务上的便利，挪用准备设立的公司在银行开设
的临时账户上的资金，归个人使用或者借贷给他人，数额较大、超过 3 个月未还的，或者虽未超过 3 个
月，但数额较大、进行营利活动的，或者进行非法活动的，应当按照挪用资金罪定罪处罚。

以及案发前是否归还的要求。数额较大，与"超过 3 个月未还"标准相同。营利活动，是指挪用本单位资金进行经营或者其他谋取利润的行为，如经商、投资等。

第三，挪用资金进行非法活动。非法活动，是指国家法律禁止的一切活动，如走私、贩毒、非法经营、嫖娼等。根据《贪贿案件解释》第 5 条、第 11 条第 2 款的规定，挪用资金数额在 6 万元以上，进行非法活动的，应追究刑事责任。如果挪用资金所进行的非法活动又构成其他罪的，应当数罪并罚。

3. 本罪的主体为特殊主体，即公司、企业或者其他单位的工作人员，不包括国家工作人员和本单位以外的人员。根据《刑法》第 272 条第 2 款的规定，国有公司、企业或者其他国有单位中从事公务的人员和国有公司、企业或者其他国有单位委派到非国有公司、企业以及其他单位从事公务的人员，利用职务上的便利挪用本单位资金的，依照挪用公款罪定罪处罚。根据 2000 年 2 月 16 日《最高人民法院关于对受委托管理、经营国有财产人员挪用国有资金行为如何定罪问题的批复》，受国家机关、国有公司、企业、事业单位、人民团体委托，管理、经营国有财产的非国家工作人员，利用职务上的便利，挪用国有资金归个人使用构成犯罪的，以本罪定罪处罚。

4. 本罪的主观方面是直接故意，即明知是本单位的资金，为了本人或者他人使用，故意擅自动用。行为人只具有非法使用本单位资金的目的，而不具有永久占为己有的目的。

（二）挪用资金罪的认定

主要应划清本罪与职务侵占罪的界限。二者都是公司、企业或者其他单位内部工作人员利用职务上的便利侵犯本单位财产的行为。二者的区别主要在于：①犯罪客体的具体内容不同。本罪只侵犯资金的占有权、使用权、收益权，没有侵犯其处分权；后罪侵犯了财产所有权的全部权能。②犯罪对象的范围不同。本罪只限于本单位的资金；后罪包括本单位的资金和财物。③犯罪的手段和方式不同。本罪只表现为对本单位资金的挪用行为，并未采取转移资金所有权的方法；后罪则以侵吞、窃取、骗取等手段，非法占有本单位的财物。④犯罪目的不同。本罪以非法使用为目的，日后准备归还；而后罪则以非法占有为目的。

（三）挪用资金罪的刑事责任

根据《刑法》第 272 条第 1 款、第 3 款的规定，犯本罪的，处 3 年以下有期徒刑或者拘役；数额巨大的，处 3 年以上 7 年以下有期徒刑；数额特别巨大的，处 7 年以上有期徒刑。在提起公诉前将挪用的资金退还的，可以从轻或者减轻处罚。其中，犯罪较轻的，可以减轻或者免除处罚。

六、拒不支付劳动报酬罪

（一）拒不支付劳动报酬罪的概念和构成要件

拒不支付劳动报酬罪，是指以转移财产、逃匿等方法逃避支付劳动者的劳动报酬或者有能力支付而不支付劳动者的劳动报酬，数额较大，经政府有关部门责令支付仍不支付的行为。

本罪的构成要件是：

1. 本罪的客体是复杂客体，既侵犯了劳动者获得劳动报酬的权利，又扰乱了市场经济秩序。本罪的犯罪对象是劳动者的劳动报酬。根据 2013 年 1 月 16 日《最高人民法院关于审理拒不支付劳动报酬刑事案件适用法律若干问题的解释》（以下简称《劳动报酬解释》），劳动者依照《中华人民共和国劳动法》和《中华人民共和国劳动合同法》（以下简称《劳动合同法》）等法律的规定应得的工资、奖金、津贴、补贴、延长工作时间的工资报酬及特殊情况下支付的工资等，应当认定为"劳动者的劳动报酬"。

2. 本罪的客观方面表现为以转移财产、逃匿等方法逃避支付劳动者的劳动报酬或者有能力支付而不支付劳动者的劳动报酬，数额较大，经政府有关部门责令支付仍不支付的行为。具体包括以下要素：

（1）本罪的行为方式有两种，一是以转移财产、逃匿等方法逃避支付劳动者的劳动报酬；二是有能力支付而不支付劳动者的劳动报酬。"以转移财产、逃匿等方法逃避支付劳动者的劳动报酬"，根据《劳动报酬解释》，是指下列情形之一：①隐匿财产、恶意清偿、虚构债务、虚假破产、虚假倒闭或者以其他方法转移、处分财产的；②逃跑、藏匿的；③隐匿、销毁或者篡改账目、职工名册、工资支付记录、考勤记录等与劳动报酬相关的材料的；④以其他方法逃避支付劳动报酬的。根据 2014 年 12 月 23 日《最高人民法院、最高人民检察院、公安部、人力资源和社会保障部关于加强涉嫌拒不支付劳动报酬犯罪案件查处衔接工作的通知》，行为人拖欠劳动者劳动报酬后，人力资源社会保障部门通过书面、电话、短信等能够确认其收悉的方式，通知其在指定的时间内到指定的地点配合解决问题，但其在指定的时间内未到指定的地点配合解决问题或明确表示拒不支付劳动报酬的，视为《刑法》第 276 条之一第 1 款规定的"以逃匿方法逃避支付劳动者的劳动报酬"。但是，行为人有证据证明因自然灾害、突发重大疾病等非人力所能抗拒的原因造成其无法在指定的时间内到指定的地点配合解决问题的除外。"有能力支付而不支付劳动者的劳动报酬"通常是指经调查有事实证明企业或单位确有可供支付劳动者劳动报酬的资金或者财产而不支付。

（2）"数额较大并经政府有关部门责令支付仍不支付"是构成本罪的必备条件，缺一不可。至于"数额较大"的起点，根据 2017 年 4 月 27 日《最高人民检察院、公安部关于公安机关管辖的刑事案件立案追诉标准的规定（一）的补充规定》第 7 条的规定，具有下列两种情形之一的，为"数额较大"：①拒不支付1 名劳动者 3 个月以上的劳动报酬且数额在 5000 ~ 20000 元以上的；②拒不支付10 名以上劳动者的劳动报酬且数额累计在 3 万至 10 万元以上的。"经政府有关部门责令支付仍不支付"，根据《劳动报酬解释》，是指经人力资源社会保障部门或者政府其他有关部门依法以限期整改指令书、行政处理决定书等文书责令支付劳动者的劳动报酬后，在指定的期限内仍不支付的情况，但有证据证明行为人有正当理由未知悉责令支付或者未及时支付劳动报酬的除外。行为人逃匿，无法将责令支付文书送交其本人、同住成年家属或者所在单位负责收件的人的，如果有关部门已通过在行为人的住所地、生产经营场所等地张贴责令支付文书等方式责令支付，并采用拍照、录像等方式记录的，应当视为"经政府有关部门责令支付"。

3. 本罪的主体是一般主体。即任何具有逃避支付或者拒不支付劳动者劳动报酬的自然人或单位均可构成本罪主体。这里的"单位"，是指《劳动合同法》中规定的用人单位，包括具备合法经营资格的用人单位和不具备合法经营资格的用人单位以及劳务派遣单位。根据《劳动报酬解释》，不具备用工主体资格的单位或者个人，违法用工且拒不支付劳动者的劳动报酬，数额较大，经政府有关部门责令支付仍不支付的，以拒不支付劳动报酬罪追究刑事责任。用人单位的实际控制人实施拒不支付劳动报酬行为，构成犯罪的，应当以拒不支付劳动报酬罪追究刑事责任。

4. 本罪的主观方面是故意。

（二）拒不支付劳动报酬罪的认定

注意本罪与一般欠薪行为的界限。对于确因经营中遇到困难、资金周转不开或经营不善等原因而暂时无法支付劳动者劳动报酬的，不宜将其认定为本罪。应当要求经营者主动与劳动者签订清偿协议，明确清欠时间、数额以及届时仍未清欠应承担的法律责任等，力求将这类案件在劳动争议调解仲裁的法律框架下予以解决。

（三）拒不支付劳动报酬罪的刑事责任

根据《刑法》第 276 条之一的规定，犯本罪的，处 3 年以下有期徒刑或者拘役，并处或者单处罚金；造成严重后果的，处 3 年以上 7 年以下有期徒刑，并处罚金。单位犯本罪的，对单位判处罚金，并对其直接负责的主管人员和其他直接责任人员，依照上述规定处罚。有前述行为，尚未造成严重后果，在提起公诉前支付劳动者的劳动报酬，并依法承担相应赔偿责任的，可以减轻或者免除处罚。

第五节　妨害社会管理秩序罪重点罪名解析

导入案例

沈某在没有得到规划许可的情况下，擅自在自家的地里建房。建房开工不久，沈某就接到县城管部门下发的停止建房通知书，但沈某对此置之不理。于是，城管部门组织人员依法到沈某家强制执行拆除违章建筑物。沈某从室内拖出两个煤气罐和一大瓶汽油爬上屋顶，扬言"谁敢拆房就炸死谁"，并制作导火索放入汽油瓶口，点燃导火索之后投向执法人员。直至警察赶到，事态方得以控制。

问：对本案应如何处理？

本案知识点：妨害公务罪的构成要件；妨害公务罪的认定

一、妨害公务罪

（一）妨害公务罪的概念和构成要件

妨害公务罪，是指以暴力、威胁方法，阻碍国家机关工作人员、人民代表大会代表、红十字会工作人员依法履行职责的行为，以及故意阻碍国家安全机关、公安机关依法执行国家安全工作任务，未使用暴力、威胁方法，造成严重后果的行为。

本罪的构成要件是：

1. 本罪的客体是国家机关、人民代表大会、红十字会等正常的公务活动。犯罪对象只能是国家机关工作人员、人大代表、红十字会工作人员以及国家安全机关、公安机关工作人员。但是暴力袭击正在依法执行职务的人民警察的，根据《刑法》第277条第5款的规定，构成袭警罪。另外，2000年4月24日《最高人民检察院关于以暴力威胁方法阻碍事业编制人员依法执行行政执法职务是否可对侵害人以妨害公务罪论处的批复》中指出，对于以暴力、威胁方法阻碍国有事业单位人员依照法律、行政法规的规定执行行政执法职务的，或者以暴力、威胁方法阻碍国家机关中受委托从事行政执法活动的事业编制人员执行行政执法职务的，以妨害公务罪论处。阻碍军人执行职务的，不成立本罪，而是构成阻碍执行军事职务罪。

2. 本罪的客观方面表现为有下列四种情形之一的行为：①以暴力、威胁方法阻碍国家机关工作人员依法执行职务的行为；②以暴力、威胁方法阻碍人民代表大会的代表依法执行代表职务的行为；③在自然灾害和突发事件中，以暴力、威胁方法阻碍红十字会工作人员依法履行职责的行为；④阻碍国家安全机关、公安机关的工作人员依法执行国家安全工作任务，虽未使用暴力、威胁方法，但造成严重后果的行为。

　　上述前三种情形的妨害公务罪在客观方面具有以下特征：①犯罪对象的特定性，即只能是国家机关工作人员、人大代表、红十字会工作人员。②行为时空的限制性，即阻碍行为只能发生在上述人员正在依法执行公务期间，而且，阻碍红十字会工作人员依法履行职责的，还必须发生在自然灾害或突发事件中。依法执行公务，是指在法律规定的权限范围内，按照法定的条件、程序和方法执行其职务的行为。对上述人员的非公务活动或违法行为进行阻碍的，以及阻碍行为发生在公务执行之前或公务行为完成之后的，不构成本罪。③行为手段的特定性，即都必须是以暴力或威胁的方法阻碍执行公务。暴力，是指对正在依法执行公务的人员的身体实行打击或者强制，致使其不能正常执行公务，如殴打、捆绑、轻伤害等，但不包括重伤和杀害。威胁，是指以杀害、伤害、毁坏财产、损害名誉、扣押人质等方法，对正在依法执行公务的人员进行威逼、恐吓，迫使他们放弃职守。至于上述人员是否因此而产生恐惧心理放弃执行公务，不影响本罪的成立。如果行为人并未采用暴力或威胁方法，而是采用其他方法干扰依法执行公务的，如无理纠缠、谩骂、吵闹等，即使对执行公务有一定程度的妨害，也不能构成本罪。

　　第四种情形的妨害公务罪在客观方面具有以下特征：①犯罪对象的特定性，即只能是国家安全机关、公安机关工作人员；②行为时空的限制性，即阻碍行为只能发生在依法执行国家安全工作任务过程中；③公务内容的特定性，即限于国家安全工作任务；④行为手段的多样性，即除暴力、威胁方法外，还包括对依法执行国家安全工作有义务提供协助而拒不提供的消极行为，用哄闹、欺骗的方法进行阻碍等，当然，如果是以暴力、威胁方法阻碍执行国家安全工作任务，则属于本罪客观方面的第一种情况；⑤危害结果的法定性，即必须造成了严重后果才构成本罪。所谓严重后果，主要是指给国家安全造成了严重损害。例如，致使犯罪嫌疑人逃跑，侦查线索中断，犯罪证据灭失，赃款、赃物被转移等。

　　3. 本罪的主体是一般主体。

　　4. 本罪的主观方面是故意，即明知上述工作人员是正在依法执行公务，仍故意以暴力、威胁方法予以阻碍，或者明知对方正在依法执行国家安全工作任务，仍有意进行阻碍。这里的"明知"，既表现在对上述工作人员身份的明知，也表现在对上述工作人员依法执行公务的明知。否则，不应以本罪论处。

　　（二）妨害公务罪的认定

　　1. 本罪与非罪的界限。对国家机关工作人员的非法活动进行抗争的行为，不能认定为本罪；对于人民群众因合理要求没有得到满足而与国家机关工作人员发生轻微冲突的行为，应当正确疏导，不宜认定为本罪；对于使用了轻微暴力、胁迫手段，但客观上不足以阻碍国家机关工作人员依法执行职务的行为，应当批评教育，不宜认定为犯罪。

2. 罪数的认定。本罪的暴力行为如果触犯其他罪名，如暴力行为造成上述人员重伤或死亡的，或者行为人以故意重伤或杀人的方法阻碍上述人员依法执行公务的，应按照想象竞合犯或牵连犯的处理原则，从一重罪处断。此外，妨害公务的行为，可能成为其他犯罪的手段，在这种情况下，原则上也应从一重罪处断，但刑法有特别规定的，应按特别规定处理。例如，以暴力、胁迫方法抗拒缉私的，应以相应的走私犯罪和本罪实行数罪并罚。

　　本节的导入案例中，沈某明知前来执行拆除违章建筑物的人员是城管部门的工作人员，且正在依法执行公务，而故意以暴力、威胁方法予以阻碍，妨害了国家机关正常的公务活动，其行为符合妨害公务罪的犯罪构成，对沈某应以妨害公务罪定罪处罚。本案中，沈某将放入导火索的汽油瓶点燃之后投向执法人员，如果这种暴力行为已经危害或者足以危害公共安全的，则应当以爆炸罪论处；如果这种暴力行为不足以危害公共安全，但造成了有关执法人员的重伤或死亡的，则应当以故意伤害（重伤）罪或故意杀人罪定罪处罚。

（三）妨害公务罪的刑事责任

根据《刑法》第277条第1~4款的规定，犯本罪的，处3年以下有期徒刑、拘役、管制或者罚金。

二、聚众扰乱社会秩序罪

（一）聚众扰乱社会秩序罪的概念和构成要件

聚众扰乱社会秩序罪，是指聚众扰乱社会秩序，情节严重，致使工作、生产、营业和教学、科研、医疗无法进行，造成严重损失的行为。

本罪的构成要件是：

1. 本罪的客体是社会秩序，即国家机关、企业、事业单位、人民团体、医疗单位正常的工作秩序、生产经营秩序、教学秩序、科研秩序和医疗秩序。犯罪对象是国家机关、企业、事业单位、人民团体和医疗单位。

2. 本罪的客观方面表现为聚众扰乱社会秩序，情节严重，致使工作、生产、营业和教学、科研、医疗无法进行，造成严重损失的行为。

（1）必须有聚众扰乱社会秩序的行为。聚众，是指首要分子纠集多人（3人以上），在同一时间、同一地点相聚集，从事某种共同行为。如果没有首要分子的纠集，而是多数人的自动聚合，则不属于聚众。扰乱社会秩序，是指行为人采用各种手段干扰和破坏上述单位的正常工作秩序，如在上述场所大肆喧嚣哄闹，强占或封锁上述单位的办公室、生产车间等，围攻甚至侮辱、殴打有关工作人员，等等。

（2）必须是情节严重，致使工作、生产、营业和教学、科研、医疗无法进行，造成严重损失的，才成立本罪。这里的"情节严重"，不是指行为后果，而是指行为本身，如纠合人数多、聚众时间长、使用暴力手段等。对于在聚众扰乱社会秩序活动中使用暴力造成人员伤亡或毁坏公共财物等结果，触犯其他罪名的，应从一重罪处断。

3. 本罪的主体是一般主体，但仅限于首要分子和积极参加者，一般参加者以及不明真相、受蒙蔽的参加者不能成为本罪的主体。

4. 本罪的主观方面是故意。

（二）聚众扰乱社会秩序罪的认定

1. 本罪与非罪的界限。对于人民群众因合理要求没有得到满足而采取的过激行为，人民群众因对有关国家机关、部门及其工作人员的工作不满，而聚集起来到国家有关部门请愿、上访的行为，以及情节并不严重，后果比较轻微的群众性扰乱行为，不能认定为本罪。

2. 本罪与聚众冲击国家机关罪的界限。聚众冲击国家机关罪，是指聚众冲击国家机关，致使国家机关工作无法进行，造成严重损失的行为。这两种犯罪的相同之处是：客观方面都表现为聚众，都要求致使工作无法进行，造成严重损失；犯罪主体都仅限于首要分子和积极参加者；主观方面都是故意。二者的主要区别是：①犯罪客体和对象不同。本罪的客体和对象如前所述；后罪的客体仅限于国家机关的工作秩序，犯罪对象是各级国家机关。②客观方面的行为不同。本罪的行为表现为聚众扰乱社会秩序且情节严重；后罪的行为表现为聚众冲击国家机关。所谓聚众冲击国家机关，是指首要分子纠集多人冲撞或围攻国家机关，强行进入国家机关或堵塞国家机关通道以及占据国家机关办公场所等行为。聚众冲击国家机关属于聚众扰乱社会秩序的特殊形式，鉴于其社会危害性大，所以刑法将其设置为独立的罪名，构成该罪不需要情节严重。

（三）聚众扰乱社会秩序罪的刑事责任

根据《刑法》第 290 条第 1 款的规定，犯本罪的，对首要分子，处 3 年以上 7 年以下有期徒刑；对其他积极参加的，处 3 年以下有期徒刑、拘役、管制或者剥夺政治权利。

三、组织、领导、参加黑社会性质组织罪

（一）组织、领导、参加黑社会性质组织罪的概念和构成要件

组织、领导、参加黑社会性质组织罪，是指组织、领导或者参加黑社会性质组织的行为。

本罪的构成要件是：

1. 本罪的客体是复杂客体，既侵犯了经济秩序、社会生活秩序，又侵犯了公民的人身权利。根据党的二十大报告，十九大以来的五年，我国共建共治共享的社会治理制度进一步健全，扫黑除恶专项斗争取得了阶段性成果，平安中国建设迈向了更高水平，为2035 年基本实现国家治理体系和治理能力现代化创造了

有利条件。

2. 本罪的客观方面表现为组织、领导、参加黑社会性质组织的行为。根据《刑法》第 294 条第 5 款的规定，黑社会性质的组织应当同时具备以下特征：①形成较稳定的犯罪组织，人数较多，有明确的组织者、领导者，骨干成员基本固定。这是黑社会性质组织的组织特征；②有组织地通过违法犯罪活动或者其他手段获取经济利益，具有一定的经济实力，以支持该组织的活动。这是黑社会性质组织的经济特征；③以暴力、威胁或者其他手段，有组织地多次进行违法犯罪活动，为非作恶，欺压、残害群众。这是黑社会性质组织的行为特征；④通过实施违法犯罪活动，或者利用国家工作人员的包庇或者纵容，称霸一方，在一定区域或者行业内，形成非法控制或者重大影响，严重破坏经济、社会生活秩序。这是黑社会性质组织的危害性特征。[1]

本罪为选择性罪名，且属于行为犯。只要行为人实施了组织、领导、参加黑社会性质组织的行为之一，就成立本罪既遂。组织，是指倡导、发起、组建黑社会性质组织的行为；领导，是指在黑社会性质组织中指挥、策划、决策、负责、协调的行为。参加，是指明知是黑社会性质的组织而加入的行为。组织、领导、参加黑社会性质的组织又有其他犯罪行为的，依照数罪并罚的规定处罚。

3. 本罪的主体为一般主体，包括组织、领导、积极参加和其他参加的人。

4. 本罪的主观方面是故意，即明知是黑社会性质的组织而决意组织、领导或者参加。

（二）组织、领导、参加黑社会性质组织罪的认定

2019 年 4 月 9 日，最高人民法院、最高人民检察院、公安部、司法部联合印发了四个关于办理扫黑除恶案件的意见，包括恶势力、软暴力、套路贷以及黑恶势力财产处置等问题。恶势力是尚未形成黑社会性质组织的违法犯罪组织；软暴力和套路贷是黑社会性质组织经常采用的犯罪手段。

1. 恶势力、恶势力犯罪集团的认定与处理。根据 2019 年 4 月 9 日《最高人民法院、最高人民检察院、公安部、司法部关于办理恶势力刑事案件若干问题的意见》，恶势力，是指经常纠集在一起，以暴力、威胁或者其他手段，在一定区域或者行业内多次实施违法犯罪活动，为非作恶，欺压百姓，扰乱经济、社会生活秩序，造成较为恶劣的社会影响，但尚未形成黑社会性质组织的违法犯罪组织。恶势力犯罪集团，是指符合恶势力全部认定条件，同时又符合犯罪集团法定

---

〔1〕 关于组织特征、经济特征、行为特征和危害性特征的具体认定，可依照 2009 年 12 月 9 日《最高人民法院、最高人民检察院、公安部办理黑社会性质组织犯罪案件座谈会纪要》、2015 年 10 月 13 日《最高人民法院全国部分法院审理黑社会性质组织犯罪案件工作座谈会纪要》以及 2018 年 1 月 16 日《最高人民法院、最高人民检察院、公安部、司法部关于办理黑恶势力犯罪案件若干问题的指导意见》进行认定。

条件的犯罪组织。恶势力实施的违法犯罪活动，主要为强迫交易、故意伤害、非法拘禁、敲诈勒索、故意毁坏财物、聚众斗殴、寻衅滋事，但也包括具有为非作恶、欺压百姓特征，主要以暴力、威胁为手段的其他违法犯罪活动。对于恶势力，可根据其实施的具体犯罪活动进行定罪处罚。

2. "软暴力"的认定与处理。根据 2019 年 4 月 9 日《最高人民法院、最高人民检察院、公安部、司法部关于办理实施"软暴力"的刑事案件若干问题的意见》，"软暴力"是指行为人为谋取不法利益或形成非法影响，对他人或者在有关场所进行滋扰、纠缠、哄闹、聚众造势等，足以使他人产生恐惧、恐慌进而形成心理强制，或者足以影响、限制人身自由、危及人身财产安全，影响正常生活、工作、生产、经营的违法犯罪手段。采用"软暴力"手段，可根据其手段的不同，分别依照组织、领导、参加黑社会性质组织罪、强迫交易罪、寻衅滋事罪、非法拘禁罪、非法侵入住宅罪、敲诈勒索罪定罪处罚。

3. "套路贷"的认定与处理。根据 2019 年 4 月 9 日《最高人民法院、最高人民检察院、公安部、司法部关于办理"套路贷"刑事案件若干问题的意见》，"套路贷"，是对以非法占有为目的，假借民间借贷之名，诱使或迫使被害人签订"借贷"或变相"借贷""抵押""担保"等相关协议，通过虚增借贷金额、恶意制造违约、肆意认定违约、毁匿还款证据等方式形成虚假债权债务，并借助诉讼、仲裁、公证或者采用暴力、威胁以及其他手段非法占有被害人财物的相关违法犯罪活动的概括性称谓。实施"套路贷"过程中，未采用明显的暴力或者威胁手段，其行为特征从整体上表现为以非法占有为目的，通过虚构事实、隐瞒真相骗取被害人财物的，一般以诈骗罪定罪处罚；对于在实施"套路贷"过程中多种手段并用，构成诈骗、敲诈勒索、非法拘禁、虚假诉讼、寻衅滋事、强迫交易、抢劫、绑架等多种犯罪的，应当根据具体案件事实，区分不同情况，依照刑法及有关司法解释的规定数罪并罚或者择一重处罚。

（三）组织、领导、参加黑社会性质组织罪的刑事责任

根据《刑法》第 294 条第 1 款的规定，组织、领导黑社会性质的组织的，处 7 年以上有期徒刑，并处没收财产；积极参加的，处 3 年以上 7 年以下有期徒刑，可以并处罚金或者没收财产；其他参加的，处 3 年以下有期徒刑、拘役、管制或者剥夺政治权利，可以并处罚金。

四、拒不执行判决、裁定罪

（一）拒不执行判决、裁定罪的概念和构成要件

拒不执行判决、裁定罪，是指对人民法院的判决、裁定有能力执行而拒不执行，情节严重的行为。

本罪的构成要件是：

1. 本罪的客体是人民法院执行生效裁判的正常活动。犯罪对象是人民法院依法作出的具有执行内容并已经发生法律效力的判决、裁定。人民法院为依法执行支付令、生效的调解书、仲裁裁决、公证债权文书等所作的裁定，属于本罪中的裁定。

2. 本罪的客观方面表现为对人民法院已经发生法律效力的判决、裁定有能力执行而拒不执行，情节严重的行为。

（1）行为人有能力执行，这是成立本罪的前提条件。有能力执行，是指根据查实的证据，负有执行义务的人有可供执行的财产或者具有履行特定行为义务的能力。如果无能力执行而没有执行的，由于缺乏期待可能性，不成立本罪。

（2）行为人拒不执行，这是成立本罪的行为条件。拒不执行，是指行为人在人民法院发出执行通知后不执行，或者在人民法院依法执行时予以抗拒。拒不执行，既可以是不作为，即行为人消极地拒绝执行人民法院的判决、裁定，也可以是作为，即采取暴力、威胁、阻挠、转移财产等方法抗拒人民法院对判决、裁定的执行活动。

（3）必须情节严重的，才能成立本罪。根据 2002 年 8 月 29 日《全国人大常委会关于〈中华人民共和国刑法〉第三百一十三条的解释》，"有能力执行而拒不执行，情节严重"是指具有下列情形之一：①被执行人隐藏、转移、故意毁损财产或者无偿转让财产、以明显不合理的低价转让财产，致使判决、裁定无法执行的；②担保人或者被执行人隐藏、转移、故意毁损或者转让已向人民法院提供担保的财产，致使判决、裁定无法执行的；③协助执行义务人接到人民法院协助执行通知书后，拒不协助执行，致使判决、裁定无法执行的；④被执行人、担保人、协助执行义务人与国家机关工作人员通谋，利用国家机关工作人员的职权妨害执行，致使判决、裁定无法执行的；⑤其他有能力执行而拒不执行，情节严重的情形。根据 2015 年 7 月 20 日《最高人民法院关于审理拒不执行判决、裁定刑事案件适用法律若干问题的解释》，"其他有能力执行而拒不执行，情节严重的情形"包括以下情形：①具有拒绝报告或者虚假报告财产情况、违反人民法院限制高消费及有关消费令等拒不执行行为，经采取罚款或者拘留等强制措施后仍拒不执行的；②伪造、毁灭有关被执行人履行能力的重要证据，以暴力、威胁、贿买方法阻止他人作证或者指使、贿买、胁迫他人作伪证，妨碍人民法院查明被执行人财产情况，致使判决、裁定无法执行的；③拒不交付法律文书指定交付的财物、票证或者拒不迁出房屋、退出土地，致使判决、裁定无法执行的；④与他人串通，通过虚假诉讼、虚假仲裁、虚假和解等方式妨害执行，致使判决、裁定无法执行的；⑤以暴力、威胁方法阻碍执行人员进入执行现场或者聚众哄闹、冲击执行现场，致使执行工作无法进行的；⑥对执行人员进行侮辱、围攻、扣押、殴打，致使执行工作无法进行的；⑦毁损、抢夺执行案件材料、执行公务车辆和其他执行器械、执行人员服装以及执行公务证件，致使执行工作无法进行的；⑧拒不执行法院判决、裁定，致使债权人遭受重大损失的。

3. 本罪的主体是特殊主体，即对生效裁判负有执行义务的人，包括被执行人、协助执行义务人和担保人。单位也可成立本罪。

4. 本罪的主观方面是故意，即明知是生效裁判且明知自己有义务执行而拒不执行。

（二）拒不执行判决、裁定罪的认定

1. 本罪与妨害公务罪的界限。拒不执行判决、裁定属于妨害公务的一种形式。但二者的犯罪客体、犯罪主体均不相同，对行为手段的要求也有区别：本罪不以暴力、威胁为必要条件；而后罪一般以采取暴力、威胁的手段为构成要素。如果行为人以暴力、威胁的方法实施拒不执行判决、裁定的行为，同时构成本罪和妨害公务罪的，应按照特别法优于普通法的原则，以本罪论处。

2. 共犯和罪数的认定。国家机关工作人员有上述立法解释第④项行为的，以本罪的共犯追究刑事责任。暴力抗拒人民法院执行判决、裁定，杀害、重伤执行人员的，应以故意杀人罪、故意伤害（重伤）罪定罪处罚。国家机关工作人员收受贿赂或者滥用职权，有上述立法解释第④项行为，同时又构成受贿罪、滥用职权罪的，依照处罚较重的规定定罪处罚。

（三）拒不执行判决、裁定罪的刑事责任

根据《刑法》第313条的规定，犯本罪的，处3年以下有期徒刑、拘役或者罚金；情节特别严重的，处3年以上7年以下有期徒刑，并处罚金。单位犯前款罪的，对单位判处罚金，并对其直接负责的主管人员和其他直接责任人员，依照上述规定处罚。

五、妨害传染病防治罪

（一）妨害传染病防治罪的概念与构成要件

妨害传染病防治罪，是指违反传染病防治法的规定，引起甲类传染病以及依法确定采取甲类传染病预防、控制措施的传染病传播或者有传播严重危险的行为。

本罪的构成要件是：

1. 本罪的客体是国家预防、控制传染病的管理活动和广大人民群众的生命健康权利。传染病是由致病微生物如细菌、病毒、立克次体、寄生虫等侵入人体，发生的使人体健康遭受某种损害以至于危及生命的疾病，它具有病原体、传染性、流行性、免疫性的特点，对人民群众生命健康的危害巨大。党的二十大报告在总结过去五年的工作时指出，面对突如其来的新冠肺炎疫情，我们坚持人民至上、生命至上，坚持外防输入、内防反弹，坚持动态清零不动摇，开展抗击疫情人民战争、总体战、阻击战，最大限度保护了人民生命安全和身体健康，统筹疫情防控和经济社会发展取得重大积极成果。

2. 本罪的客观方面表现为行为违反了我国传染病防治法规定的国家预防、控制传染病的制度，并且引起甲类传染病以及依法确定采取甲类传染病预防、控制措施的传染病传播或者有传播严重危险。

（1）行为人实施了违反我国传染病防治法规定的国家预防、控制传染病的制度的行为。根据《刑法》第330条的规定，包括以下行为：①供水单位供应的饮用水不符合国家规定的卫生标准的；②拒绝按照疾病预防控制机构提出的卫生要求，对传染病病原体污染的污水、污物、场所和物品进行消毒处理的；③准许或者纵容传染病病人、病原携带者和疑似传染病病人从事国务院卫生行政部门规定禁止从事的易使该传染病扩散的工作的；④出售、运输疫区中被传染病病原体污染或者可能被传染病病原体污染的物品，未进行消毒处理的；⑤拒绝执行县级以上人民政府、疾病预防控制机构依照染病防治法提出的预防、控制措施的。

（2）行为引起甲类传染病以及依法确定采取甲类传染病预防、控制措施的传染病传播或者有传播严重危险。本罪是结果犯或危险犯。甲类传染病的范围，依照《中华人民共和国传染病防治法》和国务院有关规定确定。依法确定采取甲类传染病预防、控制措施的传染病，是指乙类传染病中新型冠状病毒肺炎、传染性非典型肺炎、炭疽中的肺炭疽、人感染高致病性禽流感以及国务院卫生行政部门根据需要报经国务院批准公布实施的其他需要按甲类管理的乙类传染病和突发原因不明的传染病。

（3）本罪的主体是一般主体，既包括自然人，也包括单位。

（4）本罪的主观方面表现为过失，但行为人对于违反有关公共卫生管理的法规、制度本身常常是故意的，过失是相对于该行为所造成的甲类传染病以及依法确定采取甲类传染病预防、控制措施的传染病传播或者有传播严重危险后果而言的。

（二）妨害传染病防治罪的认定

注意本罪与妨害国境卫生检疫罪的界限。妨害国境卫生检疫罪是指违反国境卫生检疫规定，引起检疫传染病的传播，或者有引起检疫传染病传播的严重危险的行为。具体包括下列妨害国境卫生检疫的行为：①检疫传染病染疫人或者染疫嫌疑人拒绝执行海关依照国境卫生检疫法等法律法规提出的健康申报、体温监测、医学巡查、流行病学调查、医学排查、采样等卫生检疫措施，或者隔离、留验、就地诊验、转诊等卫生处理措施的；②检疫传染病染疫人或者染疫嫌疑人采取不如实填报健康申明卡等方式隐瞒疫情，或者伪造、涂改检疫单、证等方式伪造情节的；③知道或者应当知道实施审批管理的微生物、人体组织、生物制品、血液及其制品等特殊物品可能造成检疫传染病传播，未经审批仍逃避检疫，携运、寄递出入境的；④出入境交通工具上发现有检疫传染病染疫人或者染疫嫌疑人，交通工具负责人拒绝接受卫生检疫或者拒不接受卫生处理的；⑤来自检疫传染病流行国家、地区的出入境交通工具上出现非意外伤害死亡且死因不明的人员，交通工具负责人故意隐瞒情况的；⑥其他拒绝执行海关依照国境卫生检疫法等法律法规提出的检疫措施的。[1]二者的主要区别在于，客观行为不同。本罪是实施了违反传染病防治法的有关规定的行为；后罪则是实施了违反国境卫生检疫法的有关规定的行为。

（三）妨害传染病防治罪的刑事责任

根据《刑法》第 330 条的规定，犯本罪的，处 3 年以下有期徒刑或者拘役；后果特别严重的，处 3 年以上 7 年以下有期徒刑。单位犯前款罪的，对单位判处罚金，并对其直接负责的主管人员和其他直接责任人员，依照上述规定处罚。

六、医疗事故罪

（一）医疗事故罪的概念和构成要件

医疗事故罪，是指医务人员在医务工作中由于严重不负责任，致使就诊人死亡或者严重损害就诊人身体健康的行为。

本罪的构成要件是：

1. 本罪的客体是医疗单位的正常活动和就诊人的生命、健康权利。

2. 本罪在客观方面表现为在医务工作中由于严重不负责任，致使就诊人死亡或者严重损害其身体健康。

（1）时间范围的限定，即行为发生在医务工作中，即对就诊人进行疾病治疗、身体健康检查或对就诊人进行计划生育的过程中。

（2）行为人实施了严重不负责任的行为。所谓严重不负责任，是指行为人严重违反规章制度、诊疗常规、技术操作规范，在对就诊人进行救治、护理或身体健康检查过程中，不履行或者不正确履行医疗护理的职责。至于行为的形态，既可以是作为，如打错针，发错药等；也可以是不作为，如值班医生擅离职守，致使病人得不到及时救治等。根据 2008 年 6 月 25 日《最高人民检察院、公安部关于公安机关管辖的刑事案件立案追诉标准的规定（一）》（以下简称《追诉标准（一）》）第 56 条第 2 款的规定，具有下列情形之一的，属于"严重不负责任"：①擅离职守的；②无正当理由拒绝对危急就诊人实行必要的医疗救治的；③未经批准擅自开展试验性治疗的；④严重违反查对、复核制度的；⑤使用未经

---

〔1〕 参见 2020 年 3 月 13 日《最高人民法院、最高人民检察院、公安部、司法部、海关总署关于进一步加强国境卫生检疫工作 依法惩治妨害国境卫生检疫违法犯罪的意见》。

批准使用的药品、消毒药剂、医疗器械的；⑥严重违反国家法律法规及有明确规定的诊疗技术规范、常规的；⑦其他严重不负责任的情形。

（3）本罪是结果犯，其成立要求出现了就诊人死亡或者严重损害就诊人身体健康的结果，而且这种结果是由于医务人员严重不负责任的行为所导致的，即二者之间存在因果关系。所谓严重损害就诊人身体健康，根据《追诉标准（一）》的规定，是指造成就诊人严重残疾，重伤，感染艾滋病、病毒性肝炎等难以治愈的疾病或者其他严重损害就诊人身体健康的后果。

3. 本罪的主体是特殊主体，只有医务人员才能构成。所谓医务人员，是指经过医药院校教育，或者经各级机构培养训练后，经考核合格，并经过卫生行政机关批准，取得行医资格，从事医疗实践工作的各类医务人员。包括：医疗防疫人员（如中医、西医、卫生防疫、寄生虫防治、职业病防治以及妇幼保健人员）；药剂人员；护理人员；其他专业技术人员（如检验、理疗、病理、口腔、同位素、放射、营养技术等专业人员）。根据国务院2002年9月1日施行的《医疗事故处理条例》的规定，开展与计划生育有关的临床医疗服务时，其医务人员也可成为本罪的主体。这里的医务人员既包括国有、集体所有制医疗单位的医务人员，也包括一切有合法行医执照的个体行医人员。

4. 本罪的主观方面是过失，即行为人应当预见自己严重不负责任的行为可能造成就诊人死亡或者严重损害就诊人的身体健康的结果，但因疏忽大意没有预见，或者虽已预见到但轻信可以避免，从而导致就诊人死亡或者身体健康受到损害的结果发生。

（二）医疗事故罪的认定

注意罪与非罪的界限。《医疗事故处理条例》第33条规定，有下列情形之一的，不属于医疗事故：①在紧急情况下为抢救垂危患者生命而采取紧急医学措施造成不良后果的；②在医疗活动中由于患者病情异常或者患者体质特殊而发生医疗意外的；③在现有医学科学技术条件下，发生无法预料或者不能防范的不良后果的；④无过错输血感染造成不良后果的；⑤因患方原因延误诊疗导致不良后果的；⑥因不可抗力造成不良后果的。

另外，虽然属于医疗事故，但是尚未造成就诊人死亡或者严重损害就诊人身体健康的，也不构成犯罪。

（三）医疗事故罪的刑事责任

根据《刑法》第335条的规定，犯本罪的，处3年以下有期徒刑或者拘役。

七、污染环境罪

（一）污染环境罪的概念和构成要件

污染环境罪，是指违反国家规定，排放、倾倒或者处置有放射性的废物、含传染病病原体的废物、有毒物质或者其他有害物质，严重污染环境的行为。

本罪的构成要件是：

1. 本罪的客体是国家环境保护的管理制度。

2. 本罪的客观方面表现为以下三个要素：

（1）违反国家规定，主要是指违反《中华人民共和国环境保护法》《中华人民共和国大气污染防治法》《中华人民共和国水污染防治法》《中华人民共和国固体废物污染环境防治法》《中华人民共和国海洋环境保护法》《中华人民共和国海洋倾废管理条例》等法律、行政法规以及国务院颁布的有关法律实施细则。

（2）有排放、倾倒或者处置有放射性的废物、含传染病病原体的废物、有毒物质或者其他有害物质的行为。"排放"，是指将有害物质向土地、水体、大气等排入的行为。"倾倒"，是指通过船舶、航空器、平台或者其他运载工具，向土地、水体、大气等弃置有害物质的行为。"处置"，是指以焚烧、填埋等方式处理有害物质的行为。"放射性的废物"，是指放射性核素含量超过国家规定限值的固体、液体和气体废弃物。"含传染病病原体的废物"，是指含有传染病病菌的污水、粪便等废弃物。"有毒物质"，是指对人体有毒害，可能对人体健康和环境造成严重危害的废物、物质。根据2016年12月23日《最高人民法院、最高人民检察院关于办理环境污染刑事案件适用法律若干问题的解释》（以下简称《环境污染解释》）第15条的规定，下列物质应当认定为"有毒物质"：①危险废物，是指列入国家危险废物名录，或者根据国家规定的危险废物鉴别标准和鉴别方法认定的，具有危险特性的废物；②《关于持久性有机污染物的斯德哥尔摩公约》附件所列物质；③含重金属的污染物；④其他具有毒性，可能污染环境的物质。"其他有害物质"是兜底性规定，一般是指上述放射性的废物、含传染病病原体的废物、有毒物质以外的，可能对人体健康和环境造成严重危害的物质。

（3）严重污染环境。根据《环境污染解释》第1条规定，具有下列情形之一，应当认定为"严重污染环境"：①在饮用水水源一级保护区、自然保护区核心区排放、倾倒、处置有放射性的废物、含传染病病原体的废物、有毒物质的；②非法排放、倾倒、处置危险废物3吨以上的；③排放、倾倒、处置含铅、汞、镉、铬、砷、铊、锑的污染物，超过国家或者地方污染物排放标准3倍以上的；④排放、倾倒、处置含镍、铜、锌、银、钒、锰、钴的污染物，超过国家或者地方污染物排放标准10倍以上的；⑤通过暗管、渗井、渗坑、裂隙、溶洞、灌注等逃避监管的方式排放、倾倒、处置有放射性的废物、含传染病病原体的废物、有毒物质的；⑥2年内曾因违反国家规定，排放、倾倒、处置有放射性的废物、含传染病病原体的废物、有毒物质受过2次以上行政处罚，又实施前列行为的；⑦重点排污单位篡改、伪造自动监测数据或者干扰自动监测设施，排放化学需氧量、氨氮、二氧化硫、氮氧化物等污染物的；⑧违法减少防治污染设施运行支出100万元以上的；⑨违法所得或者致使公私财产损失30万元以上的；⑩造成生态环境严重损害的；⑪致使乡镇以上集中式饮用水水源取水中断12小时以上的；⑫致使基本农田、防护林地、特种用途林地5亩以上，其他农用地10亩以上，其他土地20亩以上基本功能丧失或者遭受永久性破坏的；⑬致使森林或者其他林木死亡50立方米以上，或者幼树死亡2500株以上的；⑭致使疏散、转移群众5000人以上的；⑮致使30人以上中毒的；⑯致使3人以上轻伤、轻度残疾或者器官组织损伤导致一般功能障碍的；⑰致使1人以上重伤、中度残疾或者器官组织损伤导致严重功能障碍的；⑱其他严重污染环境的情形。

3. 本罪的主体包括自然人和单位。

4. 本罪的主观方面是故意。根据《环境污染解释》，明知他人无危险废物经营许可证，向其提供或者委托其收集、贮存、利用、处置危险废物，严重污染环境的，以共同犯罪论处。

（二）污染环境罪的认定

重点注意罪数的认定。根据《刑法》第338条第2款规定，有严重污染环境的行为，同时构成其他犯罪的，依照处罚较重的规定定罪处罚。

（三）污染环境罪的刑事责任

根据《刑法》第338条和第346条的规定，犯本罪的，处3年以下有期徒刑或者拘役，并处或者单处罚金；情节严重的，处3年以上7年以下有期徒刑，并处罚金；有下列情形之一的，处7年以上有期徒刑，并处罚金：①在饮用水水源保护区、自然保护地核心保护区等依法确定的重点保护区域排放、倾倒、处置有放射性的废物、含传染病病原体的废物、有毒物质，情节特别严重的；②向国家确定的重要江河、湖泊水域排放、倾倒、处置有放射性的废物、含传染病病原体的废物、有毒物质，情节特别严重的；③致使大量永久基本农田基本功能丧失或者遭受永久性破坏的；④致使多人重伤、严重疾病，或者致人严重残疾、死亡的。

单位犯本罪的，对单位判处罚金，并对其直接负责的主管人员和其他直接责任人员，依照上述规定处罚。

八、走私、贩卖、运输、制造毒品罪

（一）走私、贩卖、运输、制造毒品罪的概念与构成要件

走私、贩卖、运输、制造毒品罪，是指违反毒品管制法规，故意走私、贩卖、运输、制造毒品的行为。

本罪的构成要件是：

1. 本罪的客体是国家对毒品的管理制度，其中走私毒品的行为还扰乱了国

家进出口管理制度。犯罪对象是毒品。根据《刑法》第 357 条的规定，毒品是指鸦片、海洛因、甲基苯丙胺（冰毒）、吗啡、大麻、可卡因以及国家规定管制的其他能够使人形成瘾癖的麻醉药品和精神药品。

2. 本罪的客观方面表现为行为人进行走私、贩卖、运输、制造毒品的行为。"走私毒品"是指明知是毒品而非法将其运输、携带、邮寄毒品进出国（边）境的行为。行为方式主要是输入毒品与输出毒品。此外，对在领海、内海运输、收购、贩卖国家禁止进出口的毒品，以及直接向走私毒品的犯罪人购买毒品的，应视为走私毒品。"贩卖毒品"是指明知是毒品而非法销售或者以贩卖为目的而非法收买的行为。根据《刑法》第 355 条的规定，向走私、贩卖毒品的犯罪分子或者以牟利为目的，向吸食、注射毒品的人提供国家规定管制的能够使人形成瘾癖的麻醉药品、精神药品的，也属于贩卖毒品的行为。"运输毒品"是指明知是毒品而采用携带、寄送、托运、利用他人或者使用交通工具等方法非法运送的行为。运输毒品必须限制在国内，而且不是在领海、内海运输国家禁止进出口的毒品，否则便是走私毒品。"制造毒品"是指非法利用毒品原植物直接提炼或者用化学方法加工、配制毒品，或者以改变毒品成分和效用为目的，用混合等物理方法加工、配制毒品的行为。根据《刑法》第 350 条的规定，明知他人制造毒品而为其提供醋酸酐、乙醚、三氯甲烷等制造毒品的原料或配剂的，以制造毒品的共犯论处。

本罪是选择性罪名，只要实施了走私、贩卖、运输、制造毒品行为之一的，即以该行为确定罪名。实施了其中两种以上行为的，如运输、贩卖毒品的，则定为运输、贩卖毒品罪，不实行数罪并罚。运输、贩卖同一种毒品的，毒品数量不重复计算；不是同一种毒品的，毒品数量累计计算。

3. 本罪的主体包括自然人和单位。自然人构成本罪时，贩卖毒品罪年龄起点为 14 周岁，走私、运输、制造三行为的年龄起点应是 16 周岁。

4. 本罪的主观方面为故意，即行为人明知是毒品而仍走私、贩卖、运输、制造。这里的"明知"是指行为人知道或者应当知道所实施的是走私、贩卖、运输毒品的行为。

（二）走私、贩卖、运输、制造毒品罪的认定

1. 贩卖假毒品行为的处理。贩卖假毒品一般有两种情形：一是行为人误认为假毒品是真毒品而予以贩卖牟利，此时应认定为贩卖毒品未遂。二是行为人明知是假毒品而予以贩卖牟利，骗取的金额达到诈骗罪"数额较大"的起点标准的，应以诈骗罪定罪处罚。

2. 本罪与非法持有毒品罪的界限。作为非法持有毒品罪认定的行为，应该是无证据证实所持有的毒品来源合法，且不能证明系因走私、贩卖、运输、制造

毒品情况下的行为。有证据证明系因走私、贩卖、运输、制造毒品而持有的行为，应认定为本罪。

（三）走私、贩卖、运输、制造毒品罪的刑事责任

根据《刑法》第347条的规定，走私、贩卖、运输、制造毒品，无论数量多少，都应当追究刑事责任，予以刑事处罚。走私、贩卖、运输、制造毒品，有下列情形之一的，处15年有期徒刑、无期徒刑或者死刑，并处没收财产：①走私、贩卖、运输、制造鸦片1000克以上、海洛因或者甲基苯丙胺50克以上或者其他毒品数量大的；②走私、贩卖、运输、制造毒品集团的首要分子；③武装掩护走私、贩卖、运输、制造毒品的；④以暴力抗拒检查、拘留、逮捕，情节严重的；⑤参与有组织的国际贩毒活动的。走私、贩卖、运输、制造鸦片200克以上不满1000克、海洛因或者甲基苯丙胺10克以上不满50克或者其他毒品数量较大的，处7年以上有期徒刑，并处罚金。走私、贩卖、运输、制造鸦片不满200克、海洛因或者甲基苯丙胺不满10克或者其他少量毒品的，处3年以下有期徒刑、拘役或者管制，并处罚金；情节严重的，处3年以上7年以下有期徒刑，并处罚金。单位犯罪的，对单位判处罚金，并对其直接负责的主管人员和其他直接责任人员，依照各该款的规定处罚。利用、教唆未成年人走私、贩卖、运输、制造毒品，或者向未成年人出售毒品的，从重处罚。对多次走私、贩卖、运输、制造毒品，未经处理的，毒品数量累计计算。

第六节　贪污贿赂罪重点罪名解析

导入案例

甲任某国有信用社出纳期间，因违规帮助他人贷款20万元没能按期收回，害怕被单位处分，意图外出赚钱以挽回损失。遂于2017年3月17日，将自己保管的储蓄存款25万元私自带出。次日，信用社报案，检察机关立案并派人追捕。甲得知后，便主动到某派出所投案自首，并在家人帮助下，退清了拿走的款项。

问：甲的行为应如何认定？

本案知识点：贪污罪和挪用公款罪的区别

一、贪污罪

（一）贪污罪的概念和构成要件

贪污罪，是指国家工作人员和受国家机关、国有公司、企业、事业单位、人民团体委托管理、经营国有财产的人员，利用职务上的便利，侵吞、窃取、骗取或者以其他手段非法占有公共财物的行为。

本罪的构成要件是：

1. 本罪的客体是复杂客体，即同时侵犯了国家工作人员公务行为的廉洁性和公共财产所有权。其中，国家工作人员公务行为的廉洁性是本罪的主要客体。在党的二十大报告中，指出"我们开展了史无前例的反腐败斗争，以'得罪千百人、不负十四亿'的使命担当祛疴治乱，不敢腐、不能腐、不想腐一体推进，'打虎'、'拍蝇'、'猎狐'多管齐下，反腐败斗争取得压倒性胜利并全面巩固，消除了党、国家、军队内部存在的严重隐患，确保党和人民赋予的权力始终用来为人民谋幸福"。本罪的犯罪对象是公共财物，包括公共财产和在国内公务活动或者对外交往中接受的礼物。根据《刑法》第91条的规定，公共财产指国有财产、劳动群众集体所有的财产，以及用于扶贫和其他公益事业的社会捐助或专项基金的财产。在国家机关、国有公司、企业、集体企业和人民团体管理、使用或者运输中的私人财产，以公共财产论。根据《刑法》第394条的规定，在国内公务活动或者对外交往中接受的礼物，也可以成为贪污罪的对象。

2. 本罪在客观方面表现为行为人利用职务上的便利，以侵吞、窃取、骗取或者其他方法非法占有公共财物的行为。具体包括以下要素：

（1）利用职务上的便利是构成本罪的前提条件。所谓利用职务上的便利，是指国家工作人员利用职务上主管、管理、经手公共财物的权力和方便条件。如果利用与其职务无关的其他工作上的便利条件，如因工作关系熟悉或者能够出入作案现场等，不能构成本罪。

（2）行为具体表现为利用职务上的便利，以侵吞、窃取、骗取或者其他方法非法占有公共财物。所谓侵吞，是指国家工作人员利用职务上的便利，将暂时由自己合法管理、支配、使用或者经手的公共财物非法据为己有。所谓盗窃，是指国家工作人员利用职务上的便利，秘密窃取由本人暂时合法管理、支配、使用或者经手的公共财物。所谓骗取，是指国家工作人员利用职务上的便利，采用虚构事实、隐瞒真相的方法，非法占有公共财物。"其他手段"，是指国家工作人员利用职务上的便利，使用侵吞、窃取、骗取以外的其他手段、方法占有公共财物，如利用职权巧立名目，私分公款、公物；冒名借出公款，存入银行取息归己等。

（3）以侵吞、窃取、骗取或者其他方法非法占有的必须是公共财物。

（4）本罪属于结果犯，行为人必须事实上非法占有了公共财物，并且数额较大或者有其他较重情节的，才能构成本罪。根据《贪贿案件解释》第1条规定，贪污数额在3万元以上的，为"数额较大"起点。贪污数额在1万元以上不满3万元的，具有下列情形之一的，为具有"其他较重情节"：①贪污救灾、抢险、防汛、优抚、扶贫、移民、救济、防疫、社会捐助等特定款物的；根据2017

年 7 月 26 日《最高人民检察院关于贪污养老、医疗等社会保险基金能否适用〈最高人民法院、最高人民检察院关于办理贪污贿赂刑事案件适用法律若干问题的解释〉第 1 条第 2 款第 1 项规定的批复》，养老、医疗、工伤、失业、生育等社会保险基金可以认定为本条本款本项规定的"特定款物"。②曾因贪污、受贿、挪用公款受过党纪、行政处分的。③曾因故意犯罪受过刑事追究的。④赃款赃物用于非法活动的。⑤拒不交代赃款赃物去向或者拒不配合追缴工作，致使无法追缴的。⑥造成恶劣影响或者其他严重后果的。

3. 本罪的主体是特殊主体，只能由两类人构成：

（1）国家工作人员。这是贪污罪主体的主要部分，有关国家工作人员的具体范围，根据《刑法》第 93 条的规定，包括以下四种人员：①国家机关中从事公务的人员，即各级国家权力机关、行政机关、审判机关、检察机关、军事机关中从事公务的人员。中国共产党各级机关、中国人民政治协商会议的各级机关中从事公务的人员，应当视为国家机关工作人员。②国有公司、企业、事业单位、人民团体中从事公务的人员。国有公司是指公司财产完全属于国家所有的公司，包括国有独资公司等；国有企业是指财产完全属于国家所有的从事生产、经营活动的经济组织；国有事业单位是指国家投资兴办管理的科研、教育、文化、卫生、体育、新闻、广播等单位；人民团体是指各级民主党派、各级工会、共青团、妇联等群众性组织。③国家机关、国有公司、企业、事业单位委派到非国有公司、企业、事业单位、社会团体从事公务的人员。所谓委派，即委任、派遣，其形式多种多样，如任命、指派、提名、批准等。至于其原来是否具备国家工作人员的身份，在所不问。根据 2010 年 11 月 26 日《最高人民法院、最高人民检察院关于办理国家出资企业中职务犯罪案件具体应用法律若干问题的意见》，以下人员应当认定为国家工作人员：一是经国家机关、国有公司、企业、事业单位提名、推荐、任命、批准等，在国有控股、参股公司及其分支机构中从事公务的人员。具体的任命机构和程序，不影响国家工作人员的认定。二是经国家出资企业（包括国有独资公司、企业和国有资本控股公司、参股公司）中负有管理、监督国有资产职责的组织批准或者研究决定，代表其在国有控股、参股公司及其分支机构中从事组织、领导、监督、经营、管理工作的人员。根据最高人民法院于 2003 年 11 月 13 日发布的《全国法院审理经济犯罪案件工作座谈会纪要》，国有公司、企业改制为股份有限公司后，原国有公司、企业的工作人员和股份有限公司新任命的人员中，除代表国有投资主体行使监督、管理职权的人外，不以国家工作人员论。④其他依照法律从事公务的人员。具体包括：依法履行职责的各级人民代表大会代表；依法履行职责的各级人民政协委员；依法履行审判职责的人民陪审员；协助乡、镇人民政府、街道办事处从事行政管理工作的村民委员会、居民委员会等农村和城市基层组织人员；其他由法律授权从事公务的人员。其中，根据 2000 年 4 月 29 日《全国人大常委会关于〈中华人民共和国刑法〉第九十三条第二款的解释》，村民委员会等村基层组织的人员协助人民政府从事以下行政管理时，属于《刑法》第 93 条第 2 款的"其他依照法律从事公务的人员"：救灾、抢险、防汛、优抚、扶贫、移民、救济款物的管理；社会捐助公益事业款物的管理；国有土地的经营和管理；土地征用补偿费用的管理；代征、代缴税款；有关计划生育、户籍、征兵工作；协助人民政府从事的其他行政管理工作的。

（2）受国家机关、国有公司、企业、事业单位、人民团体委托管理、经营国有财产的人员。这类"受委托人员"，需满足下列条件才能成为贪污罪的主体：①被委托人原本不是管理、经营国有财产的人员；②委托单位必须是国家机关、国有公司、企业、事业单位、人民团体；③委托的方式与内容应当是通过合法承包、租赁、聘用等形式授权被委托人管理、经营国有财产。因而，这类人仅是通过《刑法》第 382 条第 2 款的明确规定纳入贪污罪的主体范围，而不属于法定的国家工作人员，不能成为其他贪污贿赂犯罪的犯罪主体。

另外，与上述两类人员勾结，伙同贪污的，以贪污罪的共犯论处。

4. 本罪在主观方面表现为故意，并且具有非法占有公共财物的目的。

（二）贪污罪的认定

1. 本罪与盗窃罪、诈骗罪、侵占罪的界限：①犯罪客体不同。本罪侵犯的是复杂客体；而后三罪则仅侵犯了公私财产所有权。②犯罪的客观方面不同。本罪表现为侵吞、盗窃、骗取公共财物的行为利用了职务上的便利；而后三罪则没有利用职务上的便利。③犯罪主体不同。本罪是特殊主体；而后三罪是一般主体。

2. 本罪与职务侵占罪的界限。二者的主要区别在于：①犯罪客体不同。本罪侵犯的是复杂客体；而后罪则仅侵犯了公司、企业或者其他单位的财产所有权。②犯罪主体不同。本罪的主体是国家工作人员以及受国家机关、国有公司、企业、事业单位、人民团体委托管理、经营国有财产的人员；后罪的主体是公司、企业或者其他单位中除国家工作人员以外的其他工作人员。

3. 本罪既遂与未遂的认定。贪污罪应当以行为人是否实际控制财物作为区分贪污罪既遂与未遂的标准。对于行为人利用职务上的便利，实施了虚假发票平账等贪污行为，但公共财物尚未被实际转移，或者尚未被行为人控制就被查获的，应当认定为贪污未遂。行为人控制公共财物后，是否将财物据为己有，不影响贪污罪既遂的认定。

（三）贪污罪的刑事责任

根据《刑法》第 383 条的规定，犯本罪的，根据情节轻重，分别依照下列规定处罚：①贪污数额较大或者有其他较重情节的，处 3 年以下有期徒刑或者拘役，并处罚金。②贪污数额巨大或者有其他严重情节的，处 3 年以上 10 年以下有期徒刑，并处罚金或者没收财产。③贪污数额特别巨大或者有其他特别严重情节的，处 10 年以上有期徒刑或者无期徒刑，并处罚金或者没收财产；数额特别巨大，并使国家和人民利益遭受特别重大损失的，处无期徒刑或者死刑，并处没收财产。对多次贪污未经处理的，按照累计贪污数额处罚。犯第 1 款罪，在提起公诉前如实供述自己罪行、真诚悔罪、积极退赃，避免、减少损害结果的发生，有第①项规定情形的，可以从轻、减轻或者免除处罚；有第②项、第③项规定情形的，可以从轻处罚。犯第 1 款罪，有第③项规定情形被判处死刑缓期执行的，人民法院根据犯罪情节等情况可以同时决定在其死刑缓期执行 2 年期满依法减为无期徒刑后，终身监禁，不得减刑、假释。

二、挪用公款罪

（一）挪用公款罪的概念和构成要件

挪用公款罪，是指国家工作人员利用职务上的便利，挪用公款归个人使用，进行非法活动，或者挪用公款数额较大、进行营利活动，或者挪用公款数额较大、超过 3 个月未还的行为。

本罪的构成要件是：

1. 本罪的客体是复杂客体，即同时侵犯了国家工作人员职务行为的廉洁性和公款所有权的部分权能，即该罪仅是侵犯了公款所有权中的占有权、使用权和收益权。犯罪对象限于公款和特定公物，包括：货币、支票、股票、国库券等有价证券，失业保险基金和下岗工人基本生活保障资金，用于救灾、抢险、防汛、优抚、扶贫、移民、救济的现款或者公物等。

2. 本罪的客观方面表现为行为人利用职务上的便利，挪用公款归个人使用，进行非法活动，或者挪用公款数额较大进行营利活动，或者挪用公款数额较大超过 3 个月不归还的行为。具体包括以下要素：

（1）行为人利用了职务上的便利。

（2）挪用公款归个人使用。这里的"归个人使用"，根据《全国人大常委会关于〈中华人民共和国刑法〉第三百八十四条第一款的解释》，具体包括：将公款供本人、亲友或者其他自然人使用的；以个人名义将公款供其他单位使用的；个人决定以单位名义将公款供其他单位使用，谋取个人利益的。

（3）挪用公款行为的具体表现形式包括：①挪用公款进行非法活动的。这种情形下虽然没有规定数额要求，但根据《贪贿案件解释》第 5 条、第 6 条的规定，挪用公款进行非法活动的，以挪用公款 3 万元为追究刑事责任的数额起点。②挪用公款数额较大，进行营利活动的。构成本罪，须以挪用公款的数额达到 5

万元为起刑点。挪用公款归个人用于公司、企业注册资本验资证明的，应当认定为挪用公款进行营利活动。③挪用公款数额较大、超过 3 个月未还的。"数额较大"，以 5 万元作为起点，挪用公款超过 3 个月，不管案发前是否归还，都构成本罪。对于挪用公款归还个人欠款的，应当根据产生欠款的原因分别认定属于挪用公款的何种情形。归还个人进行非法活动或者进行营利活动产生的欠款，应当认定为挪用公款进行非法活动或者进行营利活动。

3. 本罪的主体是国家工作人员。对于受国家机关、国有公司、企业、事业单位、人民团体委托管理、经营国有财产的非国家工作人员，不能成为本罪的主体，其挪用国有资金归个人使用的，按挪用资金罪定罪处罚。挪用公款给他人使用，使用人和挪用人共谋，指使或者参与策划取得挪用款的，以挪用公款罪的共犯定罪处罚。

4. 本罪的主观方面为故意，行为人须明知是公款而挪归个人使用，其目的在于暂时非法取得公款的使用权，并打算日后归还，而不是非法占有公款。至于挪用的动机则可以是多种多样的。

(二) 挪用公款罪的认定

1. 本罪与贪污罪的界限。二者的主要区别在于：①犯罪客体不完全相同。本罪只是暂时侵犯公款所有权的部分权能；而后罪则是永久地侵犯公共财物所有权的全部权能。②客观方面表现不同。本罪在客观方面表现为：行为人利用职务上的便利，挪用公款归个人使用，进行非法活动，或者挪用公款数额较大、进行营利活动，或者挪用公款数额较大、超过 3 个月未还；而后罪在客观方面则表现为：行为人利用职务上的便利，以侵吞、窃取、骗取或者以其他手段非法占有公共财物的行为，贪污财物的用途对定罪没有影响。③犯罪主体不完全相同。本罪的犯罪主体限于国家工作人员；而后罪的主体除了国家工作人员之外，还包括受国有单位委托管理、经营国有财产的人员。④犯罪目的不同，本罪的犯罪目的是暂时挪用公款归个人使用，具有归还的意图；而后罪的犯罪目的则是永久地非法占有公共财物。这是两罪的一个重要区别。在特定情况下，挪用公款罪可以向贪污罪转化。挪用公款是否转化为贪污，应当按照主客观相一致的原则，具体判断和认定行为人主观上是否具有非法占有公款的目的。根据有关司法解释性文件及相关司法实务，具有以下情形之一的，可以认定行为人具有非法占有公款的目的，以贪污罪定罪处罚：①行为人携带挪用的公款潜逃的，对其携带的挪用公款部分，应认定为贪污；②行为人挪用公款后采取虚假发票平账、销毁有关账目等手段，使所挪用的公款已难以在单位财务账目上反映出来，且没有归还行为的；③行为人截取单位收入不入账，非法占有，使所占有的公款难以在单位财务账目上反映出来，且没有归还行为的；④有证据证明行为人有能力归还所挪用的公款而拒不归还，并隐瞒挪用的公款去向的。

本节导入案例中，甲在任某国有信用社出纳期间，因违规帮助他人贷款20万元没能按期收回，想外出赚钱以挽回损失，遂将自己保管的储蓄存款25万元私自带走的行为被发现后，主动到派出所投案自首，并退清所有款项的行为属于挪用公款进行营利活动，不构成贪污罪。

2. 本罪与挪用资金罪的界限。二者的主要区别在于：①犯罪客体和犯罪对象不同。本罪的犯罪客体是复杂客体，而后罪则仅侵犯了公司、企业或者其他单位的资金所有权的部分权能，属于单一客体。本罪的犯罪对象是公款和特定公物；而后罪的犯罪对象既包括国有、集体公司、企业或者其他单位的资金，也包括私营公司、企业或者其他单位的资金。②犯罪主体不同。本罪的主体是国家工作人员；而后罪的主体是公司、企业或者其他单位中除国家工作人员以外的其他工作人员。

3. 罪数的认定。因挪用公款索取、收受贿赂构成犯罪的，或者挪用公款进行非法活动构成其他犯罪的，依照数罪并罚的规定处罚。

（三）挪用公款罪的刑事责任

根据《刑法》第384条的规定，犯本罪的，处5年以下有期徒刑或者拘役；情节严重的，处5年以上有期徒刑。挪用公款数额巨大不退还的，处10年以上有期徒刑或者无期徒刑。挪用用于救灾、抢险、防汛、优抚、扶贫、移民和救济款物归个人使用的，从重处罚。

三、受贿罪

（一）受贿罪的概念和构成要件

受贿罪，是指国家工作人员利用职务上的便利，索取他人财物，或者非法收受他人财物，为他人谋取利益的行为。

本罪的构成要件是：

1. 本罪的客体是国家工作人员职务行为的廉洁性，索贿情形下，还侵犯了他人的财产权利。党的二十大报告提出，坚定不移全面从严治党，深入推进新时代党的建设新的伟大工程，要坚决打赢反腐败斗争攻坚战持久战。腐败是危害党的生命力和战斗力的最大毒瘤，反腐败是最彻底的自我革命。只要存在腐败问题产生的土壤和条件，反腐败斗争就一刻不能停，必须永远吹冲锋号。坚持不敢腐、不能腐、不想腐一体推进，同时发力、同向发力、综合发力。本罪的犯罪对象为贿赂。根据《贪贿案件解释》第12条的规定，贿赂犯罪中的"财物"，包括货币、物品和财产性利益。财产性利益包括可以折算为货币的物质利益如房屋装修、债务免除等，以及需要支付货币的其他利益如会员服务、旅游等。后者的犯罪数额，以实际支付或者应当支付的数额计算。

2. 本罪的客观方面表现为行为人利用职务上的便利，索取他人财物，或者非法收受他人财物，为他人谋取利益的行为。

（1）利用职务上的便利是构成本罪的前提条件。"利用职务上的便利"，包括三种情况：①利用本人职务上主管、负责、承办某项公共事务的职权。②利用职务上有隶属、制约关系的其他国家工作人员的职权。③担任单位领导职务的国家工作人员通过不属自己主管的下级部门的国家工作人员的职务为他人谋取利益的。

（2）受贿的基本行为方式有两种：一是"索取他人财物"，简称索贿，是指主动向他人索要、勒索并收受财物，体现索贿人的主动性和交付财物者的被动性。索取他人财物的，不论是否"为他人谋取利益"，均可构成受贿罪。二是非法收受他人财物，为他人谋取利益。"非法收受他人财物"，是指对他人给付的财物予以接受，体现给付财物的主动性和收受财物的被动性。非法收受他人财物的，必须同时具备"为他人谋取利益"的条件，才能构成受贿罪。根据《贪贿案件解释》第13条的规定，具有下列情形之一的，应当认定为"为他人谋取利益"：①实际或者承诺为他人谋取利益的；②明知他人有具体请托事项的；③履职时未被请托，但事后基于该履职事由收受他人财物的。国家工作人员索取、收受具有上下级关系的下属或者具有行政管理关系的被管理人员的财物价值3万元以上，可能影响职权行使的，视为承诺为他人谋取利益。

除上述两种基本受贿类型外，我国刑法还规定了在经济往来中受贿和斡旋受贿两种特殊类型的受贿。

其一，在经济往来中收受贿赂。《刑法》第385条第2款规定，国家工作人员在经济往来中，违反国家规定，收受各种名义的回扣、手续费，归个人所有的，以受贿论处。"经济往来"，是指国家工作人员参与的国家经济管理活动和因职务关系而参与的普通交易活动。"违反国家规定，收受各种名义的回扣、手续费"，是指违反国家法律法规和命令中有关禁止国家工作人员在因职务关系参与的经济往来中收受各种名义的回扣、手续费归个人所有的规定，将回扣、手续费收受归个人所有的。如果国家工作人员收受了回扣、手续费之后，没有归个人所有，而是上交单位，入单位账，则不构成犯罪。

其二，斡旋受贿，也称为间接受贿。《刑法》第388条规定，国家工作人员利用本人职权或者地位形成的便利条件，通过其他国家工作人员职务上的行为，为请托人谋取不正当利益，索取请托人财物或者收受请托人财物的，以受贿论处。该罪具有以下两个特征：①间接利用职权。行为人不是直接利用本人职权或者地位形成的便利条件，而是间接利用本人职权或者地位形成的便利条件，通过其他国家工作人员职务上的行为为请托人实现利益。"利用本人职权或者地位形成的便利条件",是指行为人与被其利用的国家工作人员之间在职务上虽然没有隶属、制约关系,但是行为人利用了本人职权或者地位产生的影响和一定的工作联系,如单位内不同部门的国家工作人员之间,上下级单位没有职务上隶属、制约关系的国家工作人员之间,有工作联系的不同单位的国家工作人员之间等。②谋取不正当利益。

(3)根据《贪贿案件解释》第 1 条的规定,个人受贿数额较大或者有其他较重情节的,构成受贿罪。即受贿数额达到 3 万元的,构成受贿罪;受贿数额虽未达到 3 万元但达到 1 万元,并具有下列较重情节的,也构成受贿罪:①曾因贪污、受贿、挪用公款受过党纪、行政处分的;②曾因故意犯罪受过刑事追究的;③赃款赃物用于非法活动的;④拒不交代赃款赃物去向或者拒不配合追缴工作,致使无法追缴的;⑤造成恶劣影响或者其他严重后果的;⑥多次索贿的;⑦为他人谋取不正当利益,致使公共财产、国家和人民利益遭受损失的;⑧为他人谋取职务提拔、调整的。

3. 本罪的主体是特殊主体,即必须是国家工作人员。

4. 本罪在主观方面表现为故意。

(二)受贿罪的认定

1. 本罪与接受馈赠的区别。根据 2008 年 11 月 20 日《最高人民法院、最高人民检察院关于办理商业贿赂刑事案件适用法律若干问题的意见》第 10 条的规定,贿赂与馈赠的界限从以下因素分析:发生财物往来的背景;往来财物的价值;财物往来的缘由、时机和方式;接受方是否利用职务上便利为提供方谋取利益。

2. 本罪与贪污罪的界限。二者的主要区别在于:①犯罪的客观方面不同。本罪的客观方面表现为行为人利用职务上的便利,索取他人财物或者非法收受他人财物并为他人谋利益;而后罪的客观方面则表现为行为人利用职务上的便利,使用侵吞、窃取、骗取或者其他方法非法占有公共财物。②犯罪主体的范围不同。本罪主体只限于国家工作人员;而后罪的主体除国家工作人员外,还包括受国家机关、国有公司、企业、事业单位、人民团体委托管理、经营国有资产的人员。③犯罪目的不同。本罪的犯罪目的是非法获取他人的财物;而后罪则是非法占有本人主管、管理或者经手的公共财物。

3. 以索贿方式构成的本罪与敲诈勒索罪的界限。二者的主要区别在于犯罪客观方面和主体的不同。本罪中的索贿行为是利用职务上的便利,在他人有求于自己时,主动向对方索要财物,并不采取暴力、胁迫等手段进行勒索;后罪中的勒索行为表现为使用暴力、胁迫手段,使被害人产生精神上的恐惧而被迫交出财物。本罪的主体是特殊主体;而后罪的主体则是一般主体。

4. 本罪与非国家工作人员受贿罪的界限。二者的主要区别在于犯罪客体和主体的不同，本罪的客体主要是国家工作人员公务行为的廉洁性；而后罪的客体主要是公司、企业或者其他单位的管理秩序。本罪的主体是国家工作人员；而后罪的主体是除国家工作人员以外的公司、企业、其他单位的工作人员。

（三）受贿罪的刑事责任

根据《刑法》第386条的规定，犯本罪的，根据受贿所得数额及情节，依照《刑法》第383条关于贪污罪的处罚规定处罚。索贿的从重处罚。

四、行贿罪

（一）行贿罪的概念和构成要件

行贿罪，是指为谋取不正当利益，给予国家工作人员以财物的行为。

本罪的构成要件是：

1. 本罪的客体是国家工作人员公务行为的廉洁性。

2. 本罪的客观方面表现为行为人为谋取不正当利益，给予国家工作人员以财物的行为。行贿的对象必须是国家工作人员。行贿分为两种情形：一是行为人主动给予受贿人以财物；二是行为人因国家工作人员索要而被动给予其财物。但是，根据《刑法》第389条第3款的规定，因被勒索给予国家工作人员以财物，没有获取不正当利益的，不是受贿。此外，根据《刑法》第389条第2款之规定，在经济往来中，违反国家规定，给予国家工作人员以财物，数额较大的，或者违反国家规定，给予国家工作人员以各种名义的回扣、手续费的，也应以行贿论处。根据《贪贿案件解释》第7条的规定，为谋取不正当利益，向国家工作人员行贿，数额在3万元以上的，应当以行贿罪追究刑事责任。行贿数额在1万元以上不满3万元，具有下列情形之一的，应当以行贿罪追究刑事责任：①向3人以上行贿的；②将违法所得用于行贿的；③通过行贿谋取职务提拔、调整的；④向负有食品、药品、安全生产、环境保护等监督管理职责的国家工作人员行贿，实施非法活动的；⑤向司法工作人员行贿，影响司法公正的；⑥造成经济损失数额在50万元以上不满100万元的。

3. 本罪的主体是一般主体，即年满16周岁、具有刑事责任能力的自然人均能成为本罪的主体。

4. 本罪的主观方面为故意，并且具有谋取不正当利益的犯罪目的。根据2012年12月26日《最高人民法院、最高人民检察院关于办理行贿刑事案件具体应用法律若干问题的解释》第12条的规定，行贿犯罪中的"谋取不正当利益"，是指行贿人谋取的利益违反法律、法规、规章、政策规定，或者要求国家工作人员违反法律、法规、规章、政策、行业规范的规定，为自己提供帮助或者方便条件。违背公平、公正原则，在经济、组织人事管理等活动中，谋取竞争优势的，应当认定为"谋取不正当利益"。

（二）行贿罪的认定

1. 本罪与馈赠礼物的区别。二者的区别在于行为人在给予国家工作人员礼物时，主观上是否有利用国家工作人员职务上的便利，为自己谋取不正当利益的目的。

2. 本罪与对非国家工作人员行贿罪的界限。对非国家工作人员行贿罪，是指为谋取不正当利益，给予公司、企业或者其他单位的工作人员以财物，数额较大的行为。二者的主要区别在于犯罪对象和主体的不同，本罪的犯罪对象只限于国家工作人员；后罪的犯罪对象只能是公司、企业或者其他单位中除国家工作人员以外的工作人员。本罪只能由自然人实施；而后罪则既可以由自然人实施，也可以由单位实施。

（三）行贿罪的刑事责任

根据《刑法》第 390 条的规定，犯本罪的，处 5 年以下有期徒刑或者拘役，并处罚金；因行贿谋取不正当利益，情节严重的，或者使国家利益遭受重大损失的，处 5 年以上 10 年以下有期徒刑，并处罚金；情节特别严重的，或者使国家利益遭受特别重大损失的，处 10 年以上有期徒刑或者无期徒刑，并处罚金或者没收财产。行贿人在被追诉前主动交代行贿行为的，可以从轻或者减轻处罚。其中，犯罪较轻的，对侦破重大案件起关键作用，或者有重大立功表现的，可以减轻或者免除处罚。

五、私分国有资产罪

（一）私分国有资产罪的概念和构成要件

私分国有资产罪，是指国家机关、国有公司、企业、事业单位、人民团体，违反国家规定，以单位名义将国有资产集体私分给个人，数额较大的行为。

本罪的构成要件是：

1. 本罪的客体是国家工作人员的职务廉洁性和国有资产的所有权。犯罪对象是国有资产。所谓国有资产，是指所有权属于国家的资金和其他财产，其表现形式为流动资产、固定资产、无形资产和对外投资等。

2. 本罪的客观方面表现为违反国家规定，以单位名义将国有资产集体私分给个人，数额较大的行为。具体包括以下要素：

（1）违反国家规定，这是构成本罪的前提条件。

（2）以单位名义将国有资产集体私分给个人。"以单位名义"，是指私分国有资产是单位领导共同研究决定的，体现了单位的意志。"集体私分给个人"，是指将国有资产擅自分给单位的每一个成员或者绝大多数成员。至于集体私分的主管人员和其他直接责任人员是否分得财物，对于其行为是否构成犯罪没有影响。

（3）数额较大。此处的"数额"并非指单个个人分得的财产数额，而是指私分国有资产的总额。依据 1999 年 8 月 6 日《最高人民检察院关于人民检察院直接受理立案侦查案件立案标准的规定（试行）》，涉嫌私分国有资产，累计数额在 10 万元以上的，应予立案。

3. 本罪的主体是特殊主体，即只能是国家机关、国有公司、企业、事业单位、人民团体等国有单位构成。需要注意的是，参照 2001 年 1 月 21 日实施的《最高人民法院关于全国法院审理金融犯罪案件工作座谈会纪要》的规定，以国有单位的分支机构或者内设机构、部门的名义实施犯罪，违法所得亦归分支机构或者内设机构、部门所有的，该国有单位的分支机构或者内设机构、部门可以构成本罪。

4. 本罪的主观方面为直接故意。

（二）私分国有资产罪的认定

1. 本罪与私分罚没财物罪的界限。两罪的主要区别在于犯罪对象的不同。本罪的犯罪对象是国有资产，而后罪的犯罪对象是应当上交国家的罚没财物。如果是司法机关、行政执法机关违反国家规定，以单位名义私分国有资产的，应认定为私分国有资产罪。

2. 本罪与贪污罪的界限。两罪的主要区别在于犯罪客观方面和犯罪主体的不同。如果是截留国有资产账外暗中私分的，个人决定私分国有资产的，或将国有资产私自分给单位领导或者部分成员的，应认定为贪污罪。

（三）私分国有资产罪的刑事责任

根据《刑法》第 396 条的规定，犯本罪的，对其直接负责的主管人员和其他直接责任人员，处 3 年以下有期徒刑或者拘役，并处或者单处罚金；数额巨大的，处 3 年以上 7 年以下有期徒刑，并处罚金。

第七节 渎职罪重点罪名解析

导入案例

胡某，女，某市龙亭区人民法院副院长。2001 年 12 月底，某市龙亭区人民检察院副检察长李某某、反贪局副局长党某及其家属到某市龙亭区人民法院提出刑事自诉，控告该检察院民行科科长冷某某写匿名信寄给原告家属单位和其他单位，对原告生活作风等问题进行诽谤，要求以诽谤罪追究冷某某的刑事责任。胡某作为主管刑事审判工作的副院长，接到控告材料后，安排刑庭庭长刘某某、审判员陈某对自诉人提供的匿名信件及认定三封匿名信的信封是由冷某某书写的证据、某市公安局刑事技术鉴定书（由龙亭区人民检察院委托鉴定，加盖有某市公安局刑事技术鉴定专用章和鉴定人朱某某的个人印鉴）及其他证据进行审查，认为符合刑事自诉案件立案条件，胡某向本院院长宋某某汇报后，于 2001 年 12 月

30 日由该院立案庭办理了立案手续，并转到刑庭审理。当日，胡某经与刑庭审判人员讨论，并请示该院院长，决定对冷某某采取逮捕强制措施。后由刘某某填写某市龙亭区人民法院逮捕决定书，胡某在批准人处签名，对冷某某依法定程序执行逮捕。后此案由某市中级人民法院指定鼓楼区人民法院管辖，经重新鉴定，确认匿名信封上的字迹不是冷某某所书写。2002 年 3 月 20 日冷某某被取保候审，3 月 21 日某市鼓楼区人民法院裁定准许自诉人撤回自诉。

问： 被告人胡某的行为是否构成玩忽职守罪？

本案知识点： 玩忽职守罪的认定

一、滥用职权罪

（一）滥用职权罪的概念和构成要件

滥用职权罪，是指国家机关工作人员超越职权，违法决定、处理其无权决定、处理的事项，或者违反规定处理公务，致使公共财产、国家和人民利益遭受重大损失的行为。

本罪的构成要件是：

1. 本罪的客体是国家机关的正常管理活动。

2. 本罪在客观上表现为滥用职权，致使公共财产、国家和人民利益遭受重大损失的行为。具体构成要素为：

（1）本罪以行为人具有一定的职权为前提，如果行为人不具有某种职权，就谈不到滥用职权的问题。

（2）行为人实施了滥用职权的行为。所谓滥用职权，是指不应行使其职权而行使。通常表现为两种情况：行为人超越职权，擅自决定或者处理其没有决定权或者超越处理权限的事项；行为人违法地行使其职权范围内的权力或者以不正当的目的进行违反职务权限的事项。滥用职权的行为方式既可以是作为，也可以是不作为。

（3）本罪为结果犯，即行为人滥用职权的行为必须给公共财产、国家和人民利益造成重大损失的，才构成犯罪。根据 2012 年 12 月 7 日《最高人民法院、最高人民检察院关于办理渎职刑事案件适用法律若干问题的解释（一）》（以下简称《渎职解释（一）》），"致使公共财产、国家和人民利益遭受重大损失"，是指具有下列情形之一：①造成死亡 1 人以上，或者重伤 3 人以上，或者轻伤 9 人以上，或者重伤 2 人、轻伤 3 人以上，或者重伤 1 人、轻伤 6 人以上的；②造成经济损失 30 万元以上的；③造成恶劣社会影响的；④其他致使公共财产、国家和人民利益遭受重大损失的情形。其中，"经济损失"是指渎职犯罪或者与渎职犯罪相关联的犯罪立案时已经实际造成的财产损失，包括为挽回渎职犯罪所造成的损失而支付的各种开支、费用等。立案后至提起公诉前持续发生的经济损失，应一并计入渎职犯罪造成的经济损失。债务人经法定程序被宣告破产，债务人潜逃、去向不明，或者因行为人的责任超过诉讼时效等，致使债权已经无法实现的，无法实现的债权部分应当认定为渎职犯罪的经济损失。渎职犯罪或者与渎职犯罪相关联的犯罪立案后，犯罪分子及其亲友自行挽回的经济损失，司法机关或者犯罪分子所在单位及其上级主管部门挽回的经济损失，或者因客观原因减少的经济损失，不予扣减，但可以作为酌定从轻处罚的情节。

3. 本罪的主体是特殊主体，即国家机关工作人员。国家机关工作人员以外的其他任何人员，都不能单独成为本罪的主体。国家机关工作人员是指在国家机关中从事公务的人员，包括在各级国家权力机关、行政机关、司法机关和军事机关中从事公务的人员。在依照法律、法规规定行使国家行政管理职权的组织中从事公务的人员，或者在受国家机关委托代表国家行使职权的组织中从事公务的人员，或者虽未列入国家机关人员编制但在国家机关中从事公务的人员，在代表国家机关行使职权时，视为国家机关工作人员。因此，属行政执法事业单位的镇财政所中按国家机关在编干部管理的工作人员在履行政府行政公务活动期间，合同制民警在依法执行公务期间，经人事部门任命，但为工人编制的乡（镇）工商所所长，依法履行工商行政管理职责期间，在机构改革过程中虽尚未列入公安机关建制的企业、事业单位的公安机构的工作人员在行使侦查职责期间，海事局及其分支机构工作人员在行使国家水上安全监督和防止船舶污染及海上设施检验、航海保障的管理职权的公务活动期间，均应以国家机关工作人员论。[1]在乡（镇）以上中国共产党机关、人民政协机关中从事公务的人员，也视为国家机关工作人员。

4. 本罪的主观方面是故意，即行为人明知自己滥用职权的行为会给公共财产、国家和人民利益造成重大损失，而希望或放任这一结果的发生。实践中，本罪绝大多数出自间接故意，但也可能有直接故意的存在，过失不能构成本罪。

（二）滥用职权罪的认定

1. 本罪与非罪的界限。滥用职权行为是否致使公共财产、国家和人民利益遭受了重大损失，是划分本罪与一般的滥用职权违法行为的界限。如果滥用职权行为仅仅造成了一般损失，不能以犯罪论处。

---

〔1〕 参见2002年12月28日《全国人民代表大会常务委员会关于〈中华人民共和国刑法〉第九章《渎职罪主体适用问题的解释》；2000年5月4日《最高人民检察院关于镇财政所所长是否适用国家机关工作人员的批复》；2000年10月9日《最高人民检察院关于合同制民警能否成为玩忽职守罪主体问题的批复》；2000年10月31日《最高人民检察院关于属工人编制的乡（镇）工商所所长能否依照刑法第三百九十七条的规定追究刑事责任问题的批复》；2002年4月29日《最高人民检察院关于企业事业单位的公安机构在机构改革过程中其工作人员能否构成渎职侵权犯罪主体问题的批复》；2003年1月13日《最高人民检察院关于对海事局工作人员如何适用法律问题的答复》。

2. 本罪与特殊的滥用职权犯罪的界限。本罪仅是对国家机关工作人员滥用职权犯罪的一个概括的规定，只适用于那些刑法分则没有明确规定的国家机关工作人员因滥用职权构成犯罪，或者不符合那些特殊的滥用职权的犯罪情况。如果刑法分则有明确规定的，如徇私舞弊不征、少征税款罪，放纵走私罪等，由于这些规定与滥用职权罪的法条形成法条竞合，那么，应按特殊法优于普通法的原则处理，即适用该特别规定，而不再以本罪论处。

（三）滥用职权罪的刑事责任

根据《刑法》第397条的规定，犯本罪的，处3年以下有期徒刑或者拘役；情节特别严重的，处3年以上7年以下有期徒刑。国家机关工作人员徇私舞弊，犯本罪的，处5年以下有期徒刑或者拘役；情节特别严重的，处5年以上10年以下有期徒刑。《刑法》另有规定的，依照其规定。

二、玩忽职守罪

（一）玩忽职守罪的概念和构成要件

玩忽职守罪，是指国家机关工作人员玩忽职守，致使公共财产、国家和人民利益遭受重大损失的行为。

本罪的构成要件是：

1. 本罪的客体是国家机关的正常管理活动。

2. 本罪的客观方面表现为行为人玩忽职守，因而使公共财产、国家和人民利益遭受重大损失的行为。具体包括以下要素：

（1）行为人实施了玩忽职守的行为。所谓玩忽职守，是指国家机关工作人员严重不负责任，不履行或不正确履行职责。其行为方式一般为不作为，但有时也可以表现为作为。其中，作为形式的玩忽职守是指行为人积极地实施与其职务或者职责相背离的行为，致使国家、人民利益和公私财产遭受重大损失；不作为形式的玩忽职守是指行为人消极地不履行职责或者职务，致使国家、人民利益和公私财产遭受重大损失。

（2）致使公共财产、国家和人民利益遭受重大损失。所谓重大损失，与滥用职权罪的认定标准相同。

3. 本罪的主体是特殊主体，即国家机关工作人员。国家机关工作人员以外的其他任何人员，都不能单独成为本罪的主体。

4. 本罪的主观方面只能出自过失，即行为人应当预见自己不履行或者不正确履行其职责的行为会导致公共财产、国家和人民利益遭受重大损失，因为疏忽大意而没有预见或者因过于自信而没有避免，致使危害结果发生。

（二）玩忽职守罪的认定

1. 本罪与非罪的界限。①玩忽职守行为是否给国家和人民利益造成重大损失。

如果玩忽职守行为没有造成损失，或者虽然造成了损失，但损失尚未达到重大程度的，那就属于一般玩忽职守行为，不能以本罪追究行为人的刑事责任。②行为人是否违反了职责要求的注意义务，对其行为可能发生的危害结果是否具有疏忽大意或者过于自信的过失心理。一般来说，玩忽职守犯罪都必须是明显违反其职责义务的行为，没有违反其职责义务的要求，也无违反注意义务的主观过失，就不能以玩忽职守犯罪论处。

本节导入案例中，胡某作为主管刑事审判的副院长，依照法定程序履行职责，指定审判人员审查原告提供的证据，依据有权鉴定机关作出的司法鉴定意见等证据，根据《中华人民共和国刑事诉讼法》《最高人民法院关于适用〈中华人民共和国刑事诉讼法〉的解释》关于人民法院直接受理的案件包括"诽谤案"之规定，进行立案；根据上述解释"人民法院根据案件情况，可以决定对被告人拘传、取保候审、监视居住或者逮捕。对被告人采取、撤销或者变更强制措施的，由院长决定"的规定，依法报经院长决定，对冷某某予以逮捕。上述行为均属依法履行刑事审判职能的行为。因此，胡某主观上无违反注意义务之情形，不具有疏忽大意或过于自信的过失，客观上不具有"严重不负责任、不正确履行职责"的行为，其行为不符合玩忽职守罪的构成要件，不成立玩忽职守罪。

2. 本罪与滥用职权罪的界限。①犯罪客观方面的表现形式不同。本罪在客观方面表现为，行为人对工作严重不负责任，不履行或者不正确履行职责的行为；后罪在客观方面则表现为，行为人滥用职权或者超越职权的行为。②犯罪主观方面不同。本罪在主观方面是出于过失；后罪在主观方面则是出于故意。

3. 本罪与重大责任事故罪的界限。二者的主要区别在于：①客观行为不同。本罪只能发生在国家机关工作人员的管理活动过程中，表现为行为人对工作严重不负责任，不履行或者不正确履行职责，从而发生严重后果；后罪只能发生在生产、作业过程之中，表现为违反安全管理规定，从而发生严重后果。②犯罪主体不同。本罪的主体是国家机关工作人员；而后罪的主体则是从事生产、作业的人员。

4. 本罪与特殊的玩忽职守犯罪的界限。本罪仅是对国家机关工作人员玩忽职守犯罪的一个概括的规定，只适用于刑法分则没有明确规定的国家机关工作人员因玩忽职守构成犯罪的情况。如果刑法分则有明确规定，则应按特殊法优于普通法的原则处理，而不再以玩忽职守罪论处。

（三）玩忽职守罪的刑事责任

根据《刑法》第397条第1款的规定，犯本罪的，处3年以下有期徒刑或者拘役；情节特别严重的，处3年以上7年以下有期徒刑。《刑法》另有规定的，依照其规定。

三、徇私舞弊不移交刑事案件罪

（一）徇私舞弊不移交刑事案件罪的概念和构成要件

徇私舞弊不移交刑事案件罪，是指行政执法人员，徇私舞弊，对依法应当移交司法机关追究刑事责任的案件不移交，情节严重的行为。

本罪的构成要件是：

1. 本罪的客体是行政执法机关的正常管理活动。

2. 本罪的客观方面表现为徇私舞弊，对依法应当移交司法机关追究刑事责任的案件不移交，情节严重的行为。

（1）必须实施了出于私情、私利的目的，采取伪造材料、隐瞒情况、弄虚作假或者以行政罚款代替刑事责任等手段，对依法应当移交司法机关追究刑事责任的刑事案件，不移交司法机关处理的行为。需要指出的是，行为人不移交的必须是依据事实和法律，已经涉嫌构成犯罪的案件。在公安机关、安全机关等既有行政执法职能又有司法职能的机关中，所谓不移交，也包括同一机关内部的行政执法职能部门不向侦查部门移交。

（2）成立本罪，必须以情节严重为必要条件，根据2006年7月26日《最高人民检察院关于渎职侵权犯罪案件立案标准的规定》，具有下列情形之一的，属于"情节严重"：①对依法可能判处3年以上有期徒刑、无期徒刑、死刑的犯罪案件不移交的；②不移交刑事案件涉及3人次以上的；③司法机关提出意见后，无正当理由仍然不予移交的；④以罚代刑，放纵犯罪嫌疑人，致使犯罪嫌疑人继续进行违法犯罪活动的；⑤行政执法部门主管领导阻止移交的；⑥隐瞒、毁灭证据，伪造材料，改变刑事案件性质的；⑦直接负责的主管人员和其他直接责任人员为牟取本单位私利而不移交刑事案件，情节严重的；⑧其他情节严重的情形。

3. 本罪的主体必须是行政执法人员。包括在行政机关以及法律、法规授权的具有管理公共事务职能的组织、受行政机关委托的组织中从事行政执法活动的人员。对于特定人员行政执法身份的认定，应结合实际情况具体分析，如公安人员作为本罪主体的认定，应看其是否执行行政管理职能。公安人员在执行治安管理处罚法、消防法、交通管理法规等行政管理法律、法规时，是行政执法人员，可以成为本罪的主体；当其履行刑事案件的侦查、拘留、执行逮捕等刑事司法职能时，是司法工作人员，就不能成为本罪的主体。

4. 本罪的主观方面必须是故意，即明知案件应当移交司法机关追究刑事责任而故意不移交。如果是由于行为人对工作严重不负责任造成该移交的刑事案件未移交，致使国家和人民利益遭受重大损失的，不成立本罪。

（二）徇私舞弊不移交刑事案件罪的认定

1. 罪与非罪的认定。本罪的构成要素包含某种前提罪或原案，即以存在

"依法应当移交司法机关追究刑事责任的"案件为对象要素。故本罪的构成，必须以前提罪在实质上确定或原案在实质上成立为前提，否则对于行为人不能以徇私舞弊不移交刑事案件罪为由立案侦查、起诉和审判。因此，司法实践中，对于行为人在徇私舞弊不移交案件时，误将没有犯罪的人当做有罪的人或误将非犯罪行为当成犯罪行为而加以包庇放纵或帮助的行为，由于不存在事实上的"前提罪"，则不能对行为人认定为成立本罪。

2. 罪数的认定。出于徇私动机的徇私舞弊不移交刑事案件罪，往往与受贿行为、作假证明包庇行为交织在一起。如果收受贿赂、索取贿赂达不到受贿罪的起刑数额标准，而符合本罪犯罪构成的，以本罪论处。如果达到受贿罪的起刑数额标准，利用职务便利不移交刑事案件的，对行为人应当数罪并罚。对于行政执法人员出于徇私动机，通过作假证明包庇的方式，对应当移交司法机关追究刑事责任的不移交的行为，构成犯罪的，应实行数罪并罚。

3. 本罪与徇私枉法罪的界限。徇私枉法罪，是指司法工作人员为徇私情，对明知是无罪的人而使他受追诉，对明知是有罪的人而故意包庇不使他受追诉，或者在刑事审判活动中故意违背事实和法律作枉法裁判的行为。二者的主要区别在于：①犯罪客观方面不同。本罪表现为行为人为徇私情私利，故意把应当移交司法机关追究刑事责任的案件不移交；后罪有三种行为：即对明知是无罪的人使其受追诉，对明知是有罪的人故意包庇使其不受追诉，或者在刑事审判中故意违背事实和法律作枉法裁判。②犯罪主体不同。本罪的主体是行政执法人员，即没有对犯罪行为直接行使司法权力的行政机关的执法人员；后罪是对犯罪行为可直接行使司法权力的司法人员。

4. 本罪与包庇罪的界限。包庇罪，是指明知是犯罪的人而作假证明包庇的行为。二者的主要区别在于：①客观行为不同。本罪是实施了应当移交司法机关追究刑事责任的案件而不移交的行为；后罪的是实施作假证明包庇犯罪分子的行为。②犯罪主体不同。本罪是特殊主体；后罪是一般主体。

（三）徇私舞弊不移交刑事案件罪的刑事责任

根据《刑法》第402条的规定，犯本罪的，处3年以下有期徒刑或者拘役；造成严重后果的，处3年以上7年以下有期徒刑。

四、食品、药品监管渎职罪

（一）食品、药品监管渎职罪的概念和构成要件

食品、药品监管渎职罪，是指负有食品药品安全监督管理职责的国家机关工作人员，滥用职权或者玩忽职守，造成严重后果或者有其他严重情节的行为。

本罪的构成要件是：

1. 本罪的客体是食品安全监督管理机关的正常管理活动。

2. 本罪的客观方面表现为滥用职权或者玩忽职守，造成严重后果或者有其他严重情节的行为。具体构成要素为：

（1）行为人必须具有"滥用职权或者玩忽职守"的行为。"滥用职权"，是指负有食品药品安全监督管理职责的人员超越职权，违法决定、处理其无权决定、处理的事项，或者违反规定处理公务的行为。"玩忽职守"，是指负有食品药品安全监督管理职责的人员严重不负责任，不履行或不认真履行其职责的行为。具体可表现为以下情形：①瞒报、谎报食品安全事故、药品安全事件的；②对发现的严重食品药品安全违法行为未按规定查处的；③在药品和特殊食品审批审评过程中，对不符合条件的申请准予许可的；④依法应当移交司法机关追究刑事责任不移交的；⑤有其他滥用职权或者玩忽职守行为的。

（2）滥用职权或者玩忽职守，必须造成严重后果或者有其他严重情节的，才构成犯罪。具体的定罪标准有待司法解释作出明确规定。

3. 本罪的主体是负有食品药品安全监督管理职责的国家机关工作人员。主要包括国务院和各级地方人民政府及卫生行政、农业行政、质量监督、工商行政管理、食品药品监督管理等部门负有食品药品安全监督管理职责的工作人员。

4. 本罪的主观方面既可以是故意，也可以是过失。即食品药品监管滥用职权的，主观方面就是故意；食品药品监管玩忽职守的，主观方面就是过失。

（二）食品、药品监管渎职罪的认定

1. 注意罪数的认定。负有食品药品安全监督管理职责的国家机关工作人员，滥用职权或者玩忽职守，造成严重后果或者有其他严重情节的，同时构成食品、药品监管渎职罪和徇私舞弊不移交刑事案件罪、商检徇私舞弊罪、动植物检疫徇私舞弊罪、放纵制售伪劣商品犯罪行为罪等其他渎职犯罪的，依照处罚较重的规定定罪处罚。负有食品药品安全监督管理职责的国家机关工作人员滥用职权或者玩忽职守，不构成食品、药品监管渎职罪，但构成前述的其他渎职犯罪的，依照该其他犯罪定罪处罚。负有食品药品安全监督管理职责的国家机关工作人员与他人共谋，利用其职务行为帮助他人实施危害食品药品安全犯罪行为，同时构成渎职犯罪和危害食品药品安全犯罪共犯的，依照处罚较重的规定定罪处罚。[1]

2. 本罪与受贿罪的关系。针对食品、药品监管渎职罪，《刑法》第408条之一规定，徇私舞弊犯本罪的，从重处罚。徇私舞弊中的"徇私"可分为徇私情、徇私利。在徇私舞弊的食品、药品监管渎职罪中，如果徇私利的行为本身又构成受贿罪，则表现为行为人的舞弊行为构成食品、药品监管渎职罪，而其徇私利的

〔1〕 参见2013年5月2日《最高人民法院、最高人民检察院关于办理危害食品安全刑事案件适用法律若干问题的解释》第16条。

行为又构成受贿罪，数行为侵犯数罪名，应当进行数罪并罚。[1]

（三）食品、药品监管渎职罪的刑事责任

根据《刑法》第408条之一的规定，犯本罪的，处5年以下有期徒刑或者拘役；造成特别严重后果或者有其他特别严重情节的，处5年以上10年以下有期徒刑。徇私舞弊犯本罪的，从重处罚。

本章小结

刑法分则分为10大类犯罪，487个罪名。本章根据法律文秘专业特点和岗位需要，重点解析了危害公共安全罪、破坏社会主义市场经济秩序罪、侵犯公民人身权利罪、侵犯财产罪、妨害社会管理秩序罪、贪污贿赂罪、渎职罪中的部分重点罪名，对每个犯罪重点阐析了其犯罪构成要件和认定问题。每个犯罪的犯罪构成要件是认定犯罪的规格和尺度，也是区分此罪与彼罪的依据；犯罪的认定问题为司法实践中处理相关的疑难案件提供了指导。

实务训练

一、示范案例

【案情】2011年8月，鲍某因犯交通肇事罪被判处有期徒刑3年。2014年8月刑满释放。2015年6月，鲍某经人介绍与祝某相识，不久结为夫妻。婚后不久，祝某怀孕。祝某没有想到丈夫封建思想严重，重男轻女，一直唠叨说一定要生个胖小子，千万不能让鲍家断了香火。2016年9月8日，祝某产下一女婴。鲍某大失所望，第二天就趁妻子产后虚弱熟睡之机，将女婴抛入粪坑溺死。后因村民报案，鲍某被立案侦查。鲍某闻风后逃跑，在外面躲避半年后，因感到精神负担太重，决意返回原籍向公安机关投案，如实供述了自己的犯罪事实。

问：鲍某的行为构成何罪？是否构成累犯？对鲍某应如何处罚？

【分析】（1）鲍某的行为构成故意杀人罪。故意杀人罪，是指故意非法剥夺他人生命的行为。本罪的构成要件是：客体是他人的生命权利，犯罪对象是有生命的自然人；客观方面表现为非法剥夺他人生命的行为；主体是已满12周岁并

---

〔1〕 参见2014年2月20日《最高人民检察院关于印发第四批指导性案例的通知》第15号、16号案例。

具有刑事责任能力的自然人；主观方面是故意。本案中，女婴脱离母体后存活，属于有生命的人，具有刑事责任能力的鲍某明知将女婴抛入粪坑会致其溺死而仍然实施该行为，主观上具有杀人的故意。鲍某的行为非法地侵犯了女婴的生命权，因为人的生命受法律的平等保护，除依照法律的规定并严格按照法定程序外，任何人不得予以剥夺，即使亲生父母也没有这种权利。因此，鲍某的行为符合故意杀人罪的犯罪构成要件，对鲍某应以故意杀人罪定罪。

（2）鲍某不构成累犯。构成一般累犯必须具备四个条件：①前罪和后罪都必须是故意犯罪；②前罪被判处有期徒刑以上刑罚，后罪应当被判处有期徒刑以上刑罚；③后罪必须发生在前罪的刑罚执行完毕或者赦免以后的5年以内；④已满18周岁的人犯罪才构成累犯。鲍某的情况虽然符合后三个条件，但不符合第一个条件，因为交通肇事罪是过失犯罪。所以，鲍某不构成累犯。

（3）对鲍某可以从宽处罚。鲍某在犯罪后虽然逃跑半年之久，但最终是在司法机关尚未对他采取强制措施前，主动、直接到公安机关投案，属于自动投案，并且如实供述了自己的犯罪事实，因此构成自首。《刑法》第67条第1款规定："……对于自首的犯罪分子，可以从轻或者减轻处罚。其中，犯罪较轻的，可以免除处罚。"据此，对鲍某原则上应予以从宽处罚。

二、习作案例

1. 李某因犯盗窃罪被判刑，刑满释放后仍对检举揭发其罪行的魏某怀恨在心。某日夜里，李某骑车来到魏某当看守工的鱼塘边，将随身带来的汽油洒在魏某睡觉的小屋周围并点燃，魏某惊醒后迅速跑出屋外，但小草屋被烧毁。

问：李某的行为是否构成放火罪？为什么？

2. 某夜11时许，孙某上街吃夜宵，途中发现某公司大门前停着一辆小汽车，为过把开车瘾，就找来工具撬开车门，将车开动。在行至郊区某条道路时，由于视线不好，将行人赵某撞倒。孙某发现撞人后，并没有停车查看和救助，而是迅速将车开回原处，以逃避责任。受害人赵某于次日死亡。

问：孙某的行为是否构成交通肇事罪？对孙某如何处罚？为什么？

3. 甲公司为了解决资金不足的问题，以与虚构的单位签订供货合同的方法，向银行申请获得贷款200万元，并将该款用于购置造酒设备和原料，后因生产、销售假冒注册商标的红酒被查处，导致银行贷款不能归还。

问：甲公司获取贷款的行为是否构成合同诈骗罪？并说明理由。

4. 被告人马某某，男，26岁，农民。被告人强某，男，22岁，农民。某日22时许，被告人马某某与被害人谢某某、张某某等人在埇桥区东昌路一大排档吃饭。期间，马某某与陈某某因琐事发生争吵，马某某持啤酒瓶将陈某某头部砸伤。在此过程中，马某某因受到谢某某指责而对谢产生不满。各自离开后，马某某因怒气未消，在与女友张某燕行至市科技广场时，购买弹簧刀一把，并扬言再遇到就捅死他。之后，马某某电话邀约谢某某在东昌路东仙桥附近相见，另邀约强某前来助阵。马某某和强某在约定地点等谢某某、张某某等人到来后，与二人发生争吵，马某某持刀向谢某某身上捅刺数刀，致谢某某未及抢救死亡。经法医鉴定：谢某某系锐器刺破左侧股动脉和股静脉致大量失血而休克死亡。

问：被告人马某某的行为构成故意杀人罪还是故意伤害罪？被告人强某的行为应如何处理？

5. 韩某在向周某催要赌债无果的情况下，纠集好友采用暴力把周某挟持至韩家，并给周家打电话，对周某的妻子声称如果再不还钱，就砍掉周某一只手。

问：韩某的行为是否构成绑架罪？

6. 甲使用暴力将乙扣押在某废弃的建筑物内，强行从乙身上搜出现金3000元和1张只有少量金额的信用卡，并逼迫乙向该信用卡中打入人民币10万元。乙便给其妻子打电话，谎称自己开车撞伤他人，让其立即向自己的信用卡打入10万元救治伤员并赔偿。乙妻信以为真，便向乙的信用卡中打入10万元，被甲取走，甲在得款后将乙释放。

问：对甲的行为应如何定罪？并说明理由。

7. 某日，刘某与同伙窜至公交站台，伺机扒窃。当一路公交车到站时，等车的人们纷纷拥向车门，刘某二人也混杂其中，佯装"挤车"，在二人的密切配合下，他们在车门口偷走一女青年身上的钱包（后查明仅有100余元），然后跑进站台附近的胡同。女青年与哥哥韩某发现后，立即下车追撵，在胡同内抓住了刘某。在韩某死死抓住刘某衣服不放时，刘某竟掏出随身携带的单面刀片划伤韩某双腕，然后甩掉上衣逃跑。经法医鉴定，韩某的右手掌肌腱断裂，属轻伤。公安机关接警后迅速布控，在火车站附近将刘某抓获。

问：刘某的行为构成何罪？并说明理由。

8. 2005年2月7日，某县国有商业公司办公室职员王某接到县政府文件，要求各单位认购赈灾福利彩票。张某即与公司书记刘某商量，由下属两个公司认购。但两个公司都推却了。3月8日是规定认购的最后期限，3月10日，县民政局和县委多次打电话催促，要求务必完成。当天下午，王某便拿出自己的1500元钱到民政局购买了15套彩票。民政局开出的发票上，交款人一栏写的是"商业公司"，王某将彩票带回家中。2005年3月20日，彩票开奖的当天，王某将自家的彩票拆封，发现有一张中了头奖，奖金25万元。3月25日，王某到民政局将20万元奖金（扣除5万元个人所得税）领回，认为该奖应为自己所有，拒不交出。

问：王某的行为是否构成贪污罪？

9. 犯罪嫌疑人丁某，原系某市环卫局出纳员。在工作期间，利用职务便利，采用转款不记账的手段，擅自从自己负责保管的公款账户中分数次挪出公款，累计金额达 1000 余万元。挪用公款后其先后设立两家公司，并投入大量资金购买股票和彩票，力图谋取利润，却始终未能如愿。最后丁某在无力弥补所挪公款的情况下，主动到检察院投案。另据丁某交代，在挪用公款期间，其与朋友交往过程中的全部花销均由其支付；其还先后与情妇刘某、袁某姘居并挥金如土；其经常到高档娱乐场所消费并多次嫖娼。上述挥霍数额巨大，无法予以准确统计。

问：丁某的行为构成何罪？对于其个人挥霍和嫖娼部分是认定为贪污罪还是挪用公款罪？

10. 被告人陈某（原为某市副市长），在担任某市副市长主管工业期间，直接负责该市光电子产业的发展和 LCD（液晶显示器件）项目，在明知不具备该项目资金、厂房和技术条件的情况下，仍违规盲目决定上马；在明知 LCD 项目的项目建议书、可行性研究报告未经国务院主管部门审批的情况下，仍违反国家有关法规和法定操作程序，启动该项目的前期运作；在出国考察时，对美国公司提供的 LCD 项目事先未经科学考察论证便同意购买，并支持违规签订正式合同；在该合同履行期间，违规同意修改 210 万美元的信用证付款条件，放弃我方权利，导致 LCD 项目引进失败，致使国家财产遭受 626 万美元的经济损失。

问：被告人陈某的行为是否构成犯罪？如构成犯罪，应定何罪？

复习与思考

1. 论述放火罪的构成要件及其认定。
2. 认定交通肇事罪时应注意划清哪些界限？
3. 简述重大责任事故罪的概念和构成要件。
4. 论述不报、谎报安全事故罪的概念、构成要件及其认定。
5. 简述生产、销售伪劣产品罪的概念、构成要件以及罪数的认定。
6. 简述走私普通货物、物品罪的概念、构成要件以及罪数的认定。
7. 简述虚假破产罪的概念和客观构成特征。
8. 简述背信损害上市公司利益罪的概念和行为方式。
9. 简述集资诈骗罪的概念、构成要件及其认定。
10. 论述逃税罪的概念和构成要件。
11. 简述假冒注册商标罪的概念、构成要件以及罪数的认定。
12. 什么是非法经营罪？它有哪几种行为表现？
13. 故意伤害罪的概念和构成要件是什么？重伤包括哪些情形？
14. 试分析故意伤害罪与故意杀人罪的异同。

15. 试比较强奸妇女与奸淫幼女这两种类型的强奸罪的区别。

16. 简述职务侵占罪的概念、构成要件以及共犯的认定。

17. 简述妨害公务罪的构成要件以及罪数的认定。

18. 论述组织、领导、参加黑社会性质组织罪的概念、构成要件及其认定。

19. 简述拒不执行判决、裁定罪的概念和构成要件。

20. 挪用公款罪与贪污罪、挪用资金罪的区别是什么？

21. 贪污罪、受贿罪的构成条件是什么？

22. 行贿罪的构成要件是什么？

23. 认定滥用职权罪应注意哪些问题？

24. 玩忽职守罪的概念及其构成要件是什么？

25. 食品、药品监管渎职罪的概念及其构成要件是什么？

下 编　刑事诉讼法

第十章　刑事诉讼法概述

学习目标：

- 了解刑事诉讼法的体系与任务
- 掌握刑事诉讼法的特有原则
- 明确刑事诉讼的主体

第一节　刑事诉讼法体系与任务

导入案例

被告人汪某（女，21岁）在2015年8月~2016年5月先后拐骗少女5人，分别卖给某县农民李某等人为妻，获款52 000元。案发后，某县公安局派出人员侦查，于2015年12月16日侦查终结，向该县人民检察院移送，人民检察院审查后于2016年1月6日向该县人民法院提起公诉。同年3月5日，该县人民法院以拐卖妇女罪判处汪某有期徒刑5年。人民检察院认为县法院量刑过轻，依法提起抗诉，经某市中级人民法院重新审理改判汪某有期徒刑7年。

问：我国刑事诉讼的过程是什么？

本案知识点：刑事诉讼的含义

党的二十大报告指出，坚持以人民为中心的发展思想，要实现好、维护好、发展好最广大人民根本利益。刑事诉讼活动就应着眼于刑事案件的及时发现、立案、侦查、起诉与审判，依法依规全力解决人民群众"深恶痛绝的各类犯罪行为"，特别是通过公检法机关严厉打击暴力犯罪等危害社会治安、公共秩序的犯罪以及贪腐犯罪，让人民群众获得感、幸福感、安全感，更加充实、更有保障、更可持续，永做"人民的保护神"。

一、刑事诉讼法的概念

刑事诉讼，是指在公安机关、人民检察院、人民法院等专门机关的主持下，在当事人及其他诉讼参与人的参加下，依照法律规定的程序，查证、核实犯罪嫌疑人、被告人是否实施了犯罪，是否应当受到刑罚处罚以及应当受到何种刑事处罚的活动。刑事诉讼有广义和狭义之分。广义的刑事诉讼，是指国家为实现刑罚权的全部诉讼行为。就诉讼活动的主体而言，包括国家的公安机关、安全机关、人民检察院、人民法院，以及当事人和其他诉讼参与人；就其诉讼行为和程序而言，包括立案、侦查、起诉、审判、执行等。狭义的刑事诉讼专指审判程序，即公诉人提起公诉或自诉人提起自诉后，人民法院与控、辩双方的诉讼行为，它不包括审判前的立案、侦查和审查起诉程序以及生效裁判的执行程序。本教材所指的刑事诉讼，是指广义的刑事诉讼。

　　本节导入案例中，对被告人汪某追究刑事责任的过程，从公安机关立案，到人民检察院审查起诉，再到人民法院审判，就是一个典型的刑事诉讼过程，通过这个刑事诉讼程序法过程，最终达到了追究汪某刑事责任的实体法目的。

刑事诉讼法是国家的基本部门法之一。它是关于刑事诉讼程序的法律规范的总和，即有关刑事诉讼活动的进行、诉讼的方式、内容及其效力的各项规定的总称。在我国，刑事诉讼法是指国家制定的调整公安机关（含国家安全机关）、人民检察院、人民法院和诉讼参与人进行刑事诉讼活动的法律规范。

刑事诉讼法亦有广义与狭义之分，狭义的刑事诉讼法仅指国家最高权力机关制定的一部比较系统、全面的成文刑事诉讼法典，即我国现行的《中华人民共和国刑事诉讼法》。广义的刑事诉讼法，是指一切与刑事诉讼程序有关的法律规范。包括：①《中华人民共和国刑事诉讼法》；②《宪法》中有关刑事诉讼原则、制度的规定；③国家立法机关制定的其他法律、法令中有关刑事诉讼程序的规定；④国家立法机关就刑事诉讼程序有关问题所作的决定或补充规定；⑤最高人民法院和最高人民检察院的司法解释，即2021年3月1日施行的最高人民法院《关于适用〈中华人民共和国刑事诉讼法〉的解释》（以下简称《最高法院解释》）及2019年12月30日施行的最高人民检察院关于《人民检察院刑事诉讼规则》（以下简称《最高检察院规则》）；⑥国务院及其主管部门颁布的行政法规中有关刑事诉讼程序的规定，或就本部门业务工作中与刑事诉讼有关的问题所作的规定，其中最为重要的是2020年9月1日施行的公安部关于《公安机关办理刑事案件程序规定》（以下简称《公安部规定》）；⑦地方国家权力机关所颁布的地方性法规中有关刑事诉讼程序的规定及其所作的解释；⑧有关国际条约。凡经我国缔结或加入的国际条约，经过人大常委会批准后，其中与刑事诉讼有关的内容，均为我国刑事诉讼法的渊源。

二、刑事诉讼法的体系

刑事诉讼法体系，是指成文、单一的刑事诉讼法典的组成和结构。

刑事诉讼法典就是指现行《中华人民共和国刑事诉讼法》。本法典于1979年7月1日第五届全国人民代表大会第二次会议通过，根据1996年3月17日第八届全国人民代表大会第四次会议《关于修改〈中华人民共和国刑事诉讼法〉的决定》第一次修正，根据 2012 年 3 月 14 日第十一届全国人民代表大会第五次会议《关于修改〈中华人民共和国刑事诉讼法〉的决定》第二次修正，根据 2018 年 10 月 26 日第十三届全国人民代表大会常务委员会第六次会议《关于修改〈中华人民共和国刑事诉讼法〉的决定》第三次修正。2018 年修订的《中华人民共和国刑事诉讼法》（以下简称《刑事诉讼法》）于 2018 年 10 月 26 日起施行。

本法典共由 308 条组成，分总则编，立案、侦查和提起公诉编，审判编，执行编，特别程序编和附则六个部分，在编之下，根据法律规范的性质和内容又相应地划分为章、（节）、条、（款）、（项）等层次。

第一编总则，分为 9 章，章后不分节，直接以条文序号连续排列，依序为：任务和基本原则，管辖，回避，辩护与代理，证据，强制措施，附带民事诉讼，期间、送达，其他规定。

第二编立案、侦查和提起公诉，分别以立案、侦查、提起公诉为 3 章，其中第一、三章不分节，第二章侦查又分为 11 节，依序为：一般规定，讯问犯罪嫌疑人，询问证人，勘验、检查，搜查，查封、扣押物证、书证，鉴定，技术侦查措施，通缉，侦查终结，人民检察院对直接受理的案件的侦查。

第三编审判，又分为 5 章，分别为：审判组织，第一审程序，第二审程序，死刑复核程序，审判监督程序。其中，只有第二章第一审程序下设节，共分为 4 节，依序为：公诉案件，自诉案件，简易程序，速裁程序。

第四编执行，不分章、节，直接以条文序号与前面法条承继。

第五编特别程序，又分为 5 章，章后不分节，直接以条文序号连续排列，依序为：未成年人刑事案件诉讼程序，当事人和解的公诉案件诉讼程序，缺席审判程序，犯罪嫌疑人、被告人逃匿、死亡案件违法所得的没收程序，依法不负刑事责任的精神病人的强制医疗程序。

附则仅涉及一个条文——第 308 条，该条对于军队内部与监狱内发生案件的侦查、中国海警局对海上发生的刑事案件行使侦查权作出了原则性规定。

三、刑事诉讼法的任务

《刑事诉讼法》第 2 条规定："中华人民共和国刑事诉讼法的任务，是保证准确、及时地查明犯罪事实，正确应用法律，惩罚犯罪分子，保障无罪的人不受刑事追究，教育公民自觉遵守法律，积极同犯罪行为作斗争，维护社会主义法制，尊重和保障人权，保护公民的人身权利、财产权利、民主权利和其他权利，保障社会主义建设事业的顺利进行。"根据这一规定，我国刑事诉讼法的任务主要可以概括为以下四个方面：

（一）保证准确、及时地查明犯罪事实，正确应用法律，惩罚犯罪分子，保障无罪的人不受刑事追究

这是刑事诉讼法的直接任务，也是首要任务。这一任务主要包括以下三层含义：

1. 为了查明犯罪事实，必须做到准确、及时。要准确地查明犯罪事实，在司法实践中应当注意几个问题：首先，要做到客观、全面和细致，避免主观、片面。其次，必须抓住主要矛盾，着重查清基本事实和基本证据。最后，必须做到实事求是，要忠于事实真相。案件的事实是客观存在的，司法人员的责任就是通过法定的诉讼活动，去正确认识案件的事实并基于这种正确的认识，依照国家法律作出正确、合法的处理。要重调查研究，不轻信口供，严禁刑讯逼供和以其他非法方法收集证据。及时查明犯罪事实，是指在法定期限内依法从快办案。这就要求司法人员在保证办案质量、符合法定程序的前提下，尽量提高办案效率，在法定时限内，以最快的速度查明犯罪事实，及时惩办犯罪分子。

2. 必须正确适用法律。犯罪嫌疑人、被告人是否犯罪，犯什么罪，应受到什么样的惩罚都需要严格依照法律来认定。任何人未经人民法院审判，不能被确定为有罪。

3. 惩罚犯罪和保障无罪的人不受刑事追究。首先，惩罚犯罪，保护人民，二者是辩证统一、不可分割的。惩罚犯罪的目的是为了保护人民，只有有效地打击犯罪，人民的合法权益才能得到及时保护。片面强调惩罚犯罪而使无罪的人受到追究，片面地强调保护而放纵了犯罪，这两种倾向都是错误的。其次，不能为了惩罚犯罪而牺牲对人权的保护。我国现行刑事诉讼法将保障无罪的人不受刑事追究与惩罚犯罪一同写进刑事诉讼法典作为首要任务之一，体现了我国刑事诉讼法真实的民主性，而且具有深刻的实践意义。它使侦查、检察、审判人员从开始接触案件时起，在思想上就高度重视，从根本上摒弃刑事诉讼法的重点是打击犯罪的观念。我国刑事诉讼法在许多方面都充分体现了保护人权的精神。例如，对于事实不清，证据不足的案件，应当退回补充侦查或撤回起诉等。

（二）教育公民自觉遵守法律，积极同犯罪行为作斗争

这是我国刑事诉讼法独具的重要的社会任务。我国刑事诉讼活动的过程既是惩罚犯罪分子，保障无罪的人不受刑事追究的过程，同时又是对公民进行法治宣传教育的过程。公安、司法机关正确处理刑事案件，惩罚犯罪分子，对群众有很大的教育作用。

在进行诉讼的过程中，应当采取适当的方式、方法开展法治宣传教育，培养人民群众的法治意识，使人民群众了解与犯罪行为作斗争的必要性，以及刑事诉讼法的内容和作用。同时，应在广大公民中开展法律和人权宣传，增强我国公民

的法律意识和维权意识。只有全体公民自觉守法、护法，敢于同犯罪行为作斗争，敢于抵制不良社会风气，才能从根本上改变社会治安状况和维护社会主义法治的尊严。

（三）尊重与保障人权，保护公民的人身权利、财产权利、民主权利和其他权利

这是我国刑事诉讼法的根本任务。刑事犯罪的追诉过程，因为涉及所有公民可能因涉嫌犯罪而面临人身、财产权利被强制剥夺或者限制，因而，如果不对刑事诉讼过程中国家追诉机关以及审判机关的职权进行严格的程序规制，那么，所有公民的宪法权利都将面临严重的国家强权侵害。正因如此，刑事诉讼法必须以尊重与保障人权为重要任务，通过对犯罪嫌疑人、被告人合法权益的维护，以看得见的公正方式实现对犯罪的打击、惩处。另一方面，通过对犯罪行为及时、准确的处罚，也实现了对被害人以及其他守法公民的人身权利、财产权利、民主权利和其他权利的保护，同时，通过打击、惩处犯罪，起到了警示与威慑作用，预防犯罪，进而防止其他公民的合法权利受到犯罪行为的侵害。

（四）维护社会主义法治，保障社会主义建设事业的顺利进行

这是我国刑事诉讼法的总任务。社会主义法治与社会主义民主一样重要，维护社会主义法治不仅是惩罚犯罪、保护人民的需要，也是保障社会主义民主和现代化建设的需要。要不断健全和加强社会主义法治，通过刑事诉讼程序坚决维护社会主义法治，刑事诉讼法通过保证刑法的正确实施，惩罚犯罪，保护人民和教育群众，调动一切积极因素，维护正常的社会秩序和安定团结的良好环境，为社会主义现代化建设的顺利进行服务。

第二节　刑事诉讼法的特有原则

◎ 导入案例

刘庄村民刘某龙从 16 岁开始就不断地在村里进行小偷小摸的行为，村里人无不对其深恶痛绝。某年 7 月 3 日中午，22 岁的刘某龙趁本村姑娘张某午睡之机，从窗户爬进去对其实施了强奸。某年 7 月 5 日晚，刘庄所有刘姓村民在族长刘某天的主持下，召开家族成员大会，决定对刘某龙进行处置。家族大会经过讨论，一致认为刘某龙犯有"弥天大罪"，应当处死，到会成员均在处死刘某龙的文书上签了字。会后，大家将刘某龙五花大绑，带到一个蓄满水的粪池边，由刘某龙之父刘某地与族长刘某天将刘某龙抬起扔进池中，刘某龙漂出水面乱叫，刘某天又用竹竿将其头压入水中，直至淹死。

问：刘某天等人的行为违反了哪一刑事诉讼原则？

本案知识点：刑事诉讼法特有原则

一、侦查权、检察权、审判权由专门机关依法行使原则

《刑事诉讼法》第3条规定："对刑事案件的侦查、拘留、执行逮捕、预审，由公安机关负责。检察、批准逮捕、检察机关直接受理的案件的侦查、提起公诉，由人民检察院负责。审判由人民法院负责。除法律特别规定的以外，其他任何机关、团体和个人都无权行使这些权力。人民法院、人民检察院和公安机关进行刑事诉讼，必须严格遵守本法和其他法律的有关规定。"这一规定确立了侦查权、检察权和审判权由专门机关行使的基本原则，其主要内容有：

1. 侦查权、检察权、审判权是国家权力的重要组成部分，具有专属性，只能由公安机关、人民检察院、人民法院等专门机关依法行使。除法律特别规定的以外，其他任何机关、团体和个人都不得行使。

在本节导入案例中，族长刘某天组织族人对刘某龙进行"审判"的行为，与刑事诉讼法的这一原则严重不符，而将刘某龙扔进粪池，处以"死刑"的行为更是严重的犯罪行为。侦查权、检察权与审判权是国家权力的重要组成部分，是国家实行刑罚权的重要保障，其他任何机关、团体和个人滥用此项职权，都会直接侵害公民的合法权益。本案中，刘某龙的犯罪行为应当交由有权的专门机关来处理，而刘某天等人无视法律，擅自剥夺他人生命的行为也应受到法律的制裁。

关于侦查权、检察权、审判权专属性问题，《刑事诉讼法》第4条规定："国家安全机关依照法律规定，办理危害国家安全的刑事案件，行使与公安机关相同的职权。"《刑事诉讼法》第308条规定："军队保卫部门对军队内部发生的刑事案件行使侦查权。中国海警局履行海上维权执法职责，对海上发生的刑事案件行使侦查权。对罪犯在监狱内犯罪的案件由监狱进行侦查。军队保卫部门、中国海警局、监狱办理刑事案件，适用本法的有关规定。"可见，国家安全机关、军队保卫部门、中国海警局和监狱依法在刑事诉讼中对特定的案件享有侦查权。

2. 刑事案件的侦查权、检察权、审判权应由公安机关等侦查机关、人民检察院和人民法院分别行使。法律明确规定了各机关之间的分工，不能相互代替和混淆，否则即为违法。作为国家的治安保卫机关，公安机关、国家安全机关、军队保卫部门、中国海警局和监狱等侦查机关在刑事诉讼中负责刑事案件的侦查、拘留、执行逮捕和预审。作为国家的法律监督机关，人民检察院在刑事诉讼中负责检察、批准逮捕、检察机关直接受理的案件的侦查、提起公诉。审判由人民法院负责。

3. 各机关必须依法行使职权，严格遵守法定程序。这里的"依法"既包括

依据《刑事诉讼法》，也包括依据《刑法》和《人民法院组织法》《人民检察院组织法》等涉及刑事诉讼的所有法律法规。各机关行使职权时，必须严格遵守法定的立案、侦查、起诉、审判和执行等程序的具体操作规程和要求，不得违法。对于司法机关超越职权、滥用职权的违法行为，任何公民、法人都有权抵制，并向有关机关告发乃至要求赔偿。

二、分工负责、互相配合、互相制约原则

《刑事诉讼法》第7条规定："人民法院、人民检察院和公安机关进行刑事诉讼，应当分工负责，互相配合，互相制约，以保证准确有效地执行法律。"这是指导和处理司法机关在刑事诉讼中的相互关系的一项非常重要的原则。

1. 所谓分工负责，是指公安机关等侦查机关、人民检察院和人民法院在刑事诉讼中应按照法律的规定各负其责，各尽其职。具体而言，分工负责在刑事诉讼中主要体现在：

（1）职能上的分工。公安机关负责侦查、拘留、执行逮捕、预审；人民检察院负责检察、批准逮捕、检察机关直接受理的案件的侦查和提起公诉；人民法院负责审判。

（2）案件管辖上的分工。人民法院直接受理自诉案件；人民检察院负责立案侦查司法工作人员利用职权实施的侵犯公民权利、损害司法公正的犯罪案件，以及经省级以上人民检察院决定，立案侦查公安机关管辖的国家机关工作人员利用职权实施的重大犯罪案件；公安机关则负责人民法院直接受理和人民检察院立案侦查的案件以外的案件。

2. 所谓互相配合，是指公安机关、人民检察院和人民法院应在分工负责的基础上互相支持和合作，互相协调，使刑事诉讼程序顺利衔接，共同完成揭露犯罪、证实犯罪、惩罚犯罪的任务，保障无罪的人不受刑事追究。详言之，互相配合在刑事诉讼中主要体现在：

（1）公安机关的立案、侦查，为人民检察院审查决定、提起公诉做好准备；人民检察院对于公安机关提请逮捕而应该逮捕的犯罪嫌疑人，要及时批准逮捕；人民检察院直接受理的案件中，若需要拘留、逮捕犯罪嫌疑人、被告人的，则由人民检察院决定，由公安机关执行；人民检察院需要通缉被告人的，应当通知公安机关执行。

（2）人民检察院的起诉为法院的审判做好准备，法院对检察院提起的公诉，只要起诉书中有明确的指控犯罪事实，就应当及时开庭审判；人民法院审理公诉案件，人民检察院除特定情况外应当派员出席法庭支持公诉。

3. 所谓互相制约，是指公安机关、人民检察院和人民法院在刑事诉讼中互相监督，互相约束，以防发生错误和及时纠正错误，正确执行法律。具体而言，互相制约原则在刑事诉讼中主要体现在：

（1）公安机关逮捕犯罪嫌疑人、被告人，要提请人民检察院批准，如不批准，公安机关认为应当逮捕时，可以要求复议，如果检察院不接受，可向上一级人民检察院提请复核。

（2）对于公安机关移送起诉的案件，人民检察院决定不起诉的，应当将不起诉决定书送达公安机关。公安机关认为不起诉的决定有错误的，可以要求复议，如果意见不被接受，可向上一级人民检察院提请复核。

（3）人民检察院对公安机关的立案和侦查活动实行监督，如果发现有违法情况，可通知公安机关纠正。人民检察院对法院的审判活动也实行监督。对人民法院的判决、裁定认为有错误时，有权按第二审程序或审判监督程序提出抗诉。

分工负责、互相配合、互相制约是统一的、不可分割的。分工负责是互相配合、互相制约的前提，没有分工负责，三机关的职权可以互相行使，也就谈不上配合与制约。只有分工负责，没有互相配合与制约，刑事诉讼任务也不能顺利完成。互相配合与互相制约是相辅相成、辩证统一的，两者不可分割。如果只讲配合不讲制约，工作中的缺点错误就不能及时得到防止和纠正，法律就不能得到正确贯彻和执行，案件也就不能得到正确处理，配合的目的也就实现不了。如果只讲制约，不讲配合，就容易出现互相扯皮，彼此抵消力量的情况，影响诉讼活动的顺利进行。所以，对分工负责、互相配合、互相制约的原则，必须有全面、正确的理解，才能在实践中正确贯彻执行，才能发挥它的积极作用。

三、未经人民法院依法判决不得确定任何人有罪原则

《刑事诉讼法》第 12 条规定："未经人民法院依法判决，对任何人都不得确定有罪。"该原则的基本含义是：

1. 在刑事诉讼中，确定被告人有罪的权力由人民法院统一行使。在刑事诉讼中，审判权依法只能由人民法院统一行使，其他任何机关、团体和个人都无权行使。审判权包括定罪权与量刑权。人民法院是唯一有权确定某人有罪和判处刑罚的机关。在刑事案件的侦查和审查起诉程序中，公安机关和人民检察院根据已经查明的事实和证据，可以对犯罪嫌疑人移送起诉和提起公诉，但它们对犯罪嫌疑人、被告人有罪的认定，只会带来诉讼程序意义上的效果，而不是终局的有罪判定。只有人民法院依法所作的定罪判决，才是国家对被告人有罪结论的权威宣告。

2. 人民法院判决被告人有罪，必须严格依照法定程序。在刑事诉讼中要确定被告人有罪，人民法院必须按照刑法和刑事诉讼法的规定，经过开庭审理查明事实，以法律为依据作出有罪的判决，并且将其公开宣告。在开庭的过程中，须给予被告人一切辩护上所需的保障，被告人有权出庭受审，有权自行辩护或者委托他人辩护，有权对控方证人进行询问，有权对法庭出示的物证、书证、鉴定意见进行辨认和质证，有权申请调取新的证据，等等。未经法律规定的诉讼程序，人民法院不得确定任何人有罪。

3. 未经人民法院依法判决，对任何人都不得确定有罪。这吸收了无罪推定原则的内核。该原则在我国刑事诉讼法中的体现如下：①被追诉者在刑事诉讼过程中一律被称为犯罪嫌疑人、被告人，而不能称为犯人或人犯；②不存在免予起诉的决定，人民检察院只能作出提起公诉的决定或者不起诉的决定，而不能作出免予起诉的决定；③在刑事诉讼中，证明责任一般要由公诉人或自诉人承担，被告人没有证明自己无罪的义务；④法院开庭审理案件，不以被告人的行为构成犯罪为前提条件；⑤对于证据不足、指控罪名不能成立的案件，人民法院应当作出证据不足、指控犯罪不能成立的无罪判决。

四、认罪认罚从宽原则

《刑事诉讼法》第15条规定："犯罪嫌疑人、被告人自愿如实供述自己的罪行，承认指控的犯罪事实，愿意接受处罚的，可以依法从宽处理。"这一规定确立了刑事案件的认罪认罚从宽原则。该原则对准确及时惩罚犯罪、强化人权司法保障、推动刑事案件繁简分流、节约司法资源、化解社会矛盾、推动国家治理体系和治理能力现代化，具有重要的现实意义。其主要内容有：

1. 认罪的认定。根据2019年10月24日最高人民法院、最高人民检察院、公安部、国家安全部、司法部联合发布的《关于适用认罪认罚从宽制度的指导意见》（以下简称《认罪认罚指导意见》）第6条的规定，认罪认罚从宽制度中的"认罪"，是指犯罪嫌疑人、被告人自愿如实供述自己的罪行，对指控的犯罪事实没有异议。承认指控的主要犯罪事实，仅对个别事实情节提出异议，或者虽然对行为性质提出辩解但表示接受司法机关认定意见的，不影响"认罪"的认定。

2. 认罚的认定。认罪认罚从宽制度中的"认罚"，是指犯罪嫌疑人、被告人真诚悔罪，愿意接受处罚。"认罚"，在侦查阶段表现为表示愿意接受处罚；在审查起诉阶段表现为接受人民检察院拟作出的起诉或不起诉决定，认可人民检察院的量刑建议，签署认罪认罚具结书；在审判阶段表现为当庭确认自愿签署具结书，愿意接受刑罚处罚。须注意的是，犯罪嫌疑人、被告人享有程序选择权，不同意适用速裁程序、简易程序的，不影响"认罚"的认定。

3. 从宽的认定。认罪认罚从宽制度中的"从宽"，既包括实体上从宽处罚，也包括程序上从简处理。实体上"可以从宽"，是指一般应当体现法律规定和政策精神，予以从宽处理。但可以从宽不是一律从宽，对犯罪性质和危害后果特别严重、犯罪手段特别残忍、社会影响特别恶劣的犯罪嫌疑人、被告人，认罪认罚不足以从轻处罚的，依法不予从宽处罚。程序上从简，既包括经被告人同意适用简易程序、速裁程序的情况，也包括对认罪认罚的犯罪嫌疑人、被告人适用强制措施的从缓，即《认罪认罚指导意见》第 19 条规定的"人民法院、人民检察院、公安机关应当将犯罪嫌疑人、被告人认罪认罚作为其是否具有社会危险性的重要考虑因素。对于罪行较轻、采用非羁押性强制措施足以防止发生刑事诉讼法第 81 条第 1 款规定的社会危险性的犯罪嫌疑人、被告人，根据犯罪性质及可能判处的刑罚，依法可不适用羁押性强制措施"。

4. 认罪认罚从宽原则的具体适用。认罪认罚从宽原则贯穿刑事诉讼全过程，适用于侦查、起诉、审判各个阶段。也适用于所有刑事案件，没有适用罪名和可能判处刑罚的限定。

五、具有法定情形不予追究刑事责任原则

《刑事诉讼法》第 16 条确立了具有法定情形的不予追究刑事责任原则。这些法定不追究刑事责任的情形主要有：

1. 情节显著轻微、危害不大，根据刑法不认为是犯罪的。这一条与《刑法》第 13 条的规定相呼应，目的是严格区分罪与非罪的界限，对不构成犯罪的行为当然不能追究刑事责任。

2. 犯罪已过追诉时效期限的。刑法规定了对于刑事犯罪的追诉期限：法定最高刑为不满 5 年有期徒刑的，经过 5 年；法定最高刑为 5 年以上不满 10 年有期徒刑的，经过 10 年；法定最高刑为 10 年以上有期徒刑的，经过 15 年；法定最高刑为无期徒刑、死刑的，经过 20 年。超过上述法定追诉时效的，一般不再追究刑事责任。

3. 经特赦令免除刑罚的。在我国，全国人民代表大会常务委员会有权决定特赦。这种特赦命令具有终止刑事追究的法律效力。

4. 依照刑法告诉才处理的犯罪，没有告诉或者撤回告诉的。根据我国刑法的规定，告诉才处理的案件共有四种：侮辱、诽谤案（但是严重危害社会秩序和国家利益的除外），暴力干涉婚姻自由案（被害人死亡的除外），虐待案（被害人重伤、死亡的除外）和侵占案。告诉才处理的案件以被害人提出告诉为前提，被害人没有提出告诉或者撤回告诉的，对这类案件的追究就失去了法律基础。

5. 犯罪嫌疑人、被告人死亡的。刑法实行罪责自负、反对株连的原则，如果犯罪嫌疑人、被告人死亡的，追究刑事责任已经没有意义，因此不予追究。

6. 其他法律规定免予追究刑事责任的。一个人的行为，根据刑法的规定已经构成犯罪，但由于具有某些情节和特殊情况，其他法律规定免除刑事责任的，也不予追究。

对于上述法定不追究刑事责任的情形，《刑事诉讼法》规定了不同的处理方式。具体说来，在立案阶段，人民法院发现自诉案件有上述情形之一的，应当不

予受理；公诉案件有上述情形之一的，公安机关和人民检察院应作出不立案的决定。在侦查阶段，侦查机关遇有上述情形之一的，应当撤销案件。在审查起诉阶段，人民检察院遇有上述情形之一的，应作出不起诉的决定。在审判阶段，对于上述第一种情形，人民法院应当通过判决宣告无罪，对于其他几种情形，一般应通过裁定终止审理。不过，根据已经查明的案件事实和认定的证据材料，能够确认已经死亡的被告人无罪的，人民法院应当判决宣告被告人无罪。

第三节　刑事诉讼主体

导入案例

某甲，男，16岁。某乙，男，17岁。一日，甲与乙因故发生口角，经当时在场的丙劝说无效，继而打斗。甲用石块砸乙头部，致使乙当场倒地昏迷，后被送往医院。公安机关立案侦查此案，指派本单位法医丁对乙的伤情作了鉴定，鉴定意见为重伤致残。公安机关在讯问甲时，通知甲的父亲到场。在人民法院审理此案时，乙的母亲提起了附带民事诉讼，要求赔偿物质损失。李律师接受委托，依法出庭为乙提供法律服务。丙被人民法院通知出庭作证。

问：本案中的诉讼参与人有哪些？

本案知识点：刑事诉讼参与人

一、刑事诉讼中的专门机关

刑事诉讼中的专门机关，是指在刑事诉讼中代表国家行使司法权的国家专门机关，它们是公安机关、人民检察院和人民法院。

（一）公安机关

1. 公安机关的性质。公安机关是国家的治安保卫机关，是各级人民政府即国家行政部门的组成部分，担负着保卫国家社会治安、维护社会秩序的重要任务。由于惩罚犯罪的刑事诉讼活动与社会治安紧密相关，国家法律授权公安机关直接参加刑事诉讼活动，确认公安机关在刑事诉讼中与人民检察院和人民法院处于同样重要的地位。但从性质上来看，公安机关与人民检察院和人民法院是不同的。根据宪法的规定，人民检察院和人民法院向同级人民代表大会负责并报告工作，因而属司法机关。公安机关属同级人民政府的一个职能部门，在性质上属行政机关。

2. 公安机关在刑事诉讼中的职能。在刑事诉讼中，公安机关主要负责刑事案件的侦查工作，除了法律规定的少数刑事案件的侦查权由国家安全机关、人民检察院、中国海警局、监狱和军队保卫部门行使外，大量的刑事案件都是由公安机关负责侦查、拘留、预审、收集证据直至侦破案件、查获犯罪嫌疑人、查明案件真相的。具体而言，公安机关的职能主要有：

（1）立案和撤销案件。对于确有犯罪事实发生，符合立案条件，需要追究刑事责任的刑事案件，公安机关有权立案。立案后如果发现所立案件不符合法律规定的立案条件的，可以直接撤销案件。

（2）侦查。公安机关对自己所负责案件的侦查权包括：讯问犯罪嫌疑人，询问证人，勘验、检查，搜查，查封、扣押物证、书证，鉴定，技术侦查，通缉等。

（3）依法采取强制措施。对犯罪嫌疑人进行拘传、取保候审、监视居住和拘留等。对依法需要逮捕的犯罪嫌疑人，依法提请人民检察院审查批准逮捕，并经人民检察院批准后执行逮捕，对在押犯罪嫌疑人进行看管等。

（4）移送起诉权。公安机关将侦查终结的案件移送给人民检察院，并提出起诉意见，由人民检察院决定起诉。

（5）要求复议和提出复核。公安机关认为人民检察院不批准逮捕、不起诉的决定有错误的，有权要求复议，如果复议意见不被接受，还有权向上一级人民检察院提请复核。

（6）执行。人民法院判处的刑事罪犯，大多是通过公安机关交付执行，然后由监狱部门负责监管的。少数判处拘役、剥夺政治权利及有期徒刑余刑在3个月以下的罪犯，由公安机关负责执行和监管工作。

3. 刑事诉讼中其他行使侦查权的机关。

（1）国家安全机关。国家安全机关是国家的安全保卫机关，是各级人民政府的组成部分。国家安全机关承担原由公安机关主管的间谍案件的侦查工作。国家安全机关依照法律规定，办理危害国家安全的刑事案件，行使与公安机关相同的职权。

（2）军队保卫部门。军队保卫部门是中国人民解放军的政治安全保卫机关，不是国家公安机关的组成部分，在行政、业务上自成体系，不受公安机关的领导。军队保卫部门承担军队内部发生的刑事案件的侦查工作，行使与公安机关相同的职权。

（3）监狱。监狱是国家的刑罚执行机关，是实现人民法院的生效裁判、对罪犯进行劳动改造的主要场所。但对罪犯在监狱内犯罪的案件，由监狱进行侦查。

（4）中国海警局。中国海警局依法履行海上维权执法职责，对海上发生的刑事案件行使侦查权。

（二）人民检察院

1. 人民检察院的性质。根据《宪法》和《人民检察院组织法》的规定，中华人民共和国人民检察院是国家的法律监督机关。

2. 人民检察院在刑事诉讼中的职能。人民检察院在刑事诉讼中参与诉讼的全过程：从立案、侦查（自己直接受理的案件）、批准逮捕、审查起诉、侦查监督、提起公诉、支持公诉、审判监督，直到监督判决的执行。这是人民检察院在刑事诉讼中与公安机关和人民法院的职权、地位及其发挥作用的不同之处。人民检察院的主要职能有：

（1）侦查阶段。对于法律规定由人民检察院直接受理的案件，有权立案侦查；对公安机关侦查终结的案件有权进行补充侦查；可以以法律监督机关的身份，对公安机关的侦查活动进行监督；对公安机关在侦查过程中的违法行为有权要求纠正，并对公安机关的羁押必要性进行审查。

（2）提起公诉阶段。根据《刑事诉讼法》第169条的规定，凡是要提起公诉的案件，一律由人民检察院审查决定。这一规定指明了人民检察院对公诉案件提起控诉的专属职权。

（3）审判阶段。由于人民检察院负有司法监督职能，所以在审判阶段，人民检察院派员出庭，既有公诉人的地位，行使公诉人的职权，又有法律监督者的身份，对人民法院的审判活动行使监督职权。

（4）执行阶段。根据《人民检察院组织法》第20条第6项、第7项的规定，人民检察院有权对判决、裁定等生效法律文书的执行工作实行法律监督，以及对监狱、看守所的执法活动实行法律监督。

（三）刑事诉讼中的人民法院

1. 人民法院的性质。根据《宪法》和《人民法院组织法》的规定，中华人民共和国人民法院是国家的审判机关。

2. 人民法院的职能。

（1）依法独立行使审判权，其一审、二审、死刑复核、审判监督、特别审判程序中的审判职能的行使不受任何行政机关、社会团体和个人的干涉。

（2）受理公诉和直接受理自诉案件，并决定开庭审判，对自诉案件进行调解。

（3）审理全部公诉、自诉案件并依法作出判决或者裁定。

（4）对被告人采取强制措施，如取保候审、监视居住、拘传、逮捕等。

（5）决定合议庭成员，主持审判活动，为维持诉讼秩序，保证诉讼的正常进行而采取其他强制措施，如罚款决定等，直至追究刑事责任。

（6）为调查核实证据进行庭外勘验、检查、查封、扣押、鉴定和查询、冻结的调查活动。

（7）决定是否延期审理。

（8）二审中，根据上诉或抗诉，对一审判决进行全面审查，依法作出维持一审裁判、改变或者撤销原判，发回原审法院重审的裁定；按照审判监督程序，对确有错误的生效判决、裁定进行再审。

（9）依法审查、核准一审、二审未生效的死刑判决；对未成年人刑事案件，当事人和解的公诉案件，犯罪嫌疑人、被告人在境外的特定案件，犯罪嫌疑人、被告人逃匿、死亡案件违法所得的没收案件，依法不负刑事责任的精神病人的强制医疗案件进行审理并依法作出裁决。

二、诉讼参与人

刑事诉讼参与人，是指在刑事诉讼活动中，除侦查、检察、审判机关工作人员以外参加刑事诉讼活动，依法享有一定的诉讼权利，承担一定的诉讼义务的人员。根据《刑事诉讼法》第108条的规定，刑事诉讼参与人主要包括当事人、法定代理人、诉讼代理人、辩护人、证人、鉴定人和翻译人员。依据诉讼参与人同案件的利害关系不同，可以将诉讼参与人分为当事人和其他诉讼参与人两类。

在本节导入案例中，甲是被告人；乙是被害人，附带民事诉讼原告人；因为他们与案件有直接的利害关系，故属于当事人的范畴。丙是证人；丁是鉴定人；甲父是法定代理人；乙母是法定代理人；李律师是诉讼代理人，他们则属于其他诉讼参与人的范畴。

（一）刑事诉讼当事人

刑事诉讼当事人，是指同案件有直接利害关系而参加刑事诉讼的人员。包括：被害人、自诉人、犯罪嫌疑人、被告人、附带民事诉讼的原告人和被告人。

1. 被害人。被害人是指其合法权益遭受犯罪行为直接侵害的人。刑事案件的被害人有广义和狭义之分，广义上的被害人是指受犯罪行为直接侵害的人，包括公诉案件的被害人，自诉人，附带民事诉讼的原告人。狭义上的被害人则仅指公诉案件的被害人。本教材所指的被害人是指狭义的被害人。

被害人在刑事诉讼中的诉讼权利主要有：①控告犯罪行为；②依法申请侦查人员、检察人员和审判人员回避；③参加诉讼；④委托诉讼代理人；⑤认为公安机关对应当立案侦查的案件而不立案侦查时，向人民检察院提出请求，请求人民检察院通知公安机关立案；⑥对于有证据证明被告人侵犯自己人身、财产权利的行为，应当追究刑事责任，而公安机关或者人民检察院不追究刑事责任的案件，直接向人民法院起诉；被害人死亡的，其近亲属有权起诉；⑦提起附带民事诉讼；⑧被害人及其法定代理人不服地方各级人民法院第一审判决、裁定，有权请求人民检察院提出抗诉；⑨被害人及其法定代理人、近亲属不服地方各级人民法院已生效判决、裁定，有权向司法机关申诉；⑩危害国家安全犯罪、恐怖活动犯罪、黑社会性质的组织犯罪、毒品犯罪等案件的被害人因在诉讼中作证，本人或者其近亲属的人身安全面临危险的，有权请求公检法机关予以保护。

被害人的诉讼义务主要有：①如实向司法机关进行陈述；②接受传唤；③按时出席法庭参加诉讼；④遵守法庭秩序。

2. 自诉人。自诉人是指在自诉案件中以个人名义直接向人民法院提起刑事诉讼的人。一般情况下自诉人就是自诉案件中的被害人、被害人的近亲属或其法定代理人。自诉人是自诉案件的一方当事人，具有独立的诉讼地位，在自诉案件中行使控诉职能，其诉讼行为对诉讼进程有决定性作用。因而，自诉人是自诉案件中重要的诉讼主体，法律赋予自诉人在诉讼中以广泛的诉讼权利。

自诉人除享有诉讼参与人共同的诉讼权利以外，法律还赋予其更加广泛的诉讼权利，主要有：①提起刑事诉讼和附带民事诉讼；②申请审判人员、书记员、鉴定人和翻译人员回避；③出席法庭审判，参加法庭调查和辩论，申请人民法院调取新的证据，传唤证人，申请重新鉴定和勘验；④委托代理人参加诉讼；⑤请求法院调解或与被告人自行和解；⑥在审判前撤诉；⑦阅读或听取审判笔录，有权请求补充或改正；⑧对地方各级人民法院的第一审判决、裁定不服时，有权上诉；⑨对已经发生法律效力的判决或裁定，认为确有错误的，有权提出申诉。

自诉人的诉讼义务主要有：①承担举证责任；②不得捏造事实，诬告陷害他人，或伪造证据，否则应承担相应的法律责任；③出席法庭，参加审判，经两次合法传唤，无正当理由拒不到庭的，或未经法庭准许中途退庭的，按撤诉处理。

3. 犯罪嫌疑人、被告人。犯罪嫌疑人是指在刑事诉讼中涉嫌犯罪，但尚未起诉到人民法院的当事人。被告人是指被人民检察院向人民法院提起公诉或被自诉人直接向人民法院起诉要求追究其刑事责任的当事人。在同一刑事诉讼中，犯罪嫌疑人和被告人实质上指的是同一个人，只是在不同的诉讼阶段的称谓不同而已。因此，犯罪嫌疑人和被告人都是当事人，只是由于不同的诉讼阶段具有不同的诉讼任务和职能，因而法律赋予他们的诉讼权利也有所区别。

犯罪嫌疑人、被告人在诉讼中的主要权利有：①获得法律援助的权利。犯罪嫌疑人、被告人因经济困难或者其他原因没有委托辩护人的，本人及其近亲属可以向法律援助机构提出申请。对符合法律援助条件的，法律援助机构应当指派律师为其提供辩护。犯罪嫌疑人、被告人是未成年人，盲、聋、哑人，或者是尚未完全丧失辨认或者控制自己行为能力的精神病人，或者犯罪嫌疑人、被告人可能被判处无期徒刑、死刑，没有委托辩护人的，人民法院、人民检察院和公安机关应当通知法律援助机构指派律师为其提供辩护。②委托辩护人的权利。犯罪嫌疑人自被侦查机关第一次讯问或者采取强制措施之日起，有权委托辩护人；在侦查期间，只能委托律师作为辩护人。被告人有权随时委托辩护人。侦查机关在第一次讯问犯罪嫌疑人或者对犯罪嫌疑人采取强制措施的时候，应当告知犯罪嫌疑人有权委托辩护人。自诉案件被告人有权随时委托辩护人。③申请回避的权利。侦查人员、检察人员和审判人员或者他们的近亲属和本案有利害关系的，侦查人员、检察人员和审判人员接受当事人及其委托的人的请客送礼，或违反规定会见当事人及其委托的人的，犯罪嫌疑人、被告人有权要求其回避。④使用本民族语言文字进行诉讼的权利。⑤申请取保候审的权利。被羁押的犯罪嫌疑人和被告人及其法定代理人、近亲属和聘请的律师有权申请取保候审。⑥对与本案无关的问题的讯问，有拒绝回答的权利。⑦要求变更或者解除强制措施的权利。犯罪嫌疑人、被告人及其法定代理人、近亲属或者犯罪嫌疑人、被告人委托的律师及其他辩护人对于公安机关、人民检察院和人民法院采取强制措施不当或者超过法定期限的，有权要求解除强制措施。⑧申请补充鉴定或者重新鉴定的权利。对用作证据的鉴定意见，犯罪嫌疑人、被告人可以申请补充鉴定或重新鉴定。⑨对人民检察院作出的酌定不起诉决定有申诉的权利。⑩参与庭审的权利。即依法参与人民法院一审、二审、再审及特别审判程序的庭审，在法庭调查与法庭辩论阶段，就指控的犯罪事实进行陈述，接受讯问，依法举证、质证、辩论，进行最后陈述，充分行使辩护权。不服一审裁判的上诉权以及不服二审生效裁判的申诉权。还包括核对笔录的权利，对公检法机关工作人员的侵权行为提出控告的权利以及请求获得国家赔偿的权利等。

犯罪嫌疑人、被告人在享有上述诉讼权利的同时还要履行以下诉讼义务：①如实回答的义务，犯罪嫌疑人对公安司法人员与案件相关的提问应当如实回答；②在符合法定条件的情况下承受拘传、取保候审、监视居住、拘留、逮捕等强制措施，对搜查、扣押等侦查行为，应予合作；③不得伪造、毁灭证据；④按时出席法庭审判，遵守法庭纪律。

4. 附带民事诉讼的原告人和被告人。

（1）附带民事诉讼的原告人，是指因被告人的犯罪行为而直接遭受物质损失，在刑事诉讼中提起民事诉讼要求得到赔偿的当事人。如果国家财产、集体财产遭受损失，人民检察院在提起公诉时，可以提起附带民事诉讼。如果被害人已经死亡的，或者被害人是未成年人、精神病人等无行为能力人或限制行为能力人的，他们的法定代理人、近亲属等可以成为附带民事诉讼的原告人。

附带民事诉讼的原告人的诉讼权利主要有：①申请回避；②委托诉讼代理人，参加法庭审理，参与附带民事诉讼部分事实和证据的调查和辩论；③对未生效的判决、裁定中的附带民事部分提出上诉。

附带民事诉讼的原告人的诉讼义务主要有：如实陈述，对自己提出的主张负责举证，依法行使诉讼权利，遵守法庭秩序等。

（2）附带民事诉讼的被告人，是因其犯罪行为造成物质损失而被起诉索赔的当事人。一般情况下，附带民事诉讼的被告人就是刑事被告人本人。但在某些情况下，附带民事诉讼的被告人也可能是被告人的监护人、对被告人的犯罪行为负有经济赔偿责任的法人、单位或未被追究刑事责任的共同侵害人。

附带民事诉讼的被告人与附带民事诉讼的原告人的诉讼权利与义务基本相同，不同的是附带民事诉讼的被告人不承担举证责任。

（二）其他诉讼参与人

1. 法定代理人和诉讼代理人。法定代理人是依据法律规定对被代理人负有保护责任的人。《刑事诉讼法》第108条第3项规定："法定代理人是指被代理人的父母、养父母、监护人和负有保护责任的机关、团体的代表。"从这一规定看，法定代理人代表被代理人参加诉讼，应当是有完全民事行为能力的自然人。法定代理人在诉讼中代表被代理人行使权利和承担义务，但不能代替被代理人陈述案情和作证，也不能代替被代理人承担与人身自由相关的义务。法定代理人还依法享有独立的诉讼权利，如犯罪嫌疑人、被告人、自诉人的法定代理人有申请回避权和上诉权，被害人的法定代理人不服地方各级人民法院第一审判决的，在法定期限内有权请求人民检察院提出抗诉等。

根据《刑事诉讼法》第108条第5项的规定，诉讼代理人是指公诉案件的被害人及其法定代理人或者近亲属、自诉案件的自诉人及其法定代理人委托代为参加诉讼的人和附带民事诉讼的当事人及其法定代理人委托代为参加诉讼的人。从这一规定可以看出，被代理人有限定性，诉讼代理人以被代理人的名义进行诉讼活动，只能在代理权限内从事活动，进行代理活动产生的法律后果由被代理人承担。

2. 辩护人。辩护人是指受犯罪嫌疑人、被告人委托或法律援助机构指派，帮助犯罪嫌疑人、被告人行使辩护权，依法维护犯罪嫌疑人、被告人合法权益的诉讼参与人。辩护人参加诉讼是源于犯罪嫌疑人、被告人的委托或法律援助机构的委派，在刑事诉讼中与控方主张相对立，依事实和法律维护犯罪嫌疑人、被告人的合法权益。辩护人不是基于本人利益参加诉讼的，与案件的处理结果也无法律上的利害关系，根据《刑事诉讼法》第37条的规定，辩护人的责任是根据事实和法律，提出犯罪嫌疑人、被告人无罪、罪轻或者减轻、免除其刑事责任的材料和意见，维护犯罪嫌疑人、被告人的诉讼权利和其他合法权益。有关辩护人的诉讼权利和义务详见第十三章。

3. 证人。所谓证人，是指知道案件情况而应当事人的申请和公安司法机关的传唤作证的人。有关证人的诉讼权利和义务详见第十四章。

4. 鉴定人。鉴定人是指接受司法机关的指派或聘请，运用自己的专门知识和技能对案件事实的某些专门性问题提出书面鉴定意见的诉讼参与人。司法部颁布的《司法鉴定人登记管理办法》第3条规定，司法鉴定人是指运用科学技术或专门知识对诉讼涉及的专门性问题进行鉴别和判断并提出鉴定意见的人员。其应当具备本办法规定的条件，经省级司法行政机关审核登记，取得《司法鉴定人执业证》，按登记的执业类别从事鉴定业务。

鉴定人的鉴定意见是一种独立的证据。鉴定人必须是与案件没有利害关系的公民个人。鉴定人如有《刑事诉讼法》第29条、第30条规定的情形之一的应当回避。鉴定人有权了解与鉴定有关的案情材料，有权收取鉴定费用和相应的经济补偿，有权要求有关机关提供足够的鉴定材料，如果不具备作出鉴定意见的条件时，有权拒绝进行鉴定。鉴定人同时承担以下诉讼义务：不作虚假鉴定；出庭宣读鉴定意见时，接受公诉人、当事人和辩护人、诉讼代理人、专家辅助人以及审判人员的发问；对所知案情材料保密等。

5. 翻译人员。翻译人员是指接受司法机关的指派或聘请，在诉讼中进行语言、文字（包括聋哑手势和盲文）翻译工作的诉讼参与人。翻译人员必须是与案件没有利害关系的人。翻译人员如有《刑事诉讼法》第29条、第30条规定情形之一的应当回避。翻译人员有权了解有关的案件情况；有权获得相应的报酬和补偿；有权查阅记载其翻译内容的笔录，如果认为笔录同翻译内容不符，还有权要求修正和补充。翻译人员应如实地进行翻译。

本章小结

我国刑事诉讼法的体系特指刑事诉讼法典的组成和结构。我国刑事诉讼法的任务，是保证准确、及时地查明犯罪事实，正确应用法律，惩罚犯罪分子，保障无罪的人不受刑事追究，教育公民自觉遵守法律，积极同犯罪行为作斗争，以维护社会主义法制，尊重和保障人权，保护公民的人身权利、财产权利和其他权利，保障社会主义建设事业的顺利进行。我国刑事诉讼中的特有原则主要包括：侦查权、检察权、审判权由专门机关依法行使原则，分工负责、互相配合、互相制约原则，未经人民法院依法判决不得确定任何人有罪原则、认罪认罚从宽原则及具有法定情形不予追究刑事责任原则。刑事诉讼主体包括专门机关和诉讼参与人。刑事诉讼中的专门机关，是在诉讼中代表国家行使司法权的国家专门机关，它们是公安机关、人民检察院、人民法院和其他享有侦查权的机关。刑事诉讼参与人，是在刑事诉讼活动中，除侦查、检察、审判机关工作人员以外参加刑事诉讼活动，依法享有一定的诉讼权利、承担一定的诉讼义务的人员。根据《刑事诉讼法》的规定，刑事诉讼参与人主要包括当事人和其他诉讼参与人。当事人包括：被害人、自诉人、犯罪嫌疑人、被告人、附带民事诉讼的原告人和被告人；其他诉讼参与人包括：法定代理人、诉讼代理人、辩护人、证人、鉴定人和翻译人员。

实务训练

一、示范案例

〖**案情**〗姚某与赵某系夫妻，生育有姚女（15 岁）、姚子（12 岁）。由于赵某有外遇，夫妻关系紧张。在这期间，赵某与其女、其子也合不来，赵某对其女、其子偏向其夫的态度不满。2018 年赵、姚关系到了再也不能继续下去的地步，遂讲好离婚，但一双儿女没一个愿意随赵某生活，且态度更加敌视。赵某想到自己已经 40 岁了，将落个独身一人的下场，既悲又愤，遂走向极端。有一天趁姚某不在家之际，做子女的工作，望能随自己生活，遭到拒绝。赵某就拿一榔头，要打 12 岁的儿子，被 15 岁的女儿拉住，赵某使用榔头朝女儿头上猛击一下，将她打倒。儿子见状，冲进了卧室关上房门。赵某已失去理智，又将卧室门砸开，用榔头把儿子活活打死。待走出卧室，准备再杀女儿时，女儿已苏醒过来，出门外逃了。邻居某甲、某乙、某丙知道了情况，冲进赵某的家，看到现场的惨状。赵某当场自杀未遂，被群众扭送至公安机关。公安机关对现场进行了勘查，并请鉴定人某丁对姚子的死进行了鉴定。侦查完毕后，将案件移送检察机关审查起诉。随后，检察机关又将案件移送法院审判。案件办理过程中，赵某聘请律师李某为其辩护。

问：（1）本案中的当事人有哪些？（2）本案中的其他诉讼参与人有哪些？他们在刑事诉讼中的地位和作用分别是什么？（3）公诉人为什么不是当事人？

〖**分析**〗

（1）本案中的当事人有：犯罪嫌疑人赵某（提起起诉前）、被告人赵某（提起起诉后）、被害人姚女。特别需要注意的是，在案发时就死亡的姚子并非本案的当事人，因其在案发时就死亡，在进入诉讼程序时，已经不能行使相应诉讼权利，承担诉讼义务，故已丧失了诉讼主体资格。

（2）本案中的其他诉讼参与人有：法定代理人姚某，证人某甲、某乙、某丙，鉴定人某丁，辩护人李律师。他们在刑事诉讼中都享有一定的诉讼权利，承担一定的诉讼义务，影响着诉讼的进程和结果，但他们与案件的处理结果并不具有直接的利害关系。

（3）公诉人不是当事人的理由如下：①公诉人与案件之间不存在直接具体的切身利害关系，其虽然在刑事诉讼中实际处于原告一方的地位，但这是基于职责的要求，而不是因私人利益受到犯罪行为的直接侵害；②公诉人参加刑事诉讼，不仅在于追究犯罪、支持公诉，还在于监督司法，执行法律监督职能；③公诉人享有的诉讼权利与被告人是不对等的。

二、习作案例

1. 某县农民祝甲参加亲戚家的喜宴归来，受到同村患有间歇性精神病的祝乙袭击。几天后，祝乙再见祝甲时又袭击祝甲，结果被闻讯赶来的祝甲之妻黄某和祝甲之父痛打，并被捆绑囚禁。当晚，祝甲在其父的示意下，召集全村居民开会，商讨如何处理祝乙。会上，25 户居民（全村只有 3 户没派代表参加会议）在祝甲的煽动和怂恿下，一致同意将祝乙处死；并在祝甲准备好的纸上签了名。祝甲还觉不妥，又在签名上面写了"同意征（惩）处祝乙之死"八个字。当天深夜，祝甲、祝父和祝妻一齐动手，不顾祝乙的呼喊和哀告，将其扔进村中一个积满了水的粪窖里。祝父唯恐祝乙不死，又找来一根棍子，按住已经从水中浮起来的祝乙用力向下捅，直至祝乙沉入水底，窒息死亡。该案经当地公安机关的侦查和核实，确认祝甲、祝父和祝妻的行为已经构成故意杀人罪，并将他们三人依法逮捕。

问：（1）祝甲和祝父等的行为违反了我国《刑事诉讼法》的什么规定？（2）结合本案，试述公安机关、检察机关职权的行使及其相互关系。

2. 某年 6 月 5 日晚 8：00 左右，张某（男，29 岁，无业）趁看门的值班人员不在，溜进某区建筑公司工地内，扛起一捆铜线圈，走到靠近公路的围墙边，放下铜线圈，把工地的围墙拆了个洞，把线圈从洞里扔到公路上，随后自己也爬出来，正巧碰上下夜班的李某、孙某。李某威胁张某要去报案，张某便和李某商量，卖了线圈后分一半钱给李某，李某同意。孙某一直站在旁边，看着张、李二人抬起线圈向废品收购站的方向走去，自己就独自回家。正当张、李二人抬着线圈向前走时，被工地巡逻的保安发现，后将二人送到当地派出所。该区公安分局得知消息后，组织侦查人员对二人进行讯问，又赴工地作现场勘验，拍摄了相应物证照片。侦查终结后，该公安分局将此案移送到该区人民检察院审查起诉。该区检察院审查后，在法定期间内向该区人民法院提起公诉。张、李二人分别委托了赵律师和王律师为他们辩护。9 月 4 日，该区人民法院开庭审理了此案，孙某出庭作了证，法院依法判处张某、李某有期徒刑各 2 年。

问：（1）本案中有哪些属于刑事诉讼中的专门机关？并分别说明它们的职能。（2）本案中哪些人是诉讼参与人？各自的地位是什么？（3）本案中的审判人员、检察人员、侦查人员是不是诉讼参与人？为什么？

复习与思考

1. 刑事诉讼法的任务是什么？
2. 刑事诉讼中的专门机关包括哪些？

3. 未经人民法院依法判决不得确定任何人有罪原则的基本含义是什么？
4. 如何理解与把握认罪认罚从宽原则？
5. 具有法定情形不予追究刑事责任原则的内容是什么？
6. 分工负责、互相配合、互相制约原则的基本含义是什么？
7. 刑事诉讼中的当事人包括哪些？
8. 刑事诉讼中的其他诉讼参与人包括哪些？

第十一章 刑事诉讼中的管辖

学习目标：

- 明确公、检、法等机关直接受理刑事案件的范围
- 掌握各级法院管辖第一审刑事案件的范围
- 理解并应用地区管辖的原则

第一节 立案管辖

导入案例

甲县杨某和乙县贺某是朋友。杨某在贺家做客时，遇贺某同邻居鲁某争执。杨某为打抱不平，随手拿起桌上的烟灰缸打向鲁某的头部，致使鲁某受伤，经住院治疗，花去医疗费 3500 余元，被单位扣去工资 1000 元。后经法医鉴定，鲁某的伤情构成轻伤。

问：如果鲁某想追究杨某的刑事责任，他应向何机关提起诉讼？为什么？

本案知识点：立案管辖

一、立案管辖的概念

立案管辖，又称职能管辖或部门管辖，是指公安机关、人民检察院和人民法院之间在直接受理刑事案件上的权限划分。它解决的是刑事案件应当由谁来立案、由谁开始诉讼的问题。

二、公安机关立案侦查的案件

《刑事诉讼法》第 19 条第 1 款规定："刑事案件的侦查由公安机关进行，法律另有规定的除外。"也就是说，除法律另有规定外，刑事案件应当一律由公安机关立案侦查。

法律另有规定是指：①由人民法院直接受理，不需要经过侦查的自诉案件；②由人民检察院直接立案侦查的案件；③由军队保卫部门负责侦查的军队内部发生的刑事案件；④由国家安全机关立案侦查的危害国家安全的案件；⑤由监狱立案侦查的罪犯在监狱内犯罪的案件；⑥由中国海警局侦查的海上发生的刑事案件。

　　从整体看，上述案件仅占刑事案件总数的小部分，大多数刑事案件的立案侦查任务由公安机关承担，这是由公安机关的性质与职能决定的。公安机关是国家的治安保卫机关，负有维护社会秩序、保卫社会治安的责任，处于同犯罪作斗争的第一线；同时，公安机关拥有严密的组织系统，良好的侦查设备、技术装备和人员配备，使公安机关担负绝大多数案件的立案侦查任务具有坚实的基础。

　　需要特别注意的是，根据2012年12月26日《最高人民法院、最高人民检察院、公安部、国家安全部、司法部、全国人大常委会法制工作委员会关于实施刑事诉讼法若干问题的规定》（以下简称《六机关规定》），具有下列情形之一的，人民法院、人民检察院、公安机关可以在其职责范围内并案处理：一人犯数罪的；共同犯罪的；共同犯罪的犯罪嫌疑人、被告人还实施其他犯罪的；多个犯罪嫌疑人、被告人实施的犯罪存在关联，并案处理有利于查明案件事实的。可见，从诉讼效率以及案件及时查办的角度，对于犯罪主体或者案件事实有牵连的案件，通过并案处理更有利于案件的准确、及时查明。

三、人民检察院立案侦查的案件

　　《刑事诉讼法》第19条第2款规定："人民检察院在对诉讼活动实行法律监督中发现的司法工作人员利用职权实施的非法拘禁、刑讯逼供、非法搜查等侵犯公民权利、损害司法公正的犯罪，可以由人民检察院立案侦查。对于公安机关管辖的国家机关工作人员利用职权实施的重大犯罪案件，需要由人民检察院直接受理的时候，经省级以上人民检察院决定，可以由人民检察院立案侦查。"根据该款规定，过去属于人民检察院立案侦查的贪污贿赂犯罪以及渎职犯罪的案件已转隶给国家监察机关调查，不再属于人民检察院立案侦查的案件范围。现在，由人民检察院直接立案侦查的案件，主要有以下两类：

　　（一）司法工作人员利用职权实施的侵犯公民权利、损害司法公正的犯罪案件

　　根据2018年11月24日最高人民检察院印发《关于人民检察院立案侦查司法工作人员相关职务犯罪案件若干问题的规定》，人民检察院在对诉讼活动实行法律监督中，发现司法工作人员涉嫌利用职权实施的下列侵犯公民权利、损害司法公正的犯罪案件，可以立案侦查：①非法拘禁罪（《刑法》第238条）（非司法工作人员除外）；②非法搜查罪（《刑法》第245条）（非司法工作人员除外）；③刑讯逼供罪（《刑法》第247条）；④暴力取证罪（《刑法》第247条）；⑤虐待被监管人罪（《刑法》第248条）；⑥滥用职权罪（《刑法》第397条）（非司法工作人员滥用职权侵犯公民权利、损害司法公正的情形除外）；⑦玩忽职守罪（《刑法》第397条）（非司法工作人员玩忽职守侵犯公民权利、损害司法公正的情形除外）；⑧徇私枉法罪（《刑法》第399条第1款）；⑨民事、行政枉法裁判罪（《刑法》第399条第2款）；⑩执行判决、裁定失职罪（《刑法》第399条第3

款）；⑪执行判决、裁定滥用职权罪（《刑法》第399条第3款）；⑫私放在押人员罪（《刑法》第400条第1款）；⑬失职致使在押人员脱逃罪（《刑法》第400条第2款）；⑭徇私舞弊减刑、假释、暂予监外执行罪（《刑法》第401条）。

该司法解释进一步规定："本规定所列犯罪案件，由设区的市级人民检察院立案侦查。基层人民检察院发现犯罪线索的，应当报设区的市级人民检察院决定立案侦查。设区的市级人民检察院也可以将案件交由基层人民检察院立案侦查，或者由基层人民检察院协助侦查。"可见，人民检察院拥有的上述案件的侦查权统一由市级检察机关行使，基层检察机关至多是配合市级检察机关办理相关案件。

（二）公安机关管辖的国家机关工作人员利用职权实施的重大犯罪案件，需要由人民检察院直接受理的其他重大的犯罪案件

该类案件需要由人民检察院直接受理的时候，应当经省级以上人民检察院决定，才可以由人民检察院立案侦查。

四、人民法院直接受理的刑事案件

人民法院直接受理的刑事案件，是指刑事案件不需要经过公安机关或者人民检察院立案侦查，不通过人民检察院提起公诉，而由人民法院对当事人提起的诉讼直接立案和审判。这类刑事案件在刑事诉讼中称为自诉案件。《刑事诉讼法》第19条第3款规定："自诉案件，由人民法院直接受理。"所谓自诉案件，是指由被害人本人或者其近亲属向人民法院起诉的案件。根据《刑事诉讼法》第210条的规定，自诉案件包括以下三种类型：

（一）告诉才处理的案件

所谓告诉才处理的案件，在我国刑事诉讼法中是指只有被害人或其法定代理人提出控告和起诉，人民法院才予以受理解决的案件。如果被害人及其法定代理人没有告诉或者告诉后又撤回告诉的，人民法院就不予追究。被害人不起诉必须是他本人真实意思的体现，如果被害人因受到强制、威吓等原因无法告诉的，人民检察院或者被害人的近亲属也可以告诉。我国刑法规定的告诉才处理的案件有：①《刑法》第246条第1款规定的侮辱、诽谤案（但是严重危害社会秩序和国家利益的除外）；②《刑法》第257条第1款规定的暴力干涉婚姻自由案；③《刑法》第260条第1款规定的虐待案；④《刑法》第270条规定的侵占案。

需特别说明的是，依照《刑事诉讼法》第114条的规定，对于自诉案件，如果被害人死亡或者丧失行为能力，其法定代理人、近亲属有权向人民法院起诉，人民法院应当依法受理。

（二）被害人有证据证明的轻微刑事案件

被害人有证据证明的轻微的刑事案件，是指人民检察院没有提起公诉，被害人有证据证明的，不需要进行专门调查和采取有关强制性措施即可查清案件事实

的案件。这类案件提起自诉必须符合两个条件：①必须是轻微的刑事案件；②被害人必须有相应的证据证明被告人有罪。根据《最高法院解释》第1条规定，这类案件包括：①故意伤害案（《刑法》第234条第1款）；②非法侵入住宅案（《刑法》第245条）；③侵犯通信自由案（《刑法》第252条）；④重婚案（《刑法》第258条）；⑤遗弃案（《刑法》第261条）；⑥生产、销售伪劣商品案（《刑法》分则第三章第一节，但严重危害社会秩序和国家利益的除外）；⑦侵犯知识产权案（《刑法》分则第三章第七节，但严重危害社会秩序和国家利益的除外）；⑧于《刑法》分则第四、五章规定的，可能判处3年有期徒刑以下刑罚的案件。

上述所列8类案件中，被害人直接向人民法院起诉的，人民法院应当依法受理。对其中证据不足、可以由公安机关受理的，或者认为对被告人可能判处3年有期徒刑以上刑罚的，应当告知被害人向公安机关报案，或者移送公安机关立案侦查。

在本节导入案例中，鲁某的伤情经法医鉴定，构成了轻伤，符合《刑法》第234条第1款规定，故鲁某在收集了相关证据后，可以直接向人民法院提起自诉，要求追究被告人杨某的刑事责任。

（三）被害人有证据证明对被告人侵犯自己人身、财产权利的行为应当依法追究刑事责任，而公安机关或人民检察院不予追究被告人刑事责任的案件

依据《刑事诉讼法》第210条第3项的规定，这类案件从性质上说原属于公诉案件范围，要转化为自诉案件，必须具备四个条件：①被害人能提供证据证明被告人的行为构成犯罪；②对被告人的行为应当依法追究刑事责任，这是以刑事实体法对被告人行为衡量的结果，其中，应当追究刑事责任是指不属于《刑事诉讼法》第16条规定的不追究刑事责任的情形；③被告人的行为侵犯的是被害人的人身权利或财产权利；④被害人有证据证明曾经提出控告，而公安机关或者人民检察院作出了不予追究被告人刑事责任的书面决定。

这样规定的目的，是为了加强对公安、检察机关立案管辖工作的制约，保障被害人的控告权，维护被害人的诉讼权利，解决司法实践中存在的被害人"告状难""告状无门"的问题。

第二节　审判管辖

◎ 导入案例

被告人刘某，男，23岁，无业青年。某日晚上，因酒后与人打架将对方杀死，被公安机关立案侦查。侦查终结后，县人民检察院依法提起公诉。县人民法

院经公开审理，判处被告人刘某无期徒刑，剥夺政治权利终身。

问：本案中的审判管辖是否有误？为什么？

本案知识点：级别管辖

一、审判管辖的概念

审判管辖，是指各级人民法院之间，普通人民法院同专门人民法院之间，以及同级人民法院之间在审判第一审刑事案件上的分工和权限。刑事诉讼中的审判管辖主要包括级别管辖、地区管辖和专门管辖。

二、级别管辖

刑事诉讼中的级别管辖，是指各级人民法院在审判第一审刑事案件的权限上的分工。立法上划分刑事诉讼级别管辖的主要依据是：犯罪的性质，即是普通刑事案件还是危害国家安全的案件；罪行的轻重和可能判处的刑罚；案件的涉及面和影响的大小；各级人民法院在审判体系中的地位；工作负担的平衡。根据我国刑事诉讼法的规定，对各级人民法院在审理案件上作出如下分工：

（一）基层人民法院管辖第一审刑事案件

《刑事诉讼法》第 20 条规定："基层人民法院管辖第一审普通刑事案件，但是依照本法由上级人民法院管辖的除外。"可见，基层人民法院是普通刑事案件第一审的基本审级，普通刑事案件的第一审原则上由基层人民法院管辖。基层人民法院分布地区广，数量也最多，最接近犯罪地，也最接近人民群众，因此，把绝大多数的普通刑事案件划归它管辖，既便于法院就地审理案件，便于诉讼参与人就近参加诉讼活动，有利于审判工作的顺利进行和及时、正确地处理案件；又便于群众旁听案件的审判，有利于充分发挥审判活动的教育作用。

（二）中级人民法院管辖的第一审刑事案件

《刑事诉讼法》第 21 条规定："中级人民法院管辖下列第一审刑事案件：（一）危害国家安全、恐怖活动案件；（二）可能判处无期徒刑、死刑的案件。"

在本节导入案例中，被告人刘某因酒后与人打架将对方杀死，其行为已经构成故意杀人罪，是可能判处无期徒刑、死刑的普通刑事案件，县人民法院对此类案件没有管辖权，县法院应将此案移送其上一级人民法院审理。

立法上之所以将这些案件规定为由中级以上人民法院进行第一审审判，是因为其性质严重，或案情重大复杂、影响范围大或处刑较重，由较高级别的法院进行第一审，有利于保证办案质量。

（三）高级人民法院管辖的第一审刑事案件

《刑事诉讼法》第 22 条规定："高级人民法院管辖的第一审刑事案件，是全省（自治区、直辖市）性的重大刑事案件。"全省性重大刑事案件的标准，立法上没有规定，由高级人民法院认定和把握。实际上由高级人民法院审理的第一审刑事案件很少。这是因为，高级人民法院作为地方各级人民法院中最高一级的法院，它的主要任务是审判对中级人民法院裁判的上诉、抗诉案件，核准死刑缓期二年执行的案件，以及监督全省（自治区、直辖市）的下级人民法院的审判工作。所以，高级人民法院管辖的第一审刑事案件不宜过宽。

（四）最高人民法院管辖的第一审刑事案件

《刑事诉讼法》第23条规定："最高人民法院管辖的第一审刑事案件，是全国性的重大刑事案件。"事实上，由最高人民法院审判的第一审刑事案件十分罕见。因为，最高人民法院作为国家的最高审判机关，担负着监督全国地方各级人民法院和专门人民法院的审判工作的重要职责，并需要对各高级人民法院判决和裁定的上诉、抗诉案件进行审理以及核准死刑案件，还承担着司法解释的重任。

除上述级别管辖的法定情形外，人民法院在级别管辖方面，还应遵守下列规定：

1. 《刑事诉讼法》第24条规定："上级人民法院在必要的时候，可以审判下级人民法院管辖的第一审刑事案件；下级人民法院认为案情重大、复杂需要由上级人民法院审判的第一审刑事案件，可以请求移送上一级人民法院审判。"可见，此条规定有两种情况：①上级人民法院在必要的时候可以审判依法应当由下级人民法院一审的案件，前提是必要的时候。"必要的时候"是指案情重大、复杂或者影响极大以及下级人民法院的审判遇到回避等其他困难的情形。②下级人民法院把属于自己管辖的案件，请求移送上级人民法院审判。根据《最高法院解释》第17条第2款的规定，基层人民法院对下列第一审刑事案件，可以请求移送中级人民法院审判：①重大、复杂案件；②新类型的疑难案件；③在法律适用上具有普遍指导意义的案件。

2. 《最高法院解释》第14条规定，人民检察院认为可能判处无期徒刑、死刑，向中级人民法院提起公诉的案件，中级人民法院受理后，认为不需要判处无期徒刑、死刑的，应当依法审判，不再交基层人民法院审判。

3. 《最高法院解释》第15条规定，一人犯数罪、共同犯罪和其他需要并案审理的案件，其中一人或者一罪属于上级人民法院管辖的，全案由上级人民法院管辖。

4. 基层人民法院对已经受理的公诉案件，认为可能判处死刑、无期徒刑的，应当请求移送中级人民法院。

三、地区管辖

刑事诉讼中的地区管辖，是指同级人民法院之间按照各自的辖区在审理第一审刑事案件上的分工。由于级别管辖只是解决了哪些案件归哪一级人民法院管辖，而地方各级人民法院中的每一级都由许多人民法院组成，同一级的各个人民法院之间对该案是否有管辖权仍然不明确。因此，只有规定了地区管辖，才能使各个人民法院审判第一审刑事案件的权限分工得到最终的确定。

（一）以犯罪地人民法院管辖为主，被告人居住地人民法院管辖为辅原则

《刑事诉讼法》第25条规定："刑事案件由犯罪地的人民法院管辖。如果由被告人居住地的人民法院审判更为适宜的，可以由被告人居住地的人民法院管辖。"据此，地区管辖的原则为：以犯罪地人民法院管辖为主，被告人居住地人民法院管辖为辅。

根据《最高法院解释》第2条规定，犯罪地包括犯罪行为地和犯罪结果地。针对或者主要利用计算机网络实施的犯罪，犯罪地包括用于实施犯罪行为的网络服务使用的服务器所在地，网络服务提供者所在地，被侵害的信息网络系统及其管理者所在地，犯罪过程中被告人、被害人使用的信息网络系统所在地，以及被害人被侵害时所在地和被害人财产遭受损失地等。

（二）以最初受理的人民法院审判为主，主要犯罪地人民法院审判为辅的原则

《刑事诉讼法》第26条规定："几个同级人民法院都有权管辖的案件，由最初受理的人民法院审判。在必要的时候，可以移送主要犯罪地的人民法院审判。"这是立法上为最终落实地区管辖所作的规定。因为按照前述原则，有时候并不能确定对案件的管辖权。因为被告人的犯罪地或被告人的居住地有时可能包括多个地方，涉及多个人民法院，出现几个同级人民法院对某一刑事案件都有管辖权的情况，即共同管辖，如被告人所犯数罪或一罪的数次行为分别在不同地区实施，或者犯罪行为在甲地预备，在乙地实施，而犯罪结果发生于丙地等。在这种情况下，如何确定管辖？遇到这种情况，最初受理地人民法院优先于其他有管辖权的法院对案件进行管辖，这称为优先管辖。因为，最初受理的人民法院对案件已有一定的了解，对处理案件有利。

但是，在必要的时候，最初受理的人民法院可以把案件移送主要犯罪地人民法院审判，这称为移送管辖。所谓主要犯罪地，包括案件涉及多个地点时对该犯罪的成立起主要作用的行为地，也包括一人犯数罪时主要罪行的实行地。必要的时候，是指为查清主要犯罪事实以及及时处理案件更为有利等情况。

（三）指定管辖

为了解决实践中可能存在的因管辖不明而引起的互争管辖权或者互相推诿，或因某种原因使有管辖权的人民法院不宜行使管辖权的问题，《刑事诉讼法》第27条规定："上级人民法院可以指定下级人民法院审判管辖不明的案件，也可以指定下级人民法院将案件移送其他人民法院审判。"法律的这一规定表明，有些刑事案件的地区管辖是根据上级人民法院的指定而确定的，这在诉讼理论上称为指定管辖。

指定管辖一般适用于两类刑事案件：

1. 地区管辖不明的刑事案件。例如，刑事案件发生在两个或两个以上地区的交界处，犯罪地属于哪个人民法院管辖的地区不明确，在这种情况下，就可以由上级人民法院指定某一个下级人民法院审判。这样，就可以避免案件因无人管辖或者争相管辖而延误案件的处理。

2. 由于各种原因，原来有管辖权的法院不适宜或者不能审判的刑事案件。例如，有管辖权的人民法院因案件涉及本院院长需要回避等原因，不宜行使管辖权的，可以请求上一级人民法院管辖；上一级人民法院可以管辖，也可以指定与提出请求的人民法院同级的其他人民法院管辖。

司法实践中，两个或两个以上同级人民法院对管辖权发生争议的，首先应当逐级协商解决，协商不成的，应当报请争议各方共同的上级人民法院指定管辖。

四、专门管辖

专门管辖，是指专门人民法院之间，以及专门人民法院与普通人民法院之间对第一审刑事案件在受理范围上的分工。我国已建立的具有刑事管辖权的专门法院只有军事法院。

《刑事诉讼法》第 28 条规定："专门人民法院案件的管辖另行规定。"军事法院管辖的刑事案件，主要是现役军人和军内在编职工实施军人违反职责罪的犯罪案件。

本章小结

立案管辖是公安机关、人民检察院和人民法院之间在直接受理刑事案件上的权限划分。一般而言，大部分刑事案件由公安机关立案侦查；涉及司法工作人员利用职权实施的某些职务犯罪案件，由人民检察院立案侦查；不需要侦查的轻微刑事案件，则由人民法院立案。审判管辖是各级人民法院之间、普通人民法院同专门人民法院之间，以及同级人民法院之间在审判第一审刑事案件上的分工和权限。刑事诉讼中的审判管辖主要包括级别管辖、地区管辖和专门管辖。

实务训练

一、示范案例

〖案情〗2016 年 3 月 9 日，家住甲市的被告人张某某、刘某某、王某某三人纠合在一起，张提出"弄个小姐玩玩"，刘、王同意。当晚 10 时许，被告人刘某某将本单位一面包车开出，三人驾车在通往乙市的公路上，伺机作案。当女青年陈某骑车迎面而来时，刘某某突然急刹车，张、王二人跳下车将女青年陈某劫持到车上，汽车朝乙市开去。途中三名被告人轮奸了该女青年，直到车开到乙市境内后，轮奸行为仍未实施终了。受害人被奸后又被抛出车外，恰遇乙市的治安联防队员并及时报案，乙市公安机关当夜将窜至乙市的张某某、刘某某、王某某三名被告人抓获归案。

问：（1）根据地区管辖原则，分析本案应由哪个法院管辖最为适宜。（2）如果本案中，甲市法院与乙市法院对管辖存在争议，如何解决？

〖分析〗

（1）本案要确定管辖，必须解决"犯罪地""居住地""主要犯罪地""最初受理地"等地法院管辖的可行性问题。本案的犯罪行为开始于甲市，但轮奸行为分别实施于甲、乙两市，可以说甲、乙两市都是犯罪地。至于何者为主要犯罪地，不好分清。虽然劫持和强奸行为始发于甲市，但作为本案的一个重要情节——女青年陈某被轮奸并被抛出车外，被告人驾车逃跑，发生在乙市。由"居住地"法院审判，要符合"由居住地法院审判更为适宜"这一条件。而本案发案在甲市，破案却在乙市，是由乙市公安机关侦破的，显然将案件再移送甲市法院审判是"不适宜"的。由于乙市法院是"最初受理的法院"，因此，本案的最佳受理法院应该是乙市法院。

（2）如果乙市法院提出异议，因此，本案已不能单纯依照《刑事诉讼法》关于地区管辖的规定来确定管辖，而需要适用《刑事诉讼法》第 27 条的规定，即"上级人民法院可以指定下级人民法院审判管辖不明的案件。也可以指定下级人民法院将案件移送其他人民法院审判"，从而防止因管辖不明而发生争执、推诿而延误审判，使刑事案件及时得到处理，因此本案应由甲、乙两市的上级人民法院指定管辖。考虑到本案的侦破地在乙市，乙市也是犯罪结果的最终发生地，为便于审判，上级人民法院应指定乙市法院管辖。

二、习作案例

2016 年 3 月，香港狄某从香港经深圳 A 区海关走私了价值 50 万元港币的照相器材。深圳市 A 区公安分局经深圳市公安局批准，决定拘留狄某，因狄某逃回香港而未果。2016 年 4 月，狄某又从香港经福州市 B 县走私汽车，价值达 500 万港币，B 县公安局经福州市检察院批准，拘留并逮捕了狄某。针对狄某走私一案的管辖权，深圳 A 区公安分局与福州市 B 县公安局发生争执。

问：（1）对狄某走私一案，A 区公安局和 B 县公安局谁有管辖权？其法律依据是什么？（2）根据我国划分管辖的基本原则，狄某走私案应由谁管辖？简要说明理由。

复习与思考

1. 公安机关直接受理的刑事案件包括哪些？
2. 人民检察院直接受理的刑事案件包括哪些？
3. 人民法院直接受理的刑事案件包括哪些？
4. 各级人民法院管辖的一审刑事案件的范围是什么？
5. 地区管辖的原则是什么？地区管辖的争议如何解决？

第十二章　刑事诉讼中的回避

学习目标:

- 明确回避的种类
- 掌握回避的理由、人员范围和程序

第一节　回避的种类、理由和人员范围

导入案例

　　某县公安局局长的儿子故意杀人,公安局局长闻讯后,拍案而起:"王子犯法,与庶民同罪。刑警队长小张,你赶快把他给我抓过来。"公安局局长的儿子被缉捕归案后,公安局局长亲自进行讯问。讯问过程中,公安局局长的儿子说:"虎毒不食子。你是我的父亲,不应该派人抓我。"公安局局长回答:"你犯下滔天罪行,我作为一局之长,为民除害是我的天职。我不抓你谁抓你?你是我生的,我还没有资格抓你?"

　　问:本案中,公安局局长的做法是否正确?

　　本案知识点:回避的理由与人员范围

一、回避的概念

　　刑事诉讼中的回避,是指侦查人员、检察人员、审判人员及其他人员,因与案件或案件的当事人具有某种利害关系或其他关系,可能影响案件的公正处理,而不得参加该案诉讼活动的一项诉讼制度。

　　回避制度是现代世界各国刑事诉讼法普遍确立的一项诉讼制度,其目的是为了保证侦查人员、检察人员、审判人员及其他一些参与诉讼的人员在诉讼过程中能够保持中立无偏的地位,使当事人受到公正的对待,确保案件得到客观公正的处理,确保诉讼程序的公正并维护法律的尊严。

二、回避的种类

　　根据《刑事诉讼法》以及有关司法解释的规定,按照实施的方式不同,回避可以分为自行回避、申请回避和指令回避三种。

　　自行回避是指侦查人员、检察人员、审判人员等人员在刑事诉讼过程中遇有

法律规定的应当回避的情形时，自行要求回避，主动退出刑事诉讼活动。

申请回避是指当事人及其法定代理人、辩护人、诉讼代理人认为处理案件的侦查人员、检察人员、审判人员及其他人员具有法律规定的应当回避的情形时，向公安司法机关提出申请，要求他们回避，退出案件的诉讼活动。

指令回避是指侦查人员、检察人员、审判人员及其他人员具有法定应当回避的情形而没有自行回避，当事人及其法定代理人、辩护人、诉讼代理人也没有申请他们回避，公安司法机关发现后，有关负责人或组织作出回避决定，责令其退出诉讼活动。指令回避是回避制度的重要组成部分，是对自行回避和申请回避的必要补充。

三、回避的人员范围

回避的人员范围，即适用回避的对象范围，是指在法定的回避情形下应当回避的人员范围。只有这一范围内的人员才适用回避。根据《刑事诉讼法》第29条和第32条的规定，适用回避的人员有6种：审判人员、检察人员、侦查人员以及参加侦查、起诉、审判活动的书记员、翻译人员和鉴定人。

这里的审判人员应作广义理解，不能仅限于直接审理本案的审判员、助理审判员、人民陪审员，凡参加本案讨论、决定的人都应包括在内，如参与本案讨论、审查和作出处理决定的法院院长、副院长、庭长、副庭长以及审判委员会的委员。同样，对此处的检察人员和侦查人员也应作广义解释，检察人员除了直接负责案件侦查（自侦案件）、审查批捕、审查起诉和出庭支持公诉的具体办案人员以外，还应包括参与本案讨论、审查和作出决定的检察长、副检察长以及检察委员会的委员。侦查人员除了直接负责案件侦查的公安机关（以及国家安全机关、军队保卫部门、中国海警局、监狱狱侦部门）的具体办案人员外，还应包括参与本案讨论和作出决定的侦查机关或部门负责人。

四、回避的理由

回避的理由，是指法律规定的实施回避所必须具备的事实根据。我国《刑事诉讼法》第29条、第30条具体规定了适用回避的法定情形，使其成为回避的法定理由。

（一）是本案的当事人或者当事人的近亲属的

如果审判人员、检察人员、侦查人员等人员本身就是案件的当事人，那么他们与案件的处理结果就有切身的利害关系，他们就极有可能会从自身利益出发来进行诉讼活动，进而影响案件的公正处理。同样，如果这些人员是某一方当事人的近亲属，也很可能会出于亲情而偏袒该当事人，或歧视对方当事人，从而影响案件的公正性。即使这些人员事实上能够公正地处理案件，但只要他们与案件或当事人存在上述关系，刑事诉讼的公正性也会受到其他当事人乃至社会公众的质疑。因此，具备这些情形的人员必须回避。近亲属的范围，可依据《刑事诉讼法》第 108 条的确定，即当事人的夫、妻、父、母、子、女、同胞兄弟姐妹。

在本节导入案例中，公安局局长是犯罪嫌疑人的父亲，是本案当事人的近亲属，根据法律的规定，侦查人员是本案当事人的近亲属的，应当回避。他的儿子指责他不该派人抓他时，实际上也是在说他应当回避。但是公安局长不但不回避，反而亲自讯问自己的儿子，这种做法违背了法律的规定，因此是错误的。公安局长知道自己的儿子是犯罪嫌疑人时，应当自行回避，在他没有自行回避，他的儿子也没有要求他回避的情况下，县人民检察院检察委员会应当指令他回避。

（二）本人或者他的近亲属和本案有利害关系的

如果审判人员、检察人员、侦查人员等人员本人或他的近亲属虽非案件的当事人，但却与案件存在着某种利害关系，案件的处理结果就会直接涉及他们及其近亲属的利益，那么再由他们来处理案件，就可能使案件得不到公正的处理。因此，在这种情况下不宜也不应当参与案件的诉讼活动。

（三）担任过本案的证人、鉴定人、辩护人、诉讼代理人的

证人、鉴定人、辩护人、诉讼代理人虽然同案件的处理结果无利害关系，但他们已经以一定的诉讼身份参与了案件的诉讼活动，因此可能对案件的部分或全部事实已经形成了某种认识，如果再担任审判人员、检察人员、侦查人员等人员，思想上就可能先入为主，影响审判、检察、侦查职能的正常履行，导致刑事诉讼很难客观、公正地进行。

（四）与本案当事人有其他关系，可能影响公正处理案件的

这里所说的其他关系，是指上述三种情形之外的可能影响公正处理案件的关系，例如：审判人员、检察人员、侦查人员等人员是当事人的邻居、同学、同事、师生等，或者个人之间有恩怨关系，等等。但是，这些关系本身尚不足以构成回避的理由，只有当这些关系的存在可能影响公正处理案件时，才需要回避。

（五）违反规定会见当事人及其委托的人或接受其请客送礼的

这是刑事诉讼法对审判人员、检察人员、侦查人员等回避适用人员的廉洁要求。审判人员、检察人员、侦查人员不得接受当事人及其委托的人的请客送礼，不得违反规定会见当事人及其委托的人。违反规定的，应当依法追究法律责任，当事人及其法定代理人有权要求他们回避。根据《最高检察院规则》第 27 条、《最高法院解释》第 33 条的规定，对于此种回避理由，申请人应当提供相关证明材料。

（六）其他构成回避理由的情况

根据《刑事诉讼法》第 239 条 "原审人民法院对于发回重新审判的案件，应当另行组成合议庭，依照第一审程序进行审判"、第 256 条 "人民法院按照审判监督程序重新审判的案件，由原审人民法院审理的，应当另行组成合议庭进

行"的规定，对于二审发回重审的案件以及按照审判监督程序重新审判的案件，原审法院必须另行组成合议庭进行审理，原参与案件一审或者二审合议庭的全体成员，不得再参与该案件的审理。这样事实上又规定了一种回避情形，即凡在一个审判程序中参与过本案审判工作的审判人员，都不得再参与该案其他程序的审判。另外，根据《最高法院解释》第29条规定，参与过本案调查、侦查、审查起诉工作的监察、侦查、检察人员，调至人民法院工作的，不得担任本案的审判人员。根据《最高检察院规则》第35条规定，在人民检察院的诉讼程序中，参加过同一案件侦查的人员，不得承办该案的审查逮捕、审查起诉、出庭支持公诉和诉讼监督工作，但在审查起诉阶段参加自行补充侦查的人员除外。

第二节　回避的程序

◎ **导入案例**

　　被告人刘某与本村农民李某因争抢灌溉水源发生打斗，刘某用镰刀将李某的四根肋骨砍断，致李某重伤。某县法院受理此案后，依法组成合议庭，由审判员张某担任审判长。法院在第一次公开开庭审理此案时，被害人李某提出申请要求张某回避，法庭决定休庭，宣布延期审理，并将回避申请报院长决定。经审查，审判员张某是被告人刘某的同母异父兄长，院长决定审判员张某回避，不再担任合议庭组成人员。法院在更换审判员张某后，开庭继续审理此案。

　　问：法院院长的做法是否合法？

　　本案知识点：回避的启动；回避的审查和决定

一、回避的启动程序

　　按照《刑事诉讼法》和有关司法解释的规定，依提起回避的主体的不同，回避的启动方式可分为以下几种：

　　（一）回避的提出

　　回避的提出是指审判人员、检察人员、侦查人员等应当回避的人员自己提出回避，从而启动回避程序。此种情况只发生在自行回避中。这些应当回避的人员在处理案件的过程中发现自己有刑事诉讼法规定的回避情形时，主动提出回避申请，不再承担该案的诉讼任务。回避既可以口头提出也可以书面提出，口头提出的，应当记录在案。

　　（二）回避的申请

　　回避的申请是指当事人及其法定代理人、辩护人、诉讼代理人提出申请，要求相关人员回避，从而启动回避程序。如果审判人员、检察人员、侦查人员等应当回避的人员具有法律规定的应当回避的情形，当事人及其法定代理人、辩护人、诉讼代理人有权申请他们回避。《刑事诉讼法》第 32 条专门规定，辩护人、诉讼代理人可以依照本章的规定要求回避、申请复议。可见，申请回避不仅是当事人及其法定代理人的诉讼权利，也是辩护人、诉讼代理人依法享有的诉讼权利，在刑事诉讼的各个阶段他们都有权行使，而且公安司法机关有义务保证其充分有效地行使这一权利。

当事人及其法定代理人、辩护人、诉讼代理人申请司法人员回避的，可以口头或者书面提出申请，并说明理由；口头提出的，应当记录在案。

根据《最高检察院规则》第 27 条、第 37 条第 3 款《最高法院解释》第 33 条、第 39 条的规定，当事人及其法定代理人、辩护人、诉讼代理人根据《刑事诉讼法》第 30 条的规定提出回避申请的，应当提供有关证明材料。

二、回避的审查和决定

回避启动以后，无论是自行回避还是申请回避，都要由法定的人员或组织依法进行审查，并且作出是否回避的决定。根据《刑事诉讼法》的规定，审判人员、检察人员、侦查人员的回避，分别由法院院长、检察院检察长和公安机关负责人决定；法院院长的回避，由本院审判委员会决定；检察院检察长和公安机关负责人的回避，由同级人民检察院检察委员会决定。另外，公安机关的记录人、鉴定人和翻译人员由公安机关负责人决定；检察机关的书记员、鉴定人和翻译人员由检察长决定；审判机关的书记员、鉴定人和翻译人员由人民法院院长决定。

在本节导入案例中，被害人李某申请担任审判长的张某回避，后经审查张某确是本案被告人的同母异父兄长，属于法定的回避情形，应予回避。根据法律规定，审判人员的回避由法院院长决定。因此，本案中由院长决定审判员张某的回避是正确的，符合法律规定。

有权决定回避的组织和个人经过对回避申请或回避请求进行全面审查后，如果发现司法人员确有刑事诉讼法规定的回避情形的，应当依法作出决定，令其回避。回避决定一经作出，即发生法律效力，该司法人员应立即退出刑事诉讼活动。鉴于刑事侦查工作的紧迫性和特殊性，《刑事诉讼法》第 31 条第 2 款明确规定，对侦查人员的回避作出决定前，侦查人员不能停止对案件的侦查。在侦查过程中，对鉴定人、书记员和翻译人员提出回避的，是否停止他们的诉讼活动，刑事诉讼法未明确规定，但是根据立法精神，上述人员亦应适用侦查人员的规定。被决定回避的侦查人员，在回避决定作出以前所进行的诉讼活动是否有效，《公安部规定》第 39 条规定，被决定回避的公安机关负责人、侦查人员，在回避决定作出以前所进行的诉讼活动是否有效，由作出决定的机关根据案件情况决定。但是，有权决定回避的组织和个人经过审查后，如果认为司法人员事实上并不具备法定的回避情形的，其参加诉讼活动并不会影响案件的公正处理，就可以直接作出驳回回避申请的决定。

三、对驳回申请回避决定的复议

为了保障当事人申请回避的合法权利，同时防止当事人无根据地利用这一权利妨碍案件的及时处理，《刑事诉讼法》第 31 条第 3 款、第 32 条第 2 款同时规定当事人及其法定代理人、辩护人、诉讼代理人享有申请复议的权利，即当其对驳回回避申请的决定不服时，可以申请复议一次。

《最高法院解释》第 35 条第 2 款、第 39 条的规定，当事人及其法定代理人、辩护人、诉讼代理人申请回避被驳回的，可以在接到决定时申请复议一次。不属于《刑事诉讼法》第 29 条、第 30 条规定情形的回避申请，由法庭当庭驳回，并不得申请复议。

本章小结

回避制度是我国刑事诉讼法确立的一项重要制度，对于确保刑事诉讼程序的公正和法律的尊严具有重要的意义。回避分为三种：自行回避、申请回避和指令回避。回避适用的人员包括审判人员、检察人员、侦查人员、书记员、翻译人员和鉴定人。一旦回避主体与案件或案件的当事人有利害关系或其他关系，可能影响公正处理案件时，就应当回避。回避的申请权既可以由当事人及其法定代理人行使，也可以由辩护人、诉讼代理人行使，并且口头和书面方式均可。审判人员、检察人员、侦查人员的回避，应当分别由院长、检察长、公安机关负责人决定；院长的回避，由本院审判委员会决定；检察长和公安机关负责人的回避，由同级人民检察院检察委员会决定；书记员、翻译人员和鉴定人的回避，应当根据其所属的职能部门分别由院长、检察长、公安机关负责人决定。对侦查人员的回避作出决定前，侦查人员不能停止对案件的侦查。对驳回申请回避的决定，当事人及其法定代理人、辩护人、诉讼代理人可以申请复议一次。

实务训练

一、示范案例

〖案情〗某县人民检察院依法对某甲交通肇事一案向县人民法院提起公诉。在县人民法院开庭以后，审判长告知被告人有权申请回避。被告人说："本案公诉人在担任检察官之前，曾经在县公安局任职，他曾经侦查过本案。因此，我申请他回避。"审判长说："申请回避应当提出书面请求，并提出理由。现在都已经开庭了，你用口头方式提出回避申请，太迟了。你的申请不符合法律的规定，刑事诉讼法并没有规定当过警察的就不能当检察官，本庭对你的申请当庭驳回。"被告人当庭申请复议。审判长说："你连回避请求都没有提出，没有资格申请复议。"

问：审判长的说法有哪些不符合法律和有关司法解释的规定？

〖分析〗审判长的说法不符合有关规定的地方有：

（1）关于申请回避的方式。申请回避既可以用书面方式，也可以用口头方式。被告人当庭用口头方式提出回避申请，并且说明了理由，人民法院应当记录在案。不能说被告人没有提出回避申请。

（2）关于申请回避的时间。法律并不禁止被告人在开庭以后提出回避申请，以提出申请的时间太迟为由驳回申请，并不妥当。

（3）关于适用回避的情形。《刑事诉讼法》没有规定在同一案件中担任过侦查人员的就不能再担任公诉人，但《最高检察院规则》第35条明确规定，参加过同一案件侦查的人员，不得承办该案的审查逮捕、审查起诉、出庭支持公诉和诉讼监督工作，但在审查起诉阶段参加自行补充侦查的人员除外。因此，本案公诉人应当回避。

（4）关于当庭驳回回避申请。当庭驳回回避申请的，必须是申请不符合法定情形。本案的申请合法，不能当庭驳回，应当通知指派该检察人员出庭的人民检察院，由该院检察长或者检察委员会决定。

（5）关于申请复议权。被告人的回避申请被驳回的，有权申请复议。本案被告人当庭申请复议，合议庭应当宣布休庭，待作出复议决定后，决定是否继续法庭审理。审判长否定被告人申请复议的权利的说法和做法都是错误的。

二、习作案例

某县人民法院院长是该院受理故意伤害（致人重伤）案的被害人。他在开庭前依法提出了自行回避的申请，该院审判委员会在副院长的主持下讨论决定了院长的回避问题，院长没有参加审判委员会的讨论决定过程。该县人民法院决定开庭以后，依法组成合议庭对案件进行审理。开庭以后，被告人以法院院长是被害人为由，请求该法院全体人员回避。

问：对被告人的请求应否予以支持？

复习与思考

1. 什么是回避？回避有哪些种类？
2. 试述回避的法定理由。
3. 回避适用于哪些人员？
4. 简述回避的程序。

第十三章 辩护与代理

学习目标：

- 理解并运用辩护的种类
- 明确辩护人的范围、诉讼权利和义务
- 掌握值班律师的性质、职责与诉讼权利
- 掌握刑事代理的种类

第一节 辩 护

导入案例

被告人王某，男，16岁。2011年5月16日，被告人王某身带一支自制火药枪，向崔某催要债款。崔某受到威胁后，便答应马上还钱，王某就将未扳下机头的火药枪装入口袋。回家途中，王某遇到曾骂过他的被害人刘某，便掏出火药枪用枪柄敲打刘某的背部，不慎触动了扳机，击中刘某后背。被告人王某将刘某背到医院，刘某经抢救无效死亡。某检察院以被告人构成故意伤害（致人死亡）罪向人民法院提起公诉，某律师事务所的张律师受被告人的委托担任其辩护人，人民法院开庭审理此案。辩护人在法庭辩论中，认为造成刘某死亡的真正原因是在敲打中触动了火药枪机头，导致枪走火打中刘某而致死的，这种行为是过失致人死亡。而且被告人王某是未成年人，具有法定从轻处罚的情节。人民法院采纳了辩护人的意见，判决被告人构成过失致人死亡罪，判处有期徒刑4年。

问：本案中张律师作为辩护人的责任及主要的诉讼权利有哪些？

本案知识点：刑事辩护的种类；辩护人的范围、诉讼地位及其权利与义务

一、刑事辩护与辩护制度

（一）刑事辩护的概念

刑事辩护，是指犯罪嫌疑人、被告人及其辩护人针对控诉一方的指控而进行的论证犯罪嫌疑人、被告人无罪、罪轻、减轻或免除刑事责任的反驳和辩解，以维护被追诉人的实体性及程序性权利，保障其合法权益的诉讼活动。刑事辩护的实质是给刑事被追诉者一个为自己说话的机会，是法律赋予他们的一项重要诉讼

权利。

（二）刑事辩护制度的概念

刑事辩护制度，是法律确定的关于辩护权、辩护种类、辩护方式、辩护人的范围、辩护人的责任、辩护人的权利与义务等一系列规则的总称。简言之，它是围绕犯罪嫌疑人、被告人辩护权的行使而形成的一项诉讼制度。

二、辩护的种类

我国刑事诉讼中的辩护有三种：自行辩护、委托辩护和法律援助辩护。

（一）自行辩护

自行辩护，是指犯罪嫌疑人、被告人针对指控进行反驳、申辩和辩解，自己所作的辩护。自行辩护是犯罪嫌疑人、被告人行使辩护权的重要方式，它贯穿于刑事诉讼的始终，无论是在侦查阶段，还是在起诉、审判阶段，犯罪嫌疑人、被告人都有权自行辩护。根据《刑事诉讼法》第33条、第34条的规定，犯罪嫌疑人、被告人在侦查、起诉、审判阶段，既可以自行辩护，也可以委托律师（在侦查阶段只能委托律师）或其他辩护人为其进行辩护。

（二）委托辩护

在侦查、审查起诉和审判阶段，犯罪嫌疑人、被告人除自行辩护外，为充分维护其诉讼权利及其他合法权益，犯罪嫌疑人、被告人及其监护人、近亲属还可以依法委托律师（侦查阶段仅限于律师）或者其他公民协助其进行辩护。这种委托辩护需要依据犯罪嫌疑人、被告人的意志进行，是其重要的诉讼权利。犯罪嫌疑人、被告人可以自己委托辩护人，也可以由其监护人、近亲属为其委托辩护人。

如本节导入案例中，某律师事务所的张律师就是接受被告人自己的委托而担任的辩护人。

根据《刑事诉讼法》第34条的规定，委托辩护可以分为如下两种情况：

1. 自诉案件的被告人有权随时委托辩护人。人民法院自受理自诉案件之日起3日以内，应当告知被告人有权委托辩护人。

2. 公诉案件的犯罪嫌疑人自被侦查机关第一次讯问或者采取强制措施之日起，有权委托辩护人；在侦查期间，只能委托律师作为辩护人。侦查机关在第一次讯问犯罪嫌疑人或者对犯罪嫌疑人采取强制措施的时候，应当告知犯罪嫌疑人有权委托辩护人。人民检察院自收到移送审查起诉的案件材料之日起3日以内，应当告知犯罪嫌疑人有权委托辩护人。犯罪嫌疑人、被告人在押期间要求委托辩护人的，人民法院、人民检察院和公安机关应当及时转达其要求。犯罪嫌疑人、被告人在押的，也可以由其监护人、近亲属代为委托辩护人。辩护人接受犯罪嫌疑人、被告人委托后，应当及时告知办理案件的机关。

（三）法律援助辩护

法律援助辩护，是指当刑事案件的犯罪嫌疑人、被告人没有委托辩护人，但是符合法定的法律援助条件时，应由法律援助机构指派律师为其提供辩护。法律援助辩护是一种强制性规范，一经法律援助机构指派，便具有强制辩护的效力，被指派的律师不得随意拒绝辩护，而应认真履行法律援助义务；而犯罪嫌疑人、被告人虽然有权拒绝不称职或不合心意的法律援助律师辩护，也可另行委托或要求指定其他辩护律师，但若不自行委托就不得拒绝法律援助机构的指派。依法通过法律援助的程序为被告人指定辩护，既有利于切实保障辩护的质量，同时也与国际刑事司法准则相协调。联合国《关于律师作用的基本原则》第6条规定，任何没有律师的人在司法需要情况下均有权获得按犯罪性质指派给他的一名有经验和能力的律师，以便得到有效的法律协助，如果他无足够力量为此种服务支付费用，可不交费。我国的法律援助辩护制度，基本体现了上述国际性文件的精神。

根据《刑事诉讼法》第35条、第278条的规定，法律援助辩护可以分为两种情形：

1. 可以进行法律援助的情形。犯罪嫌疑人、被告人因经济困难或者其他原因没有委托辩护人的，本人及其近亲属可以向法律援助机构提出申请。对符合法律援助条件的，法律援助机构应当指派律师为其提供辩护。根据《最高法院解释》第48条的规定，具有下列情形之一，被告人没有委托辩护人的，人民法院可以通知法律援助机构指派律师为其提供辩护：①共同犯罪案件中，其他被告人已经委托辩护人的；②案件有重大社会影响的；③人民检察院抗诉的；④被告人的行为可能不构成犯罪的；⑤有必要指派律师提供辩护的其他情形。

2. 应当进行法律援助的情形。包括：①犯罪嫌疑人、被告人是盲、聋、哑人，或者是尚未完全丧失辨认或者控制自己行为能力的精神病人，没有委托辩护人的；②犯罪嫌疑人、被告人可能被判处无期徒刑、死刑，没有委托辩护人的；③未成年犯罪嫌疑人、被告人没有委托辩护人的。针对上述几种情形，人民法院、人民检察院、公安机关应当通知法律援助机构指派律师为其提供辩护。另外，根据《最高法院解释》第47条第2款、第3款的规定，高级人民法院复核死刑案件，或者死刑缓期执行期间故意犯罪的案件，被告人没有委托辩护人的，应当通知法律援助机构指派律师为其提供辩护。

三、辩护人的概念与范围

辩护人，是指接受犯罪嫌疑人、被告人的委托或者法律援助机构的指派，帮助犯罪嫌疑人、被告人行使辩护权，以维护其诉讼权利及其他合法权益的人。《刑事诉讼法》第33条规定，犯罪嫌疑人、被告人除自己行使辩护权以外，还可以委托1~2人作为辩护人。下列人员可以被委托为辩护人：

1. 律师。是指依法取得律师执业证书，接受委托或者指定，为当事人提供法律服务的执业人员。

本节导入案例中的张某，由于是律师，所以有资格被委托担任辩护人。虽然取得律师资格但未登记注册的，仍不得以律师身份接受委托担任辩护人。

另外，《律师法》第 11 条规定，公务员不得兼任执业律师。律师担任各级人民代表大会常务委员会组成人员的，任职期间不得从事诉讼代理或者辩护业务。同时该法第 41 条规定，曾担任法官、检察官的律师，从人民法院、人民检察院离任后 2 年内，不得担任诉讼代理人或辩护人。现役军人成为犯罪嫌疑人、被告人的，可以聘请军队中的或者地方的律师作为辩护人。外国人、无国籍的犯罪嫌疑人委托律师辩护的，只能委托中国律师作为辩护人。

2. 人民团体或者犯罪嫌疑人、被告人所在单位推荐的人。鉴于我国当前的律师队伍尚不能完全满足实际需要，为了有效地维护犯罪嫌疑人、被告人的合法权益，工会、妇联、共青团、学联等群众性团体以及犯罪嫌疑人、被告人所在单位，可以推荐公民担任刑事案件辩护人。

3. 犯罪嫌疑人、被告人的监护人、亲友。未成年的犯罪嫌疑人、被告人的监护人是其父母，其父母已经死亡或者没有监护能力的，其祖父母、外祖父母、兄弟姐妹或者关系密切的其他亲友可以依法作为监护人。至于亲友，是指犯罪嫌疑人、被告人的亲朋好友，包括犯罪嫌疑人、被告人的亲属以及与之有比较密切关系的朋友。

律师、人民团体、被告人所在单位推荐的人以及被告人的监护人、亲友，被委托为辩护人的，人民法院应当核实其身份证明和辩护委托书。

根据《刑事诉讼法》第 33 条第 2 款和《最高法院解释》第 40 条第 2 款的规定，下列人员不得担任辩护人：①正在被执行刑罚或者处于缓刑、假释考验期间的人；②依法被剥夺、限制人身自由的人；③被开除公职或者被吊销律师、公证员执业证书的人；④人民法院、人民检察院、监察机关、公安机关、国家安全机关、监狱的现职人员；⑤人民陪审员；⑥与本案审理结果有利害关系的人；⑦外国人或者无国籍人；⑧无行为能力或限制行为能力的人。上述第③~⑦项规定的人员，如果是被告人的监护人、近亲属，由被告人委托担任辩护人的，可以准许。

四、辩护人的诉讼地位

辩护人在刑事诉讼中是独立的诉讼参与人，是犯罪嫌疑人、被告人合法权益的专门维护者。辩护人依自己的意志依照事实和法律进行辩护，独立履行职责，只维护犯罪嫌疑人、被告人的合法权益，既不受公诉人意见的左右，也不受犯罪嫌疑人、被告人意志的左右，既不能成为"第二公诉人"，也不是犯罪嫌疑人、被告人的代言人。而且，辩护人与出庭公诉的检察人员的诉讼地位应当是平等的，他们均服从法庭审判人员的指挥，依法履行各自的诉讼职能，任何机关、团体和个人都不得非法干涉。犯罪嫌疑人、被告人与辩护人之间是基于委托合同产生的特殊委托关系，在诉讼中，辩护人根据自己对法律的理解，对犯罪嫌疑人、被告人被指控事实的把握，斟酌辩护方式、理由、意见，对犯罪嫌疑人、被告人承认的事实，辩护人觉得有理有据的，可以不提出辩护意见。所以，辩护人只能以事实为根据、以法律为准绳来维护犯罪嫌疑人、被告人的合法权益，而非全部利益，不能完全附和犯罪嫌疑人、被告人的意见，受犯罪嫌疑人、被告人无理要求的影响，如犯罪嫌疑人、被告人要求辩护人为其作背离事实、曲解法律的辩护时，他可以拒绝接受委托。在辩护人接受委托后，如发现犯罪嫌疑人、被告人不如实陈述案情，应说服犯罪嫌疑人、被告人改正。犯罪嫌疑人、被告人坚持不改的，辩护人有权拒绝继续辩护，解除委托。

总之，辩护人承担辩护职能时，仅应以事实为根据，以法律为准绳，其法定职责就是忠实于案件事实真相，尊重客观证据，坚持真理，既不能主观想象、猜测，也不能歪曲事实，以有效地维护法律的严肃性。

五、辩护人的诉讼权利与义务

（一）辩护人的诉讼权利

1. 辩护人有权根据事实和法律，独立进行实体辩护与程序辩护。辩护人根据自己对事实的认定和对法律的理解，独立进行辩护，其他任何机关（包括人民法院和人民检察院）或团体、个人，都无权干涉。

在本节导入案例中，被告人王某的辩护人以事实为依据，以法律为准绳，提出了与控诉方截然不同的辩护观点，有力地论证了被告人的行为构成过失致人死亡罪，而不是故意伤害（致人死亡）罪，充分地为被告人进行了实体辩护，维护了被告人的合法权益。这不仅是辩护人的权利，同时也是辩护人的义务，是由辩护人独立的诉讼地位决定的。

2. 会见通信权。根据《刑事诉讼法》第 39 条规定，辩护律师可以同在押的犯罪嫌疑人、被告人会见和通信。其他辩护人经人民法院、人民检察院许可，也可以同在押的犯罪嫌疑人、被告人会见和通信。辩护律师持律师执业证书、律师事务所证明和委托书或者法律援助公函要求会见在押的犯罪嫌疑人、被告人的，看守所应当及时安排会见，至迟不得超过 48 小时。危害国家安全犯罪、恐怖活动犯罪案件，在侦查期间辩护律师会见在押的犯罪嫌疑人，应当经侦查机关许可。上述案件，侦查机关应当事先通知看守所。辩护律师会见在押的犯罪嫌疑人、被告人，可以了解案件有关情况，提供法律咨询等；自案件移送审查起诉之日起，可以向犯罪嫌疑人、被告人核实有关证据。辩护律师会见犯罪嫌疑人、被告人时不得被监听。

3. 阅卷权。根据《刑事诉讼法》第 40 条规定，辩护律师自人民检察院对案件审查起诉之日起，可以查阅、摘抄、复制本案的案卷材料。其他辩护人经人民法院、人民检察院许可，也可以查阅、摘抄、复制上述材料。

4. 申请调取证据权。根据《刑事诉讼法》第41条规定，辩护人认为在侦查、审查起诉期间公安机关、人民检察院收集的证明犯罪嫌疑人、被告人无罪或者罪轻的证据材料未提交的，有权申请人民检察院、人民法院调取。

5. 调查取证权。根据《刑事诉讼法》第43条规定，辩护律师经证人或者其他有关单位和个人同意，可以向他们收集与本案有关的材料，也可以申请人民检察院、人民法院收集、调取证据，或者申请人民法院通知证人出庭作证。辩护律师经人民检察院或者人民法院许可，并且经被害人或者其近亲属、被害人提供的证人同意，可以向他们收集与本案有关的材料。

6. 提出辩护意见权。根据《刑事诉讼法》第88条第2款、第161条、第173条及第187条第2款的规定，人民检察院审查批捕阶段，可以听取辩护律师的意见，辩护律师提出要求的，应当听取辩护律师的意见。在案件侦查终结前，辩护律师提出要求的，侦查机关应当听取辩护律师的意见，并记录在案。辩护律师提出书面意见的，应当附卷。人民检察院审查案件，应当听取辩护人的意见。辩护人提出书面意见的，应当附卷。在开庭以前，审判人员可以召集公诉人、当事人和辩护人、诉讼代理人，对回避、出庭证人名单、非法证据排除等与审判相关的问题，了解情况，听取意见。

7. 在侦查、起诉及审判程序中获得有关通知或者案件进展情况告知的权利。根据《刑事诉讼法》第162条、第187条第1款、第202条第2款的规定，对于公安机关侦查终结移送审查起诉的案件，应将案件移送情况告知犯罪嫌疑人及其辩护律师；人民法院决定开庭审判后，应将人民检察院的起诉书副本至迟在开庭10日以前送达被告人及其辩护人；人民法院的判决书应当同时送达辩护人，从而全面完善、提升了辩护人的知情权。

8. 保守执业秘密权。根据《刑事诉讼法》第48条规定，辩护律师对在执业活动中知悉的委托人的有关情况和信息，有权予以保密。但是，辩护律师在执业活动中知悉委托人或者其他人，准备或者正在实施危害国家安全、公共安全以及严重危害他人人身安全的犯罪的，应当及时告知司法机关。

9. 参加法庭调查和法庭辩论权。根据《刑事诉讼法》的有关规定，在法庭调查阶段，辩护人在公诉人讯问被告人后，经审判长许可，可以向被告人发问；经审判长许可，可以对证人、鉴定人发问；法庭审理中，辩护人有权申请新的证人到庭，调取新的物证，申请重新鉴定或者勘验。法庭辩论阶段，辩护人可以对证据和案件情况发表意见并且可以和控方展开辩论。

10. 经被告人同意，提出上诉的权利。《刑事诉讼法》第227条规定，被告人的辩护人，经被告人同意，可以提出上诉。即辩护人经被告人同意，有权对第一审尚未发生法律效力的判决或裁定提出上诉。

11. 申请变更、解除强制措施的权利。《刑事诉讼法》第97条、第99条规定，犯罪嫌疑人、被告人及其法定代理人、近亲属或者辩护人有权申请变更强制措施。人民法院、人民检察院和公安机关收到申请后，应当在3日以内作出决定；不同意变更强制措施的，应当告知申请人，并说明不同意的理由。对于人民法院、人民检察院或者公安机关采取强制措施法定期限届满的，有权要求解除强制措施。

12. 对于公检法机关侵犯辩护律师诉讼权利的申诉、控告权。《刑事诉讼法》第49条规定，辩护人、诉讼代理人认为公安机关、人民检察院、人民法院及其工作人员阻碍其依法行使诉讼权利的，有权向同级或者上一级人民检察院申诉或者控告。人民检察院对申诉或者控告应当及时进行审查，情况属实的，通知有关机关予以纠正。

13. 拒绝辩护权。根据《刑事诉讼法》和《律师法》的规定，拒绝辩护的情形有两种：一种是犯罪嫌疑人、被告人拒绝辩护人继续辩护；另一种是辩护人具有法定理由而拒绝辩护。《律师法》第32条第2款规定，律师接受委托后，无正当理由不得拒绝辩护或者代理，但委托事项违法，委托人利用律师提供的服务从事违法活动或者委托人隐瞒与案件有关的重要事实的，律师有权拒绝辩护或者代理。

14. 代理犯罪嫌疑人、被告人提出申诉、控告权。根据《刑事诉讼法》第38条规定，辩护律师在侦查期间可以为犯罪嫌疑人提供法律帮助，代理申诉、控告。

15. 追究辩护人刑事责任程序的特别规定。根据《刑事诉讼法》第44条第2款的规定，辩护人涉嫌犯罪的，应当由办理辩护人所承办案件的侦查机关以外的侦查机关办理。辩护人是律师的，应当及时通知其所在的律师事务所或者所属的律师协会。

16. 要求回避、申请复议权。《刑事诉讼法》第32条第2款规定，辩护人、诉讼代理人可以依照回避的规定要求回避、申请复议。

（二）辩护人的诉讼义务

1. 认真履行辩护职责的义务。辩护人有义务根据事实和法律，提出证明犯罪嫌疑人、被告人无罪、罪轻或者减轻、免除其刑事责任的材料和意见，依法维护犯罪嫌疑人、被告人的合法权益。

2. 将相关无罪证据告知公安机关、检察机关的义务。根据《刑事诉讼法》第42条的规定，辩护人收集的有关犯罪嫌疑人不在犯罪现场、未达到刑事责任年龄、属于依法不负刑事责任的精神病人的证据，应当及时告知公安机关、人民检察院。

3. 依法辩护的义务。辩护人不得帮助犯罪嫌疑人、被告人隐匿、毁灭、伪造证据或者串供，不得威胁、引诱证人作伪证，不得进行其他干扰司法机关诉讼活动的行为。

4. 保守秘密的义务。辩护律师应当保守在执业活动中知悉的国家秘密、商业秘密，不得泄露当事人的隐私。

5. 遵守纪律规则的义务。会见在押的犯罪嫌疑人、被告人，参加法庭审判时要遵守看守所、法庭的相关纪律、规则。

六、值班律师制度

（一）值班律师的概念与性质

《刑事诉讼法》第36条规定："法律援助机构可以在人民法院、看守所等场所派驻值班律师。犯罪嫌疑人、被告人没有委托辩护人，法律援助机构没有指派律师为其提供辩护的，由值班律师为犯罪嫌疑人、被告人提供法律咨询、程序选择建议、申请变更强制措施、对案件处理提出意见等法律帮助。人民法院、人民检察院、看守所应当告知犯罪嫌疑人、被告人有权约见值班律师，并为犯罪嫌疑人、被告人约见值班律师提供便利。"从而确立了值班律师制度。

1. 值班律师的概念。值班律师是指法律援助机构在看守所、人民检察院、人民法院等场所设立法律援助工作站，通过派驻或安排的方式，为没有辩护人的犯罪嫌疑人、被告人提供法律帮助的律师。

2. 值班律师制度的概念。则指法律确定的关于值班律师的法律地位、性质、值班律师的责任、选任途径、工作方式、值班律师的诉讼权利与义务、工作流程等一系列规则的制度。

3. 值班律师的性质。值班律师制度是刑事诉讼中，针对没有委托辩护人或者不属于法定强制指派辩护的犯罪嫌疑人、被告人，如果其没有辩护人为其辩护，在看守所、人民检察院、人民法院，可以由轮流值守的值班律师为犯罪嫌疑人、被告人提供法律咨询、程序选择建议、申请变更强制措施、对案件处理提出意见等法律帮助的一种新型刑事法律援助模式。因此，值班律师提供的不是"辩护"，而仅仅是"法律帮助"。从性质上看，值班律师是法律援助律师，但是不属于辩护律师。

（二）值班律师的职责及诉讼权利

根据《刑事诉讼法》第36条以及2020年8月20日最高人民法院、最高人民检察院、公安部、国家安全部、司法部制定的《法律援助值班律师工作办法》第6条的规定，值班律师依法提供以下法律帮助：①提供法律咨询；②提供程序选择建议；③帮助犯罪嫌疑人、被告人申请变更强制措施；④对案件处理提出意见；⑤帮助犯罪嫌疑人、被告人及其近亲属申请法律援助；⑥法律法规规定的其他事项。值班律师在认罪认罚案件中，还应当提供以下法律帮助：①向犯罪嫌疑人、被告人释明认罪认罚的性质和法律规定；②对人民检察院指控罪名、量刑建议、诉讼程序适用等事项提出意见；③犯罪嫌疑人签署认罪认罚具结书时在场。

值班律师办理案件时，可以应犯罪嫌疑人、被告人的约见进行会见，也可以经办案机关允许主动会见；自人民检察院对案件审查起诉之日起可以查阅案卷材料、了解案情。

第二节　刑事代理

导入案例

被告人林某与张某素不相识。2012 年 12 月 13 日下午 5 时许，张某在菜市场买菜，发现林某不排队，便与其争吵起来。林某向张某小腹猛踢一脚，张某当即感到疼痛，回家后疼痛加剧，经医院诊断为肠穿孔。次日进行外科手术，证实系外伤性肠穿孔，距回肠 85cm 处有 1.5cm × 1.5cm 穿孔，切除肠管 30cm。张某住院 25 天后康复出院，花去医疗费 8000 元，后经法医鉴定，张某的伤情构成重伤。本案经公安机关侦查终结后，移送人民检察院审查起诉。人民检察院在本案移送后的第 5 天告知被害人张某有权委托诉讼代理人。张某作为附带民事诉讼的原告人委托律师贺某担任诉讼代理人，要求追究林某的刑事责任，并赔偿全部医疗费以及误工收入、营养费等费用合计人民币 10 000 元。

问：本案中刑事代理的种类有哪些？是否符合法律规定？

本案知识点： 刑事公诉案件中的代理；附带民事诉讼的代理

一、刑事代理的种类

刑事代理，是指代理人接受公诉案件被害人及其法定代理人或近亲属、自诉案件自诉人及其法定代理人、附带民事诉讼的当事人及其法定代理人的委托，以被代理人的名义参加诉讼，进行诉讼活动，由被代理人承担代理行为所产生的法律后果的一项法律制度。根据被代理人的不同，刑事代理可以分为如下三种：

（一）公诉案件中的代理

《刑事诉讼法》第 46 条规定，公诉案件的被害人及其法定代理人或者近亲属，自案件移送审查起诉之日起，有权委托诉讼代理人。人民检察院自收到移送审查起诉的案件材料之日起 3 日内，应当告知被害人及其法定代理人或者近亲属有权委托诉讼代理人。

　　在本节导入案例中，张某是被害人，人民检察院应当在收到审查起诉材料之日起 3 日内，告知其有委托诉讼代理人的权利，而不是在 5 日内告知。

《刑事诉讼法》第 47 条规定，委托诉讼代理人，参照《刑事诉讼法》第 33

条的规定执行，即参照辩护的有关规定执行。由此可见，公诉案件被害人的代理，具有如下特点：

1. 公诉案件被害人委托代理人，可以由被害人本人委托，也可以由他的近亲属或法定代理人委托，其他人无权为被害人委托代理人。

2. 被害人的法定代理人或者近亲属委托的代理人是被害人的诉讼代理人，而不是被害人法定代理人或者近亲属的代理人。

3. 被害人委托诉讼代理人是从案件移送审查起诉之日开始的，也就是说，公诉案件在侦查阶段，被害人不能委托代理人。自案件移送审查起诉之后，包括人民检察院审查起诉阶段、一审阶段、二审阶段，都可以随时委托代理人。

被害人的诉讼代理人在刑事诉讼中只能代理行使法律赋予被害人全部或部分的诉讼权利。由于被害人等缺乏法律知识，或由于被犯罪行为致伤、致残等原因不能亲自参加诉讼活动，故很难充分地行使其诉讼权利。设立诉讼代理人制度，就能更好地维护被害人的合法权益。律师接受被害人委托后，首先要了解案件情况，弄清对被害人有利和不利的各种情节。事实不清的，代理律师可向司法人员询问或要求补充调查。开庭时要代替被害人出庭，宣读代理词，代理被害人行使所委托的各项诉讼权利，维护被害人的合法权益。

（二）自诉案件中的代理

自诉案件的代理，是指在刑事自诉案件中，律师或其他公民接受自诉人或其法定代理人的委托，作为代理人参加诉讼。《刑事诉讼法》第46规定，自诉案件的自诉人及其法定代理人，有权随时委托诉讼代理人。这一规定表明，自诉案件中有权委托诉讼代理人的是自诉人或者自诉人的法定代理人，其他人（包括自诉人的近亲属）不能为自诉人委托代理人，这一点与公诉案件被害人委托代理人是不同的。根据我国法律的有关规定，律师、自诉人所在单位推荐的人、自诉人的监护人、亲友等，都可以担任代理人，但是正在被执行刑罚或者依法被剥夺、限制人身自由的人，不能担任代理人。

自诉案件中，自诉人的代理人的诉讼地位有自己的特点，即自诉案件中自诉人是一方当事人，在诉讼中行使控诉职能。但是当被告人对其提起反诉后，自诉人又成了被告人，享有了辩护权。与此同时，自诉人委托的代理人，也可以接受被告人（原自诉人）的委托做他的辩护人，即由行使控诉职能转到行使辩护职能，事实上是一身二任。

（三）附带民事诉讼中的代理

附带民事诉讼中的代理，是指接受附带民事诉讼当事人及其法定代理人的委托，以诉讼代理人的身份进行的活动。《刑事诉讼法》第46条规定，公诉案件附带民事诉讼的当事人及其法定代理人，自案件移送审查起诉之日起，有权委托诉讼代理人。自诉案件附带民事诉讼的当事人及其法定代理人，有权随时委托诉讼代理人。人民检察院自收到移送审查起诉的案件材料之日起 3 日内，应当告知附带民事诉讼当事人及其法定代理人有权委托诉讼代理人。人民法院自受理自诉案件之日起 3 日内，应当告知附带民事诉讼的当事人及其法定代理人有权委托诉讼代理人。

综上，律师在附带民事诉讼中的代理，实质上是民事诉讼代理。但附带民事诉讼代理人不同于纯民事诉讼代理人，前者代理可能身兼数职，比如既担任被告人的辩护人，又担任反诉中反诉人的代理人等。因此，承办律师必须办理不同委托手续，明确职责范围，弄清各种代理的权限，以及各种代理人在诉讼中的地位，避免相互混淆，代理不清。

在本节导入案例中，张某作为被害人，不仅要求追究被告人的刑事责任，而且提起了附带民事诉讼，成为附带民事诉讼的原告人，委托律师贺某担任其诉讼代理人，要求赔偿全部医疗费以及误工收入、营养费等费用合计人民币 10 000 元，符合法律规定。

律师在附带民事诉讼代理中要注意以下问题：

1. 代理附带民事诉讼，应当注意坚持原被告平等的原则，平等地保护双方当事人合法的民事权益，而不能因为被告人可能是犯罪分子，就可以不保护他的合法民事权益。

2. 担任附带民事原告人代理人的律师，要注意追究被告人的刑事和民事两种责任。

3. 担任附带民事诉讼代理人的律师，既要积极保护被代理人的合法权益，又要从实际出发，使赔偿合情合理。

二、辩护与代理的区别

1. 产生根据不同。刑事辩护人参加刑事诉讼的根据是犯罪嫌疑人、被告人委托授权或法律援助机构的依法指派；而刑事代理人参加诉讼只能是公诉案件被害人及其法定代理人或近亲属、自诉案件自诉人及其法定代理人、附带民事诉讼的当事人及其法定代理人的委托。

2. 诉讼地位不同。辩护人具有独立的诉讼地位，以自己名义进行辩护而不受被告人约束；但代理人不具有独立的诉讼地位，是附属于被代理人的，依被代理人意志从事活动，而且代理行为所产生的法律后果由被代理人承担。

3. 诉讼任务不同。刑事辩护承担的是辩护职能，即反驳控方控诉，证明犯罪嫌疑人、被告人无罪或罪轻，应减轻或免除刑事责任；而代理职责在于维护被代理人的合法权益。

4. 适用对象不同。两类对象的诉讼利害关系正好相反，刑事辩护适用于公诉案件的犯罪嫌疑人、被告人、自诉案件的被告人；刑事代理适用于公诉案件的被害人、自诉人和附带民事诉讼当事人。

5. 权利内容不同。刑事辩护人享有法律规定的会见权、通信权、调查取证权等广泛权利，有的权利甚至是犯罪嫌疑人和被告人也不享有的；而刑事代理人享有的权利由被代理人授予，而且不能超过被代理人的权限范围。

6. 权限范围不同。辩护人享有的权利是法律赋予的，不存在被告人授权的问题，其授权也仅仅在于使辩护人参加诉讼；而代理人是否参加诉讼，在何权限范围内从事活动都须被代理人授权决定。

7. 活动名义不同。辩护人调查取证、提交辩护词等活动中使用的是自己的名义；而刑事代理人进行诉讼活动使用的是被代理人的名义。

本章小结

辩护是犯罪嫌疑人、被告人及其辩护人针对控诉一方的指控而进行的论证犯罪嫌疑人、被告人无罪、罪轻、减轻或免除刑事责任的反驳和辩解，以维护被追诉人的实体性及程序性权利，保障其合法权益的诉讼活动。我国刑事诉讼中的辩护包括自行辩护、委托辩护和法律援助辩护。可以担任辩护人的有：律师，犯罪嫌疑人、被告人的监护人、亲友，人民团体或者犯罪嫌疑人、被告人所在单位推荐的人。辩护人具有独立的诉讼地位，也享有一定的诉讼权利，并须履行一定的诉讼义务。值班律师不是辩护人，而是法律援助机构在看守所、人民检察院、人民法院等场所设立法律援助工作站，通过派驻或安排的方式，为没有辩护人的犯罪嫌疑人、被告人提供法律帮助的律师。刑事代理是代理人接受公诉案件被害人及其法定代理人或近亲属、自诉案件自诉人及其法定代理人、附带民事诉讼的当事人及其法定代理人的委托，以被代理人的名义参加诉讼，进行诉讼活动，由被代理人承担代理行为所产生的法律后果的一项法律制度。根据被代理人的不同，刑事代理可以分为公诉案件中的代理、附带民事诉讼中的代理、自诉案件的代理三种。辩护与代理具有明显的不同。

实务训练

一、示范案例

〖案情〗犯罪嫌疑人马某，男，1996 年 3 月 6 日出生。吕某，男，1983 年 7

月 1 日出生。二人均待业在家。2012 年 1 月 9 日，二人因费用问题与网吧老板田某发生激烈争执，二人怀恨在心，伺机报复。当晚 23 时许，二人带上汽油，趁人不备，将汽油洒在网吧的木质大门、窗户上，用打火机点燃。大火导致网吧内 6 人死亡、17 人受伤。

市公安局对此案立案侦查，经检察院批准对二人执行了逮捕。期间，吕某的父亲吕某森请求会见吕某，并为其聘请辩护律师，被侦查人员以其犯罪行为涉嫌危害公共安全为由予以拒绝。案件侦查终结后移送至市人民检察院审查起诉，吕某委托其叔叔吕某鹏（某公司职员，中专学历）担任其辩护人，马某表示不委托辩护人。吕某鹏经检察院许可，会见了吕某，查阅了本案的所有案卷材料，并对有关单位和个人进行了必要的调查取证工作。检察院经审查起诉后向市中级人民法院提起公诉。在审理过程中，吕某鹏经法院许可又查阅了本案所指控的犯罪事实的材料，会见了被告人吕某。马某仍然不愿委托辩护人，审判人员为其指定承担法律援助义务的律师刘某担任辩护人，但马某拒绝辩护，法院遂准许其自行辩护。经审判，法院依法判决被告人吕某死刑，剥夺政治权利终身，被告人马某无期徒刑。

问：（1）公安局拒绝吕某森为吕某聘请辩护律师的要求是否合法？为什么？（2）检察院同意吕某鹏调查取证的做法是否正确？为什么？（3）法院准许马某自行辩护的做法是否正确？为什么？

〖分析〗本案例主要考查辩护问题。涉及侦查、审查起诉和审判阶段犯罪嫌疑人、被告人委托辩护人，以及辩护人享有的诉讼权利等知识点。

（1）公安局拒绝吕某森为吕某聘请律师的要求是不合法的，侦查人员不应以侦查阶段无权委托辩护律师为由拒绝犯罪嫌疑人吕某的父亲为其聘请辩护律师的要求。根据《刑事诉讼法》第 34 条的规定，犯罪嫌疑人自被侦查机关第一次讯问或者采取强制措施之日起，有权委托辩护人；在侦查期间，只能委托律师作为辩护人。犯罪嫌疑人、被告人在押的，也可以由其监护人、近亲属代为委托辩护人。《刑事诉讼法》第 38 条进一步规定，辩护律师在侦查期间可以为犯罪嫌疑人提供法律帮助；代理申诉、控告；申请变更强制措施；向侦查机关了解犯罪嫌疑人涉嫌的罪名和案件有关情况，提出意见。

（2）犯罪嫌疑人吕某的辩护人吕某鹏无权对有关单位和个人进行调查取证。因为吕某鹏不是律师，根据《刑事诉讼法》第 43 条规定，无权向有关单位和个人收集证据。

（3）被告人马某拒绝辩护时，法院不应准许其自行辩护。对于未成年人拒绝辩护的，法院应当准许，但是被告人须另行委托辩护人，或者法院应当通知法律援助机构另行指派辩护律师。

二、习作案例

郑某（16 岁）、杨某（19 岁）致王某重伤一案，经 M 市公安局侦查终结后，于 2012 年 5 月 6 日，移送人民检察院审查起诉。5 月 16 日，某检察人员对此案进行审查，并通知犯罪嫌疑人郑某有权委托辩护人辩护。郑某因系父母双亡的孤儿，M 市人民检察院便指定了一名负有法律援助义务的王律师为其辩护。在审查起诉过程中，王律师提出要复印公安局制作的起诉意见书。人民检察院以保守案情秘密为由予以拒绝。

问：（1）人民检察院为郑某指定辩护律师的做法是否正确？为什么？（2）人民检察院能否拒绝辩护律师复印起诉意见书的请求？

复习与思考

1. 辩护包括哪些种类？
2. 辩护人的范围包括哪些？
3. 律师作为辩护人，享有哪些特有的诉讼权利和义务？
4. 辩护人的诉讼地位有什么特点？
5. 值班律师的性质及职责为何？
6. 简述刑事代理的种类。
7. 比较辩护与代理的区别。

第十四章　刑事诉讼证据

学习目标：
- 掌握刑事诉讼证据的特征
- 理解并运用刑事诉讼证据的种类
- 了解各类刑事证据审查判断的方法

第一节　刑事诉讼证据的特征与功能

导入案例

某市接连发生几起入室盗窃案，公安机关在侦查中找到了案件的目击证人老张，老张对侦查人员说："我看到一个身高 1.70m 左右的人，撬开了 202 室的门。我估计这个人就是我邻居 302 室的老王。"公安机关通过调查发现老王曾因为盗窃被判处有期徒刑，目前刑满释放在家，具有重大的作案嫌疑，遂决定立即抓捕老王。

问：本案中收集到的证人证言是否具有证据的特性？

本案知识点：证据的概念和特征

一、刑事诉讼证据的概念和特征

我国《刑事诉讼法》第 50 条规定，可以用于证明案件事实的材料，都是证据。证据包括：①物证；②书证；③证人证言；④被害人陈述；⑤犯罪嫌疑人、被告人供述和辩解；⑥鉴定意见；⑦勘验、检查、辨认、侦查实验等笔录；⑧视听资料、电子数据。证据必须经过查证属实，才能作为定案的根据。根据法律规定，从诉讼活动的视角看，刑事证据是指在诉讼过程中，以法律规定的形式表现出来的，能够用于证明案件事实情况的各种材料。这一刑事证据概念表明以下几方面含义：①证据是客观存在的材料，这种材料能够证明案件真实情况，与案件事实有联系；②证据是证明待证事实的根据；③证据必须以我国法律规定的形式表现。因此，我国刑事诉讼中的证据是指以法律规定的形式表现出来的用于证明案件事实的材料。

根据刑事证据的概念，刑事证据具有以下三个紧密联系的基本特征：

（一）证据的客观性

证据的客观性是指证据是客观存在的事实而不是主观臆想或捏造的产物。任何刑事案件，都是在一定的时间、地点进行的，只要有犯罪行为发生，就必然会留下各种痕迹、物品或印象。这些痕迹、物品或印象都是已经发生的案件事实的客观遗留和客观反映，是不以人的意志为转移的客观存在的事实。如被告人用匕首杀死了人，作为证据的匕首就是客观存在的，不因为司法人员认为有就有，也不因为司法人员认为无就无。相反，一切未经证实的猜想、判断，就不是客观存在的，不能作为证据。

客观性是证据的本质属性。证据的客观性包括以下内容：

1. 证据所反映或包含的内容是客观的。作为证据的事实本身应该是真实可靠和确凿无疑的，是不以当事人和司法人员的主观意志为转移的。一切主观臆断、想象都不可以作为证据。以证人证言为例，能够成为刑事诉讼证据内容的，只能是其所叙述的耳闻目睹或听他人转述的有关案件的事实和情节，而不能是其对案件事实的分析和推断。

在本节导入案例中，老张的陈述属于证人证言，其中"我看到一个身高1.70m 左右的人，撬开了 202 室的门"就具备证据的客观性；"我估计这个人就是我邻居 302 室的老王"，由于是猜测，因此不具备证据的客观性，但是其可以作为破案的线索。

又如老李的女儿被杀身亡，老李对侦查人员说："我女儿托梦给我，说她是被自己的男朋友杀死的。"由于老李陈述的是其臆想，而不是通过感觉器官感知到的客观事实，因而不具备证据的客观性，老李的陈述不能作为证据使用。

2. 证据的存在及其表现形式是客观的，并且这种形式能够为人类认识所感知，即能够被人们看得见、摸得着。如果不具有能为人们在现有条件下所感知的形式，它就不能被人们认识并被用作诉讼证据来证明案情。所以，司法人员应当去发现证据而非创造证据，也不能无视已有的证据所反映的案件事实，必须忠于事实真相。

3. 刑事诉讼证据是不依赖于司法人员的主观意志而独立存在的客观实在。司法人员不能用自己的想象和推测来代替刑事诉讼证据。更不允许办案人员改变或替换收集到的证据材料。

（二）证据的关联性

证据的关联性又称为相关性，是指作为证据的事实与案件待证事实之间存在某种客观的联系，从而对案件事实具有证明作用。

刑事诉讼证据仅有客观性还不够，还必须具有相关性，并非所有的客观事实都能成为刑事诉讼证据，有些事实虽然其本身是客观的、真实的，但因其同案件没有联系，也就不能最终取得刑事诉讼证据的资格。司法人员能够证明过去的案件事实，关键就在于证据对案件事实有所反映，这种反映就是通过证据与案件事实的客观联系而实现的。例如，在盗窃案件的现场发现一把改锥，只有通过鉴定，认定此改锥就是作案的工具时，这把改锥才同案件有联系，才能对证明案件发挥实际作用，才能成为刑事诉讼证据。

证据的相关性主要从以下几个方面理解：

1. 相关性是证据的一种客观属性，即证据事实同案件事实之间的联系是客观联系，而不是办案人员的主观想象或强加的联系。它是案件事实作用于客观外界以及有关人员的主观知觉所产生的。

2. 证据的相关性应对证明案件事实具有实质性意义，即与案件的基本事实相关。"案件的基本事实"在刑事案件中是指作为证明对象的关系到当事人是否犯罪、犯罪性质及罪责轻重的相关事实。与这些基本事实无关的证据材料则不具有相关性。

3. 证据与案件事实之间的关联形式或渠道是多种多样的，有直接联系和间接联系、必然联系与偶然联系、肯定性联系与否定性联系等。不管证据与案件事实之间存在何种联系，都表明证据反映了一定的案件情节。如有的反映了犯罪动机，有的反映了犯罪手段，有的反映了犯罪后果等。正是由于证据的关联性，才使证据对查明案件事实，确定犯罪嫌疑人、被告人是否犯罪，以及犯罪情节的轻重具有证明力。而且，相关性还涉及相关的程度问题，也就是我们通常所讲的证据材料的证明力大小的问题。可以说考察分析证据相关性的落脚点应该在证据的证明力及其程度上。

在刑事诉讼中强调刑事诉讼证据的相关性，要求司法人员在实际办案过程中要注意把以下两种情况排除在刑事诉讼证据体系之外：

1. 类似行为，即犯罪嫌疑人、被告人在其他场合所犯的类似行为，不得作为证明其犯有本案所控罪行的证据。

在本节导入案例中，"公安机关通过调查发现老王曾因为盗窃被判处有期徒刑，目前刑满释放在家"，这一证据材料属于类似事件，对认定老王构成入室"盗窃罪"不具备证据的相关性，因此，公安机关不能据此认为老王具有重大的作案嫌疑而予以抓捕。

2. 品格事实，即证明犯罪嫌疑人、被告人或被害人的品格是否善良的事实。这类证据之所以不能作为刑事诉讼证据，是因为行为人或被害人品格的好坏不是犯罪构成的必备要件，犯罪嫌疑人的善良和被害人的邪恶抑或相反，对于认定案件事实均无影响，因而同刑事案件事实之间没有相关性，如李某被指控强制猥亵妇女，公诉方准备向法庭提交李某平时道德品质败坏，乱搞两性关系，并且曾经嫖娼的证据材料。这些证据材料对认定李某构成"强制猥亵罪"一般不具备证据的相关性（允许存在例外），不能直接证明其相关犯罪事实是否成立。但是我国司法实践中将"一贯表现"作为酌定量刑情节，可能会成为影响量刑的证据事实。

（三）证据的合法性

证据的合法性又称证据的法律性，是指用以证明案件事实的证据必须依据法定的程序收集和运用，并且具备法定的表现形式。

证据必须是客观事实，又必须是与案件事实有联系的客观事实。但是，并不是所有与案件事实有联系的客观事实都可以作为刑事诉讼证据。刑事诉讼证据必须是通过法定程序纳入到刑事诉讼领域的事实。否则，既无法律效力，也无证明作用，就不能作为定案的根据。具体来说，证据的合法性包括以下几层含义：

1. 证据必须具有合法的证据形式。我国《刑事诉讼法》对证据的种类作了专门的规定，证据有物证，书证，证人证言，被害人陈述，犯罪嫌疑人、被告人供述和辩解，鉴定意见，勘验、检查、辨认、侦查实验等笔录，视听资料、电子数据8种形式；非法定形式的，不得采纳。例如，以机关、团体名义出具的证明材料不能作为证人证言，而必须由了解案件事实情况的自然人提供相应的证词，才符合法律规定的证人证言的证据形式。

2. 证据必须是由法定人员收集或提供的。例如，勘验、检查笔录，必须由法定的侦查人员和其他法定人员制作。注意，《刑事诉讼法》第54条第2款规定，行政机关在行政执法和查办案件过程中收集的物证、书证、视听资料、电子数据等证据材料，在刑事诉讼中可以作为证据使用。可见，行政机关在行政执法过程中，先行收集的上述实物证据，在发现该案构成犯罪，移送公安、司法机关处理后，上述证据就可直接转化为刑事诉讼中的证据，具有合法性。

3. 刑事诉讼证据必须依照法定程序和方法加以收集和认定。我国《刑事诉讼法》确立了非法证据排除规则。即《刑事诉讼法》第56条明确规定，采用刑讯逼供等非法方法收集的犯罪嫌疑人、被告人供述和采用暴力、威胁等非法方法收集的证人证言、被害人陈述，应当予以排除。收集物证、书证不符合法定程序，可能严重影响司法公正的，应当予以补正或者作出合理解释；不能补正或者作出合理解释的，对该证据应当予以排除。在侦查、审查起诉、审判时发现有应当排除的证据的，应当依法予以排除，不得作为起诉意见、起诉决定和判决的依据。

4. 证据还必须经过合法程序查证属实。例如，证人证言必须在法庭上经过公诉人、被害人和被告人、辩护人双方讯问、质证，并经查证属实，才能作为刑事诉讼的证据。因特殊原因不能出庭的证人，其证言笔录也应当当庭宣读，听取当事人和辩护人的意见。未经法庭查证属实的证据，不能作为定案的根据。

二、刑事诉讼证据的证明力和证据能力

（一）证据的证明力

证明力又被称为证据价值，指证据对案件事实证明作用的有无及其程度。它是证据在认定事实上发生作用的力量，即证据对于事实的裁判者形成心证的影响力，包括证据的可信性和狭义的证明力两个方面。前者指撇开证据与待证事实的关系而言，证据本身是否值得相信；后者指与待证事实的关系上，证据能否证明待证事实以及在多大程度上证明待证事实。关于证据有无证明力以及证明力的大小，不同的证据各不相同，如果法律预先规定就不利于发现实体真实。因此，在现代刑事诉讼中，法律对证明力一般不作规定，证明力原则上由审判人员自由判断。在我国，证据的证明力反映为证据的客观性与相关性，只要某证据客观存在，且能在逻辑上一定程度地证明待证事实，该证据就具有或大或小的证明力。

（二）证据的证据能力

证据的证据能力是指能否在审判中用来证明控辩双方所主张的并且必须由审判人员加以判断的事实，也就是有无充当证据的资格，又称为证据资格，或证据的可采性。

明确证据能力的意义在于：①没有证据能力的材料，不得在法庭审理证据的调查阶段提出来进行调查，不仅控辩双方不能请求进行调查，法官也不得依职权主动进行调查；②经过法庭调查后判明没有证据能力的证据，法庭应当依职权或者应当事人的异议声明予以排除；③审判人员不得把没有证据能力的证据作为认定案件事实的依据。在我国，证据的证据能力反映为证据的合法性。只有对于依法收集且符合法定形式的证据进行证明力的考察，才具有意义。

证据能力与证明力的区别在于：①证据能力是从形式上解决证据资格问题，证明力则是从实质上解决证据有无价值以及有多大价值的问题。②有证据能力的证据不一定有证明力，如被告人的口供虽然出于本人的自愿，但却是虚假的；而没有证据能力的证据可能具有证明力，如运用刑讯的方法获得的真实口供。

作为定案根据的证据必须既有证据能力，又有证明力。审判人员在审查判断证据时，应当先审查证据有无证据能力，然后再对确认有证据能力的证据的证明力进行判断，对于没有证据能力的证据，不必考虑其有无证明力。

三、刑事证据的功能

司法机关办理刑事案件，首要的工作是查明案件的真实情况，做到以事实为根据。所以，刑事诉讼证据是刑事诉讼中的一个核心问题，许多刑事诉讼活动都围绕刑事诉讼证据的收集、审查判断和运用而展开。"刑事证据的功能"简单来讲，就是证明主体收集、审查判断和运用证据所直接产生的积极作用或功效。具

体来讲，刑事诉讼证据的功能，可以概括为以下几个方面：

1. 刑事诉讼证据是正确认定刑事案件事实的客观依据。司法机关要对案件作出正确的处理，必须从案件的具体情况出发，以本案的客观事实为基础。办理案件的司法人员对与本案有关的各种情况，原来并不了解，即使有所传闻，也不过一知半解。他们在承办案件以后，要全面查明案件的真实情况，对案件事实作出符合客观实际的结论，就只能依靠证据，借助那些反映了案件事实的痕迹、物品、文件和知情人的陈述。可以说，刑事诉讼证据是使司法人员的主观认识同刑事案件的客观事实统一起来的桥梁和纽带。

2. 刑事诉讼证据是正确定罪量刑的基础。定罪量刑根据的是案件事实，而刑事诉讼中的案件事实大都是在极为隐蔽且犯罪分子犯罪后又积极掩盖、毁灭罪证的状况下发生的，呈现出纷繁复杂、扑朔迷离、真假难辨的复杂特质。此时，要对案件事实进行发现、揭露，只能依靠证据。犯罪分子只要实施了犯罪，就会在客观上留下这样那样的痕迹、物品或被其他人所感知，通过对案发时客观遗留证据的收集、审查判断与运用才能查明并证实犯罪人是谁、所犯何罪、具体犯罪经过及危害如何的基本案件事实，才能确定被告人是有罪还是无罪，是此罪还是彼罪，是罪重还是罪轻，从而有效保障定性正确，量刑适当。可见，办案过程就是对过去发生的刑事犯罪运用证据进行回溯、证明、揭露的过程。离开了确实、充分的证据，案件事实的查明就会成为无源之水、无本之木，定罪量刑就失去了可靠的事实基础。

3. 刑事诉讼证据是促使犯罪分子坦白交代罪行的有力武器。在刑事诉讼的司法实践中，有的犯罪嫌疑人、被告人认为自己的犯罪行为很隐蔽，又毁灭了相关罪证，进行了伪装，就存有侥幸心理，往往是不见罪证不低头。要使这种犯罪嫌疑人、被告人放弃抵赖心理，就必须运用证据揭露其罪行，打消其幻想，说服他们坦白交代，争取从宽处理。

4. 刑事诉讼证据是当事人论证自己主张和要求的重要论据。参与刑事诉讼的当事人与案件有直接的利害关系，他们都有自己的主张和要求，并且希望司法机关能够采纳，以维护自己的合法权益。然而，如果仅仅是提出了主张和要求，却没有充足的论据来证实，就既不能否定对方的要求，也不能说服司法机关接受对自己有利的主张。

5. 刑事诉讼证据是进行社会主义法制教育的生动材料。人们通过证据，可以看到犯罪行为是怎样发生的，为什么会发生，以及它对社会和受害者造成的危害，进而认识到案件的事实真相是不能完全被掩盖的，是总会被人们所认识的。这就会使人们受到生动的社会主义法制教育，提高他们遵守社会主义法律的自觉性和同犯罪行为作斗争的积极性，从而有利于预防犯罪。

第二节 刑事诉讼证据的种类

导入案例

被告人过某因犯职务侵占罪被某县人民检察院提起公诉。某县人民法院经审理查明：过某在任某科技开发公司经理期间，与深圳某公司达成购买空调机 100 台的协议，以加大货款形式，侵占公司财产 2 万元，并用此款购买一台进口一拖二空调机；后过某又将公司收入的部分款项 10 万元以公司互助金名义存入银行，并将存折交给副经理张某保管，并嘱张某保密。后过某分三次取出，挥霍一空。开庭时张某出庭作证证实了此情况。

问：本案中的存折是物证还是书证？

本案知识点：证据的法定种类

一、物证

（一）物证的概念和特点

物证是指能够证明案件真实情况的一切物品和痕迹。物证是形形色色、多种多样的，在刑事诉讼中经常使用的物证大致可分为以下几类：

1. 犯罪使用的工具，如杀人的凶器、毒药，盗窃时使用的钳子、万能钥匙，爆炸用的火药，等等。

2. 犯罪遗留下来的物品或痕迹，如犯罪人留在现场的衣物、纽扣、烟头、纸屑，以及指纹、脚印、被破坏的门窗上遗留的撬压痕迹等。

3. 犯罪行为所产生的非法物品，如非法制造的枪支、弹药、毒品，伪造的国家证券，等等。

4. 犯罪行为侵犯的客体物，如杀人案中的尸体，制作贩卖的枪支、毒品，走私的物品，盗窃、抢劫、诈骗、贪污的赃款、赃物，被毁坏的机器、仪器，被焚毁、炸毁的建筑物，等等。

5. 其他可供查明案件真实情况的物品或物质痕迹。

物证是以其存在状况、外部特征或物质属性来发挥证明作用的，这是物证区别于其他证据的特征。所谓物证的外部特征，主要指其客观存在的形状、大小、数量、颜色、新旧程度等。所谓物证的物质属性，主要是指物证所具有的物理、化学特征，如质量、重量、成分、结构、性能等。作为物证的物品和痕迹可以以一个或数个特征来证明案件的真实情况。

物证是以客观存在的实在物来对案件起证明作用的，与其他证据相比，具有较强的稳定性和可靠性，比较容易查实，在证明活动中不仅应用广泛，而且有着其他证据不能替代的作用。如：可以提供线索，确定侦查方向，有时借助物证能够破获案件，抓获犯罪嫌疑人；可以借助物证鉴别其他证据的真伪，敦促犯罪嫌疑人、被告人交代罪行等。但物证不能自明其义，自证其案，物证所载有的案件信息，不能自动直观地表现出来，只有通过司法人员的认识，物证才能在刑事诉讼中起到证明作用，属于"哑巴证据"。同时，单个物证只能对案件事实起间接证明作用，反映案件部分事实或事件的片段，而且很容易被伪造。司法人员应充分注意物证的特点，防止工作中出现差错。

（二）物证的审查判断

对物证的审查判断，一般采取交由被害人、证人等有关人员辨认，科学技术鉴定，或采取将物证和案件中的其他证据联系起来进行对照分析、与自然规律和客观情理结合起来进行审查等方法进行。

根据《最高法院解释》的相关规定，对物证应当着重审查以下内容：

1. 物证是否为原物，是否经过辨认、鉴定；物证的照片、录像、复制品是否与原物相符，是否由二人以上制作，有无制作人关于制作过程以及原物存放于何处的文字说明和签名。

2. 物证的收集程序、方式是否符合法律、有关规定；经勘验、检查、搜查提取、扣押的物证，是否附有相关笔录、清单，笔录、清单是否经调查人员或者侦查人员、物品持有人、见证人签名，没有签名的，是否注明原因；物品的名称、特征、数量、质量等是否注明清楚。

3. 物证在收集、保管、鉴定过程中是否受损或者改变。

4. 物证与案件事实有无关联；对现场遗留的与犯罪有关的具备鉴定条件的血迹、体液、毛发、指纹等生物样本、痕迹、物品，是否已作 DNA 鉴定、指纹鉴定等，并与被告人或者被害人的相应生物特征、物品等比对。

5. 与案件事实有关联的物证是否全面收集。

据以定案的物证应当是原物。原物不便搬运、不易保存、依法应当返还或者依法应当由有关部门保管、处理的，可以拍摄、制作足以反映原物外形和特征的照片、录像、复制品。必要时，审判人员可以前往保管场所查看原物。物证的照片、录像、复制品，不能反映原物的外形和特征的，不得作为定案的根据。物证的照片、录像、复制品，经与原物核对无误、经鉴定或者以其他方式确认真实的，可以作为定案的根据。

二、书证

（一）书证的概念和特点

书证是以文字、符号、图形等所表达的思想和记载的内容来对案件事实起证明作用的书面材料或其他材料，如贪污案件中的账册、单据，诬告案件中的诬告陷害信件，团伙犯罪中的犯罪计划、分赃记录，单位犯罪中的会议记录、非法合同，等等。

在理解书证的概念时，应当注意书证的表现形式通常是文字，但也可以是图表或其他可识别符号；形成书证的惯常工具是纸和笔，但并不拘泥于此。

书证和物证是既相互区别、又相互联系的两种证据。书证和物证都是以实体物质形态作为证据的存在和表现形式的，都属于实物证据，书证也可以纳入广义上物证的范畴。但书证和物证又有着很大的区别：物证是以其存在的状态、外部特征或者内部属性对案件起证明作用的，书证则是以其所记载的内容或者所反映的思想对案件起证明作用的，二者对案件的证明方式显著不同。因此，有些书面文件，如果所记载的内容或表达的思想与案件事实无关，只是其存放地点、外部特征等有证据意义，那它们就不是书证，而是物证。

如果一个物体既能够以记载内容证明事实，又能以外部形态证明案件事实，同时以两种方式发挥证明作用，它就既是书证也是物证。例如，案发现场收集到一封书信，内容与被害人死亡原因有关，属于书证，同时又需要鉴定是否为被害人本人所写，则为物证。这在理论上有时称为物证书证同体。

在本节导入案例中，10 万元的存折就属于物证书证同体。本案中的存折在内容上证明了过某 3 次将公司收入款项取出自己挥霍的犯罪事实，在外在特征和存在场所上也证明了过某的侵占行为，所以说该存折既是物证，又是书证。

书证是以材料所记载的内容来证明待证事实的，一般都有明确的意思表示，能够被人所理解；而且大多是在诉讼开始前就已形成，在形式上相对固定，稳定性较强，一般不受时间的影响，易于长期保存。所以书证一经收集并查证属实，就可以比较直观地证明案件中的一定事实，在诉讼证明中具有重要意义，特别是有些书证可以直接证明案件的性质、揭露被告人等的作案动机和目的、揭穿犯罪分子的狡辩和虚假的供述、鉴别其他证据的真伪。可以说，书证是诉讼中不可缺少的证据。

（二）书证的分类

依据不同的划分标准，书证可以分为以下几类：

1. 以书证是否依职权制作为标准，可以将书证分为公文书证和非公文书证。公文书证是指国家机关及其单位依法行使职权所制作的文书，如民政部门颁发的结婚证、法院制作的判决书等。非公文书证是指公文书证以外的书证，如单位之间签订的合同、个人开出的借款收据等。

2. 以书证内容性质的不同划分，可以将书证分为处分性书证和报道性书证。处分性书证是指书证中记载或表达的内容，以发生一定的后果为目的的书证，如国家工商管理机关颁发的营业执照、许可证，公民个人所立的遗嘱，等等。报道性书证是指书证中记载或表达的内容反映的只是制作人的见闻、感想、体会，如日记、会议记录、诊断书等。

3. 以书证的形成方式来划分，可以将书证分为原本与正本、副本、节录本、影印本、译本。原本是指文书的制作人最初制成的文书，如合同当事人签字盖章的书面合同。正本是照原本全文抄录、印刷并与原本具有正式效力的文件。正本出自原本，与原本效力相同，只是在日常使用中有所不同，原本一般保留在制造者手中或存档备查，正本则发送给受件人。副本是完全照正本复制但不具有正式效力的文件。制作副本的目的是为了告知有关单位或个人知晓正本文件内容，如起诉书副本。节录本是指制作者以摘抄的方式，节录原本或正本文书内容的一部分而形成的文书。影印本是指运用影印技术，将原本、正本摄影或复印而形成的文书。译本是指运用其他国家或民族的文字将原本或正本翻译而形成的文书。

此外，书证还可以根据书证形成程序或要求不同分为一般书证和特殊书证；根据表现书证内容的方式在外形特征上的不同分为文字书证、图形书证、符号书证等。

（三）书证的审查判断

关于审查判断书证的范围与方法，同前述物证的相关内容相同。由此，《最高法院解释》将物证、书证的审查内容规定在一起。根据《最高法院解释》的规定，对书证也应当着重审查以下内容：

1. 书证是否为原件，是否经过辨认、鉴定；书证的副本、复制件是否与原件相符，是否由二人以上制作，有无制作人关于制作过程以及原件存放于何处的文字说明和签名。

2. 书证的收集程序、方式是否符合法律、有关规定；经勘验、检查、搜查提取、扣押的书证，是否附有相关笔录、清单，笔录、清单是否经调查人员或者侦查人员、物品持有人、见证人签名，没有签名的，是否注明原因。

3. 书证在收集、保管、鉴定过程中是否受损或者改变。

4. 书证与案件事实有无关联。

5. 与案件事实有关联的书证是否全面收集。

据以定案的书证应当是原件。取得原件确有困难的，可以使用副本、复制件。对书证的更改或者更改迹象不能作出合理解释，或者书证的副本、复制件不能反映原件及其内容的，不得作为定案的根据。书证的副本、复制件，经与原件核对无误、经鉴定或者以其他方式确认真实的，可以作为定案的根据。在勘验、检查、搜查过程中提取、扣押的物证、书证，未附笔录或者清单，不能证明物证、书证来源的，不得作为定案的根据。

三、证人证言

（一）证人证言的概念和特点

证人证言，是指证人就其所了解的案件情况向公安司法机关所作的陈述。证人证言一般是口头陈述，以笔录加以固定；经办案人员同意由证人亲笔书写的书面证词，也是证人证言。

证人只能陈述其所了解的案件事实，而不能就这些事实发表意见和看法。证人只能就其直接感知的案件情况作证，非亲自耳闻目睹、间接了解的情况不能作为证言被采纳。

证人证言具有以下特点：①它只是证人对案件有关情况的感知，而不是个人的推测或分析判断意见；②由于证人是当事人以外的第三人，与案件和案件处理结果没有直接利害关系，所以，一般来说，证人证言较犯罪嫌疑人、被告人供述和辩解或被害人的陈述更为客观，真实性与可靠性也较大；③证人证言是证人对感知或传闻情况的反映，所以不可避免地会受到证人的主观和客观条件的影响；④证人证言的来源和证明的范围十分广泛，所以它是刑事诉讼中最常见的证据。

（二）证人资格

证人是了解案情的当事人以外的第三人，与案件和案件处理结果没有直接利害关系。对于证人的资格条件，即哪些人能够成为证人，哪些人不能成为证人，《刑事诉讼法》第 62 条规定："凡是知道案件情况的人，都有作证的义务。生理上、精神上有缺陷或者年幼，不能辨别是非、不能正确表达的人，不能作证人。"所以，证人必须具备下列条件：

1. 了解案件情况。这是证人的首要条件。知道案件情况才能提供证人证言，否则便无法作证。证人的身份就是由他（们）对案件情况的感知在客观上与案件之间形成的相应的证明关系所决定的。因此，证人具有不可替代性，不能由办案人员随意指定和更换。

2. 是自然人。司法实践中，机关、团体和企事业单位（法人）也可以以单位的名义提供有关案情的证明，但不属于证人证言，可作为书证处理，故单位不能作证人。

3. 能够辨别是非、正确表达意志。能够感受案件事实并准确地表述出来，是取得证人资格的必要条件。虽然生理上、精神上有缺陷或者年幼，只要能够辨别是非、正确表达，也可以作证人，如聋、哑人陈述看到的情形，盲人陈述听到的情形就可以作为证据。公安司法机关对于证人能否辨别是非、正确表达，必要时可进行审查和鉴定。

此外，在我国还存在着见证人。见证人是指根据《刑事诉讼法》的规定，应办案人员要求对诉讼中的某些法律行为进行见证的人。例如，以勘验、检查、搜查、查封、扣押物证、书证的诉讼程序行为是否合法所进行的见证，由于这些证明行为不是针对案件事实而进行，所以见证人不是证人。但是，当证明上述诉讼行为是否合法时，见证人就成为证人。

作为证人，应当履行的诉讼义务有：①及时到场和出庭作证的义务；②如实作证的义务；③在出庭时遵守法庭秩序的义务。但是，当前的司法实践中，比较普遍地存在着证人不愿作证，特别是不愿意出庭作证的问题，为此，《刑事诉讼法》第63条专门规定："人民法院、人民检察院和公安机关应当保障证人及其近亲属的安全。对证人及其近亲属进行威胁、侮辱、殴打或者打击报复，构成犯罪的，依法追究刑事责任；尚不够刑事处罚的，依法给予治安管理处罚。"第64条还进一步规定了重大案件中对证人、鉴定人、被害人的一项或者多项保护措施，即：对于危害国家安全犯罪、恐怖活动犯罪、黑社会性质的组织犯罪、毒品犯罪等案件，证人、鉴定人、被害人因在诉讼中作证，本人或者其近亲属的人身安全面临危险的，人民法院、人民检察院和公安机关应当采取以下一项或者多项保护措施：①不公开真实姓名、住址和工作单位等个人信息；②采取不暴露外貌、真实声音等出庭作证措施；③禁止特定的人员接触证人、鉴定人、被害人及其近亲属；④对人身和住宅采取专门性保护措施；⑤其他必要的保护措施。证人、鉴定人、被害人认为因在诉讼中作证，本人或者其近亲属的人身安全面临危险的，可以向人民法院、人民检察院、公安机关请求保护。人民法院、人民检察院、公安机关依法采取保护措施的，有关单位和个人应当配合。所以，证人有权要求司法机关或执法机关提供人身安全保障，对司法人员侵犯其诉讼权利和侮辱其人格的行为，有权提出控告。这是证人依法享有的权利。

（三）证人证言的审查判断

由于证人证言是证人对案情的感知，所以证人证言可能受主观因素的影响比较大。根据《最高法院解释》的规定，对证人证言应当着重审查以下内容：

1. 证言的内容是否为证人直接感知。

2. 证人作证时的年龄，认知、记忆和表达能力，生理和精神状态是否影响作证。

3. 证人与案件当事人、案件处理结果有无利害关系。

4. 询问证人是否个别进行。

5. 询问笔录的制作、修改是否符合法律、有关规定，是否注明询问的起止时间和地点，首次询问时是否告知证人有关权利义务和法律责任，证人对询问笔录是否核对确认。

6. 询问未成年证人时，是否通知其法定代理人或者合适成年人到场，有关人员是否到场。

7. 有无以暴力、威胁等非法方法收集证人证言的情形。

8. 证言之间以及与其他证据之间能否相互印证，有无矛盾；存在矛盾的，能否得到合理解释。

需要注意的是，处于明显醉酒、中毒或者麻醉等状态，不能正常感知或者正确表达的证人所提供的证言，不得作为证据使用。证人的猜测性、评论性、推断性的证言，不得作为证据使用，但根据一般生活经验判断符合事实的除外。另外，证人证言具有下列情形之一的，不得作为定案的根据：询问证人没有个别进行的；书面证言没有经证人核对确认的；询问聋、哑人，应当提供通晓聋、哑手势的人员而未提供的；询问不通晓当地通用语言、文字的证人，应当提供翻译人员而未提供的。

四、被害人陈述

（一）被害人陈述的概念和特点

被害人陈述，是指遭受犯罪行为直接侵害的人就自己受害情况和其他与案件有关的情况向公安司法机关所作的陈述。

被害人陈述的内容一般包括以下三个方面：①叙述犯罪分子侵害的事实经过；②提供有关犯罪分子的情况；③提出有关维护自己合法权益的要求。而作为刑事诉讼证据的被害人陈述只应包括前两项内容，而不能包括有关维护自己合法权益的要求。因为证据是用以证明案情的事实根据，至于被害人对案件处理所提出的要求等，可以视为其请求，而不能看做是刑事诉讼的证据。此外，有些案件中被害人还有可能揭发、举报一些与本案无关的其他犯罪行为，这些内容从证据学的角度讲，也不应属于本案被害人陈述，而具有了他案证人证言的特点。

因被害人遭受了犯罪行为的直接侵害，被害人陈述可能比较清楚地反映案件事实，特别是与犯罪分子有直接接触或耳闻目睹犯罪行为的被害人的陈述。这种陈述可以直接指出犯罪过程和犯罪分子的特征，常常是直接证据。与犯罪分子没有直接接触或耳闻目睹犯罪行为的被害人陈述的内容虽不如前者丰富和具体，但被害人对于犯罪结果的陈述可能比其他言词证据更为具体和明确。

但是，被害人陈述也可能夸大犯罪事实。被害人由于遭受犯罪行为的直接侵害，往往具有严惩犯罪的偏激情绪，可能会通过夸大犯罪事实或情节以求得对犯罪分子的严惩。

被害人陈述还具有不可代替性，这是被害人陈述区别于被害人诉讼请求的关键点之一。如果被害人属于无诉讼行为能力或者限制诉讼行为能力的人，其法定代理人可以代理其提出诉讼请求。而被害人陈述则只能由被害人本人提出，如果被害人年幼、死亡或因伤残而丧失表达能力，被害人的近亲属可以转述被害人遭受侵害的事实。但是他们的转述，就只能以证人证言的形式出现，而不属于被害人陈述的范畴。

（二）被害人陈述的审查判断

对于被害人陈述的审查判断，适用前述有关证人证言的审查与认定。但是，由于被害人毕竟与证人具有实质上的不同，其基于严惩犯罪分子的报应理念与诉求，其陈述的客观性、相关性都需加强审查。审查判断被害人陈述要从以下几个方面入手：

1. 审查被害人与犯罪嫌疑人、被告人的关系。如果被害人与犯罪嫌疑人、被告人素不相识或关系正常，一般来说故意捏造事实、提供虚伪陈述的可能性较小。如果被害人与犯罪嫌疑人、被告人有冤仇或者关系密切，则较容易作虚假的陈述。

2. 审查被害人陈述的来源。要查明被害人陈述的内容是直接感知的，还是由他人告知的，或是自己想象、推测的。被害人陈述的内容如果是听他人告知的，应向直接了解案件情况的人调查、核实。如果是被害人的推测，可以要求其说明推测的根据，供分析研究案情时参考，以利于进一步收集证据。对于被害人受犯罪行为侵害时直接感知的陈述，也要具体了解、仔细分析被害人受犯罪行为侵害时的环境、条件，以及他的精神状况等，综合判断其真实性。

3. 审查被害人的作证能力与品格。查明被害人的思想品质和表现，有利于把握陈述内容的真实性。对幼年被害人陈述的审查判断，要特别注意查清幼年被害人是否受人暗示、指使、引诱，陈述的语言词汇是否为幼年人通常使用的，陈述的内容与被害人的智力水平、分析判断能力和表达能力是否相称等，以便从中发现问题。

4. 对被害人陈述进行情理审查判断。分析被害人陈述的内容是否合情合理。如果发现被害人陈述的内容不合情理或是前后矛盾，就应进一步询问或采取其他方法进行核实。

5. 审查被害人陈述与其他证据有无矛盾。被害人陈述应与收集的其他证据进行对比分析，互相印证。如果发现被害人陈述的内容与其他证据有矛盾，就应分析矛盾的内容，或再行收集证据，并以确实的证据来解决矛盾，从而肯定或否定被害人陈述的证据价值。

总之，被害人陈述能否成为定案根据，关键要看它是否具有客观性、相关性、合法性。

五、犯罪嫌疑人、被告人供述和辩解

（一）犯罪嫌疑人、被告人供述和辩解的概念和特点

犯罪嫌疑人、被告人供述和辩解，是指犯罪嫌疑人、被告人在刑事诉讼过程中，就与案件有关的事实情况向公安司法机关所作的陈述，通常也称为犯罪嫌疑

人或被告人口供。

从内容上看，犯罪嫌疑人、被告人供述和辩解由三部分组成：①犯罪嫌疑人、被告人的有罪供述；②犯罪嫌疑人、被告人否认犯罪或主张罪轻、应免除刑罚的辩解；③犯罪嫌疑人、被告人对同案其他犯罪嫌疑人、被告人共同犯罪事实的检举揭发，即"攀供"。

在司法实践中，犯罪嫌疑人、被告人检举揭发同案犯罪嫌疑人、被告人的犯罪事实的情况很普遍，也比较复杂。对于同案犯之间的检举揭发的性质如何认定，需要适当分析。同案犯之间的检举揭发，概括来说，大致分为两种情况：①对同案犯罪嫌疑人、被告人共同犯罪部分的检举揭发。这种检举揭发的内容与犯罪嫌疑人、被告人自己的犯罪行为有一定联系，可以在本案中作证据使用，因而属于犯罪嫌疑人、被告人供述和辩解的组成部分。②对同案犯罪嫌疑人、被告人共同犯罪以外的其他犯罪事实的检举揭发。如抢劫犯张某在侦查期间揭发同案犯李某另外犯有诈骗的罪行。这种检举揭发，从内容上讲，与本案无关，可视为证人证言。共犯之间不能互为证人，同案犯罪嫌疑人、被告人的口供也不能互为证据使用。

犯罪嫌疑人、被告人供述和辩解的主要特点是：①犯罪嫌疑人、被告人供述和辩解可能是最真实、最全面、最具体的证据材料。因为犯罪嫌疑人、被告人对自己是否犯罪和如何犯罪最了解，只要他如实陈述，全面、彻底地讲明自己所涉及的案件事实，就会使办案人员对案件有比较全面、具体的了解。②犯罪嫌疑人、被告人供述和辩解虚假的可能性比较大。由于犯罪嫌疑人、被告人与案件的处理结果有直接的切身利害关系，其口供的内容必然受到其诉讼地位和复杂的心理活动的影响，所以口供往往真假混杂、难以辨别。③犯罪嫌疑人、被告人供述和辩解内容很不稳定，具有反复性，表现为时而供认时而翻供，时而供述时而辩解。

（二）正确对待犯罪嫌疑人、被告人的供述和辩解

我国《刑事诉讼法》对待犯罪嫌疑人、被告人的供述和辩解的原则是重证据、重调查研究，不轻信口供。对于口供，既不可不信，又不可全信。由于犯罪嫌疑人、被告人处于被追诉的地位，从保证案件的真实性和保护其在诉讼中的合法权益出发，又要特别强调对于口供不能轻信。为此，《刑事诉讼法》第55条第1款明确规定："对一切案件的判处都要重证据，重调查研究，不轻信口供。只有被告人供述，没有其他证据的，不能认定被告人有罪和处以刑罚；没有被告人供述，证据确实、充分的，可以认定被告人有罪和处以刑罚。"《刑事诉讼法》第52条规定："严禁刑讯逼供和以威胁、引诱、欺骗以及其他非法的方法收集证据，不得强迫任何人证实自己有罪。"这些规定都是收集和运用口供这种证据时

所必须严格遵守的。

（三）犯罪嫌疑人、被告人供述和辩解的审查判断

根据《最高法院解释》的规定，对被告人供述和辩解应当着重审查以下内容：

1. 讯问的时间、地点，讯问人的身份、人数以及讯问方式等是否符合法律、有关规定。

2. 讯问笔录的制作、修改是否符合法律、有关规定，是否注明讯问的具体起止时间和地点，首次讯问时是否告知被告人相关权利和法律规定，被告人是否核对确认。

3. 讯问未成年被告人时，是否通知其法定代理人或者合适成年人到场，有关人员是否到场。

4. 讯问女性未成年被告人时，是否有女性工作人员在场。

5. 有无以刑讯逼供等非法方法收集被告人供述的情形。

6. 被告人的供述是否前后一致，有无反复以及出现反复的原因。

7. 被告人的供述和辩解是否全部随案移送。

8. 被告人的辩解内容是否符合案情和常理，有无矛盾。

9. 被告人的供述和辩解与同案被告人的供述和辩解以及其他证据能否相互印证，有无矛盾；存在矛盾的，能否得到合理解释。

经审查，被告人供述具有下列情形之一的，不得作为定案的根据：讯问笔录没有经被告人核对确认的；讯问聋、哑人，应当提供通晓聋、哑手势的人员而未提供的；讯问不通晓当地通用语言、文字的被告人，应当提供翻译人员而未提供的；讯问未成年人，其法定代理人或者合适成年人不在场的。

六、鉴定意见

（一）鉴定意见的概念和特点

鉴定意见，是指受公安司法机关指派或聘请的鉴定人，对案件中的专门性问题进行鉴定后所作出的判断性意见。

刑事案件中需要进行鉴定的专门性问题非常广泛，常见的有法医学鉴定、司法精神病学鉴定、痕迹鉴定、化学鉴定、会计鉴定、文件书法鉴定、其他鉴定等。

鉴定意见既不同于证人证言、被害人陈述，也不同于书证、物证。鉴定意见的内容是鉴定人对案件中某些专门性问题的判断与结论。鉴定意见的形成过程是鉴定人对被鉴定的专门性问题进行分析、鉴别和判断的过程，这与上述其他证据在内容和形成方式上都有重大区别。鉴定意见是鉴定人对专门性问题从科学技术的角度提出的分析判断意见，而不是对直接感知或传闻的案情事实问题的客观陈述，因此，鉴定意见是一种独立的证据，它不同于证人证言，证人也不能同时兼

作鉴定人。如果被指派或聘请的人在诉讼之前已经了解案件的情况，则只能作证人，不能作鉴定人。

鉴定意见与医疗单位的诊断证明书、专门机构的检验报告等在产生的程序上有原则性区别，不能简单地将诊断证明、检验报告代替鉴定意见。但是，根据《最高法院解释》第 100 条规定，因无鉴定机构，或者根据法律、司法解释的规定，指派、聘请有专门知识的人就案件的专门性问题出具的报告，可以作为证据使用。对其审查与认定，参照适用鉴定意见的相关规定。

鉴定意见作为鉴定人从专业、科学的角度提出的分析判断意见，可以补充司法人员在某些专门性问题上认识能力的不足，同时也是其他一些证据发挥实际证明作用的必要条件。有些证据如果不通过鉴定意见，其证据信息便无法揭示。

运用鉴定意见还应当注意以下两个方面：①鉴定意见的形式必须是书面形式的鉴定书，由鉴定人本人签名，并加盖单位公章。但应注意的是，单位公章只能用于证明鉴定人身份，不能代替个人签名。②要注意肯定性意见和倾向性意见两种鉴定意见的区别。实践中大多数的鉴定书都是对鉴定问题提出肯定性结论意见，有时因为材料不充分或鉴定条件不能满足等原因，鉴定人只能提出倾向性意见而不能作出肯定性结论。后者不是严格意义上的鉴定意见，不能作为定案的根据使用，只供办案人员参考。

（二）鉴定意见的审查判断

根据《最高法院解释》的规定，对鉴定意见应当着重审查以下内容：

1. 鉴定机构和鉴定人是否具有法定资质。

2. 鉴定人是否存在应当回避的情形。

3. 检材的来源、取得、保管、送检是否符合法律、有关规定，与相关提取笔录、扣押清单等记载的内容是否相符，检材是否可靠。

4. 鉴定意见的形式要件是否完备，是否注明提起鉴定的事由、鉴定委托人、鉴定机构、鉴定要求、鉴定过程、鉴定方法、鉴定日期等相关内容，是否由鉴定机构盖章并由鉴定人签名。

5. 鉴定程序是否符合法律、有关规定。

6. 鉴定的过程和方法是否符合相关专业的规范要求。

7. 鉴定意见是否明确。

8. 鉴定意见与案件事实有无关联。

9. 鉴定意见与勘验、检查笔录及相关照片等其他证据是否矛盾；存在矛盾的，能否得到合理解释。

10. 鉴定意见是否依法及时告知相关人员，当事人对鉴定意见有无异议。

鉴定意见具有下列情形之一的，不得作为定案的根据：鉴定机构不具备法定资质，或者鉴定事项超出该鉴定机构业务范围、技术条件的；鉴定人不具备法定资质，不具有相关专业技术或者职称，或者违反回避规定的；送检材料、样本来源不明，或者因污染不具备鉴定条件的；鉴定对象与送检材料、样本不一致的；鉴定程序违反规定的；鉴定过程和方法不符合相关专业的规范要求的；鉴定文书缺少签名、盖章的；鉴定意见与案件事实没有关联的；违反有关规定的其他情形。

七、勘验、检查、辨认、侦查实验等笔录

（一）勘验、检查笔录的概念和特点

勘验、检查笔录，是指办案人员对与案件有关的场所、物品、尸体和人身进行勘验、检查后所作的书面记载。

勘验、检查笔录以文字记录为主，也包括绘图、照相、录像、模型等材料，以便准确、客观记录。

勘验、检查笔录，包括对勘验和检查这两种侦查行为所作的笔录。勘验笔录，是指办案人员对于与犯罪有关的场所、物品、痕迹、尸体等勘查、检验中所作的记载。检查笔录，是指办案人员为确定被害人、犯罪嫌疑人、被告人的某些特征、伤害情况或生理状态，而对他们的人身进行检验和观察后所作的客观记载。人身检查必须严格按照法定程序进行，必要时可以指派或聘请具有专门知识的人协助办案人员进行。

勘验、检查笔录的种类包括现场勘验笔录、物证检验笔录、尸体检验笔录、人身检查笔录等。

勘验、检查笔录与鉴定意见是两种不同的证据，不能混淆。二者的主要区别有：①勘验、检查笔录由办案人员制作，鉴定意见则由办案机关指派或聘请的具有专门知识的人制作；②勘验、检查笔录是侦查、审判人员对勘验、检查情况的客观描绘、记载，鉴定意见是鉴定人对鉴定对象进行分析研究后所作出的科学结论或提供的书面意见；③勘验、检查笔录大多用来解决一般性问题，鉴定意见则是解决案件中的专门性问题。所以，勘验、检查笔录不同于鉴定意见。在勘验、检查中如果同时需要鉴定，应当另外组织具有专门知识的人员进行，并且专门制作鉴定意见。

勘验、检查笔录也不同于书证。勘验、检查笔录与书证的主要区别是：勘验、检查笔录是侦查、检察、审判人员制作的专门记载勘验、检查情况的书面文件，而书证则是侦查、检察、审判等人员收集、取得的书面文件或其他载体。

勘验、检查笔录具有自己的特点，勘验、检查笔录的作用在于固定勘验、检查的过程。勘验、检查笔录实质上是一种固定、保全证据的方法和手段。由于勘验、检查笔录是办案人员依照法定程序并运用一定的设备和技术手段对勘验对象情况的客观记载，所以它的客观性较强，也比较可靠。它的主要作用在于固定证据及其所表现的各种特征，供进一步研究分析使用，以利于发现和收集证据，确定侦查方向，揭露和证实犯罪人，鉴别其他证据的真伪，认定案件事实。

（二）勘验、检查笔录的审查判断

勘验、检查笔录是否全面和准确往往会受到主观因素和客观条件的影响，所以，必须经过审查核实后才能发挥它的作用并作为定案的根据。

根据《最高法院解释》的规定，对勘验、检查笔录应当着重审查以下内容：

1. 勘验、检查是否依法进行，笔录制作是否符合法律、有关规定，勘验、检查人员和见证人是否签名或者盖章。

2. 勘验、检查笔录是否记录了提起勘验、检查的事由，勘验、检查的时间、地点，在场人员、现场方位、周围环境等，现场的物品、人身、尸体等的位置、特征等情况，以及勘验、检查的过程；文字记录与实物或者绘图、照片、录像是否相符；现场、物品、痕迹等是否伪造、有无破坏；人身特征、伤害情况、生理状态有无伪装或者变化等。

3. 补充进行勘验、检查的，是否说明了再次勘验、检查的原由，前后勘验、检查的情况是否矛盾。

（三）辨认笔录的概念与审查判断

辨认是在侦查人员主持下由被害人、证人、犯罪嫌疑人对犯罪嫌疑人、与案件有关或疑与案件有关的物品、尸体、场所进行识别认定的一项侦查措施。辨认笔录是以笔录的方式全面、客观地记录辨认的全过程和辨认结果并由在场相关人员签名的笔录。

辨认以及辨认笔录的制作都必须严格依照法定的程序进行。对此，《最高法院解释》第104条、第105条规定，对辨认笔录应当着重审查辨认的过程、方法，以及辨认笔录的制作是否符合有关规定。

辨认笔录具有下列情形之一的，不得作为定案的根据：辨认不是在调查人员、侦查人员主持下进行的；辨认前使辨认人见到辨认对象的；辨认活动没有个别进行的；辨认对象没有混杂在具有类似特征的其他对象中，或者供辨认的对象数量不符合规定的；辨认中给辨认人明显暗示或者明显有指认嫌疑的；违反有关规定，不能确定辨认笔录真实性的其他情形。

（四）侦查实验笔录的概念与审查判断

侦查实验是指为了确定与案件有关的某一事件或者事实在某种条件下能否发生或者怎样发生而按照原来的条件，将该事件或者事实加以重演或者进行试验的一种证据调查活动。侦查实验笔录是侦查机关对进行侦查实验的时间、地点、实验条件以及实验经过和结果等所作的客观记录，并由进行实验的侦查人员、其他参加人员和见证人签名或者盖章。需要说明的是，《刑事诉讼法》规定的是"勘验、检查、辨认、侦查实验等笔录", 这是因为, 在司法实践中, 除了"勘验、检查笔录、辨认笔录、侦查实验笔录"以外, 事实上还有搜查、扣押笔录等笔录, 因而, 其立法表述用了"等", 以涵括所有用于固定、保全证据以及体现具体侦查行为合法性的侦查笔录。

侦查实验以及侦查实验笔录的制作都必须严格依照法定的程序进行。对此,《最高法院解释》第106条、第107条规定, 对侦查实验笔录应当着重审查实验的过程、方法, 以及笔录的制作是否符合有关规定。侦查实验的条件与事件发生时的条件有明显差异, 或者存在影响实验结论科学性的其他情形的, 侦查实验笔录不得作为定案的根据。

八、视听资料、电子数据

(一) 视听资料的概念和特点

视听资料是指以录音带、录像带、电子计算机或其他高科技设备所存储的信息来证明案件真实情况的资料。包括录音资料、录像资料、电子计算机储存资料和运用专门技术设备得到的其他信息资料。

视听资料不同于书证和物证。书证是以书面文件的内容来证明案件事实的, 视听资料中的声音、图像、储存资料等, 并不仅仅以其文字和符号来表达思想内容, 而且还以声音、图像的连续性直观反映案件事实。物证是指能够证明案件事实的物品或者物质痕迹, 它是以自己的存在状态、外部特征或者内部属性对案件事实起证明作用的。视听资料则不是以这些来证明案件事实, 而是以其物质载体中所反映的声音、图像和数据信息对案件起证明作用的。

视听资料作为一种新型的证据种类, 具有显著的特点: ①视听资料容量大, 内容丰富, 直观性强, 可以连续不断地播放, 具有高度的动态连续性, 再现的案件情况立体直观。②视听资料客观性强, 具有高度的准确性和逼真性。视听资料的物质载体能够准确地记录、储存和反映案件的各种情况, 失真的可能性较小。③视听资料易于保存, 占用空间少, 传送和运输方便。作为证据能及时收集, 易于使用, 审查核实时便于操作。

但是, 视听资料很容易被伪造、变造, 且不易被发现。例如, 有关人员出于某种目的, 对磁带进行消磁或剪辑, 甚至故意制造假现场后, 再进行录像、录音, 而且这种篡改的痕迹较为隐蔽, 一般不易觉察。这是视听资料一个较为明显的特点, 必须特别注意。

(二) 视听资料的审查判断

根据《最高法院解释》的规定, 对视听资料应当着重审查以下内容:

1. 是否附有提取过程的说明, 来源是否合法。

2. 是否为原件, 有无复制及复制份数; 是复制件的, 是否附有无法调取原件的原因、复制件制作过程和原件存放地点的说明，制作人、原视听资料持有人是否签名。

3. 制作过程中是否存在威胁、引诱当事人等违反法律、有关规定的情形。

4. 是否写明制作人、持有人的身份，制作的时间、地点、条件和方法。

5. 内容和制作过程是否真实，有无剪辑、增加、删改等情形。

6. 内容与案件事实有无关联。

对视听资料有疑问的，应当进行鉴定。如系篡改、伪造或者无法确定真伪的；制作、取得的时间、地点、方式等有疑问，不能作出合理解释的，不得作为定案的根据。

目前，在我国刑事司法实践中，已经开始使用了心理测试技术。心理测试检查在刑事诉讼中的运用主要是指测试检查结果有无证据能力（可采性）。测试技术自诞生之日起就一直存在争论。测试专用仪器设备俗称"测谎仪"，很多公安司法机关都引进了"测谎仪"，那么，如何看待"测谎仪"的测试结果呢？根据我国现行法律规定，"测谎仪"的测试结果目前并没有得到法律确认，还没有取得证据资格。根据证据的合法性特征，其不可作为独立的证据使用，更不可作为定案的根据。但是"测谎仪"的测试结果可以帮助公安司法人员审查、判断案内证据的真实性。

（三）电子数据的概念

根据 2016 年 10 月 1 日公安部发布的《关于办理刑事案件收集提取和审查判断电子数据若干问题的规定》第 1 条的规定，电子数据是案件发生过程中形成的，以数字化形式存储、处理、传输的，能够证明案件事实的数据。电子数据包括但不限于下列信息、电子文件：①网页、博客、微博客、朋友圈、贴吧、网盘等网络平台发布的信息；②手机短信、电子邮件、即时通信、通讯群组等网络应用服务的通信信息；③用户注册信息、身份认证信息、电子交易记录、通信记录、登录日志等信息；④文档、图片、音视频、数字证书、计算机程序等电子文件。

电子数据具有以下特点：①电子数据的存在借助于一定的电子介质；②电子数据可以通过互联网络快速地在全球传播；③人们对电子数据的感知，必须借助于电子设备，且不能脱离特定的系统环境。

（四）电子数据的审查判断

根据《最高法院解释》的规定，对电子数据是否真实，应当着重审查以下内容：

1. 是否移送原始存储介质；在原始存储介质无法封存、不便移动时，有无说明原因，并注明收集、提取过程及原始存储介质的存放地点或者电子数据的来源等情况。

2. 是否具有数字签名、数字证书等特殊标识。

3. 收集、提取的过程是否可以重现。

4. 如有增加、删除、修改等情形的，是否附有说明。

5. 完整性是否可以保证。

对电子数据是否完整，应当根据保护电子数据完整性的相应方法进行审查、验证：

1. 审查原始存储介质的扣押、封存状态。

2. 审查电子数据的收集、提取过程，查看录像。

3. 比对电子数据完整性校验值。

4. 与备份的电子数据进行比较。

5. 审查冻结后的访问操作日志。

6. 其他方法。

对收集、提取电子数据是否合法，应当着重审查以下内容：

1. 收集、提取电子数据是否由二名以上调查人员、侦查人员进行，取证方法是否符合相关技术标准。

2. 收集、提取电子数据，是否附有笔录、清单，并经调查人员、侦查人员、电子数据持有人、提供人、见证人签名或者盖章；没有签名或者盖章的，是否注明原因；对电子数据的类别、文件格式等是否注明清楚。

3. 是否依照有关规定由符合条件的人员担任见证人，是否对相关活动进行录像。

4. 采用技术调查、侦查措施收集、提取电子数据的，是否依法经过严格的批准手续。

5. 进行电子数据检查的，检查程序是否符合有关规定。

电子数据如系篡改、伪造或者无法确定真伪的；有增加、删除、修改等情形，影响电子数据真实性的；其他无法保证电子数据真实性的情形，不得作为定案的根据。

第三节 我国非法证据排除规则

导入案例

1998 年 4 月 22 日，昆明警方从停放在圆西路人行道上的一辆昌河面包车内，发现一男一女两名公安干警被枪杀在车内，身上钱物被洗劫一空。被害人系被其本人当时所持有的"七·七"式手枪枪杀，案发后该枪下落不明，案情重大。

很快，昆明市公安局成立了"4·22"专案组专门侦办此案。专案组经进一步调查，死者王某湘的丈夫、昆明市公安局戒毒所民警杜某武最先进入专案组的视线。专案组传讯了杜某武，但杜坚决否认。其后，杜某武遭受了侦查人员的刑讯逼供等非法讯问，不得不违心地承认了杀人"罪行"，并编造了杀人经过。1999年2月5日，杜某武被昆明市中院以故意杀人罪判处死刑。杜某武不服，以"没有杀人，公安刑讯逼供，事实不清，证据不足"为由向云南省高级人民法院提出上诉。同年10月20日，云南省高院以故意杀人罪对杜某武改判死刑，缓期2年执行。2000年6月17日，杀害"二王"的真凶杨某勇在另一案件中落网，而那把作为杀人凶器的手枪也赫然出现。2000年7月6日，云南省高院对杜某武故意杀人案再审，宣告杜某武无罪并予以释放。杜某武被刑讯逼供后遗留的伤痕，经昆明医学陆军法医技术鉴定中心鉴定为双手腕外伤与手铐铐压有关；双额叶轻度脑萎缩与外伤有关，系轻伤。

问：我国非法证据排除规则适用的范围及其意义是什么？

本案知识点：非法证据的范围及意义

一、非法证据的范围

非法证据，是指在刑事诉讼中，国家机关及其授权的有关人员违反法律规定的诉讼程序，严重侵犯犯罪嫌疑人、被告人、被害人及其他人的合法权益所收集的证据，包括非法取得的言词证据与实物证据。

在这里，非法证据仅指狭义的取证手段不合法的"非法证据"，而非广义的包括证据的形式不合法、取证主体不合法在内的"非法证据"。对于公检法机关违反法定收集证据的程序要求，严重侵犯公民合法权益所收集的证据，《刑事诉讼法》明确规定了非法证据的排除规则，确立在侦查、审查起诉、审判时发现有上述应当排除的证据的，应当依法予以排除，不得作为起诉意见、起诉决定和判决的依据。

在本节导入案例中，杜某武就是因为侦查机关的刑讯逼供而对于自己妻子与同事被杀的事实作出了违心的认罪供述，并据此遭受到不公的故意杀人的犯罪认定以及刑罚处罚。显而易见，这种供述的真实性、自愿性是无法保证的，以致以这种非法刑讯得来的供述认定案件事实，必然造成罕见的冤案。可见，非法刑讯所取得的被告人供述应当予以排除，不得作为定案的依据。否则，据此作出的判决就可能是完全背离事实的冤案，公民的合法权益将会受到实质的、巨大的侵害，国家司法机关的公正性以及权威性将会受到极大的质疑与贬损。

《刑事诉讼法》第56条第1款规定："采用刑讯逼供等非法方法收集的犯罪嫌疑人、被告人供述和采用暴力、威胁等非法方法收集的证人证言、被害人陈述，应当予以排除。收集物证、书证不符合法定程序，可能严重影响司法公正的，应当予以补正或者作出合理解释；不能补正或者作出合理解释的，对该证据应当予以排除。"从而确立了非法证据的范围。

对于采用刑讯逼供等非法方法收集的犯罪嫌疑人、被告人供述和采用暴力、威胁等非法方法收集的证人证言、被害人陈述，是非法言词证据。对于非法言词证据适用绝对排除的刚性标准。根据《最高检察院规则》第 67 条以及《最高法院解释》第 123 条的规定，对采用下列方法收集的犯罪嫌疑人、被告人供述，应当予以排除：①采用殴打、违法使用戒具等暴力方法或者变相肉刑的恶劣手段，使犯罪嫌疑人、被告人遭受难以忍受的痛苦而违背意愿作出的供述；②采用以暴力或者严重损害本人及其近亲属合法权益等进行威胁的方法，使犯罪嫌疑人、被告人遭受难以忍受的痛苦而违背意愿作出的供述；③采用非法拘禁等非法限制人身自由的方法收集的犯罪嫌疑人、被告人供述。《最高法院解释》第 124 条又规定，对采用刑讯逼供方法使被告人作出供述，之后被告人受该刑讯逼供行为影响而作出的与该供述相同的重复性供述，应当一并排除，但下列情形除外：①调查、侦查期间，监察机关、侦查机关根据控告、举报或者自己发现等，确认或者不能排除以非法方法收集证据而更换调查、侦查人员，其他调查、侦查人员再次讯问时告知有关权利和认罪的法律后果，被告人自愿供述的；②审查逮捕、审查起诉和审判期间，检察人员、审判人员讯问时告知诉讼权利和认罪的法律后果，被告人自愿供述的。采用暴力、威胁以及非法限制人身自由等非法方法收集的证人证言、被害人陈述，也应当予以排除。

对于非法实物证据，仅限于物证、书证，只有在同时具备以下三个条件时，才应予以排除：①该物证、书证的取得违反法定程序。②可能严重影响司法公正。认定"可能严重影响司法公正"，应当综合考虑收集证据违反法定程序以及所造成后果的严重程度等情况。③不能作出补正或者合理解释。故对非法实物证据的排除属于附条件的排除。

二、非法证据排除的主体与诉讼阶段

根据《刑事诉讼法》第 56 条第 2 款的规定，公检法机关都有排除非法证据的职责与义务："在侦查、审查起诉、审判时发现有应当排除的证据的，应当依法予以排除，不得作为起诉意见、起诉决定和判决的依据。"从而间接规定了公检法机关在侦查阶段（包括审查批捕）、审查起诉、审判阶段主动排除非法证据，不得作为起诉意见、起诉决定和判决依据的法定职责及要求。

三、非法证据排除程序的启动

非法证据排除工作存在于侦查、检察和审判三个刑事诉讼阶段，三个刑事诉讼阶段行使非法证据排除职权的主体分别为侦查机关、检察机关和审判机关。另外，根据《刑事诉讼法》的规定，当事人及其辩护人、诉讼代理人也有权申请人民法院依法排除非法证据。可见，非法证据排除的启动有以下两种模式：

（一）公检法机关依职权启动

在我国，侦查机关、检察机关和审判机关是国家的法律执行和实施机关，代表国家行使侦查、检察和审判职权。侦查机关在侦查刑事案件时负有客观、全面、依法取证的义务。检察机关对刑事案件的侦查依法予以监督，并为案件提起公诉做好准备。人民法院负责刑事案件的审理与裁判，并重点围绕认定案件事实的证据是否合法、确实、充分进行调查、审核，依法行使审判权。因此，公检法机关都可以启动非法证据的排除工作。

对于非法证据排除的启动问题，《刑事诉讼法》和相关司法解释均作出了规定。《公安部规定》第71条第3款规定："在侦查阶段发现有应当排除的证据的，经县级以上公安机关负责人批准，应当依法予以排除，不得作为提请批准逮捕、移送审查起诉的依据。"这一规定不但明确了公安机关在侦查阶段排除非法证据的审批程序，而且说明了非法证据被排除的法律后果。《最高检察院规则》第66条第1款规定："对采用刑讯逼供等非法方法收集的犯罪嫌疑人供述和采用暴力、威胁等非法方法收集的证人证言、被害人陈述，应当依法排除，不得作为移送审查逮捕、批准或者决定逮捕、移送起诉以及提起公诉的依据。"《刑事诉讼法》第58条第1款规定："法庭审理过程中，审判人员认为可能存在本法第五十六条规定的以非法方法收集证据情形的，应当对证据收集的合法性进行法庭调查。"

对此，还应特别注意的是，对于人民法院依职权主动启动非法证据排除的情形，从诉讼效率以及集中审理原则的角度考量，为防止庭审过程中因非法证据的排除的介入与审理，而导致庭审焦点的偏离与诉讼的拖沓，刑事诉讼法新增了"庭前会议"的规定，明确了在开庭以前，审判人员可以召集公诉人、当事人和辩护人、诉讼代理人，对回避、出庭证人名单、非法证据排除等与审判相关的问题，了解情况，听取意见，从而真正实现在庭前排除非法证据，严格对证据准入资格的庭前确认。《最高法院解释》第233条还进一步明确，控辩双方在庭前会议中就有关事项达成一致意见，在庭审中反悔的，除有正当理由外，法庭一般不再进行处理。从而赋予庭前会议对于非法证据排除等程序性事项的相应裁断效力，有利于实现庭审的集中审理、不间断审理的原则要求，有利于诉讼效率的提高。

（二）当事人及其辩护人、诉讼代理人申请启动

公诉案件中，刑事诉讼的当事人包括刑事案件的犯罪嫌疑人、被告人和被害人。作为"非法证据"的受害者，无论是刑事案件的犯罪嫌疑人、被告人被采用刑讯逼供等非法方法收集的供述，或者收集物证、书证不符合法定程序，还是作为案件的受害者被采用威胁等非法方法收集被害人陈述、证人证言，当事人的人身安全、健康和自由等合法权益都直接或者间接受到了侵犯，他们都有权维护

自己的合法权利，有权申请人民法院对以非法方法收集的证据予以排除。

犯罪嫌疑人、被告人的辩护人和被害人的诉讼代理人作为当事人利益的维护者，在刑事诉讼中拥有独立的诉讼地位，依法维护当事人的合法权利。因此，刑事案件的被告人及其辩护人、被害人及其诉讼代理人有权从案件移送人民法院审理之日起，至案件开庭审理结束之前，以书面或口头的方式向人民法院申请排除非法证据。但为了限制当事人及其辩护人、诉讼代理人滥用权利，浪费司法资源，体现人民法院审理案件的公平公正，《刑事诉讼法》第 58 条第 2 款规定："当事人及其辩护人、诉讼代理人有权申请人民法院对以非法方法收集的证据依法予以排除。申请排除以非法方法收集的证据的，应当提供相关线索或者材料。"可见，在审判阶段，当事人及其辩护人、诉讼代理人有权向法庭申请排除非法证据，但是，这一主张应有基本的事实依据，因此，法律明确要求其应当提供涉嫌非法取证的人员、时间、地点、方式、内容等相关线索或者材料，以便将其作为一个争议点纳入法庭审理范围，启动对非法证据排除的审理与裁断程序。

四、证据合法性的举证责任承担与证明方式

（一）"非法证据"合法性举证责任的承担

《刑事诉讼法》第 51 条规定："公诉案件中被告人有罪的举证责任由人民检察院承担"。人民检察院在法庭审理过程中代表国家指控犯罪，履行证明犯罪成立的职责。在法庭审理过程中，审判人员如果认为案件中可能存在以非法方法收集证据的情形，或者刑事案件的被告人及其辩护人、被害人及其诉讼代理人以书面或者口头方式，向人民法院提供了存在非法证据的相关线索或者材料，并向人民法院申请排除非法证据的，人民检察院就要对用来指控犯罪的"非法证据"负责，承担证明"非法证据"合法性的举证责任。对此，《刑事诉讼法》第 59 条第 1 款规定："在对证据收集的合法性进行法庭调查的过程中，人民检察院应当对证据收集的合法性加以证明。"

（二）"非法证据"合法性的证明方式

《刑事诉讼法》第 59 条第 2 款规定："现有证据材料不能证明证据收集的合法性的，人民检察院可以提请人民法院通知有关侦查人员或者其他人员出庭说明情况；人民法院可以通知有关侦查人员或者其他人员出庭说明情况。有关侦查人员或者其他人员也可以要求出庭说明情况。经人民法院通知，有关人员应当出庭。"

可见，在法庭对"非法证据"合法性进行调查的过程中，如果公诉人通过出示、宣读讯问笔录或者其他证据，有针对性地播放讯问过程的录音录像等方式，以确实、充分的证据能够证明所谓"非法证据"是通过合法方式依法收集而来，则由公诉人当庭直接予以举证、反驳。相反，如果检察机关掌握的现有证据材料不能证明案件中证据收集的合法性，一方面，公诉人可以提请人民法院通知有关侦查人员或者其他人员出庭说明情况；另一方面，人民法院也可以直接通知有关侦查人员或者其他人员出庭说明情况；再者，有关侦查人员或者其他有关人员也可以自己主动要求出庭说明情况，以当庭直接反驳辩方非法证据的主张，充分证明取证行为的合法性。

五、非法证据排除的证明标准

《刑事诉讼法》第60条规定："对于经过法庭审理，确认或者不能排除存在本法第五十六条规定的以非法方法收集证据情形的，对有关证据应当予以排除。"我国刑事诉讼法对非法证据排除规则的证明标准采用的是"确认"和"不能排除"即确实、充分和"排除合理怀疑"的严格标准。

在法庭审理阶段，经过对非法证据合法性的调查，审判人员认为公诉人对"非法证据"合法性的证明没有达到确实、充分的程度，确认存在《刑事诉讼法》第56条规定的采用刑讯逼供等非法方法收集的犯罪嫌疑人、被告人供述和采用暴力、威胁等非法方法收集的证人证言、被害人陈述，以及收集物证、书证不符合法定程序，可能严重影响司法公正且不能补正或者作出合理解释时，或者不能排除存在以上以非法方法收集证据情形的，法庭对该证据必须予以排除，不得作为定案的依据。

本章小结

证据是刑事诉讼的核心，也是查明案件事实真相的关键所在。刑事证据是以法律规定的形式表现出来的用于证明案件事实的材料。刑事证据具有客观性、相关性和合法性的特征。证据必须具有证据能力和证明力。刑事证据分为：物证，书证，证人证言，被害人陈述，犯罪嫌疑人、被告人供述和辩解，鉴定意见，勘验、检查、辨认、侦查实验等笔录，视听资料、电子数据8种，每种证据必须经过法定程序依法收集、审查判断，才能作为定案的依据，否则因取证程序违法而认定为"非法证据"的应予排除，不得作为起诉意见、起诉决定和判决的依据。

实务训练

一、示范案例

〖案情〗某年7月13日凌晨，在杭（州）萧（山）公路上，发生了一起交通肇事案。事故现场有被害人的尸体和被害人骑的摩托车，尸体旁边有被害人的血迹。尸体不远处有汽车急刹车留下的摩擦痕迹。被害人手腕上的手表已被摔坏，时针指在 5 点 50 分。侦查人员对现场进行了勘验，拍摄了一张现场全景照片。法医鉴定意见：被害人系被汽车撞击而死。有妇女张某对侦查人员说，她丈夫告诉她，事故发生时，他行走在离事故现场 50 米处，目击一辆解放牌大卡车撞倒被害人后逃离而去。事故现场不远处有里程碑记明事故发生地距萧山 15 公里。萧山区交通管理局查明，5 点 50 分左右曾有两辆解放牌大卡车经过事故现场处。其中有一辆为萧山某厂车辆。经侦查人员察看，该车上有一处漆皮新脱落的痕迹。厂调度员证明司机刘某 13 日早驾车从杭州返回萧山，下车后脸上有慌张的神色。出车登记表记明司机刘某 13 日早 5 点 55 分回厂。侦查人员询问刘某和与司机同车的赵某，两人均否认他们当天早上发生过交通肇事。

问：上述案例中，侦查人员收集到的证据分别属于证据种类中的哪一种？

〖分析〗证据种类是指由法律规定的，表现证据事实内容的各种外部表现形式。我国《刑事诉讼法》第 50 条规定，证据有下列 8 种：①物证；②书证；③证人证言；④被害人陈述；⑤犯罪嫌疑人、被告人供述和辩解；⑥鉴定意见；⑦勘验、检查、辨认、侦查实验等笔录；⑧视听资料、电子数据。表现证据事实内容的外部表现形式可以有很多种，而根据法律的规定，只有符合以上 8 种形式的，才能成为刑事诉讼中的证据。

在本案中，侦查人员收集到的物证有：被害人尸体，被害人血迹，路面上刹车的痕迹，解放牌大卡车，解放牌大卡车漆皮脱落痕迹，被害人手上被摔坏的手表，被害人骑的摩托车。书证有：被害人手上指明时间的手表，证明离萧山 15 公里的里程碑，甲市交通管理局来往车辆登记记录，证明司机刘某 13 日早 5 点 55 分回厂的出车登记表。（注：如果以手表摔坏的事实作证明，手表是物证。若是以手表摔坏时指示的时间做证明，手表是书证。）证人证言有：妇女张某的证言；厂调度员证明司机刘某 13 日早晨驾车从杭州返回萧山，下车后脸上神色慌张的证言；同车赵某的没有发生交通事故的证言。司机刘某对没有发生交通事故的辩解是犯罪嫌疑人辩解。法医对被害人尸体进行检验所作出的关于死亡原因的结论属于鉴定意见。侦查人员拍摄的现场全景照片是对犯罪现场的描绘，属于勘验、检查笔录。

二、习作案例

在一起交通肇事案件中，驾驶员将行人撞死后驾车逃逸，当时没有成年的目击者，只有一个 4 岁半的小女孩在现场附近玩耍。根据小女孩的描述，肇事车辆为电视广告中经常出现的某某型号货车，小女孩还具体说出了汽车是什么颜色的。经进一步调查，发现肇事现场附近一建筑工地当天来过一辆这样的车送建筑材料。公安人员到这辆车所属的运输公司找到了这辆车，尽管驾驶员对车辆进行了清洗，但最终还是在轮胎上发现了肇事后留下的血迹，经专家鉴定，该血迹血型与死者的血型一致。据此，公安部门逮捕了驾驶员，驾驶员对自己肇事后逃逸的罪行供认不讳。

问：（1）本案公安机关收集到了哪些种类的证据？（2）小女孩能否作为本案的证人？

复习与思考

1. 什么是证据？证据有哪些特征？

2. 什么是物证？比较物证与书证的异同。

3. 什么是证人？作为证人需要具备哪些资格条件？

4. 犯罪嫌疑人、被告人供述和辩解有什么特点？

5. 如何看待鉴定意见的证明力？

6. 如何审查、判断视听资料、电子数据？

7. 简述非法证据的范围及启动非法证据排除程序的主体。

8. 对非法证据合法性的审查由谁来承担举证责任？其证明标准要达到什么程度？

第十五章　刑事诉讼强制措施

学习目标：
- 掌握五种刑事诉讼强制措施的适用对象、条件和期限
- 明确五种刑事诉讼强制措施的适用程序

第一节　拘　传

导入案例

某甲虐待其妻子某乙，某乙向某县人民法院提起刑事自诉，要求追究某甲的刑事责任。县人民法院受理后，向某甲送达自诉状副本。某甲收到自诉状副本以后，恼羞成怒，再次暴打某乙。某乙带着满身血迹，到县人民法院寻求保护。承办此案的法官某丙见状，对某甲的不法行为感到十分恼怒，决定立即拘传某甲，对其进行批评教育，发出警告。为此，某丙填写了拘传票，由法警当日上午10时将某甲拘传到人民法院，然后关押在法院的被告人候审室内。第二天下午5时，某丙对某甲进行了审问、批评，在某甲保证不再殴打某乙后，将其释放。

问： 对某甲拘传的程序是否符合法律的有关规定？

本案知识点： 拘传的目的；拘传的程序

一、拘传的概念和特点

拘传是刑事诉讼强制措施中最轻的一种强制措施。所谓刑事诉讼强制措施，是指公安机关、人民检察院和人民法院为了保证刑事诉讼的顺利进行，依法对犯罪嫌疑人、被告人的人身自由进行限制或者剥夺的各种强制性方法。强制措施的种类按强制力度由低至高排列为：拘传、取保候审、监视居住、拘留、逮捕。

拘传是指在刑事诉讼中，公安机关、人民检察院和人民法院对未被羁押的犯罪嫌疑人、被告人依法强制其到指定地点接受讯问的一种强制措施。根据《刑事诉讼法》第66条、第119条以及有关的司法解释，拘传具有如下特点：

（一）拘传的对象是未被羁押的犯罪嫌疑人、被告人

对于已经被拘留、逮捕的犯罪嫌疑人、被告人，直接提审即可，不需要经过拘传程序。拘传只适用于未被羁押的犯罪嫌疑人、被告人，包括未被采取任何强

制措施的和已经被采取取保候审或监视居住的犯罪嫌疑人、被告人，对于被害人、证人等其他诉讼参与人不可采用。司法实践中有的证人拒不出庭作证，司法人员应对其进行说服教育，使其自愿作证。经教育仍不愿出庭作证的，也不能对其采取拘传，强迫他作证。

（二）拘传目的是强制犯罪嫌疑人、被告人到案接受讯问

拘传只是为了保障刑事诉讼的顺利进行而强制犯罪嫌疑人、被告人就讯，不是强制待侦、待诉、待审，因此拘传没有羁押的效力，在讯问后，应当将被拘传人立即放回。

在本节导入案例中，承办此案的法官某丙由于对某甲的不法行为感到十分恼怒，为了对其进行批评教育，发出警告，于是决定立即拘传某甲，这种做法显然曲解了拘传的目的。

（三）我国拘传不以经合法传唤为必要条件

根据《刑事诉讼法》的规定，拘传的条件有两点：①在一般情况下，经过合法传唤无正当理由拒不到案的可以拘传；②根据案件的情况可以径行拘传。《刑事诉讼法》第66条规定："人民法院、人民检察院和公安机关根据案件情况，对犯罪嫌疑人、被告人可以拘传……"在实践中，是先传唤还是径行拘传，由公安司法机关根据案件的具体情况决定。重点考虑的是犯罪嫌疑人、被告人是否可能妨害侦查、起诉、审判的顺利进行，如是否有逃跑、毁灭或隐匿证据、串供等行为。所以，拘传不以经合法传唤拒不到案为前提条件。

传唤是公安机关、人民检察院和人民法院使用传票通知诉讼当事人到法庭或司法机关参加刑事诉讼的行为，和拘传一样都具有通知的功能。但二者有着严格的区别：首先，二者的性质不同。传唤是让被传唤人按时主动到达指定的地点，它本身只是通知的性质，没有强制性，不是强制措施；而拘传则是一种强制措施，必要时可使用戒具。其次，二者的适用对象不同。传唤的适用对象更加广泛，适用于所有当事人和诉讼参与人；而拘传仅限于犯罪嫌疑人和被告人。最后，就拘传和传唤之间的关系而言，在刑事诉讼中，传唤不是拘传的必经程序。

二、拘传的程序

1. 填写拘传证，并报负责人审批。办案人员根据办案情况，认为需要采用拘传措施的，首先应填写拘传证（法院称为拘传票），填写的内容包括被拘传人姓名、性别、年龄、籍贯、住址、工作单位、拘传的理由等内容。然后报县级以上人民法院、人民检察院、公安机关的负责人审批。

在本节导入案例中，承办此案的法官某丙未经法院院长批准就自行决定拘传某甲，这一做法是错误的。

2. 拘传的执行。拘传应当由侦查人员或者司法警察执行，执行人员不得少

于 2 人。拘传时，应当向被拘传人出示拘传证，被拘传人要在拘传证上签字，如拒绝签字，执行人员应在拘传证上注明。抗拒拘传的，可以使用戒具，强制到案。对在现场发现的犯罪嫌疑人，经出示工作证件，可以口头传唤，但应当在讯问笔录中注明。

3. 拘传的时间。传唤、拘传持续的时间不得超过 12 小时；案情特别重大、复杂，需要采取拘留、逮捕措施的，传唤、拘传持续的时间不得超过 24 小时。拘传持续的时间从犯罪嫌疑人到案时开始计算。犯罪嫌疑人到案后，应当责令其在拘传证上填写到案时间，并在拘传证上签名或者盖章，然后立即讯问。讯问结束后，应当责令犯罪嫌疑人在拘传证上填写讯问结束时间。犯罪嫌疑人拒绝填写的，侦查人员应当在拘传证上注明。

　　在本节导入案例中，某甲当日上午 10 时被拘传到人民法院，关押在法院的被告人候审室内，直到第二天下午 5 时，法官某丙才对某甲进行了审问、批评。本案中不仅拘传的时间超过了 12 小时，而且拘传后没有立即讯问，因此本案的这一程序又是错误的。

4. 拘传的地点。拘传，应在犯罪嫌疑人、被告人所在的市、县内的指定地点进行。如果犯罪嫌疑人的工作单位、户籍地与居住地不在同一市、县的，拘传应当在犯罪嫌疑人的工作单位所在地的市、县进行；特殊情况下，也可以在犯罪嫌疑人户籍地或者居住地所在的市、县内进行。

5. 拘传的结果。公、检、法机关将犯罪嫌疑人、被告人拘传到案后，应当立即讯问。讯问结束后，应根据案件的情况作出不同的处理：认为依法应当限制或剥夺其人身自由的，可以采用其他相应的强制措施；认为不宜适用其他强制措施的，应立即释放，不得变相羁押。

对犯罪嫌疑人、被告人的拘传次数，法律没有明确规定，但不得以连续拘传的方式变相拘禁被拘传人。传唤、拘传犯罪嫌疑人，应当保证犯罪嫌疑人的饮食和必要的休息时间。

第二节　取保候审

导入案例

犯罪嫌疑人江某，男，68 岁，农民，因装神弄鬼骗取钱财被公安机关依法拘留。拘留后公安机关发现其患有严重肺结核，经医院检查属实，需要隔离。公安机关遂作出取保候审决定，要求江某提供保证人。江某向公安机关提出由其弟做保证人。公安机关调查发现，江某之弟有一定资产，但常年在外地做生意，住处较多，行踪极不稳定，因此没有同意江某之弟做保证人。

问：本案中可否对江某采取取保候审措施？公安机关不同意江某之弟做保证人的做法是否正确？若江某无法提供别的保证人，他还可通过什么途径被取保候审？

本案知识点：取保候审的适用对象；取保候审的方式；保证人的条件

一、取保候审的概念

取保候审是指在刑事诉讼过程中，人民法院、人民检察院或者公安机关依法责令犯罪嫌疑人或者被告人提供保证人或者交纳保证金，保证其不逃避或者不妨碍侦查、起诉、审判活动并随传随到的一种强制措施。

二、取保候审的适用对象

取保候审是一种限制人身自由的强制措施，人民法院、人民检察院和公安机关根据案件情况，可以对犯罪嫌疑人、被告人适用，但并非所有的犯罪嫌疑人、被告人都适用。根据相关的法律规定，取保候审的对象为：

1. 可能判处管制、拘役或者独立适用附加刑的。

2. 可能判处有期徒刑以上刑罚，采取取保候审不致发生社会危险性的。

3. 患有严重疾病、生活不能自理，怀孕或者正在哺乳自己婴儿的妇女，采取取保候审不致发生社会危险性的。

在本节导入案例中，江某患有严重的肺结核，符合取保候审的对象条件，公安机关可以对江某采取取保候审的强制措施。

4. 羁押期限届满，案件尚未办结，需要采取取保候审的。具体包括：公安机关提请逮捕后，检察机关不批准逮捕，仍需继续侦查，并且符合取保候审条件的；检察机关直接受理的案件中被拘留的人，不需要逮捕，但需要继续侦查，并符合取保候审条件的；已被逮捕羁押的犯罪嫌疑人、被告人，在法定的侦查、起诉、一审、二审的办案期限内不能结案，采取取保候审或者监视居住的方法没有社会危险性的。另外，再审程序中，原审被告人（原审上诉人）在押，再审可能改判宣告无罪，人民法院裁定中止执行原裁决后，可以取保候审。

三、取保候审的方式

《刑事诉讼法》第68条规定："人民法院、人民检察院和公安机关决定对犯罪嫌疑人、被告人取保候审，应当责令犯罪嫌疑人、被告人提出保证人或者交纳保证金。"可见，我国《刑事诉讼法》规定了两种取保候审的方式：人保与财产保。

1. 人保。人保又称为保证人制度，是指人民法院、人民检察院或者公安机关依法责令犯罪嫌疑人或者被告人提供保证人，保证其不逃避或者不妨碍侦查、起诉、审判活动并随传随到的一种保证方式。

人保的保证责任由保证人承担。并不是所有的人都可以成为保证人，根据《刑事诉讼法》第69条的规定，保证人需符合以下条件：①与本案无牵连；②有能力履行保证义务；③享有政治权利，人身自由未受到限制；④有固定的住处和收入。

在本节导入案例中，江某之弟无固定的住处，行踪不定，不符合上述第②、④项的规定，公安机关不同意其做保证人的做法是正确的。若江某无法提供别的保证人，还可通过交纳保证金的方式而被取保候审。

2. 财产保。财产保又称为保证金制度，是指人民法院、人民检察院或者公安机关依法责令犯罪嫌疑人或者被告人交纳保证金，保证其不逃避或者不妨碍侦查、起诉、审判活动并随传随到的一种强制措施。财产保主要是利用经济利益来督促犯罪嫌疑人、被告人遵守规定，履行法律义务。

财产保是以交纳保证金的形式担保。保证金应当以人民币交纳。决定机关应当以保证被取保候审人不逃避、不妨碍刑事诉讼活动为原则，综合考虑犯罪嫌疑人、被告人的社会危险性，案件的性质、情节，可能判处刑罚的轻重，犯罪嫌疑人、被告人的经济状况，当地的经济发展水平等情况，确定收取保证金的数额。

四、取保候审的程序

根据《刑事诉讼法》及有关司法解释的规定，公、检、法机关根据案件具体情况，对于符合取保候审条件的，可以直接决定取保候审，也可以根据犯罪嫌疑人、被告人及其法定代理人、近亲属和委托的律师的申请，经审查符合取保候审条件的，决定取保候审。具体而言，取保候审的程序主要有以下步骤：

（一）取保候审的申请与决定

被羁押的犯罪嫌疑人、被告人及其法定代理人、近亲属有权申请取保候审。犯罪嫌疑人被逮捕的，聘请的律师可以为其申请取保候审。申请取保候审应当采用书面形式，只有在特殊情况下，才允许口头形式。

对犯罪嫌疑人、被告人取保候审的，由公安机关、国家安全机关、人民检察院、人民法院根据案件的具体情况依法作出决定。即取保候审的决定权由办理刑事案件的公（包括国家安全机关等侦查机关或部门）、检、法机关各自掌握。

（二）责令提供保证人或交纳保证金

公安司法机关决定取保候审的，应当责令犯罪嫌疑人、被告人提出保证人或交纳保证金。采取人保的，应当告知提供符合条件的保证人；采取财产保的，应当告知保证金的数额以及交纳的时间、地点和方法。

对同一犯罪嫌疑人、被告人决定取保候审的，不得同时使用保证人保证和保证金保证。对于无力交纳保证金的、未成年人或者已满75周岁的人或者具有其他不宜收取保证金的犯罪嫌疑人、被告人，决定取保候审时，可以责令其提供 1~2 名保证人，采取人保的方式。

（三）取保候审的执行

取保候审由公安机关执行。

公安机关在执行取保候审时，应当向被取保候审的犯罪嫌疑人、被告人宣读取保候审决定书，由其签名（盖章）、捺指印，并告知应当遵守《刑事诉讼法》第 71 条的规定：①未经执行机关批准不得离开所居住的市、县；②住址、工作单位和联系方式发生变动的，在 24 小时以内向执行机关报告；③在传讯的时候及时到案；④不得以任何形式干扰证人作证；⑤不得毁灭、伪造证据或者串供。

人民法院、人民检察院和公安机关可以根据案件情况，责令被取保候审的犯罪嫌疑人、被告人遵守以下一项或者多项规定：①不得进入特定的场所；②不得与特定的人员会见或者通信；③不得从事特定的活动；④将护照等出入境证件、驾驶证件交执行机关保存。

被取保候审的犯罪嫌疑人、被告人违反上述规定，已交纳保证金的，没收部分或者全部保证金，并且区别情形，责令犯罪嫌疑人、被告人具结悔过，重新交纳保证金、提出保证人，或者监视居住、予以逮捕。对违反取保候审规定，需要予以逮捕的，可以对犯罪嫌疑人、被告人先行拘留。

（四）取保候审的期限

根据《刑事诉讼法》第 79 条的规定，人民法院、人民检察院和公安机关对犯罪嫌疑人、被告人取保候审最长不得超过 12 个月。在取保候审期间，不得中断对案件的侦查、起诉或审理。

对犯罪嫌疑人、被告人取保候审超过法定期限的，犯罪嫌疑人、被告人及其法定代理人、近亲属或者犯罪嫌疑人、被告人委托的律师及其他辩护人有权要求解除强制措施。人民法院、人民检察院或者公安机关接到申诉后，经审查情况属实的，应对犯罪嫌疑人、被告人解除取保候审。

（五）取保候审的撤销

取保候审期限届满或者发现不应当追究其刑事责任的，应当及时解除或撤销取保候审。撤销取保候审，应当由办案人员填写撤销取保候审通知书，经办案部门负责人审核后，由公安机关负责人、人民检察院检察长、人民法院院长批准签发。人民法院、人民检察院撤销取保候审的，应当将撤销取保候审通知书送达执行机关。撤销取保候审的决定，应当通知被取保候审的犯罪嫌疑人、被告人。通过保证人保证的，应当通知保证人解除保证义务。

第三节　监视居住

导入案例

黄某因涉嫌盗窃被某县公安局决定监视居住，并交由黄某所在地的镇派出所执行。该公安派出所指定黄某在一间约为 14 平方米的房间内活动，不得离开该房间。每日三餐由家人送来，去厕所大、小便由公安人员跟着监视。在黄某被监视居住期间，由于县公安局接的案子比较多，一连数月没有过问黄某的案件，一直拖了十多个月后，才有时间将案件侦查终结，移送县人民检察院审查起诉。

问： 对黄某监视居住的执行是否合法？为什么？

本案知识点： 监视居住的活动范围；监视居住的期限

一、监视居住的概念和适用对象

（一）监视居住的概念

监视居住是指人民法院、人民检察院或者公安机关依法责令犯罪嫌疑人或者被告人不得擅自离开住处或者指定居所，对其活动加以监视的一种强制措施。

（二）监视居住的适用对象

《刑事诉讼法》第 74 条规定，人民法院、人民检察院和公安机关对符合逮捕条件，有下列情形之一的犯罪嫌疑人、被告人，可以监视居住：①患有严重疾病、生活不能自理的；②怀孕或者正在哺乳自己婴儿的妇女；③系生活不能自理的人的唯一扶养人；④因为案件的特殊情况或者办理案件的需要，采取监视居住措施更为适宜的；⑤羁押期限届满，案件尚未办结，需要采取监视居住措施的。

对于符合取保候审条件，但犯罪嫌疑人、被告人不能提出保证人，也不交纳保证金的，可以监视居住。

此外，根据《刑事诉讼法》第 91 条第 3 款、第 167 条的规定，在以下两种情况下，可以监视居住：①公安机关提请逮捕后，检察机关不批准逮捕，仍需继续侦查，并且符合监视居住条件的；②检察机关直接受理的案件中被拘留的人不需要逮捕，但需要继续侦查，并符合监视居住条件的。

二、监视居住的程序

1. 监视居住的决定。由县级以上公安机关、人民检察院、人民法院根据案件的具体情况作出决定。经决定机关负责人批准，签发监视居住决定书。

2. 监视居住的执行。监视居住由公安机关执行。执行时，要向犯罪嫌疑人、被告人宣读监视居住决定书，由其签名（盖章）、捺指印，责令其遵守相关规定。

被监视居住的犯罪嫌疑人、被告人应当遵守以下规定：

（1）未经执行机关批准不得离开执行监视居住的处所。根据《刑事诉讼法》

第 75 条的规定，监视居住应当在犯罪嫌疑人、被告人的住处执行；无固定住处的，可以在指定的居所执行。对于涉嫌危害国家安全犯罪、恐怖活动犯罪，在住处执行可能有碍侦查的，经上一级公安机关批准，也可以在指定的居所执行。但是，不得在羁押场所、专门的办案场所执行。指定居所监视居住的，除无法通知的以外，应当在执行监视居住后 24 小时以内，通知被监视居住人的家属。

　　在本节导入案例中，黄某在本镇有固定住处，而公安机关却"指定黄某在一间约为 14 平方米的房间内活动，不得离开该房间。每日三餐由家人送来，去厕所大、小便也由公安人员跟着监视"，显然违反了刑事诉讼法的明确规定，事实上已经构成了变相羁押，是法律所禁止的。

（2）未经执行机关批准不得会见他人或者通信。

（3）在传讯的时候及时到案。

（4）不得以任何形式干扰证人作证。

（5）不得毁灭、伪造证据或者串供。

（6）将护照等出入境证件、身份证件、驾驶证件交执行机关保存。

另外，《刑事诉讼法》第 78 条进一步规定了具体的执行监视居住的措施：执行机关对被监视居住的犯罪嫌疑人、被告人，可以采取电子监控、不定期检查等监视方法对其遵守监视居住规定的情况进行监督；在侦查期间，可以对被监视居住的犯罪嫌疑人的通信进行监控。

3. 监视居住的期限。根据《刑事诉讼法》第 79 条的规定，监视居住最长不得超过 6 个月。在监视居住期间，不得中断对案件的侦查、起诉或审理。

根据《刑事诉讼法》第 76 条的规定，指定居所监视居住的期限应当折抵刑期。被判处管制的，监视居住 1 日折抵刑期 1 日；被判处拘役、有期徒刑的，监视居住 2 日折抵刑期 1 日。

　　在本节导入案例中，公安机关在黄某被监视居住期间，一连数月没有过问黄某的案件，中断了对案件的侦查；同时对黄某的监视居住长达十多个月，明显超期。根据《刑事诉讼法》的规定，这些做法都是错误的。

对犯罪嫌疑人、被告人监视居住超过法定期限的，犯罪嫌疑人、被告人及其法定代理人、近亲属或者犯罪嫌疑人、被告人委托的律师及其他辩护人有权要求解除强制措施。人民法院、人民检察院或者公安机关接到申诉后，经审查情况属实的，应对犯罪嫌疑人、被告人解除监视居住。

4. 监视居住的撤销。监视居住期限届满或者发现不应当追究其刑事责任的，应当及时解除或撤销监视居住。撤销监视居住，应当由办案人员填写撤销监视居住通知书，经办案部门负责人审核后，由公安机关负责人、人民检察院检察长、人民法院院长批准签发。人民法院、人民检察院撤销监视居住的，应当将撤销监视居住通知书送达执行机关。撤销监视居住的决定应当通知被监视居住的犯罪嫌疑人、被告人。

第四节　拘　留

导入案例

某年1月23日下午2点，犯罪嫌疑人章某在某菜市场门前，抢夺一女工王某的钱包。王某大声呼救，周围的群众共同将章某抓获。章某被群众制服后，王某建议将其扭送至邻近的县法院，并说："我丈夫是法院的法警，一定会把这小子好好收拾一顿的。"群众遂将章某扭送至县法院。到县法院后，王某打电话叫她的丈夫郭某下来。郭某到场后，王某向郭某哭诉了事情的经过。郭某于是用随身带的手铐将章某铐上，并宣布因章某实施抢劫将其拘留。

问：郭某的做法是否合法？为什么？

本案知识点：刑事拘留的职权；刑事拘留的条件；刑事拘留的程序

一、刑事拘留的概念和条件

（一）刑事拘留的概念

刑事诉讼中的拘留，通常称为刑事拘留，是指公安机关、人民检察院对现行犯或者重大嫌疑分子，在紧急情况下依法采取的临时剥夺其人身自由的一种强制措施。

刑事拘留是国家赋予公安机关、人民检察院的一项重要职权，是在侦查阶段适用的。除此之外，其他任何机关（包括法院）都无权适用。在侦查过程中，常常会遇到一些紧急情况，如犯罪后企图自杀、逃跑或者在逃的，以及有毁灭、伪造证据或者串供可能等情况，公安机关、人民检察院如不及时剥夺现行犯或者重大嫌疑分子的人身自由，就会给侦查工作造成困难，放纵犯罪分子。如果没有紧急情况，公安机关、人民检察院有时间办理逮捕手续的，就不能先行拘留。

（二）刑事拘留的适用条件

刑事拘留是临时剥夺被拘留人的人身自由的一种比较严厉的强制措施，在什么情况下适用这一措施，立法上有着严格的限制。《刑事诉讼法》第82条、第165条对公安机关、检察机关采取刑事拘留的条件作了明确的规定。

公安机关对于现行犯或者重大嫌疑分子，如果有下列情形之一的，可以先行拘留：①正在预备犯罪、实行犯罪或者在犯罪后即时被发觉的；②被害人或者在场亲眼看见的人指认他犯罪的；③在身边或者住处发现有犯罪证据的；④犯罪后企图自杀、逃跑或者在逃的；⑤有毁灭、伪造证据或者串供可能的；⑥不讲真实姓名、住址，身份不明的；⑦有流窜作案、多次作案、结伙作案重大嫌疑的。

人民检察院在直接受理的案件的侦查过程中，对于有下列情形之一的犯罪嫌疑人，可以决定拘留：①犯罪后企图自杀、逃跑或者在逃的；②有毁灭、伪造证据或者串供可能的。

（三）刑事拘留与行政拘留、司法拘留的区别

我国法律规定有三种拘留：刑事拘留、行政拘留和司法拘留。它们分别属于不同性质的拘留，必须加以区分，不得混淆。

1. 刑事拘留与行政拘留。行政拘留是根据《治安管理处罚法》和其他行政法规对一般违法的行为人所采取的一种行政处罚。刑事拘留与行政拘留的主要区别是：①法律性质不同。行政拘留是治安管理的一种处罚方式，实质上是一种行政制裁，其目的是为了惩罚和教育违反治安管理的人；刑事拘留是刑事诉讼中的一种强制措施，本身不具有惩罚性，其目的只是为了预防各种妨碍诉讼的行为发生，保障刑事诉讼的顺利进行。②适用对象不同。行政拘留适用于有行政违法但尚未构成犯罪的一般违法行为人；刑事拘留适用于现行犯或重大嫌疑分子。③羁押期限不同。行政拘留的期限为 1～15 日，合并执行不得超过 20 日；公安机关的刑事拘留一般不超过 10 日，特殊情况下不超过 14 日，对于流窜作案、结伙作案、多次作案的重大嫌疑分子不超过 37 日。

2. 刑事拘留与司法拘留。司法拘留是人民法院对严重妨碍诉讼程序的人所采取的一种制裁措施。刑事拘留与司法拘留的主要区别是：①法律性质不同。刑事拘留是为了保障刑事诉讼的顺利进行而提前采取的一种预防措施，本身不具有惩罚性；司法拘留是对严重妨碍诉讼程序行为所采取的一种排除措施，也是一种制裁。②适用对象不同。刑事拘留适用于现行犯或重大嫌疑分子，仅仅只是犯罪嫌疑人；司法拘留适用于妨碍诉讼程序的一切人。③决定机关不同。刑事拘留由侦查机关决定；司法拘留由人民法院决定。④羁押期限不同。公安机关的刑事拘留一般不超过 10 日，特殊情况下不超过 14 日，对于流窜作案、结伙作案、多次作案的重大嫌疑分子不超过 37 日；司法拘留的期限为 15 日以下。

二、刑事拘留的程序

（一）刑事拘留的决定

在司法实践中，公安机关和人民检察院对现行犯或者重大嫌疑分子，在紧急情况下都可以采取刑事拘留的强制措施。

人民检察院作出拘留决定后，应当将有关法律文书和案由、犯罪嫌疑人基本情况的材料送交同级公安机关执行。必要时，人民检察院可以协助公安机关执行。

（二）刑事拘留的执行

刑事拘留由公安机关负责执行。执行拘留时，应当注意以下程序：

1. 拘留犯罪嫌疑人，应当填写呈请拘留报告书，经县级以上公安机关负责人批准，制作拘留证。执行拘留时，必须出示拘留证，并责令被拘留人在拘留证上签名、捺指印，拒绝签名、捺指印的，侦查人员应当注明。紧急情况下，经出示人民警察证，可以将犯罪嫌疑人口头传唤至公安机关后立即审查，办理法律手续。

2. 在异地执行拘留时，应当通知被拘留人所在地的公安机关，被拘留人所在地的公安机关应当予以配合。

3. 拘留后，应当立即将被拘留人送看守所羁押，至迟不得超过 24 小时。

4. 公安机关对于被拘留的人，应当在拘留后的 24 小时以内进行讯问。犯罪嫌疑人被送交看守所羁押以后，侦查人员对其进行讯问的应当在看守所进行。发现不应当拘留的，必须立即释放，发给释放证明。对需要逮捕而证据还不充足的，可以取保候审或者监视居住。

5. 拘留后，除无法通知或者涉嫌危害国家安全犯罪、恐怖活动犯罪通知可能有碍侦查的情形以外，应当在拘留后 24 小时以内，通知被拘留人的家属。有碍侦查的情形消失以后，应当立即通知被拘留人的家属。根据《公安部规定》第 127 条的解释，"无法通知"主要是指具有下列情形之一：①不讲真实姓名、住址、身份不明的；②没有家属的；③提供的家属联系方式无法取得联系的；④因自然灾害等不可抗力导致无法通知的。而"有碍侦查"则主要是指具有下列情形之一：①可能毁灭、伪造证据，干扰证人作证或者串供的；②可能引起同案犯逃避、妨碍侦查的；③犯罪嫌疑人的家属与犯罪有牵连的。应注意的是，当无法通知、有碍侦查的情形消失以后，应当立即通知被拘留人的家属。

6. 拘留的期限。公安机关对被拘留的人，认为需要逮捕的，应当在拘留后的 3 日以内提请人民检察院审查批准。在特殊情况下，提请审查批准的时间可以延长 1~4 日。对于流窜作案、多次作案、结伙作案的重大嫌疑分子，提请审查批准的时间可以延长至 30 日。人民检察院应当自接到公安机关提请批准逮捕书后的 7 日以内，作出批准逮捕或者不批准逮捕的决定。

人民检察院对直接受理的案件中被拘留的人，认为需要逮捕的，应当在 14 日内作出决定。特殊情况下，决定逮捕的时间可以延长 1~3 日。

7. 公安机关依法对县级以上各级人民代表大会代表拘留的，应当书面报请该代表所属的人民代表大会主席团或者常务委员会许可。公安机关对现行犯拘留的时候，发现其是县级以上人民代表大会代表的，应当立即向其所属的人民代表大会主席团或者常务委员会报告。[1]

---

〔1〕 详见《公安部规定》第 164 条、第 165 条的规定。

三、扭送

扭送是指公民将具有法定情形的犯罪嫌疑人或犯罪人强制送交公安机关、人民检察院或人民法院处理的行为。扭送并非一种强制措施，而是法律赋予公民同犯罪作斗争的一种方法。扭送的对象仅限于以下五种情况：①正在实行犯罪的；②在犯罪后即时被发觉的；③通缉在案的；④越狱逃跑的；⑤正在被追捕的。

公安机关、人民检察院或人民法院对于公民的扭送，都应当予以接受，并且根据具体情况决定是否采取相应的紧急措施。对于不属于自己管辖的，应当移送主管机关处理。

在本节导入案例中，犯罪嫌疑人章某在抢夺一女工的钱包时被群众当场抓获并扭送至县法院，属于现行犯，符合刑事拘留的条件，但刑事拘留是侦查机关的职权，法院是无权实施刑事拘留的。因此，法警郭某到场后，用随身带的手铐将章某铐上，并宣布因章某实施抢劫将其拘留，不论是主体上还是程序上都是错误的。当然，对于公民的扭送，法院应当接受下来，并根据具体情况决定是否采取相应的紧急措施。对于不属于自己管辖的，应当移送主管机关处理。

第五节　逮　捕

导入案例

某年4月13日，某县公安局瓦叶塘镇派出所所长伍某家发生了一起盗枪案件，技术员在现场提取了一把已撬弯了的中号7寸新螺丝刀、一只电工专用的白色帆布手套，手套正面有一块正方形蓝布补丁。通过调查，发现张某有重大嫌疑，因为他以前干过电工，有人看见他戴过正面有补丁的电工手套工作。在某五金店发现有与现场一致的螺丝刀，该店老板回忆，在4月10日确实有一青年买了一把这种螺丝刀，经照片辨认，店主说有点像，但当时忙于生意，没太注意。于是，公安机关拘留了张某，并提请检察机关批准逮捕，县检察院作出了不批捕的决定。

问：县检察院的不批捕决定是否正确？

本案知识点： 逮捕的条件

一、逮捕的概念和条件

（一）逮捕的概念

逮捕是指公安机关、人民检察院和人民法院，为防止犯罪嫌疑人或者被告人逃避侦查、起诉和审判，进行妨碍刑事诉讼的行为，或者发生社会危险性，而依法剥夺其人身自由，将其羁押起来的一种强制措施。

（二）逮捕的条件

《刑事诉讼法》第81条第1款规定，对有证据证明有犯罪事实，可能判处徒刑以上刑罚的犯罪嫌疑人、被告人，采取取保候审尚不足以防止发生下列社会危险性的，应当予以逮捕：①可能实施新的犯罪的；②有危害国家安全、公共安全或者社会秩序的现实危险的；③可能毁灭、伪造证据，干扰证人作证或者串供的；④可能对被害人、举报人、控告人实施打击报复的；⑤企图自杀或者逃跑的。根据这一规定，逮捕犯罪嫌疑人、被告人必须同时具备以下三个方面的条件：

1. 有证据证明有犯罪事实。这是逮捕的证据条件，是逮捕的事实根据与基础。根据《公安部规定》第134条、《最高检察院规则》第128条第2款的规定，"有证据证明有犯罪事实"是指同时具备下列情形：①有证据证明发生了犯罪事实。犯罪事实既可以是单一犯罪行为的事实，也可以是数个犯罪行为中任何一个犯罪行为的事实。②有证据证明犯罪事实是犯罪嫌疑人实施的。③证明犯罪嫌疑人实施犯罪行为的证据已经查证属实。在把握这一条件时，应注意"有证据证明"比"证据充分"的证明程度要低，但至少有确凿且相互印证的证据能够证明是犯罪嫌疑人实施了相应犯罪行为。

在本节导入案例中，虽然张某可能是手套的主人，但不能排除他人利用张某的手套作案的情况存在；同时，五金店主的辨认只是一种倾向性意见，证明力极小。可见，侦查机关对张某的侦查尚在初始阶段，其是否就是盗枪案的重大犯罪嫌疑分子还缺乏基本的依据，因此，张某不符合逮捕的条件，县检察院作出不批准逮捕的决定是正确的。

2. 可能判处徒刑以上刑罚。这是逮捕的刑罚条件。它说明逮捕有罪行轻重的限定。应当逮捕的，只是那些基于已有证据证明的犯罪事实，比照刑法的有关规定，衡量其所犯罪行，最低也要判处有期徒刑以上刑罚的犯罪嫌疑人和被告人。显然，对于可能被判处管制、拘役等轻刑或者可能被免除刑罚的犯罪嫌疑人和被告人，因其罪行较轻，不适用逮捕。

3. 采取取保候审尚不足以防止发生下列社会危险性，即：①可能实施新的犯罪的；②有危害国家安全、公共安全或者社会秩序的现实危险的；③可能毁灭、伪造证据，干扰证人作证或者串供的；④可能对被害人、举报人、控告人实施打击报复的；⑤企图自杀或者逃跑的，具备这五种情形之一，应当予以逮捕，这是逮捕的必要性条件，也是逮捕区别于取保候审、监视居住条件的根本所在。至于具体如何判断上述五种情形，《最高检察院规则》第129条~133条，予以了细化规定。另外，根据《刑事诉讼法》第81条第2款的规定，检察机关批准或者决定逮捕，应当将犯罪嫌疑人、被告人涉嫌犯罪的性质、情节，认罪认罚等情况，作为是否可能发生社会危险性的考虑因素予以充分考量与评判。

应注意的是，《刑事诉讼法》第 81 条第 3 款基于对犯罪嫌疑人、被告人社会危险性的判定，分别列举规定了几种无需进行逮捕必要性判断（只要根据罪行以及主观恶性的判断，其实际已具备逮捕必要性条件）而直接予以逮捕的情形：①对有证据证明有犯罪事实，可能判处 10 年有期徒刑以上刑罚的；②有证据证明有犯罪事实，可能判处徒刑以上刑罚，曾经故意犯罪或者身份不明的。

此外，《刑事诉讼法》第 81 条第 4 款还规定了被取保候审、监视居住的犯罪嫌疑人、被告人违反取保候审、监视居住规定，情节严重的，可以予以逮捕的情形。这一逮捕类型可归纳为变更型逮捕。该类型逮捕包括两种情形：第一种情形是指达到逮捕条件，基于人道主义或者逮捕必要性考量而适用取保候审或者监视居住的；第二种情形则是指因可能被判处有期徒刑以下刑罚，不符合逮捕的刑罚条件而被适用取保候审或者监视居住的。根据《公安部规定》第 135 条的规定，被取保候审人违反取保候审规定，具有下列情形之一的，可以提请批准逮捕：①涉嫌故意实施新的犯罪行为的；②有危害国家安全、公共安全或者社会秩序的现实危险的；③实施毁灭、伪造证据或者干扰证人作证、串供行为，足以影响侦查工作正常进行的；④对被害人、举报人、控告人实施打击报复的；⑤企图自杀、逃跑，逃避侦查的；⑥未经批准，擅自离开所居住的市、县，情节严重的，或者两次以上未经批准，擅自离开所居住的市、县的；⑦经传讯无正当理由不到案，情节严重的，或者经两次以上传讯不到案的；⑧违反规定进入特定场所、从事特定活动或者与特定人员会见、通信两次以上的。《公安部规定》第 136 条规定，被监视居住人违反监视居住规定，具有下列情形之一的，可以提请批准逮捕：①涉嫌故意实施新的犯罪行为的；②实施毁灭、伪造证据或者干扰证人作证、串供行为，足以影响侦查工作正常进行的；③对被害人、举报人、控告人实施打击报复的；④企图自杀、逃跑，逃避侦查的；⑤未经批准，擅自离开执行监视居住的处所，情节严重的，或者两次以上未经批准，擅自离开执行监视居住的处所的；⑥未经批准，擅自会见他人或者通信，情节严重的，或者两次以上未经批准，擅自会见他人或者通信的；⑦经传讯无正当理由不到案，情节严重的，或者经两次以上传讯不到案的。

二、逮捕的程序

（一）逮捕的批准、决定程序

《刑事诉讼法》第 80 条规定："逮捕犯罪嫌疑人、被告人，必须经过人民检察院批准或者人民法院决定，由公安机关执行。"据此，逮捕犯罪嫌疑人、被告人的批准权或者决定权属于人民检察院和人民法院。具体而言，公安机关对于自己侦查的刑事案件的犯罪嫌疑人没有逮捕的决定权，只有提请人民检察院批准逮捕的权力；人民检察院对于公安机关移送提请审查批准逮捕的案件，有审查批准逮捕的权力，对于自侦案件有自行决定逮捕的权力；人民法院对其直接受理的自诉案件的被告人以及公诉案件的被告人有自行决定逮捕的权力。但是，只有公安机关享有逮捕的执行权，即逮捕统一由公安机关执行。

1. 人民检察院对公安机关提请逮捕犯罪嫌疑人的批准程序。公安机关要求逮捕犯罪嫌疑人的时候，应当制作提请批准逮捕书，连同案卷材料、证据，一并移送同级人民检察院审查批准。必要的时候，人民检察院可以派员参加公安机关对于重大案件的讨论。

人民检察院审查批准逮捕，可以讯问犯罪嫌疑人。有下列情形之一的，应当讯问犯罪嫌疑人：①对是否符合逮捕条件有疑问的；②犯罪嫌疑人要求向检察人员当面陈述的；③侦查活动可能有重大违法行为的。人民检察院审查批准逮捕，可以询问证人等诉讼参与人，听取辩护律师的意见；辩护律师提出要求的，应当听取辩护律师的意见。依法审查后，应当根据情况分别作出批准逮捕或者不批准逮捕的决定。人民检察院审查批准逮捕犯罪嫌疑人由检察长决定。重大案件应当提交检察委员会讨论决定。

公安机关对人民检察院不批准逮捕的决定，认为有错误的，可以要求复议，但是必须将被拘留的人立即释放。如果意见不被接受，可以向上一级人民检察院提请复核。上级人民检察院应当立即复核，作出是否变更的决定，通知下级人民检察院和公安机关执行。

2. 人民检察院审查决定逮捕的程序。根据《最高检察院规则》第296条规定，人民检察院办理直接受理侦查的案件，需要逮捕犯罪嫌疑人的，由负责侦查的部门制作逮捕犯罪嫌疑人意见书，连同案卷材料、讯问犯罪嫌疑人录音、录像一并移送本院负责捕诉的部门审查。犯罪嫌疑人已被拘留的，负责侦查的部门应当在拘留后7日以内将案件移送本院负责捕诉的部门审查。

《最高检察院规则》第297条规定：对本院负责侦查的部门移送审查逮捕的案件，犯罪嫌疑人已被拘留的，负责捕诉的部门应当在收到逮捕犯罪嫌疑人意见书后7日以内，报请检察长决定是否逮捕，特殊情况下，决定逮捕的时间可以延长1日至3日；犯罪嫌疑人未被拘留的，负责捕诉的部门应当在收到逮捕犯罪嫌疑人意见书后15日以内，报请检察长决定是否逮捕，重大、复杂案件，不得超过20日。

3. 人民法院决定逮捕的程序。人民法院对有证据证明有犯罪事实，可能判处有期徒刑以上刑罚的被告人，认为采取取保候审尚不足以防止发生社会危险性的，应立即决定依法逮捕。

4. 人民检察院对担任县级以上各级人民代表大会代表的犯罪嫌疑人决定采取

逮捕等强制措施的，应当报请相应的人民代表大会主席团或者常务委员会许可。[1]

（二）逮捕的执行程序

1. 公安机关逮捕犯罪嫌疑人的时候，必须出示逮捕证。逮捕后应当立即将被逮捕人送看守所羁押。除无法通知的以外，应当在逮捕后 24 小时以内，通知被逮捕人的家属。

2. 人民检察院、人民法院作出逮捕决定后，应当将逮捕决定书送交公安机关执行。将被告人逮捕后，人民检察院、人民法院应当将逮捕的原因和羁押的处所，在 24 小时内通知被逮捕人的家属。确实无法通知的，应当将原因记录在卷。

3. 人民法院、人民检察院对于各自决定逮捕的人，公安机关对于经人民检察院批准逮捕的人，都必须在逮捕后的 24 小时以内进行讯问。犯罪嫌疑人被送交看守所羁押以后，侦查人员对其进行的讯问应当在看守所内进行。发现不应当逮捕的，必须立即释放，发给释放证明。对人民法院决定逮捕的被告人，审判人员必须在逮捕后的 24 小时内进行讯问。发现不应当逮捕的，应当报经院长批准后，变更强制措施或者立即释放。立即释放的，应当发给释放证明。

4. 公安机关在异地执行逮捕的时候，应当通知被逮捕人所在地的公安机关，被逮捕人所在地的公安机关应当予以配合。

5. 犯罪嫌疑人、被告人被逮捕后，人民检察院仍应当对羁押的必要性进行审查。对不需要继续羁押的，应当建议予以释放或者变更强制措施。有关机关应当在 10 日以内将处理情况通知人民检察院。

6. 犯罪嫌疑人、被告人及其法定代理人、近亲属或者辩护人有权申请变更强制措施。人民法院、人民检察院和公安机关收到申请后，应当在 3 日以内作出决定；不同意变更强制措施的，应当告知申请人，并说明不同意的理由。犯罪嫌疑人、被告人及其法定代理人、近亲属或者辩护人对于人民法院、人民检察院或者公安机关采取强制措施法定期限届满的，有权要求解除强制措施。

7. 人民检察院在审查批准逮捕工作中，如果发现公安机关的侦查活动有违法情况，应当通知公安机关予以纠正，公安机关应当将纠正情况通知人民检察院。

本章小结

强制措施的种类按强制力度由低至高排列为：拘传、取保候审、监视居住、拘留、逮捕。拘传是司法机关强制犯罪嫌疑人、被告人到案接受讯问的措施，传

---

[1]　详见《最高检察院规则》第 148 条的规定。

唤、拘传持续的时间最长不得超过 12 小时，案情特别重大、复杂，需要采取拘留、逮捕措施的，传唤、拘传持续的时间不得超过 24 小时。取保候审是司法机关责令犯罪嫌疑人、被告人提供担保，保证不逃避，不妨碍侦查、起诉和审判，并随传随到的一种措施，取保候审的期限为 12 个月。监视居住是司法机关责令犯罪嫌疑人、被告人不得离开指定的处所，并对其予以监视的措施，监视居住的期限为 6 个月。拘留由公安机关和人民检察院在紧急情况下使用，公安机关适用拘留的最长时限不超过 14 天或者 37 天。逮捕是最严厉的强制措施，由人民检察院批准或决定，或由人民法院决定，由公安机关执行。适用刑事诉讼强制措施必须严格遵守相关条件及程序，严禁滥用和超期羁押。

实务训练

一、示范案例

【案情】刘某，某厂职工，市人大代表，得知其妹刘某红和同厂职工赵某恋爱定亲，因平时工作关系与赵某曾结有私怨，便严令其妹不准与赵某交往，同时欲将其妹介绍给他人。刘某红一口拒绝，同赵某商议选定日期登记结婚，且欲瞒着其兄。刘某得知此事，怒气上涌，手执一粗木棍将赵某赶走，将其妹刘某红强行带至家中，关在房里不准出门，刘某红深感绝望，在房间里悬梁自尽。刘某发现其妹自尽身亡，惊怒交加，顾不上安排丧事，手持一把大型水果刀，到处寻找赵某，欲杀赵某给其妹偿命。居委会干部李大妈为防止再闹出人命来，赶忙打电话向派出所报案，公安机关立即派人赶到现场处理此案。

问：本案经受理后应否对刘某采取强制措施？

【分析】《刑事诉讼法》第 82 条规定："公安机关对于现行犯或者重大嫌疑分子，如果有下列情形之一的，可以先行拘留：（一）正在预备犯罪、实行犯罪或者在犯罪后即时被发觉的；（二）被害人或者在场亲眼看见的人指认他犯罪的；（三）在身边或者住处发现有犯罪证据的；（四）犯罪后企图自杀、逃跑或者在逃的；（五）有毁灭、伪造证据或者串供可能的；（六）不讲事真实姓名、住址，身份不明的；（七）有流窜作案、多次作案、结伙作案重大嫌疑的。"本案经受理后对刘某应采取拘留的强制措施，但应当立即向其所属的人民代表大会常务委员会报告。刘某暴力干涉婚姻自由，致其妹妹死亡，是罪该逮捕的现行犯，其犯罪后即时被发现，而且刘某欲持刀行凶，具有危险性，公安局应予先行拘留。但因其是市人大代表，依法律规定，对其采取拘留措施的，在市人大闭会期间要报市人大常委会许可。

二、习作案例

被告人常某，1996 年 3 月出生。2011 年 5 月 7 日晚在一商场门口欲抢行人提包，后被过路群众制止，并扭送到附近县公安局。公安人员认为常某符合拘留条件，遂填写《拘留证》将其执行拘留。后公安局于 5 月 16 日向县检察院提请批准逮捕，但未获批准。公安机关认为这一决定是错误的，于是向检察院提出复议，但仍未被接受，遂向上一级检察机关即市检察院申请复核；同时认为常某态度恶劣，随时可能逃跑，而且《刑事诉讼法》规定拘留最长期限为 37 天，因此尽管常某多次提出应当释放，一直未予批准。直至 5 月 25 日，市检察院作出不批准逮捕的决定，才将其释放。该案于 6 月 20 日由人民检察院提起公诉，在法庭审理中，人民法院认为应对常某实施逮捕，于是派法警将其逮捕归案。

试分析案例中公、检、法机关行为的不当之处，并说明理由。

复习与思考

1. 什么是拘传？拘传有哪些特点？
2. 什么是取保候审？保证人需具备哪些条件？应履行哪些义务？
3. 比较取保候审和监视居住的异同。
4. 什么是刑事拘留？简述刑事拘留的适用条件。
5. 什么是逮捕？逮捕需具备哪些条件？

第十六章　附带民事诉讼

学习目标:

- 理解并运用附带民事诉讼的成立条件
- 掌握附带民事诉讼的提起和审判程序
- 了解附带民事诉讼当事人的范围

第一节　附带民事诉讼的特点和条件

导入案例

2017 年 9 月,某厂女工王某从工厂下班回家途中,被一名歹徒拦路强奸。为查找和告发作案人,王某及时向当地公安派出所报了案,还向邻居和丈夫说了被强奸的事实。一周以后,王某夫妻之间因此而发生口角,被害人王某服毒自杀(幸及时送医院抢救,未死)。破案后,被害人王某向人民法院提起附带民事诉讼,让被告人(强奸者)赔偿因自杀抢救而花费的医药费用。

问:法院能否支持王某的诉讼请求?

本案知识点:附带民事诉讼的成立条件;附带民事赔偿的范围

一、附带民事诉讼的概念和特点

(一) 附带民事诉讼的概念

《刑事诉讼法》第 101 条规定:"被害人由于被告人的犯罪行为而遭受物质损失的,在刑事诉讼过程中,有权提起附带民事诉讼。被害人死亡或者丧失行为能力的,被害人的法定代理人、近亲属有权提起附带民事诉讼。如果是国家财产、集体财产遭受损失的,人民检察院在提起公诉的时候,可以提起附带民事诉讼。"这一规定表明,在我国可以通过附带民事诉讼解决刑事损害赔偿问题。

所谓附带民事诉讼,是指公安司法机关在刑事诉讼过程中,在解决被告人刑事责任的同时,附带解决因被告人的犯罪行为所造成的物质损失的赔偿问题而进行的诉讼活动。

(二) 附带民事诉讼的特点

1. 附带民事诉讼性质的特殊性。附带民事诉讼首先是民事诉讼,它解决的是经济损害赔偿问题，属于民事权利义务纠纷，在实体法上受民事法律规范调整，本质上是民事诉讼。同时，附带民事诉讼又与一般的民事诉讼不同，这种损害赔偿之诉是由被告人的犯罪行为引起的，并在刑事诉讼过程中提起，由审判刑事案件的审判组织进行审理，所以它又是刑事诉讼的一部分，是一种特殊的民事诉讼。

2. 附带民事诉讼法律依据的复合性。由于附带民事诉讼是在刑事诉讼中附带解决由刑事犯罪行为所引起的民事赔偿责任，必然要求公安司法机关在解决附带民事诉讼案件时，除适用《刑法》《刑事诉讼法》外，还应当适用《民法典》《民事诉讼法》有关规定。所以，解决这一问题时的法律依据具有复合性的特点。

3. 附带民事诉讼程序的附属性。附带民事诉讼是一种损害赔偿之诉，这种损害赔偿的诉讼请求是在刑事诉讼中提出的，以刑事案件的成立为前提，并且附带民事诉讼的判决不得同刑事部分的判决相抵触，附带民事诉讼的起诉时效、上诉期限、管辖法院等都取决于刑事案件的情况。因此，附带民事诉讼在处理程序上是依附于刑事诉讼程序的，它必须以刑事诉讼程序为依托，没有刑事诉讼，附带民事诉讼就无从谈起。

二、附带民事诉讼的成立条件

附带民事诉讼实质上是法院在审理一个独立的刑事诉讼的同时，附带审理一个民事诉讼。因此，附带民事诉讼的构成条件应当包括两个方面的条件，即作为民事诉讼的条件和可以附带审理的条件。据此，附带民事诉讼的成立必须具备以下条件：

（一）附带民事诉讼以刑事诉讼的成立为前提

附带民事诉讼是由刑事诉讼所追究的犯罪行为引起的，是在追究行为人的刑事责任的同时，附带追究行为人的民事损害赔偿责任。因此，附带民事诉讼必须以刑事诉讼的成立为前提，如果刑事诉讼不成立，附带民事诉讼就失去了存在的基础。但刑事诉讼的成立不以被告人最终构成犯罪为条件。

（二）提起附带民事诉讼的原告人符合法定条件

附带民事诉讼的原告人，是指能以自己的名义向公安司法机关提起附带民事诉讼赔偿请求的人。根据《刑事诉讼法》和《最高法院解释》的规定，有权提起附带民事诉讼的有：

1. 被害人。根据《最高法院解释》第 175 条规定，被害人因人身权利受到犯罪侵犯或者财物被犯罪分子毁坏而遭受物质损失的，有权在刑事诉讼过程中提起附带民事诉讼。

2. 被害人的法定代理人、近亲属。根据《最高法院解释》第 175 条规定，被害人死亡或者丧失行为能力的，其法定代理人、近亲属有权提起附带民事诉讼。

3. 人民检察院。如果是国家财产、集体财产遭受损失的，人民检察院在提起公诉时，可以提起附带民事诉讼。《最高法院解释》第 179 条规定，国家财产、集体财产遭受损失，受损失的单位未提起附带民事诉讼，人民检察院在提起公诉时提起附带民事诉讼的，人民法院应当受理，并将人民检察院列为附带民事诉讼原告人。

（三）附带民事诉讼必须有明确的被告人和具体的诉讼请求

附带民事诉讼的被告人是指在刑事诉讼中，因刑事被告人的犯罪行为所造成的物质损失而被起诉承担民事赔偿责任的人。

附带民事诉讼的被告人通常就是刑事诉讼的被告人；但在某些特殊的情况下，也可以是依法应对刑事被告人的行为承担经济赔偿的单位和个人。根据《最高法院解释》第 180 条规定，附带民事诉讼中依法负有赔偿责任的人包括：

1. 刑事被告人。包括公民、法人和其他组织。

2. 未被追究刑事责任的其他共同侵害人。这种情形主要是指共同犯罪案件中，有的被告人没有被追究刑事责任，只是被公安机关作出行政拘留处分，或者被人民检察院作出不起诉决定，在这种情况下，被作出其他处理的同案人都可以作为附带民事诉讼的被告人。

3. 刑事被告人的监护人。监护人承担民事责任是由其特定的监护身份以及没有尽到监护职责的行为决定的，因此承担赔偿责任不存在罪及他人、株连无辜的问题。

4. 死刑罪犯的遗产继承人。

5. 共同犯罪案件中，案件审结前死亡的被告人的遗产继承人。因为，在 4、5 这两种情况下对被害人的经济赔偿应当看做是已经死亡的刑事被告人生前所负的债务，属于遗产的清偿范围。

6. 对被害人的物质损失依法应当承担赔偿责任的其他单位和个人。这里的单位应作广义的理解，既可以是法人组织，也可以是非法人单位。

如果附带民事诉讼被告人的亲友自愿代为赔偿的，可以准许。

原告人提起附带民事诉讼，不仅要求有明确的被告人，还必须有请求赔偿的具体要求和事实、理由。即提出应当赔偿的具体数额，同时对加害事实造成的物质损失要有事实根据，并应承担举证责任。

（四）属于人民法院受理附带民事诉讼的范围，即被害人的物质损失是由被告人的犯罪行为造成的

1. 被害人的损失必须是物质损失。所谓物质损失，是相对于精神损失而言的，它是指可以用金钱计算的损失。《刑事诉讼法》第 101 条第 1 款规定："被害人由于被告人的犯罪行为而遭受物质损失的，在刑事诉讼过程中，有权提起附带民事诉讼……"《最高法院解释》第 175 条进一步补充规定，被害人因人身权利受到犯罪侵犯或者财物被犯罪分子毁坏而遭受物质损失的，有权在刑事诉讼过程

中提起附带民事诉讼；被害人死亡或者丧失行为能力的，其法定代理人、近亲属有权提起附带民事诉讼。因受到犯罪侵犯，提起附带民事诉讼或者单独提起民事诉讼要求赔偿精神损失的，人民法院一般不予受理。

2. 被害人遭受的物质损失是由被告人的犯罪行为直接造成的。也就是说，被告人的犯罪行为与被害人所遭受的物质损失之间必须存在直接因果关系。这里的"被告人"显然应为刑事被告人。如果被害人的损失不是刑事被告人所造成，只能另外单独提起民事诉讼，而不能提起附带民事诉讼。犯罪行为直接造成的物质损失，既包括犯罪行为已经给被害人造成的物质损失，又包括被害人将来必然能够得到的物质利益的损失。至于因犯罪行为所导致的被害人的间接损失以及在犯罪过程中因被害人自己的过错造成的损失，则不应由被告人承担。

在本节导入案例中，被害人王某因为自杀抢救而花费的医药费用属于物质损失，虽然事情的起因是因为受到被告人的犯罪行为侵害，夫妻之间因此发生口角而服毒自杀，但王某因为自杀抢救而花费的医药费用并不是被告人的犯罪行为直接造成的，二者之间不存在直接的因果关系。因此，王某不能提起附带民事诉讼，法院也不会支持王某的诉讼请求。

只有同时具备上述四项条件，才能提起附带民事诉讼。

第二节 附带民事诉讼的程序

导入案例

某县银行营业员甄某在银行当班的时候，一伙歹徒闯进银行抢劫，并把甄某打成重伤。该案后来被侦破。不久，法院依法审理了该案。在一审判决宣告后，甄某向法庭当庭提起附带民事诉讼，要求被告人赔偿其医疗费、误工费等。

问：法庭应否受理甄某提出的附带民事诉讼？

本案知识点：附带民事诉讼的提起

一、附带民事诉讼的提起

（一）提起附带民事诉讼的期间

附带民事诉讼应当在刑事案件立案以后及时提起。具体包括以下几种情况：①被害人是公民个人的，可以直接向人民法院提起附带民事诉讼；②公诉案件中，被害人也可以在侦查、起诉阶段向公安机关、人民检察院提出赔偿要求；③国家、集体财产遭受损失的，遭受损失的法人或其他组织既可以直接向人民法院提起附带民事诉讼，也可以在侦查、起诉阶段通过侦查、起诉机关提起；④如果遭受损失的单位未提起诉讼的，人民检察院在提起公诉的时候，可以提起附带民事诉讼。第一审期间未提起附带民事诉讼，在第二审期间提起的，第二审人民法院可以依法进行调解；调解不成的，告知当事人可以在刑事判决、裁定生效后另行提起民事诉讼。

在本节导入案例中，甄某在一审期间未提起附带民事诉讼，而是在一审判决宣告后，才向法庭当庭提起附带民事诉讼，要求被告人赔偿其医疗费、误工费等，此时，一审法院已经无法审理。如果甄某上诉，可以在二审期间提起附带民事诉讼，二审人民法院可以依法进行调解；调解不成的，告知甄某可以在刑事判决、裁定生效后另行提起民事诉讼。

只要是在刑事诉讼过程中，无论是在侦查阶段、起诉阶段还是审判阶段，被害人依法都可以提起附带民事诉讼。在侦查、预审、审查起诉阶段，有权提起附带民事诉讼的人向公安机关、人民检察院提出赔偿要求，公安机关、人民检察院已经记录在案的，刑事案件起诉后，人民法院应当按附带民事诉讼案件受理；侦查、审查起诉期间，有权提起附带民事诉讼的人提出赔偿请求，经公安机关、人民检察院调解，当事人双方已经达成协议并全部履行，被害人或者其法定代理人、近亲属又提起附带民事诉讼的，人民法院不予受理，但有证据证明调解违反自愿、合法原则的除外。

（二）提起附带民事诉讼的方式

提起附带民事诉讼应当提交附带民事起诉状，写清有关当事人的情况、案发详细经过及具体的诉讼请求，并提出相应的证据。

二、附带民事诉讼的审判

我国《刑事诉讼法》第104条规定："附带民事诉讼应当同刑事案件一并审判，只有为了防止刑事案件审判的过分迟延，才可以在刑事案件审判后，由同一审判组织继续审理附带民事诉讼。"这一规定明确了我国附带民事诉讼的审理原则。

（一）一并审理原则

附带民事诉讼应当同刑事案件一并审判。因为附带民事诉讼中所涉及的刑事责任和民事责任都源于同一犯罪行为，需要查明的主要事实也是同一事实，一并审判既便于诉讼，又可提高诉讼效率，所以合并审理不仅是可以的而且是必要的。

（二）"先刑后民"原则

如果附带民事诉讼不能同刑事案件一并审判，应先审判刑事案件，然后由同一审判组织审判附带民事诉讼。因为有些案件的附带民事诉讼比较复杂，为了防止刑事案件审判的过分迟延，附带民事诉讼可以在刑事案件审判后，由同一审判组织继续审理。如果同一审判组织的成员确实不能继续参与审判的，可以更换。

但是不论采取何种方式审理附带民事诉讼，都是先审理刑事部分，然后审理附带民事部分。人民法院只有确认刑事被告人的犯罪情节以后，才有可能对该犯罪行为所造成的物质损失范围作出认定，进而确定赔偿范围和形式，包括赔偿人的范围。附带民事部分判决对案件事实的认定不得同刑事判决相抵触。

人民法院在必要的时候，可以采取保全措施，查封、扣押或者冻结被告人的财产。附带民事诉讼原告人或者人民检察院可以申请人民法院采取保全措施。人民法院采取保全措施的，适用民事诉讼法的有关规定。

人民法院审理附带民事诉讼案件，可以根据自愿、合法的原则进行调解。经调解达成协议的，应当制作调解书。调解书经双方当事人签收后即具有法律效力。调解达成协议并即时履行完毕的，可以不制作调解书，但应当制作笔录，经双方当事人、审判人员、书记员签名后即发生法律效力。调解未达成协议或者调解书签收前当事人反悔的，附带民事诉讼应当同刑事诉讼一并判决。

犯罪分子非法占有、处置被害人财产的，人民法院应当依法予以追缴或者责令退赔。被害人提起附带民事诉讼的，人民法院不予受理。追缴、退赔的情况，可以作为量刑情节考虑。

人民法院认定公诉案件被告人的行为不构成犯罪，对已经提起的附带民事诉讼，经调解不能达成协议的，可以一并作出刑事附带民事判决，也可以告知附带民事原告人另行提起民事诉讼。

人民法院审理刑事附带民事诉讼案件，不收取诉讼费。

本章小结

附带民事诉讼是公安司法机关在刑事诉讼过程中，在解决被告人刑事责任的同时，附带解决因被告人的犯罪行为所造成的物质损失的赔偿问题而进行的诉讼活动。被害人由于被告人的犯罪行为而遭受物质损失的，在刑事诉讼过程中，有权提起附带民事诉讼。附带民事诉讼的提起必须符合法定的条件。附带民事诉讼的审判应当一并进行，只有为了防止刑事案件审判的过分迟延方可先刑后民。

实务训练

一、示范案例

〖案情〗2018 年 8 月 25 日，26 岁的黄某在英语口语对话活动中结识了美籍华人刘某。当天下午，刘某带黄某来到其住处，将黄某强奸。黄某报案后，公安机关将刘某抓获。在诉讼过程中，被害人黄某提起了刑事附带民事诉讼，要求被告人赔偿其精神损害。2019 年 10 月，深圳市中级人民法院以强奸罪判处被告人刘某有期徒刑 4 年；同时驳回了黄某对被告人刘某提起的刑事附带民事诉讼。黄某不服，提起上诉。2019 年 12 月，广东省高级人民法院经审理认为，上诉人黄某提起的精神损害赔偿的民事诉讼不属于人民法院受理附带民事诉讼的受理范围，不符合附带民事诉讼的起诉条件，因此裁定维持原判，驳回上诉。

问：法院的这种做法是否正确？

〖分析〗我国《刑事诉讼法》第 101 条第 1 款规定："被害人由于被告人的犯罪行为而遭受物质损失的，在刑事诉讼过程中，有权提起附带民事诉讼……"也就是说，如果刑事被告人的犯罪行为并未造成被害人的物质损失，或者属于物质损失以外的其他损失，不能提起附带民事诉讼。关于精神损失是否能够作为提起附带民事诉讼的理由的问题，在理论界存在着很大争议，但《最高法院解释》已经给予了明确的规定，对于被害人因犯罪行为遭受精神损失而提起附带民事诉讼的，人民法院一般不予受理。所以，按照现行法律以及司法解释的有关规定，本案中被害人黄某以精神损害为由提起附带民事诉讼，不符合附带民事诉讼的成立条件。因此，法院驳回被害人黄某的请求是符合法律规定的。

二、习作案例

某年 6 月 6 日 20 时许，湖北省宜昌市伍家岗区白沙路 15 号门前路段发生了一起恶性交通事故，司机卢某酒后驾驶鄂 EBB435 号"时代"牌轻型自卸货车由南向北高速行驶时，遇行人横过道路，由于卢某驾车行经勘划有人行横道预告标志的路段没有提前减速行驶，未能及时发现行人，致使该车前部将行人撞倒死亡。9 月 28 日，宜昌市救助管理站聘请律师作为诉讼代理人向宜昌市伍家岗区人民检察院递交了刑事附带民事诉讼诉状，请求人民法院依法判决肇事司机卢某和车主彭某某赔偿无名流浪汉死亡赔偿金 175 720 元，丧葬费 6665 元，合计 182 385 元。被告人卢某因归案后认罪态度较好，有悔罪表现，并将赔偿款项交至法院，被依法判处有期徒刑 1 年，缓刑 2 年。11 月 3 日，在法庭主持调解下，附带民事诉讼原告人宜昌市救助管理站与附带民事被告人彭某某和被告人卢某自愿达成调解协议。

问：本案中附带民事诉讼的原告人宜昌市救助管理站是否有权提起附带民事诉讼？

复习与思考

1. 什么是附带民事诉讼？附带民事诉讼的成立需要哪些条件？

2. 简述附带民事诉讼当事人的范围，承担刑事附带民事赔偿义务的主体有哪些？

3. 简述附带民事诉讼提起和审判的程序。

第十七章 刑事诉讼程序

学习目标:

- 熟知我国刑事诉讼的操作流程
- 理解并运用我国刑事诉讼立案、侦查、起诉、一审、二审、死刑复核、审判监督、执行及特别程序的法定程序要求
- 了解我国刑事诉讼立案、侦查、起诉、一审、二审、死刑复核、审判监督、执行及特别程序的任务

第一节 立案程序

导入案例

犯罪嫌疑人于某(16岁零8个月)某日放学后约其同学杨某(15岁零5个月)到自己家玩,两人站在六楼凉台上玩时,杨某提出跟于某打赌,看其敢不敢把凉台上的花盆推下去。于某二话没说,就把一个重5公斤左右的花盆推了下去,结果正砸在从楼下经过的吴某(女,56岁)头上,吴某当即昏倒在地。路经此地的张大爷急忙喊人将吴某送往就近的医院抢救,公安机关接到报案后及时勘验了现场,吴某因颅脑损伤导致失血性休克而死亡。吴某的儿子要求司法机关依法追究于某的刑事责任,并承担致人死亡的民事赔偿责任。

问:吴某的儿子应向何机关控告?本案是否符合立案的条件?

本案知识点:立案的材料来源;立案的条件

一、立案的概念与任务

(一)立案的概念

刑事诉讼中的立案是指公安司法机关对于报案、控告、举报、自首以及自诉人起诉等材料,按照各自的职能管辖范围进行审查后,认为有犯罪事实发生并需要追究刑事责任时,决定将其作为刑事案件交付侦查或审判的一种诉讼活动。根据《刑事诉讼法》的规定,刑事诉讼中的立案有以下特点:

1. 立案是法律赋予公安机关、人民检察院、人民法院特有的权力和职责,其他任何机关和个人都无立案权。

2. 立案是我国刑事诉讼的一个独立的、必经的诉讼阶段，是刑事诉讼活动开始的标志。

（二）立案的任务

对报案、控告、举报及犯罪分子的自首等材料依法定程序进行严格审查，以确定是否存在犯罪事实和需要追究刑事责任，并作出是否立案侦查或立案审判的决定。只有依法作出立案的决定，刑事诉讼程序才正式开始，其后进行的侦查、审查起诉或审判活动才有了程序基础与保障。因而，立案程序有别于立案决定，立案程序是一个独立的诉讼环节，它是一个包括了立案材料的来源、对立案材料的审查以及审查后的处理等有机统一的诉讼程序；而立案决定则是立案程序的最终处理结果之一，是启动侦查程序的关键。

二、立案的材料来源和条件

（一）立案的材料来源

立案的材料来源是指公安司法机关获得犯罪线索和证据材料的信息来源。这些线索和材料是公安司法机关立案或者不立案的根据。它主要来源于：

1. 单位或个人的报案或举报。《刑事诉讼法》第110条第1款规定，任何单位和个人发现有犯罪事实或者犯罪嫌疑人，有权利也有义务向公安机关、人民检察院或者人民法院报案或者举报。报案是指机关、团体、企事业单位或者公民（包括被害人）发现有犯罪事实发生，立即向公安司法机关报告案件情况的行为。举报是指机关、团体、企事业单位或者公民（不包括被害人）向公安司法机关揭露、报告犯罪事实和犯罪嫌疑人的行为。报案与举报的区别主要在主体与内容上：报案的主体涵括一切单位和个人，其中包括被害人，而举报则仅限于被害人以外的其他单位或个人；在内容上，报案往往只能报告案件事实的发生，而不知道具体的犯罪人是谁，而举报则不仅能够报告具体的案件事实，而且有明确的被举报人。

2. 被害人的报案或控告。《刑事诉讼法》第110条第2款规定，被害人对侵犯其人身、财产权利的犯罪事实或者犯罪嫌疑人，有权向公安机关、人民检察院或者人民法院报案或者控告。控告是指遭受犯罪行为侵害的公民个人或单位，向公安司法机关控诉、揭露犯罪事实和犯罪嫌疑人的行为。

本节导入案例中，吴某的儿子要求司法机关依法追究于某的刑事责任，就属于因被害人的控告而引起的立案程序。

可见，报案与控告、举报的区别亦主要在于主体以及报告内容上的差异。控告与举报的区别则主要在于主体的不同。

3. 犯罪人的自首。根据《刑事诉讼法》第110条第3款、第4款的规定，犯罪人向公安司法机关自首的，公安司法机关无论案件是否属于自己管辖，都应当接受。对于不属于自己管辖的，应当移送主管机关处理；对于不属于自己管辖而又必须采取紧急措施的，应当先采取紧急措施，然后移送主管机关。

司法实践中，基于《刑法》对犯罪后自首的犯罪分子可以从轻或减轻处罚的明确规定及公安司法机关严厉打击刑事犯罪行为的强大威慑力，犯罪人实施犯罪后自动投案自首的情形亦时有发生。因此，犯罪人的自首也是重要的立案材料来源之一。

4. 公安机关或者人民检察院自行发现的材料。根据《刑事诉讼法》第 109 条的规定，公安机关或者人民检察院发现犯罪事实或犯罪嫌疑人，应当按照管辖范围，立案侦查。在司法实践中，公安机关、人民检察院处于同犯罪作斗争的第一线，要侦办大量的刑事案件。所以，公安机关或者人民检察院直接发现的犯罪事实或犯罪嫌疑人是立案材料的重要来源。受不告不理司法被动性的限制，人民法院未经公诉机关以及自诉人的控告，不得主动追诉犯罪行为。

5. 其他途径。主要是指上级机关交办的案件、群众扭送的案件等。

（二）立案的条件

立案的条件是指案件在刑事诉讼中得以成立并进入诉讼程序所必须具备的法定条件。《刑事诉讼法》第 112 条规定，人民法院、人民检察院或者公安机关对于报案、控告、举报和自首的材料，应当按照管辖范围，迅速进行审查，认为有犯罪事实需要追究刑事责任的时候，应当立案；认为没有犯罪事实，或者犯罪事实显著轻微，不需要追究刑事责任的时候，不予立案，并且将不立案的原因通知控告人。控告人如果不服，可以申请复议。据此，立案的条件是：

1. 认为有犯罪事实——事实条件。认为有犯罪事实，即危害社会的行为已经发生，而且危害社会的行为已达到犯罪的程度，具备犯罪构成的客观事实要件。这一条件要求：一方面，必须有相关的证据证明该行为已使相应的刑法所保护的社会关系受到了侵害，而且其社会危害性已达到犯罪的程度；另一方面，应有确凿的证据证明该犯罪事实客观存在，而非想象、推测或虚假的。当然，在立案阶段，不必要也不可能掌握证实犯罪事实和犯罪嫌疑人的全部证据，只要有相应的证据能够证明犯罪事实已经发生即可，至于犯罪嫌疑人是谁、犯罪的具体情节及整个犯罪过程等事实或证据，可通过立案后的具体侦查、审查起诉、审理程序进一步查明。

在本节导入案例中，公安机关对于被害人吴某儿子的控告，就应当首先审查是否符合立案的事实条件，从危害后果来看已相当严重——导致被害人死亡，但是从犯罪构成符合性的判断来看，就需进一步收集证据证明于某、杨某推下花盆是故意的还是过失的。从本案事实及相关证据来看：通过走访周围的街坊邻居可获得犯罪嫌疑人与被害人无冤无仇、两名行为实施者尚未成年，逞强好胜、做事鲁莽的证人证言；通过讯问于某、杨某可了解二人是打赌闹玩才不计后果地将花盆推下；通过调取二人的出生证明以及户籍登记的书证，可证明案发时其真实年龄。基于上述证据所揭示的案件事实进行分析判断，二人的行为成立高空抛物罪。但是由于造成了被害人死亡结果，应该依照处罚较重的犯罪即以危险方法危害公共安全罪定罪处罚。由于该罪承担刑事责任的年龄为 16 周岁，显然杨某尚不符合以危险方法危害公共安全罪的主体要件，不能认为有犯罪事实，不能立案追究，而于某已符合相应犯罪构成的所有要件，构成犯罪，符合立案的事实条件。

2. 需要追究刑事责任——法律条件。有犯罪事实发生，还必须依法需要追究刑事责任，才能立案。当然，这里的"需要追究刑事责任"也是办案人员仅从客观呈现的事实方面所作的初步判断。所谓需要追究刑事责任，是指根据刑事法律规定，对实施犯罪的行为人有追究刑事责任的必要与可能，才需要启动侦查、起诉、审判程序。对于某些犯罪行为，在特定情形下，为节约司法资源，提高诉讼效率，《刑事诉讼法》明确规定，对于没有追诉必要的则不需要追究刑事责任。即如果符合《刑事诉讼法》第 16 条规定，不需要追究刑事责任情形之一的，即使有犯罪事实存在，也不应立案追究；即使已经立案的，也应当撤销案件。

立案的两个实体条件同等重要，缺一不可，只有同时具备犯罪事实、需要追究刑事责任这两个条件，才能立案。

在本节导入案例中，于某虽然有犯罪事实，但是否具有法定不予追究刑事责任的情形呢？对此应进一步地分析与判断。与《刑事诉讼法》第 16 条的规定一一对照分析，于某不具备第 16 条规定的 6 种情形中的任何情形，显然就属于依法应当追究刑事责任的情形，应予立案。对于被害人提起的附带民事诉讼的要求，可在立案的同时记录在案。

3. 符合管辖的规定——程序性条件。除上述两个实体条件需同时具备外，《刑事诉讼法》及相关规定都明确要求司法机关立案的案件应当是属于自己管辖的案件，即根据立案管辖的划分，属于受案机关管辖。对不属于自己管辖的，在接受有关案件材料后，移送主管机关。必须采取紧急措施的，先采取紧急措施，然后再移送主管机关处理。因而，在程序性条件上，立案的主体必须符合前述立案管辖的相关规定，即要由有立案管辖权的机关具体负责刑事案件的立案、侦查或审判。

三、立案程序

立案程序是指公安机关、人民检察院或者人民法院对立案材料进行审查和处理的过程中应当遵守的法定步骤、方式或方法。

（一）受案

受案即对有关立案材料的接受。《刑事诉讼法》第 110 条第 3 款、第 4 款规定，公安机关、人民检察院或者人民法院对于报案、控告、举报及自首，都应当接受。对于不属于自己管辖的，应当移送主管机关处理，并且通知报案人、控告人、举报人；对于不属于自己管辖而又必须采取紧急措施的，应当先采取紧急措施，然后再移送主管机关。

（二）对立案材料的审查和处理

1. 公检法机关对立案材料审查后的处理。《刑事诉讼法》第112条规定，人民法院、人民检察院或者公安机关对于报案、控告、举报和自首的材料，应当按照管辖范围，迅速进行审查，认为有犯罪事实需要追究刑事责任的时候，应当立案；认为没有犯罪事实，或者犯罪事实显著轻微，不需要追究刑事责任的时候，不予立案，并且将不立案的原因通知控告人。可见，公检法机关对立案材料进行审查后的处理方式均为书面作出立案或者不立案的处理决定，并将不立案的理由通知控告人。

2. 控告人对不立案决定的救济性权利。《刑事诉讼法》第112条规定，控告人如果对人民法院、人民检察院或者公安机关不予立案的决定不服，可以申请复议。

3. 人民检察院对不立案的监督。《刑事诉讼法》第113条规定，人民检察院认为公安机关对应当立案侦查的案件而不立案侦查的，或者被害人认为公安机关对应当立案侦查的案件而不立案侦查，向人民检察院提出的，人民检察院应当要求公安机关说明不立案的理由。人民检察院认为公安机关不立案理由不能成立的，应当通知公安机关立案，公安机关接到通知后应当立案。

第二节 侦查程序

▷ 导入案例

犯罪嫌疑人刘某，男，34岁，系某市建筑公司工人。犯罪嫌疑人刘某某，男，28岁，系该市公交总公司驾驶员。二人系兄弟关系。某年5月3日早8点，刘某和刘某某雇了民工周某、赵某二人在其母亲家帮助母亲傅某装修房子，因噪音过大，导致楼下住户许某（女，36岁）不满，许某与傅某便吵了起来，进而动起手来，许某先动手打了傅某一巴掌，傅某还了两巴掌，许某认为自己吃了亏，便上前用手撕扯傅某的头发。刘某和刘某某见母亲被打，便一起上前，刘某顺手用手中拿着的铁铲用力向许某头部击打数下，致使许某满头鲜血，昏倒休克，刘某某和赶来劝架的邻居马某急忙将其送往医院治疗，经医生诊断为：开放性颅脑损伤。许某的爱人齐某于当天下午向案发地的某某区公安分局控告了刘某和刘某某。

某某区公安分局经审查认为许某的伤情构成重伤，遂以故意伤害罪立案侦查，并于当天签发了拘留证，将刘某和刘某某拘留。5 月 4 日上午，承办此案的两位民警对刘某和刘某某分别进行了讯问，二人陈述中均证实案发当时刘某某只推了许某一下，许某的伤是刘某所为。

问：侦查人员应进一步采取哪些侦查行为？应遵守哪些程序要求？

本案知识点：侦查过程中的具体侦查行为及其程序要求

党的二十大报告指出："从现在起，中国共产党的中心任务就是团结带领全国各族人民全面建成社会主义现代化强国、实现第二个百年奋斗目标，以中国式现代化全面推进中华民族伟大复兴。"新时代的伟大成就是党和人民一道拼出来、干出来、奋斗出来的。侦查环节，负责刑事侦查的公安干警，就必须始终牢记人民警察职责使命，时时处处事事为人民着想，在服务百姓、守护平安上做得更主动、更扎实，不断提高民众满意度和获得感，在中华民族复兴的伟大征程上建功立业。

一、侦查的概念与任务

（一）侦查的概念

《刑事诉讼法》第 108 条第 1 项规定，"侦查"是指公安机关、人民检察院对于刑事案件，依照法律进行的收集证据、查明案情的工作和有关的强制性措施。这一规定揭示出侦查程序作为公诉案件审前程序中最为重要的程序，它是立案之后提起公诉之前的一个独立的诉讼阶段，承担着发现犯罪、揭露犯罪、证实犯罪的诉讼任务，是提起公诉和审判的基础与前提。侦查活动具有以下特征：

1. 侦查是我国刑事诉讼的一个独立阶段。作为公诉案件必经的诉讼程序，侦查程序包含侦查机关立案后所采取的一系列侦查行为以及采取的强制性措施，亦包括在终结该程序时所作的相应处理以及诉讼案卷材料的整理、归档、移送这一动态、完整的诉讼过程或阶段。但是受特定语境的限定，有时"侦查"一词又可能特指侦查行为或侦查活动。

2. 侦查只能由法定的侦查机关进行。侦查的主体只能是法定的享有刑事侦查权的公安机关、人民检察院、国家安全机关、中国海警局、军队保卫部门及监狱，其他任何机关、团体与个人都无权行使侦查权。

3. 侦查活动的内容包括依照法律进行的收集证据、查明案情的工作和有关的强制性措施。依照法律进行的收集证据、查明案情的工作，具体包括讯问犯罪嫌疑人，询问证人、被害人，勘验、检查、侦查实验，搜查，查封、扣押物证、书证，查询、冻结存款、汇款、股票、债券、基金份额等财产，鉴定，技术侦查，辨认，通缉等诉讼活动。所谓有关的强制性措施，是指《刑事诉讼法》所规定的为收集证据、查明案情而采用的限制、剥夺人身自由或对人身、财物进行强制的措施。具体包括两类：一类是侦查活动中采用的五种强制措施；另一类是在收集证据、查明案情的工作中必要的强制性方法，如强制检查、强行搜查、强制扣押等。

4. 侦查活动必须严格依法进行。侦查活动必须严格依照法定程序与条件进行，以实现对于国家强大侦查权的严格法律规制，切实保障处于弱势地位的犯罪嫌疑人的合法权益。侦查活动的这一法律程序的严格要求使其与运用秘密调查手段和各种侦察技术手段进行的秘密侦察活动具有根本性质的差异。因而，侦察不属于诉讼法调整的范畴，亦不具有诉讼活动的性质。但是从民主法制与保障人权的角度，侦察行为应当通过纳入《刑事诉讼法》予以规范，对此，《刑事诉讼法》在"侦查"一章中新增"技术侦查措施"一节，涵括了秘密侦查与控制下交付的相关内容，是刑事诉讼立法的一大进步。

（二）侦查的任务

1. 收集证据，查明案情。在犯罪行为发生后，为了逃避法律的制裁，犯罪分子大都会积极地毁灭罪证、掩盖事实真相或畏罪潜逃。只有通过配备精良技术装备以及专业人员的侦查机关积极运用各项法律赋予的侦查权能，展开积极的调查、取证工作，才能及时发现、收集、固定犯罪证据，审查判断证据，并进而查获犯罪嫌疑人，依法对犯罪嫌疑人适用相应的强制措施，以防发生社会危险性。其后，通过进一步的预审，对收集到的证据材料予以审查、核实，以完善证据体系，实现对犯罪事实的全面查明。

2. 保障无罪的人不受刑事追究，保障犯罪嫌疑人和其他诉讼参与人的诉讼权利不受侵犯。通过侦查取证，及时发现并抓获犯罪嫌疑人，便同时洗脱了其他相关人员的犯罪嫌疑，保障了无罪的人不受刑事追究。

3. 教育公民自觉遵守法律，积极同犯罪行为作斗争。通过对犯罪的及时侦破与惩处，可以极大地弘扬惩恶扬善的社会正气，在教育公民自觉遵守法律，不以身试法的同时，亦可大大激发公民同犯罪作斗争的积极性与主动性。

二、侦查行为

侦查行为是指侦查机关在办理案件过程中，依照法律规定进行的收集证据、查明案情的工作。《刑事诉讼法》规定的侦查行为主要有：讯问犯罪嫌疑人，询问证人、被害人，勘验、检查，搜查，查封、扣押物证、书证，鉴定，辨认，技术侦查措施，通缉等。

（一）讯问犯罪嫌疑人

1. 讯问犯罪嫌疑人的概念与作用。讯问犯罪嫌疑人是指侦查人员依照法定程序以言词方式，就案件事实、证据和其他与案件有关的问题，对犯罪嫌疑人进行查问的一种侦查活动。

讯问犯罪嫌疑人是直接获得犯罪嫌疑人供述和辩解的必要方法，也是给予犯罪嫌疑人如实供述罪行或行使辩护权的有利机会，且对于发现新的犯罪事实与犯罪嫌疑人，扩大证据线索，鉴别案内其他证据，全面查明案情具有重要作用。

2. 讯问犯罪嫌疑人的法定程序。

（1）讯问主体。讯问犯罪嫌疑人只能由人民检察院或者公安机关的侦查人员进行，而且讯问时，侦查人员不得少于 2 人。

（2）讯问时间、地点。要在法定的时间、场所内进行讯问。《刑事诉讼法》第 118 条第 2 款规定，犯罪嫌疑人被送交看守所羁押以后，侦查人员对其进行讯问，应当在看守所内进行。《刑事诉讼法》第 119 条规定，对不需要逮捕、拘留的犯罪嫌疑人，可以传唤到犯罪嫌疑人所在市、县内的指定地点或者到他的住处进行讯问，但是应当出示人民检察院或者公安机关的证明文件。对在现场发现的犯罪嫌疑人，经出示工作证件，可以口头传唤，但应当在讯问笔录中注明。

（3）讯问方式应符合法律规定。侦查人员在讯问犯罪嫌疑人的时候，应当首先讯问犯罪嫌疑人是否有犯罪行为，让他陈述有罪的情节或者无罪的辩解，然后根据其陈述向他提出问题。犯罪嫌疑人对侦查人员的提问，应当如实回答，但是对与本案无关的问题，有拒绝回答的权利。严禁侦查人员刑讯逼供或使用威胁、引诱、欺骗以及其他非法的方法获取口供，违反上述规定，构成犯罪的，依法追究刑事责任。采用刑讯逼供等非法方法收集的犯罪嫌疑人、被告人供述，应当予以排除。对于同案犯罪嫌疑人的讯问，应当分别进行。

（4）侦查人员的告知义务。《刑事诉讼法》第 120 条第 2 款规定，侦查人员在讯问犯罪嫌疑人的时候，应当告知犯罪嫌疑人享有的诉讼权利，如实供述自己罪行可以从宽处理和认罪认罚的法律规定。

（5）讯问过程的全程同步录音录像。《刑事诉讼法》第 123 条规定了讯问过程全程同步录音录像的程序要求：侦查人员在讯问犯罪嫌疑人的时候，可以对讯问过程进行录音或者录像；对于可能判处无期徒刑、死刑的案件或者其他重大犯罪案件，应当对讯问过程进行录音或者录像。录音或者录像应当全程进行，保持完整性。

（6）对不同的犯罪嫌疑人要采取不同的讯问方式。讯问未成年犯罪嫌疑人时，应当针对未成年人的身心特点，采取更加灵活、适宜的方式进行，并应当通知其法定代理人或成年家属、所在学校、单位、居住地基层组织或者未成年人保护组织的代表到场；讯问聋、哑的犯罪嫌疑人，应当有通晓聋、哑手势的人参加。

（7）讯问犯罪嫌疑人应当依法制作讯问笔录。笔录应当交犯罪嫌疑人核对，对于没有阅读能力的，应当向他宣读。如果记录有遗漏或差错，犯罪嫌疑人可以提出补充或改正。犯罪嫌疑人承认笔录没有错误后，应当签名或盖章，侦查人员也应当在笔录上签名。犯罪嫌疑人请求自行书写供述的，应当准许。必要时，侦查人员也可以要求犯罪嫌疑人亲笔书写供词。

（二）询问证人、被害人

1. 询问证人、被害人的概念与作用。询问证人、被害人是指侦查人员依照法定程序，以言词方式，就案件有关情况向证人、被害人进行调查了解的一种侦查活动。

询问证人、被害人既是直接获得证人证言、被害人陈述的必要方法，也是进一步发现、收集、核实案内其他证据，扩大证据范围，全面查明案情的重要手段。

2. 询问证人、被害人的法定程序。

（1）询问主体。询问证人、被害人只能由侦查人员进行。询问时，侦查人员不得少于2人。

（2）询问地点。侦查人员询问证人，可以在现场进行，也可以到证人所在单位、住处或者证人提出的地点进行，在必要的时候，可以通知证人到人民检察院或者公安机关提供证言。在现场询问证人，应当出示工作证件，到证人所在单位、住处或者证人提出的地点询问证人，应当出示人民检察院或者公安机关的证明文件。

（3）询问方式应当符合法律规定。询问证人、被害人，应首先告知其应当如实提供证据、证言和有意作伪证或隐匿罪证要负的法律责任。侦查人员应当为证人、被害人提供能够客观充分地提供证据的条件，严禁采用暴力、威胁等非法手段获取证言、被害人陈述。对非法获取的证人证言、被害人陈述，亦应依法予以排除，不得作为定案或指控犯罪的证据。一案有多个证人或被害人的，询问应个别进行，以避免相互串通或相互影响。

（4）询问证人、被害人的步骤、方法。首先，应当了解证人、被害人的身份，证人、被害人、犯罪嫌疑人之间的关系；其次，应当告知证人、被害人必须如实地提供证据、证言和有意作伪证或者隐匿罪证应负的法律责任；最后，向他提出问题，让其陈述。

（5）询问不满18周岁的未成年证人、被害人，应当通知其法定代理人或成年家属、所在学校、单位、居住地基层组织或者未成年人保护组织的代表到场。询问聋哑证人、被害人，应当由通晓聋哑手势的人作翻译，并将这种情况记入笔录。询问不通晓当地语言文字的人或外国人，应当为其聘请翻译人员。

（6）询问证人、被害人应依法制作询问笔录。询问结束后，交证人、被害人核对或者向他宣读。如果记载有遗漏或差错，证人、被害人可以要求补充或者纠正。证人、被害人确认笔录无误后，证人、被害人和侦查人员都应当在笔录上签名或盖章。如果证人、被害人愿意提供书面证言，应当允许。必要时，侦查人员也可以让证人、被害人亲笔书写证词，但是书面证言不能代替口头询问。

（7）侦查机关应当保障证人、被害人依法享有的诉讼权利，保障证人、被害人及其近亲属的安全。对证人及其近亲属进行威胁、侮辱、殴打或者打击报复构成犯罪的，应依法追究刑事责任，尚不够刑事处罚的，依法给予治安管理处罚。

（三）勘验、检查

1. 勘验、检查的概念。勘验、检查是指侦查人员对与犯罪有关的场所、物品、尸体或人身进行勘查、检验或检查，以发现和收集犯罪活动所遗留下来的各种痕迹和物品的一种侦查活动。勘验、检查的性质相同，但适用对象有所区别，勘验的对象是现场、物品和尸体，而检查的对象则是活人的人身。

勘验、检查是发现、收集与犯罪活动有关的物证、书证、视听资料的重要途径，也是直接获得勘验、检查笔录的必要手段，它对于侦查人员发现、收集和固定犯罪的痕迹和证物，全面分析、判断案件性质，确定侦查方向与范围，扩大证据线索具有重要意义。

2. 勘验、检查的种类。按照勘验、检查的内容不同，可将勘验、检查分为现场勘查、物证检验、尸体检验、人身检查；按照勘验、检查的次数进行分类，勘验、检查可分为勘验、检查与复验、复查。

3. 勘验、检查的法定程序。

（1）现场勘查。现场勘查是侦查人员对发生犯罪案件或者发现犯罪痕迹的地点、场所进行的勘验和检查的一种侦查活动。

《刑事诉讼法》第129条规定，任何单位和个人，都有义务保护犯罪现场，并且立即通知公安机关派员勘验。侦查人员接案后，应当迅速赶到案发现场，并保护好现场。

侦查人员执行勘验、检查，必须持有人民检察院或者公安机关的证明文件，且侦查人员不得少于2人。必要时可以指派或聘请具有专门知识的人在侦查人员的主持下进行勘验。为了保证勘验的客观公正性，还应当邀请有关公民作为见证人。《公安部规定》第216条还规定，勘查现场，应当拍摄现场照片、绘制现场图，制作笔录，由参加勘查的人和见证人签名。对重大案件的现场勘查，应当录音录像。

现场勘验情况应制作笔录，侦查人员、参加勘验的其他人员和见证人都应当在笔录上签名或盖章。

（2）物证检验。物证检验是指侦查人员对侦查过程中收集到的物证进行鉴别和判断，以确定该物证与案件事实之间关系的一种侦查活动。

物证的检验应当及时、认真、细致，如果需要专门技术人员进行检验和鉴定的，应当指派或聘请鉴定人进行。

物证检验应当制作笔录，参加检验的人员和见证人均应签名或者盖章。

（3）尸体检验。尸体检验是指侦查人员指派或聘请法医或医师对尸体进行尸表检验或尸体解剖的一种侦查活动。其目的在于确定死亡的时间和原因，判明致死的工具、手段和方法，为查明案情和查获犯罪嫌疑人提供线索和证据。

根据《刑事诉讼法》第 131 条及《公安部规定》第 118 条规定，对于死因不明的尸体，公安机关有权决定解剖，并通知死者家属到场；死者家属无正当理由拒不到场的，侦查人员应当在解剖尸体通知书上注明。对于身份不明的尸体，无法通知死者家属的，应当在笔录中注明。

（4）人身检查。人身检查是指侦查人员为了确定被害人、犯罪嫌疑人的某些特征、伤害情况或者生理状态，依法对其人身进行检查的一种侦查活动。

《刑事诉讼法》第 132 条及《公安部规定》第 217 条规定，为了确定被害人、犯罪嫌疑人的某些特征、伤害情况或生理特征，可以对其人身进行检查，可以提取指纹信息，采集血液、尿液等生物样本。被害人死亡的，应当通过被害人近亲属辨认、提取生物样本鉴定等方式确定被害人身份。犯罪嫌疑人如果拒绝检查，侦查人员认为必要的时候，经办案部门负责人批准，可对其进行强制检查，但对被害人的人身不得进行强制检查。检查妇女的身体，应当由女工作人员或者医师进行。

人身检查应制作笔录，并由参加的侦查人员、检查人员、被检查人员和见证人签名或盖章。被检查人员拒绝签名的，侦查人员应当在笔录中注明。

（5）复验、复查。《刑事诉讼法》第 134 条规定，人民检察院审查案件的时候，对公安机关的勘验、检查，认为需要复验、复查时，可以要求公安机关复验、复查，并且可以派检察人员参加。复验、复查可以退回公安机关进行，也可以由人民检察院自行进行。

（四）侦查实验

1. 侦查实验的概念和作用。侦查实验是指为了确定与案件有关的某一事件或者事实在某种条件下能否发生或者怎样发生，而按照原来的条件将该事件或者事实加以重演或者进行实验的一种侦查活动。

侦查实验是审查证人证言、被害人陈述、犯罪嫌疑人供述与辩解是否真实，能否作为定案依据的有效方法。

2. 侦查实验的程序与要求。

（1）应经县级以上公安机关负责人批准。侦查实验既可以在现场勘验过程中进行，也可以单独进行。

（2）侦查实验的条件应当与原来的条件相同或者相似，并且尽可能对同一情况重复实验，以保证其科学性和准确性。

（3）应禁止一切足以造成危险、侮辱人格或者有伤风化的行为。

（4）进行侦查实验，应当全程录音录像，并制作侦查实验笔录，由参加实验的人签名或者盖章。

（五）搜查

1. 搜查的概念和作用。搜查是指侦查人员对犯罪嫌疑人以及可能隐藏罪犯或者犯罪证据的人的身体、物品、住处或其他有关地方进行搜索、检查的一种侦查活动。搜查是直接抓获犯罪嫌疑人或查获犯罪证据的重要手段。

2. 搜查的法定程序。

（1）搜查只能由侦查人员进行，且侦查人员不得少于 2 人。搜查的目的是为了收集犯罪证据、查获犯罪嫌疑人。搜查的对象和范围，既可以是犯罪嫌疑人，也可以是其他可能隐藏罪犯或者犯罪证据的人；既可以对人身进行，也可以对被搜查人的住处、物品和其他有关地方进行。

（2）进行搜查，必须向被搜查人出示搜查证。但是，在执行逮捕、拘留时，遇有下列情形之一的，不另用搜查证也可以进行搜查：可能随身携带凶器的，可能隐藏爆炸、剧毒等危险物品的，可能隐匿、毁弃、转移犯罪证据的，可能隐匿其他犯罪嫌疑人及其他突然发生的紧急情况。

（3）任何单位和个人，都有义务按照公安机关和人民检察院的要求，交出可以证明犯罪嫌疑人有罪或者无罪的物证、书证、视听资料等证据。

（4）搜查时，应当有被搜查人或者其家属、邻居或者其他见证人在场，以监督、证明搜查程序的合法性与正当性。

（5）搜查妇女的身体，应当由女工作人员进行。

（6）搜查的情况应当依法制作笔录，并由侦查人员和被搜查人或他的家属、邻居或者其他见证人签名或盖章。如果被搜查人或者他的家属在逃或者拒绝签名、盖章的，应当在笔录上注明。

（六）查封、扣押物证、书证

1. 查封、扣押物证、书证的概念和作用。查封、扣押物证、书证是指侦查人员依法强行扣留和提存与案件有关的财物、文件的一种侦查活动。

查封、扣押物证、书证是取得和保全证据的重要手段。它有助于防止证明犯罪嫌疑人有罪或无罪、罪重或罪轻的物证、书证发生毁弃、丢失或被隐藏等现象的发生，保证侦查人员依法扣押的物证、书证在认定案件事实，揭露证实犯罪，保障无罪公民不受刑事追诉方面发挥应有的作用。

2. 查封、扣押物证、书证的法定程序。

（1）查封、扣押物证、书证只能由公安机关和检察机关的侦查人员进行，并持有侦查机关的证明文件；侦查人员如果是在勘验、检查和搜查中发现需要扣押的财物、文件的，凭勘查证和搜查证即可予以扣押。

（2）查封、扣押的范围只限于与查明案件事实有关的具有证据意义的各种财物、文件，与案件无关的财物、文件不得扣押；对违禁品，无论是否与本案有关，都应先行扣押，然后交有关部门处理。

（3）依法扣押文物、贵金属、珠宝、字画等贵重财物的，应当拍照或者录音录像，并及时鉴定、估价。

（4）对于查封、扣押的财物、文件，应当会同在场见证人和被查封、扣押财物、文件持有人查点清楚，当场开列清单一式两份，并由侦查人员、见证人和持有人签名或者盖章，一份交给持有人，另一份附卷备查。对于财物、文件的持有人无法确定，以及持有人不在现场或者拒绝签名的，侦查人员应当在清单中注明。

（5）对查封、扣押的财物、文件，要妥善保管或者封存，不得使用、调换、损毁。

（6）侦查人员根据侦查的实际需要，经公安机关或人民检察院批准，可依法扣押犯罪嫌疑人的邮件、电报，亦可依法查询、冻结犯罪嫌疑人的存款、汇款、债券、股票、基金份额等财产。但查询、冻结存款和汇款等财产须经县级以上侦查机关负责人批准，制作相关法律文书，通知银行或其他金融机构、邮电部门执行。犯罪嫌疑人的存款、汇款、债券、股票、基金份额等财产已被冻结的，不得重复冻结，但可以轮候冻结。冻结相关财产、证券、权益等要遵守其期限的规定。

（7）对查封、扣押的财物、文件、邮件、电报或者冻结的存款、汇款、债券、股票、基金份额等财产，经查明确实与案件无关的，应当在3日以内解除查封、扣押、冻结，予以退还。

（七）鉴定

1. 鉴定的概念和作用。鉴定是指侦查机关为了查明案情，指派或聘请具有专门知识的鉴定人，就案件中某些专门性问题进行鉴别和判断并作出鉴定意见的一种侦查行为。侦查中经常采用的鉴定有：刑事技术鉴定、人身伤害的医学鉴定、精神病的医学鉴定、扣押物品的价格鉴定、文物鉴定、珍稀动植物及其制品鉴定、违禁品和危险品鉴定、电子数据鉴定、会计鉴定等。

鉴定活动对于判断证据与案件事实之间的联系，解释物证、书证在诉讼中的证明作用，确定证据的证明力，分清案件性质，进一步查明案情具有重要作用。

2. 鉴定的法定程序。

（1）公安机关、人民检察院应当聘请、指派具有鉴定资格与能力的人进行鉴定，即鉴定人必须具有解决本案中专门性问题的知识和技能，并且与本案或本案当事人没有利害关系，能够保证客观公正地进行鉴定。

（2）鉴定人应当按照鉴定规则，运用科学方法如实进行鉴定，并出具由鉴定人签名的书面鉴定意见，同时附上鉴定机构和鉴定人的资质证明或者其他证明文件。故意作虚假鉴定的，应当承担法律责任。

（3）侦查机关应当将用作证据的鉴定意见告知犯罪嫌疑人、被害人，犯罪嫌疑人、被害人对鉴定意见有异议并提出申请，以及办案部门或者侦查人员对鉴定意见有疑义的，可以将鉴定意见送交其他有专门知识的人员提出意见。必要时，可以询问鉴定人并制作笔录附卷。

（4）犯罪嫌疑人、被害人提出申请时，也可以补充鉴定或重新鉴定。根据《公安部规定》第254条、第255条规定，经审查，发现有下列情形之一的，经县级以上公安机关负责人批准，应当补充鉴定：①鉴定内容有明显遗漏的；②发现新的有鉴定意义的证物的；③对鉴定证物有新的鉴定要求的；④鉴定意见不完整，委托事项无法确定的；⑤其他需要补充鉴定的情形。应当重新鉴定情形有：①鉴定程序违法或者违反相关专业技术要求的；②鉴定机构、鉴定人不具备鉴定资质和条件的；③鉴定人故意作虚假鉴定或者违反回避规定的；④鉴定意见依据明显不足的；⑤检材虚假或者被损坏的；⑥其他应当重新鉴定的情形。重新鉴定的，应当另行指派或者聘请鉴定人。

（5）对犯罪嫌疑人作精神病鉴定的时间不计入办案期限，其他鉴定时间都应当计入办案期限。

（八）辨认

1. 辨认的概念和作用。辨认是指在侦查中为了查明案情，必要时在侦查人员的主持下，由被害人、证人或者犯罪嫌疑人对与犯罪有关的物品、文件、尸体、场所或者犯罪嫌疑人进行辨别、确认的一种侦查活动。

辨认对于核实案件有关证据，查获犯罪嫌疑人等具有重要作用。

2. 辨认的法定程序。对此，《刑事诉讼法》未予规定。根据《最高检察院规则》和《公安部规定》的有关规定，辨认的程序要求为：

（1）辨认应当在侦查人员主持下进行。主持辨认的人不得少于2人。在辨认前，应当向辨认人详细询问被辨认对象的具体特征，避免辨认人见到被辨认对象，并应当告知辨认人有意作虚假辨认应当承担的法律责任。

（2）几名辨认人对同一辨认对象进行辨认时，应当由每名辨认人单独进行。必要时，可以有见证人在场。

（3）辨认时，应当将辨认对象混杂在其他人员或物品中，不得给辨认人任何暗示。辨认犯罪嫌疑人时，被辨认的人数不得少于7人；对犯罪嫌疑人的照片进行辨认的，不得少于10人的照片；辨认物品时，同类物品不得少于5件，公安机关侦查的案件辨认的同类物品的照片不得少于10张，人民检察院直接受理侦查的案件辨认的同类物品的照片不得少于5张。对场所、尸体等特定辨认对象进行辨认，或者辨认人能够准确描述物品独有特征的，陪衬物不受数量的限制。对犯罪嫌疑人的辨认，辨认人不愿意公开进行时，可以在不暴露辨认人的情况下进行，并应当为其保守秘密。

（4）辨认的经过和结果等情况，应当制作笔录，由主持和参加辨认的侦查人员、辨认人、见证人签名或盖章。

（九）技术侦查措施

1. 技术侦查措施的概念与作用。技术侦查措施有广义与狭义两种解释。《刑事诉讼法》侦查程序中的第八节"技术侦查措施"就是指广义的特殊侦查措施的代称，具体包括技术侦查、秘密侦查以及控制下交付三种侦查行为。从学理以及规范意义上界定，技术侦查措施应指狭义的与秘密侦查、控制下交付并列的技术侦查。所谓技术侦查，是指公安机关、人民检察院根据侦查犯罪的需要，在经过严格的批准手续后，运用技术设备收集证据或者查获犯罪分子的一种特殊侦查措施。根据侦查实践，技术侦查措施包括监听、监视、密取、网络监控、截取电子邮件、秘密拍照、秘密录像、电子通讯定位等。

技术侦查措施对于应对日渐智能化、有组织化的严重犯罪，特别是对于危害国家安全犯罪、恐怖活动犯罪、黑社会性质的组织犯罪、重大毒品犯罪或者其他严重危害社会的犯罪，有利于弥补一般侦查措施的不足，有利于迅速及时地收集证据，查获犯罪分子，而且有利于震慑犯罪，有力地预防上述犯罪的发生，同时也符合国际刑事诉讼的发展规律和《联合国打击跨国有组织犯罪公约》等国际公约的要求，因而具有积极且重大的现实意义。

2. 技术侦查的法定程序。

（1）技术侦查的主体。在我国，只有公安机关、人民检察院等侦查机关有权采取技术侦查措施，其他任何机关、团体、个人均无权采取。

（2）技术侦查的适用范围。根据《刑事诉讼法》第150条的规定，公安机关在立案后，对于危害国家安全犯罪、恐怖活动犯罪、黑社会性质的组织犯罪、重大毒品犯罪或者其他严重危害社会的犯罪案件，根据侦查犯罪的需要，经过严格的批准手续，可以采取技术侦查措施。人民检察院在立案后，对于利用职权实施的严重侵犯公民人身权利的重大犯罪案件，根据侦查犯罪的需要，经过严格的批准手续，可以采取技术侦查措施，按照规定交有关机关执行。追捕被通缉或者批准、决定逮捕的在逃的犯罪嫌疑人、被告人，经过批准，可以采取追捕所必需的技术侦查措施。

（3）技术侦查措施的种类。技术侦查措施包括采取记录监控、行踪监控、通信监控、场所监控等措施。

（4）技术侦查措施的适用对象。适用于犯罪嫌疑人、被告人以及与犯罪活动直接关联的人员。

（5）技术侦查的审批程序。批准决定应当根据侦查犯罪的需要，确定采取技术侦查措施的种类和适用对象。批准决定自签发之日起 3 个月以内有效。对于不需要继续采取技术侦查措施的，应当及时解除；对于复杂、疑难案件，期限届满仍有必要继续采取技术侦查措施的，经过批准，有效期可以延长，每次不得超过 3 个月。

（6）技术侦查的执行程序。具体包括：①采取技术侦查措施，必须严格按照批准的措施种类、适用对象和期限执行。②侦查人员对采取技术侦查措施过程中知悉的国家秘密、商业秘密和个人隐私，应当保密；对采取技术侦查措施获取的与案件无关的材料，必须及时销毁。③采取技术侦查措施获取的材料，只能用于对犯罪的侦查、起诉和审判，不得用于其他用途。④公安机关依法采取技术侦查措施，有关单位和个人应当配合，并对有关情况予以保密。⑤为了查明案情，在必要的时候，经县级以上公安机关负责人决定，可以由侦查人员或者公安机关指定的其他人员隐匿身份实施侦查。隐匿身份实施侦查时，不得使用促使他人产生犯罪意图的方法诱使他人犯罪，不得采用可能危害公共安全或者发生重大人身危险的方法。⑥对涉及给付毒品等违禁品或者财物的犯罪活动，公安机关根据侦查犯罪的需要，可以依照规定实施控制下交付。

（十）通缉

1. 通缉的概念和作用。通缉是指侦查机关发布通缉令并采取有效措施，将应当逮捕而在逃的犯罪嫌疑人追捕归案的一种侦查活动。

通缉是侦查机关动员毗邻地区或其他地区的公安机关及广大人民群众，协助追捕在逃的犯罪嫌疑人的有效措施，它对于使犯罪嫌疑人及时归案，保障刑事追诉的有效落实，具有重要作用。

2. 通缉的法定程序。

（1）有权发布通缉令的机关只能是公安机关。其他任何机关、单位、组织和个人都无权发布。人民检察院办理直接受理侦查的案件，需要追捕在逃的犯罪嫌疑人时，经检察长批准，作出通缉决定后，通知公安机关，由公安机关发布通缉令。

（2）通缉的对象应为罪该逮捕而在逃的犯罪嫌疑人、被告人或越狱逃跑的罪犯。具体包括已决定予以拘留、逮捕而在逃的重大嫌疑分子、被告人及从被羁押场所逃跑的犯罪嫌疑人、被告人，也包括在取保候审、监视居住期间逃跑的犯罪嫌疑人、被告人，还包括越狱逃跑的已决犯。

（3）县级以上公安机关在自己的辖区内，可以直接发布通缉令，超出自己的辖区的，应当报请有权决定的上级机关发布。

（4）通缉令中应当写明被通缉人的姓名、别名、曾用名、绰号、性别、年龄、民族、籍贯、出生地、户籍所在地、居住地、职业、身份证号码、衣着和体貌特征，并附被通缉人的近期照片，可以附指纹及其他物证的照片。除了必须保密的事项外，应当写明发案的时间、地点和简要案情。

（5）有关公安机关接到通缉令后，应当及时布置查缉。抓获犯罪嫌疑人后，应当迅速通知通缉令发布机关，并报经抓获地县级以上公安机关负责人批准后，凭通缉令羁押。原通缉令发布机关应当立即进行核实，依法处理。

（6）为发现重大犯罪线索，追缴涉案财物、证据，查获犯罪嫌疑人，必要时，经县级以上公安机关负责人批准，可以发布悬赏通告。悬赏通告应当写明悬赏对象的基本情况和赏金的具体数额。

　　本节导入案例中，犯罪事实的查明涉及以下证据的调查、收集以及审查判断：①犯罪主体及主观方面。谁是伤害许某的人？刘某还是刘某某，抑或二人共同实施？对于这一案件事实应通过讯问犯罪嫌疑人刘某、刘某某，询问证人周某、赵某、傅某，询问被害人许某来查明案件基本事实。②犯罪客体与客观方面。通过现场勘查及扣押物证，收集物证（犯罪工具铁铲）以及进行相应指纹、痕迹鉴定，确定犯罪实施手段；以通过调查走访收集的书证（医生诊断证明）和通过鉴定收集的鉴定意见（委托相应鉴定部门进行伤情鉴定）来确定危害后果。程序要求见前述的侦查行为的具体程序规定。

三、侦查终结

（一）侦查终结的概念与作用

侦查终结（简称结案）是指侦查机关通过一系列的侦查活动，认为案件事实已经查清，证据确实、充分，足以认定犯罪嫌疑人是否犯罪和应否对其追究刑事责任而决定结束侦查，依法对案件作出处理或提出处理意见的一项诉讼活动。

侦查终结是对已经开展的各种侦查活动和侦查工作进行审核和总结的结束程序。依照法定程序和条件正确、及时地终结侦查，可以为人民检察院提起公诉、人民法院审判奠定基础，也可以为无罪的人和依法不应当受到刑事追究的人不受刑事追究提供程序保障。

（二）侦查终结对案件的处理及其程序要求

根据《刑事诉讼法》第 161 条、第 162 条及第 163 条的规定，在案件侦查终结前，辩护律师提出要求的，侦查机关应当听取辩护律师的意见，并记录在案。

辩护律师提出书面意见的，应当附卷。侦查机关对于侦查终结的案件，经审查认为符合相应的结案条件后，应依法作出相应的处理，并履行相应的结案手续。

1. 移送审查起诉。根据《刑事诉讼法》第162条的规定，公安机关侦查终结的案件，应当做到犯罪事实清楚，证据确实、充分，并且写出起诉意见书，连同案卷材料、证据一并移送同级人民检察院审查决定。犯罪嫌疑人自愿认罪的，应当记录在案，随案移送，并在起诉意见书中写明有关情况。可见，移送审查起诉的案件必须符合下列条件：

（1）犯罪事实清楚，证据确实、充分。所谓犯罪事实清楚，是指犯罪人、时间、地点、动机与目的、犯罪手段、犯罪结果及其他影响定罪量刑的有关犯罪的具体情节已查清，且没有漏罪、漏人。所谓证据确实、充分，是指证明上述犯罪嫌疑人的犯罪事实、情节客观存在的相应证据都已经查证属实，证据之间没有矛盾，形成完整的证据体系。

（2）犯罪的性质与罪名认定正确。根据上述已查明的犯罪事实，结合《刑法》相应的规定，对于该事实的犯罪性质及具体罪名作出正确的认定与法律适用就是对犯罪人罚当其罪、公正司法的体现。这也正是对于刑法学理论中罪与非罪、此罪与彼罪、一罪与数罪的司法实践与实现过程。

（3）依法应当追究刑事责任。根据《刑事诉讼法》第16条所规定的依法定情形不予追究刑事责任原则的要求，如果犯罪嫌疑人的行为显著轻微，危害不大不认为是犯罪的，当然不应当追究其刑事责任；如果犯罪嫌疑人的行为构成犯罪，但是具备第16条所规定的其他5种情形之一的，也不需要追究刑事责任。因而，只有排除了上述的法定情形，依法应当追究其刑事责任时，才能移送审查起诉，否则，应当作撤销案件处理。

要注意的是，公安机关在案件侦查终结，移送审查起诉时，对于犯罪嫌疑人自愿认罪的，要特别记录在案，并随案移送，在起诉意见书中写明犯罪嫌疑人认罪的情况，以便检察机关审查起诉人员引起重视并及时处理。另外，公安机关决定案件移送人民检察院审查起诉时，还应当将案件移送情况告知犯罪嫌疑人及其辩护律师。

2. 撤销案件。根据《刑事诉讼法》第163条的规定，公安机关在侦查过程中，发现不应对犯罪嫌疑人追究刑事责任的，应当撤销案件（简称撤案），终结刑事诉讼程序。可见，撤销案件的条件为：不应对犯罪嫌疑人追究刑事责任。具体而言，包括本案根本不存在犯罪事实，或者虽然存在客观方面的犯罪事实，但是犯罪嫌疑人的行为缺乏犯罪构成的其他要件而不构成犯罪，或者犯罪嫌疑人的行为虽然构成犯罪，但是具备《刑事诉讼法》第16条规定的5种情形之一，而不需要追究刑事责任。

3. 人民检察院对直接受理的案件侦查终结后的处理及程序。《刑事诉讼法》第164条规定:"人民检察院对直接受理的案件的侦查适用本章规定。"即人民检察院对直接受理的案件的侦查,除了法律另有规定的以外,均适用《刑事诉讼法》关于侦查的所有规定。

根据《刑事诉讼法》第168条规定,人民检察院对侦查终结的案件应分别情形,作出提起公诉、不起诉或撤销案件的决定。

(1)人民检察院经过侦查,认为犯罪嫌疑人的行为构成犯罪,且犯罪事实清楚,证据确实、充分,依法应当追究刑事责任的案件,侦查人员应当写出侦查终结报告,并制作起诉意见书,连同其他案卷材料、证据一并移送本院负责捕诉的部门审查。

(2)人民检察院经过侦查,认为犯罪嫌疑人的行为构成犯罪,但犯罪情节轻微,依照《刑法》规定不需要判处刑罚或可以免除处罚的案件,侦查人员应当写出侦查终结报告,并制作不起诉意见书,连同其他案卷材料、证据一并移送本院负责捕诉的部门审查。

(3)根据《最高检察院规则》第242条、第243条的规定,人民检察院在侦查过程中或者侦查终结后,发现具有下列情形之一的,负责侦查的部门应当制作拟撤销案件意见书,报请检察长决定:①具有《刑事诉讼法》第16条规定情形之一的;②没有犯罪事实的,或者依照刑法规定不负刑事责任或者不是犯罪的;③虽有犯罪事实,但不是犯罪嫌疑人所为的。对于共同犯罪的案件,如有符合本条规定情形的犯罪嫌疑人,应当撤销对该犯罪嫌疑人的立案。地方各级人民检察院决定撤销案件的,负责侦查的部门应当将撤销案件意见书连同本案全部案卷材料,在法定期限届满7日前报上一级人民检察院审查;重大、复杂案件在法定期限届满10日前报上一级人民检察院审查。对于共同犯罪案件,应当将处理同案犯罪嫌疑人的有关法律文书以及案件事实、证据材料复印件等,一并报送上一级人民检察院。

(三)侦查中的羁押期限

侦查羁押期限,是指犯罪嫌疑人在侦查中被逮捕以后到侦查终结的期限,而不包括侦查中适用刑事拘留的羁押期限。根据《刑事诉讼法》的规定,对侦查中的羁押期限有如下规定:

1. 一般羁押期限。《刑事诉讼法》第156条规定,对犯罪嫌疑人逮捕后的侦查羁押期限不得超过2个月,案情复杂、期限届满不能终结的案件,可以经上一级人民检察院批准延长1个月。

2. 特殊羁押期限。

(1)《刑事诉讼法》第158条规定,下列案件在《刑事诉讼法》第156条规定的期限届满仍不能侦查终结的，经省、自治区、直辖市人民检察院批准或决定，可以延长 2 个月：交通十分不便的边远地区的重大复杂案件；重大的犯罪集团案件；流窜作案的重大复杂案件；犯罪涉及面广，取证困难的重大复杂案件。

（2）《刑事诉讼法》第 159 条规定，对犯罪嫌疑人可能判处 10 年有期徒刑以上刑罚，依照《刑事诉讼法》第 158 条规定延长期限届满，仍不能侦查终结的，经省、自治区、直辖市人民检察院批准或决定，可以再延长 2 个月。

（3）《刑事诉讼法》第 157 条规定："因为特殊原因，在较长时间内不宜交付审判的特别重大复杂的案件，由最高人民检察院报请全国人民代表大会常务委员会批准延期审理。"

3. 重新计算羁押期限。

（1）《刑事诉讼法》第 160 条第 1 款规定："在侦查期间，发现犯罪嫌疑人另有重要罪行的，自发现之日起依本法第一百五十六条的规定重新计算侦查羁押期限。"

（2）《刑事诉讼法》第 160 条第 2 款规定，犯罪嫌疑人不讲真实姓名、住址，身份不明的，应当对其身份进行调查，侦查羁押期限自查清其身份之日起计算，但不得停止对其犯罪行为的侦查取证。对于犯罪事实清楚，证据确实、充分，确实无法查明其身份的，也可以按其自报的姓名起诉、审判。"

4. 不计入侦查羁押期限。《刑事诉讼法》第 149 条规定："对犯罪嫌疑人作精神病鉴定的期间不计入办案期限。"根据上述规定，犯罪嫌疑人、被告人在押的案件，除对犯罪嫌疑人、被告人的精神病鉴定期间不计入办案期限外，其他鉴定期间都应当计入办案期限。对于因鉴定时间较长，办案期限届满仍不能终结的案件，自期限届满之日起，应当对被羁押的犯罪嫌疑人、被告人变更强制措施，改为取保候审或者监视居住。

第三节　起诉程序

导入案例

犯罪嫌疑人张某，男，15 岁，中学生。犯罪嫌疑人魏某，男，14 岁，中学生。某市公安机关以抢劫罪将张某、魏某移送本市人民检察院审查起诉。起诉意见书列明：2017 年 10 月下旬的一天，该市二中学生张某伙同同学魏某在光华区热力网吧附近，采用打耳光、脚踢等手段从被害人方某处强行索取人民币 45 元。2018 年 2 月 21 日，犯罪嫌疑人张某、魏某在某邮政局附近拦住某中学学生王某、陈某向其索要钱财，学生陈某稍有不满，张、魏二人即对其拳打脚踢，并继续向王某索要钱财，王无奈给了人民币20元。

问：对此案，人民检察院应作何处理？理由是什么？法律程序如果操作？

本案知识点： 审查起诉的内容与程序；审查后的处理

一、起诉的概念、种类与任务

（一）起诉的概念

刑事诉讼中的起诉，是指法定的机关或者个人，依照法律规定向有管辖权的法院提出控告，要求该法院对被指控的被告人进行审判并予以刑事制裁的一种诉讼活动或程序。

（二）起诉的种类

根据行使追诉权的主体的不同，刑事诉讼中的起诉可分为公诉与自诉两种形式。我国实行公诉与自诉并存，公诉为主、自诉为辅的起诉方式。所谓公诉，是指人民检察院代表国家就具体犯罪人的犯罪事实向法院起诉，请求法院依法审理并追究被告人刑事责任。所谓自诉，是指遭受犯罪行为实际侵害的具体被害人及其法定代理人、近亲属，以个人的名义向法院起诉，请求依法审理并追究其刑事责任。

（三）起诉的任务

起诉阶段的任务在于通过享有起诉权的机关或者个人，依据事实和法律审查案件是否符合起诉条件，并将其认为依法应当追究刑事责任的被告人向有管辖权的法院提出控诉，以启动审判程序，并为开庭审理做好举证、论证的充分准备。

二、审查起诉

（一）审查起诉的概念

审查起诉，是指人民检察院对侦查机关侦查终结移送起诉的案件以及本院侦查部门侦查终结移送审查起诉或不起诉的案件，依法定程序对侦查机关或本院侦查部门认定的犯罪事实和证据、犯罪性质以及适用的法律等进行审查核实，并作出处理决定的一项诉讼活动。

《刑事诉讼法》第169条规定，凡需要提起公诉的案件，一律由人民检察院审查决定。

《刑事诉讼法》第170条第1款规定，人民检察院对于监察机关移送起诉的案件，依照本法和监察法的有关规定进行审查。这表明提起公诉的决定权只能由人民检察院行使；无论是公安机关侦查终结的案件还是人民检察院自行侦查终结的案件，抑或是监察机关调查终结的案件，决定提起公诉或不起诉之前，都必须经过审查起诉的程序。

（二）审查的内容

根据《刑事诉讼法》第171条和《最高检察院规则》第330条的规定，人民检察院审查移送起诉的案件，应当查明：

1. 犯罪嫌疑人身份状况是否清楚，包括姓名、性别、国籍、出生年月日、职业和单位等；单位犯罪的，单位的相关情况是否清楚。

2. 犯罪事实、情节是否清楚；实施犯罪的时间、地点、手段、危害后果是否明确。

3. 认定犯罪性质和罪名的意见是否正确；有无法定的从重、从轻、减轻或者免除处罚情节及酌定从重、从轻情节；共同犯罪案件的犯罪嫌疑人在犯罪活动中的责任的认定是否恰当。

4. 犯罪嫌疑人是否认罪认罚。

5. 证明犯罪事实的证据材料是否随案移送；证明相关财产系违法所得的证据材料是否随案移送；不宜移送的证据的清单、复制件、照片或者其他证明文件是否随案移送。

6. 证据是否确实、充分，是否依法收集，有无应当排除非法证据的情形。

7. 采取侦查措施包括技术侦查措施的法律手续和诉讼文书是否完备。

8. 有无遗漏罪行和其他应当追究刑事责任的人。

9. 是否属于不应当追究刑事责任的。

10. 有无附带民事诉讼；对于国家财产、集体财产遭受损失的，是否需要由人民检察院提起附带民事诉讼；对于破坏生态环境和资源保护，食品药品安全领域侵害众多消费者合法权益，侵害英雄烈士的姓名、肖像、名誉、荣誉等损害社会公共利益的行为，是否需要由人民检察院提起附带民事公益诉讼。

11. 采取的强制措施是否适当，对于已经逮捕的犯罪嫌疑人，有无继续羁押的必要。

12. 侦查活动是否合法。

13. 涉案财物是否查封、扣押、冻结并妥善保管，清单是否齐备；对被害人合法财产的返还和对违禁品或者不宜长期保存的物品的处理是否妥当，移送的证明文件是否完备。

　　本节导入案例中，公诉机关在对于张某、魏某的行为是否构成抢劫罪的审查起诉中，就应当首先对二人的身份情况予以审查核实，特别是二人实施犯罪行为时的准确年龄，以判断二人是否达到法定的刑事责任年龄。其次，应结合案内证据重点审查犯罪事实、情节是否清楚；是否造成严重后果；证据是否确实、充分；有无遗漏罪行和其他应当追究刑事责任的人；公安机关认定犯罪性质和罪名的意见是否正确；有无法定量刑情节；共同犯罪责任认定是否正确，采取的强制措施是否适当；侦查活动是否合法；等等。

（三）审查的程序与要求

1. 对于监察机关移送起诉的已采取留置措施的案件，先行进行强制措施的转化，转化后进行审查。根据《刑事诉讼法》第170条第2款的规定，对于监察机关移送起诉的已采取留置措施的案件，人民检察院应当对犯罪嫌疑人先行拘留，留置措施自动解除。人民检察院应当在拘留后的10日以内作出是否逮捕、取保候审或者监视居住的决定。在特殊情况下，决定的时间可以延长1日至4日。人民检察院决定采取强制措施的期间不计入审查起诉期限。

2. 全面审查。对起诉意见书及全部案卷材料和证据进行全面、认真审查。

3. 讯问犯罪嫌疑人、听取相关意见。《刑事诉讼法》第173条规定，人民检察院审查案件，应当讯问犯罪嫌疑人，听取辩护人或者值班律师、被害人及其诉讼代理人的意见，并记录在案。辩护人或者值班律师、被害人及其诉讼代理人提出书面意见的，应当附卷。

4. 核实证据。《刑事诉讼法》第175条第1款规定，人民检察院审查案件，可以要求公安机关提供法庭审判所必需的证据材料；认为可能存在《刑事诉讼法》第56条规定的以非法方法收集证据情形的，可以要求公安机关对证据收集的合法性作出说明。

5. 补充侦查、调查。根据《刑事诉讼法》第175条第2款规定以及《最高检察院规则》第342条、第343条、第345条规定，人民检察院审查案件，认为犯罪事实不清、证据不足或者遗漏罪行、遗漏同案犯罪嫌疑人等情形需要补充侦查的，应当制作补充侦查提纲，连同案卷材料一并退回公安机关补充侦查。人民检察院也可以自行侦查，必要时可以要求公安机关提供协助。对于监察机关移送起诉的案件，认为需要补充调查的，应当退回监察机关补充调查。必要时，可以自行补充侦查。需要退回补充调查的案件，人民检察院应当出具补充调查决定书、补充调查提纲，写明补充调查的事项、理由、调查方向、需补充收集的证据及其证明作用等，连同案卷材料一并送交监察机关。人民检察院负责捕诉的部门对本院负责侦查的部门移送起诉的案件进行审查后，认为犯罪事实不清、证据不足或者存在遗漏罪行、遗漏同案犯罪嫌疑人等情形需要补充侦查的，应当制作补充侦查提纲，连同案卷材料一并退回负责侦查的部门补充侦查。必要时，也可以自行侦查，可以要求负责侦查的部门予以协助。

6. 认罪认罚从宽案件的审查起诉。其主要的程序与要求为：

（1）人民检察院的告知义务及确保犯罪嫌疑人获得有效法律帮助的义务。《刑事诉讼法》第173条第2款规定，犯罪嫌疑人认罪认罚的，人民检察院应当告知其享有的诉讼权利和认罪认罚的法律规定。

（2）充分听取犯罪嫌疑人、辩护人或者值班律师被害人及其诉讼代理人的意见。《刑事诉讼法》第173条第2款规定，人民检察院应听取犯罪嫌疑人、辩护人或者值班律师、被害人及其诉讼代理人对下列事项的意见，并记录在案：①涉嫌的犯罪事实、罪名及适用的法律规定；②从轻、减轻或者免除处罚等从宽处罚的建议；③认罪认罚后案件审理适用的程序；④其他需要听取意见的事项。人民检察院依照前两款规定听取值班律师意见的，应当提前为值班律师了解案件有关情况提供必要的便利。

（3）人民检察院对于认罪认罚自愿性、合法性的审查。《最高检察院规则》第271条规定，对侦查阶段认罪认罚的案件，人民检察院应当重点审查以下内容：①犯罪嫌疑人是否自愿认罪认罚，有无因受到暴力、威胁、引诱而违背意愿认罪认罚；②犯罪嫌疑人认罪认罚时的认知能力和精神状态是否正常；③犯罪嫌疑人是否理解认罪认罚的性质和可能导致的法律后果；④公安机关是否告知犯罪嫌疑人享有的诉讼权利，如实供述自己罪行可以从宽处理和认罪认罚的法律规定，并听取意见；⑤起诉意见书中是否写明犯罪嫌疑人认罪认罚情况；⑥犯罪嫌疑人是否真诚悔罪，是否向被害人赔礼道歉。经审查，犯罪嫌疑人违背意愿认罪认罚的，人民检察院可以重新开展认罪认罚工作。存在刑讯逼供等非法取证行为的，依照法律规定处理。

（4）人民检察院对于自愿认罪的犯罪嫌疑人提出量刑从轻及审判程序简化的建议，并与犯罪嫌疑人签署认罪认罚具结书。《刑事诉讼法》第174条规定，犯罪嫌疑人自愿认罪，同意量刑建议和程序适用的，应当在辩护人或者值班律师在场的情况下签署认罪认罚具结书。犯罪嫌疑人认罪认罚，有下列情形之一的，不需要签署认罪认罚具结书：①犯罪嫌疑人是盲、聋、哑人，或者是尚未完全丧失辨认或者控制自己行为能力的精神病人的；②未成年犯罪嫌疑人的法定代理人、辩护人对未成年人认罪认罚有异议的；③其他不需要签署认罪认罚具结书的情形。

（四）审查的期限

根据《刑事诉讼法》第172条的规定，人民检察院对于监察机关、公安机关移送起诉的案件，应当在1个月以内作出决定，重大、复杂的案件，可以延长15日；犯罪嫌疑人认罪认罚，符合速裁程序适用条件的，应当在10日以内作出决定，对可能判处的有期徒刑超过1年的，可以延长至15日。人民检察院审查起诉的案件，改变管辖的，从改变后的人民检察院收到案件之日起计算审查起诉期限。

《刑事诉讼法》第175条第3款规定，对于补充侦查的案件，应在1个月以内补充侦查完毕。补充侦查以2次为限。补充侦查完毕移送人民检察院后，人民检察院重新计算审查起诉期限。

（五）审查后的处理

人民检察院对案件进行审查后，应当根据事实和法律作出提起公诉或者不起诉的决定。

三、提起公诉

党的二十大报告指出："强化对司法活动的制约监督，促进司法公正。加强检察机关法律监督工作。"树立"司法为民"理念，促进司法公正。因此，审查起诉环节就应积极贯彻"以人民为中心"的司法理念，用心用情办好每一起刑事检察案件。依法能动履行法律监督职责，依法履职，精准监督，努力让人民群众在每一个司法案件中感受到公平正义。

（一）提起公诉的规定

《刑事诉讼法》第176条第1款规定，人民检察院认为犯罪嫌疑人的犯罪事实已经查清，证据确实、充分，依法应当追究刑事责任的，应当作出起诉决定，按照审判管辖的规定，向人民法院提起公诉，并将案卷材料、证据移送人民法院。

（二）提起公诉的条件

1. 人民检察院认为犯罪事实清楚，证据确实、充分。犯罪事实是正确定罪量刑的基础，只有在犯罪事实清楚，并有确实、充分的证据证明的情况下才能依法决定提起公诉。

根据《最高检察院规则》第355条规定，具有下列情形之一的，可以认为犯罪事实已经查清：①属于单一罪行的案件，查清的事实足以定罪量刑或者与定罪量刑有关的事实已经查清，不影响定罪量刑的事实无法查清的；②属于数个罪行的案件，部分罪行已经查清并符合起诉条件，其他罪行无法查清的，应当以已经查清的罪行起诉；③无法查清作案工具、赃物去向，但有其他证据足以对被告人定罪量刑的；④证人证言、犯罪嫌疑人供述和辩解、被害人陈述的内容主要情节一致，个别情节不一致，但不影响定罪的。

2. 依法应当追究刑事责任。如果犯罪嫌疑人的行为具有《刑事诉讼法》第16条规定的6种情形之一的，不追究刑事责任，不能作出提起公诉的决定。

3. 人民检察院提起公诉，应当与人民法院审判管辖相适应。这是对人民检察院提起公诉的程序性要求。由于公安机关侦查终结后，只是按照《刑事诉讼法》第162条的规定，移送同级人民检察院审查起诉。因而，在级别管辖上，就必须由人民检察院在审查起诉时一并根据《刑事诉讼法》关于级别管辖的相应规定确立与之对应的人民法院。人民检察院认为应当由上级人民检察院、同级其他人民检察院或者下级人民检察院审查起诉的，由人民检察院将案件移送有管辖权的人民检察院审查起诉。一人犯数罪、共同犯罪和其他需要并案审理的案件，只要其中一人或一罪属于上级人民检察院管辖的，全案由上级人民检察院审查起诉。

需要说明的是，根据《刑事诉讼法》第 176 条第 2 款及《最高检察院规则》第 274 条、第 275 条规定，认罪认罚案件，人民检察院向人民法院提起公诉的，应当提出量刑建议，在起诉书中写明被告人认罪认罚情况，并移送认罪认罚具结书等材料。人民检察院应当就主刑、附加刑、是否适用缓刑等提出量刑建议。量刑建议一般应当为确定刑。对新类型、不常见犯罪案件，量刑情节复杂的重罪案件等，也可以提出幅度刑量刑建议。

四、不起诉

（一）不起诉的概念

不起诉，是指人民检察院认为犯罪嫌疑人没有犯罪事实，或者有《刑事诉讼法》第 16 条规定的情形；或者对于犯罪情节轻微，依法不需要判处刑罚或可以免除处罚，以及对于退回补充侦查的案件，经补充侦查仍然证据不足，不符合起诉条件的；或者犯罪嫌疑人自愿如实供述涉嫌犯罪的事实，有重大立功或者案件涉及国家重大利益的，经最高人民检察院核准的，从而作出不将犯罪嫌疑人提交人民法院审判的决定，并终结刑事诉讼程序的一种诉讼活动。它是审查起诉阶段的一种最终处理决定，具有终止刑事诉讼的效力。

（二）不起诉的种类与适用条件

1. 法定不起诉。法定不起诉又称绝对不起诉，是指对于符合法定不起诉条件的犯罪嫌疑人，人民检察院必须依法作出不起诉的决定，而不得违反法律的强制性规定。可见法定不起诉是由法律严格限定不起诉的条件，人民检察院没有任何自由裁量的权力。根据《刑事诉讼法》第 177 条第 1 款的规定，犯罪嫌疑人没有犯罪事实，或者有本法第 16 条规定的情形之一的，人民检察院应当作出不起诉的决定。其适用条件为：①犯罪嫌疑人没有犯罪事实。②有本法第 16 条规定的情形之一。

本节导入案例中，公安机关认为，张某、魏某以非法占有为目的，当场采用暴力、胁迫手段，劫取他人财物，年龄已达 14 周岁，依照《刑法》第 263 条的规定，已构成抢劫罪。因而侦查终结后依法移送人民检察院审查起诉。但是根据 2006 年《最高人民法院关于审理未成年人刑事案件具体应用法律若干问题的解释》第 7 条规定，已满 14 周岁不满 16 周岁的人使用轻微暴力或者威胁，强行索要其他未成年人随身携带的生活、学习用品或者钱财数量不大，且未造成被害人轻微伤以上或者不敢正常到校学习、生活等危害后果的，不认为是犯罪。该种情形应属于《刑事诉讼法》第 16 条所规定的情节显著轻微，危害不大、不认为是犯罪的情形，符合法定不起诉的条件，因而应依法作出不起诉的决定。

2. 酌定不起诉。酌定不起诉又称相对不起诉，是指对于犯罪情节轻微，依照《刑法》规定不需要判处刑罚或可以免除处罚条件的犯罪嫌疑人，人民检察院可以结合案件的实际情况，自由斟酌是否作出不起诉的决定。可见，相对于法定不起诉，酌定不起诉是法律赋予了人民检察院对于具体案件是否起诉的自由裁量权，对于符合酌定不起诉条件的犯罪嫌疑人，人民检察院可根据案件事实与情节自由斟酌，然后决定是否提起公诉。根据《刑事诉讼法》第 177 条第 2 款的规定，对于犯罪情节轻微，依照《刑法》规定不需要判处刑罚或者免除处罚的，人民检察院可以作出不起诉决定。其适用条件为：①犯罪嫌疑人的行为已经构成犯罪。②犯罪嫌疑人的犯罪情节轻微，不需要判处刑罚或者免除刑罚。

3. 存疑不起诉。存疑不起诉又称证据不足不起诉，是指人民检察院经审查，认为侦查终结的案件事实不清、证据不足，并经 2 次退回侦查机关或部门补充侦查后仍然证据不足，不符合起诉条件的，人民检察院根据"疑罪从无"的原则，应当作出不起诉的决定。《刑事诉讼法》第 175 条第 4 款规定，对于 2 次补充侦查的案件，人民检察院仍然认为证据不足，不符合起诉条件的，应当作出不起诉的决定。其适用条件为：

（1）实体性条件，即经 2 次补充侦查的案件仍然证据不足、不符合起诉条件。至于何为"证据不足，不符合起诉条件"，根据《最高检察院规则》第 368 条的规定，是指具有下列情形之一：①犯罪构成要件事实缺乏必要的证据予以证明的；②据以定罪的证据存在疑问，无法查证属实的；③据以定罪的证据之间、证据与案件事实之间的矛盾不能合理排除的；④根据证据得出的结论具有其他可能性，不能排除合理怀疑的；⑤根据证据认定的案件事实不符合逻辑和经验法则，得出的结论明显不符合常理的。

（2）程序性条件。根据《刑事诉讼法》第 175 条第 2 款、第 3 款的规定，人民检察院审查案件，对于需要补充侦查的，可以退回公安机关补充侦查，也可以自行侦查。补充侦查以 2 次为限。当然，人民检察院对于经过一次退回补充侦查的案件，认为证据不足，不符合起诉条件，且没有退回补充侦查必要的，可以作出不起诉决定。而对于经过 2 次补充侦查，仍然事实不清、证据不足的案件，则作出存疑不起诉的决定，以体现对存疑不起诉的程序限制。

4. 特殊不起诉。根据《刑事诉讼法》第 182 条的规定，犯罪嫌疑人自愿如实供述涉嫌犯罪的事实，有重大立功或者案件涉及国家重大利益的，经最高人民检察院核准，公安机关可以撤销案件，人民检察院可以作出不起诉决定，也可以对涉嫌数罪中的一项或者多项不起诉。其适用条件为：①犯罪嫌疑人自愿如实供述涉嫌犯罪的事实，有重大立功或者案件涉及国家重大利益的。其中的"国家重大利益"一般是指涉及国家政治、经济、国家安全等方面重大国家利益的事项。②须经最高人民检察院核准程序。

（三）不起诉的程序

1. 符合不起诉情形的，应经检察长批准，作出不起诉决定。

2. 报经上一级人民检察院批准。根据《最高检察院规则》第371条的规定，人民检察院直接受理侦查的案件，以及监察机关移送起诉的案件，拟作不起诉决定的，应当报请上一级人民检察院批准。

3. 不起诉决定书的宣告和送达。不起诉的决定应当公开宣布，且一经宣布立即产生法律效力。人民检察院应当将不起诉决定书送达下列机关和人员：①送达被不起诉人和他的所在单位，如果被不起诉人在押，应当立即释放；②对于有被害人的案件，不起诉决定书亦应送达被害人；③对于公安机关移送起诉的案件，人民检察院作出不起诉决定的，应当将不起诉决定书送达公安机关。

4. 对不起诉决定的申诉、复议和复核程序。

（1）被不起诉人不服不起诉决定的申诉程序。《刑事诉讼法》第181条规定，对于人民检察院依照《刑事诉讼法》第177条第2款规定作出的不起诉（即酌定不起诉）决定，被不起诉人如果不服，可以自收到决定书后7日以内向人民检察院申诉。人民检察院应当作出复查决定，通知被不起诉的人，同时抄送公安机关。

（2）被害人不服不起诉决定的申诉或自诉程序。《刑事诉讼法》第180条规定，对于有被害人的案件，决定不起诉的，人民检察院应当将不起诉决定书送达被害人。被害人如果不服，可以自收到决定书后7日以内向上一级人民检察院申诉，请求提起公诉。人民检察院应当将复查决定告知被害人。对人民检察院维持不起诉决定的，被害人可以向人民法院起诉。被害人也可以不经申诉，直接向人民法院起诉。人民法院受理案件后，人民检察院应当将有关案件材料移送人民法院。

（3）公安机关不服不起诉决定的复议、复核程序。《刑事诉讼法》第179条规定，对于公安机关移送起诉的案件，人民检察院决定不起诉的，应当将不起诉决定书送达公安机关。公安机关认为不起诉的决定有错误的时候，可以要求复议，如果意见不被接受，可以向上一级人民检察院提请复核。

五、提起自诉

（一）自诉案件的概念和范围

自诉案件，是被害人及其法定代理人或近亲属，为追究被告人的刑事责任，自行向人民法院起诉，由人民法院直接受理的刑事案件。

自诉案件包括：①告诉才处理的案件；②被害人有证据证明的轻微的刑事案件；③被害人有证据证明被告人侵犯自己人身、财产权利的行为应当依法追究刑事责任，而公安机关或者人民检察院不予追究被告人刑事责任的案件。这类案件既包括公安机关或者人民检察院不予立案或立案后又撤销案件的情形，也包括人民检察院作出不起诉决定的情形。

（二）提起自诉的条件

根据《刑事诉讼法》和《最高法院解释》，提起自诉必须具备以下条件：

1. 案件属于《刑事诉讼法》第 210 条和《最高法院解释》所确定的自诉案件范围。

2. 属于受诉人民法院管辖。自诉人提起自诉时，应当遵守《刑事诉讼法》关于立案管辖及审判管辖的有关规定。

3. 自诉人主体资格合法。自诉人包括被害人及其法定代理人，如果被害人死亡、丧失行为能力或者因受强制、威吓等无法告诉，或者是限制行为能力人以及因年老、患病、盲、聋、哑等不能亲自告诉，其法定代理人、近亲属可以告诉或者代为告诉，但应当提供与被害人关系的证明和被害人不能亲自告诉的原因的证明。

4. 有明确的被告人、具体的诉讼请求和证明被告人犯罪事实的证据。

5. 对于公诉转为自诉的案件，应当提交公安机关或者人民检察院已经作出的不予追究刑事责任的书面决定。

第四节　审判程序

◎ 导入案例

被告人刘某，男，1960 年 11 月 30 日出生于辽宁省沈阳市，汉族，初中文化，原系沈阳嘉阳企业集团有限责任公司董事长，因涉嫌组织、领导黑社会性质组织罪于 2000 年 7 月 11 日被拘留，同年 8 月 10 日被逮捕。

辽宁省铁岭市人民检察院于 2001 年 8 月 10 日向铁岭市中级人民法院提起公诉，指控被告人刘某犯组织、领导黑社会性质组织罪，故意伤害罪，抢劫罪，敲诈勒索罪，私藏枪支、弹药罪，妨害公务罪，非法经营罪，偷税罪（现改为逃税罪），行贿罪。同时，附带民事诉讼原告人扈某、刘某贵对被告人刘某等人提起附带民事诉讼。铁岭市中级人民法院于 2002 年 4 月 17 日作出（2001）铁中刑初字第 68 号刑事附带民事判决，认定被告人刘某及其黑社会性质组织骨干成员宋某飞犯故意伤害罪，判处死刑，剥夺政治权利终身；犯组织、领导黑社会性质组织罪，判处有期徒刑 10 年；并对其故意毁坏财物罪、非法经营罪、行贿罪、非法持有枪支罪、妨害公务罪，分别判处有期徒刑 5 年、有期徒刑 3 年。决定执行死刑，剥夺政治权利终身，并处罚金人民币 1500 万元。判处刘某赔偿附带民事诉讼原告人扈某人民币1万元，赔偿附带民事诉讼原告人刘某贵人民币5420元。判决宣告后，刘某对故意伤害罪判决不服，提出上诉；附带民事诉讼原告人扈某、刘某贵亦对附带民事赔偿数额不服，提出上诉。

辽宁省高级人民法院根据刘某二审辩护人田某某律师出具的由14位知名法学专家联合签名的《沈阳刘某涉黑案专家论证意见书》，于2003年8月11日作出（2002）辽刑一终字第152号二审刑事附带民事判决：认为对于辩护方提出的在侦查阶段刘某承认对于故意伤害刘某学一案知情的口供因"不能从根本上排除公安机关在侦查过程中存在刑讯逼供情况"，因而"鉴于其犯罪的事实、性质、情节和对于社会的危害程度以及本案的具体情况"，撤销原一审判决中对刘某故意伤害罪的量刑部分，并对附带民事诉讼原告人扈某的民事赔偿部分予以改判。认定刘某犯故意伤害罪，判处死刑，缓期2年执行，剥夺政治权利终身；并维持了一审对其犯组织、领导黑社会性质组织罪、故意毁坏财物罪、非法经营罪、行贿罪、非法持有枪支罪、妨害公务罪的定罪与量刑，维持并核准一审对于刘某黑社会性质组织骨干成员宋某飞死刑立即执行的判决。判处刘某赔偿刘某贵人民币5420元；赔偿扈某人民币1万元，对扈某的赔偿与其他同案被告人共同承担连带责任。

该判决发生法律效力后，社会舆论一片哗然，公众义愤不已，认为二审改判刘某死缓而判决其同伙宋某飞死刑极为不公。最高人民法院于2003年10月8日作出（2003）刑监字第155号再审决定，以原二审判决对刘某的判决不当为由，依照审判监督程序提审本案。最高人民检察院指派检察员姜伟、张凤艳出庭支持公诉，最高人民法院组成由南英副院长为审判长的5人合议庭，于2003年10月22日上午，在辽宁省锦州市中级人民法院对刘某组织、领导黑社会性质组织一案进行再审，再审被告人刘某及其辩护人佟某、徐某到庭参加诉讼。再审合议庭经审理查明：原一审判决认定的事实清楚，证据确实、充分，定罪准确，量刑适当。原二审判决定罪准确，但认定"不能从根本上排除公安机关在侦查过程中存在刑讯逼供情况"，与再审庭审质证查明的事实不符；原二审判决"鉴于其犯罪的事实、性质、情节和对于社会的危害程度以及本案的具体情况"，对刘某所犯故意伤害罪的量刑予以改判的理由不能成立，应予纠正。依法判决：再审被告人刘某犯故意伤害罪，判处死刑，剥夺政治权利终身，维持原二审对刘某的其他定罪量刑处理。宣判后，辽宁省铁岭市中级人民法院遵照最高人民法院院长签发的执行死刑命令，当日对刘某执行了死刑。

问：刘某案中，一审、二审、审判监督程序有无不当？请具体详析。

本案知识点：一审的具体庭审程序要求；二审的审理原则以及对案件的处理；死刑复核程序的复核权；审判监督程序的提起与审理

党的二十大报告指出，"建设更高水平的平安中国，以新安全格局保障新发展格局"。作为国家的审判机关，更应当在建设社会主义法治社会的新时期，坚决履行好捍卫政治安全、维护社会安定、保障人民安宁的新时代使命任务。审判机关对于一切犯罪行为，应当不遗余力坚决打击，以强烈的政治担当、使命担当和责任担当，履行国家审判职责，为社会主义和谐社会构建提供坚强保障。

一、刑事审判概述

（一）刑事审判的概念

刑事审判，是指人民法院在控、辩双方及其他诉讼参与人的参加下，依照法定权限和程序，为了解决被告人的刑事责任问题而进行审理和裁判的诉讼活动。审理主要是对案件的有关事实及相关证据进行审查判断、认证的活动；而裁判则是人民法院在审理的基础上，依法就案件的实体问题或某些程序问题作出公正的处理决定。审理是裁判的前提和基础，裁判是审理的目的和结果。

基于审判被动性原则，一个刑事案件，只有经人民检察院代表国家向人民法院提起公诉，或者由自诉人依法向人民法院提起自诉，刑事审判程序才能启动。

（二）刑事审判的种类

在我国，刑事审判按照不同的标准可作不同的分类：①按照诉讼的进程可分为第一审程序、第二审程序、死刑复核程序和审判监督程序。一审程序与二审程序为普通程序，死刑复核程序及其他特殊案件的复核程序和审判监督程序为特殊程序。②按照刑事审判适用的是普通刑事案件还是特别类型的案件，可以将刑事审判分为一般审判程序和特别审判程序。前者是指传统的一审、二审、死刑复核、审判监督程序，而后者则指未成年人刑事案件诉讼程序，当事人和解的公诉案件诉讼程序，缺席审判程序，犯罪嫌疑人、被告人逃匿、死亡案件违法所得的没收程序，依法不负刑事责任的精神病人的强制医疗程序这五个特别程序。

（三）刑事审判的任务

刑事审判的任务是确立国家具体刑罚权的有无及其范围，保障程序公正，追求实体公正。具体而言，其任务体现为：

1. 通过进行刑事审判活动，依照法律规定的程序，查清案件事实，并根据已经查明的案件事实和证据，依据有关实体法和程序法的规定，对于被告人是否犯有刑事罪行、犯有何种罪行、应否受到刑罚处罚以及给予何种刑罚处罚作出裁判，实现国家的刑罚权，有效地维护社会秩序与社会利益。

2. 通过在刑事审判过程中依法赋予被告人充分的辩护权，并严格履行法定程序，切实保障诉讼参与人的诉讼权利，实现程序公正，并最大限度地保障无罪的人或罪疑的人不受刑事追究，实现实体公正。

3. 通过刑事审判过程中具体审判程序与原则的落实，人民法院在公开、公平、公正的程序基础上对案件作出了正确的裁决，就会使公民深刻地感受到：正义不仅得到了实现，而且是以人们看得见的方式得到了实现，从而彰显程序公正的独立价值。

二、第一审程序

（一）第一审程序的概念及种类

第一审程序，是指人民法院依据级别管辖的规定，对于人民检察院提起公诉或者自诉人提起自诉的刑事案件进行初次审理并且作出裁判的程序。第一审程序可根据不同的标准划分：根据提起的主体不同，可将第一审程序分为公诉案件第一审程序与自诉案件第一审程序；根据第一审程序具体庭审程序的阶段、步骤、方法的不同，可将第一审程序分为普通审判程序与简易审判程序、速裁程序。

（二）公诉案件的第一审普通程序

公诉案件的第一审普通程序，是指人民法院对人民检察院提起公诉的案件进行第一次审判所必须遵循的程序。其内容包括：审查受理、庭前准备、庭前会议与庭审的衔接、法庭审判、延期和中止审理、法庭秩序维护等诉讼环节。

1. 审查受理。对公诉案件的审查受理，是指人民法院对人民检察院提起公诉的刑事案件进行审查，并决定是否开庭审判的诉讼活动。对公诉案件的审查受理是我国刑事诉讼第一审程序中的一个重要环节。对公诉案件审查的内容，根据《最高法院解释》第218条的规定进行审查。人民法院对提起公诉的案件进行审查后，对于起诉书中有明确的指控犯罪事实的，应当决定开庭审判。

2. 庭前准备。人民法院决定开庭及《最高法院解释》第221条审理案件以后，为了保证法庭审判的顺利进行，根据《刑事诉讼法》第187条的规定，应当做好以下准备工作：

（1）确定合议庭的组成人员。根据《刑事诉讼法》第183条的规定，基层人民法院、中级人民法院审判第一审案件，应当由审判员3人或者由审判员和人民陪审员共3人或者7人组成合议庭进行。高级人民法院审判第一审案件，应当由审判员3~7人（单数）或者由审判员和人民陪审员共3人或者7人组成合议庭进行。最高人民法院审判第一审案件，应当由审判员3~7人（单数）组成合议庭进行。但是基层人民法院适用简易程序、速裁程序的案件可以由审判员1人独任审判。适用普通程序审理的案件，由院长或者庭长指定审判长并确定合议庭组成人员。院长或者庭长参加审判案件的时候，自己担任审判长。

（2）将起诉书副本至迟在开庭10日以前送达被告人及其辩护人。

（3）在开庭以前，审判人员可以召集公诉人、当事人和辩护人、诉讼代理人，对回避、出庭证人名单、非法证据排除等与审判相关的问题，了解情况，听取意见。

（4）通知当事人、法定代理人、辩护人、诉讼代理人在开庭 5 日前提供证人、鉴定人名单，以及拟当庭出示的证据；申请证人、鉴定人、有专门知识的人出庭的，应当列明有关人员的姓名、性别、年龄、职业、住址、联系方式。

（5）开庭 3 日前将开庭的时间、地点通知人民检察院。

（6）开庭 3 日前将传唤当事人的传票和通知辩护人、诉讼代理人、法定代理人、证人、鉴定人等出庭的通知书送达；通知有关人员出庭，也可以采取电话、短信、传真、电子邮件、即时通讯等能够确认对方收悉的方式；对被害人人数众多的涉众型犯罪案件，可以通过互联网公布相关文书，通知有关人员出庭。

（7）公开审理的案件，在开庭 3 日以前先期公布案由、被告人姓名、开庭时间和地点。

上述活动情形应当写入笔录，由审判人员和书记员签名。

3. 庭前会议与庭审的衔接 《刑事诉讼法》第 187 条第 2 款规定，在开庭以前，审判人员可以召集公诉人、当事人和辩护人、诉讼代理人，对回避、出庭证人名单、非法证据排除等与审判相关的问题，了解情况，听取意见。从而确立了我国独具特色的庭前会议程序。根据《最高法院解释》第 228 条规定，庭前会议可以就下列事项向控辩双方了解情况，听取意见：是否对案件管辖有异议；是否申请有关人员回避；是否申请不公开审理；是否申请排除非法证据；是否提供新的证据材料；是否申请重新鉴定或者勘验；是否申请收集、调取证明被告人无罪或者罪轻的证据材料；是否申请证人、鉴定人、有专门知识的人、调查人员、侦查人员或者其他人员出庭，是否对出庭人员名单有异议；是否对涉案财物的权属情况和人民检察院的处理建议有异议；与审判相关的其他问题。可见，庭前会议主要是对于妨碍庭审顺利进行的相关程序性问题及证据的庭审调查范围进行事先了解，听取意见的程序。

对于证据材料较多、案情重大复杂的案件，控辩双方对事实、证据存在较大争议的案件，社会影响重大的案件以及其他需要召开庭前会议的案件，人民法院可以自行决定召开庭前会议，也可以由控辩双方申请召开。庭前会议一般不公开进行。根据案件情况，庭前会议可以采用视频等方式进行。

对于庭前会议的法律效力，《最高法院解释》第 233 条明确规定，对召开庭前会议的案件，可以在开庭时告知庭前会议情况。对庭前会议中达成一致意见的事项，法庭在向控辩双方核实后，可以当庭予以确认；未达成一致意见的事项，法庭可以归纳控辩双方争议焦点，听取控辩双方意见，依法作出处理。控辩双方在庭前会议中就有关事项达成一致意见，在庭审中反悔的，除有正当理由外，法庭一般不再进行处理。可见，这一规定，赋予了庭前会议一定的程序性问题的裁断权力。

　　4. 法庭审判的阶段与具体程序要求。法庭审判，是指人民法院的审判组织（合议庭或独任庭）通过开庭的方式，在公诉人、当事人和其他诉讼参与人的参加下，调查核实证据，查清案件事实，充分听取控辩双方对证据、案件事实和法律适用的意见，依法确定被告人的行为是否构成犯罪，应否受到刑事处罚以及给予何种处罚的审理与裁判活动。由于我国采公诉为主、自诉为辅的追诉模式，自诉案件范围与数量极少，因而，我们所讲的法庭审判程序主要是以公诉案件的一审普通程序为范本。

　　根据《刑事诉讼法》的规定，公诉案件法庭审判的普通审判程序可以分为宣布开庭、法庭调查、法庭辩论、被告人最后陈述、评议和宣判五个阶段。

　　（1）宣布开庭。开庭审理前，书记员应当依次进行下列工作：受审判长委托，查明公诉人、当事人、辩护人、诉讼代理人、证人及其他诉讼参与人是否到庭；核实旁听人员中是否有证人、鉴定人、有专门知识的人；请公诉人、辩护人、诉讼代理人及其他诉讼参与人入庭；宣读法庭规则；请审判长、审判员、人民陪审员入庭；审判人员就座后，向审判长报告开庭前的准备工作已经就绪。

　　然后，由审判长宣布开庭，传被告人到庭后，审判长应当查明被告人的姓名、出生日期、民族、出生地、文化程度、职业、住址或者被告单位的名称、住所地、法定代表人、实际控制人及诉讼代表人的姓名、职务；是否曾受过刑事处罚、行政处罚、处分及其的种类、时间；是否被采取留置措施及留置的时间，是否被采取强制措施及被采取强制措施的种类、时间；收到起诉书副本的日期，有附带民事诉讼的，附带民事诉讼被告人收到附带民事起诉状的日期。

　　审判长宣布案件的来源、起诉的案由、附带民事诉讼当事人的姓名及是否公开审理。对于不公开审理的案件，应当宣布理由。

　　审判长宣布合议庭组成人员、法官助理、书记员、公诉人的名单，以及辩护人、诉讼代理人、鉴定人、翻译人员等诉讼参与人的名单。

　　审判长应当告知当事人、法定代理人、辩护人、诉讼代理人在法庭审理过程中依法享有下列诉讼权利：可以申请合议庭组成人员、法官助理、书记员、公诉人、鉴定人和翻译人员回避；可以提出证据，申请通知新的证人到庭，调取新的证据，重新鉴定或者勘验；被告人可以自行辩护；被告人可以在法庭辩论终结后作最后陈述。

　　审判长应当分别询问当事人、法定代理人、辩护人、诉讼代理人是否申请回避、申请何人回避和申请回避的理由。

　　被告人认罪认罚的，审判长应当告知被告人享有的诉讼权利和认罪认罚的法律规定，审查认罪认罚的自愿性和认罪具结书的真实性、合法性。

　　（2）法庭调查。法庭调查，是指审判人员在公诉人、辩护方和其他诉讼参与人的参加下，当庭对案件事实和证据进行调查、核实的诉讼活动。它是法庭审理的一个重要环节，是法庭对案件进行实体审理的第一个重要阶段。

法庭调查的具体程序为：

第一，公诉人宣读起诉书。审判长宣布法庭调查开始以后，先由公诉人宣读起诉书。如果有附带民事诉讼，再由附带民事诉讼的原告人或者其法定代理人、诉讼代理人宣读附带民事起诉状。

第二，被告人、被害人陈述。在审判长主持下，被告人、被害人可以就起诉书所指控的犯罪事实分别进行陈述。

第三，讯问、发问被告人、被害人和附带民事诉讼原告人、被告人。在审判长主持下，公诉人可以就起诉书中所指控的犯罪事实讯问被告人，被害人及其诉讼代理人经审判长准许，可以就公诉人讯问的情况进行补充性发问。附带民事诉讼的原告人及其法定代理人或者诉讼代理人经审判长准许，可以就附带民事诉讼部分的事实向被告人发问。经审判长许可，被告人的辩护人及法定代理人或者诉讼代理人可以在控诉一方就某一问题讯问完毕以后向被告人发问。

讯问同案审理的被告人，应当分别进行。经审判长准许，控辩双方可以向被害人、附带民事诉讼原告人发问。必要时，审判人员可以讯问被告人，也可以向被害人、附带民事诉讼当事人发问。

第四，询问证人、鉴定人。对指控的每一起案件事实，经审判长准许，公诉人可以提请审判长传唤证人、鉴定人和勘验、检查笔录制作人出庭作证，或者宣读未到庭被害人、证人、鉴定人和勘验、检查笔录制作人的书面陈述、鉴定意见及勘验、检查笔录。被害人及其诉讼代理人和附带民事诉讼原告人及其诉讼代理人经审判长准许，也可以分别提请传唤尚未出庭作证的证人、鉴定人和勘验、检查笔录制作人出庭作证，或者出示公诉人尚未出示的证据，宣读未宣读的书面证人证言、鉴定意见及勘验、检查笔录。

被告人及其法定代理人、辩护人经审判长准许，可以在起诉一方举证提供证据后，分别提请传唤证人、鉴定人出庭作证，或者出示证据、宣读未到庭的证人的书面证言及鉴定人的鉴定意见。

《刑事诉讼法》第 192 条、第 193 条对关键证人以及鉴定人的强制出庭作出了规定，以保证证人出庭作证率，实现庭审的对抗性与实质性。根据《最高法院解释》的规定，证人、鉴定人具有以下情形的，应当出庭作证：①公诉人、当事人或者辩护人、诉讼代理人对证人证言有异议，且该证人证言对案件定罪量刑有重大影响，人民法院认为证人有必要出庭作证的，证人应当出庭作证。②公诉人、当事人或者辩护人、诉讼代理人对鉴定意见有异议，人民法院认为鉴定人有必要出庭的，鉴定人应当出庭作证。经人民法院通知，鉴定人拒不出庭作证的，鉴定意见不得作为定案的根据。经人民法院通知，证人没有正当理由不出庭作证的，人民法院可以强制其到庭，但是被告人的配偶、父母、子女除外。当然，证人具有下列情形之一，无法出庭的，人民法院可以准许：①庭审期间身患严重疾病或者行动极为不便的；②居所远离开庭地点且交通极为不便的；③身处国外短期无法回国的；④有其他客观原因，确实无法出庭。上述情形的证人虽然不能亲自到庭作证，但可以通过视频等方式作证。

证人、鉴定人到庭后，审判人员应当先核实证人、鉴定人的身份以及与当事人以及本案的关系，告知证人、鉴定人应当如实地提供证言、鉴定意见和有意作伪证或者隐匿罪证要负的法律责任。证人、鉴定人作证前，应当在如实作证的保证书上签名。

向证人、鉴定人发问，应当先由申请通知证人出庭的一方发问，发问完毕后，对方也可以发问。法庭依职权通知证人出庭的，发问顺序由审判长根据案件情况确定。公诉人、当事人和辩护人、诉讼代理人可以申请法庭通知有专门知识的人出庭，就鉴定人作出的鉴定意见提出意见。有专门知识的人、调查人员、侦查人员或者其他人员出庭发问适用前述规定。

向证人、鉴定人、调查人员、侦查人员的发问应当分别进行。证人、鉴定人、有专门知识的人、调查人员、侦查人员或者其他人员不得旁听对本案的审理。有关人员作证或者发表意见后，审判长应当告知其退庭。审判人员认为有必要时，可以询问证人、鉴定人、调查人员、侦查人员、勘验、检查笔录制作人。

第五，出示物证、书证、视听资料等证据。公诉人、辩护人应当向法庭出示物证，让当事人辨认。当庭出示的物证、书证、视听资料等证据，应当先由出示证据的一方就所出示的证据的来源、特征等作必要的说明，然后由另一方进行辨认并发表意见。控、辩双方可以互相质问、辩论。

第六，通知新的证人到庭，调取新的物证，申请重新鉴定或者勘验。在法庭审理中，当事人和辩护人、诉讼代理人有权申请通知新的证人到庭，调取新的物证，申请重新鉴定或者勘验。但应当提供证人的基本信息、证据的存放地点，说明拟证明的事项，申请重新鉴定或者勘验的理由。法庭认为有必要的，应当同意，并宣布休庭；根据案件情况，可以决定延期审理。

第七，法庭调查核实证据。《刑事诉讼法》第196条规定，在法庭审理过程中，合议庭对证据有疑问的，可以宣布休庭，对证据进行调查核实。人民法院调查核实证据，可以进行勘验、检查、查封、扣押、鉴定和查询、冻结。

（3）法庭辩论。法庭辩论，是控辩双方在审判长的主持下，依据法庭调查阶段出示、质证的证据及其所佐证的案件事实，结合相关实体法的规定，对证据的证明力、案件事实存在与否、是否构成犯罪、构成何罪、应否处刑以及如何处罚等有关案件事实的认定及如何对被告人的犯罪行为进行定罪量刑的法律适用问题进行全面、充分地论证、辩驳的诉讼活动。

法庭辩论的次序为：①公诉人发言。司法实践中，将公诉人在法庭辩论中的首次发言称为公诉词。公诉词以起诉书所指控的犯罪事实为基础，但又不是起诉书的简单重复，而是对起诉书内容的全面论证及深化。②被害人及其诉讼代理人发言。③被告人自行辩护。④辩护人辩护。司法实践中，将辩护人在法庭辩论中的首轮发言称为辩护词。辩护词与公诉词相对应，其是辩护人为维护被告人的合法权益，从有利于被告人的视角，对本案犯罪事实是否成立，控方证据体系是否完善，是否达到确实、充分并形成相应证据链，犯罪性质的认定是否正确，罪名确定是否准确等涉及全案证据采信及其证明力、犯罪事实存在与否以及实体定罪量刑等问题所进行的综合论证与分析。

上述环节的法庭辩论是依次进行的，一个完整的轮回后（司法实践中称为"一轮"），控辩双方（主要以公诉人、辩护人为主）可以就存在分歧的地方互相辩论，进一步阐明各自的观点和理由。

被告人认罪的案件，法庭辩论时，应当指引控辩双方主要围绕量刑和其他有争议的问题进行。对被告人不认罪或者辩护人作无罪辩护的案件，法庭辩论时，可以指引控辩双方先辩论定罪问题，后辩论量刑和其他问题。

应注意的是，如果有附带民事诉讼，附带民事部分的辩论应当在刑事部分的辩论结束后进行。其辩论的顺序为：先由附带民事诉讼原告人及其诉讼代理人发言，后由附带民事诉讼被告人及其诉讼代理人答辩，附带民事诉讼原告、被告双方还可以互相辩论。

法庭辩论过程中，合议庭发现与定罪、量刑有关的新的事实，有必要调查的，审判长可以宣布恢复法庭调查，在对新的事实调查后，继续法庭辩论。

审判长如果认为双方意见已经充分阐述，可以结束辩论的，应宣布法庭辩论结束。

（4）被告人最后陈述。审判长在宣布辩论终结后，被告人有最后陈述的权利。这一环节是法庭审判特有的一个独立阶段，亦是法律赋予被告人的一项重要的诉讼权利，通过在判决作出前再给被告人一个陈述机会，让其对案件事实及案件处理进行最后申辩，从而保障其辩护权的充分行使。审判人员绝不能因被告人在法庭审判的法庭调查、法庭辩论中已作了陈述或辩护，就忽视甚至取消该法定程序。

审判长宣布法庭辩论终结后，合议庭应当保证被告人充分行使最后陈述的权利。如果被告人在最后陈述中多次重复自己的意见，审判长可以制止。如果陈述内容是蔑视法庭、公诉人，损害他人及社会公共利益或者与本案无关的，应当制止。在公开审理的案件中，被告人最后陈述的内容涉及国家秘密或个人隐私的，也应当制止。

被告人在最后陈述中提出了新的事实、证据，合议庭认为可能影响正确裁判的，应当恢复法庭调查。如果被告人提出新的辩解理由，合议庭认为确有必要的，可以恢复法庭辩论。

（5）评议和宣判。评议，是指合议庭在被告人最后陈述后宣布休庭，由合议庭全体成员根据法庭审理查明的事实、证据和有关法律规定，在充分考虑控辩双方意见的基础上，确定被告人是否有罪、构成何罪，有无从重、从轻、减轻或者免除处罚情节，应否处以刑罚、判处何种刑罚，附带民事诉讼如何解决，查封、扣押、冻结的财物及其孳息如何处理等，并对案件作出判决的诉讼活动。

评议活动应当秘密进行，以保障合议庭成员能够排除干扰，充分、自由地发表意见，形成正确的判决结论。合议庭评议活动应当制作笔录，合议庭成员应当在评议笔录上签名，并在法律文书上署名。

宣判是人民法院对判决的公开宣告。根据《刑事诉讼法》第 200 条的规定，人民法院可以分别作出以下判决：①案件事实清楚，证据确实、充分，依据法律认定被告人有罪的，应当作出有罪判决；②依据法律认定被告人无罪的，应当作出无罪判决；③证据不足，不能认定被告人有罪的，应当作出证据不足、指控的犯罪不能成立的无罪判决。宣告判决时，法庭内全体人员应当起立。宣判时，公诉人、辩护人、被害人、自诉人或者附带民事诉讼的原告人未到庭的，不影响宣判的进行。根据《刑事诉讼法》第 202 条、第 203 条的规定，宣告判决一律公开进行。当庭宣告判决的，应当在 5 日内将判决书送达当事人和提起公诉的人民检察院；定期宣告判决的，应当在宣告后立即将判决书送达当事人和提起公诉的人民检察院。判决书应当同时送达辩护人、诉讼代理人。判决书应当由审判人员和书记员署名，并且写明上诉的期限和上诉的法院。

本节导入案例中，对于刘某黑社会性质组织犯罪这一涉案人员众多、犯罪性质恶劣、犯罪行为与罪名繁复、社会影响极大的案件，在法庭调查阶段，因本案涉及数人共同犯罪以及犯罪行为为数罪的复杂情形，对于起诉书指控的刘某的 9 个犯罪性质的罪名，一般应当就每一起犯罪事实分别进行法庭调查。在法庭调查时，如果涉及个罪为数人的共同犯罪，再在该犯罪性质的事实调查部分分别讯问各共同犯罪人，以确定其在共同犯罪中的地位与作用。合议庭认为必要时，可以传唤共同被告人同时到庭对质。具体法庭调查顺序应遵循前述先审问被告人，再传唤鉴定人、证人，后出示书证、物证的法庭调查顺序。在法庭辩论阶段，每一个共同犯罪人都可聘请 1～2 人作为辩护人，并根据法庭的主导由各共同犯罪人依照公诉人发言、被害人及其诉讼代理人发言、被告人自行辩护、辩护人辩护、控辩双方互相辩论的顺序进行法庭辩论。被告人最后陈述后，合议庭经秘密评议，对于各共同犯罪人依法作出判决。判决或者当庭作出，或者定期宣判，但是无论何种形式，都应公开宣告。

5. 与法庭审判有关的几个问题。

（1）法庭审判笔录。法庭审判笔录，是由法院书记员制作的记载全部法庭审判活动的诉讼文书。它不仅是合议庭讨论、评议和对案件作出处理决定的重要依据，而且是第二审人民法院、死刑复核法院以及再审人民法院审查一审庭审活动是否合法的重要依据。

法庭审判笔录一般按照庭审活动的顺序进行记录。法庭审判笔录应符合下列条件：书记员将开庭审理的全部活动制作成笔录，交由审判长审阅后，由审判长和书记员签名；法庭笔录中的出庭证人的证言部分，应当在庭审后交由证人阅读或者向其宣读，证人确认无误后，应当签名或者盖章；法庭笔录应当在庭审后交由当事人阅读或向他宣读，当事人认为笔录记录有遗漏或者差错的，可以请求补充或者改正，当事人确认无误后，应当签名或者盖章。

（2）延期审理。延期审理，是指在法庭审理的过程中，遇有足以影响审判继续进行的情况，合议庭决定临时休庭，顺延法庭审理的时间，待影响审理进行的原因消失后，再继续开庭审理。但延期审理后的开庭时间，除有特别规定的以外，不得超过法定的审理期限。

根据《刑事诉讼法》第204条规定，延期审理主要适用于以下几种情形：①需要通知新的证人到庭，调取新的物证，重新鉴定或者勘验的；②检察人员发现提起公诉的案件需要进行补充侦查，提出建议的（不得超过2次）；③由于申请回避而不能进行审判的。

（3）中止审理。中止审理是指在法庭审理阶段，由于发生某种情况或者出现某种障碍，以致影响审理的正常进行，而暂行停止审理活动，待有关情况或者障碍消除后，再行恢复审判程序。根据《刑事诉讼法》第206条的规定，在审判过程中，有下列情形之一，致使案件在较长时间内无法继续审理的，可以中止审理：①被告人患有严重疾病，无法出庭的；②被告人脱逃的；③自诉人患有严重疾病，无法出庭，未委托诉讼代理人出庭的；④由于不能抗拒的原因。中止审理的原因消失后，应当恢复审理。中止审理的期间不计入审理期限。

（4）公诉案件第一审程序的期限。人民法院审理公诉案件，应当在受理后2个月内宣判，至迟不得超过3个月。对于可能判处死刑的案件或者附带民事诉讼的案件，以及有《刑事诉讼法》第158条规定情形之一的，经上一级人民法院批准，可以延长3个月；因特殊情况还需要延长的，报请最高人民法院批准。

对于人民法院改变管辖的案件，从改变后的人民法院收到案件之日起计算审理期限。对于人民检察院补充侦查的案件，补充侦查完毕移送人民法院后，人民法院重新计算审理期限。审理期间，对被告人作精神病鉴定的时间不计入审理期限。

（三）自诉案件第一审程序

自诉案件的第一审程序，是指《刑事诉讼法》规定的人民法院对自诉人起诉的案件进行第一次审判的程序。总体上其与公诉案件第一审程序基本相同，但由于自诉案件主要是侵害公民个人合法权益的轻微刑事案件，因而其第一审程序与公诉案件第一审普通程序相比，有一定的特殊性。为此，《刑事诉讼法》及《最高法院解释》除了要求人民法院审理自诉案件应参照公诉案件第一审普通审判程序，还对自诉案件的受理与审判作了有针对性的特殊规定。下面，仅就其审理程序中的特殊性予以说明。

1. 自诉案件的受理。根据《刑事诉讼法》及《最高法院解释》的规定，对于自诉案件，被害人及其法定代理人有权直接向人民法院起诉。如果被害人死亡、丧失行为能力或者因受强制、威吓等无法告诉，或者是限制行为能力人以及因年老、患病、盲、聋、哑等不能亲自告诉，其法定代理人、近亲属告诉或者代为告诉的，人民法院应当依法受理。被害人的法定代理人、近亲属告诉或者代为告诉的，应当提供与被害人关系的证明和被害人不能亲自告诉的原因的证明。自诉人提起自诉后，案件要经过人民法院审查，符合条件的才能受理和进行审判。自诉案件的受理条件和提起自诉的条件相同，其区别仅在于主体不同而已。

2. 自诉案件的提起程序。根据《最高法院解释》第318条的规定，提起自诉，应向人民法院提交刑事自诉状；同时提起附带民事诉讼的，还应当提交刑事附带民事自诉状。对2名以上被告人提出告诉的，应当按照被告人的人数提供自诉状副本。

3. 自诉案件的审查。根据《最高法院解释》第320条的规定，对自诉案件，人民法院应当在15日内审查完毕。经审查，符合受理条件的，应当决定立案，并书面通知自诉人或者代为告诉人。具有下列情形之一的，应当说服自诉人撤回起诉；自诉人不撤回起诉的，裁定不予受理：①不属于自诉案件；②缺乏罪证的；③犯罪已过追诉时效期限的；④被告人死亡的；⑤被告人下落不明的；⑥除因证据不足撤诉的以外，自诉人撤诉后，就同一事实又告诉的；⑦经人民法院调解结案后，自诉人反悔，就同一事实再行告诉的；⑧属于人民检察院没有提起公诉，被害人有证据证明的轻微刑事案件，公安机关正在立案侦查或者人民检察院正在审查起诉的；⑨不服人民检察院对未成年犯罪嫌疑人作出的附条件不起诉决定或者附条件不起诉考验期满后作出的不起诉决定，向人民法院起诉的。

4. 自诉案件审查后的处理。人民法院对于自诉案件进行审查后，按照下列情形分别处理：①犯罪事实清楚，有足够证据的案件，应当开庭审判；②缺乏罪证的自诉案件，如果自诉人提不出补充证据，应当说服自诉人撤回自诉，或者裁定驳回。

5. 自诉案件审理的特点。

（1）自诉案件符合简易程序适用条件的，可以适用简易程序审理。不适用简易程序审理的自诉案件，参照适用公诉案件第一审普通程序的有关规定。

（2）对于自诉案件，人民法院可以在查明事实、分清是非的基础上进行调解。调解达成协议的，人民法院应当制作刑事调解书，由审判人员、法官助理、书记员署名，并加盖人民法院印章。调解书经当事人签收后即具有法律效力。调解没有达成协议或者调解书签收前当事人反悔的，人民法院应当及时作出判决。

（3）自诉人在宣告判决前，可以同被告人自行和解或者撤回自诉。自行和解是《刑事诉讼法》赋予自诉案件双方当事人的一项诉讼权利。在法律允许的范围内，他们可以互谅互让、互相协商，以达成和解协议的方式解决纠纷，而后撤诉。人民法院经审查，认为和解、撤回自诉确属自愿的，应当裁定准许；认为系被强迫、威吓等，并非自愿的，不予准许。

（4）自诉人经两次依法传唤，无正当理由拒不到庭的，或者未经法庭许可中途退庭的，按撤诉处理。

（5）法庭审理过程中，审判人员对证据有疑问，需要调查核实的，适用《刑事诉讼法》第196条的规定。

（6）告诉才处理的案件以及被害人起诉的有证据证明的轻微刑事案件的被告人或者其法定代理人在诉讼过程中，可以对自诉人提起反诉。

所谓反诉，是相对于自诉而言的，指在自诉案件的诉讼过程中，自诉案件的被告人作为被害人，对自诉人与本案有联系且属自诉案件范围的犯罪行为提出控告，要求人民法院一并予以审判的诉讼请求。

反诉必须符合下列条件：反诉的对象必须是本案的自诉人；反诉的内容必须是与本案有关的行为；反诉的案件必须是告诉才处理的案件和人民检察院没有提起公诉，被害人有证据证明的轻微刑事案件。

反诉以存在自诉为前提，但反诉本身不是对自诉的答辩，而是一个独立的诉讼。因而，如果原自诉人撤诉的，不影响反诉案件的继续审理。反诉案件的审理适用自诉案件的规定，并应当与自诉案件一并审理。

6. 自诉案件的审理期限。被告人被羁押的，其审理期限适用前述公诉案件的一审审理期限。未被羁押的，应当在受理后6个月内宣判。

（四）简易程序

1. 简易程序的概念。简易程序与普通程序相对称，是指基层人民法院审理某些事实清楚、证据充分、被告人认罪且同意适用简化审理程序时所采取的相对简化、便捷的审判程序。

2. 简易程序的适用范围。《刑事诉讼法》第214条、第215条规定，基层人民法院管辖的案件，符合下列条件的，可以适用简易程序审判：①案件事实清楚、证据充分的；②被告人承认自己所犯罪行，对指控的犯罪事实没有异议的；③被告人对适用简易程序没有异议。人民检察院在提起公诉的时候，可以建议人民法院适用简易程序。有下列情形之一的，不适用简易程序：①被告人是盲、聋、哑人，或者是尚未完全丧失辨认或者控制自己行为能力的精神病人的；②有重大社会影响的；③共同犯罪案件中部分被告人不认罪或者对适用简易程序有异议的；④其他不宜适用简易程序审理的。

3. 简易审判程序的特点。

（1）只适用于刑事案件的第一审程序，而不能适用于其他程序。

（2）简易程序只适用于基层人民法院。按照《刑事诉讼法》的规定，基层人民法院管辖案情简单、影响较小、处罚相对较轻的刑事案件，只有这些案件才具有适用简易程序审判的条件。

（3）在审判组织上，适用简易程序时，对可能判处3年有期徒刑以下刑罚的，可以组成合议庭进行审判，也可以由审判员一人独任审判；但对可能判处的有期徒刑超过3年的，应当组成合议庭进行审判。

（4）在适用案件上，简易程序只适用那些案件事实清楚、证据确实充分、被告人认罪且控辩双方争议不大的刑事案件。

（5）在控诉职能上，适用简易程序审理公诉案件，人民检察院应当派员出庭。否则，控诉职能承担者就未能出庭控诉，那么刑事诉讼控辩对抗、法官居中裁断的基本诉讼构造就不复存在，审判也就不称其为审判。

（6）加强对被告人程序选择权的尊重与保障。《刑事诉讼法》第217条规定，适用简易程序审理案件，审判人员应当询问被告人对指控的犯罪事实的意见，告知被告人适用简易程序审理的法律规定，确认被告人是否同意适用简易程序审理。

（7）在庭审程序上大为简化。根据《刑事诉讼法》第218条、第219条的规定，适用简易程序审理自诉案件，经审判人员许可，被告人及其辩护人可以同公诉人、自诉人及其诉讼代理人互相辩论。适用简易程序审理案件，不受普通程序中具体庭审程序关于送达期限、讯问被告人、询问证人、鉴定人，出示证据，法庭辩论程序规定的限制。但在判决宣告前应当听取被告人的最后陈述意见。

（8）在期间和送达方式上，适用简易程序审理的案件，送达起诉书至开庭审判的时间，不受《刑事诉讼法》第187条第1款规定的人民法院应当将人民检察院的起诉书副本至迟开庭10日前送达被告人的限制；在开庭审判以前，人民法院通知有关诉讼参与人开庭的时间、地点时，可以用简便的方式进行。适用简易程序审理案件，人民法院应当在受理后20日内审结。对可能判处的有期徒刑超过3年的，可以延长至一个半月。

（9）在宣判形式上，适用简易程序审理案件原则上应采当庭宣判的形式。值得注意的是，适用简易程序审理的案件，在审理过程中发现不宜适用简易程序的，应当按照第一审普通程序的规定重新审理。具体包括下列情形：①被告人的行为可能不构成犯罪的；②被告人可能不负刑事责任的；③被告人当庭对起诉指控的犯罪事实予以否认的；④案件事实不清、证据不足的；⑤不应当或者不宜适用简易程序的其他情形。转为普通程序审理的案件，审理期限应当从决定转为普通程序之日起计算。

（五）速裁程序

1. 速裁程序的概念。速裁程序是指基层人民法院审理可能判处3年有期徒刑以下刑罚的案件，案件事实清楚，证据确实、充分，被告人认罪认罚并经被告人同意而适用的较之于简易程序更为简化、快捷的审判程序。速裁程序是一种独立于简易程序的更简化、更快捷的审判程序。

2. 速裁程序的适用范围。根据《刑事诉讼法》第222条的规定，可以适用速裁程序进行审理的案件仅限定为可能判处3年有期徒刑以下刑罚，案件事实清楚，证据确实、充分，被告人认罪认罚且同意适用速裁程序的案件。但是根据《刑事诉讼法》第223条规定，有下列情形之一的，不适用速裁程序：①被告人是盲、聋、哑人，或者是尚未完全丧失辨认或者控制自己行为能力的精神病人的；②被告人是未成年人的；③案件有重大社会影响的；④共同犯罪案件中部分被告人对指控的犯罪事实、罪名、量刑建议或者适用速裁程序有异议的；⑤被告人与被害人或者其法定代理人没有就附带民事诉讼赔偿等事项达成调解或者和解协议的；⑥其他不宜适用速裁程序审理的。

3. 速裁程序审理的特点。

（1）适用速裁程序审理的案件，由审判员一人独任审判。

（2）适用速裁程序审理的案件，人民检察院在提起公诉的时候，可以建议人民法院适用速裁程序。

（3）适用速裁程序审理的案件，根据《最高检察院规则》第441条的规定，人民检察院应当派员出席法庭。

（4）速裁程序的具体审判程序更为简化、快捷。根据《最高法院解释》第

372条规定，适用速裁程序审理案件，可以集中开庭，逐案审理。公诉人简要宣读起诉书后，审判人员应当当庭询问被告人对指控事实、证据、量刑建议以及适用速裁程序的意见，核实具结书签署的自愿性、真实性、合法性，并核实附带民事诉讼赔偿等情况。《刑事诉讼法》第224条规定，适用速裁程序审理案件，一般不进行法庭调查、法庭辩论，但在判决宣告前应当听取辩护人的意见和被告人的最后陈述意见。

（5）适用速裁程序审理的案件，应当当庭宣判。

（6）速裁程序的送达及审理期限方面更为简便、快捷。根据《刑事诉讼法》第224条的规定，适用速裁程序审理的案件不受一审普通审判程序中送达期限的限制，可以采用更为方便、快捷的送达方式与时限进行送达。另外，《刑事诉讼法》第225条规定，适用速裁程序审理案件，人民法院应当在受理后10日以内审结；对可能判处的有期徒刑超过1年的，可以延长至15日。

可见，速裁程序与简易程序有着明显的不同，其区别主要在于：①适用范围不同。速裁程序主要适用于被告人认罪认罚的可能判处3年以下有期徒刑事实清楚、证据确实充分的案件；简易程序则适用于被告人认罪的事实清楚、证据确实充分的案件，可能判处的刑罚的刑期没有限制，可以是3年以下，也可以是3年以上。②审判组织不同。速裁程序是由审判员一人独任审判；简易程序则根据可能判处的刑罚不同，选择合议庭还是独任庭。③审判程序的简化、快捷程度不同。速裁程序审理案件，可以集中开庭，逐案审理；简易程序只是程序有所简化，但不能集中开庭。④审理期限不同。速裁程序的审理期限比简易程序更短、更快。⑤宣判时间不同。刑事诉讼法对速裁程序规定了当庭宣判的强制性规定；简易程序则没有硬性规定。

需要注意的是，人民法院在审理过程中，发现有被告人的行为不构成犯罪或者不应当追究其刑事责任、被告人违背意愿认罪认罚、被告人否认指控的犯罪事实或者其他不宜适用速裁程序审理的情形的，应当按照公诉案件或者简易程序的规定重新审理。

（六）判决、裁定和决定

1. 判决。判决是人民法院通过审理，就案件的实体问题所作的处理决定。刑事判决分为有罪判决和无罪判决两种。

有罪判决是人民法院对案件事实清楚，证据确实、充分，依据法律认定被告人有罪时作出的判决。有罪判决又可以进一步划分为定罪处刑判决和定罪免刑判决。

无罪判决是人民法院作出的确认被告人的行为不构成犯罪或者因证据不足，不能认定被告人有罪的判决。无罪判决有两种：一种是案件事实清楚，证据确实、充分，依据法律认定被告人无罪的无罪判决；另一种是因证据不足，不能认定被告人有罪时作出的证据不足、指控的犯罪不能成立的无罪判决。后一种判决是《刑事诉讼法》贯彻疑罪从无原则的具体体现。

根据判决的实体内容，还可以将判决划分为刑事判决和附带民事诉讼判决。

2. 裁定。裁定是人民法院在审理案件或判决执行过程中，对有关诉讼程序和部分实体问题所作的一种处理决定。

人民法院用裁定处理的程序问题主要有：诉讼期限的延展、中止审理、维持原判或者发回重新审判、驳回起诉、核准死刑等。人民法院用裁定处理的实体问题主要针对执行中的诉讼，如减刑、假释等。

3. 决定。决定是指公安机关、司法机关在刑事诉讼过程中依法就有关诉讼程序问题所作的一种处理。决定可以书面作出，也可以口头作出，法律效力相同。口头决定应当记录在案，书面决定应当制作决定书，并送达有关人员。决定一经作出即立即生效，不准上诉或抗诉（但对于驳回申请回避的决定，当事人不服的，可申请复议一次），这是其与判决、裁定的主要区别。

根据《刑事诉讼法》的规定，决定主要适用于解决以下程序性问题：是否回避的决定；立案不立案的决定；采取各种强制措施或变更强制措施的决定；实施各种侦查行为的决定；撤销案件的决定；延长侦查中羁押犯罪嫌疑人的期间的决定；起诉或不起诉的决定；开庭审判的决定；庭审中解决当事人和辩护人、诉讼代理人申请通知新的证人到庭、调取新的物证、申请重新鉴定或勘验的决定；延期审理的决定；抗诉的决定；提起审判监督程序的决定等。

三、第二审程序

（一）概述

1. 两审终审制的含义。《刑事诉讼法》第10条规定："人民法院审判案件，实行两审终审制。"所谓两审终审制，是指一个案件经过两级人民法院审判即告终结的制度。对于第二审人民法院作出的判决、裁定，当事人等不得再提出上诉，人民检察院不得按照上诉审程序提出抗诉。

2. 两审终审制的特殊情况。由于是否提起上诉是当事人的权利，如果当事人在法定上诉期内未依法提起上诉，检察院亦未抗诉，那么在上诉或抗诉期满后，一审判决即告生效。

另外，两审终审制是就刑事诉讼中的普通程序而言的，对于作为特殊诉讼程序的在法定刑以下判处刑罚和适用特殊情况假释的程序及死刑复核程序而言，该类案件在经过普通审判程序之后，尚需经过一个特殊的复核程序才能生效，但该特殊程序并不属于一个独立的审级，该程序的提起并不是通过上诉或抗诉启动的，而是由普通程序的终审法院向有核准权的上级法院层报引起的特殊审判程序，该程序同样是以两审终审制为基础的。

3. 两审终审制的例外情况。两审终审制的唯一例外，就是最高人民法院审理的第一审案件为一审终审。因为最高人民法院是我国法院系统的最高审级，其所作出的一审判决或裁定，一经作出，即发生法律效力。

4. 第二审程序的概念。第二审程序又称上诉审程序，是指第二审法院根据上诉人的上诉或人民检察院的抗诉，就第一审人民法院尚未发生法律效力的判决或裁定所认定的事实和适用的法律进行重新审理的程序。它是刑事诉讼中一个独立的诉讼阶段。

5. 第二审程序的任务。第二审程序的任务是：第二审人民法院对第一审人民法院作出的判决或裁定所认定的事实是否清楚，证据是否确实、充分，适用法律是否正确，诉讼程序是否合法进行全面审查和审理，并依法作出判决或裁定，以维持正确的一审判决或裁定，纠正错误的一审判决或裁定，从而保证办案质量，充分、有效地维护当事人的合法权益，准确地惩罚犯罪分子，保障无罪的人不受刑事追究，实现司法公正。

（二）第二审程序的提起

1. 提起第二审程序的主体。第二审程序是由合法的上诉或抗诉而引起的，一个案件是否经过二审，取决于上诉人的上诉或抗诉机关的抗诉。

根据《刑事诉讼法》第 227 条、第 288 条的规定，有权提起上诉的人员是被告人、自诉人和他们的法定代理人，以及经被告人同意的辩护人、近亲属，还有附带民事诉讼的当事人及其法定代理人。有权提起抗诉的机关是地方各级人民检察院。

根据该条规定，有权提起上诉的人员包括：

（1）被告人及其法定代理人。被告人是被追究刑事责任的对象，是案件处理结果的直接承担者，因而对案件的处理结果十分关心。如果不服一审法院的判决、裁定，在法定上诉期内，被告人及其法定代理人有权上诉，对被告人的上诉权，不得以任何借口加以剥夺。

（2）自诉人及其法定代理人。自诉人是刑事诉讼中的当事人，与案件处理结果有直接利害关系。如果不服一审法院的判决、裁定，在法定上诉期内，自诉人及其法定代理人有权提出上诉。

（3）经被告人同意的辩护人及其近亲属。被告人的辩护人和近亲属没有独立的上诉权，必须事先征得被告人的同意才能提起上诉。被告人的辩护人和近亲属不是案件的当事人，他们提出上诉，归根结底是为了维护被告人的合法权益，所以必须得到被告人的同意。这样既有利于被告人充分行使上诉权，又可以防止在被告人已经认罪服判的情况下，辩护人或近亲属违背被告人的意愿而提起上诉。

（4）附带民事诉讼的当事人及其法定代理人。附带民事诉讼的当事人和他们的法定代理人，只有权对地方各级人民法院一审判决、裁定中的附带民事诉讼部分提出上诉，对判决、裁定的刑事部分则无权上诉。附带民事诉讼的当事人如果同时也是刑事诉讼的自诉人、被告人，则既可以对附带民事诉讼部分提起上诉，也可以对刑事诉讼部分提起上诉。如果对刑事部分没有人提出上诉，人民检察院也没有提出抗诉，只有附带民事诉讼当事人和他们的法定代理人上诉的，第一审刑事部分的判决在上诉期满后即发生法律效力。

另外，《刑事诉讼法》第 228 条规定，地方各级人民检察院认为本级人民法院第一审的判决、裁定确有错误的时候，应当向上一级人民法院提出抗诉。可见，有权对一审未生效判决、裁定提出抗诉的机关是一审人民法院的同级人民检察院。

需要特别注意的是：公诉案件中的被害人及其法定代理人虽然具有当事人的诉讼地位，但法律并未赋予其上诉的权利，而赋予其不服一审判决请求抗诉的权利。对此，《刑事诉讼法》第 229 条专门规定，被害人及其法定代理人如果不服地方各级人民法院第一审判决的（不包括裁定），自收到判决书后 5 日内，有权请求人民检察院提出抗诉。对此，人民检察院应当立即对请求人的资格、请求的时间和理由进行审查，并自收到请求后 5 日以内作出是否抗诉的决定，并答复请求人。

2. 上诉、抗诉的理由。《刑事诉讼法》对于当事人提出上诉的理由没有规定任何限制。因此，有上诉权的当事人在法定上诉期限内提出上诉，不论理由是否确实、充分，二审人民法院均应受理，以维护当事人的上诉权，保障我国两审终审制的普遍适用。

而人民检察院必须在有充分的根据认定原判决、裁定"确有错误"时，才能提出抗诉。

3. 上诉、抗诉的期限。上诉或抗诉应当在法定的上诉或抗诉期间内提出。《刑事诉讼法》第 230 条明确规定，不服判决的上诉和抗诉的期限为 10 日，不服裁定的上诉和抗诉的期限为 5 日，从接到判决书、裁定书的第二日起算。

4. 上诉、抗诉的方式与程序。为了保障当事人充分、有效地行使上诉权，《刑事诉讼法》对当事人提起上诉的方式未加任何限制，即其上诉无论是采书面方式还是口头方式均可。当然，司法实践中，当事人提出上诉，大都会采上诉状的书面形式，以充分列举、说明自己的上诉理由。

根据《刑事诉讼法》第 231 条和《最高法院解释》第 381 条、第 382 条的规定，上诉可以通过原审人民法院提出，也可直接向上一级人民法院提出。被告人、自诉人、附带民事诉讼原告人和被告人通过第一审人民法院提出上诉的，第一审人民法院应当审查。上诉符合法律规定的，应当在上诉期满后 3 日内将上诉状连同案卷、证据移送上一级人民法院，同时将上诉状副本送交同级人民检察院和对方当事人。被告人、自诉人、附带民事诉讼原告人和被告人直接向第二审人民法院提出上诉的，第二审人民法院应当在收到上诉状后 3 日内将上诉状交第一审人民法院。第一审人民法院应当审查上诉是否符合法律规定。符合法律规定的，应在收到上诉状后 3 日内将上诉状连同案卷、证据移送上一级人民法院，同时将上诉状副本送交同级人民检察院和对方当事人。

人民检察院提出抗诉的方式与程序则受到法律的严格限制。《刑事诉讼法》第 232 条规定，地方各级人民检察院对同级人民法院的一审判决、裁定的抗诉，必须制作抗诉书，并应通过原审人民法院提出，同时还应将抗诉书抄送上一级人民检察院。原审人民法院应当将抗诉书连同案卷、证据移送上一级人民法院，并且将抗诉书副本送交当事人。上级人民检察院如果认为抗诉不当的，可以直接向同级人民法院撤回抗诉，并且通知下级人民检察院。

（三）第二审程序的审判

1. 收案审查。第二审人民法院对第一审人民法院移送上诉、抗诉的案卷、证据，应当审查是否包括下列内容：①移送上诉、抗诉案件函；②上诉状或者抗诉书；③第一审判决或者裁定书 8 份（每增加 1 名被告人增加 1 份）及其电子文本；④全部案卷材料和证据，包括案件审结报告和其他应当移送的材料。如果上述材料齐备，第二审人民法院应当收案；材料不齐备或不符合规定的，应当通知第一审人民法院及时补送。

2. 全面审查原则。《刑事诉讼法》第 233 条和《最高法院解释》第 391 条规定，第二审人民法院应当就第一审判决认定的事实和适用的法律进行全面审查，不受上诉或抗诉范围的限制。重点审查以下内容：第一审判决认定的事实是否清楚，证据是否确实、充分；第一审判决适用法律是否正确，量刑是否适当；在调查、侦查、审查起诉、第一审程序中，有无违反法定程序的情形；上诉、抗诉是否提出新的事实、证据；被告人的供述和辩解情况；辩护人的辩护意见及采纳情况；附带民事部分的判决、裁定是否合法、适当；对涉案财物的处理是否正确；第一审人民法院合议庭、审判委员会讨论的意见。共同犯罪的案件只有部分被告人上诉的，应当对全案进行审查，一并处理。因此，第二审人民法院在审理范围上实行的是全面审查原则。

3. 第二审案件的合议庭组成、审判方式和程序。

（1）合议庭的组成。《刑事诉讼法》第 183 条第 4 款规定，人民法院审判上诉和抗诉案件，由审判员 3 人或者 5 人组成合议庭进行。

（2）开庭审理的方式。开庭审理是指第二审人民法院在合议庭的主持下，对抗诉案件及事实不清楚的上诉案件，由当事人、检察人员和其他诉讼参与人参加，按照第一审普通程序的开庭、法庭调查、法庭辩论、被告人最后陈述、评议和宣判的步骤与方法审理案件的审判形式展开。《刑事诉讼法》第 234 条第 1 款、第 3 款规定，第二审人民法院对于下列案件，应当组成合议庭，开庭审理：①被告人、自诉人及其法定代理人对第一审认定的事实、证据提出异议，可能影响定罪量刑的上诉案件；②被告人被判处死刑的上诉案件；③人民检察院抗诉的案件；④其他应当开庭审理的案件。第二审人民法院开庭审理上诉、抗诉案件，可以到案件发生地或者原审人民法院所在地进行。

《刑事诉讼法》第 235 条规定，人民检察院提出抗诉的案件或者第二审人民法院开庭审理的公诉案件，同级人民检察院都应当派员出席法庭。第二审人民法院应当在决定开庭审理后及时通知人民检察院查阅案卷。人民检察院应当在 1 个月以内查阅完毕。

第二审人民法院开庭审理上诉、抗诉案件，除参照适用第一审程序的有关规定外，还应当按照《最高法院解释》第 398 条规定的程序进行。

（3）不开庭审理（庭外调查讯问式审理）的方式。调查讯问的审理方式，是指二审人民法院的合议庭对事实清楚的上诉案件，经过阅卷，讯问被告人，听取其他当事人、辩护人、诉讼代理人意见后，认为原审人民法院认定的案件事实清楚，证据确实、充分，即由合议庭评议并作出判决或裁定，而不再开庭审理的审判形式。《刑事诉讼法》第 234 条第 2 款规定，第二审人民法院决定不开庭审理的，应当讯问被告人，听取其他当事人、辩护人、诉讼代理人的意见。

第二审人民法院可以不开庭审理的案件，应当是"犯罪事实清楚"的上诉案件，即在犯罪事实和证据上，第一审法院的认定没有错误，或者控、辩双方基本没有分歧，当事人上诉的理由主要集中在适用法律、裁量刑罚或者诉讼程序上，合议庭全体成员应当阅卷，必要时应当提交书面阅卷意见。在讯问被告人，听取其他当事人、辩护人、诉讼代理人的意见的基础上，不必经过正式的开庭审理程序，即可进行评议和作出裁判。不开庭审理的案件，同样应当公开宣判。

（四）对第二审案件的处理

根据《刑事诉讼法》第 236 条、第 238 条的规定，第二审人民法院对不服第一审判决的上诉、抗诉案件，经过审理后，应当按照下列情形分别处理：

1. 裁定驳回上诉或抗诉，维持原判。第二审人民法院对于原判决认定事实和适用法律正确，量刑适当的，应当裁定驳回上诉或抗诉，维持原判。

2. 依法改判。第二审人民法院依法改判的案件有两种情况：①二审人民法院对于原判决认定事实没有错误，但适用法律有错误，或者量刑不当的，应当改判；②二审人民法院对于原判决事实不清或证据不足的，可以在查清事实后改判。但应注意的是，原审人民法院对于二审人民法院这种发回重审的案件经审理作出判决后，被告人提出上诉或者人民检察院提出抗诉的，第二审人民法院应当依法作出判决或者裁定，不得再发回原审人民法院重新审判。也就是说，这种情形的发回重审只能限定为一次，第二次就应当由二审法院直接作出判决，以防人民法院通过发回重审导致案件久拖不决，被告人被超期羁押的违法情形。

3. 裁定撤销原判，发回重审。该处理也有两种情况：①二审人民法院对于原判决事实不清楚或证据不足的，可以裁定撤销原判，发回原审人民法院重新审判；②二审人民法院发现第一审人民法院的审理有下列违反法律规定的诉讼程序的情形之一的，应当裁定撤销原判，发回原审人民法院重新审理：即违反《刑事诉讼法》有关公开审判的规定的；违反回避制度的；剥夺或限制了当事人的法定诉讼权利，可能影响公正审判的；审判组织的组成不合法的；其他违反法律规定的诉讼程序，可能影响公正审判的。

根据《刑事诉讼法》第239条、第241条的规定，原审人民法院对于发回重新审判的案件，应当另行组成合议庭，依照第一审程序进行审判。其一审审理期限，自收到发回的案件之日起重新计算。其所作的判决或裁定，仍属于一审判决或裁定，仍可以依法上诉或抗诉。

第二审判决、裁定和最高人民法院的判决、裁定都是终审的判决、裁定，一经宣布立即发生法律效力。

（五）第二审案件的审判期限

根据《刑事诉讼法》第243条的规定，第二审人民法院受理上诉、抗诉案件，应当在2个月内审结。对于可能判处死刑的案件或者附带民事诉讼的案件，以及有本法第158条规定情形之一的案件，经省、自治区、直辖市高级人民法院批准或者决定，可以延长2个月；因特殊情况还需要延长的，报请最高人民法院批准。最高人民法院受理上诉、抗诉案件的审理期限，由最高人民法院决定。

（六）上诉不加刑原则

1. 上诉不加刑的概念。上诉不加刑，是指第二审人民法院审判仅有被告人一方上诉的案件，不得以任何理由加重被告人刑罚的一项审判原则。《刑事诉讼法》第237条第1款规定，第二审人民法院审理被告人或者他的法定代理人、辩护人、近亲属上诉的案件，不得加重被告人的刑罚。

2. 上诉不加刑的适用。根据《最高法院解释》第401条的规定，第二审人民法院审理仅有被告人或者其法定代理人、辩护人、近亲属提出上诉的案件，不得对被告人的刑罚作出实质不利的改判，并应当执行下列具体规定：①同案审理的案件，只有部分被告人上诉的，既不得加重上诉人的刑罚，也不得加重其他同案被告人的刑罚；②原判认定的罪名不当的，可以改变罪名，但不得加重刑罚或者对刑罚执行产生不利影响；③原判认定的罪数不当的，可以改变罪数，并调整刑罚，但不得加重决定执行的刑罚或者对刑罚执行产生不利影响；④原判对被告人宣告缓刑的，不得撤销缓刑或者延长缓刑考验期；⑤原判没有宣告职业禁止、禁止令的，不得增加宣告；原判宣告职业禁止、禁止令的，不得增加内容、延长期限；⑥原判对被告人判处死刑缓期执行没有限制减刑、决定终身监禁的，不得限制减刑、决定终身监禁；⑦原判判处的刑罚不当、应当适用附加刑而没有适用的，不得直接加重刑罚、适用附加刑。原判判处的刑罚畸轻，必须依法改判的，应当在第二审判决、裁定生效后，依照审判监督程序重新审判。

另外，根据《刑事诉讼法》第 237 条第 1 款的规定，第二审人民法院发回原审人民法院重新审判的案件，除有新的犯罪事实，人民检察院补充起诉的以外，原审人民法院也不得加重被告人的刑罚。

上诉不加刑，并不是在任何情况下第二审人民法院都不得加重被告人的刑罚。《刑事诉讼法》第 237 条第 2 款规定："人民检察院提出抗诉或者自诉人提出上诉的，不受前款规定的限制。"即不受上诉不加刑的限制。同理，人民检察院、自诉人和被告人同时提出抗诉和上诉，二审人民法院可以根据案件的实际情况依法改判，既可以减轻被告人的刑罚，也可以加重被告人的刑罚。

本节导入案例中，在二审程序中，虽然仅有刘某提出了上诉，宋某飞并未提出上诉，而且刘某也仅是对其因故意伤害罪被判处死刑立即执行不服提出上诉，但是二审法院在审理该案时，应贯彻全面审理原则，对于未上诉的部分共同犯罪人、未提出异议的其他罪名以及附带民事诉讼（当然，本案中，附带民事诉讼原告人已提出上诉）均应进行全面审理，而不受上诉、抗诉范围的限制，以体现对两审终审制的彻底贯彻与保障。但是，二审法院经审理后，作出改判刘某死刑缓期二年执行的判决，却对其同案犯宋某飞维持原一审判决并核准死刑的判处，显然存在严重的司法不公，且其判决书对于改判的理由含糊其辞，一笔带过，而无有理有据的事实分析与法理评价，难以体现判决的说理性与公正性。根据《刑事诉讼法》第 236 条的规定，二审依法改判必须建立在原判适用法律有错误或量刑不当或者原判证据不足、事实不清的基础上。因此，二审法院仅改判刘某死刑判决，而维持其同伙宋某飞的死刑判决，显然存在矛盾与混乱。况且，二审法院的判决书对于刘某是否参与故意伤害刘某学的事实并未查清，而是含糊其辞地以公安机关可能存在刑讯逼供为由予以从轻量刑，这一判决显然不符合《刑事诉讼法》第 236 条关于二审具体审结程序的要求。

由于此案审理期间，《刑事诉讼法》还未予修正，根据新修正的《刑事诉讼法》，如果二审期间发现刘某案在侦查阶段可能存在非法刑讯逼供的侦查行为，二审人民法院应当裁定撤销原判，发回重审。在原一审法院依照一审程序重审期间，根据新修正的《刑事诉讼法》第59条、第60条的规定，在对证据收集的合法性进行法庭调查的过程中，人民检察院应当对证据收集的合法性加以证明。现有证据材料不能证明证据收集的合法性的，人民检察院可以提请人民法院通知有关侦查人员或者其他人员出庭说明情况；人民法院可以通知有关侦查人员或者其他人员出庭说明情况。有关侦查人员或者其他人员也可以要求出庭说明情况。经人民法院通知，有关人员应当出庭。而对于经过法庭审理，确认或者不能排除存在《刑事诉讼法》第56条规定的以非法方法收集证据情形的，对有关证据应当予以排除。

四、死刑复核程序

（一）死刑复核程序的概念与特点

1. 死刑复核程序的概念。死刑复核程序，是指人民法院对判处死刑（包括死刑立即执行和死刑缓期二年执行）的案件进行复审核准所遵循的特殊审判程序。根据我国《刑事诉讼法》的规定，除最高人民法院判处死刑的案件外，凡是被判处死刑的案件，都必须经过死刑复核程序审查核准后，才能发生法律效力，交付执行。

2. 死刑复核程序的特点。死刑复核程序作为我国刑事诉讼中的特殊程序，与第二审程序、审判监督程序相比，有着自己的特点：

（1）启动程序的特殊性。同普通程序相比较，死刑复核程序不是由被告人的上诉或者人民检察院的抗诉而引起的，而是在经过普通程序审理之后，由作出裁判的人民法院将判处死刑的案件层报有核准权的人民法院进行复核。这种由原死刑判决机关层报启动的程序也不同于审判监督程序中决定再审、决定提审、指令再审等的提起程序。

（2）适用对象的特殊性。死刑复核程序只适用于判处死刑的案件（包括判处死刑立即执行和判处死刑缓期二年执行的案件）。死刑复核程序适用的对象是单一的、特定的，它是死刑案件的必经程序。

（3）复核法院的特殊性。死刑复核的法院只能是最高人民法院或高级人民法院。根据《刑事诉讼法》的规定，对于判处死刑立即执行的案件，由最高人民法院核准；对判处死刑缓期二年执行的案件，由高级人民法院核准。

（4）诉讼程序的特殊性。对于一般刑事案件，经过一审、二审，判决、裁定即发生法律效力。而对于判处死刑的案件，经过普通程序的一审、二审审理后，判决并不能生效，还必须经过有复核权的人民法院进行死刑复核后，死刑判决才能发生法律效力。而且，作为普通程序的一审程序必须采取开庭审理方式；

二审程序大都以开庭审理为原则，不开庭审理为例外；而作为特殊程序的死刑复核程序大都不开庭，实施书面审理与审核，只有极少数案件通过发回重审的方式予以开庭审理。显然，其诉讼程序具有特殊性。

（二）死刑核准权

1. 死刑立即执行的核准权。根据《刑事诉讼法》第 246 条的规定，死刑由最高人民法院核准。即死刑立即执行的核准权由最高人民法院行使。

2. 死刑缓期二年执行的核准权。根据《刑事诉讼法》第 248 条的规定，中级人民法院判处死刑缓期二年执行的案件，由高级人民法院核准。可见，死刑缓期二年执行案件的核准权，由高级人民法院行使。

（三）死刑立即执行案件的复核程序。

1. 死刑立即执行案件的报请复核程序。根据《刑事诉讼法》第 247 条的规定及《最高法院解释》第 423 条的规定，具体报请复核的程序为：

（1）中级人民法院判处死刑的第一审案件，被告人未上诉、人民检察院未抗诉的，在上诉、抗诉期满后 10 日内报请高级人民法院复核。高级人民法院同意判处死刑的，应当在作出裁定后 10 日内报请最高人民法院核准；不同意判处死刑的，应当依照第二审程序提审或者发回重新审判。

（2）中级人民法院判处死刑的第一审案件，被告人上诉或者人民检察院抗诉，高级人民法院裁定维持的，应当在作出裁定后 10 日内报请最高人民法院核准。

（3）高级人民法院判处死刑的第一审案件，被告人未上诉、人民检察院未抗诉的，应当在上诉、抗诉期满后 10 日内报请最高人民法院核准。

（4）高级人民法院判处死刑的第二审案件，应当报请最高人民法院核准。

高级人民法院复核死刑案件，应当讯问被告人。

2. 死刑立即执行案件的复核程序。

（1）合议庭的组成。根据《刑事诉讼法》第 249 条的规定，最高人民法院复核死刑案件，应当由审判员 3 人组成合议庭进行。

（2）复核内容。根据《最高法院解释》第 427 条的规定，复核死刑案件，应当全面审查以下内容：①被告人的年龄，被告人有无刑事责任能力，是否系怀孕的妇女；②原判认定的事实是否清楚，证据是否确实、充分；③犯罪情节、后果及危害程度；④原判适用法律是否正确，是否必须判处死刑，是否必须立即执行；⑤有无法定、酌定从重、从轻或者减轻处罚情节；⑥诉讼程序是否合法；⑦应当审查的其他情况。

（3）复核方式。根据《刑事诉讼法》第 251 条规定，最高人民法院复核死刑案件，应当讯问被告人，辩护律师提出要求的，应当听取辩护律师的意见。

（4）复核后的处理。《刑事诉讼法》第250条规定，最高人民法院复核死刑案件，应当作出核准或者不核准死刑的裁定。对于不核准死刑的，最高人民法院可以发回重新审判或者予以改判。《最高法院解释》第429条作出了更加具体的规定：即①原判认定事实和适用法律正确、量刑适当、诉讼程序合法的，应当裁定核准；②原判认定的某一具体事实或者引用的法律条款等存在瑕疵，但判处被告人死刑并无不当的，可以在纠正后作出核准的判决、裁定；③原判事实不清、证据不足的，应当裁定不予核准，并撤销原判，发回重新审判；④复核期间出现新的影响定罪量刑的事实、证据的，应当裁定不予核准，并撤销原判，发回重新审判；⑤原判认定事实正确、证据充分，但依法不应当判处死刑的，应当裁定不予核准，并撤销原判，发回重新审判；根据案件情况，必要时，也可以依法改判；⑥原审违反法定诉讼程序，可能影响公正审判的，应当裁定不予核准，并撤销原判，发回重新审判。

　　本节导入案例中，二审法院在作出二审判决的同时，依法核准对宋某飞的死刑判决，依据当时的《人民法院组织法》及授权高级人民法院核准死刑的司法解释，该程序并无错误。因为，在2007年1月1日以后，最高人民法院才将死刑立即执行的核准权统一收回，刘某案件审理时，在当时条件下，对危害国家安全案件和贪污、贿赂等严重经济犯罪案件判处死刑的，仍应由高级人民法院复核同意后，报最高人民法院核准；对杀人、强奸、抢劫、爆炸以及其他严重危害公共安全和社会治安判处死刑的案件的核准权，均由最高人民法院依法授权由各省、自治区、直辖市高级人民法院和解放军军事法院行使。因而，二审法院直接核准对朱某飞的死刑判决在当时条件下是合法有效的。而在审判监督程序中，由最高人民法院提审刘某案，在作出再审判决后，由最高人民法院直接核准该死刑判决，并在最高人民法院院长签发执行死刑命令后的当天执行死刑，在当时是合法的。亦符合现行《刑事诉讼法》第250条、第251条第1款的规定。

（四）死刑缓期二年执行案件的复核程序

1. 死刑缓期二年执行案件的报请复核程序。根据《刑事诉讼法》和《最高法院解释》的有关规定，中级人民法院判处死刑缓期二年执行的案件，如果被告人不上诉，人民检察院也不抗诉的，在上诉、抗诉期满后，应当报请高级人民法院核准。

2. 死刑缓期二年执行案件的复核程序。其具体合议庭的组成、复核内容、复核方式均适用前述死刑立即执行案件的具体规定。

3. 死刑缓期二年执行案件复核后的处理。根据《最高法院解释》第428条的规定，高级人民法院复核死刑缓期执行案件，应当按照下列情形分别处理：

（1）原判认定事实和适用法律正确、量刑适当、诉讼程序合法的，应当裁定核准。

（2）原判认定的某一具体事实或者引用的法律条款等存在瑕疵，但判处被告人死刑缓期执行并无不当的，可以在纠正后作出核准的判决、裁定。

（3）原判认定事实正确，但适用法律有错误，或者量刑过重的，应当改判。

（4）原判事实不清、证据不足的，可以裁定不予核准，并撤销原判，发回重新审判，或者依法改判。

（5）复核期间出现新的影响定罪量刑的事实、证据的，可以裁定不予核准，并撤销原判，发回重新审判，或者依照本解释第271条的规定审理后依法改判。

（6）原审违反法定诉讼程序，可能影响公正审判的，应当裁定不予核准，并撤销原判，发回重新审判。

高级人民法院复核死刑缓期执行案件，不得加重被告人的刑罚。

五、审判监督程序

（一）审判监督程序的概念和特点

1. 审判监督程序的概念。审判监督程序，又称再审程序，是指人民法院、人民检察院对于已经发生法律效力的判决和裁定，发现在认定事实或者适用法律上确有错误，依法提出并由人民法院对案件进行重新审判的一项特殊审判程序。

审判监督程序虽然是刑事诉讼中的一个独立的诉讼阶段，但并不是每一个案件都必须经过的程序，只有判决和裁定已经发生法律效力，又确有错误并经人民法院、人民检察院提起再审的案件，才能适用这一程序。所以，它属于刑事诉讼中的一种救济程序。

2. 审判监督程序的特点。

（1）审理对象仅限于已生效且确有错误的判决、裁定。

（2）提起的主体特定。有权提起审判监督程序的人员和机关只能是各级人民法院院长和审判委员会，最高人民法院、上级人民法院，以及最高人民检察院、上级人民检察院。

（3）提起的理由只能是原生效判决、裁定确有错误。

（4）在提起的时间上没有限制。无论原判决是否执行完毕，只要发现原生效判决、裁定确有错误，就可以依法提起审判监督程序予以纠正，但在对无罪改为有罪进行追诉时，应考虑追诉时效的限定。

（5）再审案件的法院不受审级限制，即依照审判监督程序进行再审的法院可以是任何一级人民法院。

（6）再审改判在量刑上没有限制。经再审后，依据新查明的事实与证据，既可改判无罪，亦可维持原判，也可减轻原判刑罚或者加重原判刑罚，刑事诉讼法对此未予任何限制。但是，《最高法院解释》第 469 条予以限制：除人民检察院抗诉的以外，再审一般不得加重原审被告人的刑罚。再审决定书或者抗诉书只针对部分原审被告人的，不得加重其他同案原审被告人的刑罚。

（7）再审的判决、裁定的效力取决于再审的审级。人民法院按照审判监督程序重新审判的案件，如果原来是第一审案件，应当依照第一审程序进行审判，所作的判决、裁定，可以上诉、抗诉；如果原来是第二审案件，或者是上级人民法院提审的案件，应当依照第二审程序进行审判，所作的判决、裁定是终审的判决、裁定。

可见，审判监督程序在审理对象、程序的提起、有权审理的法院以及裁判效力方面与同为特殊程序的死刑复核程序截然不同。同样，其与二审程序在审理对象、有权提起的主体、提起的理由与期限、审理法院的级别等方面亦有质的差异。

（二）提起审判监督程序的材料来源

提起审判监督程序的材料来源，即指对发生法律效力的判决、裁定发现有错误而提出有关证据及其资料等的来源、渠道。

1. 当事人及其法定代理人、近亲属的申诉。《刑事诉讼法》第 252 条规定，当事人及其法定代理人、近亲属对已经发生法律效力的判决、裁定，可以向人民法院或者人民检察院提出申诉，但是不能停止原判决、裁定的执行。审判监督程序的申诉，特指刑事诉讼中的当事人及其法定代理人、近亲属对人民法院已经发生法律效力的判决、裁定不服，向人民法院或者人民检察院提出重新处理请求的诉讼活动。司法实践中，当事人及其法定代理人、近亲属的申诉是提起审判监督程序的最主要的材料来源。

2. 案外人。《最高法院解释》第 451 条第 2 款规定，案外人认为已经发生法律效力的判决、裁定侵害其合法权益，提出申诉的，人民法院应当审查处理。即案外人的申诉也是提起审判监督程序的材料来源。

3. 其他来源。除了当事人及其法定代理人、近亲属的申诉外，提起审判监督程序的材料来源还有多种途径：如各级人民代表大会代表提出的纠正错案议案；人民群众的来信来访；司法机关通过办案或者复查案件时对错案的发现；机关、团体、企业、事业单位和新闻媒体等对生效裁判反映的意见等。上述信息经各种途径被人民法院、人民检察院获知后，如果发现原生效判决、裁定确有错误，亦会成为提起审判监督程序的材料来源。

4. 申诉的理由及其法律效力。申诉是法律赋予当事人及其法定代理人、近亲属的一项重要诉讼权利。但申诉不同于上诉，上诉一经提出就必然引起第二审程序；而申诉则不同，它只是提起审判监督程序的一种材料来源，并不必然引起审判监督程序。但是，为了强化申诉的效力，《刑事诉讼法》第253条特别明确了当事人及其法定代理人、近亲属的申诉符合下列情形之一的，具有引起审判监督程序的效力，人民法院应当依法重新审判：①有新的证据证明原判决、裁定认定的事实确有错误，可能影响定罪量刑的；②据以定罪量刑的证据不确实、不充分、依法应当予以排除，或者证明案件事实的主要证据之间存在矛盾的；③原判决、裁定适用法律确有错误的；④违反法律规定的诉讼程序，可能影响公正审判的；⑤审判人员在审理该案件的时候，有贪污受贿、徇私舞弊、枉法裁判行为的。

（三）审判监督程序的提起

1. 提起审判监督程序的主体。根据《刑事诉讼法》第254条的规定，有权提起审判监督程序的主体为：

（1）各级人民法院院长和审判委员会。各级人民法院院长对本院已经发生法律效力的判决和裁定，如果发现在认定事实上或适用法律上确有错误，必须提交审判委员会处理。

（2）最高人民法院和上级人民法院。最高人民法院对各级人民法院已经发生法律效力的判决或裁定，上级人民法院对下级人民法院已经发生法律效力的判决和裁定，如果发现确有错误，有权提审或者指令下级人民法院再审。

提审和指令下级人民法院再审是最高人民法院和上级人民法院对下级人民法院生效裁判提起审判监督程序的两种方式。根据《最高法院解释》第461条规定，上级人民法院发现下级人民法院已经发生法律效力的判决和裁定确有错误的，可以指令下级人民法院再审；原判决、裁定认定事实正确但适用法律错误，或者案件疑难、复杂、重大，或者有不宜由原审人民法院审理情形的，也可以提审。

应注意的是，上级人民法院指令下级人民法院再审的，应当指令原审人民法院以外的下级人民法院审理；由原审人民法院审理更为适宜的，也可以指令原审人民法院审理。

（3）最高人民检察院和上级人民检察院。最高人民检察院对各级人民法院已经发生法律效力的判决和裁定，上级人民检察院对下级人民法院已经发生法律效力的判决和裁定，如果发现确有错误，有权按照审判监督程序向同级人民法院抗诉。

地方各级人民检察院发现同级人民法院已经生效的判决和裁定确有错误，无权直接向同级人民法院提出抗诉，启动审判监督程序。但是，可以要求上级人民检察院向其同级人民法院提出抗诉。最高人民检察院如果认为最高人民法院的判决和裁定确有错误，可以直接向最高人民法院提出抗诉。

2. 提起审判监督程序的理由。审判监督程序，只有具备法定的理由才能提起。《刑事诉讼法》第 254 条对提起审判监督程序的理由作了原则性规定，即人民法院和人民检察院发现已经发生法律效力的判决、裁定，"在认定事实上或者在适用法律上确有错误"。《最高法院解释》第 457 条予以明确，即具有下列情形之一的，应当根据《刑事诉讼法》第 253 条的规定，决定重新审判：①有新的证据证明原判决、裁定认定的事实确有错误，可能影响定罪量刑的；②据以定罪量刑的证据不确实、不充分、依法应当排除的；③证明案件事实的主要证据之间存在矛盾的；④主要事实依据被依法变更或者撤销的；⑤认定罪名错误的；⑥量刑明显不当的；⑦对违法所得或者其他涉案财物的处理确有明显错误的；⑧违反法律关于溯及力规定的；⑨违反法定诉讼程序，可能影响公正裁判的；⑩审判人员在审理该案件时有贪污受贿、徇私舞弊、枉法裁判行为的。

（四）依照审判监督程序对案件进行重新审判

1. 重新审判的原则。

（1）开庭审理的原则。再审程序应以开庭审理为原则，以不开庭审理为例外。

（2）再审一般不加刑的原则。根据《最高法院解释》第 469 条的规定，除人民检察院抗诉的以外，再审一般不得加重原审被告人的刑罚。再审决定书或者抗诉书只针对部分原审被告人的，不得加重其他同案原审被告人的刑罚。

2. 重新审判的程序。《刑事诉讼法》第 256 条规定，人民法院按照审判监督程序重新审判的案件，由原审人民法院审理的，应当另行组成合议庭进行。如果原来是第一审案件，应当依照第一审程序进行审判，所作的判决、裁定可以上诉、抗诉；如果原来是第二审案件，或者是上级人民法院提审的案件，应当依照第二审程序进行审判，所作的判决、裁定是终审的判决、裁定。而且，对于人民法院开庭审理的再审案件，同级人民检察院应当派员出席法庭。

另外，根据《刑事诉讼法》第 257 条的规定，人民法院决定再审的案件，需要对被告人采取强制措施的，由人民法院依法决定；人民检察院提出抗诉的再审案件，需要对被告人采取强制措施的，由人民检察院依法决定。人民法院按照审判监督程序审判的案件，可以决定中止原判决、裁定的执行。

3. 再审的审理期限。关于按照审判监督程序对案件进行审理的期限，《刑事诉讼法》第 258 条规定，人民法院审理再审案件，应当在作出提审、再审决定之日起 3 个月内审结，需要延长期限的，不得超过 6 个月。接受抗诉的人民法院按照审判监督程序审判抗诉案件的，适用上述审理的期限。对需要指令下级人民法院再审的案件，应当自接受抗诉之日起 1 个月以内作出决定，下级人民法院审理案件也适用上述期限。

4. 重新审判后的处理。人民法院按照审判监督程序对案件重新审理以后，应当根据案件的不同情况，分别作出相应的处理：

（1）原判决、裁定认定事实和适用法律正确、量刑适当的，应当裁定驳回申诉或者抗诉，维持原判决、裁定。

（2）原判决、裁定定罪准确、量刑适当，但在认定事实、适用法律等方面有瑕疵的，应当裁定纠正并维持原判决、裁定。

（3）原判决、裁定认定事实没有错误，但适用法律错误或者量刑不当的，应当撤销原判决、裁定，依法改判。

（4）依照第二审程序审理的案件，原判决、裁定事实不清、证据不足的，可以在查清事实后改判，也可以裁定撤销原判，发回原审人民法院重新审判。

原判决、裁定认定事实不清或者证据不足，经审理事实已经查清的，应当根据查清的事实依法裁判；事实仍无法查清，证据不足，不能认定被告人有罪的，应当撤销原判决、裁定，判决宣告被告人无罪。

对再审改判宣告无罪并依法享有申请国家赔偿权利的当事人，人民法院宣判时，应当告知其在判决发生法律效力后可以依法申请国家赔偿。

本节导入案例中，由最高人民法院对刘某已生效的判决提审，符合《刑事诉讼法》第254条对于再审程序提起的程序要求。至于本案中最高人民法院在辽宁省锦州市中级人民法院对刘某组织、领导黑社会性质组织一案进行再审，法律对此没有限制性规定，亦符合就地审理、便利诉讼的诉讼原则。对于再审改判刘某死刑立即执行的判决，由于《刑事诉讼法》对审判监督程序并无再审不加刑的限制性规定，且《最高法院解释》尚未出台，对于刘某再审加刑符合当时的刑事诉讼法规定。当下，根据《最高法院解释》第469条的规定，除人民检察院抗诉的以外，再审一般不得加重原审被告人的刑罚。如果刘某案再审发生在现在，对于刘某一般不会被再审判处死刑。

第五节　执　行

🔘 导入案例

被告人高某，49岁，原系某市经济技术开发区副主任。高某在任职期间，利用职务之便收受他人贿赂100万元。某区人民法院经开庭审理认定高某受贿罪成立，并依法判处其有期徒刑5年，剥夺政治权利2年。判决生效后，人民法院将高某交付该省第一监狱服刑。被告人高某在未被追诉之前，就患有严重的心脏病，服刑期间其病情恶化，经省第一监狱医院医治病情不见好转，需要保外就医。省第一监狱根据该监狱医院的诊断证明，提出对高某保外就医的意见，报省监狱管理局批准，并同罪犯家属和居住地的公安机关联系，办理了保外就医手续。

问：本案的保外就医条件与程序是否符合法律规定？为什么？

本案知识点：暂予监外执行的条件与批准程序

一、概述

（一）执行的概念和特点

1. 执行的概念。刑事诉讼中的执行，是指刑罚执行机关将人民法院已经发生法律效力的判决、裁定所确定的内容依法付诸实施及解决实施中出现的变更执行等问题而进行的活动。

2. 执行程序的特点。

（1）合法性。由于执行的对象均是人民法院依照法定程序审理后所形成的生效判决、裁定，因而赋予了执行活动最基本的合法性基础。

（2）及时性。人民法院在作出生效判决、裁定后，应当及时将判决、裁定所确定的内容付诸实施，以体现刑罚的及时性以及司法的权威性。

（3）强制性。人民法院的生效判决、裁定均由国家的强制力予以保障，不管被判刑人是否愿意，都必须无条件地执行，体现了刑罚执行的强制性特点。

（4）人民法院已生效的判决、裁定在执行的主体方面具有广泛性。并非仅由人民法院负责执行，而是涵括了公安机关、人民法院、监狱、未成年犯管教所等不同刑罚执行机关。

（二）执行的机关

按照各种刑罚的不同特点和各执行主体的不同职能，可以把执行的机关分为三类：

1. 交付执行的机关。交付执行机关是将生效裁判及罪犯依照法定程序交给有关机关执行刑罚的机关。根据《宪法》《刑事诉讼法》《人民法院组织法》的规定，人民法院既是国家审判机关，也是将生效裁判交付执行的机关。根据《最高法院解释》第511条的规定，被判处死刑缓期执行、无期徒刑、有期徒刑、拘役的罪犯，第一审人民法院应当在判决、裁定生效后10日以内，将判决书、裁定书、起诉书副本、自诉状复印件、执行通知书、结案登记表送达公安机关、监狱或者其他执行机关。

2. 执行机关。执行机关是指将生效裁判所确定的刑罚付诸实施的机关。由于生效的判决和裁定所确定的内容不同，执行的机关也不相同。

（1）人民法院。根据《刑事诉讼法》的规定，人民法院负责死刑（不含死刑缓期二年执行）、罚金和没收财产的判决和裁定，以及无罪或免除刑罚的判决的执行。

（2）监狱。《刑事诉讼法》第 264 条第 2 款规定，对于被判处死刑缓期二年执行、无期徒刑、有期徒刑的罪犯，由公安机关送交监狱执行刑罚。

（3）未成年犯管教所。对未成年犯应当在未成年犯管教所执行刑罚。

（4）公安机关。根据《刑事诉讼法》第 264 条第 2 款的规定，对于被判处有期徒刑的罪犯，在被交付执行刑罚前，剩余刑期在 3 个月以下的，由看守所代为执行。对于被判处拘役的罪犯，由公安机关执行。担负一定执行任务的看守所、拘役所均隶属于公安机关。根据《刑事诉讼法》第 270 条的规定，剥夺政治权利的判决和裁决，由公安机关执行。

（5）社区矫正机构。根据《刑事诉讼法》第 269 条的规定，对被判处管制、宣告缓刑、假释或者暂予监外执行的罪犯，依法实行社区矫正，由社区矫正机构负责执行。

3. 执行的监督机关。人民检察院是国家的法律监督机关，依法对刑事诉讼实行法律监督。根据《刑事诉讼法》第 263 条、第 266 条、第 273 条、第 274 条、第 275 条的规定，人民检察院对死刑执行、监外执行、发现新罪或者漏罪、减刑、假释等执行情况进行监督。

（三）执行的客体

刑事执行的客体是发生法律效力的判决和裁定。根据《刑事诉讼法》第 259 条和《刑法》第 63 条第 2 款的规定，人民法院发生法律效力的刑事判决和裁定是指以下几种：

1. 已过法定期限没有上诉、抗诉的一审判决和裁定。

2. 终审的判决和裁定，即中级人民法院、高级人民法院第二审案件的判决和裁定，最高人民法院第一审和第二审案件的判决和裁定。

3. 高级人民法院核准的死刑缓期二年执行的判决、裁定。

4. 最高人民法院核准的死刑判决和裁定，以及核准的在法定刑以下处刑的判决和裁定、因特殊情况不受执行刑期限制的假释的裁定。

二、各种判决、裁定的执行程序

（一）死刑立即执行判决的执行

死刑是依法剥夺犯罪分子生命的刑罚，是刑罚体系中最严厉的刑种。为了防止无法挽回的错杀，世界各国刑事诉讼法对死刑执行程序一般都作了比较严格的规定，以保证死刑执行的准确无误。我国《刑事诉讼法》第 261 ~ 263 条以及《最高法院解释》在死刑执行程序上也同样作了严格而周密的规定。

1. 执行死刑命令的签发。根据《刑事诉讼法》第 261 条规定，最高人民法院判处和核准的死刑立即执行的判决，应当由最高人民法院院长签发执行死刑的命令。

2. 执行死刑的机关及期限。根据《最高法院解释》第499条规定，最高人民法院的执行死刑命令，由高级人民法院交付第一审人民法院执行。第一审人民法院接到执行死刑命令后，应当在7日内执行。在死刑缓期执行期间故意犯罪，最高人民法院核准执行死刑的，由罪犯服刑地的中级人民法院执行。

3. 死刑执行的监督。根据《刑事诉讼法》第263条规定，人民法院将罪犯交付执行死刑前，应当通知同级人民检察院派员临场监督。

4. 执行死刑的方法和场所。《刑事诉讼法》第263条规定，死刑可以在刑场或者指定的羁押场所，采用枪决或者注射等方法执行。

（二）死刑缓期二年执行、无期徒刑、有期徒刑和拘役判决的执行

根据《刑事诉讼法》第264条第1款的规定，罪犯被交付执行刑罚的时候，应当由交付执行的人民法院在判决生效后10日内将有关的法律文书送达公安机关、监狱或者其他执行机关。

关于交付执行的场所，由于犯罪性质不同、刑种不同、刑期不同、犯罪人是否成年不同等，使得死刑缓期二年执行、无期徒刑、有期徒刑、拘役等刑罚在执行方式、执行场所等方面有所不同。根据《刑事诉讼法》第264条第2款、第3款的规定，对于被判处死刑缓期二年执行、无期徒刑、有期徒刑判决的罪犯，由公安机关依法将该罪犯送交监狱执行刑罚。对于被判处有期徒刑的罪犯，在被交付执行刑罚前，剩余刑期在3个月以下的，由看守所代为执行。对于被判处拘役的罪犯，由公安机关执行。对已满12周岁不满18周岁的未成年犯，应当在未成年犯管教所执行刑罚。

（三）有期徒刑、拘役宣告缓刑以及管制判决的执行

根据《刑事诉讼法》、《刑法》和《社区矫正法》的有关规定，被判处有期徒刑、拘役宣告缓刑以及被判处管制的罪犯，依法实行社区矫正，由社区矫正机构负责执行。

（四）剥夺政治权利的判决的执行

根据《刑事诉讼法》和《刑法》的有关规定，被判处剥夺政治权利的罪犯由公安机关执行。

（五）罚金和没收财产判决的执行

根据《刑事诉讼法》第271条、第272条规定，罚金、没收财产的判决由人民法院执行。

（六）无罪和免除刑罚处罚判决的执行

根据《刑事诉讼法》和最高人民法院的有关规定，无罪判决和免除刑罚判决由人民法院执行。第一审作出无罪或者免除刑罚的判决后，虽然并不立即发生

法律效力，但无罪和免除刑罚的判决一经宣判，应立即释放被告人。无论被告人是否上诉、公诉机关是否抗诉，都不影响人民法院立即释放被告人，对被告人采取的其他强制措施也应立即撤销。如果二审法院对被告人改判，则按二审判决执行。所以，《刑事诉讼法》第 260 条规定："第一审人民法院判决被告人无罪、免除刑事处罚的，如果被告人在押，在宣判后应当立即释放。"

三、执行的变更及其程序

执行的变更，是指在判决或者裁定的执行过程中，由于出现了法定的情形，需要变更执行内容或执行方法时，人民法院依照法律规定对已经生效的判决、裁定予以变更的诉讼活动。变更执行程序就是进行上述变更活动的法定方式、方法与步骤。

（一）死刑执行的变更

为了防止错杀，《刑事诉讼法》第 262 条和第 263 条对已经发生法律效力的死刑判决，在执行程序中规定了停止执行死刑和暂停执行死刑两种情况。

1. 停止执行死刑。根据《刑事诉讼法》第 262 条规定，下级人民法院接到最高人民法院执行死刑命令后，在执行前如果发现有下列情形之一的，应当停止执行，并且立即报告最高人民法院，由其作出裁定：①在执行前发现判决可能有错误的；②在执行前罪犯揭发重大犯罪事实或者有其他重大立功表现，可能需要改判的；③罪犯正在怀孕。第①项、第②项停止执行的原因消失后，必须报请最高人民法院院长再签发执行死刑的命令才能执行；由于第③项原因停止执行的，应当报请最高人民法院依法改判。

2. 暂停执行死刑。根据《刑事诉讼法》第 263 条第 4 款规定，指挥执行的审判人员，对罪犯应当验明正身，讯问有无遗言、信札，然后交付执行人员执行死刑。在执行前，如果发现可能有错误，应当暂停执行，报请最高人民法院裁定。这里的"执行前"是指从验明正身到行刑前的这段时间。"可能有错误"应包括《刑事诉讼法》第 262 条规定的"应当停止执行死刑"的三种情形在内的一切可能的错误。只要可能有错误，负责指挥执行的审判人员就都应决定暂停执行，报请最高人民法院裁定。

3. 死刑执行变更的具体程序。无论是停止执行还是暂停执行，一经作出决定，就应当立即报告核准死刑的最高人民法院，并由该院院长签发停止执行死刑命令，待原审人民法院查证核实后，逐级上报。经核实，如果认为原判正确，而且不具有《刑事诉讼法》第 262 条第 1、2 项规定的情形，应当报请原核准死刑的最高人民法院院长再次签发执行死刑命令，并注明撤销停止执行死刑的命令后才能执行死刑。

（二）死刑缓期二年执行的变更

根据《刑事诉讼法》第 261 条第 2 款的规定，被判处死刑缓期二年执行的罪犯，在死刑缓期执行期间，如果没有故意犯罪，死刑缓期执行期满，应当予以减刑。具体程序为：由执行机关提出减刑书面建议，报经省、自治区、直辖市司法厅（局）监狱管理机关审核后，提交罪犯服刑地的高级人民法院依法裁定。人民法院自收到执行机关的减刑建议书之日起 1 个月内审理裁定。人民法院作出减刑、假释裁定后，应当在 7 日以内送达提请减刑、假释的执行机关、同级人民检察院以及罪犯本人。

被判处死刑缓期二年执行的罪犯，在死刑缓期执行期间，如果故意犯罪的，由罪犯服刑的监狱进行侦查，侦查终结后移送人民检察院提起公诉，由罪犯服刑地的中级人民法院依法审判，所作的判决可以上诉、抗诉。

认定构成故意犯罪，且情节恶劣，查证属实的判决、裁定发生法律效力后，应当执行死刑的，由作出生效判决、裁定的人民法院依照死刑复核程序的报请复核程序逐级层报最高人民法院核准犯罪分子死刑立即执行。最高人民法院核准后，由该院院长签发执行死刑命令，交罪犯服刑地的中级人民法院执行死刑。

如果罪犯在死刑缓期二年执行期满后尚未裁定减刑前又犯新罪的，则不应当被视为在死刑缓期执行期间犯罪，而应当依法减刑后对其所犯新罪另行审判，依照《刑法》关于数罪并罚的规定执行刑罚。新罪应当判处死刑的，才能执行死刑。

（三）暂予监外执行

暂予监外执行，是指被判处无期徒刑、有期徒刑或者拘役的罪犯，因出现某种法定的特殊情形不宜在监内执行时，而暂时将其放在监外交由社区矫正机构执行的一种变通执行方法。

1. 暂予监外执行的适用对象。根据《刑事诉讼法》第 265 条第 1 款、第 2 款的规定，对于被判处无期徒刑、有期徒刑或者拘役的罪犯，具备法定情形的，可以暂予监外执行。对于被判处死缓的罪犯，不能适用监外执行。

2. 适用暂予监外执行的条件。被判处有期徒刑或拘役的罪犯，有下列情形之一的，可以暂予监外执行：①有严重疾病需要保外就医的；②怀孕或者正在哺乳自己婴儿的妇女；③生活不能自理，适用暂予监外执行不致危害社会的。对被判处无期徒刑的罪犯，符合前述第②项规定情形的，可以暂予监外执行。但是，对于适用保外就医可能有社会危险性的罪犯，或者自伤自残的罪犯，不得保外就医。

3. 作出暂予监外执行决定的机关。

（1）人民法院决定暂予监外执行。在交付执行前，罪犯具有适用暂予监外执行的法定情形的，人民法院在宣告判决的同时作出暂予监外执行的决定。

（2）执行机关决定暂予监外执行。在交付执行后，暂予监外执行由监狱或者看守所提出书面意见，报省级以上监狱管理机关或者设区的市一级以上公安机关批准。

4. 作出暂予监外执行决定的程序。根据《刑事诉讼法》第265条第4款的规定，对于罪犯确有严重疾病，必须保外就医的，由省级人民政府指定的医院诊断并开具证明文件，依照法律规定的程序审批。审批应由监狱或者其他执行机关提出书面意见，报省、自治区、直辖市以上的监狱管理机关或者设区的市一级以上公安机关批准。批准机关批准后，应当将批准的暂予监外执行决定通知公安机关和原判人民法院，并抄送人民检察院。

　　本节导入案例中，从条件上来说，高某被判有期徒刑，患有严重心脏病且监狱医院医治无效，符合暂予监外执行的保外就医条件。但是依据《刑事诉讼法》第265条第4款、第5款的规定，对于罪犯确有严重疾病，必须保外就医的，在交付执行后，由省级人民政府指定的医院诊断并开具证明文件，由监狱提出书面意见，报省级以上监狱管理机关审批。而本案中仅根据省第一监狱医院的诊断证明就提出保外就医申请，显然在程序上违反了上述法律规定。

5. 暂予监外执行罪犯的执行。对于暂予监外执行的罪犯，依法实行社区矫正，由社区矫正机构负责执行。根据《刑事诉讼法》第268条的规定，对暂予监外执行的罪犯，有下列情形之一的，应当及时收监：①发现不符合暂予监外执行条件的；②严重违反有关暂予监外执行监督管理规定的；③暂予监外执行的情形消失后，罪犯刑期未满的。对于人民法院决定暂予监外执行的罪犯应当予以收监的，由人民法院作出决定，将有关的法律文书送达公安机关、监狱或者其他执行机关。不符合暂予监外执行条件的罪犯通过贿赂等非法手段被暂予监外执行的，在监外执行的期间不计入执行刑期。罪犯在暂予监外执行期间脱逃的，脱逃的期间不计入执行刑期。罪犯在暂予监外执行期间死亡的，执行机关应当及时通知监狱或者看守所。

6. 对暂予监外执行活动的监督。根据《刑事诉讼法》第266条、第267条规定，监狱、看守所提出暂予监外执行的书面意见的，应当将书面意见的副本抄送人民检察院。人民检察院可以向决定或者批准机关提出书面意见。决定或者批准暂予监外执行的机关应当将暂予监外执行决定抄送人民检察院。人民检察院认为暂予监外执行不当的，应当自接到通知之日起1个月内将书面意见送交决定或者批准暂予监外执行的机关，决定或者批准暂予监外执行的机关接到人民检察院的书面意见后，应当立即对该决定进行重新核查。

（四）减刑和假释

1. 减刑和假释的程序。

（1）对于被判处无期徒刑的罪犯的减刑、假释，由罪犯服刑地的高级人民法院根据省、自治区、直辖市监狱管理机关审核同意的监狱减刑、假释建议书裁定。高级人民法院应当自收到减刑、假释建议书之日起 1 个月内依法裁定；案情复杂或者情况特殊的，可以延长 1 个月。

（2）对于被判处有期徒刑和被减为有期徒刑罪犯的减刑、假释，由罪犯服刑地的中级人民法院根据当地执行机关提出的减刑、假释建议书裁定。中级人民法院应当自收到减刑、假释建议书之日起 1 个月内依法裁定；案情复杂或者情况特殊的，可以延长 1 个月。

（3）对于被判处拘役、管制的罪犯的减刑，由罪犯服刑地的中级人民法院根据当地同级执行机关审核同意的减刑建议书后 1 个月内裁定。

（4）对社区矫正对象的减刑，由社区矫正执行地的中级以上人民法院在收到社区矫正机构减刑建议书后 30 日以内作出裁定。

（5）人民法院审理减刑、假释案件，应当依法组成合议庭。可以采用书面审理和开庭审理[1]方式。

2. 对减刑、假释活动的监督。我国《刑事诉讼法》第 273 条第 2 款、第 274 条规定，被判处管制、拘役、有期徒刑或者无期徒刑的罪犯，在执行期间确有悔改或者立功表现，应当依法予以减刑、假释的时候，由执行机关提出建议书，报请人民法院审核裁定，并将建议书副本抄送人民检察院。人民检察院可以向人民法院提出书面意见。人民检察院认为人民法院减刑、假释的裁定不当，应当在收到裁定书副本后 20 日内，向人民法院提出书面纠正意见。人民法院应当在收到纠正意见后 1 个月内重新组成合议庭进行审理，作出最终裁定。

第六节　特别程序

导入案例

某县石坪村村民张某某与刘某是邻居，两家因宅基地纠纷结怨多年。2019 年 2 月 16 日凌晨，因不满刘某在双方争议的宅基地上种的四棵杉树，张某某偷偷地将树拔掉了。刘某发现后即与其母同往张家理论。其间，张某某心生怒意，即持菜刀朝刘某头部砍了一刀，将其左额部砍伤，经法医鉴定为轻伤。案发后，公安机关以张某某涉嫌故意伤害罪向某县人民检察院移送起诉。检察官考虑到双方是邻里关系，矛盾很可能会随着起诉的深入而加深，决定启动刑事和解程序，

---

〔1〕《最高法院解释》第 538 条规定了应当开庭审理的情形。

通过商请村委会出面调解，二人达成和解并在人民检察院的主持下签订了和解协议，张某某当面向刘某赔礼道歉，并赔偿刘某的全部损失，双方宅基地纠纷也解决。根据张某某的认罪态度与悔罪表现，人民检察院依法作出了不起诉的决定。

问：刑事诉讼能否由当事人达成和解？为什么？

本案知识点：当事人和解的公诉案件诉讼程序的适用对象与程序要求

一、未成年人刑事案件诉讼程序

（一）未成年人刑事案件诉讼程序的概念和特有原则

1. 未成年人犯罪的概念与特点。在我国，刑法意义上的未成年人是指已满12 周岁、未满 18 周岁的人。未成年人犯罪是指已满 12 周岁、未满 18 周岁的人实施的危害社会应受刑罚处罚的行为。未成年人刑事案件是指犯罪嫌疑人实施涉嫌犯罪行为时已满 12 周岁、未满 18 周岁的刑事案件。

未成年人生理、心理尚未成熟，处于幼年向成年的过渡期，其自我认知以及独立、叛逆意识增强，容易冲动、胆大妄为，其分析、判断、处理问题的能力与成年人相比具有相当大的差距，这些因素必然会对未成年人犯罪的动机、方法、行为方式等产生直接的影响，从而使未成年人犯罪呈现犯罪动机简单、盲目；犯罪行为具有随意性、突发性，模仿性极强；犯罪的个性心理未定型；容易进行教育改造等特点。

2. 未成年人刑事案件诉讼程序的概念。未成年人刑事案件诉讼程序，是指公检法机关办理未成年人犯罪案件的特别诉讼程序。该程序除应遵循我国《刑事诉讼法》所规定的一般程序外，作为一种刑事特别程序，又具有自己的一些独有特点。具体体现为：

（1）更加突出教育改造的方针，寓教育、感化、挽救于刑事诉讼的全过程。

（2）未成年被告人享有更多的诉讼权利，并且由国家的法律、法规予以充分保障。

（3）贯彻全面调查原则，对证据的运用提出较高的证明要求，并且要对未成年人走上犯罪道路的家庭、社会、教育等因素进行调查、分析，以利于未成年人的再教育与重塑。

（4）诉讼制度和程序均适合未成年人的特点。从侦查、起诉、审判到执行，均采取适合未成年人特点的诉讼制度和程序，其诉讼程序以及出发点主要围绕有利于未成年犯罪人的教育、感化、挽救的目的进行灵活多样、缓和宽松的设计。

3. 未成年人刑事案件诉讼程序的特有原则与制度。办理未成年人犯罪案件，除须遵守刑事诉讼法基本原则外，因未成年人的身心发育特点以及未成年人犯罪案件的独有特点，在办理未成年人刑事案件的诉讼过程中，还应确立在教育、感化、挽救方针指导下的特有原则。

（1）教育、感化、挽救方针。我国《刑事诉讼法》对此在第 277 条第 1 款作了专门规定。对于犯罪的未成年人进行教育、感化、挽救，既是诉讼的主要目的，也是全社会的共同职责。

（2）教育为主，惩罚为辅的原则。"教育为主，惩罚为辅"是指在处理未成年人犯罪案件的诉讼过程中，应以教育、矫治未成年人犯罪意念以及犯罪恶习为出发点，而不是为了惩罚而惩罚。惩罚只是作为教育、挽救未成年人的辅助手段，在必要时才适用，最终目的是达到教育和矫治未成年人，使其早日健康复归社会。对此，《刑事诉讼法》第 277 条专门作出了规定，以便促使社会各界从社会关爱、人文关怀的角度，为未成年人犯罪提供关爱、宽恕以及管护的社会氛围，促使未成年人犯罪人早日弃恶扬善，改过自新。

（3）分案处理原则。"分案处理"要求从有利于未成年人身心发育、心理健康的角度考虑，公安司法机关在刑事诉讼过程中应当将未成年人案件与成年人案件分开处理，分别关押，并采取不同于成年人犯罪的案件处理原则与诉讼机制，以最大限度地保障未成年人的合法权益，贯彻落实对未成年犯罪人的教育、感化、挽救方针。

《刑事诉讼法》第 280 条第 2 款明确规定，对被拘留、逮捕和执行刑罚的未成年人与成年人，应当分别关押、分别管理、分别教育。确立这一原则，是为了充分保护进入诉讼阶段的未成年犯罪嫌疑人、被告人，使其免受成年犯罪嫌疑人、被告人的不良影响，在保障刑事诉讼程序顺利进行的同时，最大限度地降低刑事追诉对未成年人所造成的不利影响与干扰。

（4）不公开审判原则。为保护未成年人的名誉，使其在犯罪后更好的复归社会，人民法院在开庭审理未成年人刑事案件时，不应当向社会公开，即不允许群众旁听，不允许新闻记者采访，新闻报道不得公开未成年被告人的姓名、年龄、职业、住址、照片等个人信息，以最大限度地保护个人的隐私，顺利实现未成年人的再社会化。

另外，为了体现前述教育、感化、挽救方针，《刑事诉讼法》规定了犯罪记录封存制度。即《刑事诉讼法》第 286 条规定，犯罪的时候不满 18 周岁，被判处 5 年有期徒刑以下刑罚的，应当对相关犯罪记录予以封存。犯罪记录被封存的，不得向任何单位和个人提供，但司法机关为办案需要或者有关单位根据国家规定进行查询的除外。依法进行查询的单位，应当对被封存的犯罪记录的情况予以保密。

（5）社会调查制度。社会调查制度是指公安司法机关在办理未成年人刑事案件的诉讼过程中，不应仅仅像成年人犯罪案件刑事诉讼活动那样紧紧围绕犯罪事实以及相关证据进行调查、收集、审查，还应就未成年犯罪嫌疑人、被告人的成长经历、犯罪原因、监护教育等情况进行调查，并制作社会调查报告，作为办案和教育的参考，为未成年人的矫治、改造提供第一手的资料。对此，《刑事诉讼法》第279条规定，公安机关、人民检察院、人民法院办理未成年人刑事案件，根据情况可以对未成年犯罪嫌疑人、被告人的成长经历、犯罪原因、监护教育等情况进行调查。

（二）未成年人刑事案件的具体诉讼程序

1. 立案程序。未成年人刑事案件的立案与成年人刑事案件的立案的主要区别在于：

（1）在进行立案审查时，应重点、认真审查、判断犯罪人的真实年龄，特别是应当重点查清未成年犯罪嫌疑人实施犯罪行为时是否已满12周岁、14周岁、16周岁、18周岁的临界年龄。

（2）重点审查未成年人违法犯罪事实是否符合不予追究或者免予刑罚处罚的法律或者相关司法解释的规定，从而慎重作出立案决定。

2. 侦查程序。在侦查阶段，对于未成年犯罪嫌疑人，除了应遵循普通刑事案件关于侦查程序的规定外，还应重点结合教育、感化、挽救的方针，针对未成年人犯罪的特点，在适用强制措施以及实施侦查行为时，注意采取以下有针对性的措施：

（1）对未成年人的侦查，应当注意保护未成年人的隐私与名誉，尽最大限度减少侦查行为可能对未成年人造成的不利社会影响，不得公开披露涉案未成年人的姓名、住所和影像，保护未成年人的身心健康。

（2）公安机关应当设置专门机构或者配备专职人员办理未成年人刑事案件。

（3）未成年犯罪嫌疑人没有委托辩护人的，公安机关应当通知法律援助机构指派律师为其提供辩护。

（4）讯问未成年犯罪嫌疑人，应当通知未成年犯罪嫌疑人的法定代理人到场。无法通知、法定代理人不能到场或者法定代理人是共犯的，也可以通知未成年犯罪嫌疑人的其他成年亲属，所在学校、单位、居住地或者办案单位所在地基层组织或者未成年人保护组织的代表到场，并将有关情况记录在案。到场的法定代理人可以代为行使未成年犯罪嫌疑人的诉讼权利。到场的法定代理人或者其他人员提出侦查人员在讯问中侵犯未成年人合法权益的，可以提出意见。公安机关应当认真核查，依法处理。讯问未成年犯罪嫌疑人应当采取适合未成年人的方式，耐心细致地听取其供述或者辩解，认真审核、查证与案件有关的证据和线索，并针对其思想顾虑、恐惧心理、抵触情绪进行疏导和教育。讯问女性未成年犯罪嫌疑人，应当有女工作人员在场。

（5）对未成年犯罪嫌疑人应当严格限制适用逮捕措施。《最高检察院规则》

第462条、第463条规定，人民检察院对未成年犯罪嫌疑人审查逮捕，应当根据未成年犯罪嫌疑人涉嫌犯罪的性质、情节、主观恶性、有无监护与社会帮教条件、认罪悔罪等情况，综合衡量其社会危险性，严格限制适用逮捕措施。对于罪行较轻，具备有效监护条件或者社会帮教措施，没有社会危险性或者社会危险性较小的未成年犯罪嫌疑人，应当不批准逮捕。对于罪行比较严重但主观恶性不大，有悔罪表现，具备有效监护条件或者社会帮教措施，具有下列情形之一，不逮捕不致妨害诉讼正常进行的未成年犯罪嫌疑人，可以不批准逮捕：①初次犯罪、过失犯罪的；②犯罪预备、中止、未遂的；③防卫过当、避险过当的；④有自首或者立功表现的；⑤犯罪后认罪认罚，或者积极退赃，尽力减少和赔偿损失，被害人谅解的；⑥不属于共同犯罪的主犯或者集团犯罪中的首要分子的；⑦属于已满14周岁不满16周岁的未成年人或者系在校学生的；⑧其他可以不批准逮捕的情形。

3. 起诉程序。在审查起诉阶段，办理未成年人刑事案件时应当采取的体现对未成年人特殊保护的特殊措施，体现在以下几个方面：

（1）人民检察院应当指定熟悉未成年人身心特点的检察人员办理未成年人刑事案件。

（2）人民检察院应当对公安机关移送的社会调查报告进行审查，必要时可以进行补充调查。人民检察院也可以根据情况自行对未成年犯罪嫌疑人的成长经历、犯罪原因、监护教育等情况进行调查，并制作社会调查报告，作为办案和教育的参考，并随案移送人民法院。

（3）人民检察院在审查起诉时，对于未成年人刑事案件，应重点审查该未成年人是否符合附条件不起诉的情形，并及时作出相应处理决定。根据《刑事诉讼法》第282～284条的规定，对于未成年人涉嫌刑法分则第四章、第五章、第六章规定的犯罪，可能判处1年有期徒刑以下刑罚，符合起诉条件，又有悔罪表现的，人民检察院可以作出附条件不起诉的决定。人民检察院在作出附条件不起诉的决定以前，应当听取公安机关、被害人的意见。未成年犯罪嫌疑人及其法定代理人对人民检察院决定附条件不起诉有异议的，人民检察院应当作出起诉的决定。附条件不起诉的考验期为6个月以上1年以下，从人民检察院作出附条件不起诉的决定之日起计算。在附条件不起诉的考验期内，由人民检察院对被附条件不起诉的未成年犯罪嫌疑人进行监督考察。未成年犯罪嫌疑人的监护人，应当对未成年犯罪嫌疑人加强管教，配合人民检察院做好监督考察工作。被附条件不起诉的未成年犯罪嫌疑人，应当遵守下列规定：①遵守法律法规，服从监督；②按照考察机关的规定报告自己的活动情况；③离开所居住的市、县或者迁居，应当报经考察机关批准；④按照考察机关的要求接受矫治和教育。被附条件不起诉的未成年犯罪嫌疑人，在考验期内有下列情形之一的，人民检察院应当撤销附条件不起诉的决定，提起公诉：①实施新的犯罪或者发现决定附条件不起诉以前还有其他犯罪需要追诉的；②违反治安管理规定或者考察机关有关附条件不起诉的监督管理规定，情节严重的。被附条件不起诉的未成年犯罪嫌疑人，在考验期内没有上述情形，考验期满的，人民检察院应当作出不起诉的决定。

4. 审判程序。

（1）审前准备。在审前准备程序中，对于未成年人刑事案件的特殊保护措施，具体体现为：

第一，设立专门审判机构或者专职审判人员。《最高法院解释》第550条规定，被告人实施被指控的犯罪时不满18周岁、人民法院立案时不满20周岁的案件，由未成年人案件审判组织审理。下列案件可以由未成年人案件审判组织审理：人民法院立案时不满22周岁的在校学生犯罪案件；强奸、猥亵、虐待、遗弃未成年人等侵害未成年人人身权利的犯罪案件；由未成年人案件审判组织审理更为适宜的其他案件。共同犯罪案件有未成年被告人的或者其他涉及未成年人的刑事案件，是否由未成年人案件审判组织审理，由院长根据实际情况决定。

第二，审判时不满18周岁的未成年被告人没有委托辩护人的，人民法院应当通知法律援助机构指派熟悉未成年人身心特点的律师为其提供辩护。未成年被害人及其法定代理人因经济困难或者其他原因没有委托诉讼代理人的，人民法院应当帮助其申请法律援助。

第三，对未成年人刑事案件，人民法院决定适用简易程序审理的，应当征求未成年被告人及其法定代理人、辩护人的意见。上述人员提出异议的，不得适用简易程序。

第四，对人民检察院移送的关于未成年被告人性格特点、家庭情况、社会交往、成长经历、犯罪原因、犯罪前后的表现、监护教育等情况的调查报告，以及辩护人提交的反映未成年被告人上述情况的书面材料，法庭应当接受。必要时，人民法院可以委托社区矫正机构、共青团、社会组织等对未成年被告人的上述情况进行调查，或者自行调查。

（2）法庭审判程序。在审判程序中，体现对未成年被告人特殊关护的措施具体包括：

第一，人民法院应当在辩护台靠近旁听区一侧为未成年被告人的法定代理人或者合适成年人设置席位。审理可能判处5年有期徒刑以下刑罚或者过失犯罪的未成年人刑事案件，可以采取适合未成年人特点的方式设置法庭席位。

第二，法庭审理过程中，审判人员应当根据未成年被告人的智力发育程度和心理状态，使用适合未成年人的语言表达方式。

第三，未成年被告人或者其法定代理人当庭拒绝辩护人辩护，要求另行委托辩护人或者指派律师的，合议庭应当准许。被告人拒绝辩护人辩护后，没有辩护人的，应当宣布休庭；仍有辩护人的，庭审可以继续进行。有多名被告人的案件，部分被告人拒绝辩护人辩护后，没有辩护人的，根据案件情况，可以对该部分被告人另案处理，对其他被告人的庭审继续进行。重新开庭后，未成年被告人或者其法定代理人再次当庭拒绝辩护人辩护的，不予准许。重新开庭时被告人已满18周岁的，可以准许，但不得再另行委托辩护人或者要求另行指派律师，而由其自行辩护。

第四，控辩双方提出对未成年被告人判处管制、宣告缓刑等量刑建议的，应当向法庭提供有关未成年被告人能够获得监护、帮教以及对所居住社区无重大不良影响的书面材料。对未成年被告人情况的调查报告和辩护人提交的有关未成年被告人情况的书面材料，法庭应当审查并听取控辩双方意见。上述报告和材料可以作为办理案件和教育未成年人的参考。

第五，未成年被告人最后陈述后，法庭应当询问其法定代理人是否补充陈述。

第六，对未成年人刑事案件，宣告判决应当公开进行。对依法应当封存犯罪记录的案件，宣判时，不得组织人员旁听；有旁听人员的，应当告知其不得传播案件信息。

第七，开庭前和休庭时，法庭根据情况，可以安排未成年被告人与其法定代理人或者合适成年人会见。

二、当事人和解的公诉案件诉讼程序

（一）当事人和解的公诉案件诉讼程序的概念与意义

1. 当事人和解的公诉案件诉讼程序的概念。当事人和解的公诉案件诉讼程序是指公安机关、人民检察院、人民法院在法定的公诉案件中，如果犯罪嫌疑人、被告人真诚悔罪，通过向被害人赔偿损失、赔礼道歉等方式获得被害人谅解，双方当事人自愿达成协议的，可以对犯罪嫌疑人、被告人作出不同形式的从宽处理的刑事诉讼程序。

2. 当事人和解的公诉案件诉讼程序的意义。该特别程序的设立，有助于在公诉案件诉讼程序中全面加强、提升当事人的诉讼主体地位，实现对被告人、被害人诉讼权利的充分尊重与保障；贯彻宽严相济刑事政策，对轻微刑事公诉案件从简、从快办理，有助于提高诉讼效率和有效解决纠纷，促进社会秩序的和谐安宁。

（二）当事人和解的公诉案件诉讼程序的适用范围及具体程序

1. 当事人和解的公诉案件诉讼程序的适用范围。根据《刑事诉讼法》第288条的规定，当事人和解的公诉案件诉讼程序适用的案件范围是：

（1）因民间纠纷引起，涉嫌刑法分则第四章、第五章规定的犯罪案件，可能判处 3 年有期徒刑以下刑罚的。应注意的是，根据《公安部规定》第 334 条规定，有下列情形之一的，不属于因民间纠纷引起的犯罪案件：①雇凶伤害他人的；②涉及黑社会性质组织犯罪的；③涉及寻衅滋事的；④涉及聚众斗殴的；⑤多次故意伤害他人身体的；⑥其他不宜和解的。即上述情形不得适用当事人和解的公诉案件诉讼程序。

（2）除渎职犯罪以外的可能判处 7 年有期徒刑以下刑罚的过失犯罪案件。

但是，犯罪嫌疑人、被告人在 5 年以内曾经故意犯罪的案件不得适用当事人和解程序。这里的"曾经故意犯罪"是指无论该故意犯罪是否已经追究，均应当认定为 5 年以内曾经故意犯罪。

2. 当事人和解的公诉案件的具体诉讼程序。根据《刑事诉讼法》第 288 ~ 290 条以及相关司法解释的规定，当事人和解的公诉案件的诉讼程序主要涉及：

（1）当事人和解的主体。对于属于前述当事人和解的公诉案件范围的案件，双方当事人可以自行达成和解，也可以经人民调解委员会、村民委员会、居民委员会、当事人所在单位或者同事、亲友等组织或者个人调解后达成和解。公检法机关不是直接促成当事人达成和解的中间人或者斡旋者，而只能是对当事人达成和解的审查者、处结者。当事人和解的主体是犯罪嫌疑人、被告人及其法定代理人、近亲属以及被害人及其法定代理人、近亲属。另外，在我国刑事诉讼中，其他当事人，如自诉人与被告人之间、附带民事诉讼的原告人与被告人之间达成和解的，均不属于公诉案件当事人和解程序的主体。

（2）和解的条件与方式。

第一，犯罪嫌疑人、被告人自愿真诚悔罪，这是当事人和解的前提条件。悔罪是指犯罪分子犯罪后，在法院裁判前认罪并悔罪的情况；认罪是承认犯罪并如实交代犯罪事实。

第二，犯罪嫌疑人、被告人应当通过赔偿损失和赔礼道歉等方式取得被害人谅解。赔偿损失主要是指赔偿物质损失，对于精神损失的赔偿法律未予明确限定，应当理解为并不禁止赔偿精神损失。道歉既可以通过书面方式，也可以通过口头的方式进行。

第三，被害人必须是自愿和解。这里强调了被害人在刑事和解中的主体地位以及关键制约作用，从而凸显对被害人合法权益的关注与保障，防止出现强迫被害人和解的现象。

第四，属于案件事实清楚，证据确实、充分，且侵害特定被害人的故意犯罪或者有直接被害人的过失犯罪。这里强调了案件必须事实清楚，证据确实、充分，以防止公检法机关利用刑事和解逃避自己沉重的证明责任，降低案件质量。

当事人达成和解的，公检法机关对和解的自愿性、合法性进行审查后，应当主持制作和解协议书。和解协议应当及时履行。确实难以一次性履行的，在被害人同意并提供有效担保的情况下，也可以分期履行。

（3）和解自愿性、合法性的审查。公检法机关应当审查和解的自愿性、合法性。"自愿性"是指当事人和解的内容反映了双方当事人的真实意愿，而非出于对方当事人或第三方的各种强迫、威胁所致。"合法性"是指和解必须符合法律规定，包括实体上的合法性和程序上的合法性。

审查时，公检法机关"必须听取当事人和其他有关人员对和解的意见"，这是强制性规定，否则公检法机关就不能主持制作和解协议书。这里的"当事人"指的是犯罪嫌疑人、被告人与被害人。"其他有关人员"，可以是除当事人以外的其他诉讼参与人，也可以是非诉讼参与人。

（4）审查后的处理。由于刑事和解在侦查、审查起诉、法院审理阶段都可以进行，因而，其审查后的处理也根据刑事诉讼的不同阶段而有实质的不同：

第一，对达成和解协议的案件，经县级以上公安机关负责人批准，公安机关将案件移送人民检察院审查起诉时，可以提出从宽处理的建议。

第二，人民检察院对于公安机关移送起诉的案件，双方当事人达成和解协议的，可以作为是否需要判处刑罚或者免除刑罚的因素予以考虑，符合法律规定的不起诉条件的，可以决定不起诉；对于依法应当提起公诉的，人民检察院可以向人民法院提出从宽处罚的量刑建议。但应注意的是，人民检察院对于公安机关提请批准逮捕的案件，双方当事人达成和解协议的，可以作为有无社会危险性或者社会危险性大小的因素予以考虑。经审查认为不需要逮捕的，可以作出不批准逮捕的决定；在审查起诉阶段可以依法变更强制措施。

> 在本节导入案例中，张某某犯故意伤害罪（轻伤），符合刑事和解的案件范围，且经村民委员会调解达成和解协议，赔偿了受害人刘某的损失，最终人民检察院依法作出了不起诉的处理，是符合刑事和解诉讼程序的要求的，是完全正确的。

第三，对达成和解协议的案件，人民法院应当对被告人从轻处罚；符合非监禁刑适用条件的，应当适用非监禁刑；判处法定最低刑仍然过重的，可以减轻处罚；综合全案，认为犯罪情节轻微不需要判处刑罚的，可以免除刑事处罚。

应注意，在共同犯罪案件中，部分被告人与被害人达成和解协议的，可以依法对该部分被告人从宽处罚，但应当注意全案的量刑平衡。

三、缺席审判程序

（一）缺席审判程序的概念

缺席审判程序是指人民法院对于特定情形的被告人，在其缺席的情形下，所进行的特别审理程序。

（二）缺席审判程序适用的案件范围及条件

根据《刑事诉讼法》第 291 条、第 296 条及第 297 条的规定，我国的缺席审判程序适用于以下几类特定案件：

1. 对于贪污贿赂犯罪案件，以及需要及时进行审判，经最高人民检察院核准的严重危害国家安全犯罪、恐怖活动犯罪案件，犯罪嫌疑人、被告人在境外，监察机关、公安机关移送起诉，人民检察院认为犯罪事实已经查清，证据确实、充分，依法应当追究刑事责任的，可以向人民法院提起公诉。

2. 因被告人患有严重疾病无法出庭，中止审理超过 6 个月，被告人仍无法出庭，被告人及其法定代理人、近亲属申请或者同意恢复审理的，人民法院可以在被告人不出庭的情况下缺席审理，依法作出判决。

3. 被告人死亡的，人民法院应当裁定终止审理，但有证据证明被告人无罪，人民法院经缺席审理确认无罪的，应当依法作出判决。人民法院按照审判监督程序重新审判的案件，被告人死亡的，人民法院也可以缺席审理，依法作出判决。

（三）缺席审判的程序

1. 管辖与受理。

（1）对于贪污贿赂犯罪案件，以及需要及时进行审判，经最高人民检察院核准的严重危害国家安全犯罪、恐怖活动犯罪案件，犯罪嫌疑人、被告人在境外，人民检察院依法提起公诉的案件，由犯罪地、被告人离境前居住地或者最高人民法院指定的中级人民法院组成合议庭进行审理。

（2）对于被告人患有严重疾病无法出庭以及被告人死亡的案件，符合缺席审判程序适用条件的，由具有管辖权的法院依法受理。

2. 开庭准备。根据《刑事诉讼法》第 292 条的规定，对于贪污贿赂犯罪及最高人民检察院核准的严重危害国家安全犯罪、恐怖活动犯罪案件，人民法院应当通过有关国际条约规定的或者外交途径提出的司法协助方式，或者被告人所在地法律允许的其他方式，将传票和人民检察院的起诉书副本送达被告人。传票和起诉书副本送达后，被告人未按要求到案的，人民法院应当开庭审理，依法作出判决，并对违法所得及其他涉案财产作出处理。

3. 开庭审理程序。根据《刑事诉讼法》第 293 ~ 295 条和《最高法院解释》的规定，缺席审判程序主要体现为：

（1）人民法院缺席审判案件，被告人有权委托辩护人，被告人的近亲属可以代为委托辩护人。被告人及其近亲属没有委托辩护人的，人民法院应当通知法律援助机构指派律师为其提供辩护。

（2）被告人缺席审判程序的具体审理程序可参照一审普通审判程序的步骤、

方法、环节进行。被告人的近亲属参加诉讼的，可以发表意见，出示证据，申请法庭通知证人、鉴定人等出庭，进行辩论。

（3）人民法院依法作出判决后，应当将判决书送达被告人及其近亲属、辩护人。被告人或者其近亲属不服判决的，有权向上一级人民法院上诉。辩护人经被告人或者其近亲属同意，可以提出上诉。

（4）人民检察院认为人民法院的判决确有错误的，应当向上一级人民法院提出抗诉。

（5）在审理过程中，被告人自动投案或者被抓获的，人民法院应当重新审理。罪犯在判决、裁定发生法律效力后到案的，人民法院应当将罪犯交付执行刑罚。交付执行刑罚前，人民法院应当告知罪犯有权对判决、裁定提出异议。罪犯对判决、裁定提出异议的，人民法院应当重新审理。依照生效判决、裁定对罪犯的财产进行的处理确有错误的，应当予以返还、赔偿。

四、犯罪嫌疑人、被告人逃匿、死亡案件违法所得的没收程序

（一）犯罪嫌疑人、被告人逃匿、死亡案件违法所得的没收程序的概念与特点

犯罪嫌疑人、被告人逃匿、死亡案件违法所得的没收程序是指在特定案件中，在犯罪嫌疑人逃匿或者死亡的情形下，对违法所得及其他涉案财物进行处理的特别诉讼程序。

该程序具有以下特点：①该程序适用的案件范围特定，对象特定，仅适用于贪污贿赂犯罪、恐怖活动犯罪等重大犯罪案件，犯罪嫌疑人、被告人逃匿，在通缉1年后不能到案，或者犯罪嫌疑人、被告人死亡，依照刑法规定应当追缴其违法所得及其他涉案财产的案件；②充分体现了对当事人、利害关系人合法财产权利的程序性保障，是刑事诉讼尊重与保障人权诉讼任务的贯彻与落实。

（二）犯罪嫌疑人、被告人逃匿、死亡案件违法所得的没收程序的适用条件

1. 案件范围。根据《刑事诉讼法》第298条的规定，犯罪嫌疑人、被告人逃匿、死亡案件违法所得的没收程序适用的案件范围是"贪污贿赂犯罪、恐怖活动犯罪等重大犯罪案件"。《最高法院解释》第609条、第610条明确了此处的"贪污贿赂犯罪、恐怖活动犯罪等"犯罪案件，是指下列案件：贪污贿赂、失职渎职等职务犯罪案件；刑法分则第二章规定的相关恐怖活动犯罪案件，以及恐怖活动组织、恐怖活动人员实施的杀人、爆炸、绑架等犯罪案件；危害国家安全、走私、洗钱、金融诈骗、黑社会性质组织、毒品犯罪案件；电信诈骗、网络诈骗犯罪案件。在省、自治区、直辖市或者全国范围内具有较大影响的犯罪案件，或者犯罪嫌疑人、被告人逃匿境外的犯罪案件，应当认定为《刑事诉讼法》第298条第1款规定的"重大犯罪案件"。

2. 被追诉人不能到案。只有在犯罪嫌疑人、被告人逃匿，在通缉 1 年后不能到案，或者犯罪嫌疑人、被告人死亡的情形下才能适用。

3. 有追缴财产的必要。对于贪污贿赂犯罪、恐怖活动犯罪等重大案件，如果犯罪嫌疑人、被告人逃匿或者死亡，只有在依照刑法规定应当追缴其违法所得及其他涉案财产时，才能启动此没收程序。

（三）犯罪嫌疑人、被告人逃匿、死亡案件违法所得的没收程序的启动程序

犯罪嫌疑人、被告人逃匿、死亡案件违法所得的没收程序的启动，需要由检察机关向有管辖权的犯罪地或者犯罪嫌疑人、被告人居住地的中级人民法院提出申请。公安机关在刑事案件的侦查过程中，发现自己侦查的案件符合犯罪嫌疑人、被告人违法所得案件的没收程序的适用范围与条件的，经县级以上公安机关负责人批准，应当写出没收违法所得意见书，连同相关证据材料一并移送同级人民检察院。没收违法所得的申请应当提供与犯罪事实、违法所得相关的证据材料，并列明财产的种类、数量、所在地及查封、扣押、冻结的情况。

（四）犯罪嫌疑人、被告人逃匿、死亡案件违法所得没收程序的审判程序

1. 没收违法所得案件的审判管辖。《刑事诉讼法》第 299 条第 1 款规定，没收违法所得的申请，由犯罪地或者犯罪嫌疑人、被告人居住地的中级人民法院组成合议庭进行审理。

2. 没收违法所得案件的公告程序。《刑事诉讼法》第 299 条第 2 款规定，人民法院受理没收违法所得的申请后，应当发出公告。公告期间为 6 个月。法院在受理此类案件的申请后，应当通过有关媒体发布公告，或者在当事人所在地区发布公告、采用传真、电子邮件告知等方式，通知当事人或其他利害关系人，以便于其知晓案件并及时行使自己的相关权利。

3. 利害关系人的参与原则。根据《刑事诉讼法》的相关规定，犯罪嫌疑人、被告人的近亲属或者其他利害关系人有权申请参加诉讼，也可以委托诉讼代理人参加诉讼。利害关系人包括两类：一类是犯罪嫌疑人、被告人的近亲属，另一类是其他利害关系人。至于何为"其他利害关系人"，《最高法院解释》规定，是指除犯罪嫌疑人、被告人的近亲属以外的，对申请没收的财产主张权利的自然人和单位。

犯罪嫌疑人、被告人的近亲属和其他利害关系人申请参加诉讼的，应当在公告期间提出。犯罪嫌疑人、被告人的近亲属应当提供其与犯罪嫌疑人、被告人关系的证明材料，其他利害关系人应当提供申请没收的财产系其所有的证据材料。利害关系人在公告期满后申请参加诉讼，能够合理地说明理由的，人民法院应当准许。

4. 没收违法所得案件的审理方式。《刑事诉讼法》第 299 条第 3 款规定，人民法院在公告期满后对没收违法所得的申请进行审理。有利害关系人参加诉讼

的，人民法院应当开庭审理。人民法院对没收违法所得的申请进行审理时，人民检察院应当承担举证责任。因而，人民法院对没收违法所得的申请开庭审理的，人民检察院应当派员出席法庭。

5. 没收违法所得案件的审理结果。根据《刑事诉讼法》第 300 条第 1 款规定，人民法院经审理，应当按照下列情形分别处理：①对经查证属于违法所得及其他涉案财产，除依法返还被害人的以外，应该裁定予以没收。《最高法院解释》第 621 条第 2 款进一步明确：申请没收的财产具有高度可能属于违法所得及其他涉案财产的，应当认定为前款规定的"申请没收的财产属于违法所得及其他涉案财产"。巨额财产来源不明犯罪案件中，没有利害关系人对违法所得及其他涉案财产主张权利，或者利害关系人对违法所得及其他涉案财产虽然主张权利但提供的证据没有达到相应证明标准的，应当视为"申请没收的财产属于违法所得及其他涉案财产"。②对于不属于应当追缴的财产的，应当裁定驳回申请，解除查封、扣押、冻结措施。

6. 对裁决结果的上诉、抗诉。根据《刑事诉讼法》第 300 条第 2 款和《最高法院解释》第 623 条规定，人民法院对没收违法所得案件作出的裁定，犯罪嫌疑人、被告人的近亲属和其他利害关系人或者人民检察院可以在 5 日内提出上诉、抗诉。我国没收违法所得程序的设计比照普通刑事案件，实行二审终审制。对不服第一审没收违法所得或者驳回申请裁定的上诉、抗诉案件，第二审人民法院经审理，应当按照下列情形分别作出裁定：①第一审裁定认定事实清楚和适用法律正确的，应当驳回上诉或者抗诉，维持原裁定；②第一审裁定认定事实清楚，但适用法律有错误的，应当改变原裁定；③第一审裁定认定事实不清的，可以在查清事实后改变原裁定，也可以撤销原裁定，发回原审人民法院重新审判；④第一审裁定违反法定诉讼程序，可能影响公正审判的，应当撤销原裁定，发回原审人民法院重新审判。第一审人民法院对发回重新审判的案件作出裁定后，第二审人民法院对不服第一审人民法院裁定的上诉、抗诉，应当依法作出裁定，不得再发回原审人民法院重新审判；但是，第一审人民法院在重新审判过程中违反法定诉讼程序，可能影响公正审判的除外。

7. 没收违法所得案件的终止审理。在没收违法所得案件法庭审理的过程中，在逃的犯罪嫌疑人、被告人到案有两种可能：一是犯罪嫌疑人、被告人自动投案；另一种是犯罪嫌疑人、被告人被抓获。在犯罪嫌疑人、被告人到案后，没收违法所得财产程序审理终止，而与之相关的普通刑事程序随即恢复，并可以由同一审判组织进行审理。

五、依法不负刑事责任的精神病人的强制医疗程序

（一）依法不负刑事责任的精神病人的强制医疗程序的概念与意义

依法不负刑事责任的精神病人的强制医疗程序简称强制医疗程序，是指公安司法机关对不负刑事责任且有社会危险性的精神病人采取强制治疗措施的特别诉讼程序。

强制医疗程序的设立目的不是为了对行为人进行惩罚和教育，而是一种特殊的社会防卫措施，同时也是维护公民合法权益，防止因家人或者社会、司法机关未经被强制医疗者参与、审查并经鉴定而"被精神病"，从而更好地保护公民的合法权益，实现对公民人身自由剥夺的司法审查与救济。

（二）我国强制医疗程序的适用对象

《刑事诉讼法》第 302 条规定，实施暴力行为，危害公共安全或者严重危害公民人身安全，经法定程序鉴定依法不负刑事责任的精神病人，有继续危害社会可能的，可以予以强制医疗。按照此规定，在我国，采取强制医疗的对象应当同时具备犯罪条件、医学条件和社会危险性条件。即《最高法院解释》第 630 条明确的："实施暴力行为，危害公共安全或者严重危害公民人身安全，社会危害性已经达到犯罪程度，但经法定程序鉴定依法不负刑事责任的精神病人，有继续危害社会可能的，可以予以强制医疗。"

（三）强制医疗程序的启动

具体可以概括为以下两种启动方式：

1. 检察院的申请。根据《刑事诉讼法》第 303 条第 2 款的规定，公安机关发现精神病人符合强制医疗条件的，应当写出强制医疗意见书，移送人民检察院。对于公安机关移送的或者在审查起诉过程中发现的精神病人符合强制医疗条件的，人民检察院应当向人民法院提出强制医疗的申请。

强制医疗的申请由被申请人实施暴力行为所在地的基层人民检察院提出；由被申请人居住地的人民检察院提出更为适宜的，可以由被申请人居住地的基层人民检察院提出。

对实施暴力行为的精神病人，在人民法院决定强制医疗前，公安机关可以采取临时的保护性约束措施。人民检察院对此依法实施监督，发现公安机关对涉案精神病人采取临时保护性约束措施时有体罚、虐待等违法情形的，应当提出纠正意见。

2. 法院的决定。根据《刑事诉讼法》第 303 条第 2 款的规定，人民法院在审理案件过程中发现被告人符合强制医疗条件的，也可以直接作出强制医疗的决定。对此，《最高法院解释》第 638 条进一步明确：第一审人民法院在审理刑事案件过程中发现被告人可能符合强制医疗条件的，应当依照法定程序对被告人进行法医精神病鉴定。经鉴定，被告人属于依法不负刑事责任的精神病人的，应当适用强制医疗程序，对案件进行审理。

（四）强制医疗案件的审理

我国依法不负刑事责任的精神病人的强制医疗程序的基本流程与普通案件诉

讼程序类似，即分别由公安机关、检察机关、人民法院主持不同的诉讼阶段，最后由法院决定是否对行为人采取强制医疗措施。但是，强制医疗程序也有其特殊性，有别于普通程序。

1. 审判组织。对于强制医疗案件，法院应当组成合议庭进行审理。因为强制医疗案件除了要查明行为人是否实施了危害公共安全或者严重危害公民人身安全的暴力行为外，还要查明行为人实施暴力行为的时候是否患有精神病、是否因精神病而无刑事责任能力，以及现在是否仍因精神病而具有社会危险性必须予以强制医疗。这些情况往往比较难以判断，必须组成合议庭进行审理。

2. 告知程序。《刑事诉讼法》第304条第2款规定："人民法院审理强制医疗案件，应当通知被申请人或者被告人的法定代理人到场……"检察机关提出强制医疗申请的，此类案件中的行为人称为"被申请人"；如果是检察机关提起公诉，要求追究被告人的刑事责任，而法院可能决定对其适用强制医疗措施，此类案件中的行为人称为"被告人"。只要可能对被申请人或者被告人适用强制医疗措施的，法院就应当通知其法定代理人到场。

3. 法律援助。我国《刑事诉讼法》第304条第2款要求，被申请人或者被告人没有委托诉讼代理人的，法院应当通知法律援助机构指派律师为其提供法律帮助。

4. 具体审判程序。人民法院审理强制医疗案件，应当组成合议庭开庭审理。但是，被申请人、被告人的法定代理人请求不开庭审理，并经人民法院审查同意的除外。审理强制医疗的案件，应当会见被申请人，听取被害人及其法定代理人的意见。

人民法院开庭审理申请强制医疗的案件，按照《最高法院解释》第636条规定的程序进行。

对申请强制医疗的案件，人民法院审理后，应当按照下列情形分别处理：

（1）符合《刑事诉讼法》第302条规定的强制医疗条件的，应当作出对被申请人强制医疗的决定。

（2）被申请人属于依法不负刑事责任的精神病人，但不符合强制医疗条件的，应当作出驳回强制医疗申请的决定；被申请人已经造成危害结果的，应当同时责令其家属或者监护人严加看管和治疗。

（3）被申请人具有完全或者部分刑事责任能力，依法应当追究刑事责任的，应当作出驳回强制医疗申请的决定，并退回人民检察院依法处理。

5. 审理期限。《刑事诉讼法》第305条规定，被申请人或者被告人符合强制医疗条件的，法院应当在1个月内作出强制医疗的决定。

6. 利害关系人的申请复议权及人民检察院的抗诉权。根据《最高法院解释》

第 642 条的规定，被决定强制医疗的人、被害人及其法定代理人、近亲属对强制医疗决定不服的，可以自收到决定书第 2 日起 5 日以内向上一级人民法院申请复议。复议期间不停止执行强制医疗的决定。可见，利害关系人申请复议并不能导致停止原决定执行的效力。只有当人民检察院不服人民法院作出的"判决宣告被告人不负刑事责任，并作出对被告人强制医疗的决定"，依法提出抗诉，同时被决定强制医疗的人、被害人及其法定代理人、近亲属申请复议的，上一级人民法院才应当依照第二审程序一并处理。此时，抗诉的期限、程序以及二审具体审理程序应当分别参照普通程序、二审程序的相关规定进行。

7. 强制医疗的定期复查制度与解除程序。强制医疗是对具有社会危害性的精神病人采取的强制治疗措施，其目的是为了维护社会秩序和公共安全。由于该措施完全限制人身自由，所以在适用时应当严格遵循法定性和必要性的原则。如果精神病人已经恢复正常或者不具有社会危险性，就失去了强制医疗的前提和必要性。为了保护公民人身自由不受非法侵犯，强制医疗机构应当定期对强制医疗的人的精神状况进行重新审查。如果发现该人没有社会危险性，就应当及时解除强制医疗措施，使其恢复人身自由，早日回归社会。因此，《刑事诉讼法》第 306 条规定，强制医疗机构应当定期对被强制医疗的人进行诊断评估。对于已不具有人身危险性，不需要继续强制医疗的，应当及时提出解除意见，报决定强制医疗的人民法院批准。被强制医疗的人及其近亲属有权申请解除强制医疗。

8. 检察机关对强制医疗的监督。《刑事诉讼法》第 307 条规定，人民检察院对强制医疗的决定和执行实行监督。

本章小结

刑事诉讼过程从开始到结束，是一个不断向前运动、逐步发展的动态过程，因而，我国的刑事诉讼程序根据诉讼主体、诉讼任务的不同可以划分为相对独立的立案、侦查、起诉、审判、执行程序以及特别程序。

立案程序是公安司法机关对于报案、控告、举报、自首以及自诉人起诉等材料，按照各自的职能管辖范围进行严格审查，认为有犯罪事实发生并需要追究刑事责任时，决定将其作为刑事案件交付侦查或审判的一种诉讼活动。它是我国刑事诉讼的一个独立的、必经的诉讼阶段，是刑事诉讼活动开始的标志。

侦查程序是公安机关、人民检察院对于刑事案件，依照法律进行的收集证据、查明案情的工作和有关的强制性措施。它是公诉案件立案之后提起公诉之前的一个独立的诉讼阶段，承担着发现犯罪、揭露犯罪、证实犯罪的诉讼任务，是提起公诉和审判的基础与前提。在侦查程序中，无论对犯罪嫌疑人适用拘传、取保候审、监视居住、拘留、逮捕的强制措施还是采取讯问犯罪嫌疑人，询问证人、被害人、勘验、检查，侦查实验、搜查、查封、扣押物证、书证，鉴定，技术侦查、辨认，通缉这一系列侦查行为，都应符合法定的条件与程序要求，否则就可能严重侵犯犯罪嫌疑人的诉讼权利，践踏法治。

刑事诉讼中的起诉根据行使追诉权的主体的不同，分为公诉与自诉两种形式。我国的刑事起诉采公诉为主、自诉为辅的诉讼机制，除少数案情简单、轻微的自诉案件由被害人自行直接向人民法院起诉外，大量的刑事案件采公诉的方式，由法定的公诉机关——人民检察院代表国家针对具体犯罪人的犯罪事实进行严格审查后，依法定的条件与程序作出起诉或者不起诉的决定。人民检察院一旦作出提起公诉的决定或者自诉人一旦向法院提起自诉，案件就进入审判程序。

刑事审判是人民法院在控、辩双方及其他诉讼参与人的参加下，依照法定权限和程序，为了解决被告人的刑事责任问题而进行审理和裁判的诉讼活动。在我国，刑事审判按照诉讼的进程可分为第一审程序、第二审程序、死刑复核程序和审判监督程序。一审程序与二审程序为普通程序，死刑复核程序及其他特殊案件的复核程序和审判监督程序为特殊程序。第一审程序是人民法院依据级别管辖的规定，对于人民检察院提起公诉或者自诉人提起自诉的刑事案件进行初次审理并且作出裁判的程序。根据第一审程序具体庭审程序的阶段、步骤、方法的不同，可将第一审程序分为普通审判程序、简易审判程序和速裁程序。简易程序是与普通程序相对的程序，是基层人民法院审理某些事实清楚，证据充分，被告人认罪且同意适用简化的审判程序时所采取的相对简化、便捷的审判程序。速裁程序是一种独立于简易程序的更简化、更快捷的审判程序，是基层人民法院审理可能判处 3 年有期徒刑以下刑罚的案件，案件事实清楚，证据确实、充分，被告人认罪认罚并经被告人同意而适用的较之于简易程序更为简化、快捷的审判程序。第二审程序是人民法院对上诉、抗诉案件进行审理并且作出裁判的程序。死刑复核程序是人民法院对判处死刑（包括死刑立即执行和死刑缓期二年执行）的案件进行复审核准所遵循的特殊审判程序。审判监督程序是对已经发生法律效力的判决或者裁定，发现在认定事实上或者适用法律上确有错误的，依法进行重新审判的程序。无论普通程序还是特殊程序都需遵守法定的方式、方法与步骤，实现司法的公开、公正、公平。判决和裁定发生法律效力后即进入执行程序。

执行程序是公安、司法机关以及刑罚执行机关等，将人民法院已经发生法律效力的判决、裁定所确定的内容依法付诸实施及解决实施中出现的变更执行等问题而进行的活动。对于死刑、无期徒刑、有期徒刑、拘役、管制以及罚金、剥夺政治权利、没收财产的执行，应由法定的执行机关执行，并遵守法定的程序要求。人民检察院有权对执行机关的执行情况以及变更执行情况实施法律监督。

特别程序则是针对具体审理对象、特定案件采取的不同于普通审判程序的特别审判程序。具体包括：未成年人刑事案件诉讼程序，当事人和解的公诉案件诉讼程序，缺席审判程序，犯罪嫌疑人、被告人逃匿、死亡案件违法所得的没收程序，依法不负刑事责任的精神病人的强制医疗程序。

实务训练

一、示范案例

〖案情〗2016 年 9 月，某市发生了一起杀人案。被害人余某，女，20 岁，某市针织厂女工。家人发现她失踪，多方寻找未果。几天后，在郊区护城河发现其尸体。某市公安局经立案、侦查，认为市针织厂业务科职员范某有杀人嫌疑。侦查终结后，公安局于 2016 年 10 月 31 日将案件移送至某市检察院审查起诉。市检察院接到公安局移送起诉的案件，对犯罪嫌疑人范某进行了讯问，认为证据不足，遂于 11 月 12 日退回市公安局补充侦查。12 月 19 日，公安局补充侦查完毕，再次移送起诉。市检察院经过审查，认为证据仍然不足以证明范某实施杀人行为，于 2017 年 2 月 10 日作出了证据不足不起诉的决定，公开宣布，并于 2 月 12 日将不起诉决定书送达了市公安局、犯罪嫌疑人范某、被害人余某的母亲周某。市公安局认为不起诉决定不当，继续羁押犯罪嫌疑人范某，向上一级检察院即某省人民检察院提请复议，省检察院维持了不起诉决定；周某对不起诉决定不服，向中级人民法院提起诉讼，该法院以未先行向检察机关申诉为由拒绝受理。

问：本案中刑事诉讼程序有何不当之处？并说明理由。

〖分析〗（1）《刑事诉讼法》第 173 条规定，人民检察院审查案件，应当讯问犯罪嫌疑人，听取辩护人或者值班律师、被害人及其诉讼代理人的意见。因此检察院只讯问犯罪嫌疑人是错误的，还应听取辩护人或者值班律师、被害人及其诉讼代理人的意见。

（2）《刑事诉讼法》第 175 条规定，对于补充侦查的案件，应当在 1 个月以内补充侦查完毕。市公安局 11 月 12 日接到案件，至 12 月 19 日才补充侦查完毕，超过了 1 个月的法定期限。

（3）《刑事诉讼法》第 172 条规定，人民检察院对于公安机关移送起诉的案件，应在 1 个月以内作出决定，重大、复杂的案件，可以延长半个月。市检察院自 2016 年 12 月 19 日接到公安局补充侦查完毕再次移送的案件，2017 年 2 月 10 日才作出不起诉决定，审查起诉超过法定期限。

（4）《刑事诉讼法》第 178 条规定，不起诉的决定，应当公开宣布，并且将不起诉决定书送达被不起诉人和他的所在单位。如果被不起诉人在押，应当立即释放。市公安局认为不起诉决定不当，不应继续羁押犯罪嫌疑人。检察院作出不起诉决定的，公安机关对在押的被不起诉人应当立即释放。

（5）《刑事诉讼法》第 179 条规定，公安机关认为不起诉的决定有错误的时候，可以要求复议，如果意见不被接受，可以向上一级人民检察院提请复核。市公安局认为不起诉决定不当，不应向上一级检察院提请复议，而应要求作出决定的检察院复议，意见不被接受的，可向上一级检察院提请复核。

（6）《刑事诉讼法》第 180 条规定，被害人不服不起诉决定的，可以向上一级人民检察院申诉，请求提起公诉，对人民检察院维持不起诉决定的，被害人可以向人民法院起诉。被害人也可以不经申诉，直接向人民法院起诉。中级人民法院不应以未先行向检察机关申诉为由拒绝受理被害人母亲周某的申诉。被害人不服不起诉决定的，可以不经申诉，直接向法院起诉。

二、习作案例

1. 林某出于私仇报复的动机，放火焚烧了肖某的房子，致使肖某和邻居三家房屋及财产全部被烧毁，损失 10 万余元。林某见后果如此严重，非常后悔，立即到派出所投案自首并拿出 20 万元的存折，愿意加倍偿还。派出所鉴于林某投案自首并赔偿全部损失，决定对林某不追究刑事责任，不予立案。

问：派出所的决定是否正确？为什么？肖某如果不服，应如何维护自己的权益？

2. 王某，男，23 岁，某派出所民警。2016 年 4 月 28 日，王某的弟弟丢失了一部手机（价值 1200 余元），怀疑是邻居家的小孩李某（17 岁零 5 个月）偷去，便将此事告诉了王某。王某不向领导请示，竟然私自带上手枪闯入李家，硬逼李某交出手机，李某坚决否认。于是，王某就翻箱倒柜，到处乱搜，搞得李家惊恐万状，不知所措。

问：王某有权私自搜查李家吗？为什么？

3. 周某、陈某拐卖儿童并从中牟利。一天，两人从县城的一个乞丐处以 6000 元价格买回一个 3 岁大的男孩。事后，刘某介绍了同村的杨某，周、陈以 30 000 元的价格将这个小孩卖给杨某，刘某从中拿到 1000 元。后侦查机关将周某、陈某二人抓获，以拐卖儿童罪向县人民检察院移送审查起诉。县人民检察院认为这是一起共同犯罪案件，刘某在共同犯罪中起次要作用，应当一并追究刘某的刑事责任，要求公安机关将刘某提请逮捕并移送审查起诉。

问：人民检察院审查起诉的内容有哪些？人民检察院在审查起诉中，发现遗漏其他应当追究刑事责任的人时，该如何处理？

4. 被告人邓某，1997年8月出生，于2012年1月～2013年6月期间，多次拦截过往女青年，采取暴力和胁迫手段强奸7人。此外，还于2014年3月先后持枪抢劫作案3起。该市公安局于2015年7月逮捕了邓某。后市检察院于2015年10月9日向市中级人民法院提起公诉。中级人民法院以邓某作案时未满18周岁为由为其指定了一名辩护律师李某。开庭审理时，邓某以李某的辩护不力为由拒绝李某为其辩护，合议庭以理由不成立驳回其请求。经审理，中级人民法院于2015年12月6日以抢劫罪判处被告人邓某无期徒刑，剥夺政治权利终身；以强奸罪判处被告人无期徒刑；决定执行无期徒刑，剥夺政治权利终身。被告人在宣判后以公安机关存在刑讯逼供，自己虽然实施了抢劫，但是并未持枪，不应判处无期徒刑为由当庭表示上诉，合议庭告知其上诉应以书面方式向上一级法院提出。被告人在3日后向省高级人民法院提出上诉。省高级人民法院于12月29日通知省人民检察院阅卷，于2016年1月6日由审判员3人和人民陪审员2人组成合议庭开庭审理了本案。庭审过程中，合议庭仅就邓某的抢劫罪的事实和法律适用进行了审查。合议庭认为侦查程序中并无刑讯逼供行为，作出驳回上诉、维持原判的裁定。

问：本案中的审判程序有无错误？并说明理由。

5. 某县人民法院以过失致人死亡罪判处吴某有期徒刑2年，缓刑3年。判决宣告后，县人民检察院以量刑过轻为由提起抗诉，同时吴某亦向人民法院提出予以释放的申请。县人民法院以同级人民检察院已向上一级人民法院依法提起抗诉，一审判决尚未生效为由，驳回被告人吴某的请求。

问：县人民法院的做法是否正确？为什么？

6. 被告人唐某、罗某、戴某3人，于2015年11月21日下午在一辆由A县开往B县的客车上持刀对乘客进行威胁，抢得乘客的现金1000余元后逃离现场。案发后，唐某、罗某被公安机关抓获归案。2016年4月10日法院依法判决唐某有期徒刑5年，罗某有期徒刑4年。一审判决后，检察机关未抗诉，被告人亦未上诉。唐某在某县监狱服刑期间依法减刑6个月，于2020年5月20日刑满释放。由于2020年6月最后一位共同犯罪人戴某落网，检察机关在审查起诉的过程中发现当年戴某等人的共同抢劫行为符合"在公共交通工具上抢劫，依法应判处10年以上有期徒刑、无期徒刑或者死刑"的情形。

问：本案还能否启动再审程序？如何启动？审理程序为何？

7. 2017年12月29日晚23时许，夏某某来到前妻住处看望女儿。由于话不投机，和前妻发生了争吵，前妻回到娘家。见姐姐哭泣，弟弟王某当即赶到姐姐家和前姐夫发生争执扭打。双方在扭打中，夏某某顺手摸起床边的一把水果刀朝王某腰部捅了一刀（经鉴定，为重伤）。夏某某很快因为涉嫌故意伤害被逮捕。案件移送检察院审查起诉后，王某对夏某某的怒气还未消，执意要求司法机关严惩夏某某。而关押在看守所内的夏某某则对自己的行为后悔不已。但夏某某也告诉承办检察官，自己在案发过程中也被王某打了。经过调阅当时的医院诊疗证明，发现夏某某眉骨外伤性骨折，伤情鉴定为轻伤。

问：本案是否属于当事人和解的公诉案件范围？其后的法律程序为何？

复习与思考

1. 简述立案的条件与立案监督的程序。
2. 简述刑事诉讼法关于具体侦查行为的法定程序要求以及侦查终结后的处理。
3. 刑事诉讼法有关侦查羁押期限的具体规定有哪些？
4. 简述审查起诉的内容与程序。
5. 比较提起公诉与不起诉的条件差异。
6. 论述不起诉的条件及不服不起诉决定的复议、复核及申诉程序。
7. 简述刑事公诉案件一审普通程序的具体庭审程序、步骤与方法。
8. 简述延期审理的法定情形。
9. 试述简易程序与速裁程序的适用范围及审判程序的特点。
10. 简述上诉与二审抗诉的不同。
11. 简述二审法院对上诉、抗诉案件的审理方式以及审理后的处理。
12. 论述上诉不加刑原则的含义、具体适用。
13. 简述死刑案件（包括死缓案件）的具体复核程序及其处理。
14. 简述提起审判监督程序的主体、条件及重新审判的程序。
15. 简述生效判决和裁定的种类。
16. 简述监外执行的概念与适用条件。
17. 简述刑事诉讼法五个特别程序的适用范围、审理程序以及最终处理。

参 考 文 献

［1］高铭暄、马克昌主编：《刑法学》，北京大学出版社、高等教育出版社 2017 年版。

［2］张明楷著：《刑法学》（上、下），法律出版社 2016 年版。

［3］陈兴良主编：《刑法学》，复旦大学出版社 2016 年出版。

［4］陈兴良主编：《判例刑法教程》（总则篇），北京大学出版社 2015 年版。

［5］王作富主编：《刑法分则实务研究》（上、中、下），中国方正出版社 2013 年版。

［6］周道鸾、张军主编：《刑法罪名精解》（上、下），人民法院出版社 2013 年版。

［7］郎胜主编：《中华人民共和国刑法释义》，法律出版社 2015 年版。

［8］《刑法学》编写组编：《刑法学》（上、下），高等教育出版社 2019 年版。

［9］陈瑞华著：《刑事诉讼法》，北京大学出版社 2021 年版。

［10］陈瑞华著：《刑事审判原理论》，法律出版社 2020 年版。

［11］《刑事诉讼法学》编写组编：《刑事诉讼法学》，高等教育出版社 2019 年版。

［12］叶青主编：《刑事诉讼法学》，中国人民大学出版社 2020 年版。

［13］宋英辉、甄贞主编：《刑事诉讼法学》，中国人民大学出版社 2019 年版。

［14］程荣斌、王新清主编：《刑事诉讼法》，中国人民大学出版社 2019 年版。

［15］陈光中主编：《刑事诉讼法》，北京大学出版社、高等教育出版社 2016 年版。